21世纪经济管理精品教材
工商管理系列

资本经营与公司治理

徐志坚 汪丽◎编著

清华大学出版社
北京

内容简介

本书包含九章。首先，第一章概述了资本经营相关的概念、技术与内容；基于企业起步、成长、成熟、规范到扩张的这样一个过程，第二章讨论了商业模式的相关话题，因为商业模式是企业起步阶段最重要的内容，并且，它还决定着企业未来资本化的价值；第三章介绍风险投资的内容，风险投资不仅与企业的早期生存有密切关系，而且也对早期企业的资本定价带来挑战；第四章引入了首次公开募股，即IPO相关的内容，对企业来说，IPO募股上市是一个门槛，是企业资本化的一个重要里程碑。IPO之后，企业受相关制度的约束，需要更关注自身的公司治理是否符合规范要求，所以，第五章介绍了公司治理机制，并在第六章讨论的公司控制机制，在第七章引入了创始人、管理者与员工激励的内容；IPO之后，企业需要关注的另一个重点是企业的发展战略是否能满足外部投资者的预期，所以在第八章汇集了公司成长战略的理论观点，并在第九章，将企业并购、反并购、资产重组等视作为了企业成长而实施的战略行动，而不是杂乱的、无目标的金融现象。

图书在版编目(CIP)数据

资本经营与公司治理/徐志坚，汪丽编著. —北京：清华大学出版社，2018（2023.9重印）
（21世纪经济管理精品教材·工商管理系列）
ISBN 978-7-302-49043-2

Ⅰ. ①资… Ⅱ. ①徐… ②汪… Ⅲ. ①资本经营－高等学校－教材 ②公司－企业管理－研究－高等学校－教材 Ⅳ. ①F272.3 ②F276.6

中国版本图书馆CIP数据核字(2017)第295514号

责任编辑：梁云慈
封面设计：汉风唐韵
责任校对：宋玉莲
责任印制：沈　露

出版发行：清华大学出版社
网　　址：http://www.tup.com.cn，http://www.wqbook.com
地　　址：北京清华大学学研大厦A座　　**邮　　编**：100084
社 总 机：010-83470000　　**邮　　购**：010-62786544
投稿与读者服务：010-62776969，c-service@tup.tsinghua.edu.cn
质量反馈：010-62772015，zhiliang@tup.tsinghua.edu.cn
印 装 者：北京同文印刷有限责任公司
经　　销：全国新华书店
开　　本：185mm×260mm　　**印　张**：23　　**字　　数**：530千字
版　　次：2018年3月第1版　　**印　　次**：2023年9月第7次印刷
定　　价：59.00元

产品编号：068481-02

资本经营，由于其帮助实现"一夜暴富"的无数传奇故事，在过去的几十年里，一直饱受各方的关注，无论是资本市场中的投资者、分析师或者新闻评论员，还是大学里的研究者、教师或学生，都愿意将相关的具体案例变成彼此茶余饭后的交流话题，或者是学术研究的分析对象。正因为如此，资本经营成为一个覆盖广泛内容的名词，即便从不同视角去观察，都可以找到令人感兴趣的话题或研究课题。

事实上，对资本经营现象的关注，似乎应该是首先从金融领域开始的，毕竟股权的买卖与随之而来的所有权转让是令人着迷的，甚至有点儿让人惊叹，它多少有点儿不同于一般的贸易。相关行为所产生的财富波动与财富转移，很容易对周边人士产生影响，而行为或行动的合法性，还需要法律的诠释才能确认，从而推动金融法律的进步。

对股权交易、收购兼并等作为一个普遍现象的解释，自然归属于经济学者，交易费用、生产成本、契约集合、横向纵向一体化、组织资本、有限理性与机会主义等，建立了一个强大的企业理论体系，而理论体系的建立，最终也推动了资本市场的完善与快速发展。当这一切似乎尘埃落定后，资本经营内容的延伸似乎并没有停止它的脚步，公司治理成了资本经营不可割裂的部分。从而，人们对于资本经营的关注，从企业的外部，即资本市场，转移到企业的内部，即公司治理。

对企业内部的关注，引发了管理学者的兴趣。尽管管理学自身的研究问题众多，但企业家、管理者、CEO、董事、创始人等这些人物对企业的发展实在是太重要了，况且其他学科，如经济学，并没有对此给予足够的重视。所以，资本经营，至少在学术研究方面，仍然是一个充满活力与欣欣向荣的领域。

近年来，科技的高速发展，又给资本经营带来了新的话题，高科技小型企业的孵化离不开资本的参与，风险投资、天使投资像雨后春笋般地在中国大地上涌现。但无论是投资方，还是被投资方，都存在一个学习与相互学习的过程，更何况新创企业往往是充满高风险，但又可能有高收益这样一种类型的公司。所以，未来充满了挑战，当然也存在着巨大的机遇。

在多年教学资料的基础上，让我们在原有的思路与逻辑的基础上，将相关的内容做了编辑与整理。当然,这只是一个起步,相信未来一定会更好。

本书按照一般课程的安排,内容包含九章。第一章概述了资本经营相关的概念、技术与内容;基于企业起步、成长、成熟、规范到扩张这样一个过程,第二章讨论了商业模式的相关话题,因为商业模式是企业起步阶段最重要的内容,并且还决定着企业未来资本化的价值。第三章介绍了风险投资的内容,风险投资不仅与企业的早期生存有密切关系,而且也对早期企业的资本定价带来了挑战。第四章引入了首次公开募股,即IPO相关的内容,对企业来说,IPO募股上市是一个门槛,是企业资本化的一座重要里程碑。IPO之后,企业受相关制度的约束,需要更关注自身的公司治理是否符合规范要求,所以,第五章介绍了公司治理机制,并在第六章讨论了公司控制机制,在第七章引入了创始人、管理者与员工激励的内容;IPO之后,企业需要关注的另一个重点是企业的发展战略是否能满足外部投资者的预期,所以在第八章汇集了公司成长战略的理论观点,并在第九章,将企业并购、反并购、资产重组等视作企业为了成长而实施的战略行动,而不是杂乱的、无目标的金融现象。

在本书编写的过程中,得到了周晨越、崔胜振、李林、潘雪、吕文强、赵元隆、秦璐、陈志和、孟祥梅的帮助与支持,他们不仅参与了资料检索与文字整理的工作,而且帮助进行了后期的检查与修改,在此表示感谢!

编　者

2017年10月

目
录

第一章

资本经营概论

引 言

尽管资本经营的概念是近些年才流行起来的，但其核心内涵——资本，却是有着悠久的历史。为了更加全面地了解资本经营，首先要深刻理解资本，以及资本的交易之地——资本市场。

第一节 资本与资本市场

一、资本

（一）资本的含义

关于资本的早期观点，具有代表性的包括以下几个。萨伊(Say J. B.)在《政治经济学概论》中的表述为："形成资本的，不是物质，而是这个物质的价值。"马克·多里奥(Marc Dorio)在《银行业务的理论和实际》中认为"用在生产目的上的通货是资本"。詹姆斯·穆勒(James Mill)在《政治经济学要义》中认为"资本即是商品"。西斯蒙第(Sismondi)在《政治经济学新原理》中指出"资本……是永久的会自行增大的价值"。苏格兰经济学家麦克劳德(Macleod)在《信用的理论》中写道："资本是用于增值目的的经济量，任何经济量均可用作资本，凡可以获取利润之物都是资本。"他所说的经济量，是指其价值可以用货币计算并可用于买卖交换之物。现代西方经济学家萨缪尔森(Samuelson)在《经济学》中指出："资本是一种不同形式的生产要素。资本(capital)(或资本品)是一种生产出来的生产要素，一种本身就是经济的产出的耐用投入品。"美国著名学者格林沃尔德(D. Greenwald)主编的《现代经济词典》对资本的解释是：资本是用于生产其他商品，包括厂房和机器在内的所有商品的名称。它是生产的三要素之一，其他两要素是土地和劳动。从企业的角度来看，资本是一家公司的总财富或总资产，因而不仅包括资本货物(有形的资产)，同时也包括商标、商誉和专利权等。作为会计学的术语，它代表从股东那里得到的全部货币，加上留归企业用的全部利润。

随着经济的发展，资本的内涵也在不断地发生变化，人们对资本的认知也在不断地变化。1992 年中国社会科学出版社出版的《经济百科全书》对资本的说明是："就工商业而言，资本由房屋、建筑物、工厂、机器设备以及库存等构成。稍广一点的含义还包括住房(不论是租赁的还是住户私有的)、运输设施和设备。资本还包括人力和非买物，它包括了用于研究和开发的经费所产生的知识、通过教育培训而取得的熟练技术、增加工人保健费而提高的生产能力，以及因采取诸如重整山林、改良土壤、开发矿产，以及为了对周围的水和空气进行保养和改善而进行投资等措施而提高的土地和自然资源的价值等。资本，不管采用哪种形式，其特点都是利用现时生产来创造那些不是现在要消费或享用，而是将来的生产要加以利用的某种资源，将来的生产，要么是提供消费服务，要么是形成更多的资本。”

（二）资本的性质

马克思耗时 40 多年撰写的不朽著作《资本论》，总结了资本主义生产方式产生和发展的实践，吸取了前人对资本问题研究成果的科学成分，对资本做了全面深刻的分析。马克思关于资本的论述，对于经济学方面的贡献之一就在于他既承认资本的自然属性，又揭示了资本的社会属性。

1. 资本的社会属性

资本的社会属性是指资本归谁所有，资本在不同的社会经济形态中所具有的特性。

马克思在《资本论》中，专门分析了资本主义生产方式下资本的生产过程、资本的流通过程和资本主义生产的总过程，但并不是说资本是资本主义的特有范畴。事实上，资本这一概念在资本主义生产方式形成以前很早就出现了。马克思指出：“中世纪已经留下两个不同的资本形式，它们曾经成熟于极不相同的各种经济社会形态之内，并且在资本主义生产方式时期以前，还是作为资本本身来看，那就是高利贷资本和商业资本。”[①]高利贷资本是指通过放贷货币获取高额利息的资本。马克思说：“我们可以把古老形式的生息资本叫作高利贷资本。”[②]它最初表现为一定数量的货币，通过放贷活动，获取利息。把货币转化为资本，即转化为一种手段，依靠这种手段占有别人的剩余劳动，它的运动公式是：$G—G'$。式中 G 代表货币，G' 代表增值了的货币。商业资本是指在流通领域中发生作用的职能资本，它“分为两个形式或亚种，即商品经营资本和货币经营资本”。[③] 通常说商业资本，即指专门从事商品买卖，以获取利润为目的的资本，其循环可用以下公式表示：$G—w—G'$，式中 w 代表商品。远在奴隶社会初期，商业资本就已出现，以后在封建社会又得到发展。资本主义社会以前的商业资本依附于奴隶制和封建制的生产关系而存在，它以简单商品生产为基础，活动于简单商品流通领域，为买卖双方的直接消费服务，它的主要特点是贱买贵卖。商业利润的来源：一是瓜分奴隶主和封建主剥削奴隶和农奴所获得的剩余产品，二是攫取小生产者的剩余劳动和一部分必要产品。

资本运行的一种特别形式就是资本的原始积累。马克思详细地研究了资本的原始积累，他指出：资本的原始积累乃是资本主义生产方式的出发点，“是生产者和生产资料分离的过程，一方面把社会的生活资料和生产资料转化为资本，另一方面把直接生产者转化为工资雇佣劳动者”。[④] 马克思时代的资本原始积累是相当残酷的，甚至饱含了野蛮掠夺和残酷压榨，著名的表述是这样的：“资本来到世间，就是从头到脚，每个毛孔都滴着血和

---

① 卡尔·马克思.资本论[M].第一卷.北京：人民出版社，1975：第 24 章，第 605 页.

② 卡尔·马克思.资本论[M].第三卷.北京：人民出版社，1975：第 36 章，第 671 页.

③ 卡尔·马克思.《资本论》第三卷第 16 章[M]//马克思，恩格斯.马克思恩格斯全集：第 25 卷.北京：人民出版社，1972：第 297 页.

④ 卡尔·马克思.《资本论》第 24 章[M]//马克思，恩格斯.马克思恩格斯全集：第 2 卷.北京：人民出版社，1972：第 221 页.

肮脏的东西。”[①]马克思在《资本论》中深刻地详尽地阐述了在资本主义生产方式下，货币转化为生产资本，资本家剥削工人的过程，“资本家把资本转化为各种商品，把它们当作一个新产品的物质形成要素，或当作劳动的要素来发生作用时，他使活的劳动力和各种死的物质相结合时。他就把价值，把过去的、已经物质化的、死的劳动转化为资本，为自行增值的价值”。[②] 资本主义生产的目的“就是增值价值，创造剩余价值，而剩余价值是工人在生产中耗费的‘剩余劳动时间的凝结’”。[③] 由于资本牵引出资本家剥削工人的经济关系，所以，“资本并不是一种物品，而是一种以物为媒介而成立的人与人之间的社会关系”。[④]

资本实际上并不是资本主义特有的范畴，而是商品经济的必然产物，是企业进行生产经营活动的一个必要条件，它是客观存在的，始终存在于社会再生产的运动之中，并不断地实现价值增值。但在不同的社会经济形态中资本反映着不同性质的生产关系。

2. 资本的自然属性

资本的自然属性是指资本必然追求价值增值。是资本在各种社会经济形态中所具有的共性。马克思指出：“对资本来说，任何一个物本身所能具有的唯一的有用性，只能是使资本保存和增值。”[⑤]这就是说，追求价值增值乃是资本的本质属性，这是商品经济共性的具体体现，不仅资本主义生产方式下资本家的资本的目的是追求价值增值，而且资本主义社会以前高利贷资本和商业资本运动的目的也是价值增值，社会主义生产方式下资本运动也应把价值增值作为目的。资本的自然属性是不管资本归谁所有都具有价值增值这一共同的属性，这一属性不会随社会生产关系的变革而改变。

资本的自然属性存在于资本的使用价值之中，属于生产要素方面的关系。企业的生产、技术和经营管理与资本的自然属性密切相关，可以认为企业的生产经营就是资本的使用、耗费与收回。资本具有追求价值增值这一自然属性，但并不是说，资本可以自发地实现增值，实际情况是，如果资本运用不好，不但不能增值，反而会出现贬值(资本报失、减少)，因此，重视资本的自然属性，就要认真研究如何有效地运用资本，加速资本周转，降低资本耗费，增加资本积累等问题，在资本增值方面下功夫。

有一种观点认为，资本的社会属性是由资本的自然属性决定的。正是由于资本具有价值增值这一自然属性，人们才为资本的所有权而争斗，才有资本归谁所有这一社会属性。

（三）资本的特点

1. 增值性

资本运动的目的是价值增值，是实现利润的最大化，增值性是资本的本质属性。

---

① 卡尔·马克思.《资本论》第一卷第24章[M]//马克思，恩格斯.马克思恩格斯全集：第23卷.北京：人民出版社，1972：第829页.

② 卡尔·马克思.《资本论》第三卷第19章[M]//马克思，恩格斯.马克思恩格斯全集：第25卷.北京：人民出版社，1972：第352—360页.

③ 卡尔·马克思.《资本论》第一卷第7章[M]//马克思，恩格斯.马克思恩格斯全集：第23卷.北京：人民出版社，1972：第243页.

④ 卡尔·马克思.《资本论》第一卷第25章[M]//马克思，恩格斯.马克思恩格斯全集：第23卷.北京：人民出版社，1972：第833页.

⑤ 马克思，恩格斯.马克思恩格斯全集：第46卷[M].北京：人民出版社，1976：第225—226页.

2. 流动性

资本之所以能够增值，能带来剩余价值，关键是它处在无休止的运动中，不断地从流通领域进入生产领域，再由生产领域进入流通领域，资本这种不间断的运动是资本取得价值增值的必要前提和条件，一旦停止运动，资本就不能增值。

3. 风险性

由于外部环境变化莫测，因而使资本增值具有不确定性。

4. 多样性

资本具有货币资本、实物资本和无形资本等多种形态。

值得注意的是，在传统的经济学理论体系中，无论是古典的或现代的经济学家，都只谈资本的自然属性，而讳言资本的社会属性，认为资本是货币，是商品，是物质的价值，是自行增大的价值，是可以获取利润之物，是生产要素之一，却避而不谈资本所反映的经济关系。

(四) 资本的构成

在经济理论和实践中，对资本有狭义和广义的理解。

1. 狭义的理解

在会计学中，企业资本的含义是指企业的资本金，即投资者投入企业的资本，是开办企业的本钱，也就是企业在工商行政管理部门登记的注册资本。我国坚持实收资本与注册资本一致的原则。资本金按投资主体的不同，分为国家资本金、法人资本金、个人资本金和外商资本金等。投资者可以用货币、实物、无形资产等形式投入资本。企业筹集资本金，可以采用吸收直接投资和发行股票等方式。企业对所筹集的资本，依法享有经营权，可以长期使用。在经营期内，投资者对其投入企业的资本可以依法转让，但不能任意抽回，这有利于企业的长期稳定经营。

办一个企业，首先必须有一定数额的资本金，才能从外界取得借款。因为在市场经济条件下，债权人往往要考虑企业资本金的规模和生产经营状况，要分析企业的偿债能力。如果企业没有一定数额的资本金，则很难取得借款，同时企业在市场竞争中经营发展，总是有风险的，这就要有承担亏损的能力。企业有了资本金，才能以本负亏，从这个意义上来说，资本金是企业真正实现自主经营、自负盈亏、自我发展的前提条件。

2. 广义的理解

广义的理解认为企业资本是指企业所有者(股东)权益，即不仅包括资本金(实收资本)，而且还包括资本公积、盈余公积和未分配利润等。

所有者权益中的资本公积是一种资本储备形式，或者说是一种准资本，它包括多项内容，主要是：①投资者实际缴付的出资额超过其资本金的差额。例如，股份有限公司发行股票时，按股票面值和核定的股份总数的乘积计算的金额，记入“股本”科目，股票溢价部分记入“资本公积”科目。有限责任公司在增资扩股时，如有新投资者加入，新加入的投资者缴纳的出资额大于按约定比例计算的他在注册资本中所占份额的部分，作为资本公积入账。②资本汇率折算差额。境外上市公司、香港上市公司以及境内发行外资股的公司，在收到股款时，按照收到股款当日的汇率折合的人民币金额，记入“银行存款”等科目，按确定的人民币股票面值和核定的股份总数的乘积计算的金额，记入“股本”科目，按其差额记入“资本公积”(资本溢价)科目。③接受捐赠的实物资产。例如,企业接受捐赠的固定资产,按其价值记入“固定资产”科目,按估计折旧记入“累计折旧”科目,按其差额记入“资本公积”科目。④资产评估增值。例如,企业以固定资产对外投资,如评估确认的固定资产净值大于该资产账面净值,其差额应记入“资本公积”科目。公司按规定可以将资本公积转增资(股)本,但资本公积中,接受捐赠的实物资产价值和资产评估增值等不能转作资本。

所有者权益中的盈余公积,是企业从税后利润中提取的积累资金。盈余公积,按照其用途不同,又分为公益金和一般盈余公积两种。公益金主要用于集体福利设施,一般盈余公积可用于弥补亏损、分配股利、转增资(股)本等。

所有者权益中的未分配利润是指未进行分配的净利润。它有两层含义:一是这部分利润尚未分配给企业投资者;二是这部分净利润未指定用途,在未分配之前,企业可以自主运用。

企业经营得越好,经济效益越高,实现的利润越多,就能提取更多的盈余公积,分配更多的股利,有更多的未分配利润,有更大的抗风险的能力,就能更快地发展。盈余公积和未分配利润都是企业通过经营、运用资本所实现的增值,可以作为资本加以运用。

3. 更广义的理解

更广义的理解认为企业的资本不仅包括企业所有者权益,而且还包括借入资本。

(1) 企业的借入资本主要是从企业外部取得的各种借款,包括银行借款和发行债券借款。企业向银行或其他金融机构等借入的期限在一年以下(含一年)的借款称为短期借款,借入期限在一年以上借款称为长期借款。发行债券借款期限为一年及一年以下的为短期债券,期限为一年以上的为长期债券。

企业通过借款所获得的货币与企业资本金形成时获得的货币,虽然来源有别,但在企业生产经营中发挥的作用是相同的,都用于购买材料、设备,支付工资费用。劳动者利用生产资料进行劳动,生产出产品,销售后收回货币,形成利润,实现增值。因此,企业借入的货币从其在生产经营中的作用来看,也是企业的资本。企业所有者权益是企业的自有资本,而企业借入的用于生产经营的货币,则是企业的借入资本。

办企业不能没有足够的自有资本,而聪明的企业家还很重视充分合理利用借入资本,因为合理利用借入资本,可以提高企业自有资本利润率。例如,某企业自有资本600万元,借入资本400万元(利息率8%),合计1 000万元。本期息税前利润150万元,全部资本利润率为15%,税前利润为118万元(150－400×8%)。自有资本利润率为19.67%(118/600×100%),比全部资本利润率高出4.67%。从上例可以看出,该企业借入资本400万元,与自有资本一样参加生产经营周转,获得息税前利润60万元(400×15%),付出利息32万元(400×8%),付息后利润为28万元,使自有资本利润率提高4.67%(28/600×100%)。

(2) 企业的借入资本还可以包括通过补偿贸易方式和融资租赁方式获得固定资本而形成的长期应付款。企业需要某种设备,除了可以用自有资本中的货币或用借入的货币购买以外,还可以采用补偿贸易方式或融资租赁方式获得。当企业采用补偿贸易方式引进设备时,按照设备的价款以及国外运杂费的外币金额和规定汇率折合为人民币数额记账，一方面企业增加了固定资产，另一方面企业增加了“长期应付款”，这种应付款按照合同分若干年用设备投产后生产出来的产品作价偿还。融资租入固定资产时，一方面是企业增加了固定资产，另一方面是企业增加了“长期应付款”（应付融资租赁费）。租入的设备投入使用后，应付融资租赁费按合同规定分若干年支付。

这里所说的补偿贸易和融资租赁两种方式与前述银行借款和发行债券借款两种方式有所不同，不是先借款去买设备，以后再用货币还借款本息，而是先获得设备，形成长期应付款，以后分期补偿或还款，但它们都是以信用为基础的资金融通，其实质是相同的。

(3) 企业的借入资本还可以包括其他各种应付款。企业在生产经营中还会形成其他一些应付款。例如，应付票据（企业因购买材料、商品和接受劳务供应等而开出、承兑的商业票据）、应付账款（企业因购买材料、商品和接受劳务供应等而应付供应单位的款项）、预收账款（企业按照合同规定向购货单位预收的款项）、应付工资、应付福利费、应付股利、应交税金和其他应付款。企业的各种应付款是企业应付给有关单位、个人的货币，尚未支付而被企业暂时占用在生产经营之中，与企业的各种应收款有一定的对应关系。许多应付款项目的形成和偿还有一定的规律，其数额有一定的稳定性，在没有到偿还期之前，企业可以合理运用，因而可视为借入资本。

企业的各种应付款在资产负债表的右方上半部分列示，分为流动负债和长期负债两类。

我们认为企业资本不仅包括自有资本，而且还包括借入资本。自有资本也称权益资本，是企业资本运营的基础，是企业赖以自主经营、自负盈亏的本钱，也是企业获取借入资本的基本前提，因而企业首先必须具有一定规模的自有资本。借入资本也称负债资本或他人资本，企业合理使用借入资本，可以扩大企业的生产经营规模，提高自有资本的经营效益，但使用借入资本，必须按期还本付息，企业面临着财务风险。企业合理、巧妙地运用借入资本，既能提高经营效益，又能避免财务风险，乃是资本运营的艺术。

（五）资本的表现形态

新建立的企业，最初从各方面筹集的资本表现为货币资本、实物资本和无形资本等。企业投入生产经营以后，资本形态不断地发生变化。例如，货币资本转化为实物资本和无形资本，实物资本和无形资本再转化为货币资本。在资本运用过程中，还会出现对外投资和应收款等形式。资本的各种形态在资产负债表的左方表现为各种资产。

1. 货币资本（金）

货币资本（金）指处于货币形态的资本，具体包括企业的现金、银行存款和其他货币资金。其他货币资金包括企业的外埠存款、银行汇票存款、银行本票存款、信用卡存款、信用保证金存款等。

2. 实物资本

实物资本指表现为实物形态的各种资本，具体包括存货和固定资产。存货包括企业在库、在途和在加工中的各种材料、商品、在产品、半成品、包装物、低值易耗品、分期收款发出商品、委托代销商品等；固定资产包括房屋、建筑物、机器设备、运输工具等。

3. 无形资本

无形资本指不具有实物形态的各种资本，具体包括企业拥有的专利权、非专有技术、商标权、著作权、土地使用权和商誉等各种无实物形态的价值。

4. 对外投资

对外投资指企业对外投出的各种股权性质和债权性质的投资，按期限长短可分为短期投资和长期投资。短期投资指企业购入能随时变现并且持有时间不准备超过一年(含一年)的投资，包括各种股票、债券等；长期投资指企业投出的期限在一年以上(不含一年)的各种股权性质的投资，包括购入的股票和其他股权投资(企业以固定资产和其他实物资产以及无形资产和货币资金对外投资)以及企业购入的在一年内(不含一年)不能变现或不准备随时变现的债券和其他债权投资。

5. 各种应收款

各种应收款包括应收票据(企业因销售商品、产品，提供劳务而收到的商业汇票)、应收账款(企业因销售商品、产品，提供劳务应向购货单位或接受劳务单位收取的款项)、预付账款(企业按照购货合同规定预付给供货单位的款项)以及应收股利(企业因股权投资而应收取的现金股利)、应收利息(企业因债权投资而应收取的利息)和其他应收款。企业应收款是企业的资本在经营过程中被其他有关单位、个人临时占用的。

在资产负债表的左方，企业资本的各种形态(资产)按其流动性由大到小排列，分为流动资产(包括货币资金、短期投资、各种应收款、预付账款、存货、待摊费用等)、长期投资(包括长期股权投资、长期债权投资)、固定资产(包括房屋、建筑物、机器、机械、运输工具以及在建工程等)、无形资产及其他资产(包括开办费、长期待摊费用等)。

(六) 资本概念的延伸

由于资本概念的广泛运用并深入人心，在许多领域，人们都将资本的概念进行了延伸，形成了目前较为流行的若干概念，如知识资本和人力资本等。

1. 关于知识资本

我们认为，知识资本是指企业所拥有的知识财产的价值。企业运用知识财产能带来经济效益。知识财产可分艺术财产和工业财产两类。艺术财产包括艺术产品、文学作品和音乐作品。工业财产可分为发明和商标两类。发明包括新产品、新工艺和商业用途的设计、方法等；商标包括产品商标、服务商标、证书商标和综合商标等。知识产权是对知识财产拥有者合法权利的认定。对艺术财产权的保护主要通过著作权法来实现，对工业财产权的保护主要通过专利法和商标法来实现。拥有技术的企业通过专利技术(已申请专利权的技术)、非专利技术(未申请专利权的技术)、商标权、版权和商业秘密五种方式对其产权进行保护。

知识资本是一个新的概念，目前认识不一致，一般认为“知识资本就是指企业所有无形资产的总和”。[①] 我们认为，知识资本是无形资本，但并不能说企业所有的无形资产都是知识资本。例如，土地使用权是企业对依法取得的土地在一定期限内有使用的权利，它是一种一般的权利关系，而不是一种知识产权，因此它不应包括在知识资本范围之内。又例如，商誉通常是指企业由于所处地理位置优越，或由于信誉好而获得了客户的信任，或由于组织得当生产经营效益好，或由于历史悠久积累了丰富的从事本业的经验，或由于技

① 申明. 知识资本运营论[M]. 北京：企业管理出版社，1998：16.

术先进、掌握了生产的诀窍等原因而形成的无形价值，具体表现在该企业的获利能力超过一般的获利水平。可见商誉的形成与企业拥有先进的生产技术和管理技术有关，但还与它所处地理位置优越等非知识因素有关。

随着科学技术的突飞猛进，知识经济时代的到来，知识资本的重要性将日益显示出来，企业投到科学技术方面的知识资本将会明显增多，在全部资本中所占的比重将会逐渐增大。

2. 关于人力资本

"人力资本理论"是由美国经济学家 Theodore W. Schultz 于 1960 年提出的。他在《人力资本投资》一文中，批判了传统经济学把实物资本和劳动力数量的增长作为经济增长的关键因素的观点，指出对人的知识、能力、健康等方面的投资对经济增长所起的作用要比实物资本和劳动力数量的增加重要得多。一般认为，人力资本是对人的投资而形成的资本，对人的投资包括学校教育、在职培训以及保健设施等方面的支出。人力资本投资是一项能够给其所有者带来最大效益的重要的生产性投资，企业拥有高素质的人力资源，就能更好地吸收、组合各种生产要素，推动经济迅速发展。我国现在对人力资本投资的各项支出，分散记入各有关费用科目，并没有形成统一的人力资本数据。

二、资本市场

(一) 资本市场含义

资本市场(capital market，也称"长期金融市场")是一个股票经济术语，指期限在一年以上的各种资金借贷和证券交易的场所。资本市场是政府、企业、个人筹措长期资金的市场，包括长期借贷市场和长期证券市场。在长期借贷中，一般是银行对个人提供的消费信贷；在长期证券市场中，主要是股票市场和长期债券市场。

资本市场上的交易对象是一年以上的长期证券。因为在长期金融活动中，涉及资金期限长、风险大，具有长期较稳定收入，类似于资本投入，故称为资本市场。资本市场是金融市场三个组成部分之一，是进行长期资本交易的市场。长期资本指还款期限超过一年、用于固定资产投资的公司债务和股东权益——股票，与调剂政府、公司或金融机构资金余缺的资金市场形成鲜明的对照。

(二) 资本市场原理

本质上，资本就是财富，通常形式是金钱或者实物财产。资本市场上主要有两类人：寻找资本的人，以及提供资本的人。寻找资本的人通常是工商企业和政府；提供资本的人则是希望通过借出或者购买资产进而牟利的人。

资本，在经济学意义上，指的是用于生产的基本生产要素，即资金、厂房、设备、材料等物质资源。在金融学和会计领域，资本通常用来代表金融财富，特别是用于经商、兴办企业的金融资产。广义上，资本也可作为人类创造物质和精神财富的各种社会经济资源的总称。

资本市场只是市场形态之一。市场由卖方和买方构成，有时候在有形的空间里，如农贸市场或者大型商场，有时候在电子化的环境里。金融市场就是交易金融产品的市场。例如，货币市场是给各国货币确立相互比价的，市场参与者通过交易各种货币满足需要或者进行投机。资本市场原理示意图如图 1-1 所示。同样，商品期货市场和资金市场也是为了满足参与买卖双方的不同金融需要。

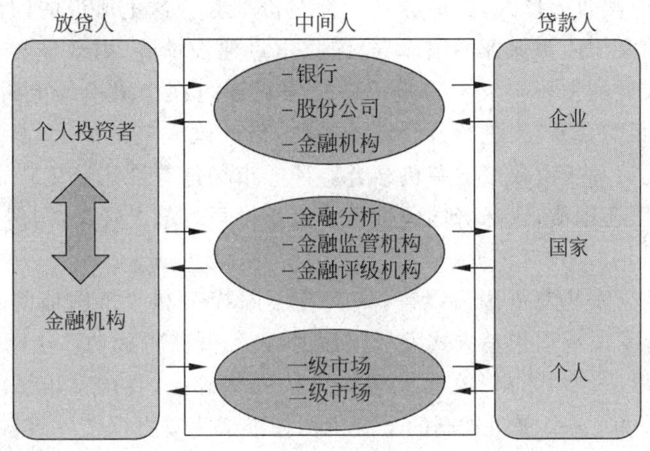

图 1-1　资本市场原理示意图

证券市场是股票、债券、投资基金等有价证券发行和交易的场所，是资本市场的主要部分和典型形态。

资本市场的资金供应者为各金融机构，如商业银行、储蓄银行、人寿保险公司、投资公司、信托公司等。资金的需求者主要为国际金融机构、各国政府机构、工商企业、房地产经营商以及向耐用消费零售商买进分期付款合同的销售金融公司等。其交易对象主要是中长期信用工具，如股票、债券等。

资本市场上资本出让的合同期一般在一年以上，这是资本市场与短期的货币市场和衍生市场的区别。

资本市场可以分一级市场和二级市场：在一级市场上，新吸收资本的证券得以发行，并获得投资者的资金；在二级市场上，已经发行的证券不断地被易手、交易。

假如一个市场符合证券交易所的要求，则这个市场是一个有组织的资本市场。一般来说通过时间和地点的集中，这样有组织的市场可以提高市场流通性、降低交易成本，以此提高资本市场的效应。

与货币市场相比，资本市场特点主要有以下几个。

(1) 融资期限长。至少在 1 年以上，也可以长达几十年，甚至无到期日。例如：中长期债券的期限都在一年以上；股票没有到期日，属于永久性证券；封闭式基金存续期限一般都在 15～30 年。

(2) 流动性相对较差。在资本市场上筹集到的资金多用于解决中长期融资需求，故流动性和变现性相对较弱。

(3) 风险大而收益较高。由于融资期限较长，发生重大变故的可能性也大，市场价格容易波动，投资者需承受较大风险。同时，作为对风险的报酬，其收益也较高。

(4) 资金借贷量大。

(5) 价格变动幅度大。

我国具有典型代表意义的资本市场包括以下几个方面。

1. 国债市场

国债是一种财政收入形式，国债券是一种有价证券。这里所说的国债市场是指期限在1年以上、以国家信用为保证的国库券、国家重点建设债券、财政债券、基本建设债券、保值公债、特种国债的发行与交易市场。中央银行通过在二级市场上买卖国债(直接买卖、国债回购、逆回购交易)来进行公开市场操作，借此收放基础货币，调节货币供应量和利率，实现财政政策和货币政策的有机结合。证券市场是有价证券交易的场所，政府通过证券市场发行和偿还国债，意味着国债进入了交易过程。毫无疑义，国债市场是证券市场的构成部分。

自1981年我国恢复发行国债以来，一直在不断摸索和改革国债的发行方式。1991年，我国首次进行了以承购包销方式发行国债的试验，并获得成功。这标志着我国国债一级市场机制开始形成。1993年，在承购包销方式的基础上，我国推出了国债一级自营商制度，19家信誉良好、资金实力雄厚的金融机构获准成为首批国债一级自营商。1994年，我国进行国债无纸化发行的尝试，借助上海证券交易所的交易与结算网络系统，通过国债一级自营商承购包销的方式成功地发行了半年期和一年期的国债。1995年，在无纸化发行取得成功的基础上，引进招标发行方式，以记账形式，由国债一级自营商采取基数包销、余额招标的方式成功地发行了一年期国债。1996年，我国国债市场的发展迈上了一个新的台阶，国债市场的发展以全面走向市场化为基本特色，“发行市场化、品种多样化、券面无纸化、交易电脑化”的目标基本得到实现。同时，国债的二级市场也得到了长足的发展。形成点面结合的格局，以证券交易所为点，以大量的柜台交易和场外电话交易为面。国债现货市场和回购市场的交易价格也日益活跃，成为反映货币市场资金供求状况的重要标尺。

国债市场一般具有以下两个方面的功能。

(1) 实现国债的发行和偿还。国家可以采取固定收益出售方式和公募拍卖方式在国债市场的交易中完成发行和偿还国债的任务。

(2) 调节社会资金的运行。在国债市场中，国债承销机构和国债认购者以及国债持有者与证券经纪人从事的直接交易。国债持有者和国债认购者从事的间接交易，都是社会资金的再分配过程，最终使资金需要者和国债需要者得到满足，使社会资金的配置趋向合理。若政府直接参与国债交易活动，以一定的价格售出或收回国债，就可以发挥诱导资金流向和活跃证券交易市场的作用。

2. 股票市场

股票市场包括股票的发行市场(一级市场)和股票交易市场(二级市场)。股票市场的前身起源于1602年荷兰人在阿姆斯特河大桥上进行荷属东印度公司股票的买卖，而正规的股票市场最早出现在美国。股票市场是投机者和投资者双双活跃的地方，是一个国家或地区经济和金融活动的寒暑表，股票市场的不良现象如无货沽空等，可以导致股灾等各种危害的产生。股票市场唯一不变的就是：时时刻刻都是变化的。中国有上交所和深交所两个交易市场。

发行市场又称一级市场或初级市场。股票发行是发行公司自己或通过证券承销商

(信托投资公司或证券公司)向投资者推销新发行股票的活动。股票发行大多无固定的场所,而在证券商品柜台上或通过交易网络进行。发行市场的交易规模反映一国资本形成的规模。股票发行的目的一是为新设立的公司筹措资金,二是为已有的公司扩充资本。发行方式有两种:①由新建企业自己发行,或要求投资公司、信托公司以及其他承销商给予适当协助;②由证券承销商承包发售。两种方式各有利弊,前者发行费用较低,但筹资时间较长。后者筹资时间较短,但费用较高,需要付给投资公司、信托公司或承销商一定的手续费。

交易市场又称二级市场或流通市场,包括:①证券交易所市场,是专门经营股票、债券交易的有组织的市场,根据规定只有交易所的会员、经纪人、证券商才有资格进入交易大厅从事交易。进入交易的股票必须是在证券交易所登记并获准上市的股票。②场外交易市场,又称证券商柜台市场或店头市场。主要交易对象是未在交易所上市的股票。店头市场股票行市价格由交易双方协商决定。店头市场都有固定的场所,一般只做即期交易,不做期货交易。

1) 股票市场的功能

通过股票的发行,大量的资金流入股市,又流入了发行股票的企业,促进了资本的集中,提高了企业资本的有机构成,大大加快了商品经济的发展。另外,通过股票的流通,使小额的资金汇集起来,又加快了资本的集中与积累。所以股市一方面为股票的流通转让提供了基本的场所;另一方面也可以刺激人们购买股票的欲望,为一级股票市场的发行提供保证。由于股市的交易价格能比较客观地反映出股票市场的供求关系,股市也能为一级市场股票的发行提供价格及数量等方面的参考依据。股票市场的职能反映了股票市场的性质。在市场经济社会中,股票有如下四个方面的职能。

(1) 积聚资本。上市公司通过股票市场发行股票来为公司筹集资本。上市公司将股票委托给证券承销商,证券承销商再在股票市场上发行给投资者。而随着股票的发行,资本就从投资者手中流入上市公司。

(2) 转让资本。股市为股票的流通转让提供了场所,使股票的发行得以延续。如果没有股市,很难想象股票将如何流通,这是由股票的基本性质决定的。当一个投资者选择银行储蓄或购买债券时,他不必为这笔钱的流动性担心。因为无论怎么说,只要到了约定的期限,他都可以按照约定的利率收回利息并取回本金,特别是银行存款,即使提前去支取,除本金外也能得到少量利息。总之,将投资撤回、变为现金不存在任何问题。但股票就不同了,一旦购买就成了企业的股东,此后,你既不能要求发行股票的企业退股,也不能要求发行企业赎回。如果没有股票的流通与转让场所,购买股票的投资就变成了一笔死钱,即使持股人急需现金,股票也无法兑现。这样的话,人们对购买股票就会有后顾之忧,股票的发行就会出现困难。有了股票市场,股民就可以随时将持有的股票在股市上转让,按比较公平与合理的价格将股票兑现,使死钱变为活钱。

(3) 转化资本。股市使非资本的货币资金转化为生产资本,它在股票买卖者之间架起了一座桥梁,为非资本的货币向资本的转化提供了必要的条件。股市的这一职能对资本的追加、促进企业的经济发展有着极为重要的意义。

(4) 股票价格。股票本身并无价值,虽然股票也像商品那样在市场上流通,但其价格的多少与其所代表的资本价值无关。股票的价格只有在进入股票市场后才能表现出来，股票在市场上流通的价格与其票面金额不同，票面金额只是股票持有人参与红利分配的依据，不等于其本身所代表的真实资本价值，也不是股票价格的基础。在股票市场上，股票价格有可能高于其票面金额，也有可能低于其票面金额。股票在股票市场上的流通价格是由股票的预期收益、市场利息率以及供求关系等多种因素决定的。但即使这样，如果没有股票市场，无论预期收益如何，市场利率有多大的变化，也不会对股票价格造成影响。所以说，股票市场具有赋予股票价格的职能。

2）股市周期

股市周期是指股票市场长期升势与长期跌势更替出现、不断循环反复的过程，通俗地说，股票上涨下跌的一个循环，即熊市与牛市不断更替的现象。

一个股市周期大致经历以下四个阶段：牛市阶段—高位盘整市阶段—熊市阶段—低位牛皮市阶段。

股市周期性运动具有以下几个方面的重要特征。

(1) 股市周期性运动是指股市长期基本大势的趋势更替，不是指短期内股价指数的涨跌变化。股市每日有涨有跌，构成了股市周期性运动的基础，但不能代表股市周期。

(2) 股市周期性运动是指股市整体趋于一致的运动，而不是指个别股票、个别板块的逆势运动。

(3) 股市周期性运动是指基本大势的反转或逆转，而不是指股价指数短期的或局部的反弹或回调。

(4) 股市周期性运动是指股市在运动中性质的变化，即由牛市转为熊市或由熊市转为牛市，而不是指股价指数单纯的数量变化。牛市和熊市的性质是不同的，但牛市中也可能出现股价指数下跌的现象，而熊市中也可能存在股价指数上涨的局面，关键要看这种数量的变化能否积累到使基本大势发生质的转变。

3. 企业债券市场

企业债券市场是指专为企业债券这种金融工具确定价格和进行交易的场所或机制，是债券市场的有机组成部分。如果从更大的债券类别的角度来划分，整个债券市场可分为政府债券市场和企业债券市场这两大基本类型。

4. 中长期放款市场

中长期放款市场的资金供应者主要是不动产银行、动产银行；其资金投向主要是工商企业固定资产更新、扩建和新建；资金借贷一般都需要以固定资产、土地、建筑物等作为担保品。

（三）资本市场构成

1. 信贷市场

信贷市场是信贷工具的交易市场。对于属于货币市场范畴的信贷市场交易工具的期限是在一年以内，不属于货币市场范畴的信贷市场的交易工具的期限是在一年以外。信贷市场是商品经济发展的产物。在商品经济条件下，随着商品流通的发展，生产日益扩大和社会化，社会资本的迅速转移，多种融资形式和信用工具的运用和流通，导致信贷市场的形成，而商品经济持续、稳定协调发展，又离不开完备的信贷市场体系的支持。

信贷市场的主要功能是调剂暂时性或长期的资金余缺,促进国民经济的发展;另外信贷市场也是中央银行进行信贷总量宏观调控,贯彻货币政策意图的主要场所。

(1) 信贷市场的基础功能是调剂暂时性或长期的资金余缺。

在经济生活中,资金盈余单位有多余的资金,而它们又并不想在当前安排进一步的开支;而赤字单位想做更多的开支,但又缺少资金,计划不能实现。信贷活动的实质就是储蓄资金从盈余单位向赤字单位有偿的转移。以银行为代表的金融体系的介入形成了信贷市场机制,极大地推动了这个转移过程,对经济体系的顺利运转具有重要意义。

(2) 信贷市场的发展推动了一国国民经济的发展。

信贷市场促进了资本的再分配和利润的平均化。国民经济的迅速发展,靠的是各部门的协调发展,而这主要是通过资本自发转移来实现的。资本总是从利润低的行业向利润高的行业流动,以保证企业获得最大的利润,然而资本并不能够完全自由流动,信贷市场的出现使这些限制不复存在,从而使一国国民经济能够较为迅速地发展。

(3) 信贷市场也是中央银行进行信贷总量宏观调控,贯彻货币政策意图的主要场所。

中央银行对货币和信用的宏观调控政策主要有两大类,第一类货币政策是收缩或放松两个方向调整信贷市场上银行体系的准备金和货币乘数来影响货币信贷的总量。第二类是用各种方式干预信贷市场的资金配置,从而引起货币信贷结构变化。不难看出,这两大类政策都主要发生于信贷市场,离不开信贷市场的支持。

信贷市场上的市场主体可以划分为信贷资金的供给者和信贷资金的需求者两大类,信贷市场的主要功能就是在上述双方间融通资金。信贷资金的供给者有以下几个。

(1) 商业银行。信贷资金市场的资金供给者主要是商业银行,资金融通业务是商业银行的最主要业务。商业银行是信贷市场上最活跃的成分,所占的交易量最大,采用的信贷工具最多,对资金供求与利率的波动影响也最大。目前在我国信贷市场上,国有商业银行占据了这个市场绝大部分的市场份额,不过随着中国金融体制的改革,股份制商业银行和地方城市商业银行的市场份额表现出逐步扩大的趋势。另外,在我国农村信贷市场上,农村信用社是最主要的资金供给者。

(2) 非银行金融机构。其他金融机构,如银行以外的城市信用社、金融公司、财务公司、保险公司和信托公司等,也是信贷市场的重要资金供给者。在混业经营的金融市场上,这些非银行金融机构也积极地在信贷市场上拓展信贷业务,实现业务和收入的多元化。在我国目前的分业经营的格局下,非银行金融机构还不能直接进入信贷市场,但是也存在非银行金融机构通过其他渠道间接进入信贷市场的情况。

(3) 企业。企业由于销售收入的集中性会形成企业资金的暂时闲置,它们通过与合适的贷款对象以私下约定的形式向信贷市场注入资金。在我国私募融资市场上,具有闲置资金的企业在解决中小企业非主流渠道融资方面发挥着日益重要的作用。

信贷市场上的资金需求者主要是企业、个人和金融机构。

(1) 企业。企业在生产经营活动中会经常出现临时性和季节性的资金需求,同时由于企业自身的发展,企业也经常产生各种长期的资金需求,于是就在信贷市场上通过借款的形式来筹集所需的资金。对于我国的企业来说,信贷市场是它们融资的最主要渠道,但是广大中小企业在这个市场上的融资难度还比较大。

(2) 个人。个人由于大额消费和不动产投资也经常产生短期和长期的信贷需求,他们也经常到信贷市场中通过借款的形式筹集所需的资金。我国信贷市场上个人业务最主要的一块是住房信贷业务,随着中国国民收入的提高,汽车信贷和信用卡信贷业务也正快速地发展起来。

(3) 金融机构。金融机构和工商企业一样,各类金融机构在经营活动中也经常会产生短期和长期的融资需求,如我国的证券公司、信托公司一度曾经是信贷市场的重要资金需求者。

中央银行和金融监管机构也是信贷市场的重要参与者。

(1) 中央银行。中央银行通常要根据国民经济发展的需要,在信贷市场上通过准备金率、贴现率、再贷款等货币政策工具来调控信贷市场的规模与结构。目前,我国的信贷市场由中国人民银行发挥中央银行的宏观调控职能。

(2) 金融监管机构。金融监管部门作为保证金融机构合规运作业务的主管机构,对银行等金融机构的信贷业务的合法合规性进行着监控,防范化解金融业务风险。我国信贷市场上银行业监督管理委员会发挥着金融监管职能。

贷款是信贷市场上最主要的市场工具,贷款业务至今为止也是商业银行最为重要的资产业务,贷款的利息收入通常要占到商业银行总收入的一半以上。根据不同的标准,贷款可以分为以下不同种类。

① 按贷款抵押与否分类。按照贷款抵押与否,可以划分为抵押贷款和信用贷款。

② 按照贷款的定价分类。按照贷款的定价,可以分为固定利率贷款和浮动利率贷款。

③ 按照贷款对象。按照贷款对象,可以分为工商贷款、农业贷款、消费者贷款、同业贷款等。

④ 按贷款金额分类。根据贷款量金额,贷款可以分为批发贷款、零售贷款和其他贷款。批发贷款包括工商业贷款、对金融机构的贷款、一部分不动产贷款、农业生产用途贷款。

批发贷款可以是抵押贷款或无抵押贷款,贷款期限可以是短期、中期和长期。其中,工商业贷款是批发贷款业务的主要部分,比其他批发贷款种类变化较多,包括季节性的短期库存商品贷款,对机器、建造物等基本建设部分的长期贷款等。

零售贷款包括个人贷款以及某些种类的不动产贷款。个人贷款的使用包括购买汽车、信用卡消费、循环周转限额贷款、购买住房的分期付款,以及其他零售消费商品。消费者不动产贷款主要用于占有不动产及其追加设施等。

其他贷款是指在实现之前不反映在资产负债表上的表外项目,其包括贷款承诺、信贷限额、备用信用证、商业信用证等。

2. 证券市场

证券是多种经济权益凭证的统称,因此,广义上的证券市场指的是所有证券发行和交易的场所,狭义上,也是最活跃的。证券市场指的是资本证券市场、货币证券市场和商品证券市场,是股票、债券、商品期货、股票期货、期权、利率期货等证券产品发行和交易的场所。

证券市场是市场经济发展到一定阶段的产物，是为解决资本供求矛盾和流动性而产生的市场。证券市场以证券发行和交易的方式实现了筹资与投资的对接，有效地化解了资本的供求矛盾和资本结构调整的难题。在发达的市场经济中，证券市场是完整的市场体系重要组成部分，它不仅反映和调节货币资金的运动，而且对整个经济的运行具有重要影响。

证券市场的构成要素主要包括证券市场参与者、证券市场交易工具和证券交易场所三个方面。

1）证券市场参与者

(1) 证券发行人。证券发行人是指为筹措资金而发行债券、股票等证券的政府及其机构、金融机构、公司和企业。证券发行人是证券发行的主体，证券发行是把证券向投资者销售的行为。证券发行可以由发行人直接办理，这种证券发行称为自办发行或直接发行。自办发行是比较特殊的发行行为，也比较少见。20 世纪末以来，由于网络技术在发行中的应用，自办发行开始增多。证券发行一般由证券发行人委托证券公司进行，又称承销，或间接发行。按照发行风险的承担、所筹资金的划拨及手续费高低等因素划分，承销方式有包销和代销两种，包销又可分为全额包销和余额包销。

(2) 证券投资者。证券投资者是证券市场的资金供给者，也是金融工具的购买者。证券投资者类型甚多，投资的目的也各不相同。证券投资者可分为机构投资者和个人投资者两大类。

① 机构投资者。机构投资者是指相对于中小投资者而言拥有资金、信息、人力等优势，能影响某个证券价格波动的投资者，包括企业、商业银行、非银行金融机构(如养老基金、保险基金、证券投资基金)等。虽然各类机构投资者的资金来源、投资目的、投资方向各不相同，但一般都具有投资的资金量大、收集和分析信息的能力强、注重投资的安全性、可通过有效的资产组合以分散投资风险、对市场影响大等特点。

② 个人投资者。个人投资者是指从事证券投资的自然人，他们是证券市场最广泛的投资者。个人投资者的主要投资目的是追求盈利，谋求资本的保值和增值，所以十分重视本金的安全和资金的流动性。

(3) 证券市场中介机构。证券市场中介机构是指为证券的发行与交易提供服务的各类机构，包括证券公司和其他类型的证券服务机构，通常把两者合称为证券中介机构。证券中介机构是连接证券投资者与筹资人的桥梁，证券市场功能的发挥，在很大程度上取决于证券中介机构的活动。通过它们的经营服务活动，建立了证券需求者与证券供应者之间的联系，不仅保证了各种证券的发行和交易，还能起到维持证券市场秩序的作用。

① 证券公司。证券公司是指依法设立可经营证券业务的、具有法人资格的金融机构。证券公司的主要业务有承销、经纪、自营、投资咨询、购并、受托资产管理、基金管理等。证券公司一般分为综合类证券公司和经纪类证券公司。

② 证券服务机构。证券服务机构是指依法设立的从事证券服务业务的法人机构，主要包括财务顾问机构、证券投资咨询公司、会计师事务所、资产评估机构、律师事务所、证券信用评级机构等。

(4) 自律性组织。自律性组织包括证券交易所和证券业协会。

① 证券交易所。根据《中华人民共和国证券法》的规定，证券交易所是提供证券集中竞价交易场所的不以营利为目的的法人。其主要职责有：提供交易场所与设施；制定交易规则；监管在该交易所上市的证券以及会员交易行为的合规性、合法性，确保市场的公开、公平和公正。

② 证券业协会。证券业协会是证券行业的自律性组织，是社会团体法人。证券业协会的权力机构为由全体会员组成的会员大会。根据《中华人民共和国证券法》规定，证券公司应当加入证券业协会。证券业协会应当履行协助证券监督管理机构组织会员执行有关法律，维护会员的合法权益，为会员提供信息服务，制定规则，组织培训和开展业务交流，调解纠纷，就证券业的发展开展研究，监督检查会员行为，以及证券监督管理机构赋予的其他职责。

(5) 证券登记结算机构。证券登记结算机构是为证券交易提供集中登记、存管与结算业务，不以营利为目的的法人。按照《证券登记结算管理办法》，证券登记结算机构实行行业自律管理。我国的证券登记结算结构为中国证券登记结算有限责任公司。

(6) 证券监管机构。在中国，证券监管机构是指中国证券监督管理委员会及其派出机构。它是国务院直属的证券管理监督机构，依法对证券市场进行集中统一监管。它的主要职责是：负责行业性法规的起草，负责监督有关法律法规的执行，负责保护投资者的合法权益，对全国的证券发行、证券交易、中介机构的行为等依法实施全面监管，维持公平而有秩序的证券市场。

2) 证券市场交易工具

证券市场活动必须借助一定的工具或手段来实现，这就是证券交易工具，也即证券交易对象。证券市场交易工具主要包括：政府债券(包括中央政府债券和地方政府债券)、金融债券、公司(企业)债券、股票、基金及金融衍生证券等。

3) 证券交易场所

证券交易场所包括场内交易市场和场外交易市场两种形式。场内交易市场是指在证券交易所内进行的证券买卖活动，这是证券交易场所的规范组织形式；场外交易市场是在证券交易所之外进行的证券买卖活动，它包括柜台交易市场(又称店头交易市场)、第三市场、第四市场等形式。

证券市场具有以下三个显著特征。

(1) 证券市场是价值直接交换的场所。有价证券是价值的直接代表，其本质上只是价值的一种直接表现形式。虽然证券交易的对象是各种各样的有价证券，但由于它们是价值的直接表现形式，所以证券市场本质上是价值的直接交换场所。

(2) 证券市场是财产权利直接交换的场所。证券市场上的交易对象是作为经济权益凭证的股票、债券、投资基金份额等有价证券，它们本身仅是一定量财产权利的代表，所以，代表着对一定数额财产的所有权或债权以及相关的收益权。证券市场实际上是财产权利的直接交换场所。

(3) 证券市场是风险直接交换的场所。有价证券既是一定收益权利的代表，同时也是一定风险的代表。有价证券的交换在转让出一定收益权的同时，也把该有价证券所特有的风险转让出去。所以,从风险的角度分析,证券市场也是风险的直接交换场所。

(四)资本市场功能

1. 筹资投资功能

资本市场的筹资投资功能是指资本市场一方面为资金需求者提供了通过发行证券筹集资金的机会,另一方面为资金供给者提供了投资对象。在资本市场上交易的任何证券,既是筹资的工具,也是投资的工具。在经济运行过程中,既有资金盈余者,又有资金短缺者。资金盈余者为使自己的资金价值增值,必须寻找投资对象;而资金短缺者为了发展自己的业务,就要向社会寻找资金。为了筹集资金,资金短缺者可以通过发行各种证券来达到筹资的目的,资金盈余者则可以通过买入证券而实现投资。筹资和投资是资本市场基本功能不可分割的两个方面,忽视其中任何一个方面都会导致市场的严重缺陷。

2. 优化资源配置

在资本市场中企业产权的商品化、货币化、证券化,在很大程度上削弱了生产要素部门间转移的障碍。实物资产的凝固和封闭状态被打破,资产具有了最大的流动性。一些效益好、有发展前途的企业可根据社会需要,通过控股、参股方式实行兼并和重组,发展成为资产一体化的企业集团,或者开辟新的经营领域。同时,在资本市场上,通过发行债券和股票广泛吸收社会资金,其资金来源不受个别资本数额的限制。这就打破了个别资本有限且难以进入一些产业部门的障碍,有条件的也有可能筹措到进入某一产业部门最低限度的资金数额,从而有助于生产要素在部门间的转移和重组,以实现资源的有效配置。

3. 促进资本流动

资本市场通过一定的金融工具在资金的需求者与闲置资金供给者之间建立联系,促进了资本在市场上的流动,同时也提高了资本的使用效率。

4. 风险定价

证券是资本的表现形式,所以证券的价格实际上是证券所代表的资本的价格。证券的价格是证券市场上证券供求双方共同作用的结果。证券市场的运行形成了证券需求者和证券供给者的竞争关系,这种竞争的结果是:如能产生高投资回报的资本,则市场的需求就大,相应地,证券价格就高;反之,证券的价格就低。因此,证券市场提供了资本的合理定价机制。

5. 促进企业改革

在当今中国,我们可以借助现代资本市场具有的规范企业制度和约束企业行为的功能,迫使已经改制上市的企业完善现代企业制度,改善公司治理结构,通过"倒逼机制"推进企业建立现代企业制度,就自然成为企业改革的一个思路和选择。企业通过改制上市建立了股东会、董事会、监事会、经理层的框架结构,治理结构逐步完善,信息披露得到改进,内外制衡得到提升。总体上,近年来中国上市公司治理水平正在逐步提升。

第二节 资本定价与资本经营的技术基础

一、资本定价

资本经营中的一个核心环节就是给资本定价。如上所述,对于已经标准化的资本或资产，如证券，可以通过资本市场或证券市场上进行交易给出资本或资产的价格以及定价模式。但对于大量的非标准资本或资产，现有建立在经济学研究基础上的资产评估技术可以给出比较科学化的判断方法和依据。

（一）重置成本法

基于交易假设的重置成本法是：在现时条件下，被评估资产全新状态的重置成本减去该项资产的实体性贬值、功能性贬值和经济性贬值，估算资产价值的方法。用重置成本法进行资产评估时，应当根据该项资产在全新情况下的重置成本，减去按重置成本计算的已使用年限的累积折旧额，考虑功能变化、成新率（被评估资产的新旧程度，如八成新、六成新）等因素，评定重估价值；或者根据资产的使用期限，考虑资产功能变化等因素重新确定成新率，评定重估价值。

重置成本法是从成本的角度来衡量资产的价值，它首先估算与评估对象完全相同或功能相同的全新资产的成本。如果被评估对象是一台全新的设备或一个全新的工厂，则被评估对象的价值为它的重置成本。根据替代性原则，在进行资产交易时，购买者所愿意支付的价格不会超过按市场标准重新购置或构建该项资产所付出的成本。如果被评估资产已经使用过，则应该从重置成本中扣减在使用进程中的自然磨损、技术进步或外部经济环境导致的各种贬值。因此，重置成本法是通过估算被评估资产的重置成本和资产实体性贬值、功能性贬值、经济性贬值，将重置成本扣减各种贬值作为资产评估价值的一种方法。

重置成本法中的具体评估方法有重置核算法、价格指数法、功能价值法、规模经济效益指数法、统计分析法。

（二）清算价格法

基于清算假设的清算价格法适用于依照《中华人民共和国企业破产法（试行）》的规定，经人民法院宣告破产的公司，其在股份制改组中一般不使用这一办法。采用清算价格法评估资产，应当根据公司清算时其资产可变现的价值，评定重估价值。一般在企业清算时，资产分拆拍卖时的估价以及作为旧货时的估价，通常是市场同类产品价格的20％～50％。

（三）收益现值法

基于持续使用假设的收益现值法是将评估对象剩余寿命期间每年（或每月）的预期收益，用适当的折现率折现，累加得出评估基准日的现值，以此估算资产价值的方法。收益现值法通常用于有收益企业的整体评估及无形资产评估等。

基本程序如下：

(1) 收集并验证与评估对象未来预期收益有关的数据资料，包括经营前景、财务状况、市场形势以及经营风险等。

(2) 分析测算被评估对象未来预期收益。

(3) 确定折现率或本金化率。

(4) 用折现率或本金化率将评估对象未来预期收益折算成现值。

(5) 分析确定评估结果。

计算公式：

假设 $R_1, R_2, \cdots, R_n$ 是未来 n 年的收益，r 是折现率。

$$P = \frac{R_1}{1+r} + \frac{R_2}{(1+r)^2} + \cdots + \frac{R_n}{(1+r)^n}$$

上述公式是

$$P = \int_x^{+\infty} R(t) \mathrm{e}^{-\gamma t} \mathrm{d}t$$

的简化形式。

收益法的优点在于它是一种着眼于未来的评估方法，它主要考虑资产的未来收益和货币的时间价值，所以它能够较真实、较准确地反映企业本金化的价格，在投资决策时，应用收益现值法得出的资产价值较容易被买卖双方所接受。其局限性是：预期收益额的预测难度较大，折现率的确定受较强的主观判断和未来收益不可预见因素的影响，所以被评估对象通常需要的是经营性资产，而且具有持续获利的能力；所以，被评估资产通常是能够而且必须用货币衡量其未来收益的资产。例如，企业整体资产、房地产、自然资源以及无形资产。

（四）市场比较法

基于公开市场假设的市场比较法是根据公开市场上与被评估对象相似的或可比的参照物的价格来确定被评估对象的价格。如果参照物与被评估对象是不完全相同的，则需要根据评估对象与参照物之间的差异对价值的影响作出调整。影响市场价值的主要是比较因素。比较因素是一个指标体系，它要能够全面反映影响价值的因素。不全面的或仅使用个别指标所作出的价值评估是不准确的。一般来说，比较因素可分为四大类，即个别因素、交易因素、地域因素和时间因素。

基本程序如下：

（1）选择参照物。

（2）在评估对象与参照物之间选择比较因素。

（3）指标对比、量化差异。

（4）在各参照物成交价格的基础上调整已经量化的对比指标差异。

（5）综合分析确定评估结果。

市场法中的具体评估方法有以下几种：

（1）直接比较法。

（2）市场售价类比法。

（3）功能价值法。

（4）价格指数法。

（5）成新率价格法。

（6）市价折扣法。

（7）成本市价法。

（8）市盈率乘数法。

市场比较法要求有一个有效、公平的市场。有效是指市场所提供的信息是真实可靠的，评估参照物在市场上的交易是活跃的。而公平是指市场应该具备公平交易的所有条件，买卖双方的每一步决策都是在谨慎和充分掌握信息的基础上作出的，并且假定这价格不受不适当刺激的影响。

资产评估作为一个独立的专业化市场中介服务行业得到了长足发展，在规范资本运作、维护经济秩序、促进经济发展等方面发挥着越来越重要的作用，已经成为市场经济发展不可或缺的重要力量。资产评估行业受政策影响较大，随着经济改制工作接近尾声，评估企业之间的竞争日益激烈，不过新的形势也为评估行业的发展提供了巨大商机。

重置成本法、收益现值法和市场比较法的对比如表 1-1 所示。

表 1-1　重置成本法、收益现值法和市场比较法的对比

要素 方法	市场比较法	收益现值法	重置成本法
含义	利用市场上同样或类似资产的近期交易价格，经过直接比较或类比分析	通过估测资产未来预期收益的现值	首先估测资产的重置成本，再估测贬损因素
原理（科学性）	根据替代原则，任何一个正常的投资者在购置某项资产时所愿支付的价格不会高于市场上具有相同用途的替代品的现行市价	任何理性投资者所愿支付价格不会好于所购资产在未来带来的回报即收益额	任何潜在投资者所愿支付价格不会超过该项资产的现行构建成本
基本前提	1. 有活跃的公开市场； 2. 公开市场上有可比的资产及其交易活动	1. 未来收益及风险可预测并可货币衡量； 2. 获利年限可预测	1.（假定）处于继续使用状态； 2. 历史资料； 3. 形成价值的耗费是必需的
具体方法	1. 直接比较法； 2. 类比调整法 （市场售价类比法、功能价值法、价格指数法、成新率价格法市价折扣法、成本市价法、市盈率乘数法）	参考年金现值的计算方法，是关于 A、n、r 的函数关系，根据年金是否永续、收益等差/等比递增/减各自对应公式	1. 重置核算法、价格指数法、规模经济效益指数法、统计分析法； 2. 观测法、使用年限法等
优点	直观简洁，便于操作，适用性强，应用广泛	根据预期收益评估价值，容易被资产业务各方接受	比较充分地考虑了资产的损耗，评估结果更趋于公平合理
缺点	可比性要求高，对信息质量要求高，不适用于专用设备和无形资产，易受到地区、环境等严格限制	A、n、r 不易估计	如科技进步较快的资产，采用价格指数法往往偏高
联系	评估方法是实现评估目的的手段，客观的评估值不会因为评估人员所选用的方法不同而出现截然不同的结果，而应该趋同，其相互验证提供理论根据		
区别	不同角度，要求具备各自相应的信息基础，评估结论也都从某一角度反映资产价值。由于评估的特定目的的不同、市场条件差别等，需要评估的资产价值类型也有区别，也造成了效率上和直接程度上的差别		

二、资本经营的技术基础

尽管上述方法都是客观、公正的，而且都具有一定的科学性，但在具体实施过程中，存在悖论现象。即针对同一项资产，从不同的角度，用不同的方法，得出的资产价值是不一样的。这就是为什么“价值”研究在经济学研究历史中占有很重要的地位。因为很困难，且没有一致的观点，所以，价值的“测不准”观点，就形成了资本经营的技术基础。

譬如有若干间商铺，如果它处于正常经营状况时，商铺被出租，按月或按年可以获取租金，同时它也按照市场价转让，由于是带租转让，通常的转让价会比较高一点。所以处于正常经营状况下的商铺，其估价可以用收益现值法或市场法进行。

如果这些商铺因为某种原因，被司法冻结，大门被贴上封条，不得出租，那么这些商铺只能按照清算法估价，这也合理合法，但经验告诉我们，用清算法计算出来的商铺价值通常是用收益现值法或市场法计算出来价值的二分之一或三分之一。所以，在资本经营过程中，尽管都是用商铺作为资产注入上市公司，但用什么样形态的商铺计算资产价值，对上市公司股价来说，就有利好或利坏之分。

第三节　资本经营的概念与内涵

一、资本经营的概念

资本经营，又称资本运作、资本运营，是指利用市场法则，通过资本本身的技巧性运作或资本的科学运动，实现价值增值、效益增长的一种经营方式。具体包括发行股票、发行债券(包括可转换公司债券)、配股、增发新股、转让股权、派送红股、转增股本、股权回购(减少注册资本)，企业的合并、托管、收购、兼并、分立以及风险投资等。

资产重组，是指为了整合经营业务、优化资产结构、改善财务状况，对企业的资产进行剥离、置换、出售、转让，或对企业进行合并、托管、收购、兼并、分立的行为，以实现资本结构或债务结构的改善，为实现资本运营的根本目标奠定基础。

资产与资本是两个完全不同的概念，代表着完全不同的内涵。

资产，是企业用于从事生产经营活动以为投资者带来未来经济利益的经济资源，出现在资产负债表的左侧，归企业所有。企业的所谓法人财产权，就是指企业对其控制的资产拥有的所有权。

资本，是企业为购置从事生产经营活动所需的资产的资金来源，是投资者对企业的投入，出现在资产负债表的右侧，它为债务资本与权益资本，分别归债权人和公司所有者(股东)所有，企业对其资本不拥有所有权。

资金，从广义上讲，与“资产”的概念是一致的，但它有缩小范围的概念，如特指货币资金，或是特指营运资金。

公司的注册资本是公司在登记机关登记注册时的资本额，也叫法定资本。注册资金是国家授予企业法人经营管理的财产或者企业法人自有财产数额的体现。注册资本与注册资金的概念在法理上有较大差异。注册资金所反映的是企业经营管理权；注册资本反映的则是公司法人财产权，所有股东投入的资本一律不得抽回，由公司行使财产权。注册资金是企业实有资产的总和，注册资本是出资人实缴出资额的总和。注册资金随实有资金的增减而增减，即当企业实有资金比注册资金增加或减少 20%以上时，要进行变更登记。而注册资本非经法定程序，不得随意增减。

资本经营与生产经营的区别和联系。

（一）从历史发展上来分析

从历史上看，资本经营与生产经营是同时出现的。19 世纪末以前，企业组织形式一般采用个人业主制或合伙制，企业的所有者和经营者是合一的。当某人办一个企业，从筹资、投资建设企业到进行生产、销售商品，其经营管理是由同一人进行的。其目的并不是仅仅要生产和销售商品，而是要通过生产销售商品获得利润，使投入的资本不断地增值，可以认为，他既在进行资本经营，又在进行生产经营。其中，为创办企业而进行的投资和筹资活动，以及在资本运动过程中为加速资本周转和提高资本效益而进行的资本调整(例如，增加借款添置某项贷产)等活动，都属于资本运营范畴；在企业建立后，为获得利润而进行的材料采购、产品生产、改进技术、提高质量和产品推销等活动，则属于生产经营范畴。二者互为条件，进行生产经营活动离不开投资、筹资、加速资本周转和增加资本积累等资本经营活动，而资本经营也不可能脱离生产什么、生产多少和怎样生产以及原材料采购和产品销售等生产经营活动。虽然上述过程可以分为两个方面，但二者相互联系、相互渗透，在投资者和经营者合一的情况下，没有必要将这一过程分为资本经营和生产经营。

到 19 世纪末，股份公司和证券市场迅速发展，出现了所有权与经营权的分离，所有者原有的经营权力改由职业经理行使，这时，企业的资本经营也分离为所有者对资本的运作和经营者对资本的运作两个层次。企业所有者的资本运作主要包括以下两方面：一是参与重大决策，决定公司经营计划和投资计划，决定增减资本和发行公司债券方案，对公司经营活动进行监督、审核以及参与股利分配等所有权运作；二是根据公司现实和预期收益大小进行追加投资或撤回投资等转让权运作。企业经营者应按资本经营的要求侧重于抓生产经营，具体组织执行公司的经营计划和投资计划，实施增减资本和发行公司债券方案，以及采取加速资本周转的措施等。总之，企业资本经营决策权要由股东会、董事会和经理人员根据公司章程所规定职责范围和程序来行使。

20 世纪初，由于证券市场进一步发展和产权市场形成，资本经营的内容和形式有了新的发展，许多企业通过法人购股、持股参与证券交易，通过企业兼并、收购等活动进行产权交易，迅速扩大了生产经营规模，进行了资本的重新配置，推动了生产经营迅速发展。

20 世纪 30 年代以后，西方国家的企业普遍将资本经营原则和方法运用于生产经营管理之中，使资本经营与生产经营在更高层次上结合起来。资本经营原则就是资本效益最大化原则，将这一原则运用到生产经营活动中去。用资本利润率(税后利润与所有者权益的比率，反映资本增值情况)和资本回报率(股利与股本的比率，反映向股东支付股利情况)等指标来考核企业经营业绩。如果上述指标低于事先确定的水平或低于社会平均水平，就会产生以下后果：①所有者撤回或转移投资；②所有者减少对经营者的报酬，甚至撤换经营者；③公司面临被收购的危险。这必然促使经营者尽最大努力去搞好公司经营管理，最大限度地提高资本效率和效益。

（二）资本经营与生产经营的区别

(1) 经营对象不同。资本经营的对象是企业的资本及其运动，资本是可以带来增值的价值。投资者对企业投资，可以用货币、实物、技术、土地使用权等形式出资，企业对于投入的实物、技术、土地使用权等各种出资，都要评估作价以货币形式统一表现出来。资本经营侧重的是企业经营过程的价值方面，追求资本增值。而生产经营的对象则是产品及其生产销售过程，经营的基础是厂房、机器设备、产品设计、工艺、专利等。生产经营侧重的是企业经营过程的使用价值方面，追求产品数量、品种的增多和质量的提高。

(2) 经营领域不同。资本经营主要是在资本市场上运作，资本市场既包括证券市场，也包括非证券的长期信用资本的借贷，广义上还包括非证券的产权交易活动。例如，某企业生产经营效益很好，为了扩大生产经营规模，在企业的自有资本不够的情况下，它可以向银行借款或通过证券市场发行债券借款，然后把这笔借入资本通过产权市场兼并、收购某个企业，经过资产重组以后，申请进入证券市场发行股票并上市交易，筹集更多的自有资本，用于技术改造，进一步发展生产经营，并还清借款。经过资本经营，企业的资本增多了，生产经营规模扩大了，实现的利润大大增加了。而企业生产经营涉及的领域主要是产品的生产技术、原材料的采购和产品销售，主要是在生产资料市场、劳动力市场、技术市场和商品市场上运作。

(3) 经营方式不同。资本经营要运用吸收直接投资、发行股票、发行债券、银行借款和租赁等方式合理筹集资本，要运用直接投资、间接投资和产权投资等方式有效地运用资本，合理地配置资本，盘活存量资本，加速资本周转，提高资本效益。而生产经营主要是通过调查社会需求，以销定产，以产定购，技术开发，研制新产品，革新工艺、设备，创名牌产品，开辟销售渠道，建立销售网络等方式，达到增加产品品种、数量，提高产品质量，提高市场占有率和增加产品销售利润的目的。

（三）资本经营与生产经营的联系

由于资本经营和生产经营都属于企业经营的范畴，因而两者存在极为密切的联系。

(1) 目的一致。企业进行资本经营的目的是追求资本的保值增值，而企业进行生产经营，根据市场需要生产和销售商品，目的在于赚取利润，以实现资本增值。因此生产经营实际上是以生产、经营商品为手段，以资本增值为目的的经营活动。

(2) 相互依存。企业是一个运用资本进行生产经营的单位。任何企业的生产经营都是以资本作为前提条件，如果没有资本，生产经营就无法进行；如果不进行生产经营活动，资本增值的目的就无法实现。因此，资本经营要为发展生产经营服务，并以生产经营为基础。

(3) 相互渗透。企业进行生产经营的过程，就是资本循环周转的过程，如果企业生产经营过程供产销各环节脱节，资本循环周转就会中断，如果企业的设备闲置，材料和在产品存量过多，商品销售不畅，资本就会积压，必然使资本效率和效益下降。资本经营与生产经营密不可分，因此，应当把搞好资本经营与搞好生产经营密切结合起来。

近年来，资本经营概念很时髦。有些人认为资本经营是一种高级经营形式，企业要从生产经营转向资本经营，似乎不谈资本经营就跟不上形势，有些工商企业把资本经营理解为企业的一个独立业务领域，甚至盲目地进入金融业，热衷于证券、期货等金融交易，忽视了自己的主业，忽视了生产经营。我们认为，在市场经济条件下，企业家既要精通生产经营，又要掌握资本经营，并把两者密切地结合起来，生产经营是基础，资本经营要为发展生产经营服务。通过资本经营，搞好融资、并购和资产重组等活动。增加资本积累，实现资本集中，目的是要扩大生产经营规模，优化生产结构，提高技术水平，以便更快地发展生产经营。只有生产经营搞好了，生产迅速发展了，资本经营的目标才能实现。因此，如果以为抓了资本经营就可以不抓生产经营，或忽视生产经营，那就是大错而特错了。

二、资本经营的内涵

资本经营的含义有广义和狭义之分。

广义的资本经营是指以资本增值最大化为根本目的，以价值管理为特征，通过企业全部资本与生产要素的优化配置和产业结构的动态调整，对企业的全部资本进行有效经营的一种经营方式。其包括所有以资本增值最大化为目的的企业经营活动，自然包括产品经营或商品经营。

狭义的资本经营是指独立于商品经营而存在的，以价值化、证券化了的资本或可以按价值化、证券化操作的物化资本为基础，通过流动、收购、兼并、战略联盟、股份回购、企业分立、资产剥离、资产重组、破产重组、债转股、租赁经营、托管经营、参股、控股、交易、转让等各种途径优化配置，提高资本经营效率和效益，以实现最大限度增值目标的一种经营方式。

资本经营相对于生产经营来说，具有以下特点。

(1) 资本经营是以资本导向为中心的企业运作机制。

(2) 资本经营是以价值形态为主的管理。

(3) 资本经营重视资本的支配和使用而非占有。

(4) 资本经营是一种开放式经营，注重资本的流动性。

(5) 资本经营通过资本组合回避经营风险。

(6) 资本经营是一种结构优化式经营。

资本经营具有以下三大特征。

(1) 资本经营的流动性。资本是能够带来价值增值的价值，资本的闲置就是资本的损失，资本经营的生命在于运动，资本是有时间价值的，一定量的资本在不同时间具有不同价值，今天的一定量资本，比未来的同量资本具有更高的价值。

(2) 资本经营的增值性。实现资本增值，这是资本经营的本质要求，是资本的内在特征。资本的流动与重组的目的是实现资本增值的最大化。企业的资本运动，是资本参与企业再生产过程并不断变换其形式，参与产品价值形成运动，在这种运动中使劳动者的活劳动与生产资料物化劳动相结合，资本作为活劳动的吸收器，实现资本的增值。

(3) 资本经营的不确定性。资本经营活动，风险的不确定性与利益并存。任何投资活动都是某种风险的资本投入，不存在无风险的投资和收益。这就要求经营者要力争在进行资本经营决策时，必须同时考虑资本的增值和存在的风险，应该从企业的长远发展着想，企业经营者要尽量分散资本的经营风险，把资本分散出去，同时吸收其他资本参股，实现股权多元化，优化资本结构来增强资本的抗风险的能力，保证风险在一定的情况下收益最大。

资本经营除了上述三个主要特征外，还具有资本经营的价值性、市场性和相对性的特征。

第四节　资本经营的内容与分类

一、资本经营的内容

企业资本经营是指对企业资本及其运动的全过程进行运筹和经营，其内容可以分为以下几个方面。

（一）资本募集

企业进行生产经营和资本经营的前提条件是要有足够数量的资本，因此，资本募集是资本运营的首要环节。所谓资本募集是指企业为了满足各项经营的需要，筹措和集中所需资本的过程。企业创建时，首先必须募集资本金；企业为了扩大生产经营想增添新设备，开发新产品，进行技术改造，兼并收购其他企业等，都要募集资本，用于追加投资；企业经营不善，造成资本积压，周转不灵或销售亏损，也须募集资本，以补充资本的不足。

企业在募资时，首先要正确进行募资决策。一方面要尽可能精确确定企业经营对资本的需要量，资本过少不利于经营的顺利进行，过多会造成资本的闲置、浪费；另一方面也要正确选择募资渠道、募资方式和募资时机，测算募资成本，衡量募资风险。募资的目标是在防范募资风险的前提下，从多种来源渠道，以尽可能低的资本成本，用较灵活简便的方式，及时、适量地获得企业经营所需的资本，并保持资本结构的合理性。

我国企业的募资渠道，主要有国家财政资金、银行信贷资金、非银行金融机构资金、其他企业单位资金、民间资金和企业自留资金等。企业一般是在国内募资，根据需要和可能也可以到境外募集外资。企业可以采用吸收直接投资、发行股票、发行债券、银行借款、租赁、补偿贸易和企业内部积累等方式来募集所需要的资本。

（二）投资决策和资本投入

投资是指将所募集的资本投入使用，从事生产经营和资本经营活动，以达到经营目的并获得良好的经营效益。在资本筹集和投入使用之前，必须正确进行投资决策。投资决策是资本经营的一个关键性环节，投资决策是否正确，直接决定着资本经营的成败。投资决策应根据企业的发展战略，寻找投资机会，确定投资方式和投资项目，对投资项目进行可行性研究，测算投资费用、投资效益和投资风险。既要尽可能地提高投资效益，又要防范和降低投资风险。

投资方向主要是实业投资、金融商品投资和产权投资等。实业投资是指以实业（工业、农业、商业等）为对象的投资，通过建立和经营企业，从事生产、流通等经营活动；金融商品投资是指为了获得收入和资本增值而购买金融商品（货币商品，如证券、票据、外汇等）的投资活动；产权投资是指以产权为对象的投资活动，主要形式有兼并和收购企业、参股、控股、租赁等。

（三）资本运动与增值

企业将筹集的资本按投资决策投入使用，开始资本运动过程，资本在运动中实现增值。

1. 实业资本的运动与增值

以生产性企业为例.资本运动和增值过程表现为：$G—w\overset{A}{\diagup}—Pm\cdots\bar{P}\cdots w'—G'$。整个过程包括三个阶段，即购买阶段（$G—w$）、生产阶段（$w\cdots P\cdots w'$）和销售阶段（$w'—G'$）。$G'$可以表示为$(G+\Delta G)$，$G'$大于$G$的数额即$\Delta G$，就是资本增值额。

2. 金融资本的运动与增值

当企业投资于购买股票、债券、外汇等金融（货币）商品时，其资本运动和增值过程表现为：$G—G_0—G'$。式中G_0代表金融（货币）商品，如股票、债券、外汇等。这个过程包括两个阶段，即购买阶段（$G—G_0$）和售卖阶段（$G_0—G'$）。G'大于G的数额即ΔG，就是资本增值额。

这一增值额是由货币商品所代表的价值发生变化和供求关系发生变化的结果。以股票为例，当发行股票的企业其个别利润高于社会平均利润时，买这种股票的投资者增多，股票价格就会上升，反之，则下降。可见股票价值增加，其基础乃是发行股票的企业生产经营所产生的增值价值。

3. 产权资本的运动与增值

产权资本经营的基本方式是产权交易。产权交易有企业产权整体交易（如企业兼并、企业出售等）、企业产权分割交易（如参股、控股等）和产权分期交易（如承包、租赁等）等多种形式，它们的资本运动和增值情况有些差别。以企业兼并为例，企业兼并的资本运动和增值过程包括以下两个部分：一是兼并的产权交易过程，兼并方按被兼并方产权价格支付现金或证券（债券、股票），获得被兼并方的产权；二是兼并一体化运营过程，兼并方和被兼并方的资产组合为一个企业，由兼并后的企业统一经营。不仅企业的资本及其运动的规模扩大了，而且能发挥$1+1>2$的协同效应，使资本实现更多的增值。

上述三种资本经营方式相互联系、相互促进。虽然有些企业是专门从事金融资本经营或产权资本经营，但大多数企业都是以从事实业资本经营为基础。在市场经济条件下，一个生产性企业，这三种资本经营形式都是存在的。一方面，实业资本经营是企业进一步从事金融资本经营和产权资本经营的前提和基础，只有当实业资本经营达到一定程度，企业资本有了相当多的盈余，企业才有能力和条件从事金融资本经营和产权资本经营；另一方面，金融资本经营和产权资本经营都是为实业资本经营服务的。有时这三种资本经营形式是同时存在的，如收购某上市公司的股票，达到控股，从购买股票来看，属于金融商品投资；从对该上市公司控股来看，又属于产权投资；如果该上市公司是从事工、农、商等实业，则这一投资又是实业投资。企业应当根据自己的经营战略，根据不同时机，将资本经营的上述三种形式有机地结合起来。

（四）资本经营增值分配

借入资本在经营中实现的增值，一部分以利息形式支付给贷款者，其余部分与企业自有资本经营实现的增值合并，作为企业投资者（所有者）的利润，按规定缴纳所得税。从税后利润中提取盈余公积金和公益金，然后向投资者分配利润。股份有限公司除了以现金支付股利以外，还可以用股票股利方式，即将应付普通股股利转作股本。企业还可以将盈余公积转增资本金，从而扩大资本经营的规模。

二、资本经营的分类

为了进一步认识资本经营的内容，我们将上述资本经营的内容从不同角度加以分类。

（一）从资本运动过程来看

从资本运动过程来看，可以分为以下几类。

（1）募资决策和资本筹集。

（2）投资决策和资本投入。

（3）资本运动过程与增值。

（4）资本经营增值的分配。

（二）从资本经营的内容和形式来看

从资本经营的内容和形式来看，可以分为以下几类。

（1）实业资本经营。

（2）金融资本经营。

（3）产权资本经营。

（三）从资本运用的状态来看

从资本运用的状态来看，可以分为以下几类。

（1）增量资本经营，指对新增投资所进行的运筹和经营活动，包括投资方向选择、投资决策、资本筹措和投资管理等。

（2）存量资本经营，指对企业现有资产（以前投资形成的资产）所进行的运筹和经营活动。通过企业联合、兼并、收购、出售、资产剥离、企业分立、股份制、租赁、承包、破产等方式，促进存量资产合理流动、重组和优化配置，把存量资产盘活，充分发挥作用。

（四）从资本经营的方式来看

从资本经营的方式来看，可以分为以下两类。

（1）外部交易型资本经营。通过资本市场对资本进行买卖，实现资本增值，包括股票的发行与交易、企业产权交易（例如，企业并购）以及企业部分资产买卖等。

（2）内部运用型资本经营。通过对资本使用价值的有效运用，实现资本增值，就是在生产经营过程中合理而有效地运用资本，不断地开发新产品，采用新技术，努力降低资本耗费，加速资本周转，提高资本效率和效益，增加资本积累。

三、资本经营的方式

（一）扩张型资本经营方式

资本扩张是指在现有的资本结构下，通过内部积累、追加投资、吸纳外部资源即兼并、收购和战略联盟等方式，使企业实现资本规模的扩大。根据产权流动的不同轨道可以将资本扩张分为以下三种类型。

1. 横向型资本扩张

横向型资本扩张是指交易双方属于同一产业或部门，产品相同或相似，为了实现规模经营而进行的产权交易。横向型资本扩张不仅减少了竞争者的数量，增强了企业的市场支配能力，而且改善了行业的结构，解决了市场有限性与行业整体生产能力不断扩大的矛盾。青岛啤酒集团的扩张就是横向型资本扩张的典型例子。近年来，青啤集团公司抓住国内啤酒行业竞争加剧，一批地方啤酒生产企业效益下滑，地方政府积极帮助企业寻找“大树”求生的有利时机，按照集团公司总体战略和规划布局，以开发潜在和区域市场为目标，实施了以兼并收购为主要方式的低成本扩张。几年来，青啤集团依靠自身的品牌资本优势，先后斥资6.6亿元，收购资产12.3亿元，兼并收购了省内外14家啤酒企业。不仅扩大了市场规模，提高了市场占有率，壮大了青啤的实力，而且带动了一批国企脱困。2003年，青啤产销量达260万吨，跻身世界啤酒十强，利税总额也上升到全国行业首位，初步实现了做“大”做“强”的目标。

2. 纵向型资本扩张

处于生产经营不同阶段的企业或者不同行业部门之间，有直接投入产出关系的企业之间的交易称为纵向型资本扩张。纵向型资本扩张将关键性的投入产出关系纳入自身控制范围，通过对原料和销售渠道及对用户的控制来提高企业对市场的控制力。

格林柯尔集团是全球第三大无氟制冷剂供应商，处于制冷行业的上游。收购下游的冰箱企业，既有利于发挥其制冷技术优势，同时也能直接面对更广大的消费群体。从2002年开始，格林柯尔先后收购了包括科龙、美菱等冰箱巨头在内的五家企业及生产线。通过这一系列的并购活动，格林柯尔已拥有900万台的冰箱产能，居世界第二、亚洲第一，具备了打造国际制冷家电航母的基础。格林柯尔集团纵向产业链的构筑，大大提高了其自身的竞争能力和抗风险能力。

3. 混合型资本扩张

两个或两个以上相互之间没有直接投入产出关系和技术经济联系的企业之间进行的产权交易称为混合型资本扩张。混合型资本扩张适应了现代企业集团多元化经营战略的要求，跨越技术经济联系密切的部门之间的交易。它的优点在于分散风险，提高企业的经营环境适应能力。拥有105亿资产的美的集团一直是我国白色家电业的巨头，2003年的销售额达175亿元。在20年的发展历程中，美的从来没有偏离过家电这一主线。专业化的路线使美的风扇做到了全国最大，使空调、压缩机、电饭锅等产品做到了全国前三名，巨大的规模造就了明显的规模优势。然而，随着家电行业竞争形势的日益严峻，进军其他行业、培养新的利润增长点成为美的集团的现实选择。与此同时，美的在资本、品牌、市场渠道、管理和人才优势等方面也积累到了具备多元化经营、资本化运作的能力。审时度势之后，美的毅然作出了从相对单一的专业化经营转向相关多元化发展的战略决策。2003年8月和10月美的先后收购了云南客车和湖南三湘客车，正式进入汽车业。此后不久，又收购了安徽天润集团，进军化工行业。在未来的几年中，美的将以家电制造为基础平台，以美的既有的资源优势为依托，以内部重组和外部并购为手段，通过对现有产业的调整和新产业的扩张，实现多产业经营发展的格局，使美的最终发展成为多产品、跨行业、拥有不同领域核心竞争能力和资源优势的大型国际性综合制造企业。

（二）收缩型资本经营方式

收缩型资本经营是指企业把自己拥有的一部分资产、子公司、内部某一部门或分支机构转移到公司之外，从而缩小公司的规模。它是对公司总规模或主营业务范围而进行的重组，其根本目的是追求企业价值最大以及提高企业的运行效率。收缩型资本经营通常是放弃规模小且贡献小的业务，放弃与公司核心业务没有协同或很少协同的业务，宗旨是支持核心业务的发展。当一部分业务被收缩掉后，原来支持这部分业务的资源就相应转移到剩余的重点发展的业务，使母公司可以集中力量开发核心业务，有利于主流核心业务的发展。收缩型资本经营是扩张型资本经营的逆操作，其主要实现形式有以下几种。

1. 资产剥离

资产剥离是指把企业所属的一部分不适合企业发展战略目标的资产出售给第三方，这些资产可以是固定资产、流动资产，也可以是整个子公司或分公司。资产剥离主要适用于以下几种情况：①不良资产的存在恶化了公司财务状况；②某些资产明显干扰了其他业务组合的运行；③行业竞争激烈，公司急需收缩产业战线。

如中国人寿在上市之前，就进行了大量的资产剥离。2003 年 8 月，原中国人寿保险公司一分为三：中国人寿保险(集团)公司、中国人寿保险股份有限公司和中国人寿资产管理公司。超过 6 000 万张的 1999 年以前的旧保单全部被拨归给母公司——中国人寿保险(集团)公司，而 2 000 万张左右 1999 年以后签订的保单，则以注资的形式被纳入新成立的股份公司。通过资产剥离，母公司——中国人寿保险(集团)公司承担了 1 700 多亿元的利差损失，但这为中国人寿保险股份有限公司于 2003 年 12 月在美国和中国香港两地同时上市铺平了道路。

2. 公司分立

公司分立是指公司将其拥有的某一子公司的全部股份，按比例分配给母公司的股东，从而在法律和组织上将子公司的经营从母公司的经营中分离出去。通过这种资本经营方式，形成一个与母公司有着相同股东和股权结构的新公司。在分立过程中，不存在股权和控制权向第三方转移的情况，母公司的价值实际上没有改变，但子公司却有机会单独面对市场，有了自己的独立的价值判断。公司分立通常可分为标准式分立、换股式分立和解散式分立。

3. 分拆上市

分拆上市是指一个母公司通过将其在子公司中所拥有的股份，按比例分配给现有母公司的股东，从而在法律上和组织上将子公司的经营从母公司的经营中分离出去。分拆上市有广义和狭义之分，广义的分拆包括已上市公司或者未上市公司将部分业务从母公司独立出来单独上市；狭义的分拆指的是已上市公司将其部分业务或者某个子公司独立出来，另行公开招股上市。分拆上市后，原母公司的股东虽然在持股比例和绝对持股数量上没有任何变化，但是可以按照持股比例享有被投资企业的净利润分成，而且最为重要的是，子公司分拆上市成功后，母公司将获得超额的投资收益。

如 2000 年，联想集团实施了有史以来最大规模的战略调整，对其核心业务进行拆分，分别成立新的“联想集团”和“神州数码”。2001 年 6 月 1 日，神州数码股票在中国香港上市。神州数码从联想中分拆出来具有一箭双雕的作用,分拆不但解决了事业部层次上的激励机制问题,而且由于神州数码独立上市,联想集团、神州数码的股权结构大大改变,公司层次上的激励机制也得到了进一步的解决。

4. 股份回购

股份回购是指股份有限公司通过一定途径购买本公司发行在外的股份,适时、合理地进行股本收缩的内部资产重组行为。通过股份回购,股份有限公司达到缩小股本规模或改变资本结构的目的。股份公司进行股份回购,一般基于以下原因:一是保持公司的控制权;二是提高股票市价,改善公司形象;三是提高股票内在价值;四是保证公司高级管理人员认股制度的实施;五是改善公司资本结构。股份回购与股份扩张一样,都是股份公司在发展的不同阶段和不同环境下采取的经营战略。因此,股份回购取决于股份公司对自身经营环境的判断。一般来说,一个处于成熟或衰退期的、已超过一定的规模经营要求的公司,可以选择股份回购的方式收缩经营战线或转移投资重点,开辟新的利润增长点。

如 1999 年,申能股份有限公司以协议回购方式向国有法人股股东申能(集团)有限公司回购并注销股份 10 亿股国有法人股,占总股本的 37.98%,共计动用资金 25.1 亿元。国有法人股股东控股比例由原来的 80.25%下降到 68.16%,公司的法人治理结构和决策机制得到进一步完善。回购完成后,公司的业绩由 1998 年每股收益 0.306 元提高到 1999 年每股收益 0.508 元,而在 2000 年,每股收益达到了 0.933 元。这为申能股份的长远发展奠定了良好的基础,并进一步提升了其在上市公司中的绩优股地位。

(三)内变型资本经营方式

内变型资本经营是指当公司本身的资产规模不发生变化,资本经营活动只引起公司内部股东结构发生变化时的资本经营方式。这种资本经营的方式在我国基本上可以说还没有发生过,但在发达的资本主义国家它却是很正常的资本产权运动现象。根据内变型资本经营的定义,它的内部又可以分为两种情况,一是公司控制型产权变动模式,其中通常包括溢价回购、放弃管理协定、反接管条例和代表权争夺等几种情况;另一是所谓的所有权结构变动,其中又包括交换发盘、股票回购、转为非上市公司(也叫下市)和杠杆收购等内容。主要形式有以下几种。

1. 回购股份

公司在公开市场上用收购、发出收购要约或私下协商等办法收回本公司的一部分股票,或者用债券及优先股换回普通股的做法,就叫作股票回购。根据定义我们可以知道一个公司通常有三种可选择的方式来购回其普通股股份,即在公开市场上收购、发出收购要约和私下协商收购三种方式。在发达的市场经济国家中,公司在公开市场上收购自己的股份实际上与一个普通的投资者从经纪人那里购买公司股票的过程和内容是一样的。在回购股票的过程中,公司采用在公开市场上收购的方式比采用发出收购要约的方式更为普遍。但采用在公开市场上收购本公司股票的方式也有不理想的一面,即采用这种方式回收股票的效率不高,通常它所能购回的股票占全部股份的比例,要比用要约收购方式时购回股份占全部股份的比例低。一般来说,准备回购本公司股份的公司都会发布公告以说明公司董事会已授权管理层购回一定数量的普通股。在面对数量较少但拥有本公司大量股票的股东的情况时，协商回购可以比较好地达到目的。

2. 转换要约

所谓转换要约，是指某公司给予本公司证券持有人的一种选择权，允许他们将其持有的某种证券部分或全部转换为该公司的另一种证券。通常转换要约也有一个有效期，并规定有一个转换证券的最高额。在实际操作中，为了能吸引本公司的证券持有者参加转换活动，公司常常需要引入一种或几种比转换要约公告发布前市场价格更高的新证券，以此来吸引证券持有者。

转换要约可以在保持公司既有投资政策不变的情况下改变公司的资本结构。用债券换普通股的要约提高了公司的财务杠杆率，相反，用普通股换债券则降低了公司的财务杠杆率。同股份回购相比，它们都有着相似的动机，对公司和股东的影响也类似，如用现金回购股份和用债券换普通股在提高公司财务杠杆的作用上很相似。

3. 杠杆收购和下市

下市(私有化)是指一公司从公众持股的公司转变成为由私人控制的公司。下市有许多形式，如控股的股东将掌握少量股票的股东排挤出公司的做法被称为“挤出”；再如少数投资者通过大量的债务融资来收购公众持股公司所有股票和资产被称为杠杆收购。当公司的管理人员发动了杠杆收购以后，这种杠杆收购又被称为管理层收购。下市还有一种形式就是所谓的部门管理层收购。这种方式通常是由一个母公司的部门机构领导来组织一个收购集团，这个收购集团将该机构或部门从母公司那里购买下来另成立法人实体，这也可以说是收缩型资本经营的一种形式。

(四) 租赁经营和托管经营方式

托管一般由上市公司或拟上市公司的控股股东将其所属之资产或下属之子企业委托给上市公司或拟上市公司经营管理，从而达到国有资产保值、增值的目的。托管作为解决同业竞争的一种方式曾为许多上市公司所采用。与租赁相比，托管方式较为简便易行。托管方式只需托管方(拟上市公司或上市公司)与委托方(通常为拟上市公司或上市公司的控股股东)签订托管协议，约定将委托方下述之资产或子企业(公司)委托给托管方经营管理。托管方将对委托方托管之资产或企业负有经营管理的义务，委托方则因此应向托管方支付相应的报酬，该项报酬可约定为定期支付的定额管理费用或托管经营而产生之利益的相应百分比。

租赁方式则由出租者(控股股东)将其所有之固定资产或下属子企业出租给承租者(上市公司或拟上市公司)经营，由承租者按期如数交纳租金，并保证租赁企业不受损失，承租者对租赁企业的生产、经营、分配享有完全自主权，同时也应对租赁企业或资产的亏损承担责任。在拟上市公司的资产重组过程中，以托管方式解决同业竞争的做法屡见不鲜，并日渐被许多企业滥用乃至成为规避有关同业竞争之法律规定的手段。中国证监会发布的《首次发行股票公司改制重组指导意见》(公开征求意见后修改稿第 14 稿)第八十一条第七款规定，拟上市公司申请发行上市前，不得存在下述情形：拟上市公司与主发起人或大股东(就追溯至实际控制人)及其控制的企业法人，或超过 10%以上的股东存在经营性业务(受)委托经营、承(发)包等行为。由此可见，中国证监会对以托管方式解决同业竞争可能持反对态度。相反地，近年来，拟上市公司对其控股股东下属之与拟上市公司业务发生同业竞争地子企业进行租赁经营的情况越来越多，中国证监会也倾向于此种做法，如在上海证交所发行上市的上海大屯能源股份有限公司（上海能源）在发行上市前即对其控股股东的下属子企业实行租赁经营，并在发行上市后拟以募集资金购买该租赁企业。但相应地，租赁方式将给控股股东带来一定的费用损失（相应租赁费的税收）并可能产生租赁企业的人员安置及其他方面的困难和问题。

（五）无形资本经营

无形资本经营是指企业对所拥有的各种无形资本进行运筹和策划。无形资本经营的方式有以下几种。

1. 通过无形资本实施资本扩张战略

资本经营能够快速做大企业这艘船，船的航行则需要品牌这样的风帆牵引和推动。企业在采用兼并、收购、参股、合资、特许经营等方式实施资本扩张战略时，可将品牌等无形资本作为重要的投入资本，实施名牌发展战略，借助于目标企业的有形资产，以名牌为龙头，迅速扩大生产能力和市场占有率，既可以大大减少增量资本的投入，又可以充分利用对方企业的资本潜力。

2. 无形资本所有权或使用权转让

通过对无形资本的所有权或使用权进行转让，盘活企业的无形资本，充分发挥无形资本的作用。

3. 保护和整合无形资本

在经济全球化和网络化市场的情况下，无形资本在企业资本经营中的作用变得越来越重要，成功地经营无形资本，能够有效地提高资本经营的效果。在资本经营过程中，企业必须对品牌资本进行价值评估，采取有效措施防止知识产权等无形资本受到侵权，避免品牌等无形资本的流失，整合本企业和关联方企业的相关品牌，延伸名牌系列产品和服务，提高品牌资本的知名度。

无形资本经营可以促进企业实现规模经济。企业要扩大规模，传统做法是通过厂房设备等有形资产的扩张来实现。而今天可以通过无形资本经营，以企业的知识产权类资产进行参股、生产许可证转让、商标转让等来扩大企业生产规模，实现规模经济效益。无形资本经营可以推动企业产品结构的高技术化。无形资本经营有利于企业通过吸收高新技术，向高新技术产业迈进；通过运用高新技术可以提高产品的技术含量，增加产品的附加值。

第五节　资本经营的意义

（一）资本经营有助于扩张企业规模，壮大企业实力

资本经营要求最大限度地支配和使用资本，以较少的资本调动或支配更多的社会资本。企业不仅运用内部资源，通过企业内部资源的优化组合达到资本增值的目的，而且运用上市、兼并、收购、参股、控股等方式，实行资本的扩张，将企业内部资源与外部资源结合起来进行优化配置，促使资本集中和生产规模扩张，形成规模经济，获取规模经济收益，发展壮大企业实力。

（二）资本经营有助于推动企业产品结构的调整，降低企业市场风险

不断变化的经济发展过程中，产业结构不断由低级向高级、由简单向复杂方向演进，企业在不断变化的经济环境中，面临着巨大的市场风险。为适应经济发展的内在需求，企业必须以市场为导向，不断调整自身的产业结构，以求在市场竞争中获取生存权和发展权，增强市场控制力和影响力。资本经营可以使企业借助市场高效率地调整自身生产经营方向，优化产品结构。

（三）资本经营有助于优化企业资本结构，提高企业潜在发展能力

一般而言，企业的资本结构是由长期债务资本和权益资本共同组成的。企业资本结构的优化取决于长期债务资本和权益资本的比例是否合理。当企业的资本结构过重偏向于借入资本，企业资本结构就呈现"劣化"趋势。造成企业负债过重，自有资本严重不足。资本经营则有助于推动企业资本结构由"劣化"向"优化"方向转变。现实操作中，可利用股份制改造、公开上市、发行债券、债转股、股转债等方式，促使企业的长期债务资本和权益资本的比例趋于合理，同时也分散投资的风险。

泛华保险服务：风投式扩张[①]

国外经验表明，保险领域的分工将使保险公司专职产品开发、专业中介负责产品销售，最终共同开发并分享保险市场。目前，作为国内保险产业链上开放程度最高的环节，保险专业中介得到了民营资本和外资的密集投资，尤其是具有保险背景的外资纷纷借道专业中介，以期通过资源整合建立进军国内保险市场的桥头堡，甚至希望复制国外专业中介运作模式引导和左右保险中介市场，分享国内保险市场的巨大蛋糕。对于缺乏行业背景的中国公司，如何在行业盈利欠佳且外资汹涌的背景下立稳脚跟、发展壮大？泛华保险提供了有益的探索。研究发现，泛华保险通过构建"后援平台＋个人创业"的风投式商业模式，取得了远高于行业平均的增长速度，并且在行业微利背景下实现了强劲的盈利。当然，泛华保险的商业模式也面临诸多考验。

头顶"亚洲第一家在全球主要资本市场上市的保险专业中介"的光环，泛华保险服务集团（证券代码：CISG，以下简称泛华保险或公司）登陆纳斯达克以来，受到业界的广泛关注。2007 年 10 月，泛华保险两度提高发行价，由最初的 11～13 美元提高至 16 美元，融资 1.88 亿美元。且首日涨幅高达 58%。受追捧的原因，除了是中国概念股外，上市前的财务大逆转也极大地刺激了投资者对其高增长和高盈利的预期：2004 年泛华保险收入仅 3 400 万元，2005 年跃升至 14 370 万元，2006 年更是达到 24 660 万元；2004 年亏损 9 270 万元，2005 年亏损 670 万元，而 2006 年则实现净利润 5 740 万元。

推动公司进入快速发展轨道的，是风险投资商式的商业模式：依托汽车俱乐部形成的庞大优质客户群，泛华保险搭建与保险公司"总对总"的保险产品分销平台，为旗下附属机构提供统一的后援平台，降低经营成本；同时，以风险投资商的角色推出个人创业计划及开展并购活动，吸引了大批创业者加盟，使公司分销网络迅速铺开，提升了产品分销能

① 陈福. 泛华保险服务：风投式扩张[J]. 新财富，2009.06.26.

力。另外，公司将风险投资商模式向相关领域复制，打造了涵盖保险专业中介的完整产业链，从而获取了更高的佣金率。

基石：后援平台

近年来，泛华保险取得了远高于行业平均的增长速度，并在行业微利背景下实现了强劲的盈利。而支撑其高增长与高盈利的基石，是统一的后援平台在较大程度上降低了运营成本。

汽车俱乐部完成产业积累

在上市之前甚至上市之初，泛华保险在业内少有人知，被称为行业黑马。由默默无闻到一鸣惊人，泛华保险的“史前”经营值得关注，在此阶段公司完成了最核心的客户资源积累。

公开资料显示，泛华保险的前身为成立于1998年的广东南枫汽车俱乐部(后组建泛华集团)，以发展会员的方式为汽车会员提供包括汽车救援、汽车牌照和按揭贷款等服务，相继在北京、四川、上海、重庆、江苏、天津、湖南、福建、河北等地成立了50家汽车俱乐部和按揭服务公司，积累了超过150万的客户资源。不过在最初几年，泛华集团的汽车俱乐部一直入不敷出，1998—2000年亏损超过2 000万元。不过，泛华集团发现向会员销售车险却是盈利的有效途径，由此开始进入保险专业中介领域。

2001年7月，泛华集团正式介入专业保险中介领域；2002年5月，获批一张保险经纪公司牌照和四家保险代理公司牌照，获准在全国开展保险经纪业务，以及在广东、深圳、北京、四川、上海开展保险代理业务；2002年12月，尝试进入火险、水险、意外险和再保险领域，并开始研究寿险业务的介入时机和策略；2004年6月，泛华集团分拆成为泛华金融(主营贷款服务)和泛华保险，同年，泛华保险非车险业务大幅提升；2005年8月，泛华保险关于寿险事业的研究完成，全面介入寿险业务领域。

事实上，庞大的汽车俱乐部会员成为泛华销售保险产品的重要资源。一般而言，车主不但要为汽车本身投保，而且因具备较强的投保意识和支付能力，本身就是保险公司的潜在客户。就泛华而言，通过汽车俱乐部的详细会员资料，可以将业务范畴从单一的车险延伸到车主的其他财产保险和家庭成员的寿险等业务，充分挖掘会员的价值。

建设后援平台，降低经营成本

不过，泛华保险最初几年的盈利状况不佳，2004年、2005年分别亏损9 270万元和670万元。进入2006年，公司实现利润5 740万元。盈利大幅增长的原因，除销售的规模效应外，更主要的是建立了统一的后援平台，通过共享降低了经营成本。

保险中介的收入来源是保险公司支付的佣金及超额销售奖金，支出是支付给销售人员的佣金及超额销售奖金，因此，保险中介的利润点在于两者的差额。对于保险公司而言，只有当外包成本低于自销成本时才会考虑外包，而对于销售人员，只有保险中介支付的收入高于保险公司代理人时，对其才有吸引力。因此，保险中介既要保证销售人员的收入水平高于保险公司代理人，又要控制总体费用低于保险公司自销的总费用，这似乎不可能完成的任务是中国保险中介行业多年亏损的根源。

要实现盈利，保险中介必须跨过的门槛就是降低经营成本。泛华保险建立了统一的后援平台，通过服务共享降低运营成本。所谓后援平台，可以概括为“三个统一和四个中心”，即统一的财务内控系统、统一的作业流程、统一的人力资源管理系统，以及信息技术中心、产品中心、培训中心和品牌与服务中心。实际上,后援平台是泛华保险搭建的产品、培训、管理、财务、数据、服务等涵盖保险销售整个产业链的管理平台,通过与旗下各业务机构对接实现管理平台共享(图 1-2)。

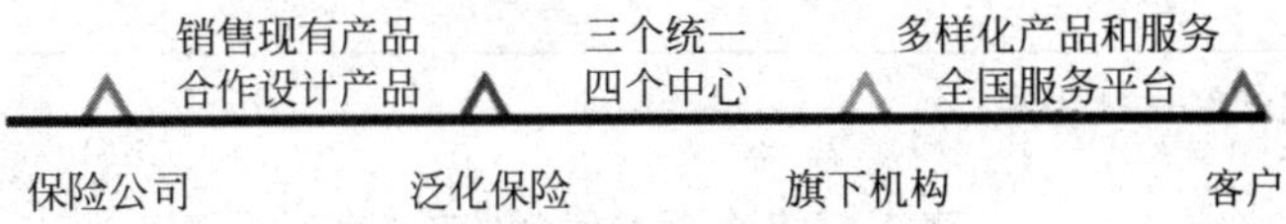

销售现有产品 合作设计产品 | 三个统一 四个中心 | 多样化产品和服务 全国服务平台

保险公司 → 泛化保险 → 旗下机构 → 客户

图 1-2 泛华保险统一的后援平台

通过统一的后台管理,公司各业务部门节省了运营和管理成本,可以专注于产品的销售而无须在内部管理上投入人力和财力。而管理后台的建设成本由泛华保险总部承担,一对多的方式整体降低了经营成本。同时,随着旗下业务机构的增加,平台建设的费用不断被分摊。泛华保险总裁胡义南说:“我们现在提出零成本扩张。随着模式、流程、系统的标准化,无论在全国哪个地方开分公司,我们只要把终端架过去即可。”财务数据显示,实施统一后台管理后,泛华保险的运营成本呈现下降态势,管理费用与总收入的比值由 2005 年的 54.89%下降至 2008 年的 21.24%,销售费用占比则由 3.85%下降至 2.05%(表 1-2)。

表 1-2 泛华保险运营成本变化情况 单位:万元

项　　目	2005 年	2006 年	2007 年	2008 年
总收入	14 370	24 655	44 815	84 388
管理费用	7 888	5 212	6 818	17 922
销售费用	553	1 129	951	1 733
管理费用/总收入(%)	54.89	21.14	15.21	21.24
销售费用/总收入(%)	3.85	4.58	2.12	2.05

资料来源:公司年报。

后援平台的各项内容中,最核心的是产品中心,即泛华与保险公司建立的“总对总”产品分销平台。由于保险专业中介市场起步较晚,业内企业规模普遍较小,大多只能与保险公司的分支机构发生业务往来,所获得的佣金率相对较低(表 1-3)。依托全国性的销售网络及快速增长的销售规模,泛华保险与各保险集团总公司合作,签署总对总的分销协议。尽管泛华保险未披露过具体情况,但胡义南在不同场合多次坦承,泛华保险比其他公司获得了更高的佣金率。这也可从佣金收支对比指标得到印证。2006 年泛华保险向销售人员支付的佣金占同期从保险公司所获佣金的 54.17%,2007 年下降至 52.03%,2008 年进一步下降至 51.79%(表 1-4)。

表 1-3 佣金率对比 单位:%

项　　目	2005 年	2006 年	2007 年	2008 年
保险营销员	9.87	11.40	13.91	13.91
保险兼业代理机构	4.48	4.57	4.80	4.30
保险代理机构	9.89	11.16	11.27	12.43

续表

项　目	2005 年	2006 年	2007 年	2008 年
保险经纪机构	10.52	13.64	12.10	10.80
保险公估机构	3.27	3.47	5.28	4.31

资料来源：中国保监会资料整理。

表 1-4　泛华保险佣金收支对比　　单位：万元

项　目	2005 年	2006 年	2007 年	2008 年
佣金收入	14 252	24 565	44 693	84 302
佣金支出	6 575	13 308	23 255	43 659
支出/收入(%)	46.13	54.17	52.03	51.79

资料来源：公司年报。

值得一提的是，泛华保险并非统一后援平台的首创者，只是首度将其引入国内保险专业中介领域。而战略投资人的加入，为其搭建这一平台提供了强大的资金支持。除早期美国国泰财富基金的投资外，2005 年泛华保险获得鼎晖 1.5 亿元投资。同时，泛华保险上市后拟再投入 3 亿元，进一步完善后援平台。

扩张：风投式推广

个人创业计划

不过，泛华保险统一后援平台效用的发挥，依赖于规模效应，需要有足够庞大的分销网络作后盾，不然成本难以分摊，与保险公司的谈判也无法形成足够的议价能力。研究发现，泛华保险充分利用资本优势，鼓励行业优秀人员加盟创业，快速铺建了分销网络。

个人创业吸引加盟

以统一后援平台为支持，泛华保险推出了个人创业计划，吸引具有丰富经验和人脉关系的优秀人才加盟，大大加快了销售网络的建设步伐。

在保险公司营销员“移民潮”的大背景下，泛华保险的个人创业计划取得了事半功倍的效果。由于保险公司无法解决营销员的归属感以及客户多元化需求与单一公司产品服务局限的矛盾，优秀保险营销员纷纷投向保险专业中介，或自立门户。

调查显示，组建自己的团队是无数保险营销员奋斗的目标，但由于体制原因，他们的职业顶峰往往是管理者而非所有者。拥有自己的团队且积累起一定的客户资源后，谋求由管理者向所有者的转变成为保险营销员内心最强烈的渴求。基于此，泛华保险制订了一套个人创业计划流程(图 1-3)。第一步，对有意加盟的保险创业者进行审核。创业者先向泛华提供一份商业计划书，写明未来发展规划。第二步，泛华将根据创业者未来三年内连续 12 个月达到 800 万标准保费和 500 万标准保费，将创业者分为 A 级创业团队和 B 级创业团队，并为他们提供不同数额的借款支持。为发挥创业者的主观能动性，泛华保险也需要创业者认购其创业团队的权益证。第三步，创业团队达到经营目标后，泛华与创业者合资组建一个由泛华控股 51%以上的独立法人公司，由创业者管理，在泛华的后援平台上自主经营，创业者作为合资公司的股东终身享有该公司的权益。第四步，泛华为创业者提供退出的通道，待合资公司发展到一定规模，创业者可把公司股权一次性或分期出售给泛华。泛华将根据合资公司的现有价值，决定支付给创业者的转让金额，通常，公司价值等于当前利润的 7 倍左右。

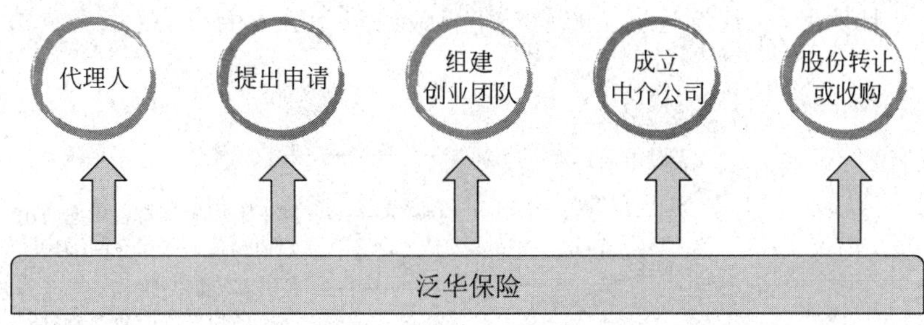

图 1-3 个人创业计划流程

资料来源:《新财富》整理。

个人创业计划以及具相对优势的后援平台(表 1-5),吸引了大批优秀人才的加盟,目前泛华保险已组建了 50 多个创业团队,"加入泛华的创业团队和创业者大多是有丰富经验的保险业务精英,甚至是省级机构负责人。"个人创业计划设计者、泛华保险副总裁李成斌曾表示。

表 1-5 各类销售平台优势对比

项　目	泛华保险	代理、经纪公司	个人营销员	兼业代理	保险公司
优秀人员身份	所有人+管理人	管理者	—	管理者	管理者
销售回报	佣金收入+股份激励	佣金收入	佣金收入	代理手续费	收入
代理产品数量	多,涵盖各家保险公司的产品	较多,但存在一定的限制	只能代理某一家公司的产品	代理某一类产品,可代理多家产品	只能销售自己公司的产品
产品范围	非寿险、寿险	非寿险、寿险	非寿险、寿险	非寿险、寿险、基金	非寿险、寿险
平台支持	强	较弱	弱	较强	强
售后服务	强	一般	弱	弱	一般
网络覆盖	全国	区域	区域	全国或区域	全国

资料来源:《新财富》整理。

在个人创业计划下,泛华保险的代理人以及加盟的代理公司以股东的身份为泛华工作,这是目前中国境内代理人无法享受的待遇。据李成斌的测算,泛华保险独特的股权分配模式对创业者最具吸引力,"每年在专业保险公司做出 1 000 万～2 000 万元的业绩甚至3 000 万元业绩的总监年收入约 30 万元,10 年也只有 300 万元;而在泛华保险股权模型下,平均每年销售 1 000 万元的业绩,10 年至少可以拿到 1 500 万元,如果出售股份还能再拿 5 000 万元"。

另外,泛华保险的扩张方式还包括收购、整合行业内已有的代理经纪公司,俨然成了保险专业中介领域的风投商。

上市融资助推风投模式

个人创业计划及并购整合需要大量的资金投入,上市融资成为泛华保险的必然选择。

为了打通资本市场通道同时规避国内资本管制，泛华保险设计了合同控制的股权架构（图 1-4）。资料显示，在纳斯达克上市的泛华保险注册于开曼群岛，这家离岸公司通过海

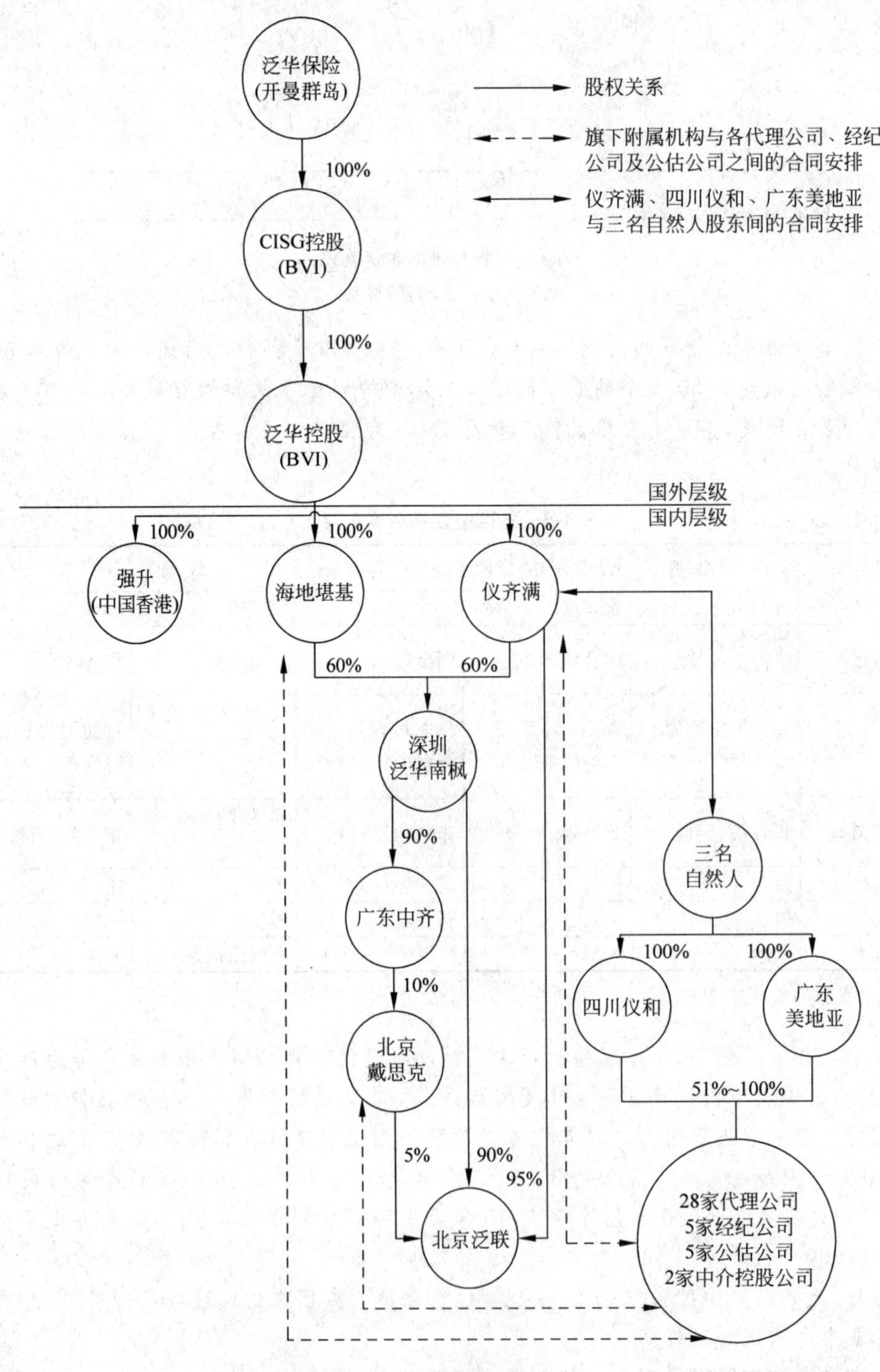

图 1-4　泛华保险股权架构

外两个层级在国内全资成立了外资的仪齐满管理咨询公司(下称“仪齐满”),并通过仪齐满提供借款给三名中国国籍的自然人,设立两家分别注册于广东和四川的投资公司。三名自然人再通过这两家投资公司,持有其内地的业务公司的股权。按借款合同,三名自然人承诺将由此所获的权益全部归属于仪齐满。因此,在美国上市的泛华保险,实际上是以向自然人的借款为搭桥,通过合同获取内地分支机构收益的离岸集团。

通过这一设计,泛华保险规避了政策限制,为海外上市扫清了障碍。2007 年 10 月 31 日,泛华保险登陆纳斯达克,融资 1.88 亿美元。上市后,泛华保险斥资 10 亿元启动“春秋计划”,为个人创业和并购整合提供资金支持。

风投模式实现高成长与高盈利

自 2006 年 8 月签约第一个创业者后,泛华保险几乎每天都能接到加盟申请。“后援平台+个人创业”成为泛华保险以“核裂变”速度发展的原动力。截至 2008 年 12 月 31 日,泛华拥有 40 家保险代理公司、5 家保险经纪公司和 3 家保险公估公司,包括 352 个销售和服务网点,保险代理人 28 886 人,网络覆盖中国 17 个省市,所辖分支机构已基本覆盖珠江三角洲经济圈、长江三角洲经济圈、环渤海经济圈和以四川为中心的中西部地区。按照计划,在未来 5～10 年,泛华保险将以个人创业或并购方式建立一个覆盖全国 23 个省市自治区,有不少于 100 个独立保险专业中介公司、1 000 个创业团队、20 万个代理人的分销网络。

依托风投式商业模式,泛华保险实现了快速增长。2005—2008 年,其营业收入分别为 1.437 亿元、2.466 亿元、4.482 亿元和 8.439 亿元,年复合增长率高达 80%,远高于行业同期的 44%,市场占有率也从 2005 年的 6.02%提高至 2008 年的 11.81%(表 1-6)。保监会公布的按收入排序的保险代理、保险经纪和保险公估 20 强中,2007 年泛华保险旗下有 6 家代理公司上榜,分列第 1、5、8、17、18、19 位,1 家经纪公司上榜,列第 19 位。2008 年,6 家代理公司上榜,分列第 1、2、4、8、9、19 位,1 家经纪公司上榜,列第 19 位,3 家保险公估上榜,分列第 2、3、9 位。

表 1-6　泛华保险与中介行业收入与净利润指标对比　　单位:万元

市场份额		2005 年	2006 年	2007 年	2008 年
行业总额	收入	238 700	330 100	488 700	714 500
	净利润	−775	9 936	19 496	25 502
泛华保险	收入	14 370	24 655	44 815	84 388
	净利润	−669	5 740	15 336	19 161
泛华保险占比	收入占比(%)	6.02	7.47	9.17	11.81
	净利润占比(%)	86.32	57.77	78.66	75.14

资料来源:公司财报。

由于“后援平台+个人创业”使经营成本大幅下降,加上较高的佣金率,泛华保险的盈利能力远高于行业平均水平。近 3 年来,其销售净利率保持在 20%以上,总资产报酬率在 9%以上,而同期行业平均水平则在 2%～4%(表 1-7)。2007—2008 年则分别实现净利润 0.574 亿元、1.534 亿元和 1.92 亿元,占行业总额的七成以上。

表 1-7 盈利指标对比 单位：%

项目		2005 年	2006 年	2007 年	2008 年
行业平均	销售净利率	−0.32	3.01	3.99	3.57
	总资产报酬率	−0.13	1.48	2.50	2.69
泛华保险	销售净利率	−4.66	23.28	34.22	22.71
	总资产报酬率	−2.33	15.12	9.35	9.39

打造完整产业链

风投式商业模式具有可复制性，泛华保险借此打造了完整的产业链，主要体现在横向拓展和纵向延伸两个方面。

保险专业中介的业务范畴包括代理、经纪和公估，按照保监会公布的数据，2008 年三项业务收入占比分别为 47%、37%和 16%。2008 年以前，泛华保险的业务仅局限在代理和经纪领域，并未涉足彰显中介服务水平的公估业务。随着代理和经纪业务的做大，以及保险专业中介领域一站式服务的需求逐步提升，无论是从拓宽营收还是提升综合竞争力的角度来看，缺乏公估业务成为泛华保险的软肋。于是，公司开始将风投式的商业模式向保险公估领域复制，2007 年 12 月收购国内首家全国性的保险公估机构——广东方中保险公估公司 60%股权。2008 年，泛华保险斥资约 1.3 亿元整合广东方中与行业排名前 20 名的深圳普邦和上海天衡，组建泛华保险公估集团，这也是公估领域迄今最大的合并案。通过整合，泛华保险初步建立了覆盖全国主要地区的公估网络，并在 2008 年贡献了近 9 000 万元的营业收入。2008 年 12 月，公司与另一家行业排名前 20 的公估公司——深圳弘正达签署了全资收购框架协议。泛华保险的计划是，2010 年将公估业务剥离单独上市。

横向拓展还表现在代理和经纪的产品类型上。按最基本的划分，险种可以分为财险和寿险。起家于汽车俱乐部的泛华保险营业收入曾一度全部来源于财险业务。业务的高度集中不利于经营风险的释放，也在一定程度上抑制了盈利能力的提升。而且，长期来看，代理寿险的毛利高于财险。泛华保险个人创业计划的推出，不仅吸引了财险代理人的加盟，更吸引了大批寿险代理人的加盟，使公司在寿险领域的规模快速做大。从寿险业务对营收的零贡献，到贡献营收 1.2 亿元或 14.4%，历时仅 3 年(表 1-8)。

表 1-8 收入来源及其占比 单位：万元

项目	2005 年		2006 年		2007 年		2008 年	
财险	14 252	100.0%	22 503	91.6%	40 095	89.7%	63 227	75.0%
寿险	0	0.0%	2 053	8.4%	4 598	10.3%	12 140	14.4%
公估	0	0.0%	0	0.0%	0	0.0%	8 936	10.6%
合计	14 252	100.0%	24 566	100.0%	44 693	100.0%	84 303	100.0%

纵向延伸是泛华保险创投式商业模式下的另一产物，也是其实现高盈利水平的推手之一。与国外保险专业中介广泛参与保险产品开发不同，国内保险专业中介由于销售规模过小，难以得到保险公司的重视，其所承接的主要是保险销售外包服务。然而，在快速铺设营销网络以后，泛华保险不仅是一股重要的销售力量，而且了解客户的需求，因此参与保险产品开发能够带来泛华、保险公司与客户三方的共赢。2008 年 3 月，公司与平安

人寿合作推出“万里无忧卡”；2009 年 1 月，携手中英人寿推出“英华保险卡”。泛华保险参与开发的产品，不仅由泛华独家承销而获取更高的佣金率，而且可以参与利润分配。

面临整合与再融资考验

风投式的商业模式使泛华保险实现了高增长与高盈利，但面临创业者整合及再融资的考验。

创业者的甄选与整合

创业者的加盟是泛华保险风投式商业模式扩张的基础。如同风险投资商的尽职调查，为了保证加盟者的质量，泛华保险制定了一套严密甄选程序，以求在最大程度上控制风险。不过，与风投商面临的挑战类似，再严密的甄选程序也不能保证投资百分百成功，更不能筛除道德风险，也不能保证加盟者对泛华保险的忠诚度。

创业者的整合更为棘手。随着个人创业计划的推广，大量优秀代理人纷纷加盟泛华旗下，加上对成熟企业的收购，泛华保险各业务机构存在一定的业务重叠现象。为了吸引更多加盟者，泛华保险并没有限制创业者的区域划分，结果是创业企业中既有全国性的企业也有区域性的企业，且同一区域有多家创业企业。这种重叠现象将随着个人创业计划的推进而更加明显，市场的失序逐步将外部竞争演变为内部竞争。同时，对被收购企业的整合也是棘手的问题，不仅存在文化上的差异，也存在人员上的调整。据深圳保险学会某负责人介绍，泛华保险整合的三家公估企业目前正经历痛苦的磨合过程。“当前的泛华是大而不强，要实现由大转强，还有很长一段路。”该负责人认为。

另外，泛华保险风投式商业模式的成功，极大地刺激了各路资本对保险专业中介领域的热情，效仿者或新的整合者不断出现，他们之间对优秀代理人的争夺日渐激烈，因此，泛华保险将在保持对创业者的吸引力和控制扩张成本上面临压力。

再融资考验

泛华保险的扩张模式建立在资本不断投入的基础上，随着个人创业计划及并购策略的推进，公司对资金的需求将随之扩大。尽管泛华保险在多个场合宣称资金充裕，2008 年年末账面现金及现金等价物 15.08 亿元可以供未来三年的扩张之需。

但这仅是财务报表上的数字。在纳斯达克上市的泛华保险，其财务报表根据美国会计准则不需要编制母公司会计报表，只要编制控股公司的合并会计报表。由于泛华保险对创业企业及收购企业的股权比例均在 51%以上，旗下所有业务机构均在并表范畴。按照合并报表编制方法倒推，合并报表的现金及其等价物余额，包含了母公司以及旗下业务机构的现金及其等价物余额，这一数字应大于泛华保险能够自由支配的现金及其等价物规模。

财报显示，2008 年年末，泛华保险的现金及其等价物余额与上年同期的 15.45 亿元大致相当。但从 2008 财年的大举扩张之中可以看出，泛华保险实际能够支配的资金远低于 15.08 亿元。2008 年度，泛华保险新增 21 家代理公司、1 家经纪公司和 3 家公估公司，其中仅入股泛华大童和整合 3 家公估公司就投入 3.5 亿元，再加上用于后援平台建设的 3 亿元，合并报表中的 15.08 亿元，真正能够供泛华保险自由支配的实际上已并不多，甚至再融资的压力已经隐现。其实，如果泛华保险的个人创业计划不减速，再融资的压力仅是时间先后的问题。因此，再融资将是泛华保险的命门所在，它决定了其后续发展的速度与空间。

泛华保险的再融资并不轻松。受金融海啸影响，纳斯达克指数大幅回调，IPO与再融资基本停滞。同时，泛华保险每份ADS的价格也跌破16美元的发行价，目前在6.5～7.5美元，融资功能大打折扣。另外，在国内保险牌照基本停发的背景下，保险专业中介是资本尤其是民营资本和外资进入保险领域的唯一通道。随着泛华保险的成功上市，越来越多的资本开始涌入中介领域，催生了多家全国性的公司，且不乏拟赴美上市的后继者，行业竞争的加剧，客观上也将对泛华保险再融资增添难度。

资料

自2003年保监会降低了保险专业中介的进入门槛后，短短数年时间内，中国保险专业中介机构的数量由一两百家激增至2008年年末的2 445家，正日益成为保险销售的一股重要力量，通过专业中介机构实现的保费收入突破500亿元。

保监会相关数据显示，保险营销员渠道和保险专业中介渠道市场份额此消彼长，2005—2008年，保险营销员渠道市场份额由43.20%下降至34.55%，而保险专业中介渠道却由4.16%上升至5.27%(表1-9)。

表1-9 各类保险销售渠道的市场份额 单位：%

项　目	2005年	2006年	2007年	2008年
保险营销员	43.20	46.99	45.40	34.55
保险兼业代理机构	25.64	28.24	31.87	42.40
保险专业中介	4.16	4.14	5.07	5.27
其他渠道	27.00	20.63	17.66	17.78

资料来源：中国保监会。

本章思考题

(1) 在理论和实践中，对资本怎样理解？
(2) 怎样理解当下较为流行的知识资本和人力资本？
(3) 资本市场的构成及功能分别是什么？
(4) 资本评估方法有哪些？这些方法之间有什么区别？
(5) 什么是资本经营？它与生产经营有何不同？
(6) 资本经营的内容包括哪些方面？
(7) 企业如何进行无形资本经营？
(8) 企业资本经营的方式和意义分别是什么？

参考文献

[1] 曹永峰. 资本运营概论[M]. 北京：清华大学出版社，2013.
[2] 王开良. 资本运营技巧与风险管理[M]. 北京：中国书籍出版社，2013.
[3] 夏乐书. 资本运营：理论与实务[M]. 3版. 沈阳：东北财经大学出版社，2010.
[4] 申明. 知识资本运营论[M]. 北京：企业管理出版社，1998.

第二章 商业模式分析

引　言

彼得·德鲁克曾忠告企业界:“当今企业之间的竞争,不是产品之间的竞争,而是商业模式之间的竞争。”商业模式是企业制胜的法宝,是资本市场甄别企业优劣的关键点,关系到企业的生死存亡和持续发展。为此,近年来,商业模式已经成为企业家和管理学者的研究重点。

那么什么是商业模式呢?什么才算是好的商业模式呢?本章将从商业模式的定义开始,介绍商业模式的基本概念以及在不同商业时代中的优秀商业模式。

第一节　商业模式的概念

一、商业模式的含义

最简单的解释是:商业模式就是企业赚钱的方法,或者说,企业通过什么途径或方式来赚钱。例如,饮料公司通过卖饮料来赚钱;快递公司通过送快递来赚钱;网络公司通过点击率来赚钱;通信公司通过收话费来赚钱;超市通过平台和仓储来赚钱。Rappa(2002)则将商业模式描述为“清楚说明一个公司如何通过价值链定位赚钱”,Weil 和 Vital(2001)把商业模式描述为在一个公司的消费者、联盟、供应商之间识别产品流、信息流、货币流和参与者主要利益的角色和关系;Allan Afuah(2003)认为互联网商业模式是公司利用互联网长期获利的方法,它是一个系统,包括各个组成部分、连接环节以及动力机制。

进一步讨论后,我们发现,对于商业模式含义的把握需要问以下六个问题:①怎样创造价值?②为谁创造价值?③竞争力和优势来源在哪儿?④与竞争对手的差异是什么?⑤怎样赚钱?⑥时间、空间和规模的目标是什么?

在关于商业模式的探讨中,商业模式常常被混淆为盈利模式,即企业如何盈利。但实际上,盈利模式仅是商业模式的一个构成部分而已。而企业经营的目的是创造价值,企业的价值创造就是通过商业模式来实现的,所以,企业商业模式应该是企业创造价值的模式。如果把企业比喻成一个黑箱,一侧输入的是经营资源,另一侧输出的是价值创造,中间实现这种转换的就是商业模式。因此,商业模式就是企业创造价值的模式。

商业模式也可以被定义为一种包含了一系列要素及其关系的概念性工具,用以阐明某个特定实体的商业逻辑。它描述了公司能为客户提供的价值以及公司的内部结构、合作伙伴网络和关系资本等,用以实现(创造、推销和交付)这一价值并产生可持续盈利收入的要素(Osterwalder、Pigneur & Tucci,2005)。

商业模式解决的是企业战略制定前的问题,同时也是连接客户价值和企业价值的桥梁。商业模式为企业的各种利益相关者,如供应商、顾客和其他合作伙伴、企业内的部门和员工等提供了一个将各方交易活动相互联结的纽带。一个好的商业模式最终总是能够体现为获得资本和产品市场认同的独特企业价值。

二、商业模式的构成

起初,商业模式被认为主要包含四个方面,即用户模式、产品模式、市场模式和收入模式。用户模式,即谁是自己的用户,给他们提供了什么样价值的东西;产品模式,即企业要做什么产品,不做什么产品;市场模式,即你要如何定位,用什么样的手段进行推广;收入模式,即怎么把产品和用户转换成商业价值。

清华大学的魏炜、朱武祥(2009)则认为:商业模式本质上就是利益相关者的交易结构。企业的利益相关者包括外部利益相关者和内部利益相关者两类,外部利益相关者指企业的顾客、供应商、其他各种合作伙伴等;内部利益相关者指企业的股东、企业家、员工等。他们提出的魏朱模式认为:商业模式体系包括定位、业务系统、关键资源能力、盈利模式、自由现金流结构和企业价值六个方面。这六个方面相互影响,构成有机的商业模式体系。商业模式结构图如图 2-1 所示。

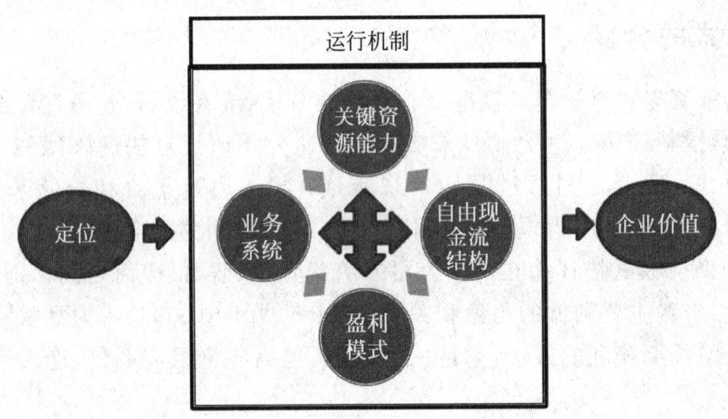

图 2-1　商业模式结构图

1. 定位

一个企业要想在市场中赢得胜利,首先必须明确自身的定位。定位就是企业应该做什么,它决定了企业应该提供什么特征的产品和服务来实现客户的价值。定位是企业战略选择的结果,而在魏朱模式中,它被认为是商业模式体系中其他有机部分的起点。

关于定位已有大量的文献和理论,最具代表性的应属波特、特劳特和科特勒分别对定位的不同理解。在波特的战略理论体系中,十分强调定位的重要性,关于竞争战略的低成本和差异化本身就是企业对于未来发展态势的刻画。波特认为战略就是在竞争中作出取舍,战略的本质就是选择不做哪些事情,没有取舍,就没有选择的必要,也就没有制定战略的必要。20 世纪 90 年代,波特曾经批评日本企业普遍缺乏战略,实际上是指日本企业过分关注运营效益的提升，尤其是在达到生产率边界后仍然忽视企业的方向选择，大量企业的战略趋同。所以，在波特的战略体系中，定位实际是企业选择应该做什么，这个定位的内涵是关注企业在公司层面如何发展。

相对于波特对于定位即战略选择的理解，特劳特关于“定位”的概念则聚焦在企业具体的产品服务层面。在具体产品营销方面，特劳特强调“定位”是利用社会消费心理学塑造，以此获得消费者心理认同的独特产品地位，或者利用消费者已有的观念构筑差异化的产品形象，从而在目标受众的头脑中占据一席之地。

科特勒认为的“定位”，就是通过细分市场（segmentation），确定目标市场（targeting），通过提供独特设计，以在目标消费者心目中占据特定位置（positioning），这就是著名的 STP 三部曲。定位包括了该如何设计产品的特色，该如何定价等，很明显，定位是工作的核心。

战略中的定位与商业模式中的定位略微有些差异，战略中的定位将决定战略的成败，而商业模式中的定位更多地作为整个商业模式的一个支撑点，因为同样的定位可以有不一样的商业模式，同样的商业模式也可以实现不一样的定位。此外，商业模式中的定位更多地可以用来帮助理解企业的状态，这个状态包括提供什么样的产品和服务、进入什么样的市场、深入行业价值链的哪些环节、选择哪些经营活动、与哪些合作伙伴建立合作关系、怎样分配利益等。在商业模式的定位中，选择不做什么与选择做什么同样重要，同时，这也关系到企业如何构建业务系统、确定盈利模式、分布资源能力、设计现金流结构等其他部分。

2. 业务系统

业务系统是指企业达成定位所需要的业务环节、各合作伙伴扮演的角色以及利益相关者合作与交易的方式和内容。业务系统由构型、关系和角色三部分组成。构型是指利益相关者及其连接方式所形成的网络拓扑结构；关系是指与利益相关者的交易内容、方式与治理（这里主要指控制权和剩余索取权的归属）；角色是指拥有资源能力，即拥有具体实力的利益相关者。这三方面的不同配置会决定整个业务系统的价值创造能力。

业务系统是商业模式的核心。高效运营的业务系统不仅仅是赢得企业竞争优势的必要条件，同时也有可能成为企业竞争优势本身。一个高效的业务系统需要根据企业的定位识别相关的活动并将其整合为一个系统，然后再根据企业的资源能力分配利益相关者的角色，确定与企业相关价值链活动的关系和结构。围绕企业定位所建立起来的、这样一个内外部各方利益相关者相互合作的业务系统，将形成一个价值网络，在影响企业通过商业模式而获得价值的过程中，该价值网络明确了客户、供应商和其他合作伙伴所扮演的角色。

3. 关键资源能力

业务系统决定了企业所要进行的活动，而要完成这些活动，企业需要掌握和使用一整套复杂的有形资产、无形资产、技术和能力。关键资源能力是支撑交易结构背后的资源和能力。关键资源能力是企业商业模式运行背后的逻辑，是其运营能力有别于竞争对手并得以持续发展的背后支撑力量。不同的商业模式要求企业具备不同的关键资源能力，同类商业模式其业绩的差异主要源于关键资源能力水平的不同。任何一种商业模式构建的重点工作之一就是明确企业商业模式有效运作所需的资源能力，它们是如何分布的、如何才能获取和建立这些资源和能力。不是所有的资源和能力都同等珍贵，也不是每一种资源和能力都是企业所需要的，只有和定位、业务系统、盈利模式、现金流结构相契合、能互相强化的资源能力才是企业真正需要的。

4. 盈利模式

盈利模式是指企业如何获得收入、分配成本、赚取利润。盈利模式是以利益相关者划分的收入结构、成本结构以及相应的收支方式。盈利模式是在给定业务系统中，在各价值链所有权和价值链结构已确定的前提下，企业利益相关者之间利益分配格局中的企业利益表现。良好的盈利模式不仅能够为企业带来收益，更能为企业编制一张稳定共赢的价值网。

各种客户怎样支付、支付多少，所创造的价值应当在企业、客户、供应商、合作伙伴之间如何分配，是企业收入结构所要回答的问题。一个企业可以使用多种收益机制。例如，同样是新闻媒体，电视台与报纸对客户的收费方式就不完全一样。电视台的收入主要是向广告客户收取的广告费、赞助费等，而报纸则除了向广告客户收费外，还可以从读者客户中收取报纸费用。一个好的盈利模式往往可以产生多种收入来源，传统的盈利模式往往是企业提供什么样的产品和服务就针对这种产品和服务对客户收费，现代企业的盈利模式则变化极大，经常出现的盈利模式是企业提供的产品和服务不收费并且是永远不收费，而费用由其他利益相关者支付。例如，客户使用互联网上的搜索引擎不需支付费用，但被搜索到的产品和服务的提供商却需要支付费用。同样的业务系统的盈利模式也可能不一样，如网络游戏就有收费、免费、向玩家付费三种方式。

成本结构与企业提供的产品和服务、业务系统及其资源能力分布是紧密相关的。传统盈利模式的成本机构往往和收入结构一一对应，而现代盈利模式中的成本结构和收入结构则不一定完全对应。同样是制造销售手机，那些通过专卖店、零售终端销售手机的企业，其销售成本结构主要是销售部门的办公与管理费用、销售人员的工资奖金费用等。而通过与运营商提供的服务捆绑，直接给用户送手机的制造商，其销售成本结构则完全不一样。

5. 自由现金流结构

现金流结构是以利益相关者划分的企业现金流入的结构、流出的结构以及相应的现金流形态。自由现金流结构是企业经营过程中产生的现金收入扣除现金投资后的状况，其贴现值反映了企业的投资价值。不同的现金流结构反映企业在定位、业务系统、关键资源能力以及盈利模式等方面的差异，体现企业商业模式的不同特征，并影响企业成长速度的快慢，最终决定企业投资价值的高低、企业投资价值递增速度以及受资本市场青睐的程度。例如，以租赁方式使用厂房、办公室、设备的企业与自己购买厂房、办公室、设备的企业的现金流结构是不同的。

6. 企业价值

企业价值，即企业的投资价值，是企业预期未来可以产生的自由现金流的贴现值。企业价值是商业模式的落脚点，评判商业模式优劣的最终标准就是企业价值的高低。对于上市公司而言，直接表现为股票市值。企业投资价值受其成长空间、成长能力、成长效率和成长速度决定。好的商业模式可以做到事半功倍，即投入产出效率高、效果好，包括投资少、运营成本低、收入的持续成长能力强。

企业的定位影响企业的成长空间，业务系统、关键资源能力，影响企业的成长能力和效率，加上盈利模式，就会影响企业的自由现金流结构，即影响企业的投资规模、运营成本支付和收益持续成长能力与速度，进而影响企业的投资价值以及企业价值实现的效率和速度。同样一个机会，同样的市场、顾客需求、新技术、新产品、独有的资源或能力、独有的社会资本等，采用不同商业模式产生的企业价值规模、价值实现的效率、价值递增的速度和价值达到更大规模所需要的时间大相径庭。

相同的企业定位可以通过不一样的业务系统实现，同样的业务系统也可以有不同的关键资源能力、不同的盈利模式和不一样的现金流结构。例如，业务系统相同的家电企业，有些企业可能擅长制造，有些可能擅长研发，有些则可能擅长渠道建设；同样是门户网站，有些是收费的，而有些则不直接收费。商业模式的构成要素中只要有一个要素不同，就意味着不同的商业模式。一个能对企业各个利益相关者有贡献的商业模式需要企业家反复推敲、实验、调整和实践才能产生。

Alexander Osterwalder 和 Yves Pigneur(2011)将商业模式分为九大模块：核心资源、关键业务、客户群体、价值服务、渠道通路、客户关系、重要合作、收入来源和成本结构。①核心资源是指企业的定位和拥有的关键资源能力，即我是谁和拥有什么；②关键业务是指企业的主营业务；③客户群体是指企业的目标客户是谁；④价值服务是指企业能够为目标客户提供怎样的服务来实现自己的价值；⑤渠道通路是指企业如何宣传自己，通过什么样的渠道手段，使用什么样的品牌形象；⑥客户关系是指怎样和客户相处；⑦重要合作是指有哪些重要的合作伙伴；⑧收入来源是指通过运营企业能够创造怎样的利润价值；⑨成本结构是指企业运作要付出多少。

三、商业模式的评价

根据商业模式的本质内涵，无论从时间还是空间的角度来看，评价商业模式的指标主要有三个层面，即创造价值的能力、创造价值的结构和创造价值的持续性。这三个层面既循序渐进又相互补充：能力是基础的先决条件；结果是能力的输出和表现；持续性是能力和结果的延伸。

1. 创造价值的能力

创造价值是商业模式的核心，创造价值的能力是最需要关注的指标，结合时代特点和企业实际，企业创造价值的能力指标由以下 5 个子指标组成：①满足客户需求的能力，评价解决客户需求的挖掘能力，对客户价值的把握能力，客户对企业的认知度和忠诚度；②联盟合作的能力，评价企业与合作伙伴的关系，企业的联盟组织协调能力，企业配置与整合资源的能力；③快速应变市场的能力，评价企业快速响应市场变化的能力，产品开发和周转以及组织结构等能够适应市场变化的速度；④运用信息网络的能力，评价企业的信息化水平、有效利用信息网络的能力、网络经济与实体经济的契合水平；⑤资本运作的能力，评价企业的融资能力、偿债能力和投资能力。

2. 创造价值的结构

结果是衡量商业模式好坏很重要的一个方面，只有能力没有结果的商业模式是肯定不行的，创造价值的结果也是最直接的评价指标，评价创造价值的结果指标可由以下两个子指标组成：①获取现金流的能力，评价企业资产的流动性，资金的周转速度，现金流的管理水平；②盈利的能力，评价企业收入成本结构的合理性，最终获取利润的能力，与行业平均水平的比较。

3. 创造价值的持续性

拥有了优良的创造价值的能力和创造价值的结果，并不代表该商业模式就是永恒美好的，还要考虑其创造价值的持续性。评价创造价值的持续性指标由以下两个子指标组成：①可持续性，评价企业创造价值能力和结果的远期持续性，而不只是昙花一现的美丽；②可拓展性，评价企业的未来可能走向，模式要具有可拓展的前景，有足够的能力应对增长的客户需求和市场发展。

除此之外，还可以从创新性、成效性、独特性三个维度考察商业模式。创新性侧重考察企业通过定位、管理、渠道等非技术性手段提升企业整体竞争力的新思路和新策略。成效性侧重考察企业能够卓有成效地平衡各种关系，利用各种资源，提升整体运行效率，最终达到成功的效果。独特性侧重考察企业商业模式的特别之处和差异性，不容易被竞争对手所模仿。

四、商业模式与管理模式、商业策略的区分

1. 商业模式与管理模式的区分

商业模式和管理模式的区别主要是理论内涵不同、着眼点不同、管理客体不同，并最终导致对企业或企业绩效的影响也不同。

一个完整的管理模式包括六个要素：战略、组织结构、管理控制、企业文化、人力资源管理和业绩，如图 2-2 所示。战略决定企业的发展方向，是企业实现其长远目标的方法和途径。组织结构是按照战略的要求，确定企业有哪些部门和岗位组成，部门与岗位的目标，职责和职权是什么，以及相互关系是怎样界定的。管理控制指企业中的管理流程以及相应的制度和方法，常见的如战略规划流程、精英计划流程、预算管理流程、新产品开发流程、销售管理流程等。企业文化是企业内部员工共同的价值观和行为准则。人力资源管理是那些与人力资源的招聘、培养、选拔、考核和激励等相关的工作。战略通过组织结构、管理控制、企业文化和人力资源管理来实现，业绩是战略实现的结果。

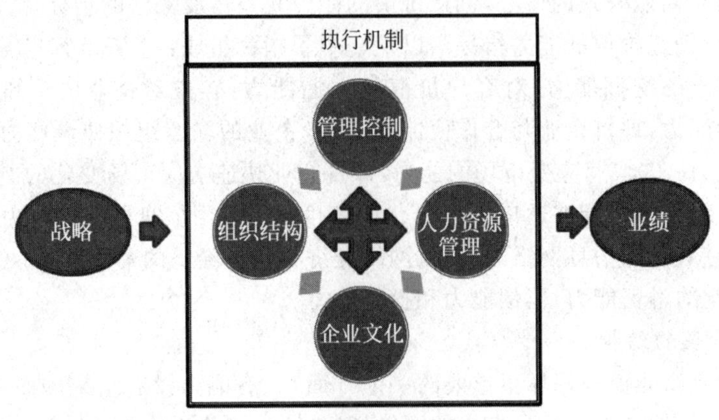

图 2-2 管理模式

管理模式和商业模式分别从两个不同但相互补充的层面,完整地描述了企业的运营。由于定位是战略的核心内容,所以事实上,商业模式与管理模式从两个不同的方面,保证了战略的实现。

商业模式是企业的基础架构,类似于一艘战舰的构造:不同种类舰艇的发动机、船舱、甲板、炮塔、导弹等的结构和配置不同,在舰队中的位置和功能也不同。

管理模式反映了企业的执行机制。管理模式类似于驾驶战舰的舰队官兵:舰队的最高长官,既需要组织分配好官兵的工作,制定出相应的管理控制流程,并建立官兵的选拔、培养和激励等制度,也需要能够凝聚舰队战斗力和舰队文化。

只有先确定好了整个舰队的配置,构造好每一艘战舰,才能确定需要招募什么样的官兵以及如何提高官兵的战斗力。从这个角度上说,商业模式设计必须限于管理模式设计,商业模式的重要性凌驾于战略、组织结构、人力资源等之上。

管理模式看重的是企业长远目标的确定和业绩的达成;商业模式则是在满足顾客需求,为顾客创造价值和实现企业价值最大化之间构造出一座桥梁。管理模式强调的是组织和组织中人的执行力,因为组织结构、企业文化、管理控制和人力资源管理都是和人直接相关的。商业模式是一个企业的运行机制,它告诉人们,企业是怎样运转起来的,与人没有直接关系。因为业务系统、盈利模式、关键资源能力和现金流结构,与组织中有什么样的人并无直接关系。好的商业模式的一个非常重要的特征是:以平均水平的人员素质和管理能力,也可以创造出上佳的业绩。

2. 商业模式与商业策略的区分

商业模式的设计是商业策略(business strategy)的一个组成部分。而将商业模式实施到公司的组织结构(包括机构设置、工作流和人力资源等)及系统(包括 IT 架构和生产线等)中去则是商业运作(business operations)的一部分。这里必须清楚区分两个容易混淆的名词:业务建模(business modeling),它通常是指在操作层面上的业务流程设计(business process design);而商业模式和商业模式设计指的则是在公司战略层面上对商业逻辑(business logic)的定义。

第二节 传统意义下的商业模式

一般地说,服务业的商业模式要比制造业和零售业的商业模式更复杂。最古老也是最基本的商业模式就是“店铺模式”(shopkeeper model),具体来说,就是在具有潜在消费者群的地方开设店铺并展示其产品或服务。

随着时代的进步,商业模式也变得越来越精巧。“饵与钩”(bait and hook)模式也称为“剃刀与刀片”(razor and blades)模式,或是“搭售”(tied products)模式,出现在 20 世纪早期年代。在这种模式里,基本产品的出售价格极低,通常处于亏损状态,而与之相关的消耗品或是服务的价格则十分昂贵。比如说,剃须刀(饵)和刀片(钩)、手机(饵)和通话时间(钩)、打印机(饵)和墨盒(钩)、相机(饵)和照片(钩),等等。这个模式还有一个很有趣的变形:软件开发者们免费发放他们的文本阅读器(adobe reader),但是对其文本编辑器的定价却高达几百美元。

20世纪50年代，新的商业模式是由麦当劳和丰田汽车创造的；60年代的创新者则是沃尔玛和混合式超市（hyper-markets，指超市和仓储式销售合而为一的超级商场）；70年代，新的商业模式则出现在联邦快递和玩具反斗城的经营里；80年代是Blockbuster、家得宝、莫特尔和戴尔公司；90年代则是西南航空公司、网飞（Netflix）、易贝、亚马逊网站和星巴克咖啡。而20世纪末许多dot com的商业模式似乎没有经过深思熟虑，最终形成了较为严重的问题。

从传统经济的角度，我们过去可能更多地是从行业，而不是从企业角度去归纳一类相似的企业模式，从这个角度来讲，我们也可以将它们视为具有行业分类特点的商业模式。所以，本节将从行业的角度概述不同行业具有代表性的行业商业模式。

一、制造业模式

制造业是指对制造资源（物料、能源、设备、工具、资金、技术、信息和人力等），按照市场要求，通过制造过程，转化为可供人们使用和利用的大型工具、工业品与生活消费产品的行业。制造业直接体现了一个国家的生产力水平，是区别发展中国家和发达国家的重要因素，制造业在世界发达国家的国民经济中占有重要份额。制造业包括产品制造、设计、原料采购、仓储运输、订单处理、批发经营、零售。

我们借用波特的价值链图形来显示制造业企业模式的普遍规律。

通常的制造业企业包含两类活动：基本活动与支持性活动。基本活动包括进料后勤（内部后勤）、生产、发货后勤（外部后勤）、销售、售后服务五个模块；支持性活动包括企业基础设施（财务、计划等）、人力资源管理、研究与开发、采购四个模块，如图2-3所示。所以，具有九个模块的制造业，相对于其他行业的企业，结构更复杂，从而，从商业模式角度，也就更具核心竞争力。

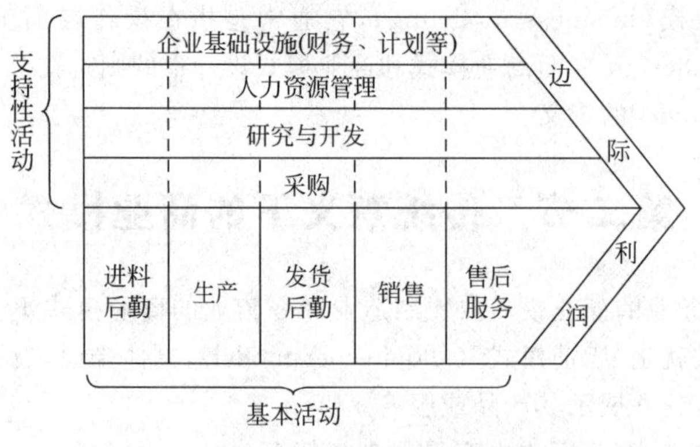

图2-3 波特价值链

如今，在制造业发展的趋势中，很典型的一种就是服务化。如今，越来越多的制造业企业把服务作为利润的主要来源，如海康威视从事视频监控，提供的是安全服务，而不是简单地提供一件产品。再如杭氧，过去做的是卖制氧机，现在它保证每年提供高质量气体给客户，通过这种方式，更好地服务客户，从而实现附加值的进一步上升。

另外一种趋势，就是制造业的商业模式创新。2015年“双11”，在一天之内阿里巴巴、天猫就产生了350亿元交易额。这是一个新的生态系统。这个生态系统的迅猛发展告诉我们，制造业本身的逻辑在发生变化。过去，我们关心的是商业巨头、垄断企业，然后关心那些有非常强的核心竞争力的企业，但是现在由于互联网分布式制造系统的发展，出现了更多草根、创新和服务相结合的思维逻辑、经营逻辑。因此，我们要关心价值网络，而不只是封闭的价值链。在新的生态系统里，制造服务怎样和其他的元素结合至关重要。

二、商业贸易模式

从20世纪80年代以来，随着中国改革开放的深入，商品贸易的往来显著增加，一时间商业贸易成为国内重要的商业模式。贸易公司的主要经济行为离不开“买”与“卖”，要有货源，同时也必须具备销售目标，最终通过两次或以上交易，从而产生利润。

无论贸易形式如何，无论是有形贸易还是无形贸易，都是一方提供商品，另一方支付等价的货币用以交换，整个交易建立在对等交易平等代换。但产品因时间变动以及空间的转移，甚至人为地预估差异，其价格不定。作为贸易公司所遵从的就是“低买高卖”的原则，产生利差。因此，贸易公司在从事经济活动中，要充分考虑各种因素，尽可能降低商品的采购成本，同时尽可能让商品销往处于卖方市场的销售区域，从而最大限度地获取利差。以矿石贸易为例，一开始进入中国的锰矿大多属于BHP的澳矿，后来锰矿价格逐渐升高，但炼厂的采购价持稳，这就逼迫贸易商为了追逐更高的利润，不得不寻求新的货源地，比如南非、加蓬、马来西亚、印尼。在国内商品价格稳定时，采购物美价廉的矿石，以获取更大利差。

在贸易环节中，想要获取高利差的方式不仅仅是降低采购成本，提高销售价格也可以达到同样的目的。以劳务输出贸易为例，同样是劳务输出，到东南亚所获得收益要远远低于在中东所获得的收益。

总结而言，商业贸易的商业模式在于通过转移商品（服务），降低买入成本，提高卖出价格从而获得利差。贸易看似简单买与卖，但如何掌握信息，透过信息去追逐较低的采购成本，同时尽可能地提高销售价格，并在整个交易过程中提防市场变动的风险，是一个较为烦琐的过程。

但在互联网时代，商业贸易的商业模式就显得十分简单，即转移商品＋获取利差＋风险管理。

三、房地产模式

中国房地产发展20多年，造就了大批富翁，而中国的房地产企业也由一块地、一个项目、一家施工队发展到规模百亿的上市公司。是什么让这些人成了富翁呢？时势造英雄，是中国改革开放、快速的工业化和城市化带来了土地的快速增值，进而吸收土地增值红利让中国房地产企业飞速发展。

深入分解房地产企业的商业模式，主流模式一般是“拿地—付首期款—融资—付土地款—再融资—开工建设—售楼—回收资金—再拿地”，以此实现扩张和发展。只要有首期款和拿地的渠道，企业就能够得以发展。这种模式之所以能够实现循环，倚赖于市场需求的无限。市场对供给的无限消化，使房地产得以维持高速增长的循环局面，并能够获得持续的外力支持,不断从市场吸纳新的资金。凭借此,中国的房地产企业将这个循环的周期不断缩小,将拿地的规模不断扩大,把财务杠杆不断放大,快速建造各类大盘、快速销售回收资金,快速使企业得以发展壮大。碧桂园、合生创展、富力地产、万科、绿城、复地等房地产公司无不以此发家。

近年来,由于土地红利,地价在较短时间内大幅上扬,利润来源中由土地价格上升带来的收益快速增加,即使储备土地不开发,转手也可以获得丰厚回报。于是,部分房地产企业选择了粗放式的经营模式。有些项目全部利润都来自土地增值,甚至开发销售利润不如直接转卖土地获益大,即开发利润为负数,需要用土地增值来补贴。后起之秀恒大地产依靠此模式在二线城市大肆扩张,并将之发挥到了极致,将重复的循环一步到位。"大量拿地—付首期款—上市前私募—付土地款—上市融资—开工建设—售楼—回收资金—再拿地",面对银行贷款融资的难度,恒大依靠境外股权投资基金和股票市场迅速在几年内实现一步到位的扩张,一跃成为新首富。其实,在 2008 年金融风暴来袭时,恒大上市搁浅,融资陷入绝境,所幸 2009 年中央 4 万亿刺激方案,房价重新翻番,恒大在港交所成功上市方才起死回生。这也正说明了这种主流模式依靠的是房价的不断上涨,依靠的是土地红利,一旦房价下跌,资金来源将突然断裂,发展模式将难以为继,恒大在 2008 年的教训恰恰说明了这点。

如果房价不再上涨,市场需求不再无限扩大、主流模式难以为继的时候,那就得向规模要效益,从市场抢份额。在白热化的市场竞争中,依靠的是企业的竞争力、产品的竞争力,开发环节的价值创造真正成为房地产企业的盈利来源。万科地产无疑是行业佼佼者,也是较早就坚持规模效益的房地产企业,注重管理和品质的企业,突破传统以土地红利为基础的盈利模式,力图建立住宅产业化、实现规模经济的盈利模式。

规模经济发挥作用的前提要素就是标准化,万科在住宅产业化方面做了很多有益的尝试并付诸了行动。早在 1999 年,万科的王石提出了"像造汽车一样造房子"的理念,工业化的理念也进入了人们的思想。这就是万科的住宅产业化,用工业生产方式来建造住宅,以提高住宅生产的劳动生产率,提高住宅的整体质量,降低成本、降低物耗。通过工厂预制、现场装配,使现场湿作业减少,外装修及内装修同步完成,保证了开发效率上的提升,直接给企业带来了收益率的提高。

规模不经济的情况出现在于管理上无法适应规模的进一步扩张。因此,规模能做到多大,在于企业的管理能力、管理水平多高。信息技术的发展让企业的管理水平大幅提高,而万科在管理上的规范也有目共睹,万科将销售收入做到了 1 000 亿元,其背后不仅是遍布全国的项目,更是管理,充分的授权和规范的制度。通过建立完善的企业制度管理体系,以规范化和流程化的制度体系为基础,以 SAP 系统、内部网系统、网络化审批系统以及邮件系统等信息化系统为平台,实现标准化管理,提升管理效率和管理水平;在项目管理上,万科建立了一种矩形超事业部制的混合结构,在总决策者与各事业部间增加一个管理层次,结构中既有灵活的事业部制,又有企业发展所必需的刚性结构部门,并通过区域管控、权限管控、财务管控和人力资源管控,实现规模经济和规模效益,但未来的规模还能走多远,还得看管理能否跟得上。

四、银行金融模式

商业银行区分于投资银行和中央银行，是以营利为目的的，以多种金融负债筹集资金，多种金融资产为经营对象，具有信用创造功能的金融机构。中国传统银行的商业模式是息差，银行作为间接融资渠道，一方面向企业（或个人）客户吸收资金存款，并给予较低的银行利息；另一方面向需要资金的优质客户提供资金借贷，收取相对较高的利息，从而获得利润。中国传统银行的核心竞争力是低成本揽储能力、放贷能力和高度的信用，其壁垒在于用户基础。其商业模式如图 2-4 所示。

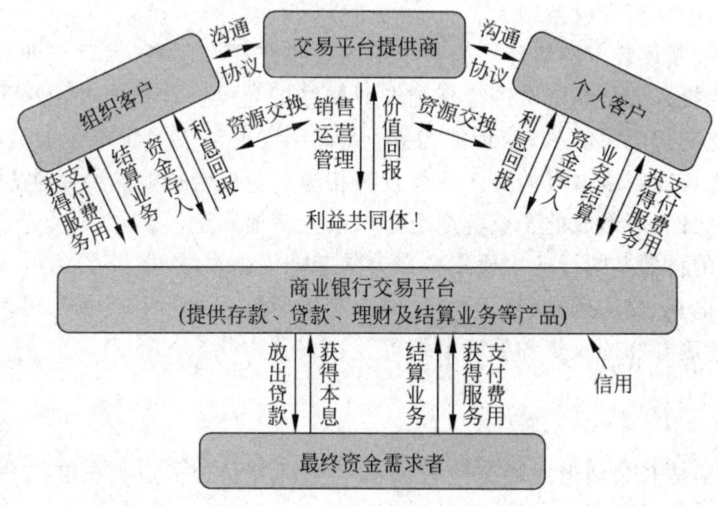

图 2-4 传统商业银行的商业模式

由于在中国存在国家对金融牌照的限制，中国商业银行普遍享有特权和垄断收益。但随着互联网技术变革、利率市场化、利差收入缩窄等商业环境变化的冲击，中国商业银行也在逐渐转型。未来银行业将朝着渠道电子化、产品个性化、功能平台化、服务智能化、业务边界无限化、盈利模式精细化、互联网金融模式“O2O”化方向发展。

五、自然垄断模式

自然垄断是经济学中一个传统概念。早期的自然垄断概念与资源条件的集中有关，主要是指由于资源条件的分布集中而无法竞争或不适宜竞争所形成的垄断。在现代这种情况引起的垄断已不多见。

现代法学一般认为：自然垄断是指由于市场的自然条件而产生的垄断，这些部门如果进行竞争，则可能导致社会资源的浪费或者市场秩序的混乱。法学上的自然垄断概念不仅涵摄了经济学上自然垄断的内容，还突出了现代竞争法的精髓，这是社会进步的客观反映。

从自然垄断的经济学理论基础来看，无论是规模经济还是范围经济或者是成本的次可加性，自然垄断主要取决于经济效率而不是其他因素。规模经济意味着生产更多产品时固定成本被逐渐摊薄越来越小，范围经济意味着在追加生产相关新产品和服务时进行联合生产要比单独生产的成本低，成本次可加性则意味着独家垄断经营的总成本小于多家分散经营的成本之和。自然垄断主要建立在效率目的基础上并且保障效率的实现。

综观世界各国的自然垄断存在的行业和产业，如供水、电力、煤气、热力供应、电信、铁路、航空等。我们不难发现采取自然垄断经营的产业一般具有网络经济的特征，即依赖一定的产业网络为市场提供商品和服务。如果离开这些产业网络，企业所生产或者提供的商品和服务是无法流转到社会消费领域的。衡量这些产业网络作用的最佳指标是网络上的流量(交通、电力、通信信号等)，而网络上的流量将随网络节点的几何级数增加。网络节点数量越多，边际投资收益越大。

由于自然垄断依赖于网络经济为整个市场提供产品和服务，因此企业在经营自然垄断行业时，将要投入大量的资金进行基础产业网络的建设。这些产业网络形成了大规模的固定资本，它们折旧时间长，变现能力差，从而导致了整个垄断产业大量的资本沉淀。另外，由于基础产业网络占有的资产往往具有相应产业或者行业的专用性，所以资金一旦投入也就很难收回，所形成的企业资产也难以改为其他用途。

目前我国的自然垄断行业主要集中在公共基础设施领域，如供水、供电、煤气、热力供应、电信、有线电视、交通运输(包括铁路、城市交通、海港、水运和机场)、环境卫生设施和排污系统、固体废弃物的收集和处理系统等。

六、小结

有人说一流成长公司形成颠覆性的、垄断性技术优势或商业生态链，如微软、谷歌、莫特尔、苹果、RIM、思科；二流成长公司拥有优异商业模式，如麦当劳、星巴克；三流成长公司出售优异的产品，如惠普、三星以及大量的日韩品牌。进一步概括，可以认为有以下几点。

一流成长公司在创造产业链。它们通过极具原创性的进步，极大地改变人类的生产力经营方式，极大地提高劳动效率，而且通过对该产业链中枢环节的控制，获取金字塔顶端的门槛。正如苹果创造了计算机产业，微软创造了软件年代。这类公司取决于壁垒。

二流成长公司在组合产业链。它们通过对产业链各元素的重新组合，形成独特的商业模式，进而局部改变利益分配机制。但商业模式的缺陷在于可复制性较强，壁垒较低，因此取决于时机和成本。

三流成长公司在改进产业链。无论是通过替代，还是以新产品面目出现，此类公司为人类提供了最优秀的产品，如同日本汽车不断改进的节能减排技术，惠普不断拓展的 PC 外延。此类公司取决于产业链的成熟度和生命力。

每一次商业模式的革新都能给公司带来一定时间内的竞争优势。但是随着时间的改变，公司必须不断地重新思考它的商业设计。随着消费者的价值取向从一个工业转移到另一个工业，公司必须不断改变它们的商业模式。一个公司的成败与否最终取决于它的商业设计是否符合了消费者的优先需求。

商业模式主要有以下几个发展新趋势：一是跨行业杂交融合的趋势(跨界)；二是传

统产业与互联网的结合趋势(互联网+或+互联网);三是行业娱乐化趋势;四是各种金融及衍生工具综合运用的趋势;五是从产业链的低盈利区向高盈利区移动的趋势(微笑曲线);六是成熟商业模式不断扩展、复制、放大的趋势(连锁)。

第三节 近代常见的商业模式

一、直销模式

1. 直销模式的概念

直销模式是以面对面的方式,直接将产品及服务销售给消费者,销售地点通常是在消费者或他人家中、工作场所,或其他有别于永久性零售商店的地点。直销通常由独立的直接销售人员进行说明或示范,这些销售人员通常被称为直销人员。近年来,随着互联网的普及,通过互联网来实现企业和客户之间沟通的网络直销模式得到了企业普遍的欢迎。通常企业可以通过自行建立网站,依托于第三方平台或者是前两者的结合进行销售。网络直销,就是通过网络为客户提供产品的售前咨询,了解客户的需求,帮助客户制订购买方案,从而进行网络销售。通过网络,公司能够更好地扩展自己的直销模式,帮助公司接触到更多的客户,以更低的价格提供更多更好的服务。在本书中,我们以网络直销为代表来描述直销商业模式。

2. 直销模式优劣势

与其他行销方法比较,直销主要有以下几个优点。

(1) 客户方便性。它不受时间与空间的限制,随消费者与直销商的方便,在任何时刻、地点都可进行。

(2) 信息的反馈性。在直销模式下,为顾客对产品的设计、包装、定价、服务等提出建议创造了条件。使顾客的意见能够第一时间反馈给公司进行产品改进,使产品更能适应消费者的需要。

(3) 成本的节约性。成本的节约性直销减少了中间环节,使企业不必花费过多的精力处理与批发商、零售商的关系,注重的是与顾客建立有效的沟通桥梁。

(4) 满足客户个性化的需要。方便公司为顾客提供"量身定制"的服务。

(5) 减少产品的积压。别的企业必须保持高库存量,以确保对分销和零销渠道的供货。

由于采用网络直销模式的公司只在顾客需要时生产他们所需要的产品,因此往往可以节约大量的库存占用场地和资金。

但与此同时,直销模式也存在以下几点不足。

(1) 由于没有产品库存,万一短时间内需求量突然增大,有可能很难得到满足。

(2) 大多数消费者还没有网络订购的消费水平,采取网络营销的销售模式,会对部分消费者产生一定的消费屏障。

(3) 售后服务体系难以完善,由于很多地方没有代销商,所以在顾客发现问题时很难在短时间内得到解决。

案例  戴尔(DELL)直接营销模式

公司背景

戴尔公司是全国领先的计算机系统直线订购厂商，于1984年由迈克尔·戴尔(Michael Dell)以1 000美元在美国得克萨斯大学宿舍注册成立，他是目前计算机行业内任期最长的首席执行官。戴尔拥有的理念是：按照客户要求制造计算机，并向客户直接发货，使戴尔公司能够最有效和明确地了解客户需求，继而迅速地作出回应。这个直接的商业模式消除了中间商，这样就减少了不必要的成本和时间，让戴尔更好地理解客户的需要。如今，在全球销售的5台基于标准技术的计算机产品中就有一台来自戴尔。经过不断的努力，戴尔保持了增长新、利润率、资本流动性的平衡，为股东带来了高额的回报。直销模式使戴尔一直领先于其最大的竞争对手。

戴尔的直销模式

戴尔公司通过首创的革命性“直线订购模式”，与大型跨国企业、政府部门、教育机构、中小企业以及个人消费者进行直接联系。公司的管理者认为，戴尔的网站带来了巨大的上级，并且将会继续在整个业务中占据越来越大的比重。在今后的几年中，预计公司50%的业务将会在网上完成。戴尔一直在进行广泛的市场调研，以便使网络销售渠道更加完善。

戴尔的直销模式主要体现在以下几点。

(1) 戴尔主要通过网络、电话直销的方式将产品销售给消费者。直销的模式使厂商能够和客户充分而直接地交流，用户不但可以根据自己的需求来选择搭配产品的零部件组装，而且能随时看到相应配置的价位变化。同时通过戴尔网站，还可以随时查询订单的进度。这种方式为客户提供了个人化的贴心服务。

(2) 高效的库存管理。戴尔实行按单生产，收到订单后立即启用高效的生产流程和供应链管理机制，在较短的时间内完成配送交换，以实现零库存。据统计，戴尔的库存周期只有4天，而国内知名品牌——联想的库存周期达到了22天，其他普通计算机厂商则高达60天，如图2-5所示。这样不仅节省了时间和成本，培育出了价格优势，而且可以更直接地了解到客户的需求，缔造稳定的客户基础。

(3) 强大的供应链系统。戴尔的供应链系统最突出的地方在于：首先，没有分销商、批发商和零售商，减少了中间环节；在戴尔的直销商务模式中，涉及的利益相关者主要包括元件制造商、分销商、终端客户，其价值链如图2-6所示。

而通过传统分销渠道的公司个人计算机销售价值链相比更为冗杂(图2-7)。中间商的参与并没有带来产品核心价值的增值，但中间商显然要求得到劳务的补偿及利润。中间商得到利润的方式主要是以进销差价的形式来实现的，很明显一级一级差价的负担者不会是中间商而恰恰是处在渠道最末端的消费者，那么消费者所支付的价格中自然就增多了他们原本并不需要的服务成分。

其次，通过将服务外包，降低运营成本。强大的供应链系统实现了到货时间上质的飞跃，从36～40天减少到3～4天，从而赢得了客户的认可，也赢得了市场。

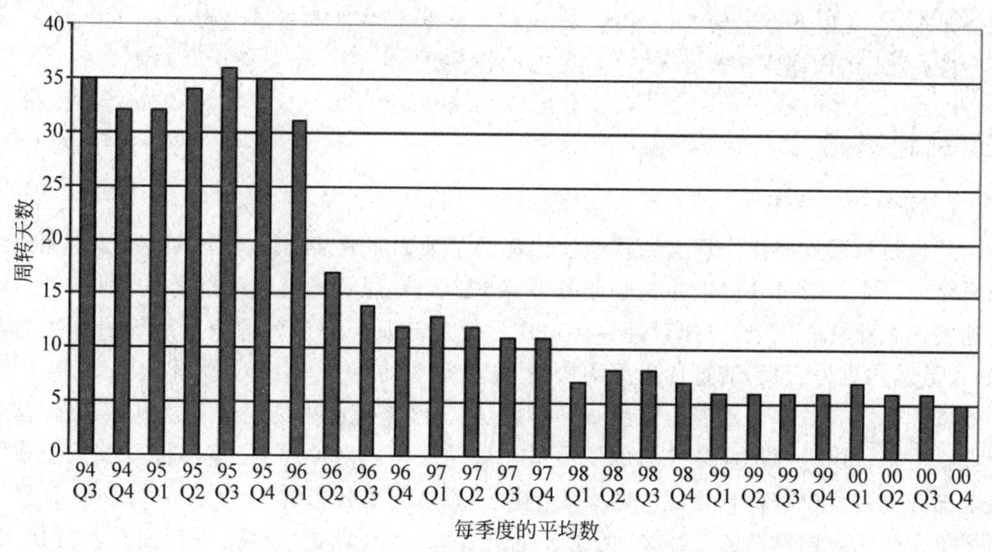

图 2-5　戴尔的库存周期

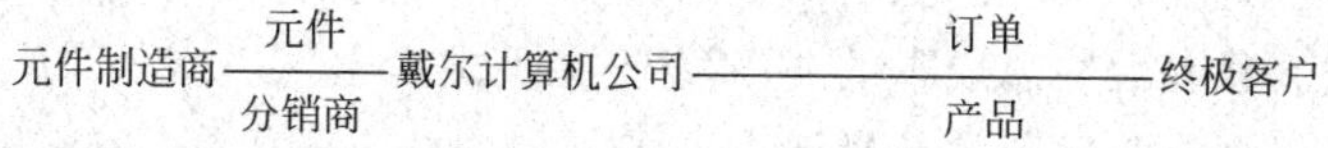

元件制造商 —元件/分销商— 戴尔计算机公司 —订单/产品— 终极客户

图 2-6　戴尔的价值链

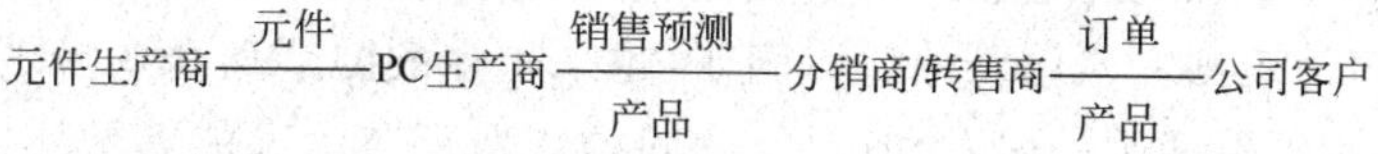

元件生产商 —元件— PC生产商 —销售预测/产品— 分销商/转售商 —订单/产品— 公司客户

图 2-7　传统价值链

(4) 完善的销售服务。戴尔为每一位用户都建立了详尽的档案，当用户致电售后服务部门时，只需要报出自己产品的序列号，技术人员便可以迅速调出相关详细资料，为其提供准确有效的技术咨询和疑难解答，使用户从售前、售中、售后的各个环节上都能享受到最完善的服务。

但与此同时，直销的商业模式也为戴尔公司带来了不少困境，诸如以下两点。

(1) 消费者的购买习惯逐步发生变化。随着生活水平的日益提高，消费者对产品的要求已经不仅仅局限于质量和价格，而是开始注重和倾向于外观设计新颖、个性多样的产品，这对于向来以平民化形象示人的戴尔来说是个巨大的挑战，因为意味着产品成本上升。戴尔素来以低成本占领市场，这种消费习惯的转变从一定程度上打乱了它的低成本战略。与此同时，戴尔的主要竞争者惠普开始实施“掌握个性世界”策略，这又给戴尔增加了不小的压力。面对电器商城货架上琳琅满目的计算机，消费者可以更加直接得到对计算机的直观了解，而对于网上订购计算机来说，消费者无法实际感受到真实的计算机及其功能，更多的消费者更倾向于现场购买，对其中的功能进行现场试用。

(2) 个人消费市场的崛起。由于个人消费者和企业消费者的采购需求不同，相比于企业，个人消费者对计算机本身并不精通，也不关心显卡或者内存，他们更希望知道计算机的颜色、重量以及是否结实。显然，针对个人消费市场，直销的商业模式是不够的。

因此，戴尔公司的直销模式还在不断地更新升级中。

二、外包模式

1. 外包模式概念

外包是指通过委托代理契约将企业内部的某项职能或某项任务分包给其他企业或组织来完成。企业通过外包把非核心业务转移出去而专注其最具竞争优势的领域，最大限度地发挥企业核心优势，迅速对外界环境作出反应。业务外包后的企业组织目标更为明确、人员结构更为合理、信息传播更为快捷、企业原则更为统一、企业文化更为融合，因而企业管理会更有效率。随着全球经济一体化，世界经济范围内的竞争日益显著，必然催生企业在全球范围内寻求业务外包的发展。在全球范围内对原材料、零部件的配置正成为企业国际化进程中获得竞争优势的重要手段。通用汽车公司的 Pontiac Le Mans 已经不能简单定义为美国制造的产品，它的组装生产在韩国，发动机、车轴、电路由日本提供，设计在德国，其他零部件来自中国台湾地区、新加坡和日本，西班牙提供广告和市场营销服务，数据处理由爱尔兰和巴贝多完成，战略研究、律师、银行、保险等分别由底特律、纽约和华盛顿等地提供。只有大约总成本的 40%发生在美国本土。

业务外包是当今企业经营的新潮流。业务外包的核心思想是：在内部资源有限的情况下，为取得更大的竞争优势，企业突出核心业务，专注业务将其他业务委托给比自己更具有成本优势和专有知识的企业。对于企业而言，有时环节要紧紧控制在企业内部，而非优势环节的许多活动则完全可以外包。例如，越来越多的制造型企业呈现哑铃型商业模式，更多的资源配置给两端的研发和市场，中间的制造环节尽可能多地实现外包，从而减低成本，增强灵活性。企业运营外包模式如图 2-8 所示。

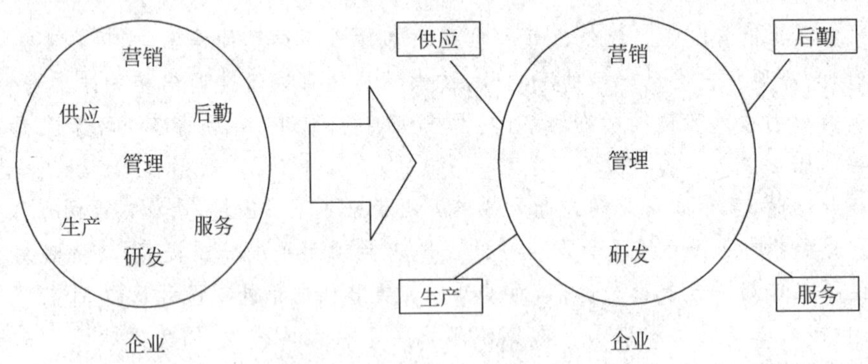

图 2-8 企业运营外包模式

企业实施外包具有两大显著的优势。一是可以保障企业专注核心业务。企业可以将非核心业务转移出去，借助外部资源的优势来弥补和改善自己的弱势，从而把主要精力放在企业的核心业务上。根据自身特点，专门从事某一领域、某一专门业务，从来形成自己的核心竞争力。基于这一思想，许多企业已经不再追求“大而全”的模式，而是更加强调“小而美”，保留主干或核心业务，将所有类似于枝杈的外辅业务或非核心业务砍掉，外包出去，交由专业的公司打理。虽然企业实施业务外包要支付一定的费用，但相比企业全部大包大揽，眉毛胡子一把抓，模糊了主业，造成核心竞争力的丧失更有裨益，正所谓"集中优势兵力打歼灭战"。

二是提高企业资源利用率。实施业务外包，企业将集中资源到核心业务上，而外包专业公司拥有比本企业更有效、更经济地完成某项业务的技术和知识。业务外包最大限度地发挥了企业有限资源的作用，加速了企业对外部环境的反应能力，强化了组织的柔性和敏捷性，有效增强了企业的竞争优势，提高了企业的竞争水平。

比较著名的例子就是美国的耐克公司。20世纪70年代中期建立时，耐克公司从亚洲的公司获得运动鞋，由于缺少IT去协调和控制运作，起初是派技术人员到每一个工厂去协调公司和当地管理人员的关系以及控制产品质量。到80年代，这些技术人员被连接美国设计人员和亚洲制造商的跨组织信息系统所取代。耐克公司用信息技术将它的运动鞋生产外包给供应商，而自己的注意力和资源都放在产品设计和营销上。通过外包模式的发展，90年代耐克公司取得了很大的成功。

虽然业务外包有许多好处，是企业获得竞争力的一种有效手段，但也存在着陷阱。如果企业未认清自己的核心竞争力，就盲目实施外包，要想获得利润几乎是不可能的。所以，企业在实施外包前，应进行企业诊断以及竞争态势分析，挖掘竞争对手难以获得并难以复制的资源和优势，将其演变为企业独有的核心竞争力。只有在清晰明确了自己的核心竞争力后，再实施业务外包，做到扬长避短，才能使企业获得真正的收益。

2. 外包非核心业务

那么，什么业务可以外包呢？总体来说，业务外包主要有以下三个特点。

(1) 后台业务可实施外包。新经济时代，市场瞬息万变，企业生存的基本准则就是能及时获取终端信息，随市而变。为了把握终端市场，把握市场脉搏，许多企业对前台业务，都是亲力而为，强化服务，而将后台业务(主要是经常性的管理业务)、离市场较远的业务外包出去。

(2) 重复性业务可实施外包。信息社会，产品的生命周期缩短、品种增加、批量减小，顾客对产品的交货周期、价格和质量的要求也越来越高。在这种背景下，满足个性化需求，已成为企业的重中之重。为此，企业要将机械性、重复性的业务，通过数字化、软件化外包出去。

(3) 非现场业务可实施外包。企业的重要业务需要现场作业，必须由企业自身完成，对于那些非现场的或者以网络为平台的业务，可实施外包。企业可以通过互联网，与合作伙伴应用信息技术实施互联，在资料互换、信息共享的基础上实施业务外包。

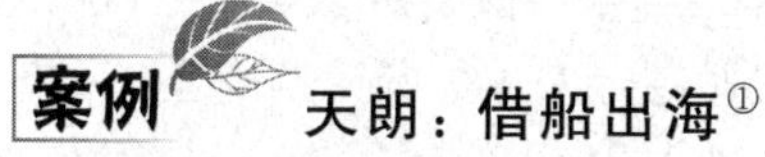

天朗：借船出海①

天朗(TNC)曾是世界上最大的琴键开关生产企业，主要供应美的、科龙、格力等大客户。但是，2001年，天朗多年来赖以生存和发展的商业模式几乎遭到了灭顶之灾，原因

① 魏炜，朱武祥.发现商业模式[M].北京：机械工业出版社，2009：1-118.

是，在这一年，天朗的大客户毫无例外地出口订单锐减，“城门失火，殃及池鱼”，天朗的困境不难理解。

穷则变，变则通。天朗把眼光投向了欧式开关，决定自创品牌，欧式开关被业界称为第四代开关，各方面性能都比前几代开关优越很多，这一产品在欧美国家已经相当成熟，但在此前的中国市场上，尚未形成规模，一些大厂生产它，也是定位为高端产品，价格是普通开关的3倍。

2004年，天朗研制出这种开关，成本降低了20%，实现全行业领先，天朗迈出了万里长征至关重要的第一步。但是一种产品要转化为利润，至少要经过三个环节：设计、制造和销售。或者说，天朗要做自主品牌，必须拥有或者掌控这三种关键核心能力。设计、制造是天朗已经拥有的，那么是“拥有”销售环节，还是“掌控”销售环节呢？

我们知道，每一种核心能力的打造，都要付出相应的成本，显然，与“掌控”而言，“拥有”的成本要大得多。天朗要从无到有，打造自己的渠道销售体系，代价不菲。第一，天朗一直是一个典型的生产企业，在渠道建设上毫无经验可言，也缺乏相应的人力资源和配套设施。第二，加入市场上已经有很强大的渠道可以利用，天朗完全可以借船出海，何必多此一举，自建渠道，吃力不讨好呢？因此，“掌控”销售渠道成了必然选择。

然而，掌控也有掌控的成本。商业市场的原则是共赢互利，天朗要利用别人的已有渠道，就必须有自己的卖点，为合作伙伴创造价值。天朗的卖点自然在于其多年形成的开关研发和制造能力。这就形成了一个闭环：要形成自主品牌，把产品推向市场，必须具备三个环节的核心能力——设计（天朗具备）、制造（天朗具备）、销售（天朗寻找合作伙伴解决）。

市场的机遇时刻存在。在天朗退出第四代开关的同时，许多照明企业开始发展专卖店和形象店，需要新型电工产品销售，但又不愿意花时间和资金开发。这样，天朗就采用许可方式和它们合作，这些企业只需要提出自己的设计要求，然后就可以把打着自己商标的产品放到专卖店、形象店里销售；而天朗将设计、测试、模具、生产，甚至到销售人员的培训，都“整体打包”提供给他们，甚至包括自己的竞争对手。

这可以说是一桩双赢的交易。天朗把自己的设计、制造优势打包给了合作伙伴，得到了合作伙伴的渠道，那些专卖店和形象店则利用天朗的设计、制造出来的产品充实了自己的货源，同时输出自己的渠道。让我们设想一下，假如让这些店去研发，制造新型电工产品，自然是事倍功半；而天朗刚开始也尝试过按照传统模式把产品推向市场，但是收效甚微。只有双方联合起来，互通有无，各取所需，才能形成一个利益闭环，才能成就成功的商业模式。

2005年年初，天朗开关每个月出厂50万个，到了第二年10月，就升级到了200万个，每月出货量已经超越了同类产品的综合，月销售收入也超过2 000万元。这里面，天朗自主品牌的产品占到了总销量的六成，新商业模式成绩斐然。

纵观天朗商业模式的选择，“有所为有所不为”是对核心竞争能力取舍的最好概括。成功的外包模式有两个选择：①抓住重要的环节；②做最擅长的事情。天朗的成功真实贯彻了这两个原则。

三、连锁模式

1. 连锁模式的概念

连锁经营是一种商业组织形式和经营制度，是指经营同类商品或服务的若干个企业，以一定的形式组成一个联合体，在整体规划下进行专业化分工，并在分工基础上实施集中化管理，把独立的经营活动组合成整体的规模经营，从而实现规模效益。通过连锁模式，企业能够迅速地覆盖市场，并且进行最大限度的市场渗透。

2. 连锁模式的要点

成功的连锁模式需要拥有规模化、标准化、统一化、信息化的经营管理系统。连锁店快速扩张的同时，企业通常会面临连锁店掌控能力降低，导致品牌形象的损失，因此标准化复制（“连锁拓展的复印机原理”）变得尤为重要。具体而言，连锁化的商业模式需要达成形象统一化、进货统一化、店面管理统一化、采购进货统一化、售后服务统一化。

在连锁模式的企业中，由于不同连锁店所处的地理、人文、商业环境不同，其面对的消费者也会有不同的消费需求和消费偏好。这就要求实行连锁商业模式的企业，一方面，进行服务的标准化、统一化，打造统一鲜明的品牌形象，使不同地区的消费者走进不同的商铺都能够获得同样高质量的服务和商品；另一方面，在适当程度上进行品牌的本土化，根据不同地区的消费者偏好，使品牌更具有亲和力。这种连锁品牌的本土化在餐饮连锁行业中得到了鲜明的体现。以星巴克为例，相比美国的消费者，中国的消费者有着更明显的集体倾向，具体表现为中国消费者通常结伴到咖啡店进行消费，而美国消费者通常更喜欢独来独往的私密空间，因此，星巴克（中国）在原有的店铺设计中将座位布置进行改造，以满足中国消费者的消费习惯。

连锁模式所需要的关键资源能力在于单店管理能力和资源集成能力。连锁模式是把独立的经营活动进行组合，形成一定程度的规模效应，从而降低平均成本，获得竞争优势，这就要求连锁行业对供应商的商品资源进行高度整合。例如，苏宁电器连锁要整合 10 万个规格型号。

连锁模式成功的关键在于后台的信息系统平台。连锁企业地域多元化、商品多样化、交易频繁化等决定了每天有数以亿计的海量般信息在快速传递。这就使连锁经营要求全国任何一个分支机构必须与总部保持运作上的高度一致性，否则，总部无法对其众多的分支机构进行有效管理，强大的信息系统平台意味着高效准确的信息传递。

3. 连锁经营三大模式

1）直营连锁

直营连锁，即店铺均由公司总部全资或控股开设，利用直营店可以提高渠道控制力度，获取更多的利润，提升企业价值。直营连锁是大资本通过吞并、兼并或独资、控股等途径，发展壮大自身实力和规模的一种形式。连锁店在建立的早期，通常采用直营店的方式，在实力日渐雄厚，名声越来越大之后，便开始征集加盟店，这是连锁店发展的规律之一。直营连锁有以下几点优势。

(1) 能够有效地统一调动财力、物力和人力，统一经营战略，统一开发运作整体性事业。

(2) 作为同一资本所有者,其雄厚的实力,有利于同金融界、生产部门打交道。

(3) 在人才培养使用,新技术和新产品的推广应用以及信息、物流和管理现代化等方面,更容易发挥整体优势。

(4) 众多分散的分店可深入消费者腹地扩大销售,占有市场,在大量生产体制和大量消费市场条件下,直营连锁经营系统是连接大量生产、大量消费的新型流通体制。对盈利低的商品,也可以通过提高商品的周转率从而确保一定的利润。

(5) 依靠功能集中化,可为经营提供重要的经济优势。充分利用自我服务方式提高销售效率,从经营的商品中获取一定的利益,以达到批量销售低价格商品的目的,如利用总部统一、集中大批量进货,容易开发稳定的供货渠道和获得折扣,以达到减少管理费用、降低经营成本,以较低价格出售商品的目的,这是独立零售店所不具备的优势。

但与此同时,直营连锁店也存在着一定的劣势,主要有以下几点。

(1) 需要庞大的自有资本开店,发展速度和规模受到限制。

(2) 分店的自主性很小,分店经理不是所有者,利益关系不紧密,分店经营的积极性、创造性和主动性都会受到一定程度的限制。

(3) 大型直营连锁公司的管理系统庞大,容易出现官僚化,管理成本增高。

2) 特许经营连锁

特许经营连锁,即特许加盟,是以契约为基础的连锁方式,特许者将自己所拥有的商标、商号、产品、专利和专有技术、经营模式等以特许经营合同的形式授予被特许者使用,被特许者向特许者支付相应的费用。值得注意的是,特许连锁中特许人和被特许人之间并没有隶属关系,双方并非母子公司,也不是合伙人,也不属于代理。确切地说是特许人把自己的商标标识和管理技术等知识产权授权给被特许人有偿使用,由此以整体统一的商业形象和管理模式对外营业,而对于所有的被特许人来说,彼此之间是没有直接关系的。通过特许加盟方式就可以快速渗透到二、三线城市和偏远地区,降低运营风险,减少投入成本,快速提升品牌形象,达到短期内加速扩散品牌的效果,对提高品牌知名度和顾客忠诚度都有立竿见影的效果。特许连锁的优势在于以下几个方面。

(1) 对于特许连锁总部而言,在资金和人力有限的情况下,不用自己的资本设置商店,也能获得迅速扩大业务领域的机会,提高知名度,加速连锁化事业的发展;在一个新地区开发展业务时,有合伙人为其共同分担商业分险;加盟金和特许权使用费能切实保证其利益,有利于稳定地开展事业性活动;设立稳定的商品流通渠道,有利于巩固和扩大商品销售网络;根据加盟店的营业状况、总部体制和环境条件的变化调整而招募加盟店,能促使连锁灵活发展;统一加盟店的店堂风貌、店员服装等,能对消费者和业界形成强大而有魅力的统一形象。

(2) 对于加盟店而言,没有经营商店经验的一般人,也能够经营商店;可以减少失败的危险性;用较少的资本就能开展事业活动,并能进行知名度高的高效率经营;能实施影响力大的促销策略;能够进行适应市场变化的市场经营,专心致力于销售活动,接受优秀参谋的指导。

(3) 对消费者而言,总部卓越的经营方法和技术被广泛地应用,提高了为消费者服务的水平;标准化的经营,使消费者无论何时在哪个加盟店都能接受到标准化的均质商品和服务；加盟店通过有效经营，降低了销售等费用，使消费者能接受到物美价廉的商品和服务。

(4) 对国民经济而言，可以扩大参与事业的机会，促使经济活跃化，促进中小企业的发展和加强竞争力，扩大就业机会。

与此同时，特许连锁也存在着一定的劣势，主要包括以下几点。

(1) 对总部而言，连续的指导和援助都要花费一定的人力和费用；加盟店在特许权上的无所谓态度会削弱特许连锁整体的活力；在加盟店极速增加的情况下，总部的指导力和物流体制等跟不上，会削弱统一性；整体而言，特许连锁比自己经营店铺的投资效率高，但要大幅度地增加利润额也有困难。

(2) 对于加盟店而言，会增强依赖性，放松经营和销售的努力；经营标准化束缚了更好方法的开发和采用；总部考虑整体效果而制定并实行的措施，并不一定适合某些特定加盟店的实际情况；在发生利益矛盾时，总部会坚持自身利益；其他加盟店失败，脱离连锁集团时，在形象和信用方面会受到不良的连带影响；在总部变更方针时，加盟店无权参与；对于合同内容，加盟店没有加入自己的要求和条件的余地；合同解除后，加盟店不能把过去的成果用于自己的商誉；总部脆弱化，大幅度改变销售政策时，加盟店不能够充分地接受到指导和援助；当合同解除时，加盟时所支付的保证金不能返还。

(3) 对于消费者而言，如果总部力量弱，加盟店在交易上处于不利地位，可能在价格的服务方面会给消费者带来不利影响；因滥用特许连锁而产生的交易上的不稳定，也会给消费者带来不良影响；对于营业责任是在总部还是在加盟店判断不清时，也可能使消费者的投诉对象模糊化。

3) 自由连锁

自由连锁，即自愿连锁，是保留单个资本所有权的联合经营，是由不同资本的多数商店自发组成总部，实行共同进货、配送的连锁经营形式。自由连锁的最大特点是，连锁公司的各店铺在所有权和财务上是独立的，与总部没有所属关系，只有在经营活动上的协商和服务关系，统一订货和送货，统一使用信息及广告宣传，统一制定销售战略。各店铺不仅独立核算、自负盈亏、人事安排自主，而且在经营品种、经营方式，经营策略上也有很大的自主权，每年只需按销售额或毛利额的一定比例向总部上交加盟金。自由连锁通常有以下几个方面的优势。

(1) 由于各连锁分店在经营上必须按总部的规定实施，自身的随意性受到限制，因而有利于发挥组织的力量，共同行动，以创造整体利益。在市场竞争中，由于实施整体行动，使企业的竞争力得到大大加强。

(2) 由于连锁店总部通过众多深入消费者群体的连锁销售店网络，在掌握准确市场信息的前提下，集中大量进货，不仅降低了进货成本，节省了费用，而且有利于连锁分店经营的商品适销对路，减少积压和损失，同时又能够准确及时地适应消费者需求及其变化，提高顾客的满意度，也提高了企业的信誉和地位。

(3) 由于总部负责战略决策和管理，连锁分店减少了用于这方面的人力、财力、物力的支出，可以集中精力转型销售商品，从而获得更多的销售利润。

(4) 经验者准确及时地捕捉顾客需求的变化，采取灵活的经营对策是相当重要的。

由于遍布各地的连锁销售分店通过信息网络把各种信息及时准确地反馈给总部，从而提高了连锁店总部的决策能力和对市场的应变能力，有利于竞争实力的加强。

(5) 在使中小零售企业受益的同时，自愿连锁也能在维护流通秩序，吸纳就业等方面起到积极作用。中小企业占我国企业数量的99%以上，自愿连锁提高了这些企业的组织性，有利于规范市场秩序，避免无序竞争。中小零售企业对劳动力的吸纳能力也是其他行业难以比拟的，企业有了稳定的发展，就能吸收更多的社会就业。

与此同时，自由连锁模式也存在着一系列的弊端，主要包括以下几点。

(1) 其联结纽带不紧，凝聚力相对较弱。

(2) 各成员企业独立性大，总部集中统一运作的作用受到限制，因而组织不够稳定，发展规模和地域有一定的局限性。

(3) 由于过于民主，决策迟缓，相对来说竞争力受到影响。

为了解决自由连锁的弱点，日本自由连锁协会提出了所谓的“四原则”：

(1) 成员间的“非竞争原则”。

(2) 成员间的“平等性原则”。

(3) 总部对成员实行的“经济利益性原则”。

(4) 全系统的“共同合作原则”，就是要在维护成员利益的前提下，强化集中统一的一面，克服松散的弊端。

第四节 “互联网+”的商业模式

一、电子商务模式

1. B2B 模式

B2B(business to business)是企业与企业之间通过互联网进行产品、服务及信息交换的一种方式，目的是替代传统交易过程中纸介质信息载体的存储、传递、统计、发布等环节，从而实现商品和服务交易一级交易管理活动的全过程无纸化，并达到高效率、低成本、实时化、网络化、直接化。B2B 平台运营商只不过是在交易双方之间提供了一个交易的平台，并不提供实质的商品。

B2B 模式是电子商务中历史最长、发展最完善的商业模式，能迅速地带来利润和回报。它的利润来源于相对低廉的信息成本所带来的各种费用的下降，以及供应链和价值链整合的好处。企业间的电子商务是电子商务的重头戏，它的应用有通过 EDI 网络连接会员的行业组织、基于业务链的跨行业交易集成组织、网上及时采购和供应方营运商。

B2B 电子商务模式主要有降低采购成本、降低库存成本、节省周转时间、扩大市场机会等优势，目前常见的 B2B 运营模式主要有垂直 B2B(上游和下游，可以形成销货关系)、水平 B2B(将行业中相近的交易过程集中)、自建 B2B(行业龙头运用自身优势串联整条产业链)、关联行业的 B2B(整合综合 B2B 模式和垂直 B2B 模式的跨行业 EC 平台)。B2B 的主要盈利模式有会员收费、广告费用、竞价排名费用、增值服务费、线下服务费、商务合作推广、按询盘付费等。

“中国制造网”是一个中国产品信息荟萃的网上世界，现已成为中国产品供应商和全球采购商共同共享的网上商务平台。凭借巨大而翔实的商业信息数据库、便捷而高效的功能和服务，“中国制造网”帮助众多供应商和采购商建立了联系。

电子商务平台可以提供竞价排名服务。企业为了促进产品的销售，都希望在B2B平台的信息搜索中将自己的排名靠前。在同等实力情况下，可以根据会员缴费的不同对排名顺序作相应的调整。阿里巴巴网站的竞价排名是诚信通会员专享的搜索排名服务。当买家在阿里巴巴网站搜索供应信息时，金家企业的信息将排在搜索结果的前三位，会被买家第一时间找到。中国化工网的化工搜索是建立在全球最大的化工网网站(ChemNet.com)上的化工专业搜索平台，对全球近20万个化工及化工相关网站进行搜索，收录的网页总数达5 000万，同时采用搜索竞价排名方式，确定企业排名顺序。

据中国“互联网＋产业”智库中国电子商务研究中心发布的报告显示，2015年中国B2B电子商务市场交易额达13.9万亿元，同比增长39%。预计在2016年“供给侧结构性改革”将成为B2B电商发展的新机遇。供给侧结构性改革关系到中国经济转型的平稳落地，未来以重点行业、特色产业为基础的B2B电商，将为中国高端制造业和现代服务业的发展赋予新动能。2015年以来，资本涌入、政策鼓励等都让B2B行业站上了风口，典型企业也在不断地引领着行业向2.0时代转型，B2B在线交易正不断推进。

在市场营收方面，2015年中国B2B电子商务服务商营收规模为220亿元，同比下降13.7%。为了企业长远发展考虑，目前B2B主要服务商受新业务拓展、市场竞争加剧等因素影响，在营收/净利润方面均有不同程度的下滑。

随着大量垂直类且涉及多领域的B2B平台出现，新兴企业开始不断蚕食市场份额，也使老牌B2B巨头企业增加压力，纷纷完善服务体制提高运营效率，在服务深度等层面均有所加强。

2. B2C模式

B2C(business to customer)，是企业与普通消费者之间的交易。这种模式类似于实际中的销售过程，而B2C平台则是产品生产商或销售商在互联网上的销售平台。在常见的三种电子商务模式中，B2B是最容易实现规模效益的，C2C是最容易提升网民活跃度和培养人气的，而B2C是传统企业切入电子商务最直接的，也是最容易体现效益的方式。B2C平台用网站代替了传统的店铺来进行商品销售。对于消费者来说，B2C平台为他们搜索、比较、选择、购买自己所需要的商品节省了大量的时间，这对于工作忙碌的上班族具有很大的吸引力；对于商家来说，B2C平台能够为其节省相当的交易成本，有效提高其利润率。在传统商业领域，设立一个销售点所需要的地皮和人工费用是很大的，而通常因为地理的原因，单个销售点所能吸引的顾客也是有限的，所以为吸引更大的顾客群，增加销售量，就必须设立连锁店，这又进一步加大了企业的运营成本。

B2C网站类型主要有综合商城(产品丰富的传统商城EC化)、百货商店(自有库存、销售商品)、垂直商店(满足某种特定的需求)、复合品牌店(传统品牌商的复合)、服务型网店(无形商品的交易)、导购引擎型(趣味购物、便利购物)、在线商品定制型(个性化服务、个性化需求)等。B2C的盈利模式主要是服务费、会员费、销售费、推广费等。

亚马逊是一个典型的B2C模式案例。亚马逊成功地从书商转向零售门户。顾客可在 Amazon.com 购买书籍、CD、玩具等。利用互联网的便捷性，亚马逊通过建设 B2C 平台来接待中国的顾客。巨大的顾客群问题得到解决的同时，还不用花费大量成本设立像连锁店那样众多的销售点。当然随着顾客群的不断增大，亚马逊设立了上海分站，以后又将其搬迁至苏州工业园区。即便如此，其所花费的成本仍然远远低于传统商业领域中有几百甚至上千个零售点的传统零售商。增加用户流量和提升用户粘性是平台企业最重要的两个目标。为了增加用户粘性，亚马逊鼓励顾客参与评价商品，为每件东西提供建议，结果约 70%的销售额来自回头客。在亚马逊网上，销售的图书仍然维持高折扣，而且人们可以找到各种珍稀版本的图书。亚马逊开发了“一次点击”的专利技术，回头客买东西时只需要一次点击。

3. C2C 模式

C2C(customer to customer)，是指普通消费者之间的点对点交易。从宏观上看，如果将每个企业看成一个消费者，那么 C2C 平台和 B2B 平台在本质上没有什么区别。阿里巴巴网站 B2B 总裁卫哲曾说过：“阿里巴巴 B2B 最终一定会落实到淘宝的 C2C，任何一个网上交易，最终产品的绝大部分，哪怕是工业品，还是为了制造消费品而存在的，所以一定会回到 C2C。”类似于 B2B 平台，C2C 平台运营商也只是提供一个供交易双方交流的平台，并不提供实质的商品。

C2C 的主要盈利模式是会员费、交易提成费、广告费用、排名竞价费用、支付环节费用等。C2C 的一般运作流程是：卖方将欲卖的货品登记在社群服务器上、买方透过入口网页服务器得到二手货资料、买方透过检查卖方的信用度后选择欲购买的二手货、通过管理交易的平台分别完成资料记录、买方与卖方进行收付款交易、通过网站的物流运送机制将货品送到买方。

以 eBay 网为例，1998 年第四季度 eBay 的总交易量将近 3 亿美元，每月光顾 eBay.com 的顾客多达 600 万人次，他们大约完成了 200 万次交易，eBay 从每次交易中收取 1.25%～5%的手续费。eBay 诞生了互联网商业的全新模式，协商定价的观念成为互联网上最为有力的经济手段之一。

4. 数字内容模式

数字内容产业也被称为内容产业或信息内容产业，是指将图像、文字、影像、语音等内容，运用数字化高新技术进行整合的产品或服务的统称。数字内容产业属于文化产业，其产品本质上是精神产品。

在 iPod 的带动下，苹果公司已经成为全球最大的在线音乐商，其在线音乐商店已经售出了 100 亿首歌曲，苹果公司的正版音乐下载甚至拯救了全球的唱片公司。在 iPhone 的强势拉动之下，苹果公司已经成为全球最大的在线软件公司，全球 10 万余款的在线苹果软件已经被下载 30 亿次以上。iPad 带领苹果公司成了全球最大的在线阅读公司，甚至有可能将成为全球最大的游戏运营公司，以数字内容为商品的产品市场已经崛起。

相比于传统文化产业，数字内容产品有着互动性、体验性、参与性、消费过程动态性、消费者忠诚度不确定性、高度可分割性的特点，其中，最大的区别在于数字内容产品的互动性。由于计算机、电视和电信网络的合并，使内容产品的发行和消费具有了更大的选择性和灵活性，如人与技术的交流、资料的收集、合作解决问题和谈判等。互动性并不是一个单维度的概念，它意味着从传统媒体的单向交流转向信息发送者和接受者之间的互换作用，而这种作用既可以是人与人之间的，也可以是机器之间的。互动交流既可以是同时发生的，也可以是先后发生的。Vorderer 提出了判断某种媒体是否具有互动性的5个标准：①可选择的程度；②提供的内容可供观看者修改的程度；③可被选择和修改的不同内容的数量；④线性和非线性的程度；⑤使用这种媒体时，被激发的不同感官的数量。以中国移动提供的彩铃下载服务为例，用户有了更多的选择空间，可以决定自己的电话铃声。

数字内容产业与传统文化产业有着明显的不同，因此也有着截然不同的商业模式。

(1) 差异化的定价模式。数字内容产品的高度可分割性，使商家在产品包装、营销和定价时掌握更多的主动权，更容易为顾客提供个性化和互动性服务，因此可以采用差别化定价模式。

(2) 多边化的收费模式。数字内容产品的收费往往涉及三边关系，即内容产品提供商、网络提供商和顾客。在市场上常见的收费模式有以下几种。

① 订阅收费模式。在这种模式下，顾客只需要支付固定的费用。这种模式的一种变形是：最底层的信息免费，而第二层以上各层的信息更详细更有深度，但用户必须付费才能够获得。还有一种变形是：用户可以免费享有一段时间的试用期，等这段时间过了就必须付费才能使用。这种模式被广泛地使用在电子报纸、在线游戏、无线增值服务、数字电视等领域中。

② 广告收费模式。由于数字内容产业的边际成本几乎为零，同时它的发行成本也很低，因此可以采取低价或者免费策略。以在线游戏为例，游戏对终端客户免费开放使用，收益来源于广告。

③ 按使用单位收费模式。这实际上采用的是歧视定价策略，数字内容产品的消费者可以分为意图使用者和即时需要者，识字内容可分解以满足不同顾客的偏好，而需要某一产品的顾客也愿意为了马上获得该产品而付费。因而为了卖方的利润，该收费模式将减少买方的消费者盈余，同时针对不同的顾客，收取不同的费用。商家通过这种方式，扩大了可获得数字内容产品的消费者群体，为那些不愿意订阅，而愿意为某一特定内容支付的顾客提供了购买的机会。

(3) 捆绑的销售模式。数字化的内容可以以最低的交易成本将内容重新组合打包，这使公司允许为消费者提供程度更高的个性化产品。

5. 团购模式

团购模式是一种基于网络的商业模式，通过团购网站集合足够人数，便可以优惠价格购买或使用第三方公司的物品、优惠券或服务，卖家薄利多销，买家得到优惠，节省金钱，而运行团购网站的公司则从卖方收取佣金。团购网站通常具有以下几个特点。

(1) 省钱。凭借网络，将有相同购买意向的会员组织起来，用大订单的方式减少购销环节，厂商将节约的销售成本直接让利，消费者可以享受到让利后的最优惠价格。例如，搬新家者参加全屋家居团购有望省下几千至数万元。

(2) 省时。团购网所提供的团购商家均是其领域中的知名品牌，且所有供货商均为厂家或本地的总代理商，通过本网站指引“一站式”最低价购物，避免自己东奔西跑选购、砍价的麻烦，节省时间、节省精力。

（3）省心。通过团购，不但省钱和省时，而且消费者在购买和服务过程中占据的是一个相对主动的地位，享受到更好的服务。同时，在出现质量或服务纠纷时，更可以采用集体维权的形式，使问题以更有利于消费者的方式解决。

因为是团体购买，还可以在网上网下通过购物会友，交流消费信息和购物心得，增益生活情趣，提高生活品质。

中国的团购兴起比国外稍晚，2005 年、2006 年基本是萌芽状态，一直到 2010 年才进入蓬勃发展阶段，在短暂的百家争鸣过后，目前已经进入团购大佬，比如，大众点评、美团、拉手、百度糯米等垄断市场的阶段。2014 年，中国网络团购总成交额达到 747.5 亿元，同比增幅为 108.3%。2014 年中国参团人数达 11.91 亿人次。其中，餐饮类团购总成交额达到 441.7 亿元，占据将近六成的份额，为各团购品类中的龙头板块。在经历多年的红海竞争后，目前国内团购行业已经从野蛮成长模式升级为精细化管理模式。2014 年，团购网站一方面加强了以用户为主导的电影、酒店旅游、婚假等团购产品的行业细分，继续扩大团购规模；另一方面不断尝试以本地商户为主导的在线点餐、外卖 O2O 业务领域的探索。

"大众点评"于 2003 年 4 月成立，是中国领先的城市生活消费平台，也是全球最早建立的独立第三方消费点评网站。借助移动互联网、信息技术和线下服务能力，大众点评为消费者提供值得信赖的本地商家、消费评价和优惠信息，以及团购、预约预订、外送、电子会员卡等 O2O 闭环交易服务，覆盖了餐饮、电影、酒店、休闲娱乐、丽人、结婚、亲子、家装等几乎所有本地生活服务行业。大众点评手机客户端是中国最受欢迎的本地生活 App 之一，已成为广大城市消费者的必备工具。截至 2015 年第二季度，大众点评的月综合浏览量（网站及移动设备）超过 200 亿，其中移动客户端的浏览量超过 85%，移动客户端累计独立用户数超过 2 亿。目前，除上海总部之外，大众点评已经在北京、广州、深圳等 250 多座城市设立分支机构。

6. O2O 模式

O2O 即 online To offline，也就是将线下商务的机会与互联网结合在一起，让互联网成为线下交易的前台。这样线下服务就可以用线上来揽客，消费者可以用线上来筛选服务，并且可以在线结算成交，使交易量很快达到规模。首次的 O2O 模式是在 2006 年沃尔玛公司提出的 site to store 的 B2C 战略，即通过 B2C 完成订单的汇总及在线支付，顾客可到 4 000 多家连锁店取货，该模式就是 O2O 的模型。

携程、大众点评是中国出现最早的 O2O 模式。但它们仅注重信息流的传递，资金流和服务流一般线下实现，即现在所谓的团购模式，线上同时实现信息流与资金流，线下实现商业流与服务流，团购就是中国 O2O 市场的极好缩影。

O2O 与 B2C、C2C 的不同在于，B2C、C2C 是在线支付，购买的商品通过物流公司到达终端消费者。而 O2O 是通过消费者的在线支付来购买线下的商品、服务，再到线下去享受服务。O2O 是不需要物流的，购买的商品或者服务必须通过线下的途径获得。通俗地说，C2C 就是买卖双方都是个人消费者，并且通过线上进行交易和支付，即我卖东西你来买；B2C 就是商户向终端消费者通过线上销售商品，完成交易，即我成立个公司卖东西，你来买；O2O 就是在线上完成采购和支付，并通过线下渠道获得服务或者交易，完成交易闭环，即我成立个公司卖东西你来买，但是要你自己来拿；B2B 就是商户之间通过在线的方式完成交易，即你也成立了公司来买我公司的东西。

但是 O2O 和团购也是有区别的，O2O 是网上商城，而团购是低折扣的临时性促销。团购网站以大打折策略为商家引来大量用户，但却黏不住用户，用户中二次消费者寥寥无几。大部分人都是冲着折扣去的，团购网站只是给线下商家提供了一个展示服务和线上支付的平台，也就是所谓的“线下交易前台”，但作用也仅此而已。

O2O 的电子商务模式需具备四大要素：独立网上商城、国家级权威行业可信网站认证、在线网络广告营销推广、全面社交媒体与客户在线互动。

O2O 最典型的案例是苏宁易购。苏宁易购依靠自身强大的线下资源和用户数量，短短两年内发展成为国内前五大电商，可见线下对线上的推动作用也十分的强大。

但是，仅仅将用户从线下引导到线上或者从线上引导到线下都是不够的，O2O 实际上是一个线上与线下双向流通的闭环。O2O 应当充分发挥线上与线下各自的优势和特点，一方面依靠传统互联网、移动互联网、线下实体店、线下媒介等将用户从不同时段、不同地点引导入闭环；另一方面确保线上线下双向通道的畅通，让闭环内的用户流畅地往返于网络与现实之间，并让他们在往返之中多层次、多渠道地加深对品牌的印象，增强对品牌的忠诚度，提高二次消费。

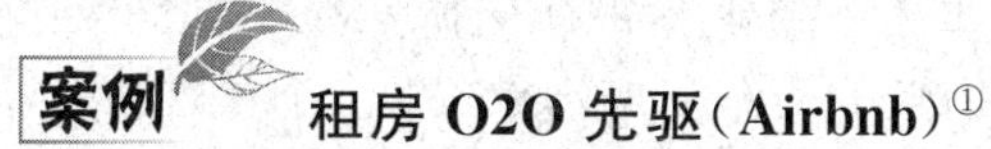

租房 O2O 先驱（Airbnb）[①]

Airbnb 是以租房领域为切入点，为囊中羞涩的驴友提供高性价比租房服务的 O2O。Airbnb 充当了连接驴友和房东的桥梁，通过线上为驴友提供多样的住宿信息，促成线下的短租房服务。Airbnb 成立于 2008 年 8 月，总部设立在美国加州旧金山市。一经成立，Airbnb 就致力于成为租客和房东心中社区型租房的 O2O 应用，一方面为拥有空闲房屋资源的房东提供短租机会，另一方面也为旅行者提供在全球范围内不一样的旅行体验。Airbnb 自成立以来发展迅猛，2011 年，Airbnb 服务量难以置信地增长了 800%，2015 年 2 月 28 日，Airbnb 正在进行新一轮融资，而预计将达到 200 亿美元。根据官网数据，截至 2015 年 5 月底，Airbnb 在全球 190 个国家的 34 000 多个城市中，为 2 500 多万用户提供了短租房服务。那么 Airbnb 是依靠什么快速发展并吸引众多用户的呢？

价值创造：整合闲置住房资源的新兴市场

Airbnb 的两位创始人 Brian Chesky 和 Joe Gebbia 选择租房领域进行创业纯属偶然。2007 年，一场设计大会在旧金山召开，大量的外来人员涌入导师附近的旅店，人满为患，他们灵机一动，打算把空闲的阁楼租出去赚点外快。一般人的做法是在美国最火的分类信息网站 Craigslist 上发帖，但他们却搭建了一个简单的网站，网站上贴出了 3 张空气床垫的照片并承诺供应家庭早餐。这次尝试是成功的，他们获得了 3 名租客，共盈利了 240 美元。正是这样一次歪打正着的尝试，让他们发现通过互联网开发旅行短租房市场是一

---

① 吴俊. 睿炼：互联网＋时代的商业逻辑[M]. 北京：人民邮电出版社，2015.10：262-266.

个新兴的领域。

选择当下尚未成熟但未来有较大发展空间的市场切入，是Airbnb在价值创造环节的一个重要成功因素。在此基础上，Airbnb为租客和房东提供了怎样独特的价值主张呢？对潜在用户而言，相对于传统的酒店、旅馆，Airbnb整合了社会上的闲置住房资源，同时通过较为严格的管控，为租客提供便捷、实惠、多样化的租房服务以及独特的住宿体验。旅客可以通过Airbnb提前了解房屋、房主状况，以比连锁酒店便宜30%～80%的价格入住，享受家庭式服务，更能创造结交当地朋友的机会。就像其网站宣传词所展示的："睡在山海间，住进人情里。"满足了年轻人猎奇、求酷的旅行情感体验需求。对房东而言，Airbnb让拥有闲置房间的房东以更直接更有效的途径发布房源信息，提升了租房收益。综上所示，在2008年时，新兴的市场空白加上极具吸引力的价值主张是Airbnb能够脱颖而出的关键。

价值交付：多种手段刺激用户量增长

与众多互联网初创企业类似，如何实现用户的稳定增长是决定其成败的关键环节，如果将这一问题分解的话，又可以进一步细分为发展初期如何拓增用户量，用户规模上来后如何保存用户量。

Airbnb在发展早期拓展新增用户的途径大致有以下几方面。首先，利用某些特定事件推广网站。Airbnb用户数从创立之后一直增长缓慢，公司一片愁云惨雾，但也不得不耐心等待合适的机遇。2008年10月27日，民主党全国集会在科罗拉多州的丹佛市召开，候选总统奥巴马准备面向10万人发表演说。但是丹佛全市只有3万多个旅馆房间，一夜间要容纳10万之众显然不太可能完成，当众多民主党支持者寻求住宿时，Airbnb适时出现在公众面前，高调宣传短租服务，结果获得了极高的关注度。其次，通过人气旺、用户流量高的网站平台为宣传。前面提到过的Craigslist是一家位于旧金山的分类信息网站，相对于初创的Airbnb，Craigslist网站拥有海量用户基数。Airbnb的两位创始人Brian Chesky和Joe Gebbia巧妙地抓住了这一点推出了一项功能，房东在Airbnb发布信息时，系统能自动把信息同步发送到Craigslist上，这样Craigslist的用户就能及时获知Airbnb上的房源信息，进而增大使用Airbnb的可能性。再次，通过专业拍摄更好地展示出租房屋的形象。Airbnb上的房东大多不懂得拍摄房屋的技巧，所拍的照片质量有限，导致许多潜在租客在看到房屋图片后选择放弃租住。Brain Cheskyhe和Joe Gebbia在实地考察发现这一问题后，组织了专业的摄影团队挨家挨户为房东拍摄清晰漂亮的照片。这样的方式虽然看起来低效笨拙，但却让Airbnb的订房量上涨了好几倍。如今，Airbnb上的房东都可以事先预约专业摄影师上门拍照来更好地展现房间的形象。最后，通过社交网站建立房东租客的信任关系。Airbnb通过互联网来连接房东和租客的独特模式也为不法分子入室盗窃、抢劫创造了机会。为了消除房东和租客之间的不信任感，Airbnb开放了社交网络连接功能，允许用户接入他们的Facebook账号进行社交关系认证。租客在选择房东时可能会意外地发现某位房东和自己有着共同好友，这就会增进彼此之间的亲近感，进而达成交易，强化房东与租客对Airbnb的信赖。如果租客和房东原本不是好友，也可以通过社交网站逐步熟悉，在租客了解房东更详尽的资料和为人后，租房交易也更易达成。

在用户规模扩大之后，Airbnb 留存用户的方式包括以下几方面：首先，为房东和租客提供体贴的安全保障。作为一个提供短期租房服务的 O2O 网站，房东和租客的人身安全问题不容忽视，仅仅是社交账号的导入显然不够，Airbnb 还针对房东提供了房东保障险和房东保障机会。自 2015 年 1 月开放，在通过 Airbnb 承租的美国房东的房子或房产内的任何地方，如果访客意外受伤，房东保障险将为该房东或其户主提供每起事故高达 100 万美元的保障。房东可以查看访客信息，主动选择接受或拒绝访客的预定申请。如果房客让房东感到不安，还可以用小旗标记来告知 Airbnb 寻求帮助。为保证房客的人身安全，Airbnb 上的房东需要验证身份，并在网站上完善自己的个人资料，房客可以看到其他房客对房东的评价，也可以直接向房东咨询从而决定是否入住。同时，细心的 Airbnb 还向提供申请的美国房东发送应急安全卡、急救包和用于防火的一氧化碳探测器，以便为房客提供更加安全的居住环境。Airbnb 细致而周到的考虑不仅免除了房东和房客的后顾之忧，又提升了用户的粘性，也体现了 Airbnb 注重用户体验的独特性。Airbnb 目前已覆盖 190 个国家近 34 000 个城市，发布的房屋租赁信息达到 5 万余条。在可租用的房屋类型上，Airbnb 可算是别具一格，不仅能满足大多数租客的租房需求，还能创造非同一般的住宿体验。例如，旅客租住的房间可以是树洞，可以是吊床，甚至可以是整个村庄。旅客还可以通过用户评价选择与自己趣味相投的房东，像当地人那样体验旅行目的地，并感受旅行给自己带来的美好回忆、故事及归属感。Airbnb 不仅是一个让旅客找到最好体验的平台，也是一个能让旅客体验到特殊服务的平台，这无疑比价格昂贵且千篇一律的酒店更有吸引力。

价值获取：佣金与风投

Airbnb 实际上是一个典型的双边平台，分别面向租客和房东提供本地化的租房服务。目前它的主要收入来源是从房东和租客交易中抽取佣金，每笔预定向房东收取 3% 的服务费，向房客收取 6%～12% 的服务费。2010 年，Board of Innovation 组织评定其为"美国十大网站商业模式之一"。这样值得骄傲的成绩也让其拿风投的资金拿到手软，据创投媒体《创投时报》报道，2014 年 8 月，Airbnb 官方透露又获得一轮高达 4.75 亿美元的融资，此轮融资由红杉资本和 Andreessen Horowitz 领投，在此轮融资之前，Airbnb 已经获得过 3.26 亿美元的融资，至此，公司的融资总额已超 8 亿美元。2015 年 3 月，不断有消息传出 Airbnb 又在进行新一轮融资，规模在 10 亿美元左右，企业估值将达到 200 亿美元。对于 Airbnb，不断扩大的用户规模、持续活跃的租房服务是帮助其获取价值的关键，而价值获取的方式除了企业运营过程中获取的佣金收入外，还有来自 VC、PE 的资金扶持，以及后续可能的并购或 IPO。

值得注意的是，Airbnb 这种短期租房服务如果直接照搬到中国，可能会遇到水土不服的难题，最主要的障碍来自信任的建立。由于文化背景不同，国内房东与租客之间的信任机制建立颇费时间，对房东而言，短租客源不稳定，还要担心房屋卫生、租客人身安全等问题；对租客而言，如果短租价格过高，用户情愿去租价格相对实惠一点的旅馆。在此情形下，如果平台采用完全免费的方式，那么就需要持续不断的风投资金补贴，如果采用类似 Airbnb 的佣金收费模式，又不太容易让租客和房东接受，在拓展房源和用户上会经历一个漫长的过程。

二、企业平台模式

平台模式就是构建多主体共享的商业生态系统并且产生网络效应实现多主体共赢的一种战略。首先,平台是一种现实或虚拟空间,该空间可以导致或促成双方或多方客户之间的交易。现实生活中有很多平台产业的例子,比如电信业、银行卡、互联网站、购物中心、媒体行业等,它们都涵盖了经济中最重要的产业。平台的存在是广泛的,它们在现代经济系统中越来越重要,成为引领新经济时代的重要经济体。平台的消费关系具体表现为:平台上卖方越多,对买方的吸引力越大;同样,卖方在考虑是否使用这个平台的时候,平台上买方越多,对卖方的吸引力也越大。平台的经济功能实质上就是提供或实体、或虚拟的交易环境,从而降低消费市场中各方寻找交易伙伴的成本。

平台一方面吸引着卖方,包括产品供应商、小企业、品牌商等,另一方面吸引着买方。以"天猫"为例,一方面吸引着产品供应商、小企业、品牌商等卖方,为卖方提供销售平台和数据分析等服务,收取平台交易费和租金,另一方面吸引着终端顾客,对卖方进行品牌筛选和监管。企业平台模式示意图如图 2-9 所示。

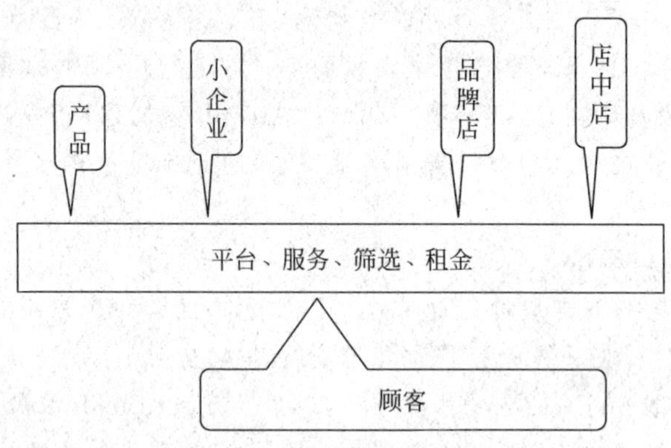

图 2-9 企业平台模式示意图

平台产业与传统产业最大的不同在于,它塑造了全新的产业模式。以出版业为例,在近代遭遇了平台模式洗礼后发生了重大的变革。原有的传统出版业的产业价值链,是单向的、直线式的。试想,一个作者酝酿出自己的作品之后,通过经纪人将作品出售给出版社,然后出版社在众多书稿中筛选出自己认为能够获得市场青睐的作品,经过修改、编辑、封面设计等加工程序过后,送印刷厂印制成书,之后再由经销商将成书运往各地的零售书店、便利店等场所,最终才得以被读者购买。在这种单方向、直线式的配置过程中,产业链中的前一个环节都是在为讨好下一个环节而努力,各个环节的成本与利润层层加码,最后体现在书本的零售价格上。而在现在平台模式中,在互联网上提供一个虚拟平台,让热衷于写作的人们直接刊登各式各样的故事,而读者能够立即选择自己感兴趣的故事进行阅读,线上出版平台弯曲了传统价值链,使原本处于传统产业链两端的作者群与读者群直接与对方接触。源源不断的创业源头与广大读者市场直接互动,多样化的供给,多样化的需求,巧妙地匹配了起来。数以万计的读者流入小说市场发表风格各异的文章,数十倍的读者也蜂拥而至,根据自己的喜好选择想读的作品。除此之外,作者在创作过程中也可以直接与读者交流，读者可以影响创作内容的走向，也可以彼此分享阅读的体验与感想。平台连接了生产者和消费者，弯曲了原本垂直的价值链条。在中国，以“起点中文网”为代表的线上阅读平台为读者呈现的内容比传统出版社提供的内容更新颖，价格也更便宜。通常，一本 20 万字左右的实体书，市面上的售价约 30 元。换算起来，每 1 000 字的阅读价格约为 0.15 元。反观起点中文网的读者，每阅读 1 000 字原创小说所缴付的费用在 0.02～0.03 元。这仅是传统实体书 1/5 的价格，更惊人的是，作品一经在网上出版，读者下一秒就能阅读到，不像传统的产业链需要等上很长一段时间。

对于作者来说，线上出版平台为他们提供了前所未有的机会。在传统出版业，哪些作品能够出版，哪些应该被淘汰，全由出版社的编辑决定。专业编辑凭借常年的产业经验与直觉来判断作品的销售价值。在数百份投递给出版社的书稿中，最终往往只有一小部分能以实体书的形式上市，接触到读者大众。而在起点中文网这样的平台，只要会打字并拥有一台能上网的计算机，任何人都可以轻而易举把自己的作品上传到平台上，直接面向读者市场。这类线上出版平台为作者与读者提供了彼此互动的基础框架。然而，与传统出版社不同的是，线上平台虽身兼出版业务，却不需要在每一部作品上都投资编辑经费和营销费用。作者们会进行自我推广，并发表不同风格的作品来满足读者群体的多元需求。因此，如果书销售不出去，作者将承担最大的损失，而非平台本身。在传统产业里，如小家电公司、产品的研发制作往往需要大笔投资以满足各地消费者不同的需求，如果销售不畅，还会带来巨大的库存风险。可以说，许多平台企业的本质都是轻资产公司，无须自我研发和囤积产品。他们不需要拓展自己的生产力，仅需将多边不同群体的供给和需求拉拢起来并对其进行投资，建立一个相当于互动媒介的体系，以达成盈利的目标。当然，有些平台企业因为竞争走向了重资产，事实上，与重资产结合，可能成为平台企业应对外在威胁的战略壁垒，也可能成为传统企业向平台企业转型的契机。

第五节　新商业模式的思考

一、在线股权众筹模式

股权众筹是指项目发起人以出让股权的方式换取较多数量投资者的出资。股权众筹中的项目发起人通常为初创企业，众筹网站则充当类似证券交易一级市场的角色。投资者获得股权回报，与项目发起人共担风险、共享收益。

在股权模式下，投资人除了追求资金的回报外，还会更看重一些潜在的因素，如合伙人的资源、人脉、渠道等。因此，此时双方已经不再只是单纯的债务关系，而变成了更亲密的合伙关系，投资人渴望通过企业的稳步成长带来稳步收益。股权众筹是一种通过安全在线平台筹集资金同时交换股权的新方法，对企业筹集资金极具吸引力，同时给投资者带来可能的回报。当然，与其他类别的投资项目一样，参与股权众筹的相关各方也都面临不同的风险和回报。

投资者面临的风险主要是：由于很多通过股权众筹模式募集资金的公司都是小型私营企业，伴随着企业的壮大，很可能需要追加资本。如果将来不能募集到追加资本，将严重影响企业的持续经营，甚至使企业面临破产或裁员的困境，使投资者最初的投资大幅贬值。投资者回报是通过股权众筹方式投资一家公司，投资者可以得到所投资公司的股份，且可以在该公司上市时获得股息支付或价值增值。投资者通过支持发行人实行自己的梦想并监督公司，可以带动创新，并给社区带来工作机会，也可以通过分享专业知识支持公司进一步发展。

筹资者面临的风险主要是：利用股权众筹来募集资金将使得企业信息暴露于其竞争对手和客户之中，这使企业面临知识产权和市场秘密失去控制的风险。如果信息通过邮件或其他非安全方式送到股权门户网站，则这种风险更会加剧。筹资者的回报主要来源于项目发行人通过交换股权募集到所需要的资金，为股权发行人企业的进一步发展提供了可能，这种融资方式为发行人提供了一种极具吸引力而又现实的融资选择，同时也能在一定程度上获取投资人的人脉或渠道，帮助企业发展。

对作为连接投资者和筹资者的中介网站来说，审核所有的材料是非常重要的，网站对企业负债的信息披露和传播起着重要的作用。网站应在安全规则下进行运作，同时接受相关部门的监管和法律约束，甚至会受到经济上处罚的威胁。作为回报，网站从交易中收取中介费用。国外股权众筹网站的盈利来源分为三个部分：交易手续费、增值服务收费、流量导入与营销费用。相比而言，我国股权众筹平台基本上依赖于交易手续费，这与目前主流众筹平台的主要盈利来源基本相同，但是除此之外的盈利来源比较缺乏，增值服务能力欠缺。

筹资项目在发起人预设的时间内达到或超过目标金额就算成功，发起人可以获得资金。筹资项目完成后，投资者将得到发起人的股权回报。如果项目筹资失败，则将所筹资金全部退还给投资人。

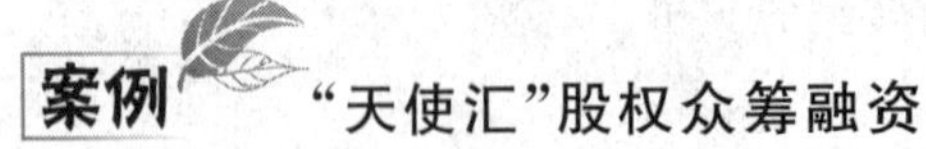

“天使汇”股权众筹融资平台

平台简介

“天使汇”是一家天使股权众筹融资网站，创业者可以在线提交初创公司项目简介、团队成员、商业计划等，经过认证的投资人、投资机构可以在线浏览创业项目并约谈创业者，投资者甚至可以在线提交投资意向，相应地，创业者可以在线出售股权获得投资。所谓众筹，是互联网金融的一种模式，起源于美国，意为通过网络向多个投资者募集资金，融资方需要向众筹网站支付相应的服务费用。这一商业模式近年来风靡全球，美国知名股权众筹网站 Angellist 自 2010 年创立以来，已帮助上千家企业完成融资，目前单日融资额就达到 100 万美元。天使汇成立于 2011 年，是国内首家发布天使投资人众筹规则的平台，中国最大的中小企业众筹融资平台。天使汇为国内创业者、投资人、投资机构提供在线投融资服务。

2013 年，天使汇在自己的平台上为自己进行了股权众筹。融资窗口从 10 月 30 日开启到 11 月 30 日结束，30 天时间，共有 705 位认证天使投资人进行总计超过 1.77 亿元的预约认购，其中线下确认的认购人数为 136 人，确认认购金额为 3 428 万元，平均单笔认购金额为 25.2 万元，最高单笔认购金额 300 万元，总计确认认购金额超出目标金额 656%。

自众筹结束之后，天使汇进入了快速发展阶段。天使汇的领投人规则迅速推广，为创业者和投资者提供了更便捷的投融资服务。天使汇网站进行了改版，采用了全新设计。天使汇的孵化器功能适时上线，为全国各地的孵化器提供了在线投融资服务。

截至 2014 年 12 月底，天使汇已为近 300 个创业项目完成融资，融资总额超过 10 亿元人民币。平台上注册的创业者超过 8 万名，登记创业项目近 3 万个，认证投资人有 2 000 多名，全国各地合作孵化器超过 200 家。在天使汇平台注册的创业项目主要集中在互联网及移动互联网领域，涵盖社交网络、企业服务、游戏、电商、O2O、教育、健康等门类。平台上已获得融资的项目融资额度多集中在 100 万～500 万元。天使汇是国内领先的股权众筹平台，致力于帮助靠谱的项目找到靠谱的资金。

核心业务

“让靠谱的项目找到靠谱的钱。”天使汇 CEO 兰宁羽表示，这是他创办天使汇的初衷。天使汇网站好比一个创业超市，对感兴趣的项目，投资人可以选择约谈、关注或分享。

天使汇主要以互联网为手段，为中小微企业提供全生命周期的金融服务，从天使轮到 A 轮的在线众筹股权融资，再到 B 轮到 C 轮的股权＋债权融资服务，最后到 C 轮 Pre-IPO 的股权转让服务和 IPO 的转板服务。服务对象多数是初创者，即将上线的工商快速变更系统与天使汇的投融资平台融为一体，所有手续全部在互联网上解决，实现一站式服务。该系统直接与工商局和银行连通，办理增资、减资、股权质押、分红等手续，审核由工商部门直接联网审核，可以减少中间代理环节，降低运营成本，提高办事效率。

天使汇的盈利模式，总体上是基本服务免费，增值服务收费。主要包括：一是为企业提供融资服务，融资成功后收取财务顾问费用，为融资额的 5%，并向盛邦投资支付服务价款；二是提供信息化软件服务，比如公司治理软件等，收取较低的服务费用；三是提供增值服务和高级服务，联合第三方机构为企业提供更多的服务，比如法律服务、财务服务等。

开始的时候，天使汇只是一个创业项目和投资人之间的信息平台。但很快天使汇借鉴了国外的一些经验，提出了“领投＋跟投”的机制，领投人专业背景相对深厚，可以为非专业投资人打消经验不足的顾虑，相对于跟投人，领投人虽然要承担更多的风险，但也能获得更多的收益。2013 年 1 月，天使汇创造性地推出“快速团购优质创业公司股权”的快速合投功能，上线仅仅 14 天就获得开门红，成功为创业项目 LavaRadio 募得 335 万元人民币的资金，比预定融资目标 250 万元超出 34%。这是国内第一个在网络平台上众筹成功的项目，也是天使众筹完成的第一单，从而使天使汇升级为众筹融资平台。据了解，天使汇“快速合投”最快的项目仅用 40 分钟就融资到 100 万元，所有项目平均众筹融资时间是两周左右，融资最高的项目达 500 万元，最少的也有 50 万元，平均一个项目的股东投资人数为 5 名。快速合投的精髓是领投人，领投人发挥定价作用，也会帮助项目完善 BP，确定跟投人。兰宁羽表示，快速合投这种方式更灵活、更有效，也非常有潜力，为国内广大中小企业和创业团队带来一种全新的融资方式，大大降低了创业初期资金募集的门槛。它告诉创业者，没有钱不是问题，只要有靠谱的想法，有优质的团队，就可以获得融资。

综合投资人和创业者的评价，天使汇“快速合投”平台比以往的投融资方式相比有几个优势：方便快捷、分散风险、集体智慧、附加值服务、估值模式、高效个性化服务。

成功案例

如果你想开煎饼摊，缺本钱，会怎么做？“80后”创业者赫畅选择在网站“天使汇”发布融资需求，10天内便获得了300万元天使投资。7月，他的煎饼铺“黄太吉”在高楼林立的国贸开张了。目前，这个十几平方米的店铺已被风投估值4 000万元人民币。与此同时，热门软件“嘀嘀打车”“下厨房”“大姨妈助手”等均是在“天使汇”完成首轮融资的。音乐软件LavaRadio在“快速合投”平台上线后，14天内从7个投资机构募得335万元资金，远超预设的目标。

天使汇的数据显示，截止到2014年9月中旬，平台已有超过16 090个创业项目入住，2 100多位认证投资人，230多个项目共计完成10亿多元人民币的融资，成功的项目包括众多知名公司，如嘀嘀打车、黄太吉、面包旅行、大姨妈等。其中，2013年创建的项目为6 456个，审核通过的项目1 097个，获融资65个；2014年至今创建项目8 410个，审核通过项目2 607个，获融资项目77个(其中天使轮获投项目50个)。

竞争对手

怀着和兰宁羽相似的想法，2013年7月，另一家股权众筹网站“大家投”在深圳上线。大家投网站是由深圳创新谷投资的一家股权众募平台，自身就是靠众募起家。创新谷领投、11位投资人跟投的100万元人民币融资，而这12位投资人分别来自全国8个城市，6人参加了股东大会，5人远程办完了手续，这里面甚至有4人在完全没有接触项目的情况下决定投资。自2012年上线以来，“大家投”吸引了众多的创业者和投资者。截至2015年上半年，“大家投”已为众多项目融资过亿元。其中，在成功融资的项目中，已有多个项目获得了下一轮天使投资或A轮融资。

在“大家投”平台上，创业者可以按照平台的要求填写商业计划书，填写融资额度等需求，而投资人如果看上这个项目，就可以选择去领投或者跟投这一项目，如果投资人认领的额度达到创业团队的要求，那么这个项目融资成功，多位投资人成立一个有限合伙企业，由领投人负责带领大家一起把钱分期投给创业团队。而“大家投”这个平台每撮合成一个项目，就会抽成5%作为平台的回报，这个费用包括有限合伙企业工商注册代办与5年内的报税年审费用。

“大家投”主要采用的是领投人制度，如有一个创业者在大家投网站上宣布自己的创业项目需要融资100万元，出让20%的股份。然后有一定门槛和资质的领投人认投5万元，其余陆续有5位跟投人认投20万、10万、3万、50万和12万元。凑满了融资额度以后，领投人会以此为注册资金成立有限合伙企业，办理投资协议签订、工商变更等手续，资金注入创业者的企业之后，该项目的天使期融资完成，投资人就按照各自出资比例占有创业公司出让的20%股份。而投资者的退出渠道是引进VC、PE，或者通过新三板、股权市场进行股份出让。在整个过程中，领投人负责对项目进行尽职调查、项目考察、投后管理、项目分析等工作。“大家投”平台负责监督资金双方按照自己定下的规则去操作，投资发生风险后不需承担相应的责任。最后，项目成功运作之后，“大家投”平台将收取相当于2%项目融资额的费用。

为了解决小股东权益很难被保障这个问题，“大家投”联合兴业银行推出了投付宝。即投资人先把款打到托管账户，然后再统一办工商手续并把款拨到创业者账户。如果约定根据企业的产品开发进度分几次注资，那也可以通过投付宝第三方托管的方式进行实现。这在最大程度上保护了投资人利益，也解决了创业者的担心。为了赢得更多的潜在客户，大家投还推出了针对连锁服务业项目异地开店业务的股权众筹专版，融资项目要求是只要有两家以上在营店盈利就可。天使汇与大家投对比如表 2-1 所示。

表 2-1　天使汇与大家投对比

<table>
<tr><th>对比项目</th><th colspan="2">天　使　汇</th><th>大　家　投</th></tr>
<tr><td>项目定位</td><td colspan="2">科技创新项目</td><td>科技，连锁服务</td></tr>
<tr><td>项目融资时限</td><td colspan="2">30 天，允许超募</td><td>没有限制，不允许超募</td></tr>
<tr><td>项目资料完善和估值</td><td colspan="2">领头人协助完善项目资料与确定估值</td><td>平台方协助完善项目资料；估值先由创业者公开报价，议价由领投人负责</td></tr>
<tr><td>投资人要求</td><td colspan="2">要求有天使投资经验，审核非常严格</td><td>没有限制要求，不审核</td></tr>
<tr><td rowspan="3">领投人规则</td><td>资格</td><td>至少有 1 个项目退出的投资人方可取得领投资格</td><td>有一定工作经验即可</td></tr>
<tr><td>激励</td><td>项目创业者 1%股权奖励，跟投人 5%～20%投资收益</td><td>只有项目创业者的股权奖励，具体奖励股数不限制，由领投人与创业者自行约定</td></tr>
<tr><td>费用</td><td>平台收取投资收益 5%</td><td>无任何费用，投资收益全归自己</td></tr>
<tr><td rowspan="2">跟投人规则</td><td>资格</td><td>暂无具体公布</td><td>没有任何限制</td></tr>
<tr><td>费用</td><td>平台收取投资收益 5%；领投人收取投资收益 5%～20%</td><td>无任何费用，投资收益权归自己</td></tr>
<tr><td>投资人持股方式</td><td colspan="2">投资人超过 10 人走有限合伙；10 人以下走协议代持</td><td>全部有限合伙</td></tr>
<tr><td>投资款拨付</td><td colspan="2">一次性到账，无银行托管</td><td>可以分期拨付，兴业银行托管</td></tr>
<tr><td>手续办理</td><td colspan="2">提供信息化文档服务</td><td>提供所有文档服务于所有工商手续代办服务，并提供有限合伙 5 年报税与年审服务</td></tr>
<tr><td>平台收费</td><td colspan="2">项目方 5%服务费；投资人投资收益 5%</td><td>只收项目方 5%服务费；对投资人不收取任何费用</td></tr>
<tr><td>项目信息披露</td><td colspan="2">简洁，没有实现标准化</td><td>完全实现标准化，要求项目信息披露非常详细(创业者可以设置，投资人查看项目资料需经创业者授权)</td></tr>
</table>

与此同时，人人投、创投圈等股权众筹投资平台也不断崛起，面对竞争对手林立的市场，“天使汇”应该如何保持自己的竞争地位呢？

二、互联网 P2P 借贷模式

自从 2005 年世界上第一家 P2P 网络借贷平台 Zopa 在英国成立以来，基于互联网的 P2P 借贷业务开始在全世界迅速蔓延。近几年来，我国 P2P 网贷的业务量以每年 300%的速度扩大，这使 P2P 网贷成为互联网金融领域关注的焦点。

什么是P2P网贷呢？P2P是基于互联网、以第三方网站为中介平台、以拥有闲余资金的个人用户为资金出借方，以小额资金短缺的中小企业或个人为资金借入方的新型借贷方式。

目前中国国内主要有以下几种P2P模式。

1. 平台模式

平台模式的形式表现为撮合借、贷双方交易的信息中介，作为中介平台，原本不承担风险的，以中介佣金作为收入。其优点是类似于电商，借款、贷款都非常自由，讲究的是通过网络平台实现点对点的、去中介化的借贷行为，极大地缩减了借贷成本。但缺点是纯平台的P2P对项目的风控要求最高，鉴别能力却最为不足。对普通投资人而言，最大的风险就是坏账。很多平台引入担保，但过多坏账会让担保公司也一起崩盘。

2. O2O模式

O2O模式下的P2P，就是通过线下方式找项目、进行更多重的审核，根据风险制定利息，另一边再把这些贷款通过网络平台销售，让投资人来投资。形式表现为线上负责吸引钱进来，线下负责把钱贷出去。优势在于：由于存在一支线下审核队伍，风控要优于平台模式。缺点是：建立一支线下队伍的成本很高，这部分成本最终要么转移给贷款一方，要么转移给借款一方。所以，作为普通投资人，或许要在收益率上打个折才行。目前贷出利率一般为20%，而在线上给投资人的利率则是8%～10%，中间的利差则是分配在各个环节上。O2O模式下的P2P核心在于在追求业绩的同时兼顾风控。

3. 生态系统模式

生态系统模式下的P2P是一种基于商业生态的P2P平台，根据历史信息来为融资的风控背书，可靠度相对较高。其优点是依附于大企业自身的商业生态，具有成本和便利性优势。但其优势只有在自己的生态圈下才成立，如果其他人想来借钱，则平台并没有优势。对普通投资人而言，这一种类型风险程度较低，但毕竟不是每一家公司都是足够大的生态系统。这些平台的规模最终是受到大公司自身商业体系规模的限制，企业业务规模有多大，平台的天花板就有多高。

除了以上三类之外，目前还存在很多P2P平台的变种。同时，这三种类型之间，也互有穿插，难分彼此。但P2P终归还是一种金融模式，所有纷繁复杂的表象背后，终归仍是金融。金融的本质，是资金在转移过程中，所有权和使用权的分离，资金的所有者因为让渡了使用权而获得一定的收益，这种收益是带有风险性的，这种风险对价的制定是现代金融的核心命题。从这个意义上，担保、刚性兑付必然只能是因现实条件不完美而存在的阶段性现象，决定P2P未来的，仍然是那个被放在一旁多时的“风控”。

Lending Club的成功经验[①]

自2005年Zopa成立以来，P2P网贷平台便正式登上历史舞台。到目前为止，P2P网贷平台经历了10多年的发展与角逐，尤其是最近几年的爆炸式发展，虽然呈现在眼前的

① 吴俊.睿炼：互联网+时代的商业逻辑[M].北京：人民邮电出版社，2015.10：243-248.

是市场的繁荣景象，但真正规模较大、为人熟知的平台并不多，下面我们对美国的Lending Club平台进行案例介绍。

在美国，两个最大的P2P网贷平台Lending Club和Prosper拥有98%的市场份额。它们在2013年发出了24亿美元贷款。Lending Club在2014年12月完成上市，是2014年最受关注的P2P网贷平台。资本市场对Lending Club的追捧，也透露出背后对P2P网贷这种互联网金融模式的支持。

Lending Club的发展历程

由硅谷几家投资银行合伙人创办的Lending Club成立于2007年，并于2007年8月从Norwest Venture Partners和Canaan Partners募集到了1 000万美元的A轮融资。2007年9月，Lending Club不再是Facebook上的一款应用，实现了为更多用户提供借贷服务。Lending Club开放后的第一个月，发放贷款37.3万美元。2008年3月，贷款量增长超过1 000%，达到420万美元。

就在2008年3月，美国证券交易委员会(SEC)认定票据为证券性质，需要准备申请注册。Lending Club于当年4月7日主动关闭投资部门业务，进入长达6个月的静默期。现在很多业内人士将Lending Club在SEC的注册静默期归结为促使其日后成功的重要因素。原因是在金融危机时期，这能够更好地保证投资者的资金安全。

业务发展三阶段

Lending Club的业务发展可分为三个阶段。原始的本票模式阶段(2007年6月—12月)、引入Web Bank之后的银行模式阶段(2008年1月—3月)、在SEC注册之后的证券模式阶段(2008年10月至今)。

Lending Club成立之初的思路很简单。当贷款需求被成功认购后，借款会员向Lending Club签发贷款本票。随后，Lending Club向借款会员发放相应金额的贷款，并将借款会员签发的贷款本票转让给相应的投资会员。在这个过程中，Lending Club实际上充当了贷款本票的中介转让方并为贷款提供后续服务，通过收取服务费盈利，并不承担贷款风险。但Lending Club向借款人发放贷款，需要取得各个州的借款执照，并确保每笔贷款利率低于各个州的利率上限，这极大地限制了Lending Club以统一标准向全国各州扩展业务。成立半年后，Lending Club与Web Bank签订合作协议，转为银行模式，后期，Lending Club又在SEC注册，转变为证券模式。Lending Club 2008年之后采用的证券模式决定了可以衍生出更多的创新业务，正因为Lending Club可以发放凭证，这相当于一种证券(债权)，也就为二级市场交易提供了可能。有了二级交易平台，Lending Club于2010年又成立了投资咨询公司LC Advisor，专门投资它的证券。LC Advisor从证券市场募资，然后投资Lending Club的项目。值得注意的是，在SEC注册获批后，Lending Club将业务拓展到美国大部分州，并迅速超越了Prosper，成为美国P2P借贷市场的主要服务平台。Lending Club从2011年开始，每年以超过170%的增长率增长，公司2013年的净营收是2010年的17倍。具体到季度，近六季度的环比增长率高达24.4%，同比增长率更是呈指数型增长。截至2014年6月，公司已经促成的交易额高达50.4美元，公司2014年Q2的贷款达到10.06亿美元。

不仅如此，公司于2011年开始向投资者提供有限合伙制投资形式，比如，公司董事会中有分量的人物包括摩根士丹利前首席执行官 John Mack、美国财政部前部长 Lawrence Summers，以及 KPCB 合伙人，著名的"互联网女皇"Mary Meeker，他们大多是2011年或者2012之后开始在 Lending Club 中扮演重要角色。根据招股书透露，截至2014年6月30日，公司目前最大的股东是 Jeffery Crowe，他是纳斯达克上市公司 Landstar System 的董事会主席，占公司总股份的16.5%。Mary Meeker 占股4.6%，是公司的第四大股东，而 John Mack 以及 Lawrence Summers 分别持有116万和66.7万股。公司的第二大股东是风险投资公司摩根泰勒，占股9.2%。而公司的创始人和首席执行官 Renaud Laplanche 仅持股5.6%，为公司第三大股东。

Lending Club 紧抓用户痛点

首先，在某种程度上，美国人把向熟人借钱视为承认自己不能掌控经济，因此宁愿向银行借款也不愿向熟人借钱。其次，美国成年人普遍都有信用卡，可以借支现金。最后，还有其他途径借钱，避免因向熟人借贷而引起尴尬。不过，银行贷款、信用卡透支，甚至短期高利贷毕竟利息太高。互联网流行后，美国出现了新的依靠网络的借贷方式——P2P。

美国之所以可以诞生 Lending Club 这样高速成长的 P2P 公司，其基础还在于美国人的消费习惯。1959—2014年，美国人均月储蓄率最低为0.8%，最高则在2014年9月达到了5.6%。2013年美国人均年开销51 100美元，税前人均收入63 784美元，住房消费占33.5%，交通费用占17.6%，日常饮食占12.9%，保险和养老金占10.8%。从这个角度看，美国人并没有太多的资金做额外的事，比如旅行支出、装修支出、课程学费支出等。美国 P2P 网贷平台主要的投资者是10.8%的养老金客户。美国最大的300家养老金达到了6万亿美元的规模。Lending Club 目前的投资者里70%是机构投资者，剩下的30%是个人投资者，其中一部分也是在经营着自己的退休金账户。

互联网的价值就是去中心化，渺小的个体通过互联网链接彼此组成新的生态。美国的 Lending Club 在信用社会下提供了一个新的选择，让资金拥有者根据自己的偏好，贷款给具体的人。贷款人可以获得更高的利率回报，也可以避开银行系统，根据自己的信用等级或者特殊贷款请求，在 P2P 平台上募集资金。Lending Club 于2007年成立，在起步阶段就经历了2008年金融危机的冲击，从实际情况看，因为经济危机银行贷款收紧，将更多的贷款请求拒之门外，反而给 Lending Club 提供了发展的土壤。

美国的征信体系完善，美国 P2P 网贷用 FICO 信用分作为最重要的参考数据，在 Lending Club 平台申请的贷款人必须满足 FICO 分数在660分以上的条件。美国三种信用分的计算方法中，FICO 信用分的准确性最高。据一项统计显示，信用分低于600分，借款人违约的比例是1/8，信用分介于700～800分，违约率为1/123；信用分高于800分，违约率为1/1 292。从 FICO 的分布可以看出，Lending Club 拥有庞大的用户基础，650分以上占人群比例73%。Lending Club 对借款人的资质审查非常严格，要求借款人债务收入比不超过35%，信用记录时长大于36个月，过去6个月信用核查次数不能超过6次。Lending Club 在注册后需要每年向证监会进行报告，并且每年在网站上都有年报，方便人们对其监督。Lending Club 从成立之初就特别强化了对于风险的管理，平均90%被驳回的申请主要是由于借款人信用记录和当前工作状态等原因。这种策略从融资、发起贷款额以及对于投资者稳定的高回报率等方面看，都卓有成效。同时，Lending Club 在招股说明书中表示，经过初期的发展，Lending Club 一方面要保持原有的业务，保持高现金流量和利润，另一方面也要向更多用户推出更多服务，增加自己的业务范畴，塑造一个全面的全民理财和借贷平台。可以看出，Lending Club 有意进一步扩大产品线，这点从公司收购专注于提供针对教育和医疗类信贷服务的 Springstone 就可见一斑。

盈利来源

Lending Club 贷款的主要服务对象是有着良好信用记录的人群，虽然贷款者也要缴纳相应的贷款利息，但是这个利息比那些信用卡公司所要求的利息低得多。投资者在这里可以按照信用积分和风险指数来分类浏览各种贷款者和贷款项，Lending Club 为投资者定制和开发了具有金融行业标准的风险控制交易平台，投资者所缴纳的手续费基本在 1%～4%。截止到 2013 年 3 月，这部分收入达到了 550 万美元。借贷者在 Lending Club 的网站里可以填写个人信息和相应的预贷款额，一般都是在 1 000～35 000 美元范围内的小额贷款。Lending Club 作为平台和服务提供商，会根据这些贷款申请者的信用记录、预贷款额度以及还款能力等多种因素进行贷款风险级别的认定，随后会更进一步根据其贷款额确定相应的利率和手续费等。一般的贷款都是三年期，五年期也可以申请，但是对应高一点的还款利率。

Lending Club 的利润主要来自对贷款人收取的手续费和对投资者收取的管理费。前者会因为贷款者个人条件的不同而有所起伏，一般为贷款总额的 1%～5%；后者则是统一对投资者收取的 1%的管理费。

经验总结

Lending Club 的成功经验在于以下几点。

1）致力于降低出借方的投资风险

（1）引入社交网络群组概念，创新金融撮合方式。Lending Club 最初在 Facebook 上线，其创始人坚信如果在拥有相同特质的消费者之间进行借贷，违约风险和贷款利率都可以降低。在迁移到自己专有网站后，Lending CLub 允许用户之间创建群组，借款人和收款人都可以根据共同的特征，如职业或相似的教育水平等来组建群组，群组的群主可以从 P2P 平台得到奖励，招募更多的借款人。此外，放款人的群主也可以监管群组内贷款的偿还情况，在发生违约情况时，群主可以督促借款人偿还贷款，在某些情况下，甚至可以有限度地代借款人组织还款。值得注意的是，群组的概念在近年来已经慢慢淡化，到 2012 年底，当 Lending Club 已达到 10 亿美元的累计借贷额时，源于 Facebook 上的业务已少于 200 万美元。同时机构投资者通常投资于有高信用积分的借贷人，而较少关注借款人其他方面的特征，这就削弱了群组联系的必要性，意味着 P2P 的策略也要根据市场实际进行调整。

（2）对接入方严格审核，提高借款人标准。在平台运营之初就采取了高标准来控制风险。首先，即使在向 SEC 登记注册前，P2P 平台已经要接受大量联邦和州的法律法规的监管，确保借款人和放款人的利益和隐私。其次，一些州对放款人引入了财务可行性测试，Lending Club 也自愿让这些测试标准应用在一些放款人身上，要求放款人在 P2P 平台上的投资不得超过其个人净资产的 10%。最后，放款人的资金从一开始就存放在有

FDIC承保的金融机构的单独账户当中，确保放款人资金和平台自有资金彻底分离。P2P平台采取了一些措施降低借贷风险，包括上调借款人申请贷款的信用评分，将消费者信贷机构提供的数据、从先前贷款中收集的数据以及个人借款者信用得分有机整合而自行研发出风险评分系统，抽样审查借款人的收入信息和雇用信息。

(3) 监管调整对市场结构产生重要影响。在SEC登记标志着P2P借贷平台开启了一个新的发展阶段。在向SEC登记注册之前，Lending Club允许放款人直接购买贷款份额：P2P网贷平台通过WebBank，以向P2P平台负有还款义务的信用凭证的形式，向借款人发放贷款；然后WebBank再将这些信用凭证出售给放款人。上述模式有效地将借款人和放款人直接联系起来。在向SEC登记注册过后，P2P网贷平台改变了上述模式，以确保出售给放款人的信用凭证属于“证券”，同时遵守相关的证券法律。在新模式下，借款人的贷款仍然由WebBank发放，然后WebBank会将债权卖给P2P网贷平台，P2P网贷平台再将这些贷款以收益权凭证的方式卖给放款人。通过这一转换，放款人就成了P2P网贷平台的无担保债权人，而不再是借款人的债权人。在借款人违约的情况下，放款人只有很有限的途径去追索。WebBank在整个过程中的作用就是分销贷款，而这是P2P网贷平台没有相关牌照所不能做的业务。进一步来说，考虑到消费贷款发放环节将会涉及大量的监管法律法规，采取委托持牌银行分销贷款的方式，有助于P2P平台符合这些法律法规的要求，也有利于在美国的多头监管体制下保护借贷双方，防止欺诈。

2) 完善出借方收益率形成机制

(1) 改进拍卖模式，创新利率形成方式。Prosper是根据“资金Ebay”这个理念建立的，尝试使用一套贷款拍卖系统，通过出价的形式来实现评级。具体而言，Prosper采用的是“双盲”拍卖系统，即反向拍卖，其初衷是希望为借款人提供一种成本最低的借款方式。该拍卖形式根据借贷双方的偏好，在借款人设置的贷款条件及投入程度和放款人投资速度与可行性之间取得平衡，力求提供最优的利息设定，被认为可以使公众利益最大化。虽然出发点良好，但是拍卖系统很难操作，经常需要很长时间才能筹集到所需金额。而且有学术研究证明，这套拍卖竞价系统并不能为借款人提供可能的低利率，违背最初的设想。据统计，2/3的借款人会选择预先设置好的利率。Lending Club虽然是行业的后来者，但是由于选取了更为市场接受和认可的利率设定方式，Lending Club获得了更多的网络访问量，而且用更短的时间促成了更多的贷款成交额。

(2) 以高回报率吸引机构投资者。为了吸引机构投资者，Lending Club设立了全资子公司LC Advisor，接受机构投资者的投资，每笔最低额度为10万美元，2012年该额度提升为50万美元。LC Advisor为投资者提供了两个基金，The Broad Based Consumer Credit Fund投资于所有等级的贷款，而The Conservative Consumer Credit Fund则只投资于评级为A和B的贷款。在Lending Club平台上只有1/3的钱来自散户，剩下的(增长最快的)部分来源于富人和机构投资者。在一年半的时间里，Lending Club已经聚集了30多个投资机构，包括对冲基金和财富管理公司，导致Lending Club平台上的贷款被抢购的时间从数日缩短为几秒钟，最老练的投资者使用计算机程序直接插入公司的平台并且迅速评估出最好的贷款，甚至使Lending Club已经开始限制贷款投资人可以购买贷款的数量，也设置了新的技术可以让个人投资者有时间浏览网站，并且为个人投资者提供抢购的机会。

3) 建立信用凭证流通交易的二级交易平台，增加其流动性

Lending Club 在建立之初并没有二级交易平台，投资者没有办法将贷款票据变现，一旦用户投资了一个贷款，就必须持有到期。2008 年，Lending Club 经历了一段时间的沉寂期以完成 SEC 注册。2008 年 10 月重新开业时，他们添加了与 Foliofn(1999 年成立的一家在 SEC 注册的自我清算经纪交易商)合作设立的二级交易平台，以增加贷款投资的流动性。这个由 Foliofn 运营的平台只涉及已经发行的债权票据交易。用户必须同时注册为 Lending Club 和 Foliofn 成员才可以参加该二级平台交易。票据所有人上传指令以自己设定的价格列示待售的票据，其他用户根据平台提供的信息(原始贷款者申请贷款时的信用、更新的贷款状态、信用分数变化和历史偿还记录等)来衡量这些票据的价值，并确定是否购买。Foliofn 并不保证平台上列示票据的准确性、可靠性或者相关数据和信息的完整性，此保障责任由 Lending Club 承担。不管是 Lending Club 还是 Foliofn 都不会对二级平台上的交易提供任何建议，也不能保证投资者一定能卖出待售的票据。

本章思考题

(1) 什么是商业模式？商业模式可以从哪六个角度分析？

(2) 商业模式与管理模式是否相同？如果不同，又有哪些区别？

(3) 在电子商务模式中有哪些常见的商业模式？这些商业模式的成功要点又是什么？

(4) 直销模式、外包模式和连锁模式这三种常见的现代商业模式分别有哪些优劣势？

(5) 当代的商业模式有哪些发展的新趋势？

(6) 请分析一个你认为优秀并且有趣的商业模式。

参考文献

[1] Rappa M. Business models on the web：managing the digital enterprise. http:// digitalenterprise.org/models/ models. html. 2002.

[2] Weill P，Vitale MR. Place to Space：Migrating to eBusiness Models. M. MA. Harvard Business School Press. 2001.

[3] Allan，Afuah. *Businees Models*：*A Strategic Management Approach*[M]. Boston，Massachusetts：McGraw-Hill，2003.

[4] Ostenwalder A.，Y. Pigneur，C. L. Tucci. Clarifying business modles：origins，present，and future of the concept. Communication of the Association for Information Systems. 2005.

[5] 魏炜，朱武祥. 发现商业模式[M]. 北京：机械工业出版社，2009：1-118.

[6] Osterwalder A，Pigneur Y，王帅，等. 商业模式新生代[M]. 北京：机械工业出版社，2011.

第三章 风险投资

引 言

根据美国全美风险投资协会的定义，风险投资是由职业金融家投入新兴的、迅速发展的、具有巨大竞争潜力的企业中的一种权益资本。本书对风险投资的定义是指向以高新技术为基础，生产与经营技术密集型产品的投资。美国商业部的统计显示，第二次世界大战以来的科技发明与创新来自小型的新创企业，而这些发明创新转化为生产力，都要借助于风险投资。因此，人们把风险投资称为“经济增长的发动机”。

随着国内资本市场的发展，风险投资在推动创新创业、活跃资本市场方面起到越来越大的作用。风险投资是股权投资的一种，是由资金、技术、管理、专业人才和市场机会等要素所共同组成的投资活动，但投资的目的并不是获得企业的所有权，也不是为了经营企业，而是通过投资把企业做大，然后通过公开上市、兼并收购或其他方式退出，在产权流动中实现投资回报。本章将从风险投资的概念和历史出发，探讨风险投资的运作逻辑。

第一节 风险投资概述

一、风险投资概念

风险投资(venture-capital，VC)是指具备资金实力的投资家对具有专门技术并具备良好市场发展前景，但缺乏启动资金的创业家进行资助，帮助其创业，并承担创业阶段投资失败风险的投资。狭义的风险投资是指以高新技术为基础，生产与经营技术密集型产品的投资；广义的风险投资泛指一切具有高风险、高潜在收益的投资。根据美国全美风险投资协会的定义，风险投资是由职业金融家投入新兴的、迅速发展的、具有巨大竞争潜力的企业中的一种权益资本。本书风险投资研究的是狭义的风险投资。风险投资与传统的金融投资有很大的区别，如表 3-1 所示。

表 3-1 风险投资与传统投资的区别

项目	风险投资	传统金融投资
投资对象	用于高新技术创业及新产品开发，主要以中小企业为主	用于传统企业扩展、传统技术新产品的开发，主要以大型企业为主
投资方式	通常采用股权方式投资，失败时无偿还风险，投资者关心的是企业的发展前景	采用贷款方式，需要按时还本付息，投资者关心的是安全性
投资管理	参与企业的经营管理与决策，投资管理较严密，一般是合作开发	对企业的管理有参考咨询作用，一般不介入企业决策系统，是借贷关系

续表

项目	风险投资	传统金融投资
投资回收	风险共担，利润共享。获得巨大发展后进入市场，转让股权，收回投资，再投向新企业	按贷款合同规定期限收回本息
投资风险	风险大，投资在大部分企业可能失败	风险小，若到期不能收回本金，追究经营者的责任，所欠本金也不能豁免
人员素质	懂技术、经营管理、金融、市场，有预测风险、处理风险和承受风险的能力	懂财务管理，不懂技术开发，可行性研究水平较低
市场重点	未来潜在市场，难以预料	现有市场，易于预测

风险资本、风险投资人、投资目的、投资期限、投资对象和投资方式构成了风险投资的六要素。

1. 风险资本

风险资本是指由专业投资人提供给快速成长并且具有很大升值潜力的新兴公司的一种资本。风险资本通过购买股权、提供贷款或既购买股权又提供贷款的方式进入这些企业。

2. 风险投资人

风险投资人大致可以分为以下四类。

(1) 风险资本家。风险资本家是向其他企业家投资的企业家，与其他风险投资人一样，他们通过投资来获得利润。但不同的是风险资本家所投出的资本全部归其自身所有，而不是受托管理的资本。

(2) 风险投资公司。风险投资公司的种类有很多种，但是大部分公司通过风险投资基金来进行投资，这些基金一般以有限合伙制为组织形式。

(3) 产业附属投资公司。这类投资公司往往是一些非金融性实业公司下属的独立风险投资机构，它们代表母公司的利益进行投资。这类投资人通常主要将资金投向一些特定的行业。和传统风险投资一样，产业附属投资公司也同样要对被投资企业递交的投资建议书进行评估，深入企业作尽职调查并期待得到较高的回报。

(4) 天使投资人。这类投资人通常投资于非常年轻的公司以帮助这些公司迅速启动。在风险投资领域，“天使投资人”这个词指的是企业家的第一批投资人，这些投资人在公司产品和业务成型之前就把资金投入进来。

3. 投资目的

风险投资虽然是一种股权投资，但投资的目的并不是获得企业的所有权，不是控股，更不是经营企业，而是通过投资和提供增值服务把投资企业做大，然后通过公开上市(IPO)、兼并收购或其他方式退出，在产权流动中实现投资回报。

4. 投资期限

风险投资人帮助企业成长，但他们最终寻求渠道将投资撤出，以实现增值。风险资本从投入被投资企业起到撤出投资为止所间隔的时间长短就称为风险投资的投资期限。作为股权投资的一种，风险投资的期限一般较长。其中，创业期风险投资通常在7～10年内进入成熟期，而后续投资大多只有几年的期限。

5. 投资对象

风险投资的产业领域主要是高新技术产业。以美国为例,2002 年对计算机和软件业的投资占 27%;其次是医疗保健产业,占 17%;再次是通信产业,占 14%;生物科技产业占 10%。

6. 投资方式

从投资性质看,风险投资的方式有三种:一是直接投资;二是提供贷款或贷款担保;三是提供一部分贷款或担保资金同时投入一部分风险资本购买被投资企业的股权。但不管是哪一种投资方式,风险投资人一般都附带提供增值服务。风险投资还有两种不同的进入方式。第一种是将风险资本分期分批投入被投资企业,这种情况比较常见,既可以降低投资风险,又有利于加速资金周转;第二种是一次性投入,这种方式并不常见,一般风险资本家和天使投资人可能采取这种方式,一次投入后,很难也不愿提供后续资金支持。

风险投资的特征有以下几点。

(1) 投资对象多为处于创业期(start-up)的中小型企业,而且多为高新技术企业。

(2) 投资期限至少在 3 年以上,投资方式一般为股权投资,通常占被投资企业 30%左右股权,而不要求控股权,也不需要任何担保或抵押。

(3) 投资决策建立在高度专业化和程序化的基础之上。

(4) 风险投资人一般积极参与被投资企业的经营管理,提供增值服务。

(5) 除了种子期(seed)融资外,风险投资人一般还对被投资企业以后各发展阶段的融资需求予以满足。

(6) 由于投资目的是追求超额回报,当被投资企业增值后,风险投资人会通过上市、收购兼并或其他股权转让方式撤出资本,实现增值。

二、新兴企业的划分

一个新兴企业从创建到成熟通常需要经历 5 个时期:种子期(或概念期)、早期、发展期、成熟期和晚期。

1. 种子期(seed stage)

种子期是创业的第一个时期。在这个时期,创业者仅有一个好的点子或创意而已。种子期有下列特点。

(1) 尚未注册企业或刚刚注册了企业。

(2) 尚未或正在进行市场调研。

(3) 尚未或正在建立商业计划。

(4) 尚未形成核心创业团队,没有产品或服务,没有销售和利润。

因此,在该时期,创业者需要获得种子资金(或启动资金),以进行较深入的市场调研,确立商业计划,创建核心创业团队等。到该时期结束,企业应已基本建立。种子期通常持续 3 个月到 1 年。

2. 早期(early stage)

早期即产品或服务开发期。经过种子期后,企业需进行产品或服务的开发。该时期的特点有以下几点。

(1) 企业已经注册。

(2) 商业计划已确定。

(3) 核心团队已基本形成。

(4) 产品或服务正在开发。

(5) 没有销售和利润。

创业者在这个时期需要早期产品或服务的开发资金,以进行产品或服务的开发,进一步完善核心团队,建立和发展销售渠道,寻求商业合作伙伴,等等。到该时期结束,企业应完成产品或服务的开发工作,产品样本已完成,具备规模生产和产品上市的能力。该时期通常需要 1~1.5 年。

风险投资把种子期和早期的资金投入通常称为第一轮融资。

3. 发展期(expansion stage)

发展期即规模生产,产品或服务上市,以及扩大生产时期。其特点有以下几点。

(1) 已有开发完成的产品或服务,且产品或服务已推向市场。

(2) 已有销售收入。

(3) 尚未盈利或已有些利润。

在这个时期,企业需要发展资金,以进行规模化生产,维持迅速增加的库存和应收账款,以及促销产品和服务,而此时从销售收回的现金流量还不足以支持发展所需的资金。所以企业还需进行第二轮的融资,并且有时要扩大规模、开发新产品等,企业还需要进行第三轮的融资。到发展期结束,企业应有利润并占领了一定的市场份额。企业的发展期通常需要 2~3 年。

4. 成熟期(mezzanine stage)

经过种子期、早期、发展期以后,企业进入了成熟期。在这个时期,创业者需要确定企业未来的发展方向:上市、被并购或继续独立(以私有形式)发展。为了使风险投资价值化,获得高额回报,风险投资公司通常促成所投资企业走上市和被并购之路。如果上市由于此时企业的股份仍然相对集中,为了满足上市的要求企业需要获得夹层资金(mezzanine fund)以调整股本结构等。如果被并购,企业可能被兼并。收购方有可能采取杠杆收购(LBOs)的形式。在杠杆收购的情况下,企业可能被该企业的经理人员或其他收购方所收购。收购方可以以目标企业的资产或未来的现金做抵押向银行(主要是投资银行)以优先债形式获得 60%左右的收购所需资金,从风险投资公司以可转化债券和优先股形式获得 30%左右的夹层资金,以及自己投入 10%左右的资金来完成杠杆收购。所以上市或被并购通常会涉及夹层资金,因此,成熟期的融资通常称为夹层融资。全世界每年新创办的企业成千上万,但真正能像惠普、微软一样幸存下来并获得长远发展的却寥若晨星。

5. 晚期(later stage)

晚期为企业主要的扩展期。晚期的特点有以下两点:

(1) 可观的销售收入。

(2) 已拥有一定的市场份额。

在这个时期,企业需要开发新产品或新服务,扩大规模,以进一步占领市场和领导市场。有时企业需要进行第四轮，甚至第五轮的融资。到晚期结束，企业应已盈利和有正的现金流量，并已占据了相当的市场份额。这个时期通常持续2～3年。

对于创业者而言，不能简单地以他所创办的企业成败来论他个人的得失。因为在企业创建之初，每个创业者都面临大量的问题，要作出大量的决策选择，只要创业者能分析其所处的形势，在面对的机会和问题中分清轻重缓急，作出关于未来的理性抉择，那么企业无论大小长短，对他个人来说都是成功的。要做到这一点，创业者需要反复向自己询问以下三个问题：

创业的目标是什么?

怎样实现这个目标?

是否有能力保证按所选择的战略实现目标?

三、风险投资公司和风险投资有限合伙资金

目前，风险投资的组织形式基本包括风险投资公司和风险投资有限合伙资金两种，相比较而言，风险投资有限合伙资金优势较大。

（一）风险投资公司

风险投资公司是专门的风险投资基金或者风险资本，把所掌管的资金有效地投入富有盈利潜力的高科技企业，并通过后者的上市或被并购而获取资本报酬的企业。

除了投资对象是那些起步公司而不是大公司这一点以外，风险投资公司与一般的投资公司很类似。缺乏经验的起步公司，除了资金以外，常常还需要投资伙伴的中肯建议，对此，风险投资公司都能提供。风险资本家将资金投资于起步企业，帮助管理团队将公司发展到可以"上市"的程度，并将股份出售给投资公众。一旦达到这一目标，典型的风险投资公司将售出其在公司的权益，转向下一个新的企业。

风险投资公司是公司制，募集基金进行相应的风险投资。

（二）风险投资有限合伙资金

在美、英等风险投资比较发达的国家中，有限合伙是风险投资基金最主要的结构形式。在美国，风险投资公司的组织形式经历了一个由公司制到合伙制的发展过程。

有限合伙制是指企业由普通合伙人和有限合伙人组成。普通合伙人出资出力，参与经营管理，对经营损失承担无限责任。有限合伙人只提供资金，不直接参与决策和经营，以出资额或承诺出资额为限，承担有限责任。有限合伙制是在合伙制的基础上，通过借鉴公司制逐步形成的，从而实现"人合"与"资合"的有机融合，因而具有下列一些优势或特点。

（1）避免双重税赋。有限合伙制之所以在全球特别是美国风险投资业能够取得如此迅速的发展，主要是因为有限合伙企业本身并不是所得税纳税义务人。有限合伙企业的全部收益在分配给每一个合伙人(包括普通合伙人和有限合伙人)之后，再由他们按照自己适用的税率纳税，避免了公司制下的双重税赋。

（2）有限合伙企业能够给普通合伙人提供较好的激励机制。普通合伙人一般以管理费和有限合伙公司的利润分配作为收入，后者被称为附带权益。普通合伙人的管理费一般以其所管理基金资金总额的一定百分比收取，并在有限合伙公司存续期间保持不变。

大多数的基金管理人按照基金总额 2%～3%的比例收取管理费。每期基金解散之时再进行利润的分配，在扣除所有的费用之后所剩下的利润，基金管理人和投资人按照 2/8 原则进行分配。即基金管理人获得利润的 20%，基金投资人获得 80%。同时，作为普通合伙人的风险投资家们具有相对较大的独立决策权利，这是因为有限合伙人如果干预投资决策，他们就有丧失有限合伙人地位的风险。并且，对于风险投资家而言，通过 1%的出资就可以支配 100%的资本，这不仅形成了有效的资本放大效应，而且在一定程度上也构成了对管理人的内在激励。

(3) 业绩的衡量。由于信誉机制在风险资本市场中起着非常重要的作用，而信誉的建立和维护又是基于过去的投资业绩大小，所以必须建立一套有效方法来衡量基金管理人的业绩。通常的业绩衡量方法是内部收益率(internal rate of return)，它可以在有限合伙公司的每一个阶段进行及时的衡量分析。为了提高资金的使用效率，有限合伙制基金的资金使用均是采取“落定资本”(capital call down)的方式，即在项目完成投资决策后才让有限合伙人将资金打入基金账户，避免资金的闲置浪费。

(4) 约束机制。在有限合伙制中，有限合伙人对普通合伙人的约束是多方面的。首先，管理人作为普通合伙人出资 1%，但对债务负有无限连带责任，极大弱化了管理者的道德风险，约束其随意性投资行为。其次，管理人声誉的约束。由于合伙期限一般只有 10 年，管理人要想不断地筹集资金，就要努力地保持自己的声誉，需要不断地创造出成功的业绩，以保持声誉，彰显能力。最后，有限合伙制实行报告制度，即管理人须定期向有限合伙人报告机构运作情况，这也在一定程度上对管理人起到控制作用；此外，为防止普通合伙人的过度风险投资，协议中还可规定单个项目的投资额占资本总额的最大比例等。

四、风险资金的来源

(一) 美国风险资金的来源

风险投资是高智力与密集资本的结合，风险投资基金、风险投资公司的设立便是资金与人才的结合过程，将社会上的闲置资本委托给专业人员管理进行风险投资并向投资者分发投资本利。从形式上看，基金的发起设立分为公募和私募两种，在法律组织上可以是上市公司、非上市公司、公司集团的子公司等独立的公司实体，也可以是公司集团的附属部门，还可以只是一种协议。有限合伙制兴起并逐渐成为风险投资基金的主流形式，同时也出现了专事风险投资的信托基金。从资金来源来看，美国呈现多样化的特点。大致有以下几类：

1. 政府资助

政府资助包括政府财政拨款、政府担保的银行贷款、政府采购和政府直接投资 R&D (研究与发展)与技术开发。

(1) 政府拨款。美国设立了小企业研究基金会，规定国家科学基金与国家研究发展经费的 10%要用于支援小企业的技术开发上。英国贸易和工业部将政府支付款项中的 33%作为发展高新技术的专款，20%作为支持高新技术产业的开发费用。

(2) 政府担保的银行贷款。美国 1953 年成立的小企业管理局承担对小企业的银行贷款担保，担保比例在 80%以上。各国政府承担的贷款担保比例不同，日本为 80%、荷兰为50%。

这种通过少量资金带动大量民间的和工商界的资金投向高科技企业的信用担保制度，被称为风险资金的放大器，加大倍数高达10～15倍。

(3) 政府采购。美国许多高科技企业发展是受美国国防部订货的推动而迅速发展起来的。例如，20世纪60年代中期美国国防部购买的集成电路产品占当时美国半导体器件生产总值的40%，其他国家对重要的技术产品的扶植也多采用这种方法，这是一种保护和鼓励高科技产业的有效措施。

(4) 政府直接投资R&D(研究与开发)与技术开发。美国政府通过研究开发合同向小企业投资。例如，波士顿128号公路的高技术企业和科研机构得到联邦政府的研究开发合同等。这对高技术产业的发展起到积极推动作用。

政府资助实质上是一种政策性投资，目的是用较小的资金带动较多的私人风险投资。而且，政府风险资金往往投向私人风险投资不愿涉足的风险更大的领域，从这个意义上说，政府资助是私人风险投资的补充。但由于各国的财政情况不同，政府支持力度也有所不同。

2. 银行贷款

传统的商业银行在高技术企业的风险贷款和投资方面的活动，在资本市场中占有一定的比例。但银行出于安全性因素考虑对高风险的科技贷款审查较严，如美国银行在硅谷有48 100家客户，他们对高技术企业的考查较严，一般贷款不超过企业固定资产的13%，可见数量有限。

3. 大企业投资

在技术进步速度十分迅速，产品更新换代的今天，小企业船小好掉头，能够发挥灵活多变的特点，迅速吸收新技术，所以，小企业对市场的反应快，更利于进行创新和接受创新。因此，在今天技术步伐加快之际，许多大公司在技术发展策略上做了相应的调整，组建小公司以促进发明创新；对新技术采取跟踪策略，一旦新技术出现并显示出良好的市场前景，便立即投入力量，依靠自己在技术、资源上的优势迅速占领该产品市场。大企业对高技术小企业投资原因有两方面：①将自己R&D研究中的有价值成果，而本企业又无意经营的可以转让给它的发明者，鼓励他们去创业，大企业还可以以入股的方式参与到新创企业中去，一旦成功就可以获利；②大企业对某些技术发展感兴趣，通过适当的投资对本企业或外企业的高技术创新给予支持，这样做既可获得该技术，又能减少自己的R&D费用和风险。这是一种用市场机制取代上下级协调机制，把融资标准与技术战略结合起来的决策，对大企业发展非常有利。

4. 个人

美国早期的风险资本主要来源于富裕的个人和家庭，如1978年以前，美国风险资本来源构成比例为个人家庭占32%，国外资金占18%，保险公司占16%，年金基金占15%，大产业公司占10%。从1988年开始，美国风险资本的资金来源发生较明显变化，个人和家庭作为风险资本资金来源的重要性减小，而年金基金等机构投资者已经成为风险资本资金的主要来源，其中年金基金占46%，国外资金占14%，大公司占11%，保险公司占9%，而个人和家庭仅占8%。

（二）我国风险资金的来源

我国风险资金的主要来源基本上有以下六类。

1. 富有的个人

个人投资者一般来说，主要由以下三类人组成：一是具有风险投资运作基本素质的投资人，在这些人中，有的本来就是创业投资公司的投资经理，后来自己自立门户，试图在越来越细分的市场中找到一个更适合自己的目标市场；二是以前的创业家，曾得到风险投资的支持，从自己的新兴企业中获得巨额回报，出于对技术与创业的强烈兴趣，希望用资金来支持同行业或相关行业的其他创业家；三是和其他投资者一样，也是被风险投资的高回报所吸引。

个人资金加入风险投资行业的方式有两种：一是以普通合伙人的身份，加入一个风险投资基金中去，或者购买基金；二是自发地为企业融资，这类资金就是所谓的天使资本。如果个人精通投资技能或者某一方面的技术，他们往往自己充当风险投资家，这就是天使投资者。如果个人仅仅只是有充足的资金而不具备专业能力，他们可以以有限合伙人或者购买基金的方式从事风险投资。在风险投资的发展初期，个人投资是风险投资的主要来源，特别是天使投资，为企业初期投资做出了很大的贡献。

2. 政府

出于产业政策、宏观经济发展规划的考虑，政府会给予风险投资一定的扶持，政府对风险投资的扶持主要有以下几种形式。

(1) 财政拨款。财政拨款主要是资助一些对国家经济建设有重要作用的项目，如国家自然科学基金。

(2) 政府直接投资。政府直接投资以股权投资和政府贷款为主。

(3) 政府担保的银行贷款。政府对银行向新兴企业的贷款实行担保，项目成功则企业还贷；项目失败，则由政府财政负责归还相当比例的贷款。

其中，政府财政拨款是风险投资的一个重要来源，尤其是风险投资发展的初期，政府的介入是必不可少的。但财政拨款有限，不宜承担太大的风险，主要起信用担保、放大资金的作用，为风险投资提供最后的担保，减轻风险投资者担心投资失败而造成的恐惧心理，鼓励整个社会对风险投资的投入，并保证基金投资方向不改初衷。但随着风险投资的发展壮大，国家不可能成为风险资金主要的提供者。

3. 企业

企业是风险投资的重要参与者。它介入风险投资的主要目的是出于发展战略目标的考虑，即通过对新兴企业的投资，为自身寻求新的增长点，甚至是实现第二次创业。

企业涉足风险投资，形式可以灵活多样。实力较强的企业可以独立设立风险投资公司，将其作为自己的附属机构；实力较弱的，可采取几家企业联合出资组建风险投资公司的方式。采取这种方式：一方面，每家的出资额不会很大，这就为规模较小的企业参与风险投资提供了机会；另一方面，还可以起到分散风险的作用。在美国，企业的风险资本占风险投资基金来源的30%。特别是大型企业的风险投资，是除政府资金之外，最为现实可行的风险资金来源。

4. 机构投资者

机构投资者包括保险公司、信托投资公司、养老基金和捐赠资金等。机构投资者资金雄厚,而且具有长期投资的意愿和动机,所以,我国的机构投资者大多是风险资金的重要提供者之一。

5. 商业银行

由于风险投资可以获得丰厚的利润,一些商业银行成立了风险投资部。他们可以从银行控股公司取得资金,也可以从银行员工管理的资金池中取得资金。银行参与风险投资的形式多种多样,可以成立独立基金,也可以投向其他风险基金,以分享利润。另外,还可以利用银行良好的软硬件设施,积极参与基金信托、销售和交易以及基金发起、基金管理等业务。但商业银行"天生的谨慎"特性,使之不可能成为风险投资资金的主要提供者。

6. 境外投资者

从世界范围来看,风险投资正由美国开始转向其他一些新兴市场,包括欧洲、日本,还有亚洲新兴市场,尤其是中国。在这样的趋势下,境外资本进入一些风险投资领域成为可能。外资介入一国的风险投资,可以弥补该国国内机构和个人投资能力不足的缺陷。而且,由于风险投资一般在新兴企业中处于非控股的地位,只对其提供管理上的咨询和帮助,这在一定程度上缓解了外资直接投资对一国本土企业的冲击,同时有利于引进优秀的基金管理人才和先进的基金管理办法,提升风险投资基金之间的竞争等级,促进风险投资基金的良性发展。

第二节 风险投资的运作

一、风险投资的角色

根据美国商业部的统计,第二次世界大战以来的科技发明与创新来自小型的新创企业,而这些发明创新转化为生产力,都要借助于风险投资。以电子计算机和生物工程为代表的现代文明是高新技术与风险投资有机结合的结果。因此,人们把风险投资称为"经济增长的发动机"。风险投资扮演的角色有以下几点。

1."资金放大器"

风险投资资金放大器的功能就是指它能够将若干投资者的分散资金聚集起来投入新兴企业,通过成功的运作,获取比投入高出许多倍的收益。例如,美国的风险资金,其主要来源就很广泛,包括公共和私人养老基金、捐赠基金、富有的家庭和个人、银行控股公司、保险公司、投资银行、非银行金融机构等。

2."风险调节器"

风险投资作为风险调节器的功能主要体现在资金分散降低单位投资主体的风险承担强度。通过风险调节手段、均衡投资项目、降低经营、管理风险等。由于风险资金来源多元化,使高新技术的高风险有效地分散到每个投资者身上。同时,通过风险投资家的运作,把风险资金投在多个项目以及每个项目的不同发展阶段上,以降低和分散经营管理风险。

3.“企业孵化器”

高新技术产业的开发者除了技术外，既缺乏资金又缺乏管理经验，而且对手中技术的市场前景也很难预测，因此，技术的商品化、产品化靠技术开发者自身无法实现。而风险投资公司的运作，能够使企业建立起与风险资本运作相匹配的机制，并参与创新企业的管理，在企业发展战略、技术创新评估、市场分析和资本营运等方面为企业提供一系列支持，从而促使创新企业从萌芽—创立—成熟直至实现产业化市场运作。

二、风险资金的运作过程

风险投资的投资方式有三种：一是直接投资；二是提供贷款或贷款担保；三是提供一部分贷款或担保资金，同时投入一部分风险资本购买被投资企业的股权。但不管是哪一种投资方式，风险投资人一般都附带提供增值服务。

风险投资还有两种不同的进入方式。第一种是将风险资本分期分批投入被投资企业，这种情况比较常见，既可以降低投资风险，又有利于加速资金周转；第二种是一次性投入，这种方式不常见，一般风险资本家和天使投资人可能采取这种方式，一次投入后，很难也不愿提供后续资金支持。

风险资金的运作过程包括融资、投资、管理、退出四个阶段。

融资阶段是解决“钱从哪儿来”的问题。通常，提供风险资金来源的包括养老基金、保险公司、商业银行、投资银行、大公司、大学捐赠基金、富有的个人及家族等，在融资阶段，最重要的问题是如何解决投资者和管理人的权利义务及利益分配关系安排。

投资阶段是解决“钱往哪儿去”的问题。专业的风险投资机构通过项目初步筛选、尽职调查、估值、谈判、条款设计、投资结构安排等一系列程序，把风险资本投向那些具有巨大增长潜力的新兴企业。

管理阶段是解决“价值增值”的问题。风险投资机构主要通过监管和服务来实现价值增值，“监管”主要包括参与被投资企业董事会、在被投资企业业绩达不到预期目标时更换管理团队成员等手段，“服务”主要包括帮助被投资企业完善商业计划、公司治理结构以及帮助被投资企业获得后续融资等手段。价值增值型的管理是风险投资区别于其他投资的重要方面。

退出阶段是解决“收益如何实现”的问题。风险投资机构主要通过IPO、股权转让和破产清算三种方式退出所投资的新兴企业，实现投资收益。退出完成后，风险投资机构还需要将投资收益分配给提供风险资本的投资者。

三、风险投资的投资步骤

风险投资将资金投入选定的新兴企业和项目上，具体可以分为以下步骤。

1. 选择新兴企业与项目

在本阶段从众多没有或只有少量历史记录的新兴企业中选出最具有获利潜力的投资项目，既是核心任务，也是风险投资区别于其他投资形式的特色之一。风险投资公司在选择投资项目时，投资收益率或是净现值之类的财务分析处于次要位置，新兴企业的科技含量和创业者的素质成为项目选择的首要条件。

一般情况下，风险投资公司根据新兴企业提供的商业计划书判断技术的创新性、项目的经济评价、创业者本人及管理团队的素质等要点。同时风险投资公司还要尽可能对新兴企业所有可能面临的风险，如技术风险、管理风险、市场风险、财务风险、政策风险等作出大致的判断和评估，并分析风险管理的难易程度，从而在综合权衡的基础上作出尽可能准确的判断，以确保挑选到高质量的项目。其分析的次序一般是：创业者的素质、市场前景、产品技术及公司管理。

2. 确定投资结构

投资结构包括投资规模、投资策略、投资阶段选择等。

每个风险投资公司理想的投资规模都与风险资金的规模有关，一般风险投资公司都把对新兴企业的投资限制在可供投出资本总额的10%左右。

风险投资家会采用组合投资、分类投资原则，或者与其他几家风险投资公司联合投资，并将选择他们所专长的领域进行投资。这样做，既可以降低投资风险，也便于投资以后实施监督，以及为新兴企业提供有效的帮助。

风险投资家还要考虑新兴企业是处于哪个发展阶段，因为每一个发展阶段对资金、技术的要求都有所不同，其运营管理也不一样，从而影响到投资的成功。大体说来，新兴企业的发展阶段包括种子期、成长期、扩展期和成熟期。对发展阶段的偏好与风险投资公司所处的地区、资金来源、自身经验和行业的竞争程度有关。

3. 达成投资协议

在该阶段，风险投资公司与新兴企业进行实质性接触，双方的谈判要持续数周乃至半年时间。在谈判过程中主要要解决的问题包括：出资数额与股份分配，包括申请方技术开发设想与作为研究成果的股份估算；创建企业人员组织和双方各自担任的职务；投资者监督权利的利用与界定；投资者退出权利的形式等。

风险投资家与新兴企业通过一系列谈判，在股份分配、绩效评价、董事会席位分配等问题上取得一致，便签订风险投资协议。达成协议后，风险投资公司便按协议向新兴企业注入资金。

四、风险投资的退出渠道

不同的国家和地区，由于其风险资本的来源不同，资本市场的发育程度不同，因而风险投资退出的方式也不相同。目前，世界上风险投资的退出方式主要有四种：首次公开发行(IPO)、兼并与收购、股东与管理层回购、破产清算。

1. 首次公开发行(IPO)

首次公开发行退出是指通过企业挂牌上市使风险投资退出。采用首次公开发行方式，对于新兴企业而言，不仅可以保持新兴企业的独立性，而且还可以获得在证券市场上持续融资的渠道；而对于风险资本家来说，则可以获得非常高的投资回报，根据美国的调查资料显示，有1/3的新兴企业选择通过股票公开发行退出，最高投资回报率达700%左右，所以首次公开发行被一致认为是风险投资最理想的退出渠道。

2. 兼并与收购

兼并与收购退出是指通过其他企业兼并或收购新兴企业从而使风险投资退出。由于股票上市及股票升值需要一定的时间，或者新兴企业难以达到首次公开发行的标准，许多风险资本家就会采用股权转让的方式退出投资。虽然并购的收益不及首次公开发行，但是风险投资能够很快从所投资的新兴企业中退出，进入下一轮投资。因此并购也是风险投资退出的重要方式。

3. 股东与管理层回购

股东与管理层回购退出是指通过新兴企业的股东或管理层购回风险资本家手中的股份。回购退出方式实质上也属于并购的一种，只不过收购的行为人是新兴企业的内部人员。回购的最大优点是新兴企业被完整地保存下来，新兴企业家可以掌握更多的主动权和决策权，因此回购对新兴企业更为有利。

4. 破产清算

当公司经营状况不好而难以扭转时，进行破产清算可能是最好的减少损失的方法。新兴企业清算，是风险投资家和新兴企业家最不愿意看到的结果。这种情况的发生，就宣告了风险投资的彻底失败。虽然清算方式的退出是痛苦的，但风险投资家在确定新兴企业没有发展前途后，一定要作出果断的决策。与其让一无前途的项目占据大量资金，还不如将资金退出，投入新的风险投资项目，进入下一个循环。

第三节　风险投资估值

一、现金流贴现法

（一）理论模型

现金流贴现法由美国西北大学的阿尔弗雷德·拉巴波特于1986年提出，该方法的优点在于考虑了资金的时间价值，其核心是净现值法(net present value，NPV)。净现值是指投资某项目所产生的所有未来现金流量的折现值与项目投资成本之间的差值。所谓净现值法，就是根据净现值的大小来评价各投资项目，选取净现值大的项目进行投资。净现值是正值，投资该项目是可以接受的；净现值为负值，从理论上来讲，投资该项目是不可以接受的。

$$\mathrm{NPV}=\sum_{t=1}^{T}\frac{\mathrm{CF}_t}{(1+r)^t}-I_0$$

其中，I_0 为初始投资，T 为投资期限，r 为风险补偿的贴现率，一般选用加权平均资本成本(weighted average cost of capital，WACC)。所谓加权平均资本成本，是指权益资本成本和债务资本成本的加权平均值。CF_t 为资产在第 t 时刻产生的现金流，一般选用公司自由现金流量(free cash flow of firm，FCFF)。公司的全部价值属于公司所有权利要求者，包括所有普通股股东、优先股股东和债权人。所谓自由现金流量，是指公司可以自由支配的现金流量，即支付了经营费用、所得税、必要的资本性支出和营运资本增加额后，可向公司所有权利要求者支付的现金流量。

（二）实际运用

在不存在不确定性的条件下，我们经常以无风险利率作为贴现利率来计算未来现金的现值。可是，在实际中，风险投资项目存在着极大的不确定性，无风险利率贴现不能反映实际情况。有两种方法可以对以上模型作出调整，即**风险调整贴现率法**和**肯定当量法**。

风险调整贴现率法是指通过贴现率的调整来反映企业未来现金流的不确定性。对风险调整贴现率的计算，可以利用资本资产定价模型：

$$E(R) = R_{\mathrm{f}} + [E(R_{\mathrm{m}}) - R_{\mathrm{f}}]\beta$$

对于风险投资项目，由于很难得到其相对于资本市场平均风险 β 系数，因此，在实际中，往往根据实际经验，以同行业中其他风险投资项目所运用的风险调整贴现率加以一定的调整作为贴现率。

肯定当量法是通过将未来不确定性现金通过肯定当量系数的折减，来反映未来现金流的不确定性。此时公式变为

$$\mathrm{NPV} = \sum_{t=1}^{T} \frac{a_t \mathrm{CF}_t}{(1+r)^t} - I_0$$

式中：a_t 为第 t 年营业现金流的肯定当量系数。

肯定当量系数可根据其与变化系数的关系查表求得。此时，所用的贴现率为资本市场的无风险利率。假设投资一个新兴企业，投资期 3 年，预期 3 年现金流分别是 1 亿、2 亿、4 亿元，无风险利率是 10%，假定各期当量是 0.8、0.7、0.6，期初投资为 3 亿元，根据上述公式得

$$\mathrm{NPV} = \frac{0.8 \times 1}{1+0.1} + \frac{0.7 \times 2}{(1+0.1)^2} + \frac{0.6 \times 4}{(1+0.1)^3} - 3 = 3.69 - 3 = 0.69 > 0$$，值得投资。

二、期末价值贴现法

（一）理论模型

期末价值贴现法是通过计算投资期末新兴企业股权的价值，然后以一定的贴现率将其贴现，最后计算出风险投资在投资期初时的股权价值。

$$V_0 = \frac{V_t}{(1+r)^t}$$

式中：V_0 为投资期初新兴企业的股权价值；V_t 为投资期末新兴企业的股权价值；t 为风险投资的投资时间；r 为贴现率。

运用这种方法计算，需要计算以下几个变量：投资期末的新兴企业股权价值和贴现率。在计算投资期末的新兴企业股权价值时，通常可以利用以下几个方法：先预测在投资期末的新兴企业平均市盈率作为其市盈率，利用公式 $V_t = C_t \times \mathrm{PER}$（PER 为同类企业的平均市盈率作为其市盈率）即可求得投资期末的新兴企业股权价值。式中所采用的贴现率为风险企业家所期望的投资报酬。

（二）实际运用

在实际运用中，考虑到风险投资项目结果的不确定性，通常要对以上理论模型作必要的调整。

首先可以将新兴企业未来的结果简单地分为三种可能的情况：①高速成长，非常成功地以较高的市盈率上市；②发展平庸，达不到上市的条件，投资期末之后被管理层或其他公司收购；③中途夭折，清算并收回部分投资。

然后分不同的情况，预测在投资期末新兴企业的股权价值，以及预测每一种情况可能出现的概率。将不同的情况下所计算的投资期末新兴企业的股权价值分别贴现，再利用各种情况可能出现的概率对其进行加权平均，即可得到风险投资在投资期初的股权价值。

注意：此时所用的贴现率是风险投资组合的平均回报率。这是因为，考虑各种不同的发展状况时，风险投资家所要求的报酬率即为风险投资组合平均回报率，也即进行该风险投资的机会成本。

三、实物期权法

期权是一种选择权的契约，其持有者拥有在未来一段时间内以一定的价格（执行价格）向对方购买或出售一定的资产（标的资产）的权利。在资本市场上，期权赋予投资者权利而不是义务去以某一指定价格购买或卖出金融资产。相应地，拥有实物期权的投资者也有权利而不是义务去选择能使投资得到较好回报的决策。这里的实物期权指的是应用于现实资产时的期权。期权的特点在于：着力考证投资收益的不确定性，投资的等待价值以及投资标的物的交易性等因素在投资行为中的效应，重点关注不确定性、不可逆性对投资决策的影响，尤其对投资周期长、风险高、资本密集型的风险投资的影响。从前面所述的高新技术风险投资特点的角度来看，期权定价方法适用于这类风险投资的决策。

（一）实物期权模型

符号说明：S，孪生证券股票价格；r，无风险利率；E，实物期权价值。

首先用孪生证券股票和无风险债券的组合来复制实物期权，即做以下的投资组合：以 S 的价格买入 N 份孪生股票，同时借入市场价值为 L 的无风险债券，组合的价值为 $NS-L$。

一年以后，孪生证券出现两种可能的情况：上升为 S^+（概率为 q），或者下降为 S^-。组合的价值相应有两种：一是以概率 q 变为 $NS^+-(1+r)L$，一是以概率$(1-q)$变为 $NS^- -(1+r)L$。

如果要求实物期权在一年以后的价值与该组合相同，即

$$E^+ = NS^+ - (1+r)L$$

$$E^- = NS^- - (1+r)L$$

则可解得所需购买股票数 N 和借入无风险债券 B，即

$$N = (E^+ - E^-)/(S^+ - S^-)$$

$$L = (NS^- - E^-)/(1+r)$$

因此在无套利的假设下，实物期权当前的价值应当等于组合资产的价值，即

$$E = NS - L = [pE^+ + (1-p)E^-]/(1+r)$$

其中，$p=[(1+r)S^+-S^-]/(S^+-S^-)$（它为风险中性概率，只与孪生证券的状态有关，而与实物期权类型无关）。

若设$u=1+$股票价格上涨状态的收益率，即$S^+=uS$

$d=1+$股票价格下跌状态的收益率，即$S^-=dS$

则 $P=\frac{(1+r)-d}{u-d}$

这样，只要我们给出实物期权价值在期末可能取值E^+和E^-，就可以利用上面的公式来估值了。

(二) 期权定价模型的应用实例

下面来我们看一个延迟期权的案例：

某风险投资项目，投资额为115万元，由于不确定性因素的存在，一年后，该项目产生的现金流可能为170万或者65万元，两者概率均为0.5，无风险利率为8%，风险报酬率为17.5%，假设投资期间不分股利。下面就采用实物期权定价模型来进行投资决策。

1. 计算传统的NPV值

$$\mathrm{NPV}=\frac{E(C_1)}{1+k}-I_0=\frac{0.5\times170+0.5\times65}{1+17.5\%}-115=-15$$

因为NPV<0，应该拒绝该项目。

2. 计算延迟期权价值

投资项目期望现值 $V_t=\frac{0.5\times170+0.5\times65}{1+17.5\%}=100$

因为这项目相当于一个看涨期权，当现金流上升并超过执行价I时，便执行，否则放弃。在第0年决策时，期望现金流为100，小于115，不执行；一年后，若看好，现金流是170，则投资，收入为$E^+=170-I_1=170-115\times1.08=45.8$(万元)，而变坏时，现金流为65万元，放弃投资，$E^-=0$，有期权定价公式可得

$$P=\frac{(1+r)-d}{u-d}=\frac{(1+0.08)-0.65}{1.7-0.65}=0.41$$

项目延迟期权价值为

$$C=\frac{p\cdot E^+ +(1-p)\cdot E^-}{1+r}=\frac{0.41\times45.8+0.59\times0}{1.08}=17.39\text{(万元)}$$

3. 计算扩展的NPV值

扩展的NPV值为$-15+17.39=2.39$(万元)。

项目扩展的NPV值2.39>0，故该项目不能拒绝。它是有投资价值的，应该保留该项目的投资权，因为期末进行投资的净现值大于现在进行投资的净现值。

从上面的实例可以看出，期权定价模型比净现值法更具有优越性和适用性，尤其在高新技术产业风险投资决策中，因为高新技术产业风险投资的特性决定了对它的投资决策不能等同于一般的投资项目决策。不过，由于期权的随机性、条件性等特点，以及市场竞争等诸多因素的影响，因此应用期权定价模型时要兼顾传统的净现值法，使二者合理地有机结合，更能准确地决策风险项目的投资。

第四节 风险投资与创始人的合作与冲突

风险投资与创始人的关系是一种相互利益既对立又统一的辩证关系，合则两利、斗则两败。

首先，资本本身是逐利的，目标就是追求利益最大化，它们希望所投资的公司快速增长，尽快发行上市，以便其顺利退出，这样才可以获得收益，所以它们的有些做法可能会急功近利；而创始人也寻求利益，但在解决融资问题后，可能更希望一步步打好基础，所以更关心个人创业的自豪感和员工忠诚、供应商关系等。

从长远角度看，好企业一定是善待员工、善待客户、善待供应商的好公司，但从短期看，好公司可能意味着低财务绩效，而低财务绩效会导致公司短期股价的下滑，这会影响风险投资，尤其是承受短期的投资压力。这就形成了风险投资与创始人之间的矛盾。同时，这样的矛盾会在公司面临环境恶化，创始人依然坚持原有经营理念，而风险投资要求提高短期财务绩效时被激化。

另外，创始人一般富有激情，但是往往过度乐观，对自己的项目过分自信，看到的都是木桶上最长的一块木板。而风险投资往往以批判的、挑剔的、怀疑的眼光来审视创业者，它们更多是从负面的角度来看待项目，致力于寻找项目致命的弱点，更多关注木桶的短板，往往看空。这也是风险投资和创始人的矛盾点之一。

理想的风险投资人与创始人的关系，应是一种和善友好、相互尊重、相互信任、不断沟通的专业关系。创始人应该明白，个人的能力再强也有限，如果没有风险投资的加入，那么他很可能丧失竞争力、错失市场良机。风险投资人有权了解企业运营的各个方面，但不应越俎代庖。风险投资人的角色应该是董事或者顾问，即对事关企业方向和策略的重大决策发表意见并参与最终决定，但对日常事务的管理则没有必要干预。

然而，现实生活中，并不是所有风险投资人和创始人之间都能形成理想的关系模式。近些年来，发生了很多风险投资人和企业创始人争夺控制权的事件。例如，著名的娃哈哈和达能事件、阿里巴巴与雅虎事件，再加上难分胜负的雷士照明原董事长和新任投资管理层之间的争端，创始人与投资人的博弈乃至碰撞不时发生。下面，我们通过一个案例来展示风险投资人和企业创始人之间的这种纷争。

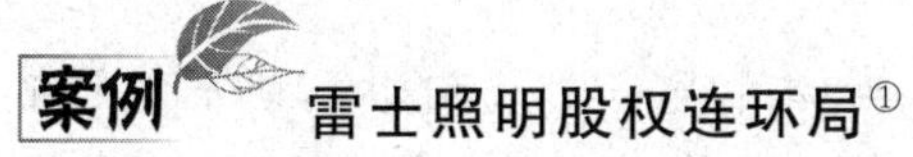

案例　雷士照明股权连环局[①]

引　言

谁也不曾想到，雷士照明的创始人吴长江，会如此毫无征兆地从自己一手创办的企业出局。曾经，他借助资本的力量，完美地解决了创业股东之间的纠纷，而今，他却陷入了又一场资本“局中局”。吴长江的出局，究竟是被逼无奈，还是以退为进、欲擒故纵？无论结局如何，双方这盘博弈的棋局都充满了曲折历程及想象空间！此案例留给创业者的最大启示是：“不要轻易将主动权交给投资人，在创业的过程中没有人会乐善好施。”（李彦宏语）

正　文

2012 年 5 月 25 日，雷士照明（2222.hk）发布公告：吴长江“因个人原因”辞去公司的董事长、执行董事、CEO，以及下属所有企业的一切职务。此条犹如晴天霹雳的消息一

① 苏龙飞.资本主导股权连环局　雷士照明创始人三振出局[J].新财富，2012，(7)：98-108.

出，不亚于一颗重磅炸弹砸在资本市场，投资者还没反应过来究竟是怎么回事，伴随而来的便是雷士股价即刻暴跌超过三成。

接替吴长江出任董事长的是来自软银赛富基金(雷士第一大股东)的阎焱，而出任CEO的，则是来自法国施耐德(雷士第三大股东)的张开鹏。

从这种人事调整来看，是非常典型的“疑似”两大投资人股东联合向创始人股东发难。

虽然，相关当事方在第一时间均发布微博进行澄清，坚称股东之间没有任何矛盾分歧：阎焱在其微博上表示“按上市规则要求，董事会早就安排把董事长和CEO职务分开，吴总本人非常支持”；吴长江也在其微博表示“由于我近期身心疲惫，想休整一段时间，所以辞职，并不是外界猜疑的什么对赌输了出局，也与董事间股东间没有任何分歧矛盾”。

但是，吴长江紧接着发布了第二条微博，称：“等我调整一段时间以后，我依然会回来的，我为雷士倾注了毕生的心血，我不会也永远不会放弃，请大家相信我。”这条只存在几分钟随即被他删除的微博，引发了外界无限的猜想。

当事人除了事发当日寥寥数语的几条微博之外，再也没有对吴长江的辞职做更多的解释，令事件更加扑朔迷离。

如果细究一下上位者的身份背景，便会发现某种必然的逻辑：软银赛富基金——知名的风险投资者；施耐德——全球知名的跨国产业大鳄。当追求财务回报的风险投资者与寻求行业整合的产业投资者，联合控制了一家企业的董事会，并且创始人股东蹊跷地从企业董事会出局了，这意味着什么呢？

在这场资本“局中局”的盛宴中，呈现出来的是创业者的无奈，以及与资本博弈的稚嫩。曾经，他借助资本的力量，完美地解决了创业股东之间的纠纷，而今，他几乎栽在了资本的手上。这一切的源头，要从吴长江第一次从企业出局说起。

雷士第一季：创业三股东分家的往事

股东合伙创业渊源

吴长江、胡永宏、杜刚同为重庆人，高中同窗三年，其中吴长江为团支书，胡永宏为班长。1984年，三人分别考入西北工业大学、四川大学、华南理工大学。毕业之后，三人的工作同样天南地北，吴长江被分配到陕西汉中航空公司，杜刚进入国有企业惠州德赛电子，胡永宏则进入了成都彩虹电器集团。

1992年，耐不住寂寞的吴长江，从陕西汉中军工企业辞职南下广东。之后，吴长江辗转进入了广州番禺一家叫雅耀电器的港资灯饰企业。

1993年底，吴长江从这家企业辞职，并筹划在照明行业自己创业。当时，高中同窗的杜刚已经是惠州德赛下面一家二级公司的副总了，于是让吴长江前往惠州创业，好有个照应。

1994年，杜刚联系了三位德赛的老总，吴长江把大学校友王戎伟也拉了进来，6个人每人15 000元，总共凑了10万元钱，成立了惠州明辉电器公司，专做电子变压器的OEM业务。具体工作由吴长江和王戎伟做，其他4个人做股东。企业刚设立之时，工厂就设在德赛厂区，由于德赛是国企，最早用他们的厂房、货车都是免费的。

由于没有厂房投入、没有租金负担，企业设立当年就盈利100余万元，但因股东数量太多分歧过大，一年之后的1995年大家干脆把公司卖了，每人分了30多万元。

1998年，吴长江决定做照明品牌。他找到了高中同学胡永宏，由于后者所在的成都彩虹电器集团从事的是小家电行业，而且他毕业10年来一直干着营销岗位。吴长江擅长的是工厂管理，做品牌光有工厂管理能力显然不够，所以胡永宏的市场营销经验就成为吴长江所急需的。

而尚在惠州德赛的杜刚得知吴长江要与胡永宏联合创业之后，也执意要加入进来。杜刚之前参与明辉电器的投资时已经赚过一笔，显然这次更不想错过。“他说你给我多少股份都可以，因为他第一次在我这儿用一万多块钱赚到三十多万。”吴长江说道。

1998年底，吴长江出资45万元，他的另外两位同学杜刚与胡永宏各出资27.5万元，以100万元的注册资本在惠州创立了雷士照明。从股权结构看，吴长江是占比45%的单一大股东，而相对两位同学的合计持股，他又是小股东。“当时就这样讲的，他们两个55%，我45%，我说以后如果我吴长江一意孤行，你们两个可以制约我。”

企业创立之时，三位股东进行了明确的分工：胡永宏主管市场营销，吴长江负责工厂管理，杜刚负责调配资金及政府等资源。正是在这种“有控制权但又被制约”的结构中，三位同窗合力将企业迅速做大，第一年销售额即达3 000万元，此后每年以近100%的速度增长。

逐渐显现的理念分歧

随着企业的做大，自2002年起“事情正在起变化”，股东之间的分歧开始悄然孕育，裂痕随即产生。

首先，这赚的钱怎么用，几个人的看法就不一样。吴长江一直想把企业往大了做，赚了钱就要投入，而其他两位股东则希望赚了钱要分红。

胡永宏接受媒体采访时就直言不讳道：“吴长江最喜欢读的书就是《毛泽东选集》，他一直想证明自己是伟人的那一种，从一开始就能预见未来一样。任何一个企业一开始的时候绝对是一个求生存的时候，不会有那种他所说的那种宏伟眼光。”

而吴长江则始终坚持自己的主张：“如果要说就是说我违背董事会的原则了，当时如果我一意孤行，你们可以在其他的事上制约我、否定我，那么在这个事上我就很坚持，我就要一意孤行，我不认为是刚愎自用，我认为是自信。”

可以说，这种态度上的区隔，与他们各自的职业生涯有着密切的联系。吴长江自1992年离开国有企业之后，就一直在市场上摸爬滚打，所以养成了爱冒险、大手笔的职业习惯。而胡永宏与杜刚从大学毕业起直到创立雷士照明之前，都一直待在大型国有企业里，因而形成了职业上的谨慎保守风格。

一开始几位股东还会坐在一起讨论，可慢慢地，吴长江开始独自作决断，他把赚来的钱一次一次地用于扩大规模。吴长江说道：“我也不想跟他们沟通，因为我好像觉得我们沟通起来非常费劲，大家理念思路不一致，后来这块就懒得跟他们解释。”

股东间的矛盾逐渐升温，渐渐地双方都失去了耐心，甚至开始互相挑剔。由此，股东之间的理念分歧开始逐步上升到情绪对立。

由于吴长江是总经理，全面负责企业运营，因而对外总是由吴长江代表企业，外界提及雷士，言必及吴长江，其他两位股东觉得自己身份被贬低了。在这种失衡的心态下，分管销售的胡永宏开始越位干涉企业经营，原本只需向总经理汇报的事情，胡永宏也以股东身份要求职业经理人向其汇报，并且单方面下达他的指示。这就造成股东意见不一致时，下属无所适从。随着局势的恶化，但凡公司开会，股东一方提出看法另一方就表示反对，致使会议无法进行下去。

吴长江提及双方冲突时胡永宏说过的一句情绪话："他曾经这样讲，中学的时候，你是书记，我是班长，我们两个平起平坐的，现在凭什么我要听你的？"

由于吴长江的步调太快，其他两位股东担心企业根基不牢，吴长江再这样搞下去会把雷士搞垮。再加上胡永宏当时已经萌生退意，"那个时候我对雷士的兴趣，包括跟股东之间合作的兴趣已经越来越没有了"，于是索性提出只要公司有收益就马上分红。

此时的吴长江终于开始品尝两位股东的联合牵制了，相对他们二者而言吴长江只是持股45%的小股东。于是，"每月分红"变成了董事会的正式决定。而分红之时，由于吴长江的股份较多，因而所分得现金也较其他两位股东多。其他两位股东心理进一步不平衡，要求分红也必须一致。

后来妥协的结果是，吴长江把自己的股份向其他两位股东分别转让5.83%，而代价几乎是无偿的。于是三人的股份形成33.4%、33.3%、33.3%的均衡状态，三位股东在企业的工资、分红也完全均等。

股东分家的导火索

然而，股份是均等了，三位股东的关系却并未因此而改善。2005年，随着雷士的销售渠道改革，三位股东的矛盾全面爆发，其他两位股东激烈反对吴长江的改革方案。

吴长江打算从全国数百家经销商中，选择规模较大的数十家，并把它们整合成35个运营中心，其角色不再是单纯的销售职能，而是当地的物流、资金和出货平台，肩负区域内的服务与管理工作，其他规模较小的经销商，则与各省的运营中心接触，不再由雷士直接统一管理。

而这些运营中心的总经理，都是挑选各省会城市业绩最好的经销商来担任。他们既有自己的直营店，同时还兼顾整个区域的运营管理。

但是吴长江的方案遭到胡永宏及杜刚的反对。"他们认为这样做风险太大，假如北京原来十个经销商要造反，我可以干掉它们，不影响我们的业务。如果成立运营中心，它带着大家造反，就麻烦了。我觉得他们这样想太狭隘了，说白了就是不自信。"

因为渠道变革的导火索，股东之间的分歧上升到了企业分家与否的层面，胡永宏与杜刚决定召开董事会。

2005年11月的一天，刚从国外出差回来的吴长江被通知参加董事会。"我刚国外回来还在倒时差，他们说要开董事会，就是他们两个决定了要开董事会就通知我。"这天开会三个人就渠道变革的事情吵了一通，情绪当头的吴长江随口发了一句牢骚："你们既然这样讲，你们觉得我不行，管得不好，那好，你们来我退出。"

没想到的是，胡永宏顺势接过话柄就谈分家之事。吴长江自知话已经说出口无法反悔，剩下就只能谈分家的条件了。几天之后，吴长江开出了退出企业的条件：企业作价2.4亿元，自己从企业拿走8000万元，作为交换，自己的企业拥有的股权归其他两位股东所有。胡、杜欣然同意，随即签署协议。

然而，3 天之后发生了戏剧性的一幕。

从全国各地赶过来的雷士照明经销商齐聚惠州雷士总部，强势介入雷士股东分家之事，会议厅现场还拉起了"雷士战略研讨会"的横幅。当着全体经销商、供应商还有公司的中高层干部的面，经过 5 个多小时的协商，最终 200 多名经销商举手表决，全票通过吴长江留下。

由经销商投票公决雷士命运的一幕在惠州上演，这种怪事可能是中国改革开放以来第一桩，可就是在雷士身上发生了。

面对此种局面，胡永宏与杜刚被迫接受各拿 8 000 万元离开企业（图 3-1）。

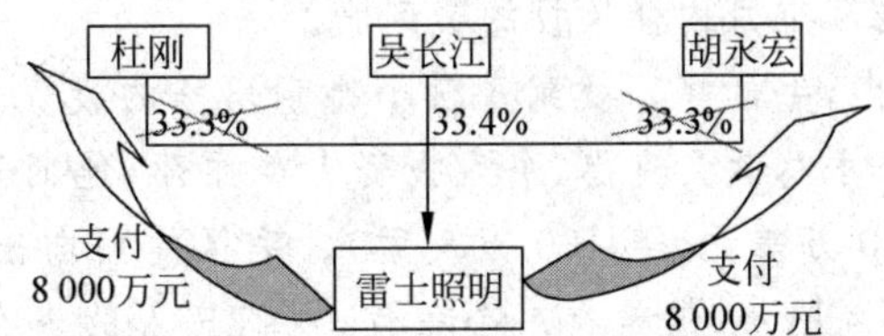

图 3-1　两股东撤资形成"股转债"

注：本文的股权结构仅表达基本含义，实际结构图更复杂，下同。

股东问题是妥善解决了，但是雷士账上并没有足够支付股东款的现金。最终达成的折中方案是，两位股东先各拿 5 000 万元，剩余款项半年内付清。

雷士第二季：吴长江与资本的博弈

千里求助"企业教父"

在兑现了 1 个亿的股东款之后，雷士账上几乎变成"空壳"，接下来的资金问题才是吴长江真正的挑战。据他自己说，从 2005 年底到 2006 年的下半年，他唯一做的事情就是"找钱"，其他的一概不管。

他将那段时间形容成"度日如年""如坐针毡"，面对空空如也的公司账户心里发虚，但在员工面前还是不得不故作镇定。

2006 年 3 月，吴长江飞到了联想集团的总部。他把情况向柳传志和盘托出，希望这位"企业教父"级的人物能帮他渡过难关。柳传志甚为欣赏这位后辈企业家的理念与魄力，他打算通过旗下的"联想投资"向雷士入股，但是考虑到联想投资的项目决策程序较长，远水救不了近火。"最后他向朋友借了 200 万美元给我用，我很感谢柳传志"，吴长江表示。

经柳传志介绍，一位与联想控股有合作的低调广东女富豪叶志如，通过其私人拥有的 BVI（维京群岛）离岸公司"正日"，借了 200 万美元给雷士，借款期限为半年（图 3-2）。

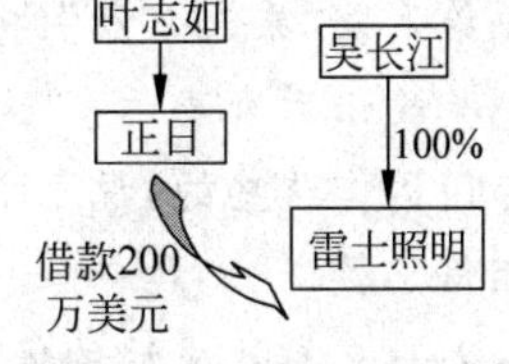

图 3-2　雷士获得 200 万美元借款

与此同时，吴长江也在等待联想投资的决策程序，他期待着联想能给他进行更大额的股权投资。

融资中介"乘人之危"

除了向柳传志求救外，吴长江还几乎尝试了所有可能的找钱办法。也正是在那段时间里，一位叫"毛区健丽"的资本达人出现了，她是亚盛投资的总裁，专门从事融资顾问服务。据吴长江介绍，毛区健丽自2005年底就开始与他接触。她了解雷士股东纠纷的整个背景，也知道吴长江极度缺钱的状况。

此时，毛区健丽揽起了协助吴长江融资的活儿，她带着自己的团队开始对雷士提供全方位的金融服务，包括帮助吴长江在境外设立离岸公司、搭建离岸股权架构、引进资本方、设计融资交易结构等，外界戏称为雷士的"金融保姆"。而且，毛区健丽为了显示诚意，先期向雷士提供了2 000万元的借款，以帮助雷士进行资金周转。

毛区健丽对于雷士融资的细节，总是三缄其口，仅仅表示"只是传递信息"。而其实，她和吴长江之间至少经历了一段时间的心理战。在毛区健丽知悉吴长江去见过柳传志之后，她向吴长江承诺能在3个月内让风投的钱到账。

接下来数个月时间内，毛区健丽找到了三个愿意出资的投资人："涌金系"掌门人魏东的妻子陈金霞、优势资本总裁吴克忠、个人投资者姜丽萍，他们三人合计出资400万美元（陈180万美元、吴120万美元、姜100万美元）。毛区健丽向出资人承诺，投入这400万美元可以获得雷士10%股份，但是有一个条件，他们三人的资金必须先以她的名义投入雷士，之后再将雷士的股份转给这三人。三人最终允诺。

在3个月之后的2006年6月27日，毛区健丽抢在联想做出投资意向之前，以从吴克忠等人处募集的400万美元，加上自有资金494万美元，再加上应收取的融资顾问费折算成100万美元，合计994万美元入股雷士，占比30%（图3-3）。

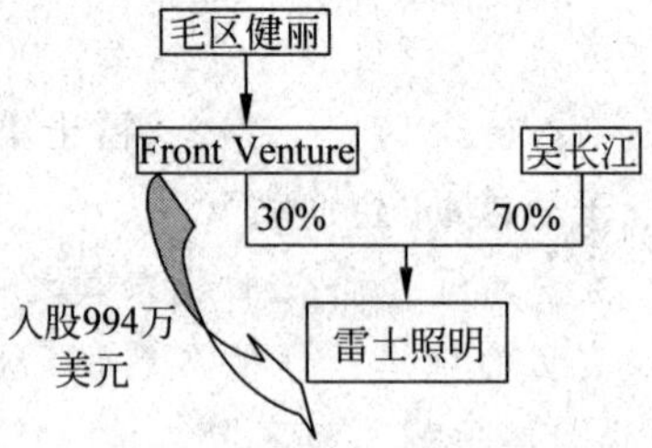

图3-3 毛区健丽入股雷士

注：实际是邓惠芳代毛区健丽持股，下同。

令人惊异的是，毛区健丽所入股的994万美元，对应雷士的市盈率估值只有4.7倍（依据雷士2005年净利润700万美元推算）。通常而言，企业的第一轮融资，投资方给出的估值一般是8～10倍市盈率，吴长江只卖到了正常价格的一半左右。无疑，吴长江把企业的股份卖了个"地板价"。

为什么吴长江会接受如此低的估值？其实，双方有个心理博弈的过程，一方面，吴长江当时迟迟未能等到联想是否投资的确切信息；另一方面，他的企业缺钱已经火烧眉毛了，没有大资金进来企业必定资金链断裂，毛区健丽一定程度上是认定了吴长江不得不接受这样的估值。毛区健丽以这种方式"杀价入股"，难免给人以"乘人之危"的嫌疑。

吴长江后来表示："这里面客观讲有一点误导，我当时也不懂这些，急着要钱。他们是专门运作这些的，说三个月这钱就到，而联想有一个程序，相对慢了一点点，结果我当时就相信了。"

入股交易达成后的第二天，2006年6月28日，毛区健丽随即把雷士10%的股份转手兑现给了出资400万美元的陈金霞等三人（图3-4）。因而，实际上陈金霞等人是以5.7倍市盈率入股雷士的。

至此，我们可以发现，毛区健丽实际只投入了494万美元真金白银，即获得了雷士20%的股权。相较于陈金霞等三人投入400万美元只占有10%股份，毛区健丽是不是格外划算呢？这背后又意味着什么呢？相当于毛区健丽本人现金出资部分，实际是以3.5倍

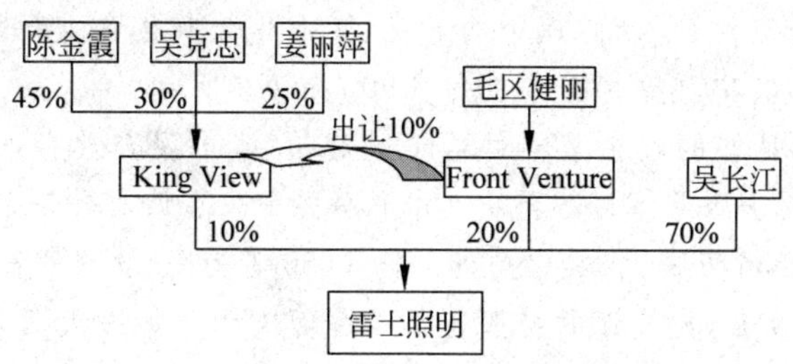

图 3-4　毛区健丽出让 10%雷士股权

的超低市盈率入股雷士的。

这就是吴长江后来隐晦表达被毛区健丽“误导”的原因了。

赛富、高盛“粉墨登场”

当然，毛区健丽虽然是趁机“吃”了一把吴长江，但是她并没有“得了好处甩腿就走”，而是继续再协助吴长江物色更大的资金进来。虽然毛区健丽东拼西凑加上自己的资金，替吴长江找到了近 900 万美元的现金，但是雷士的资金缺口依然很大。

一个多月之后的 2006 年 8 月，在毛区健丽的牵线搭桥下，软银赛富正式决定投资雷士。8 月 14 日，软银赛富投入的 2 200 万美元到账，占雷士股权比例 35.71%。

据此可以推算，软银赛富入股雷士的市盈率估值约为 8.8 倍。这个价格是毛区健丽先前入股估价的近 2 倍，客观地说，软银赛富入股的价格相对较为公道。就在软银赛富入股雷士的同时，先前经柳传志所介绍，叶志如对雷士的 200 万美元借款，也在到期前进行了“债转股”。叶志如对雷士的 200 万美元债权，转变成 3.21%股份(图 3-5)。叶志如的债转股市盈率，与软银赛富入股的市盈率大体相当，约为 8.9 倍。

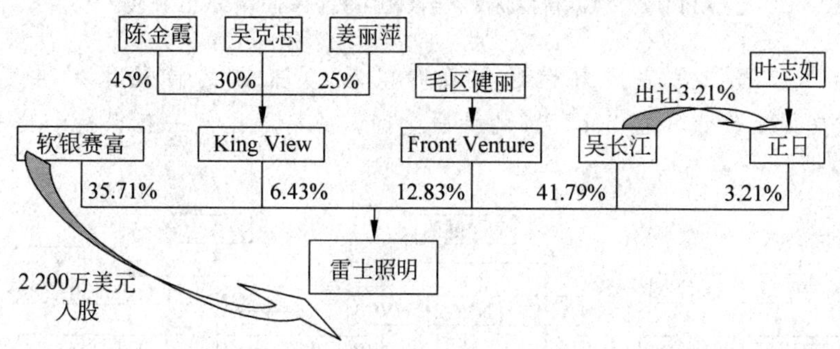

图 3-5　软银入股及叶志如债转股

无论是较毛区健丽先注入的叶志如的 200 万美元资金，还是较毛区健丽后注入的软银赛富的 2 200 万美元资金，入股市盈率皆高于毛区健丽的入股市盈率，由此一来更加凸显出毛区健丽投资雷士“买到了地板价”。

这半年下来，随着三笔资金的先后进入，雷士总共募得资金折合人民币约 2.6 亿元，除去支付股东杜刚、胡永宏的 1.6 亿元，还有余款补充运营资金。解决了创业股东问题以及资金问题之后，雷士从此走上了稳健的扩张道路。

两年之后的 2008 年 8 月，雷士照明为了增强其制造节能灯的能力，以现金＋股票的方式收购了世通投资有限公司(其旗下的三友、江山菲普斯及漳浦菲普斯专事节能灯灯管及相关产品的制造),其中现金部分须支付4 900余万美元。

当时雷士并没有足够的现金来支付这笔收购款,账上现金及存款仅有3 000万美元。为了完成此次收购,雷士照明不得不再次寻求私募融资。在该次融资中,高盛与软银赛富联合向雷士照明投入4 656万美元,其中高盛出资3 656万美元、软银赛富出资1 000万美元。

然而,由于此次融资,吴长江的持股比例稀释而失去了第一大股东地位,持股34.4%;而赛富则因先后两次投资,持股比例超越吴长江达到36.05%,成为第一大股东;高盛以11.02%的持股比例成为第三大股东(图3-6)。

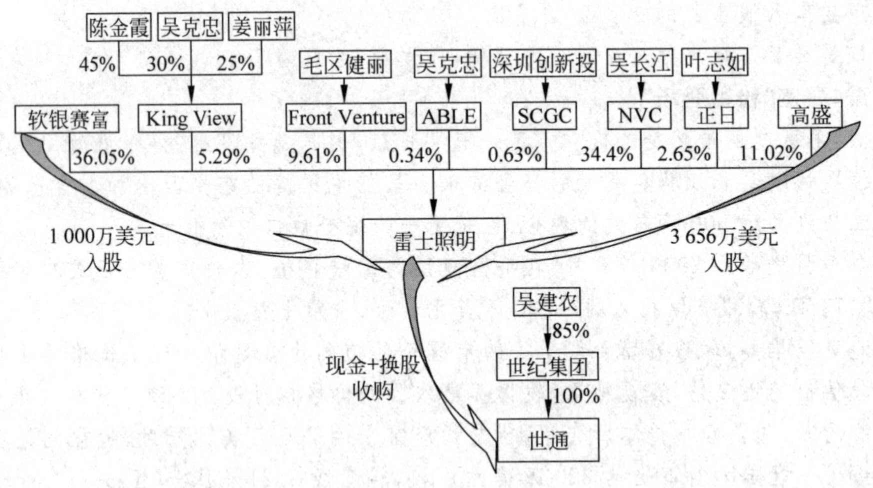

图3-6 为收购世通,雷士再次私募融资

注:ABLE及SCGC所持股权系毛区健丽透过Front Venture所转让。

以现金+换股方式完成对世通的收购以后,吴长江的持股比例再度被稀释至29.33%,依然低于软银赛富30.73%的持股比例。此持股比例一直保持到雷士照明IPO之时(图3-7)。

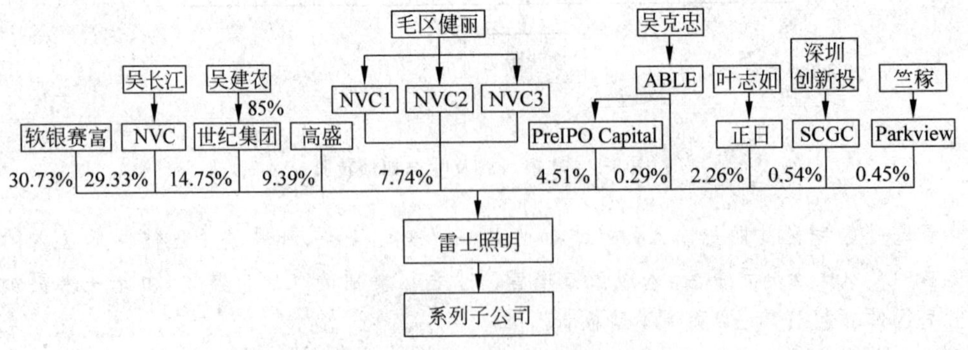

图3-7 雷士照明IPO前股权结构

注:1. 此前陈金霞、姜丽萍所持股权转让给了吴克忠;

2. 竺稼所持股权系毛区健丽所转让。

由于吴长江失去第一大股东地位，这为几年之后吴长江进入另一个股权“局中局”埋下了伏笔。

投资人借 IPO 赚得“钵满盆溢”

2010 年 5 月 20 日，雷士照明登陆港交所，发行 6.94 亿股新股(占发行后总股本的 23.85%)，发行价 2.1 港元/股，募资 14.57 亿港元。

随着雷士照明成功 IPO，雷士的各路投资人也获得了最佳套现退出通道，而且按照 IPO 价格计算，投资人也获得了可观的投资回报。以高盛及软银赛富为例(表 3-2)，高盛以 3 656 万美元的投资，最终获得了 2.08 亿股股票，折合成港币的持股成本为 1.37 港元/股，相较于 2.1 港元的 IPO 价格，投资回报为 1.53 倍；而更早更低价入股的赛富基金收益则更加可观，其以 3 200 万美元的投资额，最终获得了 6.81 亿股股票，折合港币的持股成本仅为 0.366 港元/股，按 IPO 价格的投资回报为 5.73 倍。

表 3-2　赛富及高盛投资回报(按 IPO 价格计算)

投资人	投资额(美元)	投资额(折合港币)	持股数量(股)	持股成本(港元/股)	IPO 价格(港元/股)	投资回报倍数
高盛	36 555 556	285 133 337	208 157 000	1.370	2.10	1.53
软银赛富	32 000 000	249 600 000	681 152 000	0.366	2.10	5.73

注：美元投资额折算成港币时，按 1 美元＝7.8 港元计算。

值得一提的是，在这场资本盛宴中，斩获最多的并非软银赛富，而是当年把赛富引进雷士的毛区健丽。

毛区健丽虽然曾是雷士的融资顾问，也入股了雷士，但是她总是刻意将自己隐藏起来。在雷士的招股说明书中，找不到作为股东之一的毛区健丽的名字，而是由一个名为“邓惠芳”的女性出面替她持股。媒体一问及雷士私募融资交易的细节，她要么语焉不详，要么一语带过，似乎刻意隐瞒什么。

那么，毛区健丽在雷士一役中究竟“斩获”了多少呢？

如前文所述，毛区健丽个人实际只掏了 494 万美元现金，购得雷士 20 万股股票(占当时 20%股权，IPO 时这 20 万股实际分拆成了 2 亿股)。之后的数年时间里，她向其他一些机构投资者及个人投资者，分批出售了部分雷士股票，并从中赚得利润。

图 3-8 所示是毛区健丽历次出让雷士股票及收益情况，由图可知，截至雷士上市之时，毛区健丽共计套现四次，合计套现近 1 200 万美元。仅此套现金额，已经远高于她当初的投入数额，况且她手头依然还剩有超过 1.38 亿股股票。雷士上市以后，毛区健丽将这部分股票在股价 4 港元上方陆续套现大约 8 000 万美元。

综合计算，毛区健丽以 494 万美元的投入，至今获得了 9 200 万美元的收益，这是令人垂涎的近 20 倍回报，远高于软银赛富的 5.73 倍回报。

毛区健丽作为财务顾问，在雷士 2006 年的融资过程中，无疑表现出了高超的财技：一方面设法阻止吴长江获得联想的投资；另一方面又趁着吴长江“火烧眉毛”，有计谋性地让吴接受她的“地板价入股”；入股过程当中又将“顾问费”折算进去，可谓无本生意；之后再将手头股票“转卖套现、收回本钱”，雷士上市之后手头剩余的股票，便是巨额的“纯

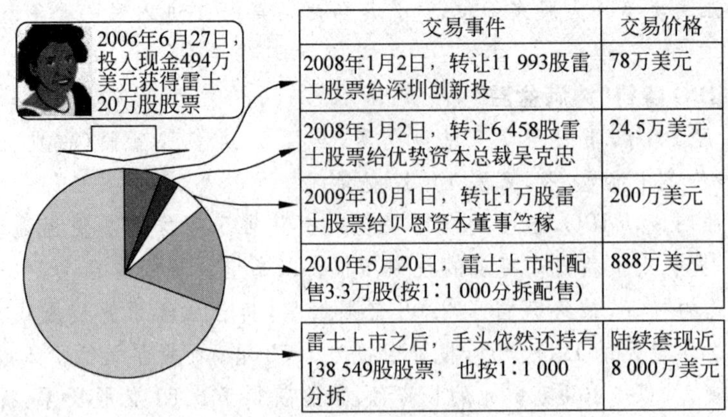

图 3-8 毛区健丽历次出让股份收益

利润”。毛区健丽俨然是不动声色的“资本猎手”。

对于毛区健丽某种程度的算计，头一回让吴长江领教了资本方的手段，但是他似乎并未吸取教训，乃至于他几年后陷入另一个“资本局”时，仍然浑然不知。

雷士第三季：吴长江败走资本局中局

金融、产业资本联袂布“局中局”

2011 年 7 月 21 日，雷士引进法国施耐德电气作为策略性股东，由软银赛富、高盛联合吴长江等六大股东，以 4.42 港元/股(较当日收盘价溢价 11.9%)的价格，共同向施耐德转让 2.88 亿股股票。施耐德耗资 12.75 亿港元，股份占比 9.22%(表 3-3)，因此而成为雷士照明第三大股东。

表 3-3 雷士股东向施耐德转让股份详情

股东名称	转让前		转让量		转让后	
	持股数	持股比例	股份数量	股份比例	持股数	持股比例
NVC(吴长江)	576 734 000	18.42%	96 608 000	3.09%	480 126 000	15.33%
软银赛富	681 152 000	21.75%	102 441 000	3.27%	578 711 000	18.48%
世纪集团	333 321 000	10.64%	50 130 000	1.60%	283 191 000	9.04%
高盛	208 157 000	6.65%	31 306 000	1.00%	176 851 000	5.65%
阎焱	13 108 500	0.42%	3 943 000	0.13%	9 165 500	0.29%
林和平	13 108 500	0.42%	3 943 000	0.13%	9 165 500	0.29%
合计	1 825 581 000	58.30%	288 371 000	9.22%	1 537 210 000	49.08%

与此同时，施耐德与雷士照明签订了为期 10 年的“销售网络战略合作协议”，据此施耐德的电气产品可以通过雷士照明旗下的 3 000 家门店渠道进行销售。

在吴长江的设想中，与施耐德达成战略合作关系，非常有利于原本就是靠商业照明起家的雷士在大型商业照明工程领域的项目推进。因为，施耐德作为电气领域的全球 500 强企业，其楼宇以及住宅电力解决方案是五大核心业务之一，施耐德每接一个电气工程项目，雷士照明就可以配套上相应的照明解决方案，这种协同效应非常明显。

而施耐德最为中意的便是雷士的3 000家销售网络门店，因为施耐德在中国并没有自建零售渠道，雷士照明现成的渠道正好可以拿来“为我所用”。

施耐德得以入股雷士照明，背后的推手及撮合者，是身为雷士第一大股东的软银赛富合伙人阎焱。站在投资人的角度，引进施耐德似乎拥有非常正当的理由，介绍各种资源给企业并且实现资源整合，原本就是VC/PE投资人给企业提供的增值服务之一。

可谁也没有意识到，这种看似光鲜的“美满姻缘”，对于吴长江而言却可能是一个资本“局中局”。

当财务投资人股东引荐大鳄型的产业投资人进入企业时，其中暗含的含义已经相当清晰了。以黑石、凯雷、KKR等为代表的PE机构，专门猎食性地入股一些价值被低估或者暂时陷入困境的企业，经过一番整合之后再将企业打包或者分拆出售给产业大鳄，而PE投资人则借此一进一出获得超额暴利。华尔街著名的纪实商战图书《门口的野蛮人》，已经将此种情形描述得精彩纷呈。

从雷士照明的股权结构来看，创始人吴长江早已失去第一大股东地位，而软银赛富在雷士上市以前就俨然已是相对控股的第一大股东。而失去第一大股东地位的吴长江，并未意识到自己面临局势的危险性。

在此之前，吴长江接受媒体采访时曾说过一段话：“很多人都这样问我：你的股权稀释了，你怎么控制这个公司？他们担心公司会失控，我说我从来不担心这一点。因为投资机构投资雷士是希望在雷士身上赚钱，希望雷士给他们带来更大的回报。我是一个做事的人，包括高盛、软银赛富在内的投资者非常喜欢我，对我评价很高，他们很难找到我这样一个有这么好的心态，这么尽心尽职，这么不辞辛苦做事的人。他们非常认同我，非要我来做雷士不可。”

吴长江非但不担心自己的控制权旁落，反而在上市以后还大幅减持股票，直到转让部分股权给施耐德之后，吴长江（包括其个人及通过全资公司NVC合计）的持股比例下降到了17.15%的最低点。而赛富则还拥有18.48%的持股比例。

而反观软银赛富及高盛两位投资人，直到施耐德入股之前，两家的持股数量（6.81亿股、2.08亿股）依然跟两者在雷士上市初期的持股量并无二致。换句话说，赛富及高盛在雷士上市以后从来就没有套现一股股票。

这背后有两点令人难以理解的地方：

其一，按照香港的上市规则，VC/PE投资人在企业上市后6个月即可自由套现，而且雷士照明上市满6个月后（2010年11月20日）其股价一直在4港元以上的高位徘徊（图3-9），此时已经较2.1港元的IPO价格翻了一倍，如果那时软银赛富陆续套现退出的话，将可获得超过10倍的回报。面对如此诱人的回报诱惑，为什么软银赛富与高盛硬是一股都不卖呢？

其二，软银赛富最早是2006年向雷士照明投资入股，截至2011年已经长达5年时间，按照一般风险投资基金6～10年的存续期规则，到期就必须将基金清盘结算并将收益分配给风险投资基金的出资人。因而，到了第5年投资人是非常迫切急于套现退出的，况且软银赛富投向雷士照明的该只基金未必是刚一募集就投给了雷士，因而5年之后就更加急迫套现了。如此急迫之下，在二级市场大规模套现本身就不是短时能完成的，为什么

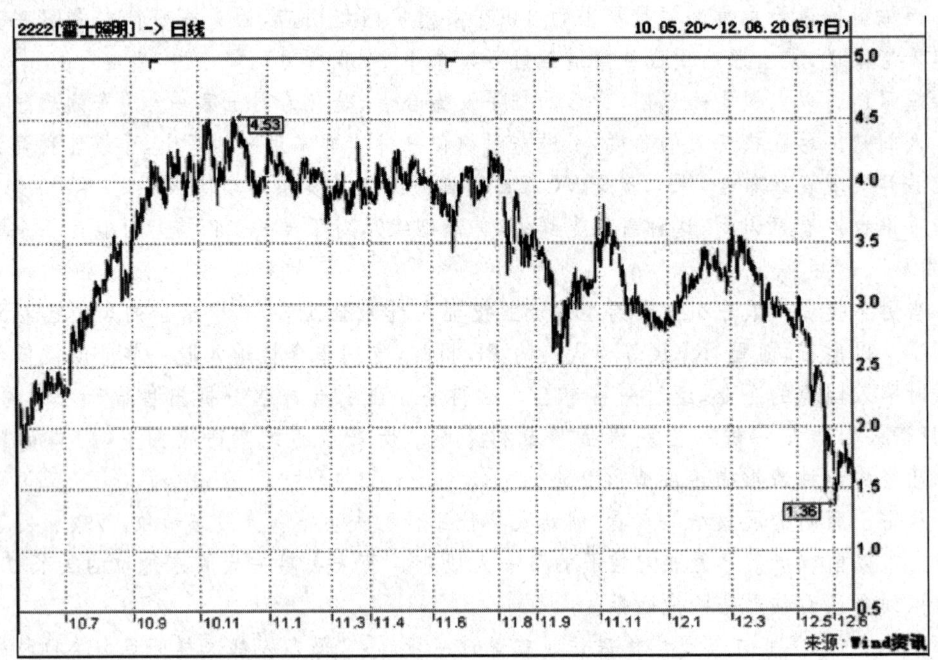

图 3-9　雷士照明上市以来股价走势图

软银赛富与高盛就是一股都不卖呢?

因而,从这种不合常理的现象来推测,不排除施耐德与软银赛富及高盛有某种程度"合谋"的嫌疑。也许赛富及高盛吃了定心丸,事先知悉有人会高位接盘,不用担心自己套现退出不易,只要施耐德达到了控制雷士照明的目的,软银赛富就能顺利高位套现退场。

这不,2011 年 7 月,施耐德以溢价 11.9%的 4.42 港元/股高价,从软银赛富、高盛等股东手中受让了 2.88 亿股(占比 9.22%)的股权。遗憾的是,当施耐德入股雷士照明时,吴长江非但没有应有的警惕,竟然还跟随软银赛富及高盛出让了 3.09%的股权给施耐德,可谓引狼入室而浑然不知。

果不其然,2012 年 5 月 25 日,吴长江被毫无征兆地"因个人原因"而辞去了雷士照明的一切职务,而接替他出任董事长的则是软银赛富的阎焱,接替他出任 CEO 的则是来自施耐德并在施耐德工作了 16 年的张开鹏。而据雷士内部人士透露,张开鹏与阎焱是南京航空航天大学的校友。

吴长江亡羊补牢但"无济于事"

如今的吴长江不得不吞下因失去控制权而出局企业的苦果。

当然,他并不是在他出局之后才反应过来,而是在施耐德入股不久就已经意识到他对企业控制权的岌岌可危。

2011 年 9 月,施耐德中国区总裁朱海提名其下属李新宇出任雷士照明副总裁,分管商业照明工程及项目审批,而这是雷士照明非常核心的业务部门之一。吴长江终于开始意识到,施耐德最终的目的可能不仅仅是"投资"而已。

于是，吴长江开始在二级市场持续增持股份，以图重新夺回控股权。根据香港交易所披露的信息，吴长江通过两种杠杆的方式，用少量的资金增持更多的股票。

第一种：吴长江与汇丰银行于2011年8月31日签订一份“看涨股权衍生品交易合约”。这是一份类似“对赌”的合约，根据合约，吴长江未来6～12个月最多可购买5 000万股股票，行使价格为3.7港元/股，如果未来股价高于3.7港元/股(合约签订时的股价为3.52港元/股)，则差价部分由汇丰支付；如果未来股价低于3.7港元/股，吴长江也必须支付3.7港元/股购买，差价由汇丰获得(当然吴届时可以放弃行权)。仅签署这纸协议，吴长江就须向汇丰支付3 000余万港元。吴长江认为自己企业股价被低估，因而认定未来股价会高于3.7港元，进而可以从对手汇丰银行赢得价差收益。此外，这种看涨股票衍生品协议还有一个客观效果便是，对赌的5 000万股股票“标的”，暂时是计入认购方账户的，这就可以让吴长江还未行权购买，账户里就能暂时增加5 000万股股票。也就是说，吴长江先花3 000余万港币就能预先获得5 000万股股票，按当时市值计算，杠杆系数达到5倍。

第二种：通过孖展(即向券商贷款买股票)的方式直接在二级市场增持股票。按照香港股市孖展的通常模式，一般只需交30%的保证金即可进行股票买卖操作，剩余70%的资金由券商垫付。比如，价格为10港元的股票，只需按3港元单价交纳保证金，杠杆倍数超过3倍。如果股价下跌超过30%(即缴纳的保证金完全亏掉)，则券商会将客户孖展账户中持有的股票强行斩仓，以收回贷款。通过孖展的模式，吴长江自2011年9月起累计增持了近5 000万股股票。

之所以采取杠杆化增持，吴长江曾解释：“我很想趁低增持，但增持要花很多钱，如果增持5 000万股，当时就要花近两个亿。”通过这种杠杆式增持，到2012年5月15日时，吴长江的持股提升了2个百分点，比例超过19%，高于软银赛富的18.48%，重新夺回第一大股东位置。

但吴长江这种增持是无济于事的，他依然是弱势第一大股东。从持股比例来说，他依然改变不了格局，这点在董事会结构上反映得非常清晰：仅有吴长江、穆宇(雷士照明副总裁)两位代表创业股东，软银赛富的阎焱、林和平在董事会也占据两席，高盛的许明茵占据一席，施耐德的朱海占据一席。软银赛富、高盛、施耐德可视作一致行动人，创业者与投资人双方在董事会的力量对比是2∶4。董事会一旦被投资人控制，就意味着企业的控制权落在了投资人手上。

在这种悬殊力量对比背景之下，创始人吴长江最终出局也就没什么意外了。更为关键的是，吴长江空出来的CEO职位，是由施耐德的张开鹏替补上，这就更加强化了施耐德在雷士照明的控制权，以及进一步控制雷士照明的企图。

随着2012年5月25日吴长江“辞职”的公告一发布，雷士的股价当日暴跌30%，最低下探至1.46港元/股，全天成交量高达总股份数的15%。由于股价暴跌导致吴长江缴纳给券商的孖展保证金亏损殆尽，情急之下券商将吴长江孖展账户持有的4 826万股股票，分别以1.707港元/股及1.789港元/股的价格强行斩仓，该天吴长江被强制抛出的股票占了全天成交量的近20%。

一场刚刚启幕的“暗战”

事发至今，吴长江回绝一切媒体采访，不甘心出局的吴长江正在谋兵布阵中……

吴长江还能第二次“回马枪”吗？这似乎是一个非常有悬念的问题。

以资本游戏规则的逻辑，吴长江有没有可能是主动辞去一切职务，进而再次上演一出“以退为进”“欲擒故纵”的大戏？

前文提及，吴长江一直在二级市场做持续的增持，但如果不进行巨量的增持乃至达到绝对控股地位，有限的增持则是没有意义的。但如果大规模增持的话，一旦触及30%的持股比例，则会触发全面邀约收购（意味着吴长江必须具备足够的资金实力将100%的股权买下来），显然也是行不通的。

那么吴长江在二级市场持续增持的目的究竟是什么呢？一种可能的解释便是，借助一定量的增持，重新获得第一大股东的地位（只要高于软银赛富的18.48%即可），并以第一大股东的身份改组董事会，增加自己的利益代言人进入董事会，进而改变自己在董事会的弱势格局。

在当时双方处于“暗战”的情景下，吴长江与施耐德等资本方都是相互在暗中观察对方动向的，吴长江欲强化控制权的行为，资本方当然会有所警觉，于是意图抢先通过董事会程序罢免吴长江。

面对董事会的罢免，吴长江是对抗呢？还是干脆顺势主动辞职呢？显然，抗拒是没有作用的，只要经过董事会的法定程序投票表决，吴长江也必定出局。也许吴长江干脆以退为进，顺势辞去职务。

吴长江离开企业之后，施耐德正在试图填补吴所留下的权力真空。

2012年6月1日，雷士照明在惠州召开高管会议，董事长阎焱缺席，但是施耐德中国区总裁朱海以及雷士照明新任CEO张开鹏则双双出席并主持会议。看上去，雷士照明已经尽在施耐德的掌控中了。

据说当天会议中还宣布了一项人事任命，由施耐德亚太区灯控事业部总监李瑞，接替雷士照明副总裁杨文彪（此人一直是吴长江的核心助手之一），出任战略业务系统、海外销售系统首席运营。

紧随其后，雷士照明又召集部分雷士经销商开会，施耐德的朱海以及张开鹏又是双双出席，以求安抚经销商实现平稳过渡。

离开董事会之后的吴长江应该不至于坐以待毙，手头也有很多张牌可以打。

首先，创始人出局必定引发股价的暴跌，无论施耐德还是软银赛富，都会陷入被动的局面。软银赛富手中还持有大量的雷士股票，直接市值缩水，其后续再想卖给施耐德，即使溢价也不可能太高了，而施耐德肯定想低价收了赛富等投资人的股权，但价格太低软银赛富及高盛也不一定愿意出手。只要软银赛富与施耐德之间的股权交易陷入僵局，则延缓了施耐德进一步控制雷士照明的时间。

其次，股价大幅下降，吴长江恰好可以以更低的成本在二级市场增持股票，重新夺回自己的大股东地位，然后再寻找机会改组董事会。此前吴长江以4.42港元/股的价格转让了9 600余万股股票给施耐德，套现4.27亿港元，而今股价仅在1.5港元位置，这笔资金可以增持2.51亿股，如果以孖展的方式增持，则可以增持更多。其实，辞职之后的吴长江依然在增持雷士的股票，6 月 11—18 日，吴长江分 6 次合计增持了 1 767.5 万股股票。

再次，虽然当前吴长江从董事会出局了，但他以第一大股东的身份，依然有利益代言人穆宇在董事会，吴长江依然可以对企业发挥影响。而且，吴长江作为企业的灵魂人物，其原班高管，包括员工，都是心向吴长江的。

又次，渠道经销商只认吴长江，而不认其他人。当年吴长江分家之时，正是依靠经销商的鼎力支持，吴长江杀了个“回马枪”重返企业的。而且雷士旗下的 3 000 家连锁销售终端，与雷士上市公司并没有股权关系，仅仅是一般的销售代理关系。吴长江出局以后，渠道商完全可以不听命于上市公司，施耐德并没有足够的把握控制好这个销售渠道。

最后，吴长江无缘故出局，引来的必定是媒体的声援，特别是施耐德作为跨国企业以“入侵者”的姿态出现。在舆论的压力之下，资本方或许要作出不同程度的妥协。

蹊跷的是，6 月 14 日，某媒体发布了一则仅有数百字的简短消息，称吴长江及其夫人因卷入重庆某案而被带走调查，并且隐隐暗示，吴长江辞职是因为涉案被调查。吴长江即时发布微博否认自己被调查，随后又有消息声称此微博并非由他本人发布，而是由人代为发布。

事件至此更加陷入乌龙局面，究竟是某些人有意放出舆论烟幕弹，意图把吴长江出局董事会的原因，向重庆某案件方向引导呢？还是吴长江涉案真有其事？至今为止，并无进一步消息，但可以确认的是，吴长江并未被带走调查，而是身处香港。

谁也无法预测结局会如何，但可以肯定的是，一场更大的“暗战”刚刚启幕。无论结局如何，双方这盘博弈的棋局都充满了想象空间！

风险资本的“红与黑”

谁也不曾想到，吴长江会如此毫无征兆地从自己一手创办的企业出局。曾经，他借助资本的力量，完美地解决了创业股东之间的纠纷，而今，他却几乎栽在了资本的手上。

回顾吴长江这一路来跟资本打交道的历程，在这场资本“局中局”的盛宴中，我们看到的是创业者的无奈，以及与资本博弈的稚嫩。

如果说当年雷士三创业股东迫不得已的分家，导致风险资本介入是无可避免的话，后续的事件发展，则令豪放而缺乏心计的吴长江一再陷入被动局面。最早向吴长江提供融资的毛区健丽，运用精准的心理算计，以超低估值获得大比例股权，第一次就稀释了吴长江高达 30%的股权；后续待软银赛富及高盛的大金额陆续进来以后，吴长江的股权再次招致巨幅稀释，第一大股东地位荡然无存；在自己已经不再拥有企业绝对控制权时，对于软银赛富引荐的产业大鳄背后的企图，吴长江仍然没有丝毫的戒备心理。

对资本毫无防范的心理，终于令吴长江付出惨重代价。吴长江只知资本的逐利性，却不知资本为了逐利可以放弃任何的“江湖道义”。开始资本似乎是以“救世主”的身份出现的，而当资本知道将企业卖给产业大鳄，可以获得比让吴长江掌控企业更高的回报时，便会毫不犹豫将吴长江“牺牲”掉，毕竟董事会是投资人在掌控着。

当然，我们无法去指责风险资本的某些行为道德与否，毕竟，资本的信仰是“逐利”。资本通过驱逐创始人—控制企业—转卖企业，并借此获得更高的回报，只要这一切程序合法，便是天经地义。

就吴长江本人而言，教训是刻骨铭心的。相较于吴长江应对资本的稚嫩，百度的李彦宏则要老练许多。李彦宏曾说过一句名言：“不要轻易将主动权交给投资人，在创业的过程中没有人会乐善好施。”李彦宏在百度创业过程中，同样因为多轮融资而导致自己股权在IPO之时仅持股20%，甚至还低于雷士照明IPO之时吴长江的持股比例。但是，李彦宏持有的1股股票所包含的投票权是10票，而其他股东仅仅是1股1票，因而纵然他持股比例仅有20%，但拥有的投票权超过半数，依然牢牢控制着企业。

吴长江本可以按百度的模式设计投票权，以强化自己的控制权，但由于雷士照明选择是香港上市，香港交易所不允许“同股不同权”存在，因而在关键时刻，吴长江无法保全自己对企业的控制。

于创业者而言，融资稀释股份也许在所难免，但对董事会席位的控制绝不能掉以轻心，这是落实控制权的关键中的关键。否则，一旦资本掌控董事会，创始人则变成了任人摆布的工具。君不见土豆网因被资本控制而被卖了，创始人王微也面临黯然离开的结局。

雷士照明风波反思

不对等的博弈

创业者和风险投资者的资源嫁接，是企业发展壮大过程中绕不过去的必由之路。从资源数量角度来讲，投资机构可以同时投很多项目，但创业者不管引进多少家投资机构，战场永远只有他创立的这个企业，所以都是“只能赢不能输”的心态。

在这种心态下，草根创业者在引进风险投资时都是企业发展遇到了自身无法解决的瓶颈，只求解决燃眉之急，很容易对风险投资提出的苛刻条件照单全收。对于见多识广的风险投资而言，利益最大化是其最终目的，所以会首先利用合法、合理、合规范的条件，为自己的利益编织出一张逻辑严密的风险控制体系网，投资者和企业未来的动向，一般都在自己的法眼掌控之内。

所以创业者跟投资机构的博弈，从一开始就不对等。

虽然一直在强调“共赢”，但一个是“索”方，一个是“取”方，加上信息经验的不对称，合作前景好还可以，一旦有分歧，悲剧往往在博弈一开始，就埋下了源头的伏笔。

吴长江和创业伙伴的关系破裂，导致他急需资金购下对方手里的股权。这便是“燃眉之急”，假若他是在资金链不那么困窘、企业发展平稳过渡的情况下引进的投资方，相信对于日后和投资方之间的风险控制博弈，也会有充足的时间和心境去思考和应对。

在雷士照明事件最后演变成投资方和创业者的口水战时，对于企业主来说，必须清醒认识到，论战不过是缘于双方所处的特定角色的要求，对于经营者而言，无论是公司制度的规定，还是股权稀释的性质，对外都只是借口，弄丢自己企业的话语权，怎么样都是自己不可饶恕的失误，被动局面，最后都要自己来买单。

谨慎“联姻”

当然，企业家谁都不是奔着雷士照明的例子去引进投资方的。许多人把投资方和创业者的关系比喻成一场“联姻”，如果没有一个预设的美好前景，这场婚姻谁都不会答应。

在雷士照明的股东关系没有曝出破裂之前，呈现在观众面前的，就是这样一场完美的联姻：国内有实力的金主牵头，国外知名的投资公司加盟，一个前景美好的企业在不断壮大。

然而一旦关系破裂，这场婚姻的一切美好撕去了它的面具后，资本运作过程中赤裸裸权益纷争的本质便暴露在公众面前，毫不掩饰这种关系的恶劣。

所以，联姻需谨慎。

企业家和投资方交涉条件时心态一定要沉稳。即使是在企业遇到资金链问题或者发展瓶颈急需外援，也要沉得住气。因为风险投资愿意和你合作，肯定是看到了你现在和未来的发展潜力，有经验的风险投资眼光会比一般企业主要更长远，你看不到的东西，他们能作出判断。

相反，你的项目或者公司没有吸引力，即使你再委曲求全，再过于让步，现实主义的风险投资也懒得搭理你。

既然这样，在这场各取所需的婚姻里，何必要着急忙慌地把自己给卖出去呢。当你着急的时候，便是最容易出漏洞、最容易给未来“埋雷”的时候。

所以，越是企业面临危机，越要表现出从容淡定。有时气度和胸襟，反而能得到合作者的理性尊重。

玩的就是规则

资方的优势就是投资。在企业里，他们没有任何企业基础，譬如沉淀形成的企业文化，譬如长期以来的人脉情感，等等。

要保证自己的绝对收益，他们只能依靠规则。

所以，资方一开始客场加盟，对待加盟条件，一定会比企业主严谨细致。它玩的就是规则，所以一定也是规则的维护者和遵守者。比如在雷士照明这场热闹的登场里，阎焱即使再在圈内口碑怎样，再怎样被几大阵营诟病，他依然不会跑偏既定规则说事，即使所谓和施耐德早有谋划，也是符合游戏规则的谋划，你能奈规则何？更何况他早已赚得钵满盆满，玩完规则玩耐心，比的就是看谁能沉得住气。反正无论舆论怎样说，牢不可破的股权利益是抓在他手里的，他的身后是庞大坚韧的规则保护网。

再看吴长江，草根企业家毕竟不擅长规则游戏。他擅长的是市场的变通之道，在他眼里，“人治”才是最重要的，而且和经销商之间多年的各种“变通”培养出来的经验，更让他迷信规则之外的东西。而且他还非常倔强，比如董事会不赞同他购买一个企业，他就会用自己的钱去买，来证明自己的眼光和决策是正确的。盈利了，资方自然也会乐于分成，可是一旦失败了，风险全要自己来扛。

很多类似的问题，已经能看出吴长江在玩“规则之外”的游戏，当他最终被规则从自己地盘上踢了出去，加上经销商们的“力挺”，舆论支持他的人还比较多，他又试图用“规则之外”的东西替自己维权。过去许多年，他的创业就是靠这种“规则外的变通”解决了许多战役的拐点，只不过这次遇到的对手和规则实在过于强硬，于是便遭遇了“滑铁卢”。

然而除非吴长江以后不进入这个规则体系，否则无论最后是否回归董事会，事件过去之后，必须痛定思痛，补上“游戏规则”的这一课，他和他的企业，未来才能走得更加长远。

开放的中国式创投未来

纵观现代企业的投资经营，在资本经济的国际接轨中，中国基金的历史是如此短暂又如此迅猛。有许多缺乏经验的投资机构在赶热潮中投了大钱,也总有创业者在企业成熟后才发现股权是最贵的融资方式。不成熟的投资者和不成熟的创业者仍然在磕磕绊绊的规则中分分合合地向前成长着。

类似事件中凸显出了风险投资可能面临的政策法规风险,如对赌协议和道德风险。中西方商业伦理及文化的不同,也需要创业者和投资者在联姻之前更多理性关注。对投资风险的重新考量,会在短期内使投资者更加谨慎,导致的投资流程可能也会因此延长。

似乎每得出一个道理,便总有人要交一场昂贵的学费。而且,在未来宏观经济整体不乐观的形势下,资本运作体系下的这种学费可能会成为一种普遍"消费"。

第五节　全球风险投资的发展

一、风险投资的发展历程

风险投资的产生与发展从时间来划分,大致可分为第二次世界大战前、第二次世界大战—20 世纪 70 年代、70—90 年代、90 年代至今四个时期。

1. 萌芽阶段:第二次世界大战前,20 世纪 20—40 年代

风险投资开始在美国萌芽(民间的和非专业化)。那个年代,美国少数富裕的家族拥有可观的资金,他们希望通过正常的投资活动使资产最大限度地增值。由于对通货膨胀导致货币贬值的担心,通过获得利息使他们的资产增值明显不能满足他们的愿望,同时他们希望通过权益性投资建立和控制一些新兴企业。另外,一些创业者(主要来自大学和其他研究机构)有着好的商业点子或创意,但苦于没有资金,因此,他们就找到这些富裕的家族,向他们显示其宏伟的蓝图以获得资金的支持。开始的时候由于种种原因,这些富裕的家族不愿透露他们的名字,所以人们称他们为"天使"(angle)。同时通常需要通过私人关系才能找到这些天使以获得天使资金。由于风险投资是长远投资,投资决策是一个复杂过程,投资者需要对行业和技术方面有相当的了解,然而这些富裕的家族通常对行业和技术方面又不大了解,因此,一些大的富裕家族就雇用一些专业人员为他们作投资决策。这样就形成了一些以家族为基础的风险投资机构。

2. 雏形阶段:第二次世界大战以后至 20 世纪 70 年代

第二次世界大战以后至 20 世纪 70 年代,美国的风险投资进入一个雏形阶段。风险投资的模式慢慢形成。这种模式一直引用至今。约翰 · H. 惠特尼(John H. Whitney)、乔治斯 · 杜利奥特(Georges Doriot)和阿瑟 · 罗克(Arthur Rock)是美国早期杰出的风险资本家,他们为美国的风险投资的创立、专业化运作和产业化作出了巨大的贡献。

惠特尼在第二次世界大战期间是美国陆军情报部门的上尉,在法国南部执行任务时被纳粹抓获,1945 年,他逃跑成功。1945—1956 年任美国国务院特别文化关系和国际信息服务顾问。1956 年任美国驻英国大使。第二次世界大战之前他曾进行过风险投资。1946 年惠特尼出资 500 万美元创立了美国第一家私人风险投资公司——惠特尼公司(Whitney & Company),从事风险投资活动。现在惠特尼公司是全球最大的风险投资公司之一。惠特尼充分认识到风险投资将对"二战"后美国经济繁荣起到至关重要的作用。

同时他认为风险投资的运作是一项复杂系统的工程,风险投资必须进行系统化和专业化运作。风险投资公司必须雇用专业投资专家来管理风险资金,风险资金应该扶持新兴产业。同时惠特尼认为必须投资于人,一个好的点子或创意如果没有一个优秀的创业团队是不能成功的。他说:“好的点子一美分一打,好的人太少了。”由此可见风险资本家对优秀创业人才的看重,其程度远远超过一个好的创意和一个好的产品。惠特尼的一生曾为350多家企业(如康柏公司)提供过风险资金。

1946年,美国哈佛大学的乔治斯·杜利奥特和波士顿美联储的拉福·富兰德斯(Ralph E. Flanders)创建了美国首家上市的风险投资公司——美国研发公司(ARD),主要目的是帮助那些科学家和研究人员为他们提供风险资金,使他们的科研成果很快商业化,走向市场。杜利奥特认为风险投资公司只是为创业者提供风险资金是不够的,同时必须在技术、管理等方面给他们提供一系列帮助。在他看来资产增值只是一个回报,不是最终的目标。他认为风险资本家的最终目的或任务就是缔造创新的企业家和创新的企业。美国研发公司曾为数码仪器公司(Digital Equipment Corp)提供过风险资金。

阿瑟·罗克是另外一位风险投资家的先驱,他经常被称为“风险资本家的教务长”。他创造性地确定了有限合伙人和一般合伙人的责任范围和投资回报的分享。同时他也认为风险投资所扶持的不仅仅是产品,更重要的是有好点子的杰出人才(尤其是年轻的工程师)。阿瑟·罗克曾为苹果计算机公司(Apple Computer)等企业提供过风险资金。他们的所有这些观点都成为当今美国风险投资模式的重要组成部分,奠定了美国风险投资公司的主要组织结构、风险投资的方向、风险投资的运作模式以及风险投资的目的。

到了20世纪50年代,美国政府为了扶持小企业,在艾森豪威尔总统的建议下于1953年国会通过了小企业法案,创立了小企业管理局(SBA)。SBA的职能是:尽可能地扶持、帮助和保护小企业的利益,以及对小企业提供顾问咨询服务。SBA直接对小企业提供贷款,以及为小企业向银行作担保,使小企业能从银行获得贷款,同时为小企业在获得政府采购订单和在管理和技术方面提供帮助和培训等。自1953年创业以来到目前为止,SBA已为1280万家小企业提供直接和间接的帮助,目前SBA向小企业发放的贷款总额达250亿美元。1958年,通过投资法案创建了小企业投资公司(SBIC)计划。在SBA的许可证下,SBIC可以是一家私人的风险投资公司,通过享受政府的优惠政策,为小企业提供长期贷款和在高风险的小企业进行权益性投资。现在SBIC已成为美国风险投资公司家族中的重要一员。

3. 发展阶段:20世纪70年代晚期到90年代初期

20世纪70年代晚期到90年代初期,美国的风险投资已进入一个发展期。70年代晚期,大多数美国人认识到风险投资业是一个新兴的产业,是美国经济发展的一个重要的动力源。美国政府也迅速行动起来,制定向风险投资倾斜的一系列优惠的税收政策和鼓励性法律,其中最主要的法案有减低资本收益税法案(TCGRA)、员工退休收入保障法案(ERISA)、小企业投资激励法案(SBIIA)和员工退休收入保障资产计划法案(ERISA PLAN ASSETS)。员工退休收入保障法案第一次允许养老金进入风险资金和进行其他高风险投资,从而在法律上确定了养老金可参与风险投资。小企业投资激励法案和员工退休收入保障资产计划法案大大地简化了风险投资的运作,并且在法律上规定了养老金机构可成为风险投资公司的有限合伙人。其结果是风险投资公司可以更容易、快捷和有效创建风险投资有限合伙资金(limited partnership),以及更容易、快捷和有效地在新兴企业里进行风险投资。

4. 高速发展时期:20世纪90年代晚期至今

20世纪90年代晚期至今,信息技术的进步,尤其是互联网的出现给美国的风险投资业带来了勃勃生机。从此美国的风险投资进入迅速发展时期。在美国投入的风险资金从1983年的40亿美元迅速增加到1996年的300亿美元(是1983年的7.5倍),1999年投入的风险资金达356亿美元(约是1983年的9倍),2000年投入的风险资金达到688亿美元。1996年的一份调研显示:1996年只有10亿美元(占总的风险投资额的3%)的风险资金投资到早期的企业里。然而随着信息技术的进步,尤其是互联网应用,这种投资格局迅速被改变。1998年,根据普华永道(Price Water House Coopers)的报告:1998年,41%的风险资金进入了创业期(也称概念期或种子期)和早期的企业里,这些企业在数量上占当年的总新兴企业(风险资金扶持过的企业)的50%。风险投资给美国的经济带来了巨大的影响,可以说是美国经济活力的"助燃剂"和经济发展的"发动机"。风险投资创造了无数个新的工作位置。例如,20世纪50年代的中期美国硅谷地区还是只有约10万农民的偏僻的农村,随着一些风险资金扶持的企业(如英特尔公司等)来到这里安家落户,到60年代中期,硅谷的就业人数增加到27万多。到了1984年,就业人数达75万,每年增加4万个工作机会。根据Coopers & Lybrand的调研显示,1992—1996年,风险资金扶持的企业每年增加40%的员工,而大公司则每年裁员2.5%。同时风险投资加速了产品的创新,从而大大地提高了生产力,改进了出口贸易,减少了贸易逆差。风险投资已给美国造就了数以千计的巨无霸企业(如微软、英特尔、雅虎等),创造了美国极具活力的经济。

2009年度风险投资协会报告提供了美国风险投资活动的整体概况,包括公司制风险投资情况,普通合伙人管理资本情况,投资企业的价值估值,以及私募基金通过IPO或是兼并收购退出的情况,整体情况如表3-4所示。

表3-4 风险资本管理统计一览

年 份	1988	1998	2008
现有VC管理企业数量	377	624	882
现有VC基金数量	715	1 085	1 366
专业人员数量	3 468	5 616	7 497
首次设立的VC基金数	15	58	44
当年获得融资的VC基金数	104	288	210
当年VC资本增长额(十亿美元)	4.4	29.7	27.9
VC管理资本额(十亿美元)	25.5	92.0	197.3
企业平均VC资本管理总额(百万美元)	67.6	147.4	223.7
截至目前的VC基金平均规模(百万美元)	34.7	60.6	104.4
本年度出现的基金平均规模(百万美元)	42.3	102.1	132.9
截至目前的VC基金最大规模(百万美元)	1 175.0	5 000.0	5 000.0

数据来源:汤姆斯路透数据库。

二、中国风险投资发展历程

中国风险投资从20世纪80年代中期开始，兴起于20世纪末，经2002—2004年的调整，2005年全面复苏并快速发展，持续至今。2009年随着创业板市场的推出，风险投资进入新的高潮。中国风险投资伴随着国家在该领域政策、法规体系不断完善而发展，可分为5个发展阶段，包括酝酿期(1985—1996年)、兴起期(1997—2001年)、调整期(2002—2003年)、回缓发展期(2004—2006年)和迅速发展期(2007年至今)。

1. 中国风险投资发展的酝酿期(1985—1996年)

1985年3月，中共中央发布了《关于科学技术体制改革的决定》，指出："对于变化迅速、风险较大的高技术开发工作，可以设立风险投资给予支持。"这一决定使我国高技术风险投资的发展有了政策上的依据和保证。其后，由国家科学技术委员会和财政部共同出资成立中国新技术创业投资公司，标志着中国风险投资事业的开端。继中创公司之后，地方政府纷纷仿效，成立基金对国有企业进行投资以促进科技进步，资本金大都由当地的政府机构(科委)提供，如上海信息投资股份有限公司、深圳高新技术产业投资服务公司、中国长和科技基金、深圳科技银行、黑龙江科技实验银行等。

1991年，国务院《国家高新技术产业开发区若干政策的暂行规定》提出"有关部门可以在高新技术产业开发区建立风险投资基金，用于风险较大的高新技术产业开发，条件成熟的高新技术开发区可创办风险投资公司"。风险投资公司再次在中国兴起，并且激发了外资对中国的兴趣和投资，由于法律制度、资本市场、文化差异，外资以合资方式进入中国的效果并不理想。

1995年和1996年国务院分别在《关于加速科技进步的决定》和《关于"九五"期间深化科技体制改革的决定》中，强调要发展科技风险投资。受国家政策引导和相关制度发展的影响，国内出现了一批风险投资公司，国际资本也采取新的投资战略进入中国市场。国际风险投资的开路先锋是美国国际数据集团(IDG)，1992年美国太平洋技术风险投资基金进入中国，分别在北京、上海和广州设立分公司。IDG技术创业投资基金对搜狐、百度和金蝶等创业企业实现了成功投资。与此同时，世界银行所属的金融公司发起组建的华登风险投资基金对深圳等地的成长型高技术企业或项目进行了成功的投资。1997年年底，四方利通公司获得美国美洲银行罗世公司、华登国际投资集团和埃芬豪国际集团三家风险投资公司共650万美元的风险投资。

2. 中国风险投资发展的兴起期(1997—2001年)

1998年"政协1号提案"的提出，使风险投资受到了科技、金融、企业界的关注。此后连续两年形成"风险投资热"，一批新的风险投资机构纷纷成立，以上市公司为主的民间资本开始进入风险投资领域。2000年，新浪、网易、搜狐等一系列门户网站，在外资风投支持下，掀起中国互联网行业上市第一波浪潮。2001年中国加入世界贸易组织后，外商投资随之增长。当中国的风险投资机构伴随着政策刺激和网络大潮兴起时，欧美的高科技市场却面临着一场空前危机，21世纪之初全球"光通信泡沫"和网络泡沫相继破裂。随后几年，风险投资市场进入低谷。

3．中国风险投资发展的调整期(2002—2003年)

2003年，中小企业促进法中提出“国家通过税收政策鼓励各类依法设立的风险投资机构增加对中小企业的投资”。明确了政府对中小企业融资难问题的关注和通过风险投资途径解决这一困境的政策扶持。此后几年，国家对风险投资的政策体现为左右摇摆的势态，风险投资受到影响，本土风险投资机构数量及风险投资资本总量在2003年和2004年较上一年都有减少，但是我国风险投资活动总案例数量及投资额数据反映了风险投资活动相对活跃，主要是这期间外资风险投资机构的投资活动仍然活跃。

4．中国风险投资发展的回缓发展期(2004—2006年)

2004年5月，深圳中小企业板正式登场，一批符合条件的成长型中小企业获得上市融资机会。此举为创业板市场建设打下基础，为本土风险投资退出创造了另一种国内途径，推动了国内风险投资回缓。

2005年10月通过新修订的《合伙企业法》，正式确立了有限合伙企业的形式，为有限合伙制的人民币股权基金的设立提供了法律依据；加快多层级资本市场体系建设，为人民币基金的投资和退出创造了合理的渠道；经济持续发展和民间资本充足，为人民币基金的发展提供了市场需求和融资基础。

2007年2月，财政部、国家税务总局发布了《关于促进创业投资企业发展有关税收政策的通知》(财税〔2007〕31号)，规定了对创业投资企业的优惠政策：对投资中小型高新技术企业的投资额的70%抵扣该创业投资企业的应纳税所得额。3月颁布的《企业所得税法》，原则规定了创业投资企业从事国家需要重点扶持和鼓励的产业投资，可以按投资额的一定比例抵扣应纳税所得额。《企业所得税法实施条例》明确了：创业投资企业采取股权投资方式投资于未上市的中小高新技术企业2年以上的，可以按照其投资额的70%在股权持有满2年的当年抵扣该创业投资企业的应纳税所得额；当年不足抵扣的，可以在以后纳税年度结转抵扣。这就对年初作为通知形式的税收优惠政策进行了法规层面的确认。

税收法律和政策优惠体现了政府促进中国风险投资市场发展的意愿和决心。受政策法律对风险投资大力支持倾向的影响，2005—2007年3年间风险投资活动极为活跃，国内风险投资市场规模扩张迅速，投资金额年增长均超过50%。根据科技部统计，2005年全国已有创业投资机构319家，管理的资本达到631亿元。截至2005年，中国创业风险投资机构累计投资3 916项，其中高新技术投资项目达到2 453项，投资额达到326亿元。截至2007年年底，我国风险投资机构超过360家，管理资金超过660亿元，超过以色列，成了仅次于美国的世界第二大获得风险投资资金的国家。

5．中国风险投资发展的迅速发展期(2007年至今)

受金融危机影响，从2007年三季度开始，国内风险投资活动趋于下滑，到2009年第一季度降到近几年的最低点，但2008年的投资数量和投资金额总规模较上年仍然增长。从我国风险投资的案例数量和总投资额环比来看，2008年第二、第三季度都有微幅上升，这说明目前投资者投资动机在稳步增强，但除第一季度大体与2007年持平以外，第二、第三季度均低于2007年同期水平，可见次贷危机与国内经济不景气还是对风险投资业造成很大影响。

由于金融危机的潜在影响，越来越多的风险投资者突破以往的投资理念，风险资金投向趋向保守，不再全方位地关注高科技产业，而将目光逐步转移到具有反周期性的传统民生行业上来。2008 年，我国风险投资发生的投资案例数共 501 项，总投资金额为 337.90 亿元。其中，传统行业发生的投资项目数为 119 起，投资金额为 99.38 亿元，项目数量和金额所占比例均最高，分别为 23.75％和 29.4％。此外，随着传统能源的日渐枯竭和政府对节能减排的高度重视，对能源环保的投资成为风险投资关注的热点。2008 年，我国能源环保行业的案例有 45 起，占总案例数的 8.98％；投资金额为 22.96 亿元，占总投资金额的 6.79％。

由于传统的风险投资热门行业 TMT 受外部金融环境、经济周期的影响较大，因此从 2008 年下半年开始风险投资将倾向投资于非 TMT 行业。例如，对经济周期变化不敏感的新能源行业、医疗健康行业、教育培训行业。2008 年第三季度，传统行业投资额一直下降，而北美、欧洲、中国和印度以风能和太阳能为代表的清洁技术领域总获投资 26 亿美元，环比增长 17％，同比增长 37％。而我国的医疗健康业也开始得到风险投资的重视。2008 年第三季度，投资在医疗健康业中的案例数大幅度增加，在总案例数中占的比例也同样增加。

2008 年 8 月底证监会出台了 142 号文件，指出那些合伙制企业支持的公司不可以上市，这条法令直接影响到了风险投资的退出问题。此外，次贷危机之后，国家对风险投资的监管和控制也比以往更加严格。

2008 年 10 月，国务院颁布《关于创业投资引导基金规范设立与运作指导意见》，创业引导基金是由政府设立并按市场化方式运作的政策性基金，主要通过扶持创业投资企业发展，引导社会资金进入创业投资领域。该引导基金本身不直接从事创业投资业务，政府可以看成是一个特殊的 LP(有限合伙人)，因此风险投资基金可以通过与当地政府创业引导基金的合作，在获得一定资金支持的情况下，还能发掘出当地具有投资价值的项目。

2009 年，酝酿已久的创业板正式推出，这就意味着风险投资在国内可以通过创业板上市退出获得收益。风险投资机构受对创业板预期的影响，以及国内经济基本面好转，投资活动恢复活力，投资案例数量和投资规模环比增长显著。

2009 年，人民币风险投资基金开始在国内占据绝对主流的地位，越来越多的外资机构开始尝试在国内设立人民币基金。中国风险投资研究院调研数据显示，2009 年中国股权投资市场完成募集的人民币基金共 116 只，占完成募集的基金数量的 85.29％。人民币基金的募资规模达 505.60 亿元，占新募集资本额的 52.49％。去年完成募集的外币基金共 20 只，占完成募集的基金数量的 14.71％。外币基金的募资规模为 457.69 亿元，占新募集资本额的 47.51％。2008 年中国国内的风险资本中，来自非金融类企业的资金占据主导地位，占比达到 52.74％。

从 1985 年设立中国新技术创业投资公司开始至今，中国风险投资事业已走过了 30 多年的历史，随着创业板市场的推出与发展，我国的风险投资事业将迈上一个新的台阶。

案例 九鼎转型试错[①]

曾经，作为市场的“破坏”者，九鼎在PE（私募股权）市场拥有很多自己的独特创新，如首只基金不收管理费，人海战术，流程切割，广设办事处等经营模式。这些方法在“横空出世”时也曾遭受无数质疑。

现在，九鼎正在筹谋另一个事项，2012年4月，决定将募资部门独立出来，转型为财富管理部。再一次“敢为天下先”的举动，其面临的情势与当年何其相似。九鼎转向财富管理的举动，多位与九鼎基金总裁黄晓捷有私交的金融圈人士也不看好。在他们看来，九鼎转向财富管理，“即使是出于转型的无奈之举，也显得过于轻率”。

不过，多名受访PE界人士却表示，财富管理也是自己所在机构转型的一个选项，并不排除未来向这个方向发展的可能。

在现实中，已经有诸多PE基金纷纷跟随。国内领先民营背景PE基金鼎晖增设了财富管理部门，以人员网络和获取资讯闻名的清科集团提出了转型财富管理，以PE人脉网络、撮合交易为主业的汉理资本也宣布进军财富管理。

在硅谷天堂集团高级合伙人韩惠源的表述中，以IPO为唯一退出渠道的私募股权基金投资肯定会遇到瓶颈，这也是为什么从2010年其所在的硅谷天堂更名为硅谷天堂资产管理集团，意即拓展除传统的私募股权投资以外的市场，包括早期VC投资，后期的并购基金，等等。

PE艰难形势下的转型，大体可分为对投资端的改造和对募资端的改造。前者是将投资范围往前或往后，成为VC或并购基金。而对募资端的改造则有“全民募资”、募资团队裁员以及成立财富管理部门，谋求募资团队的独立化等一系列举措。其核心是降低成本，获得正现金流。

2012年2月，在接受《环球企业家》记者采访时，黄晓捷透露将要谋求成立VC基金，“往前端走”，并于2012年3月30日正式成立九鼎创投。而从4月起，九鼎正式喊出财富管理的口号，筹建销售第三方产品的财富管理部门。

投资不管向前走，还是向后走，都需要专业的人才以及品牌的建立，转型并非一朝一夕。而对募资方的改造，则会起到立竿见影的降低成本的效果。

九鼎此次将募资团队独立化，显然比硅谷天堂走出了更远的一步。“未来的目标是成为第三方理财。”一位九鼎PE财富管理部门人士表示。

不过，PE是否真的适合做财富管理？在现实中的第三方沦为产品销售机器，且净利润不断下降的情况下，PE为何要杀入这个市场？九鼎能引领下一波PE转型的浪潮吗？

成本重压

2010年左右PE市场大热之时，黄晓捷曾在内部表示，只要二级市场PE倍数高于15倍，九鼎就能活下去。这个条件在当时看来几乎是不可能的，彼时二级市场估值倍数高达40倍左右。

---

① 贺颖彦，沈旭．九鼎转型试错．环球企业家，2012-10-11.

然而今非昔比,A股市场估值中枢现在已经接近黄口中的这一“红线”,而且还跌跌不休。最新的洛阳钼业上市市盈率已经降低到惊人的13.64倍。

而对于很多PE基金公司来说,在与LP签订的协议中一般有基金的前几年作为投资期,其管理费用为出资总额的一定比例,在基金等待收益的退出期,管理费用会逐步降低。这标志着为了维护基金的日常开销和奖金,基金管理公司需要不断地滚动发行新的基金以维持人员和基金管理公司的运作。

对于九鼎这样的依靠人海战术进行投资的机构,这个问题更为严重。在一些大型PE基金中,其成本结构集中在合伙人级别的奖金和分红,若遇到市况收紧,则其合伙人的相关报酬降低,即可避过寒冬。但对于九鼎来说,由于其成本主要支付结构偏重底层级别,因此其成本弹性并不大。

一个可以佐证的细节是,知情人士透露,九鼎从成立至今,合伙人从未进行过奖金分红。

黄曾经在九鼎内部会议上披露,公司最新的受托基金管理规模为400亿以上,如果这个数据属实,九鼎在管理资产规模上确已跨入了中国PE的第一梯队。但与其资产管理规模不相称的是,其近两年收到的基金管理费用仅为5亿多,与业内通行的年化2%的基金管理费用相比,九鼎显然收得更少。

在九鼎发展早期,黄为了募集到更多资金曾打破业内常规,决定不向LP收取管理费,而仅仅在业绩达成后与LP共同分享投资收益,这个模式曾经在九鼎发展早期助力甚多,不过,这也可能导致九鼎早期资金流状况十分紧张。从2010年开始,在声名建立之后,九鼎开始恢复“正常”,向LP正常收取相关管理费用。

据另一位知情人士透露,市场上有传言称,九鼎基金早期因为无管理费用收入,因此在基金管理公司层面也引入了一家江浙地区的企业作为投资者,因而渡过了最初的难关。不过,随着九鼎成立至今跨过5年门槛,作为基金管理合伙人的投资者仍未享受到相关的分红收益。

黄透露,“总计5亿多的基金管理费用全部投入了公司的运营,所以九鼎手上能支配的钱不算太多”,关键之处在于,九鼎的模式实在没有太多可压缩的成本。

在过去的几年里,九鼎总共踏足过13 000多家企业,并投资了其中三四百家,而年轻的投资经理疾步狂奔背后,则是每年数千万的机票费用。

黄对外公布的基金总人数一直停留在一年半至两年前的400人左右,这或许是他对业内广泛质疑其人海战术而表现出的谨慎。但前述知情人士估计,“如果不算上财富管理部门,九鼎的投资及后台行政部门目前已经达到约600人,算上财富管理部门的300人,总人数达到900人。”

这样庞大的人员结构以及较低的管理费收入,使得九鼎承受的压力更甚别家。“在这样的市场下,没有哪家PE敢说自己就轻松”,前述知情人士这样表示,“不过晓捷的压力可能比别家更大一些。”

募资端改造

市场急速变化,无论是基金管理者还是LP都面临非常重的压力,因而投资与募资两端都快速承压。

投资额的下降可以理解为PE基金自己提高风控标准，减缓投资节奏以求谨慎。而对于大部分PE来说，业绩的影响是长期的，不过募资市场的下降乃至冰冻则对其生存提出了严重的挑战。

为了缓解成本压力，不仅仅是九鼎，大部分PE都从投资层面进行尝试。从2011年下半年开始，在各类投资界聚会中，基金投资范围"往前走"和"往后走"的声音就不绝于耳。

往前走即是成立培育投资对象更为早期、基金存续时间也更长的VC基金。往后走即是看到市场上由于各种PE投资过的企业无法上市以及实体经济下行引发的行业并购整合机会，成立并购基金。

九鼎在内部也做过这两个方面的尝试。2012年3月底，九鼎成立了九鼎创投。虽然至今并无九鼎并购基金公开募集成功的消息，但黄晓捷、核心合伙人蔡蕾均在不同场合提出九鼎有做并购基金的计划。

不过，多名外资VC人士对记者表示，人民币PE所擅长的改造企业以迎合上市标准的手段，更近于国内的投行模式。VC与Pre-ipo式的投资完全是两个不同的行业，贸然跨行困难重重，需要时间来改变观念。"你先前的Pre-ipo是打出了名声，但并不代表在VC投资和并购基金领域的LP会认可你"。

对于急需现金流的PE基金来说，以自身打造新产品获得LP认可需要太长的时间，更为现实和立竿见影的办法，是从募资端入手。

从2011年年中开始，PE募资越来越难让拥有客户资源和募资经验的人员薪水行情不断看涨，募资的成本也越来越高。

作为降低募资成本、获取正现金流的方法，一个是全民募资，将募资任务压至机构每一个人身上，让基金成立更为迅速；另一个是对募资团队裁员。

但裁掉募资团队对于一家PE来说几乎是宣告自己失败，现有的LP也可能会因此丧失信心而进一步流失。

因此，九鼎选择了一种逆向的方式，将PE募资部门独立出来去做财富管理。在LP并不认可高风险长周期的PE、VC产品时，为了留住客户，从市场上采购更为短期、更加契合LP投资需求的产品。

人员扩张

在旁人看来，更为匪夷所思的地方在于，尽管是由于募资困难而将募资部门独立出来，九鼎却加大了新设财富管理部门的人员招聘规模。一位九鼎内部人士表示，对于各地财富管理部门的招聘规模，"没有限制，便宜行事"。

对这一颇符合九鼎一贯"凶狠"风格的做法，有第三方理财行业人士指出，这并非是意气用事，而是精心算计后的做法。"九鼎初入财富管理领域，显然是希望借助集团作战的优势，在短时间内打开市场，尤其是转化原有的PE投资人和增量投资者。要拼销售，人海战术确实是初期最有效率的方式。"

这一看似骤然放大人力成本的做法，却并不一定真的会增加九鼎的负担。事实上，尽管招募大量的销售人员，但其底薪极其低廉，在第三方理财行业中，底薪低于3 000元的销售人员，如果没有业务不能养活自己，必定会自己走掉，因此其带来的成本压力并不大。

“当募资团队卖不动公司自己的PE产品时，就得自己去市场上找活儿干养活自己。如果干得不错，说不定还能养活公司投资部门”，一位PE合伙人这样讲道。

前述知情人士透露。目前，九鼎在上海、北京、重庆等地都已经开始招兵买马，财富管理部门总人数已经扩充到近300人，总部由九鼎核心合伙人吴刚的弟弟吴强带领。“在现金流趋紧的情况下，还如此大规模扩张，黄也并不是疯子，只能说验证了募资部门自己养活自己的逻辑”，他说。

一位诺亚财富人士则表示，在财富管理领域，九鼎要做“搅局者”，“当然不会按常理出牌”。

先例何在？

传统观念上，PE是一份精英职业，其核心价值在于投资能力，员工成本也一直较高，与广泛需要销售人员网络的财富管理行业并不契合，因此，在现有的市场上，很难找到PE转型财富管理成功的相似先例。

一位曾供职于多家国际顶尖私募股权投资基金的香港投资界人士称，以PE身份转战第三方财富管理领域，这样的案例“不能说完全没有”，但“数量上相对较少，并且都有一定特殊性”。

目前在中国香港和美国市场上已有的PE转型财富管理的案例，大体上有三种情况：第一种是PE本身客户资源相对单一，在向客户募资过程中，应客户要求为其量身定制全面的财富管理服务，进而巩固客户资源；第二种是PE本身下设专门的资产管理部门，这些部门在为PE提供资金周转的同时，也具备提供财富管理产品的设计能力，或是能够提供外部理财产品的投资组合；第三种则是极少数PE由于缺乏项目资源或者募资乏力，最终放弃主业，转型进入稳定性相对较高的理财规划领域。

以往介入财富管理的境外PE“应该都算中小PE”，类似九鼎这样具有一定规模的PE机构，开辟财富管理业务，在现有的PE机构中是没有成熟案例的。“现在它的一系列动作，可以说是开拓性的，但也很可能是失败的尝试”，这位人士表示，“两者盈利模式和成本控制上都有巨大差异，要配置在一起，并不是新增加几个业务部门那么简单”。

在盈利模式上，PE以长期的投资回报为主要激励，以使管理人与LP利益一致，对于人员的固定成本一般不做太高要求。而财富管理行业由于人员众多，且中国目前的财富管理行业并不能向客户收费，而仍以佣金为主，其成本控制就显得非常重要。

搅局第三方？

目前，九鼎的财富管理部门从一开始的只销售自家PE产品，正逐步转为代销部分信托或者特种债券类产品。

对于九鼎来说，背景决定了其他PE基金很难把产品交给他们发行，其中较为可行的策略是代销其他非PE机构的产品。

在目前的各行各业中，PE与信托的产品面对的客户较为重合，都是可投资资产净值一般在千万以上的客户，PE财富管理部门从销售信托产品入手，正是利用自己已有的客户基础。

一位北京地区信托财富管理中心人士认为，从信托的角度来讲，给PE财富管理部门产品让他们发行问题不大，"只要你真的能发出去，费用合理，给谁都一样"。不过，在PE进军财富管理行业的同时，信托公司却在面临财富中心管理的困扰。例如，中融信托将已经壮大的财富管理中心分拆为独立核算的第三方理财机构；四川信托则刚刚结束一场与基层员工在薪资问题上的对峙，后续震荡仍在发酵。种种问题对这些机构在管理员工、控制成本方面提出了挑战。

一位兴业银行资产管理部门人士表示，九鼎这样的PE机构从事财富管理业务，现阶段只能跟第三方理财一样，以渠道销售收入覆盖成本实现盈利。一位九鼎财富管理部门人士也承认，"最终目的是做成第三方"。不过，所谓的替客户做全方位资产管理，国内目前没有机构能做得到。因此，九鼎所提出的给LP提供增值服务，替LP做全面的财富规划，目前也只是可望而不可即。

前述九鼎知情人士也表示，"在中国的金融市场上，热点不断转换，必须踏准节奏。中国财富管理行业本质上由于其缺乏全面了解金融市场的人才，其资产配置效果不会太好。"

对于九鼎最终期望成为的第三方理财，也面临着重大挑战。领头羊诺亚财富上半年的新增客户数、净利润、单客户配置资产规模等均有不同程度的下降。一叶知秋，实际上第三方理财正在逐步脱去前几年的创富梦想和光环，而对于PE来说，以第三方理财为一个最终形态考虑，"似乎选择了一个错误的对标方向"，前述信托公司财富中心总监表示。

留住客户

对于大多数PE来说，他们之所以愿意去做财富管理，其本质是对客户资源的再开发。"但是那些投PE的客户，本身的目的在于追求超额收益，而非单纯的保值增值，"一位光大银行私人银行业务人士认为，"具有这样投资倾向的客户，又有多大可能会去投收益率相对较低但平稳的理财产品呢?"

无独有偶，前述香港PE人士也表示："按照现在透露出的信息，有的PE去做财富管理，就是因为客户觉得目前市场风险大，PE项目投了一次就不敢再投了，于是PE觉得他们可能会喜欢理财产品。可问题在于，在PE项目上，人家都对你的专业能力存在质疑，又凭什么相信你新开发的财富管理业务?"

对此，前述九鼎人士认为，客户转化具体到操作层面，"其实还是一个如何把握客户需求的问题"。

他认为，做PE，你找到了好项目，做好尽职调查，设计好收益条款就能做了。但财富管理业务不一样，客户要求的不再仅仅是收益率和风险控制的问题，往往还有一些别的需求，比如流动性、资金转移等，如何在销售中发现需求给予反馈，则需要设计全新的操作流程。

在与现有的第三方理财企业进行竞争时，要平息PE的财富管理部门初创期所遭遇的专业能力质疑，似乎在引进成熟财富管理人才之外，并无更好的办法。

不过，也有私人银行部门人士指出，设计一揽子的个人资产整体配置方案，或许恰恰是PE财富管理部门凸显专业能力优势的捷径。“第三方理财，做的更多的还是中短期理财组合的销售，尤其是信托之类的产品，兑付期很少能在5年以上，但PE这方面的产品就可以丰富很多。”

此外，更具个性化财富管理产品的设计，或许也将是PE财富管理部门在初创期与第三方理财机构竞争的“利器”。“第三方财富管理平台做大后，会用相对标准化的理财产品组合，来吸引普通的投资者，扩大业务量，”前述九鼎人士表示，“但对PE的财富管理部门来说，更多以个性化的专属财富管理产品组合，确保单个客户的投资规模，将是更现实的做法。”

谁来跟进

目前为止，明确提出要设立财富管理部门的PE有鼎晖、清科资本、汉理资本以及九鼎投资。

但悄无声息规划做财富管理想法的PE更多。一位PE合伙人透露，自己所在的基金确实讨论过让销售部门不仅卖自己的产品，而且也卖其他机构的产品，“其主旨是更好地满足客户的需求”。

不过这个动议最后被否决，其原因在于，绝大部分合伙人觉得，这似乎在暗示自己的核心能力投资已经不足以养活自己，反而会造成进一步的募资困难。

对于已经确立将设立财富管理部门的几家PE和精品投行，其评价也并不高。“为什么开始设立财富管理部门，是因为他们本身的业务数量和质量受到PE危机的影响非常大，所以才不得已而为之”，前述合伙人表示。

这确实是PE转型财富管理的一大问题。而事实上，明确提出做财富管理的几家机构对于财富管理业务的介入均不是自身主动的策略调整，而是在市场已经恶化到一定程度下，“不得已而为之”的临时变向。

这种临时变向在他看来，只是仓促上马，“先行先试”。这种摸索在市场顺风顺水的时候，也许会误打误撞出一个新天地，但遇到下行行情就很可能“一着不慎，满盘皆输”。

对于财富管理业务是否能给公司提供正现金流，似乎并不能获得一致认同。目前第三方理财公司，唯有诺亚在盈利，但盈利已经开始下降，其余的小公司都挣扎在生死线上，PE财富管理部门又能有什么办法迅速实现盈利？

也许正是出于摸索的态度，多个九鼎负责财富管理的地区人士向记者表示，“我们目前业务还不清晰，也不够领先，等以后成熟了再接受采访。”

对于财富管理业务，PE能否闯出一片天地，在目前还具有相当大的不确定性，“远未到家家跟进，成为下一波转型方向的程度，”前述PE合伙人表示，“九鼎这几家的尝试，相当于替行业试错。”

本章思考题

(1) 企业成长一般划分几个阶段？风险投资热衷于投资企业的哪些阶段？

(2) 风险投资的六要素是什么？

(3) 风险投资退出的方式有哪些？你认为哪种退出方式投资人收益最高？

(4) 我国风险资金有哪些来源？你认为还可以扩展哪些来源渠道？

(5) 试比较各种风险投资估值的方法优劣。

(6) 找找生活中风险投资成功或者失败的案例，分析成功或者失败的原因，并得出启示。

参考文献

[1] 苏龙飞.资本主导股权连环局　雷士照明创始人三振出局.新财富,2012,(7).

第四章 首次公开募股

引　　言

我国证券市场已经过了20多年的发展，制度也经历了20多年的演变，越来越多的企业选择走上IPO（首次公开募股）之路。IPO可以帮助企业通过资本市场的融资获得快速发展的资金，使企业树立较高的声誉、进一步吸引人才等。

目前我国的IPO制度采用介于审批制和注册制之间的核准制，既有审批制的实质审核，同时又有注册制的充分信息披露原则。IPO制度为我国经济转型和企业发展作出了卓越贡献，但该领域普遍存在几种“异象”，被理论和实务界称为“IPO之谜”。那么到底什么是首次公开募股？我国的IPO之谜背后有着怎样的理论解释？

第一节　首次公开募股制度

一、首次公开募股制度的内涵及比较

首次公开募股（initial public offerings，IPO）是拟上市公司首次公开发行股票。首次公开募股制度是指一系列关于首次公开发行的准入、信息披露、定价方式、配售方式等制度的有机组合，它是证券市场的基本制度、核心制度，它的好坏、优劣直接关系到证券市场能否健康发展，它肩负着能否为证券市场遴选优秀企业，能否优化资源的合理配置，能否保护好中小投资者利益等重任。

世界各国对制度都非常重视。目前国际上对制度的划分按是否对发行人进行实质审核分为两种，一种是审批制（含核准制），一种是注册制。审批制一般是在证券市场不太成熟，投资者保护机制较弱的国家实行，它的立法理念为视发行人的权利为特殊权利，投资者能力较弱，需要政府保护，因此需政府特许。注册制则是在证券市场运行相对成熟的国家，发行人的权利只是普通权利，不需要政府特许，只要没有违法行为就可以注册，发现违法可以事后追惩。核准制是介于审批制和注册制之间的一种过渡形式的审核制度。

纵观境外证券市场，制度的选择不仅与市场的成熟度有关，还与一国或地区的法律制度、市场的诚信程度、市场主体的自我约束、违法违规的追惩和投资者的保护救济制度等息息相关。影响制度选择的因素是多方面的，目前国际上比较通行的制度主要是注册制和核准制。

（一）注册制

目前在以美国、日本、我国香港等为代表的成熟市场广泛采用。注册制，是指发行人依照充分信息披露原则，向监管机构申报发行人法律、财务、组织架构、盈利模式等信息，

它遵从的是充分的信息披露原则,发行人保证所公开信息的真实性、准确性、完整性、及时性。注册制的核心是监管机构依据本国或本地区法律法规对其申报的材料作形式审核而非实质审核,在规定的期限内,监管机构对该发行人注册行为未提出异议的,其注册发行即生效。

注册制具有以下几个特点。

一是审核效率高。由于监管机构对发行人所提供的发行文件只作形式审核不作实质审核,因此审核人员相对核准制下的审核人员工作量要少好多,因此相对审核效率要高。

二是不对企业好坏作价值判断。由于注册制的核心是形式审核,审核人员不对企业的真实价值做实质判断,不对发行人未来盈利能力做商业判断,因此发行人价值如何,未来是否具有盈利能力,是否具有投资风险则完全由市场来作出判断和选择。因此它也是一种市场化程度较高的审核制度。

三是发行权与生俱来。注册制所遵循的法律依据认为发行人的股票发行权利是与生俱来的。只要发行人达到法律规定的要求,就自然产生了这个权利,它是一项普通权利,不需要法律特别授予。

四是强调事后监管。实行注册制的国家和地区大都有着严格的事后查处、违法惩戒和司法救济制度,它们以此来保障宽进严管的注册制得以顺利实施。

(二)核准制

目前在英国、我国以及其他一些国家也被广泛采用。严格来说,核准制应该算作是审批制的一种,但它同时又是从审批制向注册制过渡的一种形式,所以它既有审批制的实质审核,同时又有注册制的充分信息披露原则。

核准制具有以下几个特点。

一是除了对发行人提供的文件进行公开信息披露的形式审核外,核准制还要对发行人公司治理、资产权属、盈利能力等进行实质审核和判断,所以相对注册制而言,核准制的审核效率较低。

二是发行权是特别授予的。核准制国家的立法理念认为,发行人的发行权利是由法律特别授予的,所以,发行权必须由法律对有关部门授权对发行人进行审核通过后才能授予。

三是核准制强调事前把关,事中督导,事后追责。它是一个全程的审核体系,在降低审核效率的同时,也带来了企业的合规成本高,政府的监管成本高等问题。

四是强化了对中介机构的约束作用。由于它是由审批制向注册制过渡的形式,所以行政审批功能的发挥有所弱化,但这一部分弱化的行政审核功能转移到了中介机构头上。当然这也是一种进步,它有利于发挥中介机构的专业优势和人员优势,同时有利于市场主体的归位尽责。

二、我国新股发行制度的演变

新中国的股票市场经过 20 多年发展,取得了巨大的成绩,但仍然处于新兴加转轨阶段。随着立法的推进、市场的促进和历史的演进,我国新股发行制度改革大致跨越了三个阶段,经历了九次大的改革。

1. 萌芽阶段(1983—1990 年)

新中国的股票萌芽产生于改革开放以后。20 世纪 80 年代初期，随着市场经济的发展，不少企业迫于筹措资金进行发展的需要，开始自发进行股份制改造，发行股票筹措资金，很多企业发行股票的形式是通过内部集资或者亲友推销甚至行政摊派来完成的。学界认为，我国严格意义上的第一只股票发行应该是 1984 年上海"飞乐音响"的发行，其实在这前后由于没有全国性的法律文件对股票发行进行规制，很多企业已自行摸索或经地方政府批准发行了不少股票。

这一时期的股票发行的特点如下。

(1) 股票发行没有法律法规的规制，完全是企业自主自发的行为。早期，为我国股票发行积累了宝贵的经验，为企业的发展也筹措了大量的资金。但后期由于缺乏统一的管理和规制，随着发行企业规模的扩大，企业发展中风险的存在，投资者的利益无法保障，容易导致社会风险，影响社会的稳定。

(2) 这一时期，股票的发行大多是采取直接发行的方式，没有承销商的介入，发行成本较低。这种方式对于发行量较小的股票还是简便易行，但对于发行规模较大的企业则容易导致发行失败或者说达不到发行的预期。

2. 审批制阶段(1990—1999 年)

《中国人民银行关于严格控制股票发行和转让的通知》于 1990 年 12 月 4 日发布，随后上海、深圳两个交易所相继成立，标志着我国新股发行管理的集中审批时代的开启。这个时期，由于对新股发行及证券市场监管缺乏完善、系统的法律体系，市场诚信制度没有建立，市场主体缺乏责任意识，对投资者的保护无从谈起。另外，当时我国刚刚处于改革开放的初期，国家经济正面临计划经济向市场经济过渡的时期，资本市场的发展一开始主要是为国有企业改制脱困服务的，大部分改制企业都是国有企业，都面临着计划经济时期企业的烙印。所以从保护投资者利益的角度出发，也由于当时国有企业计划经济的烙印，我国当时新股发行审核制度也带有浓厚的计划经济色彩，采用的是审批制形式。

审批制阶段，由于新股发行处于探索时期，也是发行方式处于多变的时期，1991—1992 年深沪两地基本采用有限量发售认购证抽签形式，但是，由于有限量认购证供不应求，直接导致黑市猖獗。随后上海开始进行无限量发行认购证摇号中签方式试点，到 1993 年 8 月 18 日《关于 1993 年股票发售与认购办法的意见》颁布，进一步明确了无限量发售后抽签方法，还有全额预缴款，比例配售余额转存的方法。但是随着时间的推移，这两种方法也开始出现其弊端，无限量发售造成了认购单和事后统计成本的大量浪费，不利于资源的节约。与银行存款挂钩的方式造成了短期银行资金大量的流动，短期拆借利率大幅波动，不利于金融系统的稳定。到了 1994 年，随着信息技术的发展，网上发行方式开始推出，首先推出的是网上竞价发行。网上竞价发行极大地提高了发行的效率，降低了成本，但由于竞价发行采用的是价格优先、时间优先的机制，资金实力雄厚的机构左右了发行的局面，在二级市场行情好时往往发行价格畸高，在行情低迷时又往往发行失败。在发行了四只股票后，竞价发行方式就被迫放弃了。1994 年 7 月 20 日，新股网上定价发行开始推出，网上定价发行继承了网上竞价发行的优点，同时它也改变了网上竞价发行时肆意抬高股价的行为，确定了发行价格。直到目前，网上定价发行仍在沿用。

3. 核准制阶段(1999—至今)

第一阶段：核准制过渡阶段(1997年7月—2001年3月)。

1999年7月1日《中华人民共和国证券法》的实施，标志着我国证券市场跨入了一个新的阶段。根据《中华人民共和国证券法》第10条的有关规定，任何单位或者个人必须只有报经国务院证券管理机构或者国务院授权的部门核准审批，才能公开发行股票，从法律上奠定了核准制的基础。

当然，从审批制到核准制不是断崖式的，也不是一蹴而就的。它是一个渐进的过程，需要一个过渡期来完成计划模式下的额度和指标。同时，它也需要相关的政策制度来完善。

第二阶段：通道制阶段(2001年3月—2004年1月)。

2001年3月，《关于证券公司推荐发行申请有关工作方案的通知》由中国证券业协会下发，提出了通道制的概念，通道制要求证券公司"自行排队，限报家数"。

每家证券公司根据规模一次只能推荐几家企业，为了保证通道的效益最大化，证券公司在企业的选择和质量的把关上有了更高的自觉性。通道制的采用，改变了过去由政府职能部门对上市企业进行筛选的方式，对拟上市企业的筛选更加反映出市场需求，同时也相应地将部分责任义务转移到了承销商手中。

第三阶段：保荐制阶段(2004年2月至今)。

随后，在通道制的基础上，中国证监会又进行了有益的探索，于2004年2月开始实行《证券发行上市保荐制度暂行办法》，标志着保荐制度的开启，保荐制度比通道制更能提高中介机构的工作积极性，更能提高市场的效率。根据该办法，首次公开发行股票的股份有限公司以及发行新股、可转换公司证券的上市公司必须取得相应资质，首次公开发行股票的机构需要通过有相应资质的证券经营机构的推荐才能上报；发行证券、主承销工作、审核公开发行募集文件是保荐机构主要负责的工作。保荐机构同时还要督促发行上市后的发行人履行自己的义务，并向国家证监会提出相关意见。《证券发行上市保荐制度暂行办法》赋予了保荐价格相应的权利和责任，在提高市场主体工作积极性的同时也加强了对发行市场参与主体归位尽责的约束。证监会受理保荐机构提供的发行人材料，通过初审和发审委审核后，再给予核准，则基本完整核准制下的审核流程。

为了完善与配合《中华人民共和国证券法》的有关细则，中国证监会在《关于进一步完善股票发行方式的通知》中做出了明文规定，新股发行公司的股本总额至少要达到4亿元，并且其发行方式还需要通过一般投资者上网发行与法人配售相结合的方法进行。对于那些股本总额在4亿元以下的公司，依旧按照《关于股票发行与认购方式的暂行规定》的规定，以上网定价、全额缴款或者是与储蓄存款挂钩的方式来发行股票。这一规定更有利于那些规模较大的股票发行。这种规定是欠缺公平性的，在定价时更多考虑的是法人投资者的出价，由于忽略了网上中小投资者的权利，证监会在2000年颁布了《关于向二级市场投资者配售新股有关问题的通知》，其中指出按照市值配售的方式向二级市场投资者配售股票并给予配售权，但由于中小投资者资金量小，市值配售与法人机构配售的方式还是由资金实力说话，新股发行中的矛盾依然显而易见，2006年9月11日中国证券监督管理委员会第189次主席办公会议审议通过《证券发行与承销管理办法》确定了"网下询价，上网定价”。其后虽然做了一些修改,但大体没有原则性的变化,一直沿用至今。

核准制阶段,《中华人民共和国证券法》第28条明确规定,股票是采取溢价的发行方式来发行的,其价格是由发行人以及承销的证券公司共同商榷的,最后申报国务院证券监理机构来审核,此项规定突破了以往行政定价的固定价格模式,向市场化定价迈出了一大步。

三、我国IPO现状

当前,我国证券市场已经过了20多年的发展,制度也经历了20多年的演变,为国有企业的改制脱困,为中小企业的做大做强,为经济的转方式、调结构作出了重要的贡献。但是现状仍然有不尽如人意的地方,具体体现为以下几点。

(1) 新股发行高市盈率、高价格、高募集资金现象仍然严重,三高现象极大地扭曲了资本市场的投融资功能,降低了优化资源配置的效率,同时较高的募集资金也不利于激发企业创业的精神和培养发展的动力。

(2) 欺诈发行,上市后业绩变脸现象频频出现。近年来,证监会屡屡查出像绿大地、万福生科等欺诈发行、造假上市的案件,企业上市后业绩大幅下滑、频频变脸现象更是不胜枚举。这些现象进一步证明目前的新股发行制度在把好上市企业入门关上是勉为其难的。

(3) IPO堰塞湖现象严重。新股发行经常处于发发停停的状态,据最新数据统计,拟在上交所和深交所主板、中小板上市企业均有几百家在排队。这一现象是资本市场IPO融资功能缺失的体现,极大地降低了资本市场优化资源配置的效率和服务实体经济的能力。

第二节 IPO之谜的现象

资本市场IPO领域普遍存在几种“异象”——发行价格被明显低估带来的高初始收益率,以及随后的长期弱势表现,这些异象被理论和实务界称为“IPO之谜”。尽管很多国内外学者进行了大量相关研究,也发现了中国IPO初始收益率连续多年创世界之最,但时至今日,IPO长期表现的强弱势之争尚相持不下。

一、IPO折价

股票发行价格相对于上市后的首日收盘价被明显低估,形成IPO折价(IPO underpricing)效应。

总体来看,1996年Reilly和Hatfield首次利用美国股票市场上1963—1965年间上市的53家IPO公司进行分析,发现这些公司平均首日超额收益达到9.6%,大大超过同期的市场基准收益率。很多学者以不同国家、不同时期、不同容量的IPO为样本进行研究,几乎所有的研究结果都表明市场确实存在着首日超额收益现象,该现象被称为“新股发行之谜”。

二、IPO后的长期弱势

新股价格的长期市场表现(long run underperformance of IPO)研究是从市场效率角度来分析新股发行之谜的。相对于短期价格行为,长期表现是指从新股第一个交易日之后一段较长时期内收益状况相对于大盘收益状况的高低关系。新股价格长期表现欠佳问题最初由 Ritter(1991)在研究中提出,他选取美国资本市场 1975—1984 年间的 1 526 只新股为样本,研究了其三年间的表现。结果发现,同配比的可控样本收益率以及市场指数收益率相比,新股的三年期投资回报率分别低 47.12%和 29%,也就是说新股在长期内的回报率低于市场平均水平或可配比公司的平均水平。

此外,其他学者以及许多 IPO 领域的研究者也分别选取不同国家、不同时期、不同大小的新股样本来分析它们的长期价格表现,其研究也纷纷证实了新股在长期价格表现上存在不同程度的弱势现象。

三、IPO热销市场

根据一般意义上的理解,在一段相当长的时段里,上市公司的数量应该是相对平均的。然而在实际中却常常出现首次公开发行股票"集群"的状况,即在大量的股票首次公开发行后,又紧跟着大量的公司上市。实证现象表现为在股票发行的诸多年份中,在不同时段上的发行量及平均收益上存在着周期性的现象。较高的股票首次公开发行收益、低定价往往意味着随后首次公开发行数量的增大,即低定价发行常常是作为股票首次公开发行高峰期到来的先行指标出现的,而且这一现象通常要持续一段时间,这种较高的平均发行收益及随后发行上市的公司数量不断增加的现象被称作"热销市场"(hot issue market)。也有学者在研究中把热销市场现象称为发行市场季节性变动,即首次公开发行股票定价偏低现象存在季节性差异。把那些平均初始收益率高于其他时段相应数值的时段称为"发行旺季",也就是热销市场,相反则为"发行淡季"。

此类现象普遍存在于世界各国的股票市场中,在证券市场不发达的发展中国家更为严重。热销市场目前研究的热点集中于一国股市 IPO 发行收益和发行量的周期性考察,并与新股的发行定价密切相关,此二者合理与否直接关系到资本市场效率的高低及其能否健康成长,因此重要性不言自明。

当然发行量的增加受多方面因素的影响,如上市条件的放宽、最低发行数量的取消、需要披露信息的减少、发行费用的下降、公司投资机会的增加等,但仅通过这些因素还难以解释股票首次公开发行过度集中这一现象。自 Ibbotson 和 Jaffe 在 1975 年对"热销市场"现象进行阐述以来,相当多的金融经济学家都已经发现股票首次公开发行的数量与首次公开发行第一天的平均收益之间存在着显著的正相关关系。一般来讲,首次公开发行当天的较高收益常常伴随着的是股票首次公开发行数量的迅速提高,而且许多实证研究表明这种相关性非常之高。

越来越多的证据表明了新股发行市场的"冷""热"交替现象,"热"市中平均首日收益有时可以达到难以置信的程度。很多国家存在着热销市场的现象,举例来讲,在 1980 年 1 月开始的 15 个月内,美国新股发行折价高达 48%,而且这段时期的市场发行量也呈递增之势。在这段“热”市之后，有一段时期是较高的发行量与相当低的发行折价，我们称为“冷”市。首日收益率较低相伴随的英国热销市场现象出现在1986年4月“金融大爆炸”至股市大萧条(1987年10月)这一年的时间里，芬兰的大多数股票发行明显集中于1987年、1988年这两年里，而韩国则是在1988年这一大牛市期间出现了“热销市场”的现象。

首日收益异象自20世纪六七十年代被提出以后，就一直是金融研究的热点问题，相关的理论解释和实证检验层出不穷。大体上，对IPO首日收益异象的理论解释经历了两个发展阶段，即折价解释阶段和溢价解释阶段。

折价解释阶段(1970—2002年)。IPO首日收益异象被提出之时，正是Fama(1970年)的有效市场假说深受推崇的时期，学者们普遍接受二级市场价格反映了公司基础价值的观点，认为IPO首日收益异象主要源于发行定价的偏低，即存在折价发行现象，所以长期以来首日收益也被称为IPO折价。对于新股为什么要折价发行，学者们从信息不对称、股权结构、制度因素、心理偏差等多个角度试图给以阐释。由于相对于二级市场，一级市场中存在明显的信息不对称，比如新股的历史信息难以获取、缺乏历史交易信息等，因而基于信息不对称的折价解释最为广泛接受。

溢价解释阶段(2002年至今)。由于一些金融异象的发现，如“周末效应”“年末效应”，以及图表分析师的活跃等，到20世纪90年代，市场有效性受到了广泛的质疑，加上套利局限性的提出，人们渐渐发现二级市场价格也并不一定能充分反映公司的基础价值。另外，单纯依靠基于信息不对称的折价观点，并不能完全解释20世纪末“网络泡沫”时期高科技公司的高额首日收益。对IPO相关研究进行细致的综述后，学者们指出了基于信息不对称理论的折价解释的不足，并认为以后的研究应转向行为金融。此后，部分学者结合行为金融理论，从噪声交易者角度入手，对IPO首日收益异象进行解释。他们认为上市首日大量存在的噪声交易者使得新股首日价格远远偏离其基础价值，存在溢价，这才是导致IPO首日收益异象的主要原因。溢价观点的引入大大地丰富了首日收益的理论解释，并能较好地弥补单纯依靠折价观点的不足。

下面，我们将分别从传统金融学、行为金融学、制度金融学以及管理学几个角度，对有关“IPO之谜”的解释进行总结。

第三节　IPO之谜的传统金融解释

一、有效市场理论

1964年Osborne提出了“随机漫步理论”，他认为股票价格的变化类似于化学中的分子“布朗运动”，具有“随机漫步”的特点，它变动的路径是不可预期的。这个结论不免使许多在做股价分析的人有点儿沮丧，他们全力研究各家公司的会计报表与未来前景以决定其价值，并试图在此基础上作出正确的金融决策。难道股价真的是如此随机，金融市场就没有经济学的规律可循吗？

1965年，Eugene Fama第一次提出了有效市场的概念。有效市场是这样一个市场，在这个市场中，存在着大量理性的、追求利益最大化的投资者，他们积极参与竞争，每一个人都试图预测单个股票未来的市场价格，每一个人都能轻易获得当前的重要信息。在一个有效市场中，众多精明投资者之间的竞争导致这样一种状况：在任何时候，单个股票的市场价格都反映了已经发生的和尚未发生，但市场预期会发生的事情。

有效市场理论认为价格总是对的，泡沫是不可能的，价格必须反映价值，价格完全反映了所有可以获得的信息(Fama，1976)。但 Purnanandam 和 Swaminathan(2004)的实证研究表明，发行市场并非有效(市场)。

二、信息不对称理论

研究者们从发行者、投资者、承销商三个发行主体出发，解释了 IPO 估价问题。

从发行者的角度来看，发行者拥有比投资者更多的内部信息，特别是在 IPO 企业的价值方面，发行人可能并不愿意低价发行，但在一个竞争性的市场中，为了避免逆向选择，避免因高定价而发行失败，只能被动地将 IPO 低定价，通过上市后的高溢价来向投资者传递真实价值的信号(Welch，1989)。

从投资者角度来看，市场上存在知情的投资者和不知情的投资者，前者有相对充分的信息进行选择性认购(winner's curse)，但是发行者对 IPO 的市场接受度或市场接受的价值不能确定，为了吸引不知情的投资者，发行者会使 IPO 定价偏低(Rock，1986)。

从承销商的角度来看，承销商拥有比发行者更多的外部信息，如资本市场定价的市场信息(Barron，1982)。由于发行者无法低成本监督承销商，而承销商倾向于通过折价发行来确保发行成功，两者的信息不对称导致 IPO 定价低于上市以后的市场价值。

尽管学者们对 IPO 定价进行了长期的观察与研究，但是基于信息不对称的研究并没有得到一致的解释。原因在于，学者们通常假设投资者是通过获得企业质量的信息来判断企业的价值，而所谓企业质量的信息，主要是由财务数据来表示的，而财务信息通常是后验的。

市场中存在着业绩较好和较差的两类公司，市场中上市公司(发行者)拥有比较完备的信息，而投资者则难以区分这两类公司，于是产生信息不对称。业绩较好的公司通过在 IPO 中的低价发行，上市后出现高溢价，旨在对投资者表明，本公司具有美好的发展前景，并且有实力在上市后通过二次增资发行中的高价发行来弥补，因此他们更看中长期的投资收益，而实力较差的公司则倾向于 IPO 高价(一次性)发行(Allen 和 Fauthaber，1989；Grinblatt 和 Hwang，1989；Welch，1989)。

基于上述三者之间的信息不对称，学者们完成了以下的理论分析。

1. 信号理论——发行者角度

信号理论(signaling theory)有以下三层假设：

(1) 发行人比投资者拥有更多的新股内在价值信息，IPO 折价是发行人向投资者传递内在价值的信号。

(2) 除了采取折价发行外，发行人还通过委托声誉卓越的承销商为其承销股票，从而向投资者传递风险较低的信号。

(3) 对于那些 IPO 后有再融资(SEO)需求的企业，IPO 折价是对再融资参与者的补偿。

由于发行人和投资者之间存在信息不对称，高质量的公司为了与低质量的公司有所区别，向投资者发送各种信号以传递有关公司质量的信息，原始股东持股比例、折价程度以及承销商声誉都是公司管理者可以选择的信号。

(1) 原始股东持股比例信号。发行公司原始股东在IPO后留存大部分的股权可以向外部投资者传递有关公司质量的信息。假定发行公司的原始股东是风险厌恶型的，并持有一个不完全分散化的个人投资组合。这些拥有良好投资机会的发行人会通过股权的大部分留存来传递有关公司价值的信息，因为原始股东在IPO后留存公司股权比例越高，意味着对于那些风险厌恶型的原始股东来讲，其个人投资组合就缺乏了完美的分散化，除非他们对公司未来前景有美好的预期和足够的信心。发行时原始股东的留存比例是发行公司前景的一个信号，投资者可以由此来推断发行公司的质量，原始股东留存股权比例和折价程度正相关。

(2) 承销商声誉信号。IPO过程中，承销商是联系发行人和投资者的重要中介机构。很多学者研究发现，声誉较高的承销商承办的IPO折价程度要低于声誉较低的承销商承办的IPO。Booth和Smith(1986)提出了"认证假说"(certification hypothesis)，发行公司会权衡雇用较高声誉承销商的成本和收益，如果发现披露公司真实信息的收益大于隐瞒公司信息的收益，则公司会选择声誉较高的承销商。因此，承销商的声誉可以被视为传递公司质量的一个信号。大量的实证研究已经证实了承销商声誉对折价程度的影响，这些研究表明，声誉较高的承销商总是与较低的发行折价程度联系在一起。

(3) 折价程度信号。Welch(1989)、Allen和Faulhaber(1989)以及Grinblatt和Hwang(1989)用信号理论对IPO定价偏低现象进行了充分的研究。在三者的模型中，市场参与者都是理性的经济人，市场中有两种类型的公司——高质量公司和低质量公司，公司欲发售的股份总量一定，分为两次发行在IPO阶段出售一部分，剩余部分在SEO(增发新股)时出售，公司管理者的目标是最大化两个阶段的预期总筹资额。高质量公司的价值不为市场所知，折价程度是公司质量的一个均衡信号，只有高质量公司才会采用折价程度的高低作为公司质量的信号。因为对于发行公司而言，IPO阶段的折价是一种损失，但是，只有高质量公司才能通过上市以后的良好运作让投资者认识其真实价值，从而可以在增发新股过程中以更高的发行价格和更多的筹资额来弥补发行折价的损失。分离均衡的结果是，只有高质量的公司才会采用足够高的折价程度作为公司质量的信号，因为足够高的折价程度所引致的较高成本让低质量公司无法承受，而使他们真实地披露自己的价值。

2. "赢家诅咒"理论——投资者角度

"赢家诅咒"(winners curse)理论是由Rock和Kevin利用信息不对称理论在1986年的论文"Why new issues are underpriced"中提出的。基于投资者之间的信息不对称，Rock(1986)将市场上的投资者分为"灵通投资者"和"非灵通投资者"。Rock的逆向选择模型假定发行人和投资银行对于即将发行的新股价值是不确知的，它要等到在二级市场中上市交易时才能够正式确定下来。对于IPO市场上的灵通投资者而言，他们仅仅认购那些他们认为相对于公开市场价而言定价偏低的新股。而那些非灵通投资者，由于考虑到认购新股会带来正的回报，会全部认购或者随机认购新股。这样，非灵通投资者在"好"

的新股和“差”的新股的分配中，面临着偏见：由于灵通投资者有选择地参与，那些能够带来正的首日超额收益的IPO的认购量明显地高于那些导致负的首日超额收益的IPO。非灵通投资者将面临更大的被分配到定价偏高的新股的风险。在这种情况下，如果所有的IPO都按照它们的预期价值来发行，对非灵通投资者来说，首日超额收益将为零。这种“赢者诅咒”问题的存在必然导致非灵通投资者向下修正其对新股的预期价值，如果不能够对其面临的在比例配售中存在的偏见进行必要的补偿，他们就会减少对IPO的认购，甚至会退出发行市场，因此，发行折价是对非灵通投资者的补偿。

Beatty和Ritter(1986)进一步发展了Rock的假说。他们引入事前不确定性(exante uncertainty)来衡量信息不对称的程度，认为事前不确定性越大，新股折价程度越高。Koh和Walter(1989)的研究也证明了该理论，他们发现在新加坡市场中，IPO折价率平均为27%，但不完全信息占有者的认购收益经中签率加权后仅为1%。

对于不同的投资者而言，他们对股票的IPO价有自己的购买底线。对于完全信息者而言，如果股票发行价格过高，他们不会购买；而完全无信息者则只能买到低估股票的一部分，在他们手中的股票大部分是高估和不受欢迎的股票。于是，完全无信息者在IPO中会得到负的收益，因此为了弥补其在股票选择中的风险，需要对他们予以补偿。

3. 承销商理论——承销商角度

Benveniste和Spindt(1989)，Benvensite和Wilhelm(1990)以及Spatt和Srivastava(1991)等提出了动态信息获取模型，他们认为在美国通常使用的簿记(book building)过程使承销商(underwriter)能够从灵通投资者(通常指机构投资者)处获得关于IPO定价和需求量的私有消息，发行折价是对拥有信息的灵通投资者提供的补偿。与该理论一致，Lee，Taylor和Walter(1999)以及Comelli和Goldreich(2001)表明，灵通投资者可以得到更多定价偏低的股份，并且可以得到更多的配售额。Comelli和Goldreich(2003)研究了机构投资者的申购量，发现承销商决定发行价格与申报价格的相关程度要甚于和申购数量的相关程度。

与此相关的是发行方式与折价程度的关系。Busaba和Chang(2002)认为簿记方式与固定价格方式相比能从灵通投资者处获得更多的信息，从而减少上市以后的逆向选择问题。但是，作为对提供的私有信息的补偿，簿记方式必须向灵通投资者支付更多的信息租金，因此，簿记方式下的折价程度高于固定价格发行方式下的折价程度。然而，Ritter和Welch(2002)指出，虽然该理论能较好地解释较低程度的发行折价，但是，该理论同时也表明，当承销商能够得到成千上万的投资者信息时，一个增量投资者提供的信息并不是十分有价值的。而网络泡沫期间高达65%的首日超额收益并不能仅仅解释为对披露有用的私有信息的补偿。

另外，对于发行工作，承销商往往比发行人掌握更多的信息，这种信息不对称容易导致两者之间的代理问题。由于委托-代理关系的存在，发行公司在发行过程中不能很好地监督投资银行的行为，这时投资银行便通过低价发行的方式来提高承销活动的成功概率，并建立良好的声誉。Barron和Holmstrom(1980)指出发行人与承销商之间存在着潜在利益冲突，虽然发行人要求最大化发行收益，但承销商为了降低成本和承销期间的工作量，有动力定一个比较低的价格。也就是说，由于发行人和承销商之间的信息不对称，承销商可以定一个较低的价格，以便降低发行承销的风险或减轻他们的努力程度，两者之间的委托代理问题导致了折价的产生。Barron(1982)将承销商的定价优势进一步具体为信息优势。在 Barron 的模型中，他假定投资银行作为股票的承销商相对于上市公司来说具有更多的关于资本市场及发行定价方面的信息，于是上市公司将股票发行的定价交由投资银行决定。

Beatty 和 Ritter(1986)、Carter 和 Manaster(1990)等的研究进一步指出，声誉良好的承销商为维护自身形象，倾向于选择更安全的 IPO，从而使那些风险较大的 IPO 转向声誉不太高的承销商。

但这种情况并不是一成不变的。Carter 等(2002)的研究表明，20 世纪 90 年代后，声誉较高的承销商所承销的公司与无声誉的承销商推荐的公司之间的差异已逐渐模糊。

第四节　IPO 之谜的行为金融解释

传统的金融学是建立在理性人假设、市场有效假设、资产定价模型(CAMP)三者之上的，但是近 20 年来很多实证研究与有效市场假说相违背。行为金融学认为传统的金融学简单假设人的理性与实际相违背，应该从微观个体行为以及产生这种行为的心理等动因来解释、研究和预测金融市场的发展。

现代行为金融学的崛起，对传统金融学的三个主要假设行为理性，资产定价和市场有效，提出了严峻的挑战(Shefrin，2001)。现代金融学的观点认为，在公司内部，由于经理人的认知偏差和情绪波动所带来的行为成本，在公司外部，由于研究人员和投资者的行为偏差，这两方面的原因造成了市场价格与公司价值之间的背离。

Dorn(2009)用德国股票市场 1999 年 8 月—2000 年 5 月的数据证实了，个人投资者的股票购买意愿是受情绪驱动的，并且这些情绪投资者并非追求长期收益的。

将行为金融学的理论观点应用于解释 IPO 折价现象，是近些年来理论研究的新方向。

一、认知偏差或过度自信

在行为金融的框架下，投资者可能因为认知偏差或过度自信等因素而导致有限理性的行为，当乐观预期不断传播时，就会产生正向信息叠加(cascade)效应，情绪投资者可能对 IPO 公司的前景持有乐观信念(Ljungqvist et al.，2006)。

1. 信息叠加(也称“信息瀑布”)理论

Welch(1992)在信号理论的基础上，提出了信息叠加理论(cascade)，也有相关研究把该理论称为信息瀑布理论。该理论从发行市场上投资者的申购行为出发，对折价进行研究。该理论认为，一级市场上认购新股的投资者除了关注发行人的相关信息之外，还关注着其他潜在投资者的申购意向和申购行为。当一只股票在申购之初，就被市场所追捧，表现出“热销”的态势，那么潜在的投资者就会根据其他投资者的追捧行为，对该股票进行大量申购，这就形成一个正向的叠加效应。该理论的主要观点就是：折价是发行人和承销商主动采取的策略，以期通过这种对发行价人为的降低，来引起叠加效应，从而实现发行成功。

信息在投资者之间并不是静态配置的,该理论主要关注投资者之间的信息扩散问题。对于大量的不完全信息占有者,为避免遭遇"赢家诅咒",会在新股申购前持续了解其他投资者的购买意愿。当乐观预期不断传播时,就会产生正向信息叠加效应。因此,发行人会有意使发行价偏低,以吸引不完全信息占有者。信息叠加理论获得了 Amihud et al.(2003)研究结论的支持,他们发现新股申购中要么认购不足,要么巨量超额认购,很少有适度超额认购的情况发生。

2. 投资者情绪理论

投资者现有的心理状态是他们对周围环境反馈性信息的表现,但投资者常常将其感觉或者心情归因为其他来源,这种归因会导致"错误性归因偏差"(the misattribution biases)(Ross,1977)。如投资者在阳光明媚的日子要比在阴暗的日子显得更为高兴,但是一旦向他们求证是否是天气的原因使得他们高兴的时候,大多数人不认为是天气的原因(Schwarz 和 Clore,1983)。心理实验认为,心理状态对投资者决策的影响程度决定于其所面临信息的复杂程度,投资者在面临抽象信息处理时更容易受到各种情绪的干扰。这说明如果纽约的糟糕天气导致纽约股票投资者情绪(investor sentiment)下降的话,他们的悲观情绪可能对股市的长期增长前景构成实质性影响,而不考虑宏观经济政策,如美联储是否会在下周降息。

Ljungqvist et al.(2006)假定情绪投资者对 IPO 公司的前景持有乐观信念。对于情绪投资者向下倾斜的需求曲线,发行人的目的就是尽可能多地去攫取他们的消费者剩余,也即最大化股票基本价值之上的超额价值。

当新股分期销售被严厉禁止时,发行人(或承销商)为让机构投资者配合其分销策略,必须给他们一定的补偿。因此,IPO 折价是发行人(承销商)对机构投资者配合其分销策略所承担风险的一种利益补偿。

该理论隐含的一个假设是,新股发行市场越火热,则 IPO 折价程度越高。Cook et al.(2003)对网络股热销期 IPO 折价的实证研究验证了该假设。

LNS 模型认为,IPO 折价是承销商试图从狂热的投资者那里攫取剩余而使发行收入最大化的结果。在这个模型中,最优策略要求理性的机构投资者以折价获得分配的新股,然后在上市后逐渐转售给逐步到来的狂热的个人投资者。因为机构持有股票存货会面临热销市场突然结束的风险,因此必须用折价来补偿风险。这个理论与我国现行制度很相似,询价制下,参与询价的机构投资者可能获得配售股票后,不能马上卖出,还有三个月的限售期,因此询价的机构必须定下一个低于二级市场的价格,以防牛市的结束和二级市场的大幅下跌。

Derrien 模型也是一个热销市场的定价模型,但是这个模型考虑了上市后承销商的价格支持成本。Derrien 模型认为新股在二级市场的价格取决于噪声交易者的情绪与关于公司价值的内部信息。因此承销商定价时的价格取决于关于公司的内在价值信息与噪声交易者的情绪,噪声交易者的情绪越高,新股定价越高。由于投资者情绪具有很强的变动性,如果噪声交易者情绪因素完全反映到新股定价中,将面临较大的跌破发行价的风险,此时承销商必须承担托市的责任。因此承销商会在较高的发行价格、增加的发行费用和托市成本之间权衡，定下一个高于公司内在价值但低于噪声交易者认定的价格。

3. 从众假说

从众(bandwagon)心理又称为“羊群效应”，指的是个人的决策行为，会考虑群体中其他个体的决策行为，并且往往最终的行为会表现出与整个群体中大多数人很高的相似性。无论是在心理学还是在社会学中，它都是一个非常重要的研究对象。在人类的群体社会中，人与人之间的偏好往往会互相影响，从而使得人们倾向于相信社会上主流或者是所谓专家的偏好是最为正确的，这种心理导致人们不经思考地盲目跟风，最终使得人们由于缺乏理智而陷入误区。在股票投资时从众心理尤为多见，当市场中某只股票被庄家拉升时，便会吸引来一大批企图分一杯羹的投资者，使得股价在短时间内迅速提升，而很多投资者甚至都没有研究过这只股票的任何信息，只是单纯地随从大流。在新股的发行过程中，发行公司和承销商为了利益最大化，不断宣称自己公司有多么优秀，而机构投资者也依靠自身的资金优势大量申购新股，当股票上市时利用少量资金进行拉升，从而吸引投资者像羊群一样涌入，投资者的这种非理性行为便成为高折价的重要原因。

Welch(1992)认为投资者购买IPO股票的行为是一个动态调整的过程，即他们的行为有一种路径依赖的惯性特征，从而引发从众现象。Welch认为，为了首先吸引少量的潜在投资者认购IPO股票，进而吸引其他投资者大量认购该股票，从而产生从众效应，上市公司会有意使首次公开发行的定价偏低，这实际上是利用了投资者的心理特征而采取的一种策略。

4. 过度反应假说

一些心理学家证实，人们在不确定的状况下作出的判断可能会在某些方面偏离理性，而在这些偏差中最为普遍的一种情况是人们总是对自己的能力过度自信，自己对于未来的判断也过度乐观。过度自信使人高估自己，将成功归因于自己的能力，而下意识地忽略运气和其他因素的作用，同时会低估风险或是夸大自身的控制能力。这种过度自信的心理很容易导致投资者在进行证券投资时的正确决策，导致金融市场最终不是按照预定的模式运行。对于人们来说，过度自信本来是一个很普遍且容易理解的现象，但问题在于大多数人都忽略甚至否认自己存在过度自信的心理。

过度反应(overreaction)，是指当一件事情发生时，人们采取过激的行动。这主要可以从人的过度自信来找到答案，心理学的研究表明，投资者往往对自己判断一个公司价值的能力过于自信，以致会对私人信息过度反应。

在股票投资中，投资者经常犯的一个错误思想是，太过于相信自己所观察到或从某些小道消息那儿得到的一些关于公司方面的信息，而轻视公司的基本面和财务面的信息。特别是当他们收集到一些能支持其观点的信息时，往往会扩大投资者这种过度自信的心理，而当最终公司的股票价格并未按照投资者预期的发展时，他们又会把这种失利归因于外界其他的客观因素。

Griffin和Tversky(1992)从认知心理学的角度指出，人们的注意力往往集中于证据的影响力或者强度，而忽视了证据的有效性或者重要性。这就使得人们在面对影响力大但是重要性低的事情时，又表现出过度自信；而面对影响力小但是重要性大的事情时，又表现出自信心不足。Daniel等(1998)指出人们会对连续的利好或者利空消息产生过度反应。Chopra 等(1992)发现了明显的市场过度反应现象,并且指出这种影响在小公司当中比大公司体现得更加明显。Loughran 等(1994)证据表明公司会选择在股票价格高的时候发行股票。理论研究表明,在某一段时间,投资者会青睐于新发行的股票,导致新发行的股票价格上涨,上市首日的收益率提高,此时很多公司就会加紧发行股票,从而产生"热销市场"现象,这也就是 IPO 折价产生的重要原因。

由于许多财务分析家为承销商工作,De Bondt 和 Thaler(1990)认为,他们对 IPO 公司的前景会有过于乐观的估计,从而向投资者提出购买建议以刺激市场上的交易量。Dugar 和 Nathan(1995),Lin 和 Meniehols(1995),Michaely 和 Womack(1996)认为来自投资银行的分析家不会对发行公司的价值作出客观的评价。根据 Fama 的观点,公司表明自已有较高的利润增长率,并选择在此时发行新股时,会引起乐观的估价和投资者的过度反应。当市场对股票价值重新进行定价(Revaluation)时,股票价格会回落,从而出现了长期表现欠佳的现象。Salim Chahine 认为当公司在经营状况较好时上市,分析家的乐观预测是经常会发生的。因此,随着有关未来利润不利消息的传来,投资者会向下修正他们对于利润的预测,从而引起股票价格的调整。长期表现欠佳与对未来利润预测的修正和将来的实际利润有关。

5. *反应不足假说*

反应不足(underreation)假说,是指当一件事情发生时,人们采取不足的行动。当人们对私人信息过度反应时就会导致对市场信息的反应不足,这也可以理解为一种情感惯性。

在股票首次公开发行并上市交易这段时间,来自发行公司的消息可能是利好,也可能是利空,这些消息可以帮助投资者正确判断公司价值。在整个热销背景的市场前提下,发行公司所处行业的利好消息或者整个股票市场的利好消息会助长投资者的乐观情绪,以致会认为利空消息只是暂时的,而不会根据消息相应调整公司估值。

Daniel 等(1998)指出人们会对单个的利好消息或者利空消息反应不足。在热销市场背景下,利空消息相对于利好消息是单个的,这样就会造成对整个股票估值的偏高,从而产生高折价现象。

Ljungqvist, Nanda 和 Singh(2006)指出由于大量非理性的"情绪投资者"的存在,发行人的最优策略是分部营销策略：通过定量发行来维持股票的价格,限制投资者短期股票卖出行为。

反应过度往往与反应不足联系起来,当投资者对个人信息反应过度的同时而对市场信息反应不足。例如,投资者对上市公司最近的基本面以及价格变化给予了过分的关注,而忽略了在中长期公司的整体情况,从而使对近期表现较好的股票表现出过度的乐观情绪,而对近期表现较差的股票则进行过低的评价,这种心理往往存在于个人投资者中；而专业的机构投资者往往存在反应不足的状况,即对于上市公司新的信息所赋予的关注度较低,机构投资者锚定于公司的历史信息,从而低估了新信息的重要性。无论是过度反应还是反应不足,都会导致上市公司的股票价格与真实价值的偏离,而这种偏离往往需要较长时间的修正才能使股价回归合理的正常水平。在 IPO 折价现象中,由于申购新股的高收益已经成为很多投资者默认的股市规则,于是在新股发行时便会吸引大量投资者购买,投资者对于新股发行这种“利好”的过度反应造成了新股上市当日的高换手率和折价率，而同时投资者们也会下意识地将新股的某些利空消息忽略，对于利空消息的反应不足也促使了高 IPO 折价现象的出现。

6. 自归因假说

自归因(self attribution)假说，是指对于发生对自己有利的事情，人们往往归功于自己的能力；而对于发生对自己不利的事情，则归因于自己无法控制的外部因素的影响。

Daniel，Hirshleifer 和 Avanidha(1998)指出利用私人信息进行投资角色的投资者在得到公共信息时，若公共信息与私人信息一致时，则会增加投资者的信心，巩固之前作出的投资决策；若公共信息与私人信息不一致时，投资者的自信不会改变多少，交易也不会改变多少，即投资者的自我归因是有偏差的。

当公司首次公开发行股票上市之前的若干年里，如果公司持续盈利，投资者会对公司形成一个肯定的印象，而且这种印象对投资者的影响很深。当股票首次公开发行上市后，来自该公司的信息仍然是利好，投资者则会进一步强化这个好印象；即使有来自该公司的利空消息，投资者也认为只是暂时的，并不影响投资者对该公司的好印象。以上两方面的原因，再在热销市场的背景下，容易造成对该公司的过高估价，从而产生很大的折价。

二、异质的预期行为

投资者还可能存在异质的预期行为(Miller，1977)，短期的超额收益会导致散户对新股价值的异质预期。

1. 期望理论

期望理论指出，金融市场上投资者的行为实际上会不自觉地偏离理性决策，产生这些系统性偏差的机理大致分为以下四类：

(1) 代表性经验推断。在判断某一事件时，人们习惯凭过去掌握的类似事件的经验来看当前事件是否有那些代表性特征，并以为具有与大样本一样的概率分布。

(2) 小数定律。人们通常认为一个小样本将具有与大样本一样的概率分布，低估了大样本与总体的相似性而高估了小样本，从而导致人们对小概率事件的过度估计却低估一般的概率。

(3) 调整与锚定。人们在量化估计时往往受前期相关数据影响，称为锚定，而一旦投资者的判断被锚定，他们的判断值会根据锚定值在一定范围内调整。

(4) 框架效应。即指人们由于自身时间和知识水平的有限性，当环境或问题表达方式不同时，对同一事物产生不同的判断或选择。

期望理论对经典资本资产定价模型(CAPM)发起挑战，着重关注投资者异质预期行为。Miller(1977)首先开始了异质预期(uncertainty)对 IPO 折价的研究，他认为短期的超额收益会导致散户对新股价值的异质预期。

Houge et al.(2001)对该理论进行了实证检验，发现参与 IPO 首日交易者之间的意见分歧的确是造成 IPO 首日过度反应的重要原因。Gouldey(2006)继续拓展了该理论，以发行人和承销商效用最大化为目标，确定 IPO 定价模式。遗憾的是，期望理论对新股“破发”现象的解释力度较弱。

投资者参与投资的过程中，一方面心理会随着外界环境的变化而发生微妙的改变，另一方面人类固有的心理特征和行为模式会不知不觉地影响着投资者的行为。更为重要的是，IPO市场是连接一级市场和二级市场的桥梁，该过程不但受到二级市场诸多不确定因素的影响，一级市场自身的信息不对称，投资者认知能力、判断能力的差异化也会进一步加大这种不确定性。

投资过程实质上是投资者通过心理活动产生的决策过程，由于认知偏差、情绪偏差等各种偏差的存在，最终会导致资产的定价偏差，而资产的定价偏差又会反过来作用于投资者对该资产的认知和判断，产生所谓的协同机制。这种股价与投资者反应的相互作用过程即为反馈环，当各种外界因素（包括政治、经济、文化及心理因素）与投资者的认识相互作用，相互推动形成同一方向的预期时，就会导致全部资产的系统性偏差，而这种系统性偏差又可能通过协同机制得到加强。在这种相互力量的作用下就有可能产生IPO市场的周期性变动和系统性定价偏差。IPO市场是证券市场存在和发展的基础，投资者在证券市场投资过程中可能产生的认知偏差与非理性行为均可能存在于IPO活动中。

2. 启发式偏差

当人们在面临一些不太确定的事件时，由于很难在第一时间找到解决问题的办法，往往会想要利用过去的经验来进行判断和决策，以提高决策时的效率，但利用这种思维模式去解决问题却容易造成决策的失误，在证券投资的过程中尤为多见，而行为金融学将这种利用过去经验来进行投资决策从而引起的偏差称作启发式偏差。

启发式偏差主要分为以下三种情况。

(1) 代表性偏差。代表性偏差是指人们在对某一事件进行决策时，往往利用过去相似度很高的事件对该事件进行类似的估计，认为该事件也会产生一样的结果，而忽略了其他的可能性。从统计学的角度出发，样本量越大统计的结果也就越真实可信，但是代表性偏差却是建立在较少数据基础上得出的错误性结论，这种偏差使投资者在决策过程中容易失去理智的判断力，如投资者普遍认为一只业绩优良且近期股价表现很好的公司便是值得投资的公司，却容易忽略公司股票的股价是否处于高估的状况，盲目地根据过去的经验买卖股票，最终造成损失。

(2) 可得性偏差。由于投资者受到自身记忆力或是知识层面的局限，在进行投资决策时往往容易根据某些事物在自身记忆中存留的不同程度来估计其发生的概率，使得自己熟悉并最容易想到的信息在判断时起到较大作用，而其他不太熟悉的信息则会被下意识忽略，使得由此产生的判断会与正确的判断出现一定偏差，这种偏差就是可得性偏差。例如，投资者们往往重点关注近期比较热门的股票，因为这些股票在媒体的报道中经常出现，使得自己在选择股票的过程中第一时间会浮现出这些股票的名称，从而较少关注那些比较冷门但具有投资价值的股票，而最终冷门股票在未来的表现却往往优于热门股票。

(3) 锚定效应。锚定效应是指，人们在对某一事件进行判断时，常常会根据一些过去的经验设置某个参考点（锚），在判断过程中从这个参考点出发进行一定的调整来得出结论，而这种调整又往往不够充分，使得在决策过程中出现非理性的行为。例如，投资者在长期关注某只股票后，对该股票的各个方面都产生了一个稳定的认知，并以此作为参考点来对该股票未来的走势进行判断，但当这只股票的某些基本面发生一定程度的改变时，由于受到锚定效用的影响，使投资者在进行决策时不能作出充分的调整，而导致最终的结果与原来的预期有所偏离。

三、集体错觉

在集体错觉(collective delusion)的条件下，市场参与者会高估资产，并且认为价格是对的(Akerlof 和 Shiller，2009)。

投机-泡沫假说(speculative bubble hypothesis)。Aggarwal 和 Rivoli(1990)提出了投机泡沫理论，该理论认为，折价现象并不是发行人和承销商故意为之，相对于内在价值，发行价格并没有显著地定价偏低。造成这一现象的原因是二级市场上投机力量导致的泡沫，或者是二级市场上投资者对新股的过度反应。Tinic 和 Ritter 认为 IPO 过高的超额报酬率是投机者投机欲望造成的。由于 IPO 被投资者过度认购，许多投机者以招股价认购 IPO 不易成功。一旦 IPO 挂牌上市，投机因素会将 IPO 价格推到超过其内在价值的价位。不过这种价格偏高只是暂时现象，随着投资者对新股价值预期的修正，市场将有效地给新股定价，新股的价格将会回落到其真实水平，投资者随时对股票的预期价格进行修正，即经历了一段时间的攀高之后，新股的价格就会下跌，投机泡沫将会破裂。这一假说实际上是从首次公开发行后由于投资者的投机行为使得价格大幅飙升的角度来对 IPO 折价予以解释的。

第五节　IPO 之谜的制度理论解释

一、法律风险假说与诉讼规避理论

法律风险假说(the lawsuit risk hypothesis)由 Tinic(1988)、Hughes 和 Thakor(1992)提出，主要是为了解释美国的 IPO 折价现象。在美国，严格的信息披露制度使投资银行、会计师及发行公司等面临着巨大的诉讼风险。承销商和发行公司为了在股票发行中避免遭到投资者的投诉，往往通过低价发行来实现，因为只有在 IPO 投资中遭受损失的投资者才会提起诉讼。实证的结果支持上述假说。

Tinic(1988)借助 Baron 的分析框架，使用诉讼规避理论来解释 IPO 折价现象。Tinic 假设承销商对发行人有更加充分的(市场)信息。由于政府对证券市场监管的加强和对违规处罚的加重，承销商为了避免诉讼而造成的声誉和财务损失，会降低发行价格，减少承销过程中所承担的法律风险。

由于美国证券市场对于信息披露的要求非常严格，凡是在招股书上签名的各个法律行为主体都对信息的真实性负责，相关公开文件中如有隐瞒、欺骗、缺失等信息不真实的行为，这些行为主体都将承担法律责任。因此，在美国的发行制度下，承销商和发行人都因严格的信息披露要求而面临潜在的法律诉讼风险。发行价格越高，初始投资者遭受亏损的可能性越大，进而承销商和发行人面临法律诉讼的可能性也就越大。因此，对承销商而言，除了努力工作以促使发行成功外，还要保证所提供给投资者的信息准确可靠。为了维系自己的声誉，以及降低因虚假陈述导致的法律风险，最优办法是为承销行为购买一份保险以对冲风险；当这种保险产品暂时不可得时，折价就成为保护发行人和承销商避免潜在法律诉讼的次优办法。

Hughes 和 Thakor(1992)进一步完善了 Tinic 的理论模型。他们引入投资者“时间一致性”直觉，指出诉讼风险并非导致每一只新股折价，而是存在一个均衡折价水平。Hensler(1995)的研究也表明 IPO 折价幅度与诉讼风险存在着正向关系。

二、制度缺失

最新的制度主义观点认为，由于制度的缺失(做空机制)，即使套利者知道定价错误，也不去纠正，而是选择次优策略与之共舞(Miller 1977；Abreu 和 Brunnermeier 2003；Turco 和 Zuckerman 2013；Jiayin Zhang，2013)。

国内在研究股票发行机制时，虽然借鉴了一些国外的理论与方法，但还没有在制度性框架内形成完整的理论体系。例如，“股权分置和政府管制假说”(刘煌辉、熊鹏，2005)，但其结论在实证中并没有获得支持。

第六节　IPO 之谜的管理学解释

一、发行企业质量

1. 企业质量信息

站在投资者的角度，我们可以把企业质量信息分成以下三种。

(1) 投资者需从公司发布的信息或媒体评论中搜集整理出认为可能对判断企业质量好坏有用的信息。信息的搜集与分析蕴含着太多的主观因素，而且投资者搜集信息的能力各不相同，不同的投资者对企业质量的估计是不一样的，这样就存在先验不确定性。

(2) 证监会和相关法律法规强制企业披露或企业自愿向投资者披露的企业质量信息，投资者必须了解，或拟上市公司希望投资者了解的信息。这部分的企业质量信息较为明确且全面，投资者一般都可以获得。假设在企业信息披露透明度高或内部人私有信息较少的情况下，此种信息可以较为客观、完整地公开披露企业质量。

(3) 企业没有公开披露的私有信息。现实中，企业总会有意或无意地隐瞒某些信息，比如企业可能会通过盈余管理等手段来粉饰利润，投资者很难知晓企业真实的财务状况，但是这些信息对企业质量有较大的影响。这类信息归类为第三种，企业没有公开披露的私有信息，投资者可能会从公司上市之后的表现中看出一二。

2. 企业内在价值的体现

企业“实体”的综合素质与内在价值，主要体现在四个方面：财务业绩、公司治理水平、公司管理能力和企业风险。这四个方面特性既相互区别，又密切相关。企业质量的高低也可以从这四个方面以及它们之间的有机联系来衡量。上市公司财务质量是指上市公司的财务业绩，反映了上市公司一段时期内的经营成果，是衡量上市公司质量的重要方面。Charles Gibusen(1996)和 David F. Hawkins(1998)在进行公司的财务质量评价时，主要通过公司短期资产流动性、长期偿债能力以及收益质量三个方面来衡量，同时戴维还指出，评价时分析人员的主观情绪也会影响评价结果，因此进行评价时要结合公司所处的内外部环境。

李海峰(2012)从杜邦分析改进剩余收益定价模型的角度对我国上市公司1994—2010年期间的质量及价值进行了分析，确定了税收负担比率、资产收益率、复合杠杆率因子、资产周转率、杠杆比率(权益乘数)等财务指标代表上市公司财务质量。上市公司财务质量主要包括上市公司的盈利能力、现金流量、偿债能力、资产管理能力、成长能力等。黄晓伟(2012)、钱爱民(2011)在考虑公司基本面信息对股价的影响时，就重点考虑了盈利能力、偿债能力、成长能力和盈利质量。他们基本都认为财务质量最终都可以体现在公司增长、盈利和风险上。

公司治理是指一组联结并规范公司股东、董事会、经理人之间责、权、利关系的制度安排，它是由于企业所有权与经营权分离所产生的。上市公司治理水平是上市公司取得财务佳绩，提高管理水平的基础，因此，上市公司治理水平是衡量上市公司质量的另一个主要方面。Derwall和Verwi Jmeren(2007)利用GMI提供的治理评价得分检验了公司治理与公司价值、股票收益、股权资本成本、财务风险等变量之间的关系，研究结果基本证实了公司治理对公司表现的积极作用。

Khanna V.(2009)在公司治理实践中，评价公司治理质量能够为投资者和公司管理层提供直接的证据，公司治理评价研究符合公司治理实践的要求。

南开大学公司治理评价课题组(2010)构筑了中国上市公司治理指数，将公司治理指标体系确定为6个维度，具体包括股东治理指数、董事会治理指数、监事会治理指数、经理层治理指数、信息披露指数、利益相关者治理指数，合计80多个评价指标。

上市公司管理能力是指上市公司的日常经营水平和管理状况。上市公司管理能力体现了上市公司内部活力与外部市场竞争力，主要包括上市公司的人力资源能力、创新能力、客户关系、市场营销以及发展战略等方面。20世纪90年代美国哈佛大学教授Rober Kaplan提出的“平衡记分卡”是一种综合绩效评价体系，考核管理层财务和非财务两个方面。

赵峰、高明华(2013)采用北京师范大学《中国上市公司企业家能力指数2012》，用企业家能力指数来衡量人力资本能力、关系网络能力、社会责任能力和战略管理能力。由于我国对管理能力量化评价体系不健全，现有的文献中在考虑上市公司管理能力对IPO折价的影响时，主要从管理者自身素质的角度出发，如邵才捷(2010)。

Beatty和Ritter(1986)利用公司的年龄、IPO前一年的销售收入以及发行规模作为事前不确定性的替代变量，研究事前(ex-ante)不确定性与IPO折价的关系，他们从Rock的模型推导出两个命题：①IPO公司价值的事前(ex-ante)不确定性程度越高，期望折价程度越高；②相对于每个承销商来讲，如果平均初始报酬率没有与IPO公司的事前不确定性相匹配的话，那么它的市场份额将下降。Ivo Welch(1989)认为不确定性是企业质量的先前表现。这种表现与折价有关，并且不确定性与投资者对企业质量的估计相关。还有些学者通过外部第三方传递的信息来估计企业质量，如利用承销商和审计师声誉间接评价企业质量。

二、发行企业IPO前的包装

上市企业在资本运作与上市的过程中常常通过金融机构实现对其财务、制度、企业固有资产与流动资产、税务与法律等信息的公开化与透明化，实现鉴证性质的评价环节与商品化的运行过程。对企业进行适当商品化包装行为的过程是在信息化程度越来越高、企业融资环境日趋谨慎与紧张的今天的一种自然行为，一定程度上的企业包装可以使外界对企业的经营方式、业绩与资产结构有个更加显性与透明的了解，也有助于国家对国民经济的掌控与经济决策行为的实施。股票市场决定了股票交易行为中经济主体的社会行为，上市公司公开发行股票的行为与上市制度无效或存在质疑的有效性，使上市企业的财务包装必定会大大提高，甚至会出现过度的包装粉饰行为。

目前部分企业在IPO之前甚至不是一个有限责任公司，因而在企业改制的时候，在募股说明书中只能通过模拟的手段来实现经营业绩的展示。由于比较复杂且相对不规范的财会报表模式，这样股票发行者不至于被证券交易与监管部门或者投资方察觉，完全可以通过财会报表模拟来提升自己的业绩。

三、控制权理论

一些研究将股票发行价格视为股权选择的一种均衡机制，不同学者对这一机制却有着截然相反的理解。

1. 增强的流动性假设

Booth和Chua(1996)首先在固定价格发行机制下建立了IPO折价与企业控制权之间的关系模型。认为发行折价是为了吸引一定数量的潜在投资者的兴趣，以保证上市以后拥有更广泛的股东群，从而股票的流动性增强，公司的价值上升，发行折价便是获得更高流动性所要支付的相应成本。最优的发行价格是股东数量增加带来的流动性增强以及相应的定价偏低成本增加的均衡结果。

2. 增强的控制权假设

Mello和Parsons(1998)认为IPO过程中应该考虑公司的最优股权结构，一方面将分散的股权出售给较小的、消极的投资者，另一方面要积极地寻求具有潜在控制权的外部大股东，这些大股东或者成为公司目前管理层的监督者，或者成为公司决策和管理层更换时的支持者。发行折价是发行人为了寻求外部大股东的产生而作出的价格优待。折价可以吸引潜在的外部控股股东，而外部控股股东的进入可以增强公司上市后对管理层的监管，降低管理层和股东之间的代理成本。由于减少代理问题而给公司带来的价值提升可以补偿发行折价带来的损失。Atoughton和Zechner(1998)也表达了类似的思想，认为管理者希望产生对公司治理和股票市场起一定保障作用的外部大股东。因此，发行折价是为了吸引外部大股东的加入。

3. 减少的控制权假设

与Mello和Parsons(1998)相反，Brennan和Franks(1997)认为折价可以吸引更多的投资者认购，超额认购使管理层能够采用定量配给，导致股权进一步分散，致使控制权降低。管理层从股东控制权降低得到的好处，可以补偿他们所持的股权因折价而带来的损失。对英国 69 个 IPO 样本的实证研究表明，IPO 折价与上市之后的股权分散程度之间存在正相关关系，与管理层持股份比例之间存在负相关关系。这一实证结果验证了控制权理论的假设。

本章思考题

(1) 核准制的特点有哪些？

(2) 可以用哪些理论来解释 IPO 后长期弱势的现象？

(3) 可以用哪些理论来解释 IPO 热销市场的现象？

(4) 比较各个理论对 IPO 热销市场的解释的侧重点。

(5) 如何理解 IPO 之谜的管理学解释？

第五章 公司治理机制

引　言

随着公司制企业的发展，现代公司出现了产权制度和治权制度的两次分离，在此基础上，公司治理问题得以产生并成为现代公司的焦点与核心。公司的管理者、股东和债权人对风险、收益和时间的诉求常常会不一致，这就导致了在公司的实际运行中会产生各种问题。不论是实务界还是理论界，人们都一直在探索约束管理层，即最小化代理人成本的机制。

什么是公司治理？公司治理和公司管理有着怎样的区别和联系？在协调股东、董事会、管理人员和其他投资者之间关系的实践中有着怎样的治理机制？让我们从现代公司的特性出发，一起来探讨这些问题。

第一节　现代公司与公司治理的产生

一、现代公司

从企业制度的发展历史来看，现代公司经历了两个发展时期——古典企业制度时期和现代企业制度时期。古典企业制度时期主要以业主制企业和合伙制企业为代表，现代企业制度时期主要以公司制企业为代表。总体而言，企业制度从古典到现代的转变，经历了业主制企业、合伙制企业和公司制企业的发展过程。

业主制企业是由单个个人出资，归个人所有和控制的企业，它在法律上为自然人独资企业。业主制企业是最古老也是最简单的企业制度形式，这种企业只有一个财产所有者，即业主，因此财产关系最清晰、简单，经营权与所有权合为一体，业主对企业的债务负无限责任，风险较大。

合伙制企业是由多个资本所有者共同投资、共同所有、共同经营、共担风险和分享收益的企业。由于是合伙人共同出资，合伙制企业的资本规模比业主制企业大，合伙人要用自己的全部财产对企业的业务承担全部责任或无限责任。所有合伙人都有权代表企业从事经济活动，重大活动都需要得到所有合伙人的同意。合伙制企业与业主制企业在本质上并无区别。

公司制企业是依据法律法规和公司章程等，通过股权融资把分散的资金集中起来的企业组织形式，是依法享有独立的民事权利、承担民事义务、负有民事责任、独立经营的法人组织，在独立的法人财产权基础上运营。股东是公司财产的所有者，有权分享企业的盈余，并以其向公司的出资额承担有限责任；股东不能退股，只能转让其股权。公司制企业中有两个相对应的主体：投资者拥有财产的终极所有权，凭借股权获得收益；法人拥有企业法人财产权，拥有企业生产经营权。

现代公司制度是随着商品经济和社会化大生产的发展而形成的一种典型的企业财产制度。不同于古典企业，现代公司具有如下精神实质：

(1) 公司是由市场经济关系链条构成的多角化经济组织。这样的链条大体包括股东与董事长的信任委托关系、董事会与经理的委托代理关系、经理与员工的聘用关系、债权人与公司的信用关系、公司与监管者（证券、工商、税务等）的依法诚信关系。任何关系链条的严重断裂都可能影响公司这样的组织。

(2) 公司是各类生产要素的聚合体。公司聚合了生产经营所需的物质资源、技术资源、人力资源、信息资源和资金等，是社会各类资源进行有效配置的微观和基础组织。

(3) 公司是多重利益主体交织和平衡的结合体。公司股东（资本）、经营管理人员（企业家）、员工（人力资本）、债权人、供应商、消费者、社区、税务等主体的利益都以相应公司为依托，各参与者根据自身所提供的资源和承担的风险获取在公司中应得的收益，并通过市场机制的作用逐步形成均衡。公司已不仅仅是股东的公司，还是参与者各方利益平衡的结合体。

(4) 公司是市场契约的联合体。各类经济主体的活动、各种经济利益关系、各种经济关系链条的衔接、各投资人的权利与义务等都是靠数量众多、各式各样的契约维系的，公司是非人力资本、人力资本等缔结的合约，公司体现的是现代市场经济的法治精神。

从现代公司的精神实质可以看出，现代公司相对于古典企业而言规模较大，具有经济与社会职能复杂、经营区域广、股权趋于分散、资本的所有者与企业的经营者分离等特点。

二、公司治理的产生

随着公司制企业的发展，现代公司出现了产权制度和治权制度的两次分离。一是公司出资人拥有的股权和法人所有权的分离，公司的终极所有者不能干预法人对其财产所有权的行使；二是抽象的公司法人所有权与具体的经理人经营权的分离。正是在两次两权分离的基础上，公司治理问题才得以产生，并使公司治理问题成为现代公司的焦点与核心。

一般地，公司主要依靠两种基本关系维持运转，即股东与董事会的信任托管关系和董事会与经理层的委托代理关系。信任托管关系容易产生公司治理顽疾——大股东侵占小股东的利益；委托代理关系容易产生公司治理的另一顽疾——内部人控制现象。

美国著名经济学家 Berle & Means 在 20 世纪 30 年代就观察到了经营权与所有权分离的问题，揭示了现代公司在产权安排和内部控制上的特征，为公司治理的基本理论——代理理论——奠定了基石。代理理论认为，当一个或多个人（委托人）为获取某种服务而雇用另一人或多人（代理人）代为决策实施时，也就是说当一方将决策的权利和责任授权给另一方，并对另一方提供相应报酬时，代理关系就产生了。股东和经理之间就是一种典型的委托代理关系。其中，股东是委托人，将企业的资产和经营委托给经理管理，经理是代理人，为股东经营企业并领取报酬。股东和经理作为两个利益主体，各有其目标和激励。股东追求利润和价值的最大化，经理则追求个人效用最大化，二者的目标和行为虽然存在一致的一面,但也存在分歧之处。在现代大公司,由于股东分散,小股东没有兴趣和能力监督经理,从而使经理拥有很大的权限,控制了企业的经营。但经理并不拥有企业股票或拥有企业微不足道的股票,股价和股息对其经营的激励作用十分微弱,从而可能造成股东与经理在追求目标上的偏离,出现代理问题,即经理利用外部股东不知道的信息和手中的权力,偏离企业价值最大化目标去追求自己的利益。

在存在代理问题的情况下,如果出资人能和经理签订一个完整的契约,规定经营者在各种情况下应如何去做、资金只能用于什么用途、收益怎样分配等,代理问题也就解决了。但人们的有限理性、信息的不完全性及交易事项的不确定性,使得明晰所有特殊权力的成本过高,拟订完全契约是不可能的,不完全契约是必然和经常存在的。由于经理决策的复杂性、不可观察性以及企业经营的不确定性,股东更难事先用无所不包的契约方式来规定经理人员在各种可能的情况下应该怎样去做。实际上正是股东不知道在各种情况下应如何去做,缺乏经营才能,他们才想寻找职业经理,自己甘愿做出资人。这样,尽管企业要和经理签订契约,但都是不完全契约,有许多事项并没有在契约中明确规定,这些未被明确规定事项的决定权——剩余控制权,绝大部分在事实上交给了经理。在经理与股东之间的利益不完全一致,存在非对称信息及经理拥有事实上的剩余控制权的情况下,极易造成内部人控制现象。两权分离所引发的公司治理问题也就浮出了水面。

总之,公司制企业是企业发展史上的一次革命,其核心特征在于实现了两权分离,这种分离既为企业高效运营创造了条件,又因代理而可能产生低效问题,这一矛盾的客观存在正是公司治理产生的根本原因。

三、公司治理的定义

什么是公司治理?对此并没有一个严格的、统一的定义。一般来说,公司治理又名公司管治或企业管治,是指诸多利益相关者的关系,主要包括股东、董事会、经理层的关系,这些利益关系决定着企业的发展方向和业绩。公司治理讨论的基本问题,就是如何使企业的管理者在利用资本供给者提供的资产发挥资产用途的同时,承担起对资本供给者的责任。

在最宽广的层面,公司治理包含了一系列的规则、关系、制度和程序。恰当的规则包括当地可使用的法律和公司的内部规则。而关系则包括所有相关人士之间的关系,最重要的是那些拥有者、经理、董事会董事、管理当局、雇员和整个社区。制度和程序则用来保障监督和管理,以保证这些关系的和谐发展。

公司治理理论的提出及对其进行系统性研究始于 20 世纪 80 年代,而西方关于公司治理结构的专著,大多是在 20 世纪 90 年代才出现的,自"公司治理"概念诞生之日起,它就是一个颇有争议的话题。到目前为止,学术界对公司治理还没有一个统一的定义。

美国经济学家 Williamson 将其定义为:公司治理就是限制针对事后产生的准租金分配的种种约束方式的总和,包括所有权的配置、企业的资本结构、对管理者的激励机制、公司接管、董事会制度、来自机构投资者的压力、产品市场的竞争、劳动力市场的竞争、组织结构等。

Blair 认为,公司治理有狭义和广义之分。狭义地说,公司治理结构是指有关公司董事会的功能、结构、股东的权力等方面的制度安排。广义地讲，公司治理则是指有关公司控制权或剩余索取权分配的一整套法律、文化和制度性安排，这些安排决定公司的目标、谁在什么状态下实施控制、如何控制、风险和权益如何在企业不同的成员之间分配这一系列问题。

国际经济合作与发展组织（OECD）指出，公司治理是一种据以对上市公司进行管理和控制的体系。公司治理明确规定了公司各个参与者的责任和权利分布，诸如董事会、经理层、股东和其他利益相关者，并且清楚地说明了决策公司事务时所应遵循的规则和程序。同时，它还提供了一种结构，使之用以设置公司目标，也提供了达到这些目标和监控运营的手段。

所以，公司治理可以从不同的角度来理解，它是一个内涵非常丰富的概念，而且随着对公司治理的进一步深入研究，还可能会赋予公司治理新的含义。不过在实践中，可以将公司治理分为内部治理和外部治理两大块，这在后面的章节中将详细介绍。

四、公司治理的基本原则

公司治理实际上是一种涉及股东、管理者和其他利益相关者之间关系的制度安排，不同环境和模式下公司治理的标准和原则不可能完全相同，但毕竟具有趋同性，还是可以抽象出一些共同的原则。

公司治理的原则在国际上最具有代表性的就是经济合作与发展组织（OECD）于 1999 年推出的“OECD 公司治理原则”。该原则包括以下五个部分。

1. 股东权利

公司治理框架应该保障股东权利。股东的基本权利包括：确保股权登记与过户的安全性、自由移转、及时与定期取得公司相关信息、出席股东大会与投票、选举董事、分享公司的剩余利润。而股东应有权参与和被充分告知有关公司重大决策的改变，股东应有积极参与股东大会及投票的机会，并应被告知议事规则（包括投票程序）。在股东大会中，应提供给股东向董事会提问的机会，并将其列入议程。另外，也应披露使特定股东取得超过其股权比率的投票权的资本结构与工具。最后，公司控制权市场（market of corporate control）应被准许以有效率、透明的方式运作，公司管理者不能使用反接管的措施使其免受市场监督。

2. 平等对待股东

公司治理框架应该确保能公平地对待所有股东，包括少数股东及国外股东。任何股东的权利受到侵犯时，应有机会得到有效赔偿与救济，其方式包括：相同等级的股东均应被同等对待并具有相同的投票权，在买进任何等级的股票前，所有股东均应能取得有关该公司所有等级股东的投票权信息。内幕交易应被禁止，而且应要求董事会与管理者披露任何影响公司重大利益的交易或事件。

3. 公司治理与利益相关者的角色

公司治理框架应该要体现与尊重法律所赋予的相关利益者的权利，当相关利益者受法律保障的权益遭到侵犯时，其应有权利寻求有效的救济。并且应强化相关利益者参与的机制，鼓励公司与相关利益者在创造财富、工作机会与维持企业财务健全性等方面积极合作，同时应赋予相关利益者取得相关信息的渠道。

4. 信息披露与透明度

公司治理框架应该确保公司的信息能及时且正确地披露，包括公司的财务和业务状况、公司目标、绩效、股权结构、公司治理与风险管理政策，而这些信息应以高标准的财务会计准则、审计原则与财务报表编制准则来编制、准备与披露。至少年报的审核应由独立会计师执行，且信息的传播渠道应能使投资者公平、及时并符合成本效益地取得。

5. 董事会责任

公司治理框架应该确保董事会有效履行指引公司战略、监督管理者的责任，以及对公司和股东应负的责任。并且董事会应独立于管理层，对公司事务进行客观的判断；董事会应有足够的独立非执行董事，有能力对可能的利益冲突进行独立的判断；董事会成员应投入足够的时间履行责任，并确保能及时地取得正确与相关的信息。

中国的公司治理起步较晚，且有着明显的“传统计划经济”和“东方文化”的烙印，其治理难度较大，并注定了要从中国的国情出发。2002 年年初，国家经贸委和中国证监会联合颁布了《上市公司治理准则》，该准则从中国国情出发，参照“OECD 公司治理原则”，阐明了我国上市公司的基本治理原则、投资者权利保护的实现方式，指出了上市公司董事、监事、经理等高级管理人员所应遵循的基本行为准则和职业道德等内容。并在“OECD 公司治理原则”五项基本内容的基础上添加了以下内容：规范控股股东行为和关联交易；强调上市公司独立于控股股东（人员、资产、财务公开、业务、机构独立）；要求董事会设立战略、审计、提名、薪水与考核部门等专门委员会，并明确了各自的职责和运作方式；建立公正透明的董事监事和经理人员的绩效评价标准和程序等。

五、公司治理与公司管理的联系与区别

公司治理与公司管理虽然从字面上看有些相近，但它们是两个完全不同的概念，有着各自的内涵和外延。为避免在使用上产生混淆，有必要对二者进行重点辨析。

公司治理是伴随着公司所有权与经营权的分离而出现的，它不仅包括公司内部治理机制，即公司的股东大会、董事会、监事会、经理层之间的权力配置与制衡的制度安排，还包括公司的外部治理机制，即证券市场、经理人市场、银行等外部因素对公司经营管理活动的监督和制约。公司治理的核心是在公司内、外部建立良性的权力配置与制衡机制。而公司管理是与公司这种企业形式同时产生的，是为保证公司能够有序运行、实现公司经营目标、实现绩效最大化而设计的一系列的规章制度和运营机制。公司作为组织体，管理是必不可少的，不论是对于一人公司还是上市公司。

由此可知，公司治理所关注的是公司内部及公司内外部之间的权力配置与制衡，是从宏观视角对公司经营管理进行的制度安排；而公司管理更多的是关注利益相关者利益的满足程度以及公司经营目标的实现，是从微观视角对公司进行的组织、控制和协调。公司治理与公司管理是两个不同的体系，从一个单体公司的角度去考察，公司治理与公司管理各司其职，二者的差异可如表 5-1 所示。

表 5-1 公司治理与公司管理的联系与区别

项　目	公司治理	公司管理
目的	实现利益相关主体间的制衡	实现公司目标
所涉及主体	所有者、债权人、经营者、雇员、顾客	顾客、经营者、债权人、雇员、所有者
在公司发展中的地位	规定公司基本框架,确保管理处于正确的轨道	规定公司具体的发展路径及手段
职能	监督、确定职责体系和指导	计划、组织、指挥、控制和协调
层级结构	企业的治理结构	企业内部的组织结构
实施基础	主要是契约关系	行政权威关系
法律地位	主要由法律、法规决定	主要由经营者决定
政府作用	体现债权人、股东的相对地位	政府基本上不直接干预
资本结构	体现各股东的相对地位	反映企业的资本状况及管理水平

在明确了公司治理与公司管理的区别后,也有必要将二者的联系弄清楚。公司治理规定了公司运作的基本网络框架,为公司管理绘制了一幅宏伟蓝图,公司治理在宏观层面为公司管理提供指导,保证公司管理沿着正确的目标和方向前进。因此,没有好的公司治理机制,即便有很好的公司管理体系,公司也只是一座基础不牢的大厦,随时有倒塌的危险；反之,如果只有好的公司治理机制,缺乏规范的公司管理的支撑,公司治理机制也仅是一幅蓝图,因没有有效的载体和组织形式,故不能发挥应有的功效。

第二节　内部治理结构

一、公司内部治理的基本概念

现代公司制企业的基本特征是,公司由众多的多元化的股东共同出资组建,股东以其投入资本对公司的债务负责,也以投资额作为利润分配的依据,公司作为具有民事权利义务主体资格的组织以其法人财产对公司所有债务负责；股东所有权与公司法人财产权相分离,股东所有权与公司的经营权相分离。

公司治理通过公司的各种权力得以奏效,公司最基本的权力有股东大会的权力(资产所有者的权力)、董事会的权力、经理人员的权力和监事会的权力。在现代公众公司中,机构投资者的权力也不可忽视。

公司内部治理结构的实质就是权力分配制衡机制,即明确股东、董事、监事、经理和其他利益相关者之间权利和责任的分配,规定公司议事规则和程序,并决定公司目标和组织结构以及实施目标的进行监督的手段。一个规范的公司治理结构由股东大会、董事会、经理人员和监事会组成。

1. 公司内部治理结构的特征

(1) 权责分明,各司其职。从公司的内部关系来考察,其领导体制由权力机构、决策机构、监督机构和执行机构组成。各个机构的权利与职责都是确定的、明确的,它们各司其职、相互配合,并相互制约、相互协调。

(2) 委托代理,纵向授权。首先是资产所有者将资产委托给企业经营管理人员进行生产；其次是在公司中存在多层次的委托代理关系，如董事会将公司财产委托给经理层经营。从公司的经理层到公司的基本作业层，还存在着若干中间层次，这样就形成了由上至下的多层次的委托代理关系。

(3) 激励与制衡机制并存。在委托代理关系中，存在着代理人的动力、信息不对称等问题，所以就有必要对代理者(主要是经理人员)实行激励与制约机制。一方面，通过直接或间接报酬的形式，激励经理人员，促使其采取适当的行为，最大限度地实现委托人所预期达到的目标；另一方面，通过明确企业内部各机构的职责、权限，以实现机构、人员之间的相互制约和监督。

2. 公司内部治理结构的作用

公司内部治理结构要解决涉及公司成败的两个基本问题：

(1) 如何保证投资者(股东)的投资回报，即协调股东与企业的利益关系。在所有权与经营权分离的情况下，由于股权分散，股东有可能失去控制权。企业被内部人(管理者)所控制。这时，控制了企业的内部人就有可能作出违背股东利益的决策，从而侵犯了其他股东的利益。这种情况会引起投资者不愿投资或股东“用脚投票”的后果，会有损于企业的长远发展。公司内部治理结构正是要从制度上保证所有者(股东)的控制与利益。

(2) 企业内部各利益集团的关系协调，这包括对经理层与其他员工的激励，以及对高层管理者的制约。这个问题的解决有助于处理企业各集团的利益关系，同时还可以避免因高管决策失误给企业造成的不利影响。

二、股东及股东大会

1. 股东的定义

股东(shareholder)是股份公司的出资人或称为投资人，是股份公司中持有股份的人，有权出席股东大会并有表决权。此外，股东也可指其他合资经营的工商企业的投资者。

股东是公司存在的基础，是公司的核心要素，没有股东，就不可能有公司。根据《公司法》的规定，有限责任公司成立后，应当向股东签发出资证明书，并置备股东名册，记载股东的姓名或者名称及住所、股东的出资额、出资证明书编号等事项。《公司法》同时规定，有限责任公司股东依法转让其出资后，应由公司将受让人的姓名或者名称、住所以及受让的出资额记载于股东名册。据此，非依上述规定办理过户手续者，其转让对公司不发生法律效力。由此可见，有限责任公司的股东应为向公司出资，并且其名字登记在公司股东名册者。

至于股份有限公司，我国《公司法》既允许其发行记名股票，也允许其发行无记名股票。对于公司发行记名股票的，应当置备股东名册，并规定记名股票的转让，由公司将受让人的姓名或者名称及住所记载于股东名册。据此应理解为，股份有限公司记名股票的持有人即为公司股东，而无记名股票的持有人则须同时将其姓名或名称及住所记载于股东名册，方可成为公司股东。

2. 股东的法律地位

(1) 在股东与公司的关系上，股东享有股东权。即股东作为出资者按其出资数额(股东另有约定的除外)而享有所有者的分享收益、重大决策和选择管理者等权利，同时承担相应的义务，股东基于自己的出资额或持有的股份，对公司承担义务，享有权利。

(2) 在股东之间关系上，股东地位一律平等。股东基于其股东资格，按所持股份的性质、数额享受平等待遇，原则上同股同权、同股同利，但公司章程可作其他约定。

但是，国有独资公司是由国务院或者地方人民政府委托本级人民政府国有资产监督管理机构履行出资人职责。

3. 股东的权力

(1) 知情质询权。有限责任公司股东有权查阅和复制公司章程、股东大会会议记录、董事会会议决议、监事会会议决议及财务会计报告；股份有限公司股东有权查阅公司章程、股东名册、公司债权存根、股东大会会议记录、董事会会议决议、监事会会议决议及财务会计报告，对公司的经营提出建议或者质询，董事、高级管理人员应当如实向监事会或者不设监事会的有限责任公司的监事提供有关情况和资料，不得妨碍监事会或者监事行使职权；有权知悉董事、监事、高级管理人员从公司获得报酬的情况；股东(大)会有权要求董事、监事、高级管理人员列席股东会议并接受股东的质询。

(2) 决策表决权。股东有权参加(或委托代表参加)股东(大)会并根据出资比例或其他约定行使表决权、议事权。《公司法》还赋予股东对违规决议的撤销请求，规定：如果股东会或者股东大会、董事会的会议召集程序、表决方式违反法律、行政法规或者公司章程，或者决议内容违反公司章程，股东可以自决议作出之日起 60 日内，请求人民法院撤销。

(3) 选举权和被选举权。股东有权选举和被选举为董事会成员、监事会成员。

(4) 收益权。股东有权依照法律、法规、公司章程的规定获取红利，分取公司终止后的剩余资产。

(5) 强制解散公司的请求权。《公司法》第 183 条规定，公司经营管理发生严重困难，继续存续会使股东利益受到重大损失，通过其他途径不能解决的，持有公司全部股东表决权 10%以上的股东，可以请求人民法院解散公司。

(6) 股东代表诉讼权。股东代表诉讼，又称派生诉讼、股东代位诉讼，是指公司的董事、监事和高级管理人员在执行职务时违反法律、行政法规或者公司章程的规定，给公司造成损失，而公司又怠于行使起诉权时，符合条件的股东可以以自己的名义向法院提起损害赔偿的诉讼。

2006 年 1 月正式颁布施行的新《公司法》首次确立了股东代表诉讼制度。其中，《公司法》第 150 条规定，董事、监事、高级管理人员执行公司职务时违反法律、行政法规或者公司章程的规定，给公司造成损失的，应当承担赔偿责任。《公司法》第 153 条规定，董事、高级管理人员违反法律、行政法规或者公司章程的规定，损害股东利益的，股东可以向人民法院提起诉讼。而第 152 条则规定，他人侵犯公司合法权益，给公司造成损失的，股份有限公司连续 180 日以上单独或者合计持有公司 1%以上股份的股东，可以依照规定向人民法院提起诉讼。新《公司法》确立的股东代表诉讼制度，不仅直面上市公司的高管，也将针对除高管之外的个体或法人。关于股东代表诉讼权，需要了解以下几点。

(1) 机理。既具有代表性，又具有代理性，具有公益性目的。其有别于共同诉讼(代表人诉讼)和集团诉讼。

(2) 原告资格。有限公司的任何一名股东，股份有限公司连续 180 日以上单独或者合计持有公司1%以上股份的股东可以代表公司提起诉讼。

(3) 被告范围。一类是《公司法》第152条规定的董事、监事和高级管理人员；另一类是第152条策三款规定的"他人"，即他人侵犯公司合法权益，给公司造成损失的，符合条件的股东也可以提起股东代表诉讼。这里的"他人"应当包括任何侵犯公司利益的自然人和企业，如大股东、实际控制人，或不法侵占公司资产的债务人等。

(4) 责任事由。具有违反第六章规定的忠实义务和勤勉义务的行为(原因)，该行为导致公司损害结果的发生。

(5) 举证责任。在公司高管侵犯公司利益和股东权的情况下，作为股东特别是中小股东的举证能力处于劣势地位。根据《中华人民共和国民事诉讼法》"谁主张谁举证"的原则，让受损的中小股东承担对损害事实、损害后果和因果关系的证明责任是不公平的。因此，有必要根据公平原则对举证责任进行合理分配，以保护处于弱势地位的中小股东的诉讼权利。如对于公司保管的财务会计报告、合同等资料，可裁定公司和董事、高级管理人员承担证据提举资任，拒不提供的则可让其承担不利后果。此外，对中小股东调查取证存在困难的，法院应当根据当事人的申请或主动依职权调查取证。

(6) 前置程序。股东在一般情况下不能直接向法院起诉，而应先征求公司的意思，即以书面形式请求监事会(监事)或董事会(执行董事)作为公司代表起诉董事、监事、高级管理人员或他人。监事会、不设监事会的有限责任公司监事，或者董事会、执行董事收到前款规定的股东书面请求后拒绝提起诉讼，或者自收到请求之日起30日内未提起诉讼，或者情况紧急、不立即提起诉讼将会使公司利益遭受难以弥补的损害的，股东有权为了公司的利益，以自己的名义直接向人民法院提起诉讼。他人侵犯公司合法权益，给公司造成损失的，股东也可以依照上述规定向人民法院提起诉讼。

(7) 诉讼结果归属。诉讼结果归属于公司，而不是股东个人，股东只是按照其股权比例的数量在财务上分享因胜诉而带来的股东收益。因此，股东代表诉讼解决了过去在公司权益保护方面的主体缺位问题。

(8) 优先权。股东在公司新增资本或发行新股时在同等条件下有认缴优先权，有限责任公司股东还享有对其他股东转让股权的优先受让权。

(9) 临时股东会的提议召集权。

(10) 公司章程规定的其他权利。

在这里，如果是有限责任公司，则主要体现为"单独股东权"；如果是股份有限公司，则主要体现为"少数股东权"，以维护小股东利益。

4. 股东的义务

(1) 遵守法律、行政法规和公司章程。

(2) 按时足额缴纳出资，不得抽逃出资。

(3) 不得滥用股东权利损害公司或者其他股东的利益，应当依法承担赔偿责任。

(4) 不得滥用公司法人独立地位和股东有限责任损害公司债权人的利益。公司股东滥用公司法人独立地位和股东有限责任，逃避债务，严重损害公司债权人利益的，应当对公司债务承担连带责任。

5. 股东大会

股东作为公司的实际所有者，根据所持股票的多少对公司享有相应的所有权。《公司法》规定：“公司股东作为出资者按投入公司的资本享有所有者的资产受益、重大决策和选择管理者等权力。”在现代社会中，由于股票的持有方式越发多元化，股东的组成也越发广泛，可能包括个人、家庭、集团联盟，或者控股以及交叉持股的公司等。这些组织和个人不可能参与到公司的具体经营事务中去，因此就需要专门的权力机关代表全体股东行使权力。股东又分为有限股东和普通股东，前者享有在平时获得定息和清盘时获得补偿的优先权，是不在册股东。普通股东是在册股东，也就是我们一般意义上的股东。

根据我国《公司法》规定，公司实行权责明确、科学管理、激励和约束相结合的内部管理体制。公司设立由股东组成的股东大会。股东大会是公司的最高权力机关，由全体股东组成，对公司重大事项进行决策，有权选任和解除董事，并对公司的经营管理有广泛的决定权。股东大会既是一种定期或临时举行的由全体股东出席的会议，又是一种非常设的由全体股东所组成的公司制企业的最高权力机关。它是股东作为企业财产的所有者，对企业行使财产管理权的组织。企业一切重大的人事任免和重大的经营决策一般只有在得到股东大会认可和批准的情况下方可有效。

6. 股东大会的类型

股东大会主要有以下三种形式。

(1) 法定大会。凡是公开招股的股份公司，从它开始营业之日算起，一般规定在最短不少于 1 个月，最长不超过 3 个月的时间内举行一次公司全体股东大会。会议的主要任务是审查公司董事在开会之前 14 天向公司各股东提出的法定报告，目的在于让所有股东了解和掌握公司的全部概况以及进行的重要业务是否具有牢固的基础。

(2) 年度大会。股东大会定期会议又称为股东大会年会，一般每年召开一次，通常是在每一会计年度终结的 6 个月内召开。由于股东定期大会的召开大都为法律所强制，所以世界各国一般不对该会议的召集条件作出具体规定。年度大会内容包括选举董事、变更公司章程、宣布股息、讨论增加或者减少公司资本，以及审查董事会提出的营业报告等。

(3) 临时大会。临时大会讨论临时的紧迫问题。

股东大会临时会议通常是由于发生了涉及公司及股东利益的重大事项，无法等到股东大会年会召开而临时召集的股东会议。关于临时股东大会的召集条件，世界主要国家大致有三种立法体例，即列举式、抽象式和结合式。我国采取的是列举式，《公司法》第 104 条规定，有以下情形之一的，应当在两个月内召开股东大会：

① 董事人数不足本法规定的人数或者公司章程所定人数的 2/3 时。

② 公司未弥补的亏损达股本总额的 1/3 时。

③ 持有公司股份 10％以上的股东请求时。

④ 董事会认为必要时。

⑤ 监事会提议召开时。

德国、日本等国家的法律采取的则是抽象式的立法体例，即不具体列举召集条件，而将决定权交由召集人根据需要确定。

除上述三种股东大会外，还有特种股东会议。

7. 股东大会的职权

股东大会行使下列职权：①决定公司的经营方针和投资计划。②选举和更换董事，决定有关董事的报酬。③选举和更换由股东代表出任的监事，决定有关监事的报酬事项，审议批准董事会的报告。④审议批准监事会的报告；审议批准公司的年度财务预算方案、决算方案。⑤审议批准公司的利润分配方案和弥补亏损方案。⑥对公司增加或者减少注册资本作出决议。⑦对公司发行债券作出决议。⑧对股东向股东以外的人转让出资作出决议(本项为有限责任公司股东会议特有的职权)。⑨对公司合并、分立、解散和清算等事项作出决议。⑩修改公司章程，以及公司章程规定需由股东大会决定的事项。

8. 股东大会的运行

1) 股东大会的召集

根据我国《公司法》第102条的规定：股东大会会议由董事会召集，董事长主持；董事长不能履行职务或者不履行职务的，由副董事长主持；副董事长不能履行职务或者不履行职务的，由半数以上董事共同推举一名董事主持；董事会不能履行或者不履行召集股东大会会议职责的，监事会应当及时召集和主持；监事会不召集和主持的，连续90日以上单独或者合计持有公司10%以上股份的股东可以自行召集和主持。

股东可以亲自出席会议，也可以委托代理人代为出席和表决，但股东应以书面形式委托代理人，代理人应当向公司提交股东授权委托书，并在授权范围内行使表决权。如果委托人为法人，应加盖法人印章或由其正式委任的代理人签署。

股东大会审议的事项，一般由董事会提出。但是，股东有时也会有一些较为重大的事项提交股东大会审议而没有被董事会提出来。我国《公司法》规定，单独或者合计持有公司3%以上股份的股东，可以在股东大会召开10日前提出临时提案并书面提交董事会，董事会应当在收到提案后2日内通知其他股东，并将该临时提案提交股东大会审议。

2) 股东大会的议事规则

股东大会作出决议，必须经出席会议的股东所持表决权过半数通过。但是，股东大会作出修改公司章程、增加或者减少注册资本的决议，以及公司合并、分立、解散或者变更公司形式的决议，必须经出席会议的股东所持表决权的2/3以上通过。

股东大会投票的基本原则是一股一票原则，也称为股票平等原则，即股东原则上以其持有的股份数享有与其股份数同等的投票权。一股一票原则是股东平等原则的具体体现，已成为当今世界各国公司立法的通例。我国《公司法》也规定："股东出席股东大会会议，所持每一股份有一表决权。但是，公司持有的本公司股份没有表决权。"

股东大会的表决制度通常有以下三种。

(1) 举手表决制度。股东会议议案的表决在多数情况下是采用一人一票的举手表决制度，获多数票的议案得以通过。举手表决制度也称按人头表决制度，与股权的占有状态没有联系，就是说不论股本的持有量是多少，一律一人一票。采用这一表决制度，委托投票的受托人不论其受托的票数有多少，也只能投一票。这种表决制度将股权的多少与议案的表决割裂开来，也就是说议案的通过与否同股权的占有多少没有关系，从而使大股东的表决权限难以发挥作用，从产权配置的效率标准来讲既有失效率，也有失公平。它的优点是操作简单，省时间，所以只适用于那些无关紧要的象征性的表决，或者比较琐碎、不大容易引起争议的议案。

(2) 投票表决制度。投票表决制度又可细分为两种：法定表决制度和累加表决制度。①法定表决制度是指当股东行使投票表决权时，必须将与持股数目相对应的表决票数等额地投向它所同意或否决的议案；②累加表决制度是指股东可以将有效表决总票数以任何组合的方式投向他同意或否决的议案。与法定表决制度相比，累加表决制度体现了权力制衡的理念，有利于调动小股东投票的积极性，限制或弱化控股股东权力的滥用。在欧洲，法定表决制度占主导地位。在北美，法定表决制度和累加表决制度并存，但大公司多半采用累加表决制度，累加表决制度呈逐渐流行的趋势。我国《公司法》规定，股东大会选举董事、监事，可以依照公司章程的规定或者股东大会的决议，实行累积投票制度。

(3) 代理投票制度。代理投票制度是现代公司会议表决的一个重要组成部分。按常规，参加会议或投票表决必须股东亲自出席股东大会，但是在由于时间、距离、不熟悉公司事务等多方面原因的限制，股东不能或不愿意参加股东大会时，可指定他人代表行使自己的表决权。早期的代理投票权大多是股东间相互委托，而且许多公司的章程都规定，这种委托只能发生在本公司的股东间，也就是说代理人也必须是本公司的股东。随着公司规模的不断扩大，股东越来越分散，包括地域上的分散，股东间的相互委托越来越困难。而且当大多数股东对会议议案持赞同态度时，少数持反对意见的股东便很难找到“志同道合”的代理人。所以，董事会逐渐成为不愿参加股东大会的股东们行使表决权的代理人。起初，代理投票权实行的是“单项选择”，只有当股东们同意董事会的提议时才委托董事会行使投票表决权。为了削弱董事会利用这种方式强化其地位，英国的股票交易所规定，上市公司寄发的委托书必须采取双项选择制，即股东既可以委托董事会对某项议案投赞成票，也可以对该议案投反对票。

随着时代的发展，一些国家开始充分利用现代通信技术为股东提供利用互联网行使自己权利的平台，采用诸如虚拟股东大会、网络会议、可视电话、电子投票等方式，鼓励股东远程参与股东大会并投票。

三、董事与董事会

1. 董事的定义

董事(member of the board，director)是指由公司股东大会选举产生的具有实际权力和权威的管理公司事务的人员，是公司内部治理的主要力量，对内管理公司事务，对外代表公司进行经济活动。占据董事职位的人可以是自然人，也可以是法人。但法人充当公司董事时，应指定一名有行为能力的自然人为代理人。

股份有限公司的董事由股东大会选举产生，可以由股东或非股东担任。董事的任期，一般都在公司章程中给予规定，有定期和不定期两种。定期是把董事的任期限制在一定的时间内，但每届任期不得超过 3 年。不定期是指从任期那天算起，满 3 年改选，但可连选连任。

董事被解聘的原因有：任期届满而未能连任；违反股东大会决议；股份转让；本人辞职；其他原因，如董事会解散或董事死亡、公司破产、董事丧失行为能力等。

2. 董事的分类

按照董事与公司的关系来划分，可将董事分为内部董事（执行董事）和外部董事（非执行董事）两类。

（1）内部董事。内部董事（inside director）也称执行董事（executive director），主要指担任董事的本公司管理人员，如总经理、常务副总经理等。董事会成员中至少有一人担任执行董事，负有积极地履行董事会职能的责任或指定的职能责任。因董事会职能未能得以全面、合理行使，致使公司遭受经济损失，股东要求董事会承担赔偿责任，且该原因发生时并未明确归属某位董事职责分工的，则所有执行董事应当承担连带经济责任。

《公司法》第51条规定，股东人数较少和规模较小的有限责任公司，可以设一名执行董事，不设立董事会。执行董事可以兼任公司经理。执行董事的职权由公司章程规定。有限责任公司不设董事会的，执行董事为公司的法定代表人。

（2）外部董事。外部董事（outside director）也称非执行董事，指不是本公司职工的董事，包括不参与管理和生产经营活动的企业外股东和股东大会决议聘任的非股东的专家、学者等。董事会的职权可以概括为对公司重大事务的决策权和对公司经理层的监督控制权。外部董事的作用是帮助董事会摆脱经理层的不当影响，从而最有效率地行使以上两种职权。在行使决策职权时，外部董事与其他董事一样，定期参加董事会，并尽量使董事会决议的过程和结果都能体现外部董事的意见。由于引入了外部董事，尤其是设立了主要由外部董事组成的专事监督的专门委员会，董事会对经理层的监督效果大大提高。外部董事的性质决定了其职权不能包含对公司具体事务的执行。

在外部董事的职权中，有权向股东大会汇报情况，尤其是提议召开临时股东大会的权力显得特别重要，因为引入外部董事的目的是解决董事会“失灵”的问题。一方面，执行董事对公司自身的业务和行业背景极为了解，能够为董事会提供重要的决策信息；另一方面，非执行董事能够带来外部经验，有利于促进公司从整体和更加长远的角度考虑问题，二者相辅相成。

独立董事是非执行董事的一种特殊形式。独立董事就是真正具有独立性的董事，独立于公司股东且不在公司内部任职，与公司或公司经营管理者没有重要的业务联系或专业联系，并能对公司事务作出独立判断。我们将在后面章节单独讨论独立董事。

3. 董事的属性

由于公司并无实际的形态，其事务必须由某些具有实际权力和权威的人代表公司进行管理，这些人称为“董事”。值得强调的是，董事是指处于董事地位的任何人，而不论其称呼是什么。

担任公司董事的人应该具有如下属性：熟悉公司业务（作业和政策）；具有比较完全的信息；对公司而言是可以得到的人才；有良好的工作动力，能够被公司接受；勇于承担责任。另外一种相似的阐述方式是：有参与精神（不能仅仅是名义上的橡皮图章）；谨慎（执行职责时细心、富于技巧，即在详细调查的基础上，在具备处理相关事务能力的前提下，尽可能安全地完成工作）；有能力（与同行业同等规模公司的董事会相比，具有竞争力）；忠诚（保守公司秘密）；能够承担责任（因为可能面临错误的决策招致的赔偿责任）；诚实廉洁（遵守公司伦理手册和社会规范）等。

4. 董事的权利

《公司法》对董事会的职权有集中的规定,但对董事的权利无集中规定。此类内容,可散见于有关董事的条款,主要有以下几点。

(1) 出席董事会会议。依《公司法》第 113 条规定,董事会会议,应由董事本人出席。董事因故不能出席的,可以书面委托其他董事代为出席,委托书中应载明授权范围。显然,董事有出席董事会会议的权利。

(2) 表决权。根据《公司法》第 112 条规定,董事在董事会会议上,有就所议事项进行表决的权利。董事合作出决议,必须经全体董事的过半数通过。董事会决议的表决,实行一人一票制。

(3) 董事会临时会议召集的提议权。《公司法》第 111 条只规定了董事会可以召开临时会议,却未规定如何召集。当然,董事长可视其情况主动召集,但也可以根据一定人数的董事的提议召集,而后者则产生了董事对召集董事会临时会议的提议权。

(4) 通过董事会行使职权而行使的权利。无疑,董事会的职权不是董事个人的职权,因而不能由董事分别行使。但是,没有董事的参与,董事会便无法行使职权。并且,董事作为董事会的成员,可以通过行使决议权来影响董事会作出的决定。从这个意义上说,董事除拥有上述权利外,还有通过董事会行使职权而行使的权利。

5. 董事的义务

我国《公司法》对董事义务(也称为勤勉义务与诚信义务)虽无专条规定,但比对董事权利的规定集中,主要有以下几点。

(1) 善管义务。董事在执行职务中应尽善管人的注意义务。尤其在公司所有权与经营权分离的情况下,董事对公司的正常运转负有责任。所以,强化董事的善管义务是十分必要的。董事的善管义务可以分为以下三条:

① 董事必须忠实于公司。董事的这一忠实义务是对善管义务的具体化,它对董事的要求是:遵守公司章程,忠实履行义务,维护公司利益,不得利用在公司的地位和职权为自己谋取私利;不得利用职权收受贿赂或者其他非法收入,不得侵占公司的财产;除依照法律规定或者经股东大会同意外,不得泄露公司的秘密。公司董事应当向公司申报所持有的本公司的股份,并在任职期内不得转让。

② 董事必须维护公司的资产。公司资产是公司业务活动的前提,维护公司资产是对董事会这个业务执行和经营决策机关组成人员的最基本要求。为此,董事应该做到:不私自挪用公司资金或者擅自将公司资金借贷给他人;不将公司资产以其个人名义或者其他个人名义开立账户存储;不以公司资产为本公司的股东或者其他个人债务提供担保。满足这些要求,可以防止将公司资产转为个人资产,保证公司财产的安全。

③ 董事在董事会上有审慎行使决议权的义务。董事不仅负有上述对公司的善管义务,也承担因未尽到义务而应负的责任。董事不得从事损害本公司利益的活动。否则,公司可对其行使归入权,即将从事上述活动的所得收入归公司所有。董事执行职务时违反法律、行政法规或者公司章程的规定,给公司造成损害的,应当承担赔偿责任。董事会的决议违反法律、行政法规或者公司章程,致使公司遭受严重损失的,参与决议的董事应对公司负赔偿责任。按照监事会的职权,当董事行为损害公司的利益时,监事会有权要求董

事予以纠正。如监事会纠正后，董事仍拒不赔偿公司损失，则会酿成以公司为原告以董事为被告的损害赔偿诉讼。

(2) 竞业禁止义务。所谓竞业禁止，即竞业行为的禁止，指特定地位的人不得实施与其所服务的营业具有竞争性质的行为。在股份有限公司中，董事是具有特定地位的人之一。依《公司法》规定，董事不得自营或者为他人经营与其所任职公司同类的营业。这里，其行为要素是董事自营或为他人经营的营业与所任公司的营业同类。董事违反上述竞业禁止业务，公司可以依法行使归入权。公司法之所以作出这些规定，主要是基于这种行为对公司的危害性。董事从事上述竞业行为，极有可能夺取公司的交易机会，还可能利用对公司秘密的了解，对公司造成损害。无疑，公司法对董事竞业禁止义务的规定尚需进一步完善：一是要明确董事实施此种行为应向股东大会说明其重要事实，取得股东大会的认可；二是仅应禁止股东大会未认可的上述行为；三是要确认公司行使归入权的程序和实效；四是如果上述行为给公司造成损失，应进行赔偿。

(3) 私人交易限制义务。所谓私人交易，指特定地位的人为自己或为他人而与公司进行交易。在股份有限公司中，董事是特定地位的人之一。《公司法》规定，董事除公司章程规定或者股东大会同意外，不得同本公司订立合同或者进行交易。这表明，私人交易是受到公司法限制的。具体地说，董事欲与公司订立合同或进行交易应有公司章程的规定作为依据。如公司章程无此规定，董事应向股东大会说明事实，取得股东大会的同意。如果股东大会同意，则可进行此种交易，否则不能进行。如果董事在股东大会不同意的情况下执意进行交易，则该交易在法律上无效。《公司法》作出这一规定的目的，是防止董事为谋取私利而牺牲公司利益。

6. 董事会的定义

董事会(board of directors)是依照有关法律、行政法规和政策规定，按公司或企业章程设立并由全体董事组成的业务机关。

股份有限公司的董事会，是由股东大会选举产生的董事组成。董事会是股份有限公司的执行机构，贯彻公司股东大会的决议，对内管理公司事务，对外代表公司。此外，董事会也是股份有限公司的必设机构，我国有关法律十分重视董事会在股份有限公司中的地位，认为它既是公司的执行机构，又是公司的集体领导机关，其领导水平对公司的稳定与发展举足轻重。

董事会是由全体股东付费，在有关部门的监管规则之下，按照兼顾各类利害相关者利益的原则，指导和管理公司日常运作的机构。董事会成员多由行业背景深厚、经验丰富的资深专业人士担任，最终由股东大会选举产生。由于董事会代表全体股东的利益，因此如何保证董事会的独立性，使其不被个别大股东所操纵，能够代表中小股东的声音是董事会能否发挥正常作用的关键。

我国《公司法》规定，股份有限公司的董事会由 5～19 人组成。首届董事会成员由公司创立大会选举产生，以后各届董事会由股东大会选举产生。董事任期由公司章程规定，但每届任期不得超过 3 年。董事任期届满，连选可以连任。董事在任期届满前，股东大会不得无故解除其职务。

7. 董事会的类型

NACD(全美董事联合会咨询委员会)将公司治理的目标定义如下：公司治理要确保公司的长期战略目标和计划被确立，以及为实现这些目标建立适当的管理结构(组织、系统、人员)，同时要确保这些管理结构有效运作以保持公司的完整、声誉，以及对它的各个组成部分负责任。

NACD 的这个定义实际上是将公司的董事会看作治理结构的核心，是针对不同类型的董事会功能而言的。NACD 根据功能不同将董事会分为以下四种类型。

(1) 底限董事会。这种类型的董事会仅仅是为了满足法控上的程序要求而存在的。

(2) 形式董事会。这种类型的董事会仅具有象征性或名义上的作用，是比较典型的橡皮图章机构。

(3) 监督董事会。这种类型的董事会检查计划、政策、战略的制定和执行情况，评价经理人员的业绩。

(4) 决策董事会。这种类型的董事会参与公司战略目标、计划的制订，并在授权经理人员实施公司战略时按照自身的偏好进行干预。

从公司演化的角度看，董事会也可以分为如下四种类型。

(1) 立宪董事会。这种类型的董事会强调董事会是依照一定的法律程序，在某个权力主体的批准下成立的。政府颁布的《公司法》对公司而言就是一部宪法，董事会遵照法律规定成立，仅具有形式上的意义。公司要么由创始人控制，要么由 CEO 控制。在规模小且技术水平低的私有公司中，这类董事会比较多。

(2) 咨询董事会。随着公司规模的扩大和经营复杂程度的提高，CEO 需要更多的专业人员如技术专家、财务顾问、法律顾问等的帮助。通过招募这些人进入董事会，CEO 可以得到他们的帮助。如果这些人是公司外部的专家，则董事会可称为“外部人控制型”；如果这些人是来自公司内部的专职人员，则董事会可称为“内部人控制型”。在这个过程中，董事变得越来越高素质、越来越称职、越来越独立。当前，绝大部分美国公司的董事会都属于这一类型。

(3) 社团董事会。随着股权分散化、公众化程度的提高，董事会内部将形成不同的利益集团，意见差别通过少数服从多数的投票机制来加以解决。这样的董事会需要经常召开会议，且董事们必须尽量出席会议，否则董事会可能通过不利于某一集团(或董事)的决议，决策过程也往往因会议的拖延而不得不发生中断。一些大型的公开上市公司就存在这样的董事会。

(4) 公共董事会。公共董事会成员包括政治利益集团代表，这种董事会仅在公有制或混合所有制的公司中存在。

对一个公司而言，具体董事会类型的选择受制于占统治地位的社会环境，而社会环境又是社会政治经济力量共同作用的结果。一个需要企业、革新和股份的社会将不断孕育出适当的治理机制。表 5-2 从四个方面对四种董事会类型进行了对比，这四个方面是董事会起因、授权形式、决策者和董事会在决策中的作用。

表 5-2 董事会类型对比

类型特征	立宪董事会	咨询董事会	社团董事会	公共董事会
董事会起因	法律	经济	社会,经济	政治
授权形式	自动	寡头	技术官僚	行政官员
决策者	CEO	CEO 或董事会	董事会	中央计划当局
决策参与程序	接受	咨询	限定	适应

资料来源：Stanley C. Vance. The Corporate Director：A Critical Evaluation. Homwood：Dow Jones-Irwin，1968：233.

8. 董事会的职责

董事会既是股份公司的权力机构,又是企业的法定代表。除法律和公司章程规定应由股东大会行使的权力之外,其他事项均可由董事会决定。公司董事会是公司的经营决策机构,董事会向股东会负责。

董事会的义务主要是：制作和保存董事会的议事录,备置公司章程和各种簿册,及时向股东大会报告资本的盈亏情况和在公司资不抵债时向有关机关申请破产等。

股份公司成立以后,董事会就作为一个稳定的机构而存在。董事会的成员可以按章程规定随时任免,但董事会本身不能撤销,也不能停止活动。董事会是公司最重要的决策和管理机构,公司的事务和业务均在董事会的领导下,由董事会选出的董事长、常务董事具体执行。根据《公司法》的规定,董事会对股东大会负责,行使下列职权。

(1) 执行权。执行权可以分为：①召集股东大会会议,并向股东大会报告工作；②执行股东大会的决议。

(2) 宏观决策权。宏观决策权主要指决定公司的经营计划和投资方案。经营计划是指管理公司内外业务的方向、目标和措施,是公司内部的、短期的管理计划。公司的投资方案是指公司内部短期的资金运作方向。根据规定,决定公司经营方针和投资计划是公司股东大会的职权。因此,公司的经营计划和投资方案是公司执行股东大会决定的经营方针和投资计划的一项具体措施。

(3) 经营管理权。经营管理权具体包括：①制订公司的年度财务预算方案、决算方案。根据规定,审议批准公司的年度财务预算方案、决算方案是公司股东大会的职权,由于董事会是股东会的执行机关,因此应当按照规定制订公司的年度财务预算方案、决算方案,并及时报请公司股东大会进行审议批准。②制订公司的利润分配方案和弥补亏损方案。根据规定,审议批准公司的利润分配方案和弥补亏损方案是股东大会的职权,董事会应当按照规定制订公司的利润分配方案和弥补亏损方案,及时报请公司股东大会进行审议批准。③制订公司增加或者减少注册资本以及发行公司债券的方案。根据规定,对公司增加或者减少注册资本、发行公司债券作出决议是股东大会的职权,而对公司增加或者减少注册资本以及发行公司债券制订具体方案是董事会的职权,因此,董事会应当按照公司经营的需要,针对公司增加或者减少注册资本以及发行公司债券的决议要求,及时制订具体方案,并提请股东会议审议。④制订公司合并、分立、解散或者变更公司形式的方案。公司合并、分立、解散或者变更公司形式均属于公司的重大事项,根据规定,应经过股东大会作出决议,但是具体与谁合并、如何分立、变更为什么样的股份有限公司以及解散的具体方案应该由董事会来制订，然后提请股东大会进行审议并作出决议。

(4) 机构设置与人事聘任权。董事会是公司的执行机关，负责公司经营活动的指挥和管理，因此其有权决定公司内部管理机构的设置。决定公司内部管理机构的设置是指董事会有权根据本公司的具体情况，确定内部的管理机构，如设立研究开发部、市场营销部、证券事务部、客户服务部等具体的业务部门或者行政管理部门。董事会也可以决定聘任或者解聘公司经理及其报酬事项，并根据经理的提名决定聘任或者解聘公司副经理、财务负责人及其报酬事项。

除上述四种职权之外，董事会还可以制定公司的基本管理制度，行使公司章程规定的其他职权。

9. 董事会的组成

一般来说，一个完整的董事会主要包括内部执行董事和非执行董事，以及董事会主席和董事会秘书等。其中，英美法系的国家法律要求，董事会中必须设立外部独立董事，而德国的董事会中则设有监事会。

(1) 执行董事。执行董事，也叫内部董事，一般是从公司内部的雇员中选拔出来的董事，作为公司的雇员，领取酬金。内部董事尽管具有熟悉公司状况的优势，但是由于其本身是公司的一分子，在董事会制定决议时，可能会为了维护自身利益，而作出不利于公司的决定。因此，董事会中内部的执行董事应当控制在一个较小的数目内。

(2) 非执行董事。从公司外部聘请的与公司没有利益关联的董事，引进外部董事具有下列重要性：①引进外来的经验；②负责监察管理层的表现及工作进度；③当公司利益跟个别董事的个人利益有冲突时，他们也确保董事会有适当的制度维护公司的利益；④增加公众人士对公司的信心；⑤如果非执行董事也是其他机构的要员，他们也能促进公司在业务方面的联系。为了保证董事会的公正性和独立性，非执行董事在董事会中所占比例不能太小，否则有"内部人控制"的危险。一般来说，董事会中的非执行董事应不少于董事总数的1/2，越大的公司，非执行董事所占比例可越高。在英美国家的很多大规模公司中，非执行董事的比例可能达到2/3。

(3) 董事会主席。董事会主席是由董事会成员互相推选出来的，通常会由最大股东担任，因为公司的表现对于最大股东的利益或损失影响最大，所以最大的股东通常会确保公司得到最大利益与减少损失。董事会主席应处事公正、不损害小股东利益。

(4) 独立非执行董事。英美法系中，规定每个董事会至少要具有1～2名独立非执行董事，以确保董事会的独立性和公正性。独立董事应该具有超然独立的地位、独立的态度和判断。非执行董事和独立董事又统称为"外部董事"。

(5)（欧洲）监事会。在欧洲大陆法系中，规定董事会须设监事会（the board of supervisory），对董事会日常工作及重大决议进行监督，其中又以德国最具代表性。监事会成员全部由非执行董事担任，以此来保证监督的独立性和公正性。一般来讲，独立非执行董事和监事会分属两个不同的董事会体系，即设立了独立非执行董事的董事会就不会再设立监事会。而我国的情况则有些特殊，法律规定，每个上市公司都要设立独立非执行董事和监事会。

(6) 董事会秘书。董事会秘书由董事会委任，向董事会及公司负责，在有的国家被称为“公司秘书”。其职责包括：在开董事会之前收集有关资料，交予各董事细阅；在会议期间，提供法律及公司管治范围的意见等，所以董事会秘书也叫“公司的良心”。董事会秘书要准确地记录会议的内容。

10．董事会的规模

通常的假设是：随着公司规模的扩张，董事数量是增加的。然而迄今为止，还没有证据表明公司董事会规模与公司的资本总额、净资产或销售量成比例地增加。影响董事会规模的因素包括以下几点：

(1) 行业性质。例如，在美国，银行和教育机构董事会人数较多。

(2) 是否发生兼并事件。当兼并刚刚发生时，一般不会大规模解雇董事，此时两个公司的董事合在一起组成董事会，董事会规模达到最大。随着一方渐渐控制了公司，另一方的董事将不得不离开董事会，董事会规模趋于缩小。

(3) CEO的偏好。为了减少董事会的约束，CEO采用增大或减少董事人数的办法加强对董事会的控制。

(4) 外部压力。随着要求增加外部董事、少数民族董事、妇女董事的社会呼声日渐提高，董事会呈扩展之势。

(5) 董事会内部结构设置。设置多个下属次级委员会的董事会要比单一执行职能的董事会规模大。因为每一个下属次级委员会要行使职能，组成人数必须达到一定数量(法律规定)，因此下属次级委员会越多，职能划分越细，董事会人数越多。

一些学者对董事会规模进行了经验研究。1935年，全美155家最大公司董事会的平均人数是13.5人；1947年，一项类似的关于101家全美大公司的调查，结果是12.3人；1985年，Korn & Ferry对全美200家最大公司的董事会规模进行了调查，结果是13～14人。南开大学研究团队2003年对931家上市公司的调查研究发现，我国上市公司董事会的平均规模是11人，它跟行业、控股股东性质等都有一定的关系，我国《公司法》对董事会规模的上下限作出明确规定，股份有限公司董事会成员为5～19人，有限责任公司的董事会成员为3～13人。

需要注意的是，并不是所有的公司都设董事会。我国《公司法》第51条规定：有限责任公司，股东人数较少和规模较小的，可以设1名执行董事，不设立董事会。执行董事可以兼任公司经理。执行董事的职权，应当参照《公司法》第46条规定，由公司章程规定。有限责任公司不设董事会的，执行董事为公司法定代表人。

11．董事会成员的选拔

董事会的主要职责之一就是站在更高的层面上审视公司运行情况，发现问题所在并提出相关对策建议。因此，董事的独立性、专业背景和经验至关重要。同时，董事的质量直接影响着董事会的职责履行情况，专业背景良好、行业经验丰富并且行事公正的董事会大大提升董事会的效率，改进公司治理；反之，董事会就会形同虚设，被大股东或内部人控制的情况难免发生。

外部独立董事往往会反对公司的首席执行官追求自己的目标，但一个好的称职的董事会恰恰是一个主要由外部董事组成的董事会。如果董事会中的公司职员和管理者过多，就会倾向于不经审查就通过首席执行官的决定，同时他们也禁止而不是鼓励外部独立董事坦陈自己的观点。内部执行董事过多的另一个缺点就是他们倾向于掩盖首席执行官的弱点，来维护其在企业中的权威。而外部独立董事的知识组成正好可以弥补首席执行官的知识缺陷，协助他作出正确的决策。

因此外部董事在董事会中扮演着一个非常重要的角色。在选择董事时，一般认为是选择外部独立董事。对于这一难题，Ralph D. Ward 在《完善公司董事会》一书中建议到，应该有的放矢地根据所需要的专业人才来寻找董事[①]，如寻找那些在新市场拓展、并购、财务、资本运作和技术等领域所具有特别才能的人来组成董事会，那么董事会就会从缺少知识的“乡村俱乐部”转变成一个强大的“发电站”。高风险的新企业对于这种专业知识丰富、在某一领域拥有权威的董事更是具有长期依赖。

同时，董事们常常需要参加某些会议，会前认真阅读会议议程，准时出席会议，会上能够提出有价值的意见——这是一名称职的董事应当做到的。然而，事实上，总是有些外部董事开会迟到或缺席某些会议，这种不尽职、也不尽责的董事形同虚设，成为董事会的隐患。因此，在选择董事时，不仅要关注其专业经验，还应了解其职业背景、道德操守等相关信息。只有那些具有良好的职业操守和道德标准的专业人士，才能使董事会真正发挥作用。

目前在我国，还只能以薪酬这种手段作为激励董事的主要形式，这就造成了某些专家、学者为了领取报酬而担任公司董事，但是却极少参与董事会议，几乎发挥不了作用。而在我国又缺乏相应的董事责任追究机制，因此对于董事的约束机制一直无法落实。

董事的质量会严重影响董事会的决策水准，因此，选择正确而适合的董事是实现良好公司治理的前提条件。不同的国家应结合其国情，选择能够切实履行董事职责的人选。

12. 股东大会和董事会的关系

股东大会和董事会的关系，实际上是代理与被代理关系、委托与被委托关系。董事会是公司的权力常态机构，而股东大会只是在特定时间召开。也就是说，股东大会只有在特定时间才会行使权力。平常是股东大会委托董事会对公司进行管理，董事会委托经理、副经理等具体执行公司日常管理事务。

董事会所作的决议必须符合股东大会决议，如有冲突，则应以股东大会决议为准。股东大会可以否决董事会决议，直至改组、解散董事会。

13. 董事会的模式

各国的董事会制度一般可以分为以下三种模式。

(1) 单层制董事会。单层制董事会由执行董事和独立董事组成，这种董事会模式是股东导向型的，也称为盎格鲁撒克逊治理模式，如图 5-1 所示。美、英、加、澳大利亚和其他普通法国家一般都采用这种模式。

(2) 双层制董事会。双层制董事会一般来说由一个地位较高的董事会监管一个代表相关利益者的执行董事会。这种董事会模式是社会导向型的，也称为欧洲大陆模式，德国、奥地利、荷兰和部分法国公司均采用该模式。德国模式的董事会结构如图 5-2 所示。处于较高地位的监事会(supervisory board)全部由非执行的成员组成，包括主席，而执行

---

① Ralph D. Ward. 完善公司董事会[M]. 高明华译. 北京：机械工业出版社，2006：29-38.

董事会则全部由执行董事组成，主席是 CEO。监事会具有聘任、监督和在必要时解聘执行董事会成员的权力。

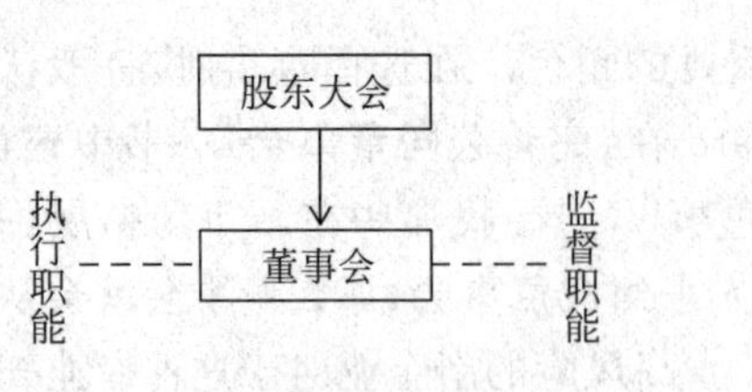

图 5-1 英美模式的董事会结构

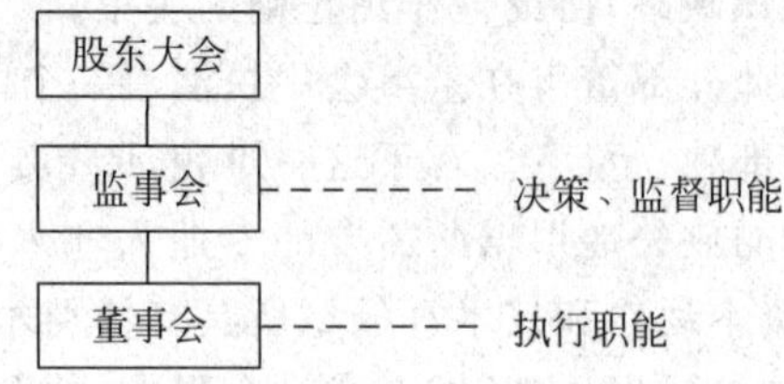

图 5-2 德国模式的董事会结构

(3) 业务网络模式(business network)，或者说日本模式，特指日本公司的治理结构，如图 5-3 所示。日本公司治理的特点是：公司之间通过内部交易、交叉持股和关联董事任职等方式形成非正式的网络关系，公开上市公司的董事会规模非常大，30～35 人也不少见。通常董事会中包括了四五个等级组织。大公司的董事会一般执行仪式化的功能，而其中的权力掌握在主席、CEO 和代表董事手中。当然，日本的公司治理模式现在日益面临着来自国际机构投资者要求增加外部独立董事的压力。

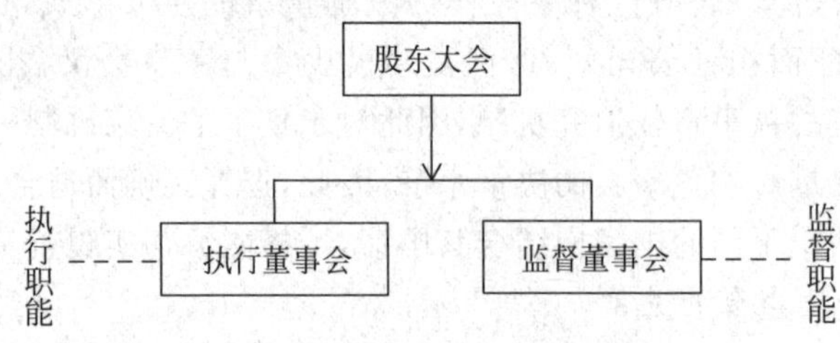

图 5-3 业务网络模式(日本模式)的董事会结构

区分董事会单层制与双层制的基本依据在于监督职能与执行职能的关系。当监督是董事会的基本职能时，双层制的董事会结构就产生了；而当执行更为重要时，单层制的董事会就符合这一要求。

在实行单层制董事会制度的国家，譬如英国、美国等，董事会往往由几个具有特定职能的委员会组成。常见的职能委员会有执行委员会、提名委员会和薪酬委员会和审计委员会。

(1) 执行委员会。执行委员会主要负责对集团公司中长期发展战略、年度经营计划、重大投融资决策、利润分配、基本管理制度等事项，以及集团公司所投资公司、直属企业的有关重大事项进行研究并提出建议，同时监督、指导经理层执行董事会决议的情况，并根据董事会特别授权，在授权范围内行使决策权等。

(2) 提名委员会。提名委员会主要负责提名公司的总经理、董事会秘书等高级管理人员，所投资公司的董事、监事以及直属企业的法定代表人；对公司总经理提出的公司副总经理、财务负责人、部门正职负责人等人选进行考察，向董事会提出考察意见。

(3) 薪酬委员会。薪酬委员会负责制订公司总经理、董事会秘书等高级人员的薪酬、考核与奖惩方案；听取并评审公司总经理制订的公司副总经理、财务负责人以及部门正职负责人的薪酬、考核与奖惩方案并提出独立意见；根据公司总经理的建议，审定公司委派或聘任的所投资公司董事长、董事、监事及直属企业法定代表人、财务负责人的薪酬方案、考核与奖惩方案；审定集团公司职工收入分配方案并提出建议等。

(4) 审计委员会。审计委员会是公司内部的财务监督和控制部门。其职责包括：经股东大会批准，负责提名公司的会计师和审计人员；聘请外部的审计机构，并确定审计范围、评审审计结果；在每年财务报表和其他会计报表公布之前，对其进行审计；监督公司会计核算和内部控制程序；在公司董事、注册会计师、内部审计人员和财务经理之间建立通畅的交流渠道。主要负责监督公司内控和风险管理体系的有效运行，指导和监督公司内部审计部门工作，向董事会提出建议等。

在董事会下设立若干职能委员会的目的是使董事会内部分工明确、责任与义务明晰，保证董事会运作的独立性和有效性。当然，各个公司的具体情况可能差别较大，在董事会内部设立哪些职能部门应根据各企业的自身情况来定。

14. 董事会的运行

董事会的模式不同，其运行的机制也不尽相同，以单层制董事会为例，看看董事会是如何有效运行的。

(1) 会议准备。只有经过精心的准备，才有可能召开有效的董事会会议。但一些人认为，把管理层用于准备董事会会议的时间花费在业务管理上，效果可能会更好一些。如果董事会会议只是一种经过精心准备的展示与演讲，这一观点也许是正确的。但是，优秀的管理层已将注意力集中到董事会的深层利益上，对于整个管理层来说，定期暂停管理工作以反思，并将计划归纳总结，是有益处的。对结果或计划进行准备以及对结果或计划所做的探究问题作出反应，有助于磨炼思维、加强理解，并在论证中找出缺陷，而这些对于所有相关者来说都是有利的。

(2) 所需信息。向董事会提交的信息是非常重要的，并且与董事的技能和勤勉义务的履行相关。董事需要也有权获得公司内的所有可以获得的完全、准确和合适的信息，以保证他们职能的正常发挥。因此，董事有权检查公司的会议记录，以确定公司是否成功履行了其法律义务，因为董事要为公司的违规行为承担责任。如果没有持续的信息提供，董事应该主动把它们找出来。只有采用这种方式，董事会才可能保证公司的最大利益，并履行他们作为董事的责任。缺少信息不应被当作董事没能对公司尽责的充分理由。

提交给董事会的信息应该结构合理，并且包括趋势分析和判断基准等内容。另外，董事需要在会议之前就能获取资料，以保证他们有充分的时间阅读。遗憾的是，提交给董事会的信息经常难以达到这个要求。

董事会主席应该意识到执行董事与非执行董事在关于公司经营和相关问题上的知识存在着较大的差距。后者掌握相关和及时的信息对于他们的正常工作是至关重要的。因此，董事会主席应该特别关注非执行董事的信息需求。否则，非执行董事就会处于不利地位，董事会也不能从他们的才干和经验中获益。

倘若董事没有合理的理由来认定经理层所提供信息是误导或错误的，他们就可以依靠这些信息进行决策。但是，他们不能自动认为这些提供的信息是正确无误的，对这些信息的来源和出处进行调查，以检验是否存在可疑之处，通常是一种合适的做法。对所提供的关于董事会会议的财务信息进行抽样检查也是正当合理的。

每个董事都应坚持要求的基本信息(通常由董事会秘书负责分发)包括:①会议议程:虽然法律上没有规定必须把董事会将要讨论的事项提前通知,但是,向董事提供一份议程是一项好的实践。②备忘录:董事有权收到前一次董事会会议的备忘录,这样他们可以在下一次会议召开之前对有关情况进行仔细考虑,并检查备忘录,以核实是否对至少包括上一次董事会会议所作出的决定等内容进行了正确的记录。③财务信息:在董事会会议之前,董事应该从财务董事(或者公司财务负责人)那里收到财务信息,借此以对公司的绩效进行监督。④非财务信息:有关任何质量问题、顾客满意和员工短缺等情况。这类信息可能会非常重要,但经常被淹没在提交给董事会的大量财务数据中。⑤政策信息:与董事会会议上将要讨论事项有关的任何文件的复印件。同时,执行董事的定期报告,使董事能够注意到公司的一些主要特征或问题。

(3) 制定决策。从技术角度来看,董事会层次的决策只能从董事会内部开始。实践中,决策经常是从董事会之外发起的,因为事件可能在公司内部,也可能发生在公司外部,进而促使董事会制定决策。如果经理层没有使董事会注意分析企业的风险和机会,那么他们就没有做好他们的工作,因为大量的日常经营管理工作,使他们熟悉企业的情况,可以辨识出各种可供选择的方案以及(可能的)优先选择的方案,以提交给董事会。最重要的是,当董事会认识到需要作出决定时,能允许足够的准备时间,决策前提供有关信息,然后在合适的时间内作出决策。在董事会内部,在警告董事会需要作出决策,并以决策可以形成的方式组织讨论方面,董事会主席通常起关键性的作用。

如果董事会的观点不统一,这种意见的不一致性通常用投票的方式来解决。董事会是讨论和形成一致性观点的重要机制。在运作良好的董事会中,很少需要进行投票决策。如果董事会经常进行投票,说明董事会的分裂趋势明显,公司所努力追求的和谐可能会消失。实际上,如果董事在关键问题上存在分歧的话,最好推迟决策,以进行更多的咨询和收集更丰富的信息,而不是利用投票来决定。成功的董事会合作愉快,不成功的董事会则会由于派别的存在和成员间的敌对状态而分裂。

一般来说,董事会的大量工作都是由各个委员会来完成的。基于每个人的个人专长,董事被委派到各个委员会,这一做法可以使董事会有最佳的能力来应对决策中任何特定的问题。董事会各个委员会必须能够在其职责范围之内,接触公司的主要管理人员,同样在需要的时候也能接触外部专家。因为各个委员会只是董事会较小的组成部分,因此其成员全面参与富有成效的董事会讨论是比较容易实现的。所有董事的这种积极参与,可加强董事会的凝聚力与有效性。

(4) 会议机制。董事会会议的召开次数因公司而异,对一家公司来说还要取决于该公司所处的环境,或者取决于公司的规模、所要面对的问题,或者取决于竞争环境的变化。

出席董事会的成员必须达到法定人数,以确保事务处理的有效性。一个被正式任命的董事有权也有责任出席董事会会议,如果他经常不出席的话,就可能会失去这个职位。在1985年的英国《公司法》关于组织的范例中规定,如果一个董事连续6个月没有出席会议,就失去了这个职位,并且董事会可以投票将其解雇。一个不正当地被拒绝参加会议的董事可以进行起诉,并寻求以后不会再被拒绝。然而,这种情形不太可能发生。在实践中，尽管董事并不必须参加所有的董事会会议，但是，他们必须尽可能地多参加会议。他们的出席和贡献是决策制定程序的重要组成部分，特别是在他们拥有一些特殊技能的情况下，譬如财务董事。

董事们的地理分布以及其他责任同样也是影响因素。如果绝大多数董事分布在公司总部附近，那么董事会会议的召开次数会更频繁，开会的时间会更短。与此相反，如果董事们要经过长途跋涉才能见面，董事会会议一般召开的次数会更少，开会的时间会更长一些。现在出现了一种发展趋向，那就是通过远程电信会议召开董事会会议，有的时候借助视频方式，取代了董事们在长途跋涉上花费的时间与费用。这种安排常常看起来是高效的，但是事实上却不如把每一位董事都集中到同一个房间中有效。而且，有的时候远程电信会议的费用比长途跋涉的费用还要高。

(5) 会议备忘录与集体责任。董事会秘书应该就每一次会议过程准备好详细的备忘录。备忘录记录了董事会的全部正式活动，包括投票表决，记录了投反对票或者弃权票董事的名字。备忘录应该是关于在会议上所作出决策的真实记载，在一些情况下，董事可能会希望对他们作出决策的原因进行记录。对备忘录的记录应该做到简明扼要、准确、客观，并且没有丝毫的模糊和不确定。在两次董事会会议之间，应该誊写备忘录，并使之成为正式文件。在董事会召开下一次常规会议的时候，也许通过信件或者传真方式对备忘录进行表决通过，抑或把备忘录保存起来以备说明和获得董事会的批准。董事应该仔细阅读备忘录，并认识到一旦备忘录获得通过，那就成了董事会所有审议与活动的正式记录。如果对董事会活动或其监督的有效性表示密切关注或者产生不同意见，这些备忘录就变得异常重要了。原因很简单，如果董事以某种方式批准了董事会的备忘录，那么董事就很难推卸掉，他们对所作出的任何决定而应承担的集体责任。与会议备忘录意见不一致时，董事应该把他的意见在第一可能的时机提出以免除个人责任。如果反对意见没有被记录的话，持有不同意见的董事，应根据事情的严重程度，最好寻求其他一些可能的文件方式，以记录他的观点，他也可能需要寻求一些专业性的建议。在极端情况下，如果一个董事认为董事会批准的一些行动事项是违法的或者不道德的，他应该拒绝同意这个集体决策并辞职。董事是对公司，而不是对董事会负有诚信义务，辞职可能是解除这种义务或免除个人承担决策责任的最佳方式。

1985 年英国《公司法》规定，必须保存所有董事会会议的备忘录。保存备忘录通常是董事会秘书的职责，但这不是法律所作出的规定。我国也是由董事会秘书负责董事会会议的记录与保存。普通法赋予了董事查看备忘录的权力。公司审计员也有法定权力使用董事会备忘录。然而，公司股东和其他人则没有这样的权力。

四、监事和监事会

1. 监事的定义

监事(member of the board of supervisor)是股份公司中常设的监察机关的成员，也称“监察人”，主要监察公司业务执行情况。由监事组成的监督机构称为监事会或监察委员会，是公司必备的、法定的监督机关。

监事一般由公司股东大会选出，一经选出，即与公司形成委任关系。监事一般由公司股东担任，公司董事长、董事、总经理、副总经理不能担任监事，同时，从事一些特殊职业的人也不能担任监事，监事的人数在公司最少是1人，原则上为3～5人，其具体人数根据需要确定。监事可连选连任，但不得超过法定最高任职年限。监事因故缺额时，应召集股东大会补选。监事均享有报酬，所以属于有偿委任关系。监事的报酬金额及分配方法，原则上由公司章程确定，如果章程没有确定，则由股东大会决议确定。

监事的直接上级是监事主席，受监事会主席委托，行使对全公司的监督；检查、考核管理权限，并承担执行公司规章制度、管理规程及工作指令的义务。监事的解任往往因下列原因：任期届满；股东大会决议；股票转让；辞职；其他，如死亡、公司解散等。

2. 监事的主要职责

公司的所有人——股东将经营管理的权力授予了董事会，要求董事会为了股东的利益，运用公司的资源开展经营活动，使公司获取最大的利润；授权董事会选择和聘任公司经理和其他高级管理人员。这样，就产生了一种委托代理关系。为了防止代理人——董事会和经理滥用权力，谋取自己的利益而损害股东的利益，我国《公司法》规定，公司设立监事或监事会，行使监督的权力。行使监督权的监察会是公司治理结构中的一个重要组成部分。它与行使重大决策权的董事会和行使日常经营管理权的经理一起，形成一个三权分立、相互制衡的权力架构。

我国《公司法》规定，监事或监事会行使以下职权：

(1) 检查公司的财务。

(2) 对董事、经理执行公司职务时违反法律、法规或者公司章程的行为进行监督。

(3) 当董事和经理的行为损害公司的利益时，要求董事和经理予以纠正。

(4) 提议召开临时股东大会。

(5) 公司章程规定的其他职权。

监事有权列席董事会会议。

第(5)款的规定表明，上述职权是法律规定的监事会职权的最低范围，法律不禁止公司章程授予监事会更多的职权。这些职权可以归结为知情权、一般监督权和要求纠正权。

知情权包括：检查财务，列席董事会会议，在其认为必要时委托注册会计师对公司财务状况进行审计，委托律师提供法律意见，等等。知情权是行使一般监督权和要求纠正权的基础。

一般监督权是：实施例行的监督和定期的监督。例如，审查公司财务报告、经营情况报告、董事会向股东大会提交的报告等；审查关联交易中有无损害公司利益的行为；审查董事会和经理在经营过程中有无违反法律、法规和公司章程的行为；等等。

当董事会和经理的行为损害公司的利益时，或者违反法律、法规或公司章程时，监事会可行使要求纠正权。监事行使要求纠正权的手段有：要求董事会和经理采取行动，纠正其侵害公司利益的行为、不法或不当的行为；提议召开临时股东大会来制止董事会侵害公司利益、不法或不当的行为；提起诉讼来制止董事侵害公司利益、不法或不当的行为。需要注意的是，监事会行使其要求纠正权时，或者是要求董事会和经理自己采取行动来纠正，或者是通过股东大会或司法机构来纠正，而不是越俎代庖地行使经营决策权力，自己来纠正。因为只有这样，才能保证公司经营管理的正常秩序，维持公司决策权、经营权和监督权分立的治理结构。当发现现有的董事会和经理不能尽职或履行忠实义务时，监事会可以通过临时股东大会来改换人选，但不能替代其行事。

对于股东人数较少和规模较小的有限责任公司，可以设 1～2 名监事。董事、经理及财务负责人不得兼任监事。监事的任期一般为每届 3 年。监事任期届满，连选可以连任。

3. 监事会的定义

为了保证公司正常、有序、有规则地进行经营，保证公司决策正确和领导层正确执行公务，防止滥用职权，危及公司、股东及第三人的利益，各国都规定在公司中设立监察人或监事会。监事会是股东大会领导下的公司的常设监察机构，执行监督职能。监事会与董事会并立，独立地行使对董事会、总经理、高级职员及整个公司管理层的监督权。为保证监事和监事的独立性，监事不得兼任董事和经理。监事会对股东大会负责，对公司的经营管理进行全面的监督，包括调查和审查公司的业务状况，检查各种财务情况，并向股东大会或董事会提供报告；对公司各级干部的行为实行监督，并对领导干部的任免提出建议，对公司的计划、决策及其实施进行监督等。

监事会是由全体监事组成的、对公司业务活动及会计事务等进行监督的机构。监事会，也称公司监察委员会，是股份公司法定的必备监督机关，是在股东大会领导下，与董事会并列设置，对董事会和总经理行政管理系统行使监督权的内部组织。

(1) 监事会设立的目的。由于公司股东分散，专业知识和能力差别很大，为了防止董事会、经理滥用职权，损害公司和股东利益，就需要在股东大会上选出这种专门的监督机关，代表股东大会行使监督职能。

(2) 监事会的组成。监事会由全体监事组成。监事的资格基本上与董事资格相同，必须经股东大会选出。监事可以是股东、公司职工，也可以是非公司专业人员。其专业组成类别应由公司法规定和公司章程具体规定。但公司的董事长、副董事长、董事、总经理以及经理不得兼任监事会成员。监事会设主席、副主席、委员等职务。

监事会成员即监事不得少于 3 人(含 3 人)，其任期由公司章程规定，一般不超过 3 年，可连选连任。在股份有限公司中，监事会成员的 1/3 以上(含 1/3)但不超过 1/2 由职工代表担任，由公司职工推举和罢免。监事会其他成员由股东大会选举和罢免，不设股东会的，由股东委派和罢免。监事会主席由全部监事 2/3 以上选举和罢免。

(3) 监事会的职权范围。①可随时调查公司生产经营和财务状况，审阅账簿、报表和文件，并请求董事会提出报告；②必要时，可根据法规和公司章程的规定，召集股东大会；③列席董事会会议，对董事会的决议提出异议，并可要求复议；④对公司的各级管理人员提出罢免和处分的建议。

4. 监事会的作用

监事会对股东大会负责，对公司财务以及公司董事、总裁、副总裁、财务总监和董事会秘书履行职责的合法性进行监督，维护公司及股东的合法权益。

公司应采取措施保障监事的知情权，及时向监事提供必要的信息和资料，以便监事会对公司财务状况和经营管理情况进行有效的监督、检查和评价。总裁应当根据监事会的要求，向监察会报告公司重大合同的签订和执行情况、资金运用情况和盈亏情况。总裁必须保证该报告的真实性。

监事会发现董事、经理和其他高级经理人员存在违反法律、法规或公司章程的行为，可以向董事会、股东大会反映，也可以直接向证券监管机构及其他有关部门报告。

5. 监事会的职权和议事规则

(1) 监事会的职权。监事会履行下列职权：①检查公司财务；②对董事、高级管理人员执行公司职务的行为进行监督，对违反法律、行政法规、公司章程或者股东会决议的董事、高级管理人员提出罢免的建议；③当董事、高级管理人员的行为损害公司利益时，要求董事、高级管理人员予以纠正；④提议召开临时股东大会会议，在董事会不履行《公司法》规定的召集和主持股东大会会议职责时召集和主持股东大会会议；⑤向股东大会会议提出议案；⑥依照《公司法》的规定，必要时对董事、高级管理人员提起诉讼；⑦监事会发现公司经营情况异常，可以进行调查，必要时，可以聘请会计师事务所等协助其工作；⑧公司章程规定的其他职权。监事会行使职权所必须的费用，由公司承担。

(2) 监事会的议事规则。监事会设主席 1 人，可以设副主席。监事会主席和副主席由全体监事过半数选举产生。监事会每 6 个月至少召开一次会议。监事会的议事方式和表决程序由《公司法》与公司章程规定。监事会主席召集和主持监事会会议；监事会主席不能履行职务或不履行职务的，由监事会副主席召集和主持监事会会议；监事会副主席不能履行职务或者不履行职务时，由半数以上的监事共同推举 1 名监事召集和主持监事会会议。

监事会作出决议，应当经半数以上监事通过。监事会应当对所议事项的决定做成会议记录，出席会议的监事应当在会议记录上签名。监事会决议致使公司、股东和员工的合法权益遭受损害时，参与决议的监事负相应责任；但表决时曾表示异议并记载于会议记录中的，该监事免责。

6. 监事会设置的国别差异

虽然各国公司治理结构中都有履行监督职能的机构或人员，但这些机构或人员是设在董事会内部，还是在董事会之外另设专门的监督机构监事会，在国际上并无统一的模式。是否设立这一机构，与一国董事会的模式和构成有十分密切的关系。依据董事会的模式，监事会的设置在国际上有以下三种类型。

(1) 公司内部不设监事会，相应的监督职能由独立董事行使。这种模式即上一节所讲的单层制董事会，以美国为代表。在这种模式下，董事会既有监督职能又有决策职能。董事会下设的主要由独立董事构成的审计委员会、报酬委员会及提名委员会，可以看成是公司内部履行监督职能的机构。从对管理层的监督来看，由于独立董事在董事会中占多数，他们不参与决策的执行，相对于管理层的独立性强，因此能够从制度上保证董事会履行其监督职能。在这种情况下，就没有必要在董事会之外再设专门的监督机构来对董事会和管理层进行监督，否则会引起机构职能的交叉和重叠。

(2) 设立监事会，且监事会的权力在董事会之上。这种董事会模式即上一节所说的双层董事会，以德国为代表。德国主张员工参与公司治理，法律规定员工在 2 000 名以上的大企业，监事会成员由股东代表和员工代表构成，各占一半，其中员工代表由员工选举，股东代表由股东大会选举。在这种模式下，监事与董事不能兼任，从而使监督权与执行权从机构上明确分开，而且监事会具有任命和监督董事会成员的权利。

(3) 设立监事会，但监事会与董事会是平行机构，也叫复合结构。这种董事会模式以日本最为典型，在我国大陆和台湾地区、韩国，以及东南亚的一些国家也采取类似模式。这种模式下的董事会具有决策职能，但由于董事会大都由执行董事构成，具有执行职能。为了避免监督者监督自己，法律规定由股东大会选举法定审计人(statutory auditors)或监事，对董事和经理层进行监督，其中审计和财务监督是其主要职责。我国大陆在这方面的不同之处是，公司法要求股份公司设立监事会，而且监事会必须有职工代表。职工代表由职工选举，股东代表由股东大会选举，这一点又与德国的监事会有相近之处。

在设立监事会的国家或地区，法律赋予监事会的实际职能和权力也有很大差异。在德国，监事会制度已有140多年历史，法律规定监事会是公司的最高权力机关。其权力主要包括：①董事会成员任免权；②公司财务活动的检查、监督权；③公司代表权；④公司章程中规定的某些业务的批准权；⑤股东大会的召集权等。可见，德国公司的监事会实际上与英美国家的董事会履行相似的职能。尽管它也叫监事会，但与日本和我国公司中专司监督职能的法定审计人或监事会有本质不同。

日本商法规定，所有上市公司都必须设定法定审计人。它不是公司外部的独立审计人，也不是公司内部的审计人，通常由几个人组成，习惯上称为法定审计人员。法定审计人会作为受股东委托对董事进行监督的机构，其职能是：一是确保公司的经营符合法律、公司章程和股东的利益；二是向股东大会报告公司的经营是否正常，以及由董事会向股东大会提出的议题是否合适；三是参加董事会和其他重要的会议，并从公司经营层得到经营报告和财务报告，对公司包括子公司的运作进行实地检查；四是接受独立审计人会和内部审计机构审计报告；五是如果发现董事作出有损于公司的决策，必须立即向董事会提出建议，并要求停止这类活动。中国的监事会与日本的法定审计人会在职能上十分接近，都是专司监督职能的机构。

7. 中国监事会运行机制

在日本，法定审计人通常由公司退休的董事或员工担任，其实际作用与公司法或公司章程的规定存在很大的差别，主要弊端是“只具形式，不具内容”。大多数公司的法定审计人不是按法律的要求发挥作用，而只是走走形式，即使他们非常专心工作，对董事会和经营班子也只能起一定的威慑作用，而很难有实质上的制衡作用。在韩国，很多公司的法定审计人只有一人，连机构都没有，更是“形式重于内容”。

在我国，由于很多上市公司的股权结构中国家股占控制地位，因此股东代表出任的监事由控股公司任命，职工代表出任的监事也是如此。在实践中，一方面，监事处于党委书记、董事长的领导之下，很难独立地开展监督工作；另一方面，大部分监事并不熟悉财务、会计、审计和法律知识，也不可能有效地发挥监督作用。同时，我国公司治理制度中也存在独立董事的安排，由此产生的一个问题是，怎样认识及协调监事会与独立董事之间的关系。不少人认为，引入独立董事之后，监事会与董事会在监督职责上会出现交叉或重复，大量引入独立董事会使监事会的存在成为多余。但在我国现有的治理结构下，独立董事与监事会既存在职能交叉或替代的一面，也存在互补的一面，要想使二者相互协调，有效发挥作用，关键是要构造适合中国国情的公司治理监督机制。

第三节 独立董事制度

独立董事制度是英美模式公司治理的重要制度，它对于提高公司效率、保护中小股东利益、防止大股东和管理当局侵害公司利益具有重要作用。近年来，许多原先采用双层治理模式的国家和地区（如日本、韩国和中国台湾等）纷纷引入独立董事制度。2001 年。中国证监会发布《关于在上市公司建立独立董事制度的指导意见》，要求上市公司建立独立董事制度。学术界普遍认为，独立董事制度的引入有利于公司绩效的提高。

一、独立董事的概念

1. 独立董事的定义

所谓独立董事(independent director)，是指独立于公司股东、不在公司内部任职，且与公司或公司经营管理者没有重要的业务联系或专业联系，对公司事务能作出独立判断的董事。中国证监会在《关于在上市公司建立独立董事制度的指导意见》中认为，上市公司独立董事是指不在上市公司担任除董事外的其他职务，与其所受聘的上市公司及其主要股东不存在可能妨碍其进行独立客观判断关系的董事。所以，独立董事不代表出资人、管理层、股东大会及董事会任何一方的利益，因此会从企业自身出发、顾全大局，改变董事会决策一家之言的局面，并将最终给所有股东带来利益。

2. 独立董事的特征

独立董事最根本的特征是独立性和专业性。

所谓“独立性”，是指独立董事必须在人格、产生程序、经济利益、行使权力等方面独立，不受控股股东和公司管理层的限制。其具体表现在：①法律地位的独立。独立董事由股东大会选举产生，不是由大股东委派或推荐，也不是公司雇用的经营管理人员，他们代表公司全体股东和公司整体利益，不能与公司、公司的内部人、大股东存在任何影响其作出独立客观判断的关系。②意思独立。独立董事以超然的地位，履行自己的职责，监督高层管理人员，检查董事会和执行董事的表现，确保其遵守最佳行为准则；就公司的发展战略、业绩、资源、主要人员任命和操守标准、薪酬等问题作出独立判断。尽管有人认为，独立董事的职责不仅仅是监督，但监督仍然是独立董事最主要的和具有实质意义的职责。除了监督者的角色外，独立董事还扮演着专家顾问的角色，但后者的功能是次要的且依附于前者的。

所谓“专业性”，是指独立董事必须具备一定的专业素质和能力，能够凭借自己的专业知识和经验对公司的董事与经理以及有关问题独立地作出判断和发表有价值的意见。一般认为，独立董事应由注册会计师、律师或高校教授担任，当然具有丰富企业管理经验的权威人士也是适当的人选。

3. 引入独立董事制度的意义和作用

引入独立董事制度的根本意义在于：通过独立董事对公司重大决策过程的参与，监督经理人员，促进科学决策，从而最大限度地增加公司价值。这主要表现在以下几个方面。

(1) 对于一名独立董事而言，在公司治理中发挥作用的基础在于独立性派生出的客观性。当公司与经理人员存在利益冲突时，客观性能够帮助独立董事作出相对准确的判断。

(2) 如果公司已经持续经营很长一段时间，经理人员很容易形成关于市场状况的错误认识，导致他们对本行业今后的发展趋势作出错误的判断。独立董事由于能够置身于公司繁杂事务之外，可以从不同的角度来分析问题，因而能够帮助经理人员识别市场发出的预警信号，认识到公司可能面临的潜在危机和商业周期的影响。

(3) 许多公司选择独立董事的一个重要原因是由于他们在管理大型项目、设计和实施股票期权计划、安排国际国内贷款等方面具有丰富的经验和特殊的知识与才能。另外，独立董事还可以在公司处于上市、退市、接受重大贷款、并购、CEO 继任等重要阶段时，帮助公司渡过难关。例如，公司想整体出售，一个较好的办法是任命一名具有公司并购经验的独立董事负责与各方谈判，而经理人员则集中精力增加公司的价值。

(4) 当公司由一个强有力的 CEO 控制时，独立董事可以避免其过度一手遮天，及时识别和限制不当行为。

(5) 当前投资者对公司的社会责任要求越来越高，来自社会各方的压力促使董事会必须将公司的社会责任问题提到董事会的议程上来。许多公司为此专门聘请了擅长处理社会责任事务的独立董事负责监督公司的行为是否符合社会道德规范。

在英美国家，独立董事被看作一个站在客观公正的立场上保护股东利益的重要角色。人们普遍预期独立董事能够承担发现公司经营的危险信号，对公司的违规或不当行为提出警告的责任。如果独立董事没有事先发现公司的违规或不当行为，就会受到股东和社会的谴责，甚至面临诉讼。另外，独立董事由于不依附于任何利益集团，他们可以在监督公司经营管理、提高公司绩效、保护股东权益等方面发挥更多的作用。

二、独立董事设计的理论依据

1. 代理成本理论

企业发展壮大以后，必然面临企业所有权与经营权的分离，如何保证经营者不会背离所有者的目标，减小企业的代理风险，控制代理成本，成为公司治理中一个非常重要的问题。代理成本理论认为，代理成本的降低，必然要求提高经营管理层的效率，同时又必须防止"内部人控制"问题，所以希望通过创设独立董事制度来改变经营者决策权力的结构，达到监督、制衡的目的，保证经营者不会背离所有者的目标，促进代理与委托双方利益的一致，提高运营效益。其理论着眼点在于通过改革经营管理层权力配置结构来促进经营管理层的安全、有效运作，从而减少代理成本，换言之，以最小的投入获得最大的产出。这种理论最大的特点是从企业法人营利性的根本目的出发，推演出优化管理层权力配置的必要性，得出对独立董事制度创设必要性的结论。

2. 董事会职能分化理论

该理论认为，由于担心监督职能的缺位，应该从董事会中分化出部分董事补位。这种理论蕴含了一个既定的前提，那就是企业经营管理层必须通过权力配置平衡才能高效运作。其实，从这个角度上讲，董事会职能分化理论和代理成本理论并没有实质的区别，都是致力于改革公司权力结构配置,使这种结构更加稳定、高效、安全,从而为企业带来更好的经营效益。两者的区别只是在于代理成本理论更加抽象,视野起点相对较高;而董事会职能分化理论更加注重公司治理运行中的现实性需求。

三、独立董事的职能

1. 独立董事的任职资格

担任独立董事应当符合下列基本条件:

(1) 根据法律、行政法规及其他有关规定,具备担任上市公司董事的资格。

(2) 具有《关于在上市公司建立独立董事制度的指导意见》所要求的独立性。

(3) 具备上市公司运作的基本知识,熟悉相关法律、行政法规、规章及规则。

(4) 具有5年以上法律、经济或者其他履行独立董事职责所必需的工作经验。

(5) 公司章程规定的其他条件。

独立董事及拟担任独立董事的人士应当按照中国证监会的要求,参加中国证监会及其授权机构所组织的培训,中国证监会对独立董事的任职资格和独立性进行审核并有最终决定权。

此外,下列人士不得担任独立董事:

(1) 在上市公司或者其附属企业任职的人员及其直系亲属、主要社会关系(直系亲属是指配偶、父母、子女等;主要社会关系是指兄弟姐妹、岳父母、儿媳女婿、兄弟姐妹的配偶、配偶的兄弟姐妹等)。

(2) 直接或间接持有上市公司已发行股份1%以上或者是上市公司前十名股东中的自然人股东及其直系亲属。

(3) 在直接或间接持有上市公司已发行股份5%以上的股东单位或者在上市公司前5名股东单位任职的人员及其直系亲属。

(4) 最近一年内曾经具有前三项所列举情形的人员。

(5) 为上市公司或者其附属企业提供财务、法律、咨询等服务的人员。

(6) 公司章程规定的其他人员。

(7) 中国证监会认定的其他人员。

2. 独立董事的职责

独立董事对上市公司及全体股东负有诚信与勤勉义务。独立董事应认真履行职责,维护公司整体利益,尤其要关注中小股东的合法权益不受损害。独立董事应当独立履行职责,不受上市公司主要股东、实际控制人或者其他与上市公司存在利害关系的单位或个人的影响。独立董事原则上最多在5家上市公司兼任独立董事,并确保有足够的时间和精力有效地履行独立董事的职责。

独立董事的职权除了前文所述的董事职权外,还有以下特别职权:

(1) 重大关联交易(指上市公司拟与关联人达成的总额高于300万元或高于上市公司最近经审计净资产值的5%的关联交易)应由独立董事认可后,提交董事会讨论;独立董事作出判断前,可以聘请中介机构出具独立财务顾问报告,作为其判断的依据。

(2) 向董事会提议聘用或解聘会计师事务所。

(3) 向董事会提请召开临时股东大会。

(4) 提议召开董事会。

(5) 独立聘请外部审计机构和咨询机构。

(6) 可以在股东大会召开前公开向股东征集投票权。

独立董事行使上述职权应当取得全体独立董事的1/3以上同意。如上述提议未被采纳或上述职权不能正常行使,上市公司应将有关情况予以披露。如果上市公司董事会下设薪酬、审计、提名等委员会的,独立董事应当在委员会成员中占有1/2以上的比例。

独立董事除履行上述职责外,还应当对以下事项向董事会或股东大会发表独立意见:

(1) 提名、任免董事。

(2) 聘任或解聘高级管理人员。

(3) 公司董事、高级管理人员的薪酬。

(4) 上市公司的股东、实际控制人及其关联企业对上市公司现有或新发生的总额高于300万元或高于上市公司最近经审计净资产值的5%的借款或其他资金往来,以及公司是否采取有效措施回收欠款。

(5) 独立董事认为可能损害中小股东权益的事项。

(6) 公司章程规定的其他事项。

3. 公司对独立董事的承诺

为了保证独立董事有效行使职权,上市公司应当为独立董事提供必要的条件。

(1) 上市公司应当保证独立董事享有与其他董事同等的知情权。凡须经董事会决策的事项,上市公司必须按法定的时间提前通知独立董事并同时提供足够的资料,独立董事认为资料不充分的,可以要求补充。当两名或两名以上独立董事认为资料不充分或论证不明确时,可联名书面向董事会提出延期召开董事会会议或延期审议该事项,董事会应予以采纳。上市公司向独立董事提供的资料,上市公司及独立董事本人应当至少保存5年。

(2) 上市公司应提供独立董事履行职责所必需的工作条件。上市公司董事会秘书应积极为独立董事履行职责提供协助,如介绍情况、提供材料等。独立董事发表的独立意见、提案及书面说明应当公告的,董事会秘书应及时到证券交易所办理公告事宜。

(3) 独立董事行使职权时,上市公司有关人员应当积极配合,不得拒绝、阻碍或隐瞒,不得干预其独立行使职权。

(4) 独立董事聘请中介机构的费用及其他行使职权时所需的费用由上市公司承担。

(5) 上市公司应当给予独立董事适当的津贴。津贴的标准应当由董事会制订预案,股东大会审议通过,并在公司年报中进行披露。除上述津贴外,独立董事不应从该上市公司及其主要股东或有利害关系的机构和人员那里取得额外的、未予披露的其他利益。

(6) 上市公司可以建立必要的独立董事责任保险制度,以降低独立董事正常履行职责可能引致的风险。

四、独立董事与外部董事的关系

外部董事是指非公司雇员或高级职员的董事会成员,他并不参与公司日常事务的管理。外部董事可能是向公司投资的银行家、律师或其他能为公司经营提供建议或服务并因此与公司经营活动有利害关系的人。而独立董事是指不在所受聘公司担任除董事及董事会内职务以外的其他职务，直接或间接持有公司股份在一定比例以下(有的国家规定不得持有公司股份)，并与公司及其主要股东不存在可能妨碍其独立客观判断的实质性利益关系的董事。

外部董事包括独立董事和灰色董事。所谓灰色董事，是那些除了董事关系外与公司还有其他联系的外部董事。因为他们不是公司的雇员，往往是管理当局的亲戚、公司的供应商、为公司提供法律服务的外部律师、退休的公司经理、投资银行家等。有人发现，74%的纽约证券交易所上市公司在审计委员会中至少有一名灰色董事。因此，外部董事未必是独立董事，但独立董事一定是外部董事，准确地说，是独立的外部董事。

五、独立董事的作用

引入独立董事制度的主要目的是解决上市公司存在的委托代理问题，实现股东价值最大化。然而，许多人对独立董事是否真正具有"独立性"持怀疑态度，甚至明确提出独立董事是"花瓶"董事，看上去很美，但不具有实用价值。例如，美国安然(Enron)公司有多名独立董事，其中不乏财务专业人士，从董事会结构看，应该能够实现有效的公司治理，然而公司的财务"丑闻"不仅导致自身破产清算，还使世界上最大的会计师事务所之一安达信(Arthur 和 Anderson)倒闭。"德隆系""郑百文"等中国证券市场丑闻中也不乏对独立董事的抨击之声。独立董事能否在公司治理体系中发挥作用？发挥多大作用？

为了详细考察独立董事在公司治理体系中的作用，必须深入董事会决策过程，关注独立董事如何获取信息及基于这些信息如何做决策。基于此，本节提出从独立董事提名、来源、人数、兼任、如何获取信息、与执行董事的信息非对称、报酬、工作内容、作用的主观评价 9 个方面评价独立董事的"独立性"及其在解决公司主要委托代理问题中的作用。

1. 独立董事提名

独立董事的提名在一定程度上反映了不同公司治理主体之间争夺董事会代表权的斗争。控股股东希望完全控制独立董事提名以减少来自其他公司治理主体(尤其是中小股东)的监督。中小股东和公司其他利害相关者则认为控股股东提名的独立董事由于具有"利益关联"而失去独立性。通过考察独立董事提名可以间接判断独立董事与控股股东之间的"利益关联"程度。

2. 独立董事来源

"独立性"并不是独立董事在董事会决策中发挥作用的唯一条件。一方面，就监督作用而言，如果独立董事对董事会所要作出的重要决策的性质和内容一无所知，难以有效监督。另一方面，独立董事的作用不仅仅在于监督，他们还需要利用其具有的专业知识为董事会决策提供咨询和参考。通过考察独立董事的来源可以判断独立董事的专业素质及可能的决策咨询作用。

3. 独立董事人数

如果独立董事人数过少，受董事会集体决策机制的限制，独立董事很难对董事会决策过程施加影响。通过考察独立董事的人数可以判断独立董事对董事会决策过程的影响力。市场经济发达的主要国家公司治理原则中对独立董事人数或比例都有规定，如表 5-3 所示。

表 5-3　主要国家公司治理原则中对独立董事人数或比例的规定

公司治理原则	独立董事人数或比例
英国 Hample 报告	大多数非执行董事应为独立董事
美国商业圆桌会议	独立董事应占实质性多数
美国 Calpers 的治理原则、指南	实质性多数应为独立董事
美国 CII 的《核心政策》	至少 2/3 为独立董事
通用汽车公司	独立董事应占多数
英特尔公司	独立董事应该占据董事会的多数
澳大利亚投资经理协会	大多数董事为独立董事
日本公司治理论坛最后报告	1/2 以上为独立董事
法国《维也纳特报告》	独立董事至少占 1/3
比利时《卡敦报告》	至少两名独立董事

4. 独立董事兼任

独立董事兼职多家上市公司存在两个方面的效应。一方面，如果兼职多家公司，限于时间，独立董事很难专注于一家公司的事务，工作努力程度可能不足；另一方面，独立董事可能由于具有特殊的专业才能而受到多家公司的青睐，这些专业才能很可能对提高董事会决策效果具有显著影响。通过考察独立董事在其他公司董事会的兼职情况可以间接判断独立董事的工作努力程度和专业知识素质。

5. 独立董事如何获取信息

任何决策活动的支撑平台都是信息。如果不掌握上市公司的经营环境、运作情况、员工士气等具体信息，独立董事很难在董事会决策时提出有价值的建议。通过考察独立董事获取信息的渠道可以了解独立董事所基于的决策支撑平台，以及相应的决策参与程度。

6. 独立董事与执行董事的信息非对称

如果独立董事与执行董事之间存在明显的信息非对称，董事会集体决策的效果就会大打折扣。当执行董事基于其拥有的私人信息提议进行某项董事会集体决策时，独立董事既可能盲从执行董事的提议而不能起到应有的决策监督作用，也可能会固执反对执行董事的提议而错失决策良机。通过考察独立董事获取信息的能力可以了解董事会成员之间的信息非对称程度，判断其对董事会决策效果的影响。

7. 独立董事报酬

独立董事报酬是一个非常敏感的问题。如果独立董事从公司获得较高的报酬，那么他们的独立性就令人怀疑。然而，如果独立董事是一项无任何回报的“义工”，那么他们的工作努力程度就会大打折扣。国外上市公司实践表明，既存在以获取报酬为目的的“专职”独立董事，也存在不取任何报酬的“义工”。大部分国外上市公司是以津贴的方式支付独立董事的报酬，津贴可高可低，并没有统一的标准，这也是独立董事的作用受质疑的主要原因之一。通过考察上市公司独立董事的报酬，并与相应的公司描述性统计特征，如规模、业绩、股权结构等相联系，可以在一定程度上判断“适度”的独立董事报酬区间，从而对独立董事的工作努力程度和独立性作出评价。

8. 独立董事工作内容

独立董事在上市公司董事会中的作用主要体现在两个方面：监督与决策参与。通过考察独立董事的主要工作内容可以了解独立董事在董事会决策过程中的地位和影响力。

9. 独立董事作用的主观评价

由于缺乏独立性、工作努力程度不足、没有报酬激励等原因，独立董事的作用常常受到公司外部人的质疑。然而，公司外部人与内部人之间存在明显的信息非对称，外部人的观点受信息源的限制常常有失偏颇。公司内部人了解董事会的决策环境和决策程序，他们的意见从某种意义上更具价值。通过了解公司内部人对独立董事在董事会重大决策中所发挥作用的评价，并与公司外部人的意见进行对比，可以发现源于信息非对称的对独立董事作用的主观评价差距，进而分析这一差距对董事会决策效果的影响。

第四节 外部治理机制

一、信息披露管理

信息披露是上市公司的法定义务，是投资者了解上市公司、证券监督机构监管上市公司的主要途径，是维护证券市场秩序的必要前提。信息披露制度在各国证券法律制度体系中都占有重要的地位。

（一）信息披露制度的含义与意义

1. 信息披露制度的含义

信息披露制度，也称公示制度、公开披露制度，是上市公司及其信息披露义务人依照法律规定必须将其自身的财务变化、经营状况等信息和资料向社会公开或公告，以便使投资者充分了解公司情况的制度。它既包括发行前的披露，也包括上市后的持续信息公开。信息披露是上市公司的法定义务，是投资者了解上市公司、证券监管机构监管上市公司的主要途径，是维护证券市场秩序的必要前提。

信息披露制度是证券法“三公原则”中公开原则的具体要求和反映。在各国法律中，公开原则被具体化为信息披露制度。公开原则是三公原则的基础，是公平、公正原则实现的保障。没有公开原则的保障，公平、公正便失去了衡量的客观标准，也失去了得以维持的坚实后盾。只有公开，才能有效杜绝证券市场的舞弊行为，保障证券市场的健康运转。美国大法官 Brandies 在其 1933 年的著作中提出：“公开原则被推崇为医治社会和企业弊端的良药，犹如阳光是最好的消毒剂，犹如电灯是最棒的警察。”

2. 信息披露制度的意义

信息披露制度的重要意义主要体现在以下几个方面。

首先，有利于约束证券发行人的行为，促使其改善经营管理。公开性原则要求发行人严格按照法定的程序、格式和内容真实、准确、完整地公布与投资者决策密切相关的资料，可促使发行人严格财务制度，规范其内部管理；同时，增加发行人内部状况的透明度，将其置于广大投资者和社会公众的监督之下，还可以激励发行人全面加强经营管理，以不断自我完善提高经济效益。

其次，有利于证券市场上发行价格与交易价格的合理形成。以股市价格为例，其价格的形成固然与社会经济、政治形势等公司外部环境有关，但从根本上说，是由公司自身经营状况决定的。经营的好坏,决定了公司盈利的高低,从而也影响着股票预期收益高低。因此,有必要将发行公司经营的财务状况和发展趋势公开化,以便于投资者在全面了解情况的基础上作出投资决定,促使证券供求关系自然形成,市场可根据供求关系形成合理价格。

再次,有利于维护广大投资者的合法权益。证券市场的繁荣发展来源于投资者的信心。信息披露制度可以确保广大投资者在接触和了解证券市场信息面前,一律平等,根据公开化了的信息作出自己的投资决策,既可防止盲目投资,以减少或避免不应该有的风险,更有利于遏制内幕交易、证券欺诈、过度投机行为,有利于保护广大投资者的知情权,进而有助于增强其对证券市场的信心。

最后,有利于进行证券监管,提高证券市场效率。公开的信息是证券监管部门进行管理的重要依据,同时,也是其监督证券市场各方依法活动的重要法律手段。依据公开原则,监管部门既可及时有效地查处违法信息披露制度的证券违法犯罪活动,又可根据高度透明化的证券市场信息,及时防范、预警和化解金融风险,调控、引导证券投资及筹资行为。

信息披露制度保障了交易的安全,维护了投资者的信心,也维持了证券市场的稳定秩序。

鉴于此,公开原则成为各国证券法律制度的重要原则,信息披露制度在各国证券法律制度体系中都占有重要的地位。

(二)信息披露制度的基本原则

《证券法》第63条规定,"发行人、上市公司依法披露的信息,必须真实、正确、完整,不得有虚假记载、误导性陈述或者重大遗漏"。因此,上市公司信息披露应遵循以下原则。

1. 真实原则

真实原则,是指公开的信息必须具有客观性、一致性和规范性,不得作虚假陈述。客观性,是指公开的信息所反映的事实必须是公司经营活动实际发生的,禁止为了影响市场价格而编造虚假信息;一致性,是指公开的信息依据的标准,应保持历史的一贯性,如有变动应作出及时说明;规范性,是指公司所公开的信息必须符合《证券法》所规定的对不同性质信息的真实性的不同判断标准。

证券投资者将公司信息作为对公司证券进行价值投资判断的依据,必然要求公司所公开的信息能够真实地反映其经营状况。证券投资者判断的准确性,首先以投资判断依据的真实性为必要条件。没有真实的公司有关信息,投资者就会处于极其不利的地位,公开性原则便是一纸公文,毫无意义。

真实原则,应适用于公司所公开的全部信息,包括描述性信息、评价性信息和预测性信息。只是由于信息的性质不同,对其真实性的判断标准也不同。

(1)描述性信息。描述性信息反映的是上市公司经营活动中既存的事实,应以客观事实为依据,检验其真实性。其中,对"计划事实"的真实性,不应以计划实现的充分性来判断,而应以计划实施的充分性来判断。如果计划未得到充分的实施,上市公司必须对此作出合理的说明。如果上市公司没有合理的原因而不充分实施计划,则可以认定其所公开的计划为虚假计划。

(2) 评价性信息。评价性信息反映的是已公开信息中的事实与其他事实之间的联系性，是对既存事实的性质、结果或影响的分析和价值判断。它往往是在公开上市公司经营状况的同时，又加入了信息发布者自己的判断。评价性信息的真实实际上是一种逻辑事实。在检验评价性信息的真实性时，应在确定描述信息所反映既存事实的基础上，对评价依据的真实性和评价方法的合理性进行判断。

(3) 预测性信息。预测性信息是对上市公司未来的经营状况(主要是盈利状况)所作的预测，反映的是上市公司经营状况的既存事实和将来事实之间的联系性。由于上市公司的经营活动具有持续性，其经营状况处于不断变动的过程中，其经营状况不仅包括经营现状，也包括经营潜力和经营风险，因而证券价格的确定便含有预测的因素。上市公司公开的信息中可以包括盈利预测，尽管这种预测一般并不可靠，而且常常被用来作为误导市场的工具，但为了便于投资者作投资判断，各国现行的证券法规和证券监督机构的规范性文件往往允许上市公司公开盈利预测，并给予规制以防止其弊端。规制往往从对盈利的界定、预测假设的合理性及可靠性、重大差异的说明等方面来进行。

2. 准确原则

准确原则，是指公司公开的信息必须准确无误，不得以模糊不清的语言使公众对其公布的信息产生误解，不得有误导性陈述。

公开的信息是通过语言文字的表述来实现的，而语言内容的多义性与语言表达方式的多样性，使证券法在规定公开的信息时，必须贯彻准确原则。信息的准确性是投资谈判准确性的前提。实践中由于虚假陈述与重大遗漏具有显现性，而“使人误解”则利用了语言的多义性并可能把责任推给投资者，因而，“使人误解”便成为公司信息公开活动中较为多见的违法行为。

准确原则，不是强调已公开信息与信息所反映的客观事实之间的一致性，而是强调信息发布者与信息接受者，以及各个信息接受者之间对同一信息在理解上的一致性。一个虚假的信息固然是不准确的信息，但不准确的信息未必是虚假的，因为对不准确的信息人们可依据表面文义作出多种理解。而只有一种解释的不准确信息，则构成违反真实原则。不准确信息往往具有非显现性，不易被人察觉，因此，更应对此作出明确的规定，以防误导投资者。

首先，准确原则要求在有法律明确标准的前提下，应按法定标准以语言文字的通常意义进行信息公开。由于公司与各投资者之间，成分极为复杂，行业归属、知识水平、语言习惯、检验能力等各不相同，对于公开的信息内容的判断也会有所不同。但由于信息公开的目的是为了方便投资者进行投资判断。因此，对公开信息内容的理解与解释，应以一般投资者的素质为标准。

其次，准确原则要求处理好表述准确与易于理解之间的关系。公司所公开的信息应容易被理解，即信息公开的篇幅、使用的术语及叙述方式，能被具有一般文化知识和经营知识的投资者所理解，而不只是能让投资专家理解。但公司公开的经营活动是一种专业性活动，专业术语或行业术语往往有不可代替的作用。为了兼顾信息公开的准确性与易于理解性，公司在公开信息时，对所使用的术语或行业术语应进行必要的解释，以便于一般投资者的理解。

最后，准确原则要求处理好正式信息与非正式信息的关系，投资者对经营者状况的理解并不完全通过依法正式公布的公司信息，公司非正式发布的信息（如广告促销等活动），或者不是公司发布的但与公司有关的信息（如媒体有关公司的报道），也能作为投资者进行投资判断的依据。但是，正式信息与非正式信息内容的差异，有时也能导致使人误解的结果，因此不能将公司保证信息公开的义务局限在正式信息方面。法律应规定公司有责任保证自己发布的非正式信息与正式信息的一致性，对于不是公司发布的但与其有关的信息，如果足以影响众多投资者的投资判断，公司则应附有说明的义务。

3. 完整原则

完整原则，是指公司依照法律规定或证券监管机构和证券交易所的指令将有关信息予以公开，不得有重大遗漏。如果公司在公开信息时有“重大遗漏”，即使已公开的各个信息具有个别的真实性，也会在已公开的信息的总体上造成整体的虚假性。

证券的市场价格是由公司经营状况整体决定的，证券投资者的判断，是对特定公司所公开的全部信息进行综合的判断。尽管投资者在作出投资决定时，对各种公司信息重要性的认识与有用性的选择各有不同，但对于投资者整体而言，公司将各种可能影响证券市场价格的重大信息都予以公开，是投资者判断公平性与准确性的前提条件。

信息披露的完整性，有质与量两方面的规定。

首先，应充分公开的信息，在性质上必须是重大信息。重大信息，是指能够影响公司证券市场价格的信息。将那些对市场价格并无影响的信息予以公开，一方面，会增加公司信息公开的成本；另一方面，不仅无助于投资者作出投资判断，还会增加投资者信息选择的难度。因此，应以“重大”性来达到公开信息的简约性。

其次，应充分公开的信息，在数量上必须达到一定的标准，以足使投资者在通常市场情况下能够据此作出适当的投资判断。

4. 及时原则

及时原则，是指公司必须在合理的时间内尽可能迅速地公开其应公开的信息，不得有延迟。无论怎样正确的信息，如果其公开的时期迟滞，作为投资判断依据的有用性将必然减退。所以，公司信息公开的内容应具有现时性的条件：首先，公司应以最快的速度公开其信息，即公司经营和财务状况发生变化后，应立即向社会公众公开其变化；其次，公司所公开的信息应一直保持最新的状态，不能给社会公众以过时和陈旧的信息。

生产经营的连续性与信息披露的间接性是信息披露制度的固有矛盾。公司的经营活动是持续进行的，处于不断的变动状态之中。只要经营状况正常，其信息的产生就必然是连续的、不间断的。但由于受到技术手段和信息生产成本、传递成本的严格限制，信息披露只能是间断的。

生产经营的连续性和信息披露的间断性之间的矛盾，使信息披露的及时性受到了严重的挑战，其结果是：一方面，当投资者得到消息时，许多信息已是“遥远的历史”而失去了相关性。该信息反映的经营状况对证券市场价格的影响作用已被新的尚未公布的经营状况所抵消，或者早已被变动的证券市场所吸引，以致不能起到价格信号的作用。另一方面，那些占据信息优势的内幕人员可利用信息披露的时间间隔进行内幕交易，导致投资者之间的非公平竞争，使证券市场的有效性大打折扣。

信息披露的及时性，不仅可保证投资依据的相关性，还可以最大限度地缩小内幕人员利用内幕信息进行内幕交易的时间差。内幕人员能进行内幕交易，不仅在于内幕人员有途径掌握更多的信息，更重要的在于内幕人员能够比投资者提前掌握信息。进行内幕交易，首先是要预先掌握内幕信息，并据此买卖证券；其次是要待内幕信息公开后导致证券价格发生相应的变动时，做相反买卖以牟利或避损。可见，内幕信息既包括那些一旦公开就可能影响证券市场价格的信息，也包括那些迟早会公开的信息。如果某一内幕信息永远都不会公开，那么该信息就不会成为价格信号，证券的市场价格就不会因此发生内幕人员所期望的变动，利用该信息牟利或避损的期望就不会实现。所以，内幕人员与公众投资者在掌握信息上的时间差，正是内幕交易得以存在的"温床"。公司信息的公开越及时，这种时间差就越小，内幕信息被内幕人员利用的机会相应地就会越少。

（三）信息披露的内容

鉴于信息披露对公司治理的主要影响，中国证监会颁布了《公开发行股票公司信息披露实施细则（试行）》。该法规的第 4 条规定，我国上市公司信息披露的内容主要有四大部分，即招股说明书（或其他募集资金说明书）、上市公告书、定期报告和临时报告。

1. 招股说明书

招股说明书必须遵循《公开发行股票公司信息披露的内容与格式准则》第一号的要求编制，主要披露有关股票发行的信息，包括发行股票的类型、股数、每股面值、每股发行价格、预计发行时间、申请上市证券交易所和主承销商。

2. 上市公告书

上市公告书是公司上市前重要信息披露资料，它需要披露发行人的情况、股票发行与股本结构、董事、监事、高管人员和核心技术人员、同行业竞争与关联交易和财务会计资料等信息。

3. 定期报告

定期报告包括中期报告和年度报告两种形式。公司在会计年度结束后 60 天内编制完成中期报告，每个会计年度结束后 120 天内编制完成年度报告，并报中国证监会备案，将报告摘要刊登在至少一种证监会指定的全国性报刊上，同时备置于公司所在地、挂牌交易的证券交易所、有关证券经营机构及其网店，以供投资公众查阅。

4. 临时报告

临时报告又分为重大事件报告和公司收购公告。公司发生重大事件（可能对公司的股票价格产生重大影响的事件）或收购行为时，在得到证监会及证监交易所核准后应当编制相应的公告书向社会披露。

招股说明书和上市公告书为公司上市前的信息披露内容，帮助投资者对股票发行人的经营状况和发展潜力进行细致评估，以利于投资者更好地作出股票认购决策；定期报告和临时报告为公司上市后的持续性信息披露内容，以确保及时、迅速披露那些可能对该上市公司股票的价格走势产生实质影响的信息。

（四）信息披露方式

信息披露主要采取定期信息披露（中期报告和年度报告）和不定期信息披露（临时报告）的方式，在信息披露内容构成上采取定量和定性相结合的方式。

1. 定期信息披露

信息披露一般有中期报告和年度报告,为了增加信息披露的及时性还增加了季报和月报。

2. 不定期信息披露

为了及时、有效地与公司利益相关者进行沟通,公司发生重大事件的情况可能影响到利益相关者决策时,应采取不定期(临时)信息披露。

(五) 信息披露渠道

1. 上市公司

上市公司的信息披露渠道如下:证监会指定的报刊(俗称的“七报一刊”,其中有《上海证券报》《中国证券报》《证券时报》等);证监会指定的网站;证监会同意的新闻媒体;互联网;公司网站或网页;还应在公司所在地、挂牌交易的证券交易所和有关证券经营机构及其网店备置供公众查阅等。

2. 非上市公司

非上市公司的信息披露渠道一般有:互联网;公司网站或网页;地方媒体(报刊、电视专访、电视新闻发布会等);公司宣传手册。

(六) 信息披露报告要求

(1) 审计独立性。增强注册会计师的独立性,提高他们的质量审计标准和职业道德服务能力,是确保审计独立性的前提条件。

(2) 信息披露报告要经过公司内部和外部双重审计方可对外发布。

(3) 强化管理层对信息披露的责任,加强审计委员会对信息披露的监管。

二、利益相关者监督

传统企业理论认为,企业目标是追求股东利益的最大化,企业治理结构是“资本雇用劳动”型的单边治理结构,企业的剩余索取权和控制权全部归股东所有,这就是所谓的“股东至上”理论。然而,在现代社会,特别是在知识占据经济发展主导地位的时代,随着物质资本社会化及证券化程度的不断提高、人力资本的专用性和团队性不断增强,再加上企业之间战略伙伴关系的不断发展和人们对社会责任的日益关注,“股东至上”理论受到了越来越强烈的挑战。利益相关者理论由此应运而生,并受到了人们越来越普遍的关注。

(一) 政府监督

企业、消费者和政府是市场经济主体,其中企业是最主要的市场经济主体。企业的经营环境主要来自市场和政府的制约和干预。在完全市场化经济条件下,市场这只“看不见的手”主要通过价值规律来调节企业的经营行为,政府这只“看得见的手”则通过行政政策来诱导企业的经营决策。在不完全市场化经济条件下,政府对企业经营行为的干预和影响就较大。尤其是在发展中国家和经济转型国家,政府的作用更加突出。因而,中国经济由粗放式经济增长向集约式经济增长方式转变时期,现代企业制度的建立更需要政府的直接参与,否则很难构建起有效的公司治理结构。

政府在市场经济中主要承担管理职能和监督职能。首先应根据国家经济发展史、经济发展史和市场经济主体的现状构建适合国情的市场经济体系;其次应根据市场经济运行体系构建规范的法律体系；最后应宏观指导并参与制定市场运行机制体系，在此基础上建立市场经济监管体系。

1. 制定法规

一个国家如果希望确保企业运行的有效性，就必须通过法律途径对之加以规范，明确各利益关系人的责、权、利，强化对各利益关系人特别是经营管理人员的约束，并通过法律的最终威慑力达到公司治理的目的。

为此，政府应致力于为企业提供一个规范、有序、有利的市场环境，制定市场规则，建立法制秩序，完善市场运作机制；强化资本市场上的竞争机制，培育竞争性的市场环境。因而，从某种意义上讲，一国公司治理水平的高低最终决定于该国的法律、法规的完善程度与质量水平。在公司治理结构中，其主要的法律、法规包括基本法律、行政法规、部门规章、自律性规则和行业准则等；其次还有相关联的法律、法规，有《产品质量法》《反垄断法》《反倾销法》《消费者保护法》《劳动法》《税法》《银行法》《环保法》等。

2. 实施监督

对于上市公司而言，政府监督由管理机构监管、行业监管和中介机构监管组成。

(1) 管理机构监管。我国证券法确立了中国证券监督管理委员会(以下简称证监会)作为对证券市场进行统一宏观管理的主管机构。证监会及派出机构依照法律、法规对我国证券业实施集中统一监管，而且与银监会、保监会之间召开定期或不定期三方联席会议，对监管的重合领域进行及时沟通和协调，杜绝监管漏洞和真空，确保法律、法规执行的有效性和运作机制实施的规范性。

为了确保证券市场持续、公平、透明地健康发展，证券会加强了执法力度，在其内部设立了稽查二局，处罚操纵市场企业。还实行了摘牌机制，依照《公司法》连续 3 年亏损的企业将被摘牌等。

(2) 行业监管。上海证券交易所、深圳证券交易所和证券业协会是中国证券市场自律性管理机关，通过其章程及业务规则等规范券商的行为，并有权对券商的日常经营活动进行监督检查，对违规者进行处分。

尤其上海证券交易所、深证证券交易所作为上市证券集中交易的场所，可以对整个交易活动实时监控，承担证券市场一线监控的职责，按照既定规则对交易所会员、上市公司、证券发行、上市及交易等方面相关活动进行监管，对弄虚作假者、违规操作者、信息披露不规范者等都进行了严格监管和处罚。因而，上海证券交易所、深圳证券交易所和证券业协会对行业监管都起到了非常重要的作用。

(3) 中介机构监管。会计师事务所、审计师事务所、律师事务所是企业公司治理结构监管的中介机构，也是企业保持自律的最重要的“防火墙”。中介机构以独立人格对企业进行审计，并出具诚信可靠的审计报告，形成对企业和经营者经济行为的约束机制，达到净化市场的目的。

总之，证券监督管理委员会、交易所、中介机构形成相互独立且层次分明的监管梯度，为中国证券市场和上市公司的健康持续发展起到了保驾护航的作用。中国证券业仅有短短 10 多年的发展历史，监管体系、运作程序和经验还很不成熟，尽管如此，监管部门和机构只要积极吸收借鉴先进国家好的做法和经验，加强市场宣传和推广，真正将保护中小投资者利益作为工作出发点，将预防和处罚市场操纵或欺诈行为作为工作目标，将确保市场的流动性和透明性、市场信息的有效性作为监管重点，才能真正实现证券市场的公平、公正、公开和公信原则。

（二）债权人监督

债权人是公司借入资本（债权）的所有者。理论上讲，由于债权人要承担本息到期无法收回或不能完全收回的风险，因而债权人和股东一样，在公司治理上，有权对公司行使监督权。债权人可以通过给予或拒绝贷款、信贷合同条款安排、信贷资金使用监管、参与债务人公司的董事会等渠道达到实施公司治理的目的，尤其是当公司经营不善时，债权人可以提请法院启动破产程序，此时，企业的控制权即向债权人转移。因而，商业银行是除公司内部监督机关之外公司治理的主要微观主体，也是除股权治理之外控制“内部人”监督激励的重要因素。债权人参与公司治理已成为未来的发展趋势。从理论上讲，公司处于不同经营状态，其控制权应归属不同的利益相关者。当公司处于正常经营状态时，控制权一般由经营者掌管，而公司一旦陷入财务危机，某些权益将受损的利益相关者（如债权人）为实现保全，将会通过相关治理程序，要求重新分配控制权。

1. 债权人控制作用

债权人在参与客户公司治理方面，主要发挥两个作用：一是抗衡企业内部人——经理人；二是防止控股公司的权力滥用。一般来讲，债权人控制比股东控制对经理人更加残酷，因为经理在债权人控制时比在股东控制时更容易丢掉饭碗。因而，债务可更好地约束经理。当债务人无力偿债或企业需要再融资以偿还到期债务时，债务人会根据债务合同对企业的财务状况进行调查，从而有助于揭示企业的真实情况并更好地约束和监督经理，以有效地缓解管理层的代理问题。

银行介入公司治理有助于克服众多股票持有者“用脚投票”造成的控制权虚置和普遍存在的代理问题与“内部人控制”问题，作为债权人实施经济控制时银行的实质性职能。在转轨经济中，不完善的资本市场的治理力量有限，商业银行在企业融资结构中的作用更加凸显。

2. 债权人控制优势

债权人在参与公司治理结构方面，与其他利益相关者相比具有净成本优势和信息优势。因为债权人最了解自己客户（贷款公司）的经营状况，又具有专业的金融领域、财务领域的审计人员，可随时掌控客户的经营状况，必要时可向客户提出预警信号。

3. 债权人控制动力

作为以市场为导向，实行企业化经营的银行必然极力监督和约束贷款企业的行为，以降低信贷风险。然而，只有解决银行人格化所有者缺位问题，才能使银行有足够的动力来对银行中债券与股权分险负责，去选择好的经理和好的投资项目发放贷款。因而，银行只有进行完全、彻底的商业化改革，才能使其更有动力、压力和能力对企业经营进行有效监控，成为公司治理最重要的构成部门。

（三）中介机构

资本市场上的中介机构包括会计师事务所、审计师事务所、律师事务所、投资银行、证券商、公证处、资信评级公司、税务事务所、专利事务所、产权交易所等。中介机构特别是资本市场的中介机构是“连接筹资者和投资者的桥梁”。他们或是纯粹的中介人，不参与投资；或是不仅沟通资金需求双方，还可参与投资。下面具体分析资本市场上投资银行、会计事务所、律师事务所中介机构对公司治理事务的参与及其所发挥的作用。

1. 投资银行

投资银行是证券和股份有限公司制度发展到特定阶段的产物，是发达证券市场和成熟金融体系的重要主体。

投资银行是美国和欧洲大陆的称谓，英国称之为商人银行，日本则称为证券公司。国际上对投资银行的定义主要有四种：①任何经营华尔街金融业务的金融机构都可以称为投资银行；②只有经营一部分或全部资本市场业务的金融机构才是投资银行；③把从事证券承销和企业并购的金融机构称为投资银行；④仅把在一级市场上承销证券和二级市场上交易证券的金融机构称为投资银行。

投资银行是资本市场上的重要金融机构，其角色多样，既是经纪人又是运营商。一方面它吸纳社会上的闲散资金，另一方面又以该资金进行投资；它既是资金的吸纳者，又是使用者。它为资金缺乏的企业在发行市场上发行各种有价证券以筹资，又为那些资金富余企业的闲余资金寻找投资机会，在交易市场上购买各种有价证券。具体来说，它主要从事证券发行、承销、经纪交易、证券私募、企业重组、兼并与收购、项目融资、基金管理、公司理财、投资分析、风险投资等业务，是业务最多元的中介机构。它不仅参与企业改组、并购活动的咨询、策划和组织，有时还通过对企业的参股或控股，参与企业的创业和投资，是集银行、证券商、市场其他服务机构功能于一身的综合机构。在西方发达国家的资本市场上，投资银行体系很发达，目前美国的投资银行数量已有几千家，投资银行的组织形式也由私人合伙公司向股份有限公司甚至向控股公司转化。

下面我们再来看看投资银行与公司控制权相关的业务。

(1) 兼并与收购。投资银行对公司控制权的主要影响体现在它在企业兼并与收购中的重要角色。企业兼并与收购已经成为现代投资银行除证券承销与经济业务外最重要的业务组成部分。投资银行参与企业并购的方式很多，如寻找兼并与收购的对象，向并购公司和目标公司提供有关买卖价格和非价格条款的咨询，帮助并购公司制订并购计划或帮助目标公司针对恶意收购制订反收购计划，帮助安排资金融通和过桥贷款等。此外，投资银行还设计并购中“垃圾债券”的发行任务，以及并购完成后公司改组和资产重组活动。

(2) 证券承销。投资银行在公司并购的作用还包括为并购公司发行股票或债券以筹得资金实现并购。证券承销是投资银行最本源、最基础的业务活动，其承销的业务范围很广，包括本国中央政府和地方政府发行的债券、企业发行的股票和债券、外国政府和公司在本国和世界发行的债券、国际金融机构发行的证券等。投资银行通常采用的承销方式主要有四种：包销、投标承销、代销、赞助推销。

(3) 证券经纪交易。在争夺公司控制权的三种方式（收购资产、收购股票、综合证券收购）中都少不了投资银行的身影。投资银行作为卖方或买方的代表，按照客户提出的价格代理进行买卖股票或资产的交易。同时，投资银行在二级市场上是一个集市商、经纪商、交易商于一身的重要角色。在证券承销结束之后，它有义务为该证券创造一个流动性较强的二级市场，并维持市场价格的稳定。作为经纪商，它要代表买方或卖方，按照客户提出的价格代理进行交易。作为交易商，投资银行受客户的委托，管理着大量的资产，它需要自营买卖证券以保证资产保值和增值。

(4) 证券私募发行。杠杆收购中有很大一部分是通过夹层债券（垃圾债券）筹得的。该部分融资就是投资银行通过私募形式向养老基金、保险公司和风险投资企业发行各种优先股或次级债券实现的。私募发行又称为私下发行，就是发行者不把证券出售给社会公众，而是仅出售给数量有限的机构投资者，如保险公司、共同基金等。

(5) 财务顾问与投资咨询。投资银行的财务顾问业务主要指投资银行在公司的股份制改造、上市、在二级市场再筹资以及发生兼并收购、出售资产等重大交易活动时提供的专业性财务意见。投资银行的投资咨询业务是连接一级和二级市场，是沟通证券市场投资者、经营者和证券发行者的纽带和桥梁。此外，投资银行还开展公司理财业务、项目融资业务、资产证券化以及风险投资业务。这些业务也对企业的经营管理产生重要的影响。

2. 会计师事务所

会计师事务所的重要职责是准确、完整地反映公司的财务运行状况，为资本市场上各方参与者的决策提供有效、有用的信息。

资本市场对公司披露信息的准确性和有效性的要求，有赖于注册会计师客观公正的审核。经会计师事务所披露的财务信息包括资产负债表、损益表、现金流量表、股东权益增减变动表、财务情况说明书、各种财务会计报告附注、合并会计报表、审计报告及其他财务会计信息等。

从会计师事务所的业务来看，其主要有如下几个方面：①审计业务，包括各类企业、银行金融机构年度会计报表审计，企业的合并、分立、破产、清算审计，企业出口及招投标审计，企业贷款审计，等等；②验资业务，包括企业的设立、分立、股权变更、企业改制等；③资产评估业务，包括单项评估（流动资产、固定资产、机器设备、房地产、无形资产等）和整体评估（资产总值、负债总值、净资产等）；④会计及税务服务，包括担任常年财务顾问及咨询、代理建账、记账、整理乱账、开展各种税务咨询、纳税申报、纳税筹划、税务登记、涉税文书；⑤相关的附加服务，包括企业战略管理咨询顾问、企业发展战略研究论证、企业管理诊断咨询、企业财务管理诊断评价、资产管理顾问、证券融资顾问等。但进入21世纪后，资产评估业务呈现出从会计师事务所分离出来的趋势，越来越多的会计师事务所专注于审计业务。

传统上，会计师事务所的业务集中在会计及审计服务，然后拓展至税务咨询，管理咨询服务所占的比重并不显著。但在20世纪90年代情况大为改变。1993年美国五大会计师事务所的管理咨询服务收入约占总收入的32%。随着企业管理的变革及电子商务的蓬勃发展，1999年五大会计师事务所的管理咨询服务收入已经达到51%，审计服务收入则从45%降为30%，另外19%为税务规划与咨询收入。作为安达信客户之一的环球通信，2000年向安达信支付审计费为230万美元，但咨询等其他审计费用却接近1 200万美元。安然的情况也类似。同一家事务所既对同一家企业从事财务审计，又提供咨询服务，势必形成诚信和利益的博弈。当利益冲突足够大时，信誉的堤防便被冲垮。

安达信事件对注册会计师行业的分业经营问题和独立性问题提出了挑战。在安达信事件后，美国通过了多项旨在完善公司治理、加强会计责任的法案，其中包括《萨班斯—奥克斯莱法案》《2002年上市公司会计改革与投资者保护法案》《2002年公司与审计业务、责任及透明度法案》和《企业会计法案》。《萨班斯—奥克斯莱法案》是对自20世纪30年代以来的证券法规进行的一次最广泛和最大规模的修订。法案内容包括多项新规定，如企业高层人员需定期签名核实公司账目，必须更早披露高层买卖公司股票情况等。《企业会计法案》对审计师的独立性提出了更严格的要求，包括：限制会计师事务所为被其审计的公司提供如评估、咨询及内部审计外部化等非审计服务；某一事务所负责某一公司审计的合伙人至少要5年轮换一次；限制与被审计公司有利益冲突的人员参与审计。法案还严格限制会计师事务所在为客户提供审计服务的同时还提供管理咨询和其他非审计服务。

3. 律师事务所

律师事务所是整个证券市场法制化不可或缺的参与者。律师事务所主要以法律咨询的形式参与证券市场，向证券发行和交易的公司及其他证券市场参与者提供法律服务。对于证券发行人，律师是公司创立、并购、发行、承销、上市等几乎一切环节都不可或缺的重要参与者，上市公司资产重组协议的签订、起草和审查，资产评估及重大的日常股权纠纷的处理等具体事务也离不开律师职业意见书。对于证券投资人来说，专业律师出具的法律意见书及律师审查、核实、制作的有关法律文件是其投资行为的决策基础，投资人在交易过程中产生的各种违规行为及不公平交易纠纷也需要律师介入解决；对于证券承销人来说，其承销证券的资格、能力，合同的有效性和资信状况都要经过职业律师的核查，职业律师还要对企业申报材料的内容是否完备、合法、真实进行审核；对于证券管理机关来说，需要律师在履行其职责时做到审慎、诚实和勤勉敬业，以维护正常的证券市场秩序。

律师事务所与资本市场有关的业务如下：

(1) 为公开发行上市股票的企业出具有关法律意见书。承办律师应依据法律规定、本行业公认的业务标准和道德规范，按照证券监管部门规定的标准格式，在审查有关事实和材料的基础上，草拟法律意见书初稿，经两位承办律师共同复核商定后，送律师事务所主管审批，并以公函发送委托人。律师及其所在事务所对所出具的法律意见书的真实性、准确性及完整性负有核查和验证的义务。如果出具的法律意见书有虚假信息或者有严重误导性内容和重大遗漏，律师及律师事务所应承担相应的责任。

(2) 审查、修改、制作有关法律文件。此类文件包括：可行性研究报告、改组方案设计、公司章程草案等公司创立条件；招股说明书、企业债券发行章程等证券发行文件；证券承销协议等合同性文件；上市申请书、上市公告书等证券上市文件。在审查、修改、制作有关法律文件时，律师应对其内容的真实性、准确性、完整性和合法性进行核查、验证。

(3) 对公司的并购业务和过程提供法律服务。律师事务所应参与处理公司在并购过程中因违反《反垄断法》《证券交易法》《劳动法》《破产法》等法律、法规而出现的法律纠纷。

(四) 机构投资者治理

在发达的资本市场，机构投资者对其所投资企业会产生重要影响，尤其像美国股权相对分散的资本市场，其影响力更大。往往一个或少数几个大股东持有公司10%～20%的股份，他们就有动力搜索信息并监督经理人员，从而避免中小股东普遍存在的“搭便车”现象。机构投资者对上市公司的监督约束作用，主要通过拥有足够的投票权对经理人员施加压力，甚至可以通过代理权竞争和接管来罢免经理人员，有效解决代理问题。

目前，我国机构投资者对上市公司的监督约束作用相对较小，造成这种局面的原因多种多样，主要根源在于我国上市公司国有股和法人股非流通股比例较高，致使机构投资者所持股份不足以对公司形成控制；同时，我国对证券投资基金持有上市公司股份有限额的规定，致使机构投资者的治理作用无法得到最大限度的发挥，并且我国资本市场发展不够完善，缺乏成熟的法律、法规规范制度，机构投资者本身治理机制也不够健全等。

1. 机构投资者的含义

机构投资者，是指用自有资金或者从分散的公众手中筹集的资金专门进行有价证券投资活动的法人机构，包括证券投资基金、社会保障基金、商业保险公司和各种投资公司等。与机构投资者所对应的是个人投资者，一般来说，机构投资者投入的资金数量很大，而个人投资者投入的资金数量较小。

2. 机构投资者的种类

机构投资者又有狭义和广义之分。狭义的机构投资者主要有各种证券中介机构、证券投资基金、养老基金、社会保险基金及保险公司。广义的机构投资者不仅包括这些，而且还包括各种私人捐款的基金会、社会慈善机构甚至教堂宗教组织等。以美国为例，机构投资者主要包括如下机构：商业银行、保险公司、共同基金与投资公司、养老基金等。

目前中国资本市场中的机构投资者主要有：基金公司、证券公司、信托投资公司、财务公司、社保基金、保险公司、合格的外国机构投资者(QFII)等。其中在目前可以直接进入证券市场的机构投资者主要有证券投资基金、证券公司、三类企业(国有企业、国有控股企业、上市公司)、合格的外国机构投资者等，其中证券投资基金的发展最引人注目。

3. 机构投资者的特点

机构投资者作为资本市场中一个重要的市场主体，具有自己的特点。

(1) 机构投资者在进行投资时追求的是具有中长期投资价值的股票。

一般来说，机构投资者多是长期投资者，在进行投资时追求的是具有中长期投资价值的股票，特别关注公司的经营稳定性和上市公司的未来业绩，因此，机构投资者更加重视上市公司基本面的情况及其长期的发展情况，更加重视公司所处行业的发展前景。

(2) 机构投资者拥有行业及公司分析专家、财务顾问等，具有人才优势。

机构投资者为了在股票投资中取胜，特别重视对行业及其公司基本面的研究，因此，他们相应地都拥有行业及公司分析专家、财务顾问等，具有人才优势，利用这些专业人士对上市公司及其所处行业基本情况和发展前景进行分析研究，从而选择行业发展前景好、公司基本面好的上市公司作为他们的投资对象。

(3) 机构投资者可以利用股东身份，加强对上市公司的影响，参与上市公司的治理。

作为机构投资者，是所持股票公司的股东，因此就有影响上市公司的权利和义务，就可以利用股东身份，加强对上市公司的影响，参与公司治理。例如，机构投资者可以发起对所持股票上市公司的改革倡议和活动，也可以给公司出谋划策、提出建议、想办法，或者给上市公司施加压力让其改善经营状况、提高管理水平，从而提高公司盈利能力，改善和提升公司的社会形象，最终实现公司价值最大化，作为股东身份的机构投资者其价值也得到提升。

4. 机构投资者参与公司治理的途径

机构投资者主要可以通过以下两种途径参与公司治理、改善上市公司治理结构。

(1) 行为干预。这里所说的行为干预其实就是机构投资者作为投资人有参与到被投资公司管理的权利。发现价值被低估的公司就增持该公司的股票,然后对董事会加以改组、发放红利,从而使机构投资者持有人获利。因为上市公司首先是由于价值的低估而导致交易清淡,不被市场所认可,从而形成公司长远发展融投资渠道的闭塞,对公司长远的价值提升造成障碍。机构投资者有可能通过干预公司实行积极的红利政策调整,从而调动市场的积极反应,达到疏通公司与市场沟通渠道的效果。另外,作为上市公司的合作伙伴,机构投资者一般遵循长期投资的理念,公司运作的成功需要机构投资者更积极的参与。

(2) 外界干预。机构投资者还可以直接对公司董事会或经理层施加影响,使其意见受到重视。例如,机构投资者可以通过代言人对公司重大决策,如业务扩张多元化、购并、合资、开设分支机构、雇用审计管理事务所表明意见;机构投资者可以通过向经理层信息披露的完全性、可靠性提出自己的要求或意见,从而使经理阶层面临市场的压力。同时公司业绩的变化也迫使经理层能够及时对股东等利益相关者的要求作出反应,这样就促使经理层必须更加努力来为公司未来着想,以减少逆向选择和道德风险。

而在潜在危机较为严重的情况下,机构投资者可能会同其他大股东一起,更换管理层或寻找适合的买家或者进行破产清算以释放变现的风险。当然机构投资者也可以通过将公司业绩与管理层对公司所有权的分享相结合,从而使管理层勤勉敬业,在公司成长中获得自身利益的增值,公司其他利益相关者也获得利益的增加。

5. 机构投资者参与公司治理所需要的外部条件

当然机构投资者在公司治理结构中发挥作用还需要一系列外部条件,美国的经验说明至少需要如下几个条件。

首先,严格限制机构投资者参与公司治理的法律环境渐趋宽松。20 世纪 80 年代中期,美国联邦政府决定鼓励持股人参加公司投票选举;1992 年,美国证券交易委员会新规则允许持股人之间互相自由地串联,互通消息,这样就大大降低了机构投资者收集“选票”的成本,更容易取得对公司的控制权。

其次,机构投资者成长很快、规模不断扩大。由于机构规模很大,使其被“免费搭车”的成本降低,即使其他的持股人从机构的行动中免费搭车了,机构投资者就整体而言仍是得大于失。机构投资者规模巨大导致的另一重要的后果是,机构投资者作为整体持股量占整个资本市场的一半以上,因而无法像一般个人投资者那样方便地卖出股票,而只能是在不同的机构之间相互转手。因此对于其不满意的经营管理、不尽如人意的公司,不再能够轻易地“用脚投票”来卖出股票,只能是积极地利用其大股东的身份介入公司管理,敦促企业家改善经营。

最后,以“股东至上主义”为核心的股权文化的盛行。股权文化是指公司具有的尊重并回报股东的理念,是公司治理的最高境界。它包括公司重视听取并采纳股东的合理化意见和建议,努力做到不断提高公司经营业绩,真实地向股东汇报公司的财务及业务状况，注重向股东提供分红派现的回报等。这就要求加强对企业家的监督和约束、保障出资人的权益。20 世纪 80 年代后期发达国家资本市场上针对经营不善公司的敌意接管逐渐减少，但是公司治理依然问题重重，公司的企业家机会主义行为有增无减，客观上需要一个主体替补敌意收购留下的空白，加强对企业家的监督和约束，保障出资人的权益，而机构投资者正好可以填补这个空白。

机构投资者在公司治理结构中发挥作用正是在这样的大背景下应运而生的。

三、市场监控机制

传统市场经济条件下，市场在资源的配置中起着基础性作用，按不同的方法可以对市场作出不同的分类。在公司治理外部机制研究中对市场的划分也没有统一的意见，为了方便起见，可以将市场分为资本市场、产品市场、经理人市场和劳动力市场四个方面。

（一）资本市场

资本市场是公司治理结构互补制度安排，应服从于投资者筛选和监控企业目标。投资者欲实现对企业的最佳筛选和监控，资本市场原则上应具有以下两个约束功能：一是正确地反映并评估企业的经营绩效；二是具有一种内在的机制使得劣质企业一旦被发现就能够被逐出市场竞争，并将其资源转交给真正的优质企业，由此不断促进企业制度的创新与完善。现实中，资本市场对企业的上述作用及影响主要通过股价机制和接管机制来完成对企业的筛选和监控。

1. 股价机制

所谓股价机制，就是资本市场上通过股票价格的高低及其波动情况，来反映股票发行公司的经营状况和变动情况，并以此引导或影响投资者(股东)“用脚投票”对企业进行筛选与监控。资本市场股价机制的监督作用主要体现于两个方面：一是用股票价格反映公司企业家的经营能力，并决定其去留；二是将公司企业家的薪酬与股价相联系，以激励和约束企业家。也就是说，当证券市场处于法律制度健全、股权足够分散、市场规模足够大的市场环境下，股票价格中的泡沫和噪声就比较小，股票价格的涨落就能真实地反映企业的运营情况，其变动的大小完全反映企业的利润水平，使市场参与者更能客观真实地对公司潜力(未来收益能力)和现状(企业运营状况、经营者才能和努力程度等)进行评估，并以较小的监控成本获得合理的投资收益，这无形中给经营者带来巨大的外在压力。

当然，股价机制与接管市场有所不同，对经营者不是采取非此即彼的惩罚，股价的变动对经营者形成长期的压力，使其不敢长期懈怠。另外与股价挂钩的薪酬——股票期权实质就是通过股票价格来提取公司发展潜力信息，对经理人长期激励。

2. 接管机制

当法律和内部控制机制无法促使经理层为公司价值最大化而努力时，公司控制权市场将成为约束经理层的“最后武器”。因此，高效而富有活力的公司控制权市场，对于公司治理、提高资源配置效率均具有积极作用。

由于世界各国所有制机构、股权结构及资本市场的差异化，其相应的控制权市场也存在很大的不同。世界主要国家控制权市场差异化对比如表 5-4 所示。

表 5-4　世界主要国家控制权市场差异化对比

项　目	英美国家	欧洲大陆(德国、法国)和新兴市场(韩国和东南亚)
所有权结构	分散化	集中化
控制权	竞争型	锁定型
控制权获取方式	敌意收购	协议转让
对公司治理作用	① 英美国家主要以绩效较差公司为收购目标,收购后管理层常常被解雇; ② 收购后,目标公司收益显著为正,收购公司收益显著为负,总体考虑显著为正,并购创造了价值; ③ 在控制权发生作用的条件下,即使仅仅存在被接管的可能,低股价也会对管理层施加压力,使其忠于股东利益	

中国控制权市场(表 5-5)基本类似于欧洲大陆(德国、法国等)和新兴市场(韩国和东南亚)的情况,而且存在国有股和法人股不流通的客观现实,这将直接影响控制权市场的发展和完善以及对经营者的约束作用,造成控制权市场运作存在很多投机主义行为,为收购后的公司带来很多的后遗症。

表 5-5　中国控制权市场情况

项　目	内　容
动机	① 改善业绩时控制权转让的主要动机 ② 获得"壳资源"为公司创造价值
目的	① 为了获得控制权的私人收益 ② 通过收购上市公司可提升公司知名度和信誉度 ③ 享受资本市场以配股、增发、发债等形式获得直接融资的便利 ④ 借"壳"上市,节省直接上市所需的高额成本,获取直接融资可能性
转让方式	① 协议转让 ② 无偿划拨 ③ 间接控股 ④ 司法裁定 ⑤ 公开拍卖 ⑥ 二级市场拍卖 ⑦ 二级市场收购
存在主要问题	① 国有权和法人股不流通阻碍了公司控制权市场的真正形成 ② 控制权转让主要以绩差上市公司为中心,以价值转移和再分配为主要方式 ③ 非市场化的动因左右控制权市场 ④ 控制权交易缺乏融资机制,上市公司并购主要以资产置换和股权置换为主,并购融资工具单一且发展很不成熟 ⑤ 控制权转让常常与内幕交易和股权操纵等违法行为相关联

总之,在"两权分离"的公司治理结构中,资本市场是解决企业内部治理失灵(董事会,经理层的经济行为发生偏差,法律赋予股东的权力受到削弱)的次优选择方案,一方面中小股东通过高度流动的股票市场的抱怨机制对经营者进行治理,另一方面外部股东通过股份或依附于股份上的、潜在的控制权争夺而形成公司控制权市场(接管市场)对经理层

更换。也就是说，在管理层操纵董事会，使单一股东仅用“用脚投票”无法对公司经理层构成约束的条件下，公司控制权市场就成了克服这一缺陷的制度安排。

（二）产品市场

充分竞争的产品市场和生产要素市场是指不存在产业壁垒和地区封锁，企业准入和产品的定价是自由的。那么如何来衡量或评估企业和经营者的经营绩效？最直接的方式就是通过产品市场来反映企业的要素配置效率，也就是通过以下四个方面来直接表现出来。

1．适销对路

产品就是为了满足群体的物质和精神需求而生产制造出来的，那么产品是否适销对路对企业来讲是首要而且又是至关重要的问题。如果生产的产品不能完全满足或部分功能不能满足消费者需求，将对企业和社会造成巨大的浪费，而且直接影响企业未来的生存和发展。如果企业技术创新、营销创新、市场创新能力不强，将直接影响产品生命周期，进而影响企业的经济效益。所以，产品适销对路是反映企业经营管理者团队经营决策、管理素质和能力及对市场敏感度的“显示器”。

2．产品价格

随着科学技术的快速发展，同行业同功能的产品越来越趋向同质化，那么企业间最直接的竞争方式就是产品价格的竞争。理性的消费者是按照自身效果最大化原则来选择或消费产品的，用货币来给企业经营者“投票”，只有赢得消费者货币选票的企业才能获得丰厚的利润，从而使股东受益，经营者留任，企业得以生存、发展和壮大。那么消费者为什么给经营者投票？因为同质化的产品，谁为消费者着想，谁的产品就畅销，市场份额就高，企业经济效益就好；反之则不然。既然如此，哪些因素决定产品的价格？实际上，决定产品价格的就是企业综合成本，那么构成企业综合成本的因素有哪些？企业综合成本主要包括研发成本、原材料成本、生产成本、财务成本、营销成本、管理成本、人力资源成本等，以上这些费用大部分是显性成本，而决定产品价格的主要因素在于隐性成本，其中最重要的是“两权分离”的代理费用。如果一部分企业由经理人控制，而另一部分企业不存在“两权分离”，而是由企业所有者直接管理和控制，那么后者无形之中就降低了代理费用成本，反映在产品价格上就比其他企业低（在其他费用相同的前提下），产品在市场上表现出较强的竞争力，这对“两权分离”的职业经理人形成了压力，迫使其努力降低成本。如果产品居高不下，销售受阻，企业经营业绩不佳，经理人就会被解雇，甚至导致企业破产倒闭。如果在市场竞争环境下，存在大量的非“两权分离”企业，代理费用就会大大降低。如果所有企业都是“两权分离”的，那么代理费用就会很高，不能形成外界压力。由此可见，产品价格不是企业间简单的产品竞争，而是企业和经营者管理活动优劣的“市场信号”的表现形式。

3．产品质量

企业由于客户群体定位的不同，其产品质量表现形式也不同。有的企业以前卫的发展理念、技术创新的研发实力，领航行业的发展，定位于高端客户群体；有的企业以追随者的身份，定位于中高端客户群体；还有的企业根据自身的经济、技术实力，人力资本素质和能力而定位于中低端客户群体。不论企业为哪一类客户群体服务，其产品质量必须满足消费者的需求，形成较高的产品性价比，否则产品就没有市场，并直接影响企业的经济效益，也直接关系到经理人的去留问题，所以，企业经营不仅关心产品价格而且还要关注产品质量，使消费者愿意为你投票呐喊。当然，产品质量不仅仅指使用功能上的满足，更重要的是产品安全，不得出现因产品安全问题而给消费者带来人身伤害，否则企业或经营者将同样面临灾难性问题。

4. 服务

服务是企业形象和员工素质的综合体现。一是企业在产品销售环节、市场推广、售后服务及对外沟通和宣传等方面要标准化、规范化、制度化管理，要与企业形象、客户群体定位相吻合或一致，否则企业的品牌价值就得不到提升或增值，长此以往会影响消费者的满意度、信任度和忠诚度；二是企业在内部管理流程（研发、市场、采购、生产、质量检验、行政管理等）方面要标准化、规范化、制度化，保持作业质量的一致性。同时要形成良好的企业文化氛围，将企业的发展理念、目标、经营计划、作业目标融入企业员工日常的工作中，使企业与员工的个人价值目标相一致。因而，服务是企业品牌价值的"浮标器"。

总之，产品市场是企业最灵敏的"温度计"，经营者的决策和管理能力在产品市场即可反映出来。因而，在"两权分离"的市场环境下，产品市场为董事会考察经理层的经营管理能力提供了前提条件和基础，也为公司利益相关者（股东、债权人、供应商、消费者、潜在投资者、员工等）考评经营管理者提供了"航标器"。根据财务指标的反应，通过不同的投票方式（"用手投票""用脚投票"和"用货币投票"等）来决定经营管理者去留。所以说，产品市场是对经营管理者最直接、最有效、最便捷的约束。

（三）经理人市场

经理人市场是职业经理人供求关系的交易市场，它的发达和完善标志着人力资本价值的市场化程度，也映射出职业经理人的整体素质和能力水平。经理人市场对经营管理者产生的约束作用，主要通过两个方面表现出来：一是经理人市场本身是企业选择经营者的重要来源，在经营不善时，现任经营者就存在被替换的可能性。这种来源于外部乃至企业内部潜在经营者的竞争将会迫使现任经营者努力工作。二是市场信号显示和传递机制会把企业的业绩与经营者的人力资本价值对应起来，促使经营者为提升自己的人力资本价值而全力以赴改善公司业绩。因而，成熟的经理人市场的存在，能有效促使经理人勤勉工作，激励经理人不断创新，注重为企业创造价值。

(1) 从经济发展史和市场经济环境来看，传统工业经济注重土地、劳动力、资本、技术等生产要素，而在新经济市场环境下人们更加关注管理、人力资本、信息知识等生产要素（图 5-4），开始由物质资本价值向人力资本价值转变，恰恰企业经营管理者是人力资本最重要的代表者，他们的价值和地位得到了社会的广泛关注和认可，而且随着现代企业制度的构建，人力资本的价值取向、表现形式、增值模式、绩效评估、薪酬设计等方面成了理论界、企业界探讨和研究的中心课题。

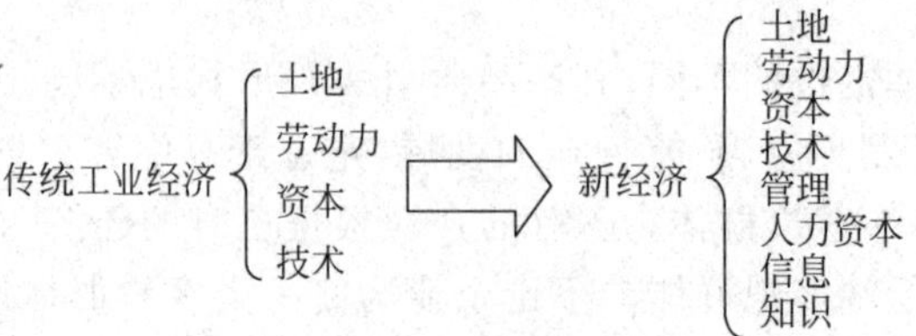

图 5-4 传统经济与新经济生产要素构成

(2) 从公司制发展来看，随着企业规模的不断发展壮大，公司的管理复杂程度不断增大，市场的不确定因素又给企业带来更大的经营风险，企业所有者和经营者分离已成为世界各国企业界不争的事实，这就产生了具有专业化管理水平的职业经理人。公司的委托——代理关系不仅要求经理人接受董事会、监事会的监督管理和评审，而且还要接受产品市场、资本市场和经理人市场的约束。

(3) 从经理人价值表现来看，经理人通过职业化管理和创新能力的发挥，将私人信息转化为公共信息，在企业管理的讨价还价中，获得更多的企业所有权，使经理人与企业所有者之间的激励由不相容变为相容；在经营环境的博弈中，经理人市场价值得到重新定位，有的经理人的人力资本价值得到提升，有的经理人的人力资本价值反而下降，这主要取决于经理人为企业创造了多少利润，为股东创造了多少收益，一方面通过证券市场股票价格"晴雨表"反映出来，另一方面通过社会公众对经理人的认可程度表现出来。

(4) 从竞争性市场来看，一个发达、完善的经理人市场能够促进经理人才在企业之间或企业内部不同职位之间合理自由流通，一方面给经理人提供了发展机会，另一方面也给经理人造成了一种压力，迫使他们勤勉努力工作，否则就会被"潜在"经理人所代替，可能造成自身"人力资本"的贬值乃至身败名裂。尽管我国职业经理人市场还没有成熟，更谈不上职业经理人市场管理问题(职业经理人认证制度、测评、聘任和解聘条件、转移价值、职业准则等)，然而民营企业职业经理人经营已日趋成为发展趋势，有力推动了职业经理人市场的形成和发展，无形中对在职经理人带来一定的职业危机。

(5) 从绩效薪酬来看，经理人的薪酬是由经理人在市场竞争中所表现出来的经营能力和经营业绩决定的。从经理人短期经济利益来看，经理人的薪酬是通过定期的绩效考核来调整其薪酬收益的，即"完全事后清偿"。从长期动态效果来看，即使不考虑直接薪酬对经理人的激励作用和监督约束作用，经理人自身也会考虑如何给市场留下好印象，以保持和提高个人人力资本市场价值。所以，在存在经理人的市场条件下，那种偏离利润最大化的经营者不可能被长期委托代理经营管理企业。

理论上，经理人市场具有很强的约束力，但从中国的现状来看，还不存在有效的经理人市场。从上市公司样本调查来看，董事、监事和高层管理人员的选聘主要在控股股东和公司内部产生(表 5-6、表 5-7)，而且在国有企业中还存在"商而优则仕"现象，职务的升迁主要依靠政治关系而非企业家才能，这完全与股东和社会公众对高层管理者的期望相悖(表 5-8)。

表 5-6　新董事来源

项　　目	样本调查一	样本调查二
样本数(名)	250	246
股东大会提名(%)	56.8	79.3
董事会提名(%)	34	10.6
大股东决定(%)	8.6	8.5
董事长决定(%)	1.6	1.6

资料来源：根据上海证券交易所研究中心《中国公司治理报告》第 167 页相关资料整理。

表 5-7 董事和监事来源情况

单位：%

项　目		所占比例
股东单位委托		60
其中	国有股和法人股委派	87.7
	职工选举(监事)	16.7
	招聘或选聘	12

资料来源：根据上海证券交易所研究中心《中国公司治理报告》第 167 页相关资料整理。

表 5-8 选聘董事和高层经理前六位重要因素及所占比例

单位：%

序号	选 聘 董 事	所占比例	序号	选聘高层经理	所占比例
1	管理机能	58.8	1	管理机能	68.6
2	专业技能	17.9	2	专业技能	22.3
3	行业经验	11.5	3	行业经验	5.6
4	社会声望	6	4	社会声望	1.7
5	持股数	1.9	5	与公司领导熟悉	0.5
6	股东单位领导或代表	0.4	6	给公司带来长远发展和效益	0.4

资料来源：根据上海证券交易所研究中心《中国公司治理报告》第 167 页相关资料整理。

在家族式民营企业中，公司为一个家族或几个家族所有，往往企业所有权与经营管理权合二为一，表现在高层管理人员选聘上，依据的标准主要看是否为家族成员或与企业创始者的家族保持紧密的私人关系。

从企业经营者角度来看，不论国有企业还是股份有限公司、有限责任公司及外资企业，经营者们根据经济环境的变化和发展，对政府和社会提出了更大的希望和要求。从表 5-9 中可以看出，经营者对“完善选拔制度”和“健全激励约束机制”的期望值更大。

表 5-9 企业经营者对政府和社会的希望 单位：%

项　目	国有	集体	私营	股份合作	股份有限公司	有限责任公司	外商、港澳台投资	所占比例
完善选拔制度	42.7	40.1	35.8	49.4	38.5	35.8	41.1	40.5
健全激励约束制度	23.4	21.0	16.7	24.8	26.0	28.3	20.9	24.0
形成良好成长的社会环境	9.7	12.0	14.2	5.0	10.7	10.9	9.8	10.3
确立合理的股权收益	8.0	9.7	19.2	6.9	8.9	9.8	13.5	9.4
深化企业领导制度改革	10.5	9.0	3.3	4.0	9.5	9.0	7.4	9.3
加强培训精神	3.8	4.1	5.0	4.0	4.3	3.4	4.4	3.9
鼓励创新精神	1.9	4.1	5.0	5.9	1.9	2.6	2.4	2.5
发挥企业家社团作用	0.0	0.0	0.8	0.0	0.2	0.2	0.3	0.1
合计	100	100	100	100	100	100	100	100
被调查人数	1 593	267	120	101	484	612	296	3 473

资料来源：陈佳贵，杜莹芬，黄群慧. 国有企业经营者的激励与约束——理论、实证与政策。北京：经济管理出版社，2001。

注：受数据四舍五入的影响，合计数略有误差。

由此可见，中国的经理人市场还没有完全形成，相关的法律制度还不健全，人力资本价值还没有统一或被市场接受的评判标准，经理人市场的流动性还不充分，也就是说，中国规范化、市场化的经理人资源配置机制还没有建立起来，因而，经理人市场的约束力相对较弱。

如何构建职业经理人市场化平台？如何完善职业经理人管理体系和运作机制？这是需要理论界、企业界、政府等方面的共同努力才能完成的系统工程。

首先，我们必须明确职业经理人的市场定位和职业特点。职业经理人就是以专业化的企业管理技术为资本，从事企业资源配置的优化组合，完成企业所有者的经营业绩和战略目标，并以此为职业的特殊社会群体。他们利用自己创新的智慧与献身精神为社会创造财富，为企业相关利益者创造价值，通过市场选择机制获得相应的物质报酬和社会地位、声望等精神激励，他们将经营活动视为职业生命，承担着更大的社会责任和企业经济责任。

其次，建立市场供求机制。市场的供给来源于市场的需求，没有市场需求就无所谓供给，因而，欲建立经理人市场的供给市场就必须解决其市场需求，打破公司高层管理者单一来源渠道问题。怎么能做到这一点呢？第一，理论界要构建经理人市场框架或模型，突破制度化发展瓶颈；第二，政府要积极倡导，舆论引导，法律规范，创造市场发展环境；第三，企业界一方面建立代理权竞争制度，促进经理人市场的培育和发展，另一方面经理人市场建立丰富的人才资源库、信息查询系统、人才市场交易制度、经理人诚信或信誉管理制度、标准化考评和薪酬制度；第四，建立经理人信息鉴定筛选制度，随时收集和跟踪经理人经营活动，建立信息完善的个人档案，并将其业绩及时向外界披露，使经理人在“阳光下”从事自己的职业，避免信息不对称带来的“道德风险”和逆向选择问题。

最后，要承认经理人的市场价值。经理人是社会特殊的稀缺资源，应引起社会的广泛关注，给予相应的政治地位、社会荣誉，为其创造更好的事业平台，同时给予股权、红利、薪金、福利等物质奖励，充分调动他们的积极性和创造性。

因而，在经理人市场发展方面我们要走的路还很长，需要各方面的共同努力，才能构建完全市场化的经理人市场，才能真正起到对公司经理人的约束作用。

（四）劳动力市场

为什么存在劳动力市场？这是一个很重要的问题。我们知道，在市场经济中，员工与企业之间的劳动合同是双方自愿选择的结果，没有任何一方有权利强制另一方接受后者不愿意接受的合同。因此，劳动力市场的存在意味着它为双方都带来利益。

竞争性的劳动力市场为公司与员工双方提供了激励，提高了雇用效率。员工若对雇用条件不满意可以辞职，因而竞争会激励经营者改善管理、提高企业经营绩效，以留住人才，实现劳资双方的共同发展。

第五节　新创公司的治理

新创企业是一个特殊的群体，近些年来，随着对新创企业的重视，新创企业的公司治理也成了理论讨论的热点问题。

一、关于新创企业治理结构的讨论

在国际上,有不少学者对风险投资家在新创企业内部治理结构中的作用进行了研究。不少研究认为,风险投资家在为新创企业提供资金和增值服务的同时,也会对企业引入某些治理措施,这也构成了新创企业治理结构的重要组成部分。

例如,Gompers(1995)对风险投资分阶段投资的结构进行了考察。他认为,创业者能够在管理新创企业过程中获得的利益与投资者的利益并不一致,因此风险投资家需要通过加强监督来减少由此带来的损失。但监督成本的存在又使得风险投资家不能经常参与新创企业的经营活动,更多的是通过新一轮投资前对新创企业的重新调查和评估来实现有效的监督。因为分阶段投资使风险投资家能够定期收集信息,并保留停止投资的选择权,以求有效地降低代理成本。Gompers 还对随机选取的 794 家受到风险投资支持的公司进行了研究,发现创业企业资产的性质对分阶段投资的结构有着很大的影响。

Lerner(1994)对 271 家生物技术企业进行了考察,分析了风险投资中联合投资的合理性,发现有经验的风险投资家常会在第一轮风险投资中与水平相近的风险投资者进行联合投资。他们将投资集中在一起,以求产生更好的投资效果;发现在分阶段的投资中,风险投资家可以掌握更多的信息,从而可以降低信息不对称的影响,避免创业者利用信息上的优势夸大企业的价值。

Kaplan & Stremberg(2001)鉴于风险投资家与创业者之间的委托—代理关系,研究发现风险投资家常常试图通过筛选交易、签订合约和事后监督三种方式来缓解与创业者之间的利益冲突。

Baker & Gompers(1999)对风险投资家在新创企业中担任董事的情况进行了研究,发现董事会的组成多是按照对于新创企业进行监督的需要而设立的。Bruton(1997)对风险投资家担任董事的新创企业进行了调查,发现当风险投资家拥有较大的控制权,而新创企业 CEO 的控制权较小时,CEO 被风险投资家解雇的原因常常是因为缺乏战略领导能力。因为 CEO 的机会主义而被解雇的则较少。

Baker & Gompers(2001)对 1 116 家企业的董事会规模和组成进行了实证研究,考察了风险投资家在企业中的作用,发现风险投资的加入促使董事会从内部董事和工具型董事向独立董事倾斜,而董事会的组成是 CEO 与外部董事协商的结果。同时发现,与大公司相比,新创企业的董事会更加积极地参与战略制定和监督。由于股东人数较少,股权比较集中,因此新创企业的董事会多数不会强调独立性,但会特别强调控制权的分配。

关于风险投资家在新创企业治理中的作用,还可以从新创企业的资本结构及其中大股东作用的角度去进行考虑。与大企业相比,新创企业的资本结构相对简单。首先,由于新创企业未来的不确定性较大,有形资产较少,没有信用记录,不符合商业银行对于资产安全性、流动性和盈利性的要求,它很难获得债务融资。故在多数新创企业的资本结构中,权益资本的比重相对大些。其次,新创企业的权益资本相对较大,一般主要包括可转换优先股和普通股。在这样的情况下,新创企业的治理问题主要体现为外部股东与创业者之间的利益冲突。而大企业不仅包括股东与内部管理者的利益冲突,还包括股东与债权人之间的冲突。这就使新创企业的治理结构相对简单一些,而大企业的治理结构相对复杂一些。

在不少新创企业中，风险投资家往往扮演着大股东的角色，故他们有着对创业者进行积极监督的内在动力。特别是，风险投资家以新创企业的升值获得投资回报，不参与日常管理，故不可能通过与创业者合谋来获得资本利得以外的收益。同时，大部分新创企业不存在股权流动问题，因而在新创企业的治理结构中，风险投资家可以发挥极为重要的作用。

由于新创企业资本结构的特点，新创企业的治理结构以内部治理为主，而外部市场对新创企业的治理作用并不像大企业那么明显和重要。另外，新创企业的融资结构和股权特点决定了外部市场对其影响很小，对新创企业有治理作用的外部市场主要是风险投资市场。

二、风险投资家与创业者之间的利益冲突

在新创企业中，创业者由于自身财力限制而必须放弃一部分股权，通过寻找外部资金来支持企业的创立与成长。通常，风险投资家为新创企业提供外部权益资本，成为新创企业的股东，但往往又不加入新创企业的日常经营，这时风险投资家与新创企业之间就形成了委托一代理关系，同时也会产生利益上的冲突。

一般而论，风险投资家的目标是通过创业企业的成长实现权益资本的升值，未来以出售股权的方式得到高额的投资回报，所以目标的实现，本质上取决于新创企业价值的最大化。创业者虽然同样拥有新创企业的股份，企业价值的增长也会为他带来好处，但作为新创企业的经理人，他还能够从经营中获得其他的个人利益。

例如，创业者可能投资于那些个人利益很大，但风险投资家的回报较低的长期性项目，甚至创业者可以和与自己利害相关的人做生意，将企业利益转化成个人利益。又如，创业者可能通过职务消费来增加个人的收益。再如，创业者可能清楚地知道自己已不能胜任正在担任的管理工作，但为了继续获得管理职务所带来的好处而勉强继续经营企业。特别是，追求这些个人利益的成本是由创业者与外部股东共同承担的，而收益则主要是创业者个人获得的。所有这些，都可能损害其他投资者的利益。其中，创业者创造的收益需要与其他股东分享，而努力的成本则需要由自己独立负担，这是创业者力图从经营中获得其他个人利益的根本动因。

特别是，在信息不对称的条件下，如果风险投资家与创业者之间的利益冲突不能很好地解决，则这些代理成本就很可能要由风险投资家来承担，甚至企业的剩余控制权会在创业者和风险投资者之间构成不成比例的配置。究其进一步的原因至少有以下几点。

(1) 风险投资家知识和技能的有限性。新创企业之所以要创业者来经营和管理，主要是因为他们对技术、管理或市场等有独特的见解和知识，能够引领新创企业不断成长。而风险投资家是专业的投资人员，他们拥有的主要是对某一行业的知识和技能，并非新创企业的产品和技术知识。故当市场或环境发生重大变化时，风险投资家常常不能提出有价值的意见和建议，最终还是要由创业者来进行决策。这就势必使得风险投资家的剩余控制权被大大地削弱。

(2) 风险投资家掌握新创企业经营信息的有限性。相对于风险投资家，创业者具有

明显的信息优势。通常，风险投资家获得的信息是由创业者提供的，风险投资家并不能充分拥有新创企业的经营信息。这就大大降低了风险投资家对于新创企业决策的影响力和对创业者的监督能力，从而同样会减少风险投资家的剩余控制权。

(3) 风险投资家监督成本的限制。在新创企业的日常经营活动中，常常会出现投资协议中没有明确规定的问题，但风险投资家又不可能实际参与新创企业的日常经营管理，只能以定期召开董事会会议的形式来行使控制权。在这种情形下，创业者就有可能对公司的重大决策形成实质上的控制。极端而言，甚至难以保证风险投资家必要的知情权。

三、新创企业合理的股权结构

新创企业的股权结构指创业者与风险投资家持有的股权比例及其相对地位，这对新创企业治理有着极为重要的影响。首先，创业者拥有的股份既有激励作用，又会产生创业者控制权过大的潜在成本，故需要通过选择合理的股权结构来降低企业治理的难度；其次，由于影响股权结构的因素很多，某个新创企业的股权结构不一定是最合理的，这就需要以股权结构为基础，通过有效的治理机制来保证企业向着价值最大化的方向发展。

一般而论，创业者持股比例越高，激励作用就越大，他们与其他股东的利益就越是一致，创业者会更加努力地工作。但是，创业者股份的增加还意味着管理层控制权的扩大，当管理层(创业者)的股份增加到一定程度时，他们从控制权中获得的个人利益就可能大于由此造成的企业价值的减少，同时管理者还可能因为拥有足够的控制权而不必担心其他股东的监督和约束，从而伤害少数股东的权益。可见，管理者持有的股份与公司业绩之间并不是完全的正相关关系，而是先增长、后下降的曲线关系。

美国学者 Morck 和 McConnell 的研究证明了这种曲线关系的存在。Morck 认为，前述情况出现在管理层(创业者)的股权在 5%～25%时。McConnell 的研究显示，管理层的股权在 40%以上才出现企业价值的下降。产生这一差异的原因，在于二人选择的样本公司有较大差异。特别是，后者的研究中包括了更多规模较小的企业。

Baker & Gompers 的研究发现，在新创企业中，创业者的持股份额与企业的规模成反比。换言之，在资本规模较大的新创企业中，创业者的股份比例少于规模较小的企业。但如果以创业者的薪酬对企业价值的弹性作为衡量股权结构激励作用的标准，那么创业者股份比例的减少并不会对激励作用产生多大的负面影响；与此同时，风险投资家作为重要的外部股东，可以有效地降低新创企业内部管理者的控制权和相应的成本。据此他们认为，创业者的股权较少，而风险投资家的股权集中，更有利于降低新创企业的代理成本，提高新创企业的价值。

综上所述，在资本规模较小的新创企业中，创业者的股份较多为妥，甚至可以控股，这不一定会降低企业的价值，股权可以在其中起到重要的激励作用。而在资本规模较大的新创企业中，创业者的股份较低为妥。因为企业整体规模较大，创业者拥有股权的绝对价值反倒有可能增加。这同样会有很大的激励作用；同时，风险投资家股权的适当集中，也会增加对创业者的控制权，从而有效地降低代理成本。

本章思考题

(1) 公司治理对于企业为什么如此重要?

(2) 如何看待公司治理和公司管理?

(3) 何为公司内部治理? 其特征和作用分别是什么?

(4) 股东和股东大会在企业中的地位和作用分别是什么?

(5) 简述董事会的模式及其该如何运行。

(6) 简述监事会的职权和议事规则。

(7) 独立董事与外部董事的关系有哪些?

(8) 公司治理中企业为什么要强调信息披露? 信息披露的原则和内容分别是什么?

(9) 利益相关者监督包括哪些?

(10) 具体阐述市场监控机制的方式。

(11) 对于新创企业该如何进行治理?

参考文献

[1] 高明华,等.公司治理学[M].北京:中国经济出版社,2009.

[2] 雷家骕,王兆华.高技术创业管理:创业与企业成长[M].北京:清华大学出版社,2008.

[3] 李维安.公司治理学[M].北京:高等教育出版社,2006.

[4] 刘彦文,张晓红.公司治理[M].北京:清华大学出版社,2010.

[5] 曾洪江.资本运营与公司治理[M].北京:清华大学出版社,2014.

[6] 中国商业联合会,中国企业联合会.中国董监事职业资格认证培训指定教材:公司治理[M].上海:上海人民出版社,2006.

[7] Ralph D. Ward.《完善公司董事会》[M].高明华译,北京:机械工业出版社,2006:29-38.

[8] Paul A. Gompers,Optimal investment,monitoring,and the staging of venture capital,Journal of Finance. 1995,50(5):1461-1489.

[9] Joshua Lerner. The syndication of venture capital investments. Financial Management, 1994, 23(3):16-27.

[10] Steven N. Kaplan,Per Stremberg. Venture capitalists as principals: contracting, screening and monitoring. NBER Working Paper No. 8202, 2001. 1-12.

[11] Malcolm Baker,Paul A. Gompers. Executive ownership and control in newly public firms: the role of venture capitalists. Working Paper, 1999, 1-38.

[12] Garry Bruton, Vance Fried, Robert D. Hisrich. Venture capitalist and CEO dismissal. Entrepreneurship Theory and Practice, 1997,21(3):41-54.

[13] Malcolm Baker, Paul A. Gompers. The determinants of board structure at the initial public offering. Working Paper, 2001, 1-28.

[14] Randall Morck,Andrei Shleifer,Robert Vishny, Management ownership and marketvaluation. Journal of Financial Economics,1988,20:293-315.

[15] J. McConnell,H. Servaes. Additional evidence on equity ownership and corporate valuation. Journal of Financial Economics,1990, 27:595-613.

[16] Malcolm Baker,Paul A. Gompers. Executive ownership and control in newly public firms: the role of venture capitalists. Working Paper,1999,1-38.

公司控制机制

引　言

现代企业的一个显著特征是所有权和经营权分离，并由此产生了职业的管理者阶层和管理者市场，管理学科也因之发生了革命性的变化。但职业管理者取代业主控制企业的经营又产生了"代理人"问题。

公司的管理章程赋予股东通过控制措施直接控制经理，以及通过董事会间接控制经理的权利，董事会的职责是对管理进行监督。股东们可以与董事会一起，从众多的控制代理问题的机制中选出一种来控制。除了股东能获取的治理方法外，一些企业的外部力量也能促使经理追求企业价值最大化。

对公司股权结构的研究缘起于对公司治理机制的考察，因为公司的股权结构会对公司的控制权产生影响。有哪些典型的股权结构？不同的股权结构会产生怎样的影响？什么是小股大权或同股不同权效应？

第一节　股权结构与公司控制权

对股权结构的研究及其调整，缘起于对公司治理机制的考察，因为它会对公司控制权产生影响。股权结构是指公司中不同性质的股份或不同的持股主体所持有的股份在公司总股本中所占的比重。其含义可以概括为两个方面：一是公司的股份由哪些股东所持有；二是股东所持有的股份占公司总股份的比例有多大。前者说明股份持有者的性质，后者则说明股权集中或分散的程度。

一、形成股权结构的影响因素

企业具有什么样的股权结构对企业的类型、发展以及组织结构的形成都具有重大的意义。这类研究起源于股权的内生性假说。即承认公司中有代理问题的存在，但公司的股权结构并不是一个外生变量，而是由经济、法律和文化等因素共同作用的内生结果。

1. 经济因素

有一些学者认为，控股股东必须在投资多样化与获取控制收益之间进行权衡，而股权结构就是最终控制的结果。在权衡过程中，控股股东要考虑到各种成本和收益，最后选择一个可以使公司价值最大化的股权控制。

2. 法律因素

公司的股权结构与国家法律体系对投资者的保护程度有明显的关系。在法律对投资者保护较差的情况下，股权集中成为一种法律保护的替代机制。因此，在对投资者保护比较弱的国家，股权集中程度往往比较高，对投资者保护比较强的国家，股权结构往往呈现出一种分散的趋势。

3. 文化因素

公司的高层管理者与董事会往往会受到文化环境的影响，因此，文化因素将会对公司股权结构产生影响。例如，作为西方文化最典型的代表，美国的文化追求卓越，强调个人自我价值的实现，因此强调独立人格。对此，其文化环境中的公司往往会有股权集中的倾向。

二、股权结构的具体体现

股权结构有不同的分类。一般来讲，股权结构有两层含义。

第一个含义是指股权集中度，即前五大股东持股比例。从这个意义上讲，股权结构有三种类型：一是股权高度集中，绝对控股股东一般拥有公司股份的50%以上，对公司拥有绝对控制权；二是股权高度分散，公司没有大股东，所有权与经营权基本完全分离，单个股东所持股份的比例在10%以下；三是公司拥有较大的相对控股股东，同时还拥有其他大股东，所持股份比例在10%～50%。

第二个含义则是股权构成，即各个不同背景的股东集团分别持有股份的多少。在我国，就是指国家股东、法人股东及社会公众股东的持股比例。从理论上讲，股权结构可以按企业剩余控制权和剩余收益索取权的分布状况与匹配方式来分类。从这个角度，股权结构可以被区分为控制权不可竞争和控制权可竞争的股权结构两种类型。在控制权可竞争的情况下，剩余控制权和剩余索取权是相互匹配的，股东能够并且愿意对董事会和经理层实施有效控制；在控制权不可竞争的股权结构中，企业控股股东的控制地位是锁定的，对董事会和经理层的监督作用将被削弱。

1. 股权集中是普遍，股权分散是特殊

哈佛大学的Rafael La Porta、Florencio Lopez-de-silanes、Andrei Shleifer和芝加哥大学的Robert Vishny(LLSV)四位教授在1999年的研究发现，在世界上最发达的27个股票市场上最大的上市公司中，超过60%的上市公司中总是存在一个持股比例很大的股东，并且上市公司由这个大股东加以控制；只有30%的公司是众多股东所共同持有的，30%的公众持有公司绝大多数是在美国和英国的资本市场上。

郎咸平和其他学者的后续研究也验证了LLSV的结果。郎咸平和Claessens、Ojankov(1999)的研究发现，在东亚和东南亚国家里，超过2/3的上市公司都存在着一个超级大股东。在这些被大股东密切把持的公司里面，大约60 %的经理人常常是超级股东的家族成员。在一些国家，很大一部分资产控制在少数家族手中，如印度尼西亚、韩国、马来西亚，受大股东控制的上市公司的比例甚至达到了80 %。郎咸平和Faccio(2002)的研究发现，西欧一些国家，如意大利、比利时和东亚的情况一样，绝大多数上市公司中都存在着一个超级大股东，而且由家族控制的上市公司比例达到45%左右。

由此可见，股权集中并不是在资本市场中的特殊现象，而是世界范围内的普遍现象。

2. 股权集中的原因：获得个人私利

分散投资是现代金融学的理论基础之一，因为“不要把所有的鸡蛋放到一个篮子里”是为了规避投资风险而应该遵守的投资理念。但是上市公司一股独大、股权集中的现象却与这种理论相冲突，大股东的投资没有被分散，因此必然会承受过多的风险。那为什么大股东会把财富集中到个别公司的股票上呢？

LLSV(1998)和LLS(1999)的研究验证了这样的猜测。他们研究发现，法律对中小股东权利的保护程度是股权集中现象是否出现的重要原因。一个国家的公司股权结构是否集中与该国对股东权利保护的情况、法律法规和会计准则完善程度密切相关。投资者法律保护较好、信息披露制度较严格的美国、英国等资本市场发达国家，由于当大股东的成本较大，没有人愿意做大股东，因此公司股权结构相对分散；而在一些新兴市场国家，由于法律及其实施对中小股东的保障不健全，当大股东的成本小，而且还有“黑”小股东的好处，因此比较容易出现股权集中现象。

在法律对中小股东权利的保护程度不利的情况下，控股大股东就会通过对上市公司的控制来侵害中小股东以谋求个人私利。个人私利分为金钱和非金钱两方面，非金钱方面主要是指控制性股东将上市公司变成自己个人王国，满足自己在权力和名誉上的需求，但是个人私利主要指的还是金钱方面。在金钱方面，控制性股东获取控制权私利的主要方式就是关联交易、金融运作(抵押、担保)、资产置换、转移风险、配股和分红等，当然也包括内幕交易、秘密收购和低价定向增发新股等方式。

三、上市公司股东的终极控制权的股权结构

哈佛大学的La Porta等学者认为终极股东控制权，是指股权控制链条的最终控制者，通过直接和间接持有公司股份而对公司拥有的实际控制权。这种说法得到了学术界的广泛认可。

按照股权的终极控制方式，可以将股权结构大致分为金字塔持股结构、交叉持股结构和类别股三种。La Porta等(1999)指出，利用金字塔持股结构、交叉持股结构和类别股等方式可使股东对公司的控制权和现金流产生偏离，使终极股东可以以较小的持股比例达到实际控制公司的目的，从而产生小股大权或同股不同权效应。

1. 金字塔持股结构

金字塔持股结构，是指公司实际控制人通过间接持股形成一个金字塔式的控制链，以实现对该公司的控制。在这种方式下公司控制权人控制第一层公司，第一层公司再控制第二层公司，以此类推，通过多个层次的公司控制链条取得对目标公司的最终控制权。金字塔结构是一种形象的说法，就是多层级、多链条的集团控制结构。

金字塔持股结构的最显著特点在于，其是一种高效的融资工具，通过金字塔集团层层控股，可以以最少资金控制尽量多的资源。一个实际控制人通过多链条的多层级金字塔控制其他企业时，他只以有限的出资就能在每条控制链上使控制权和现金流相分离，在集团的每个决策点上都实现了控制，从而控制整个集团。这样就可以实现高效融资，以较少原始资金来控制更多的资金。

金字塔持股的结构特征概括为一个顶点、三个维度。一个顶点是指在金字塔顶端存

在终极控制股东，三个维度分别指层级、终极现金流权、控制权与现金流权分离度。

(1) 终极控制股东的分类。终极控制股东即上市公司的终极所有者。终极控制股东类型不同，构建金字塔持股的动机可能存在差异，从而导致金字塔持股其他特征的差异。

(2) 层级特征。层级是指终极控制股东到上市公司之间的控制链条所包含的控股层次数，须满足≥2 的条件。金字塔持股通过层级实现了所有权结构的纵向延伸，层级是区别于单层持股模式的重要特征。层级还具有权力和利益传导机制的重要作用。通常情况下，层级越多，终极控制股东的隐蔽性越高，上市公司的控制集团结构可能越复杂，可能发生的利益输送行为也就越不容易被发现。

(3) 终极现金流权。现金流权是指所有者所持有的股票所代表的收益权。在金字塔持股下，终极控制股东作为终极所有者，拥有上市公司的终极现金流权，按照终极现金流权比例获取剩余收益是终极所有权的核心和本质，也是终极控制股东的利益所在。按照 Lucian Bebchuk(1999)的计算方法，终极现金流权等于控制链条中各个层级的现金流权比例的乘积之和，而终极控制股东对上市公司的终极控制权等于控制链条中各个层级的现金流权比例的最小值。

(4) 控制权与现金流权分离度。按照一股一票原则，控制权与现金流权应一一对应。但终极控制股东借助金字塔持股，以少量现金流权获取了更大的控制权，背离了一股一票原则。从理论上讲，只要层级足够大，终极控制股东为了能够控制处于底端的上市公司，在上市公司所拥有的终极现金流权比例可以降至足够小，而控制权与现金流权分离度也就越大。Claessen 等(2000)采用控制权与现金流权之比衡量二者的分离度。

2. 交叉持股结构

所谓交叉持股，又称为相互持股或交互持股。交叉持股是指在不同的企业之间互相参股，以达到某种特殊目的的现象。它的一个主要特征是，甲持有乙的股权，乙持有丙的股权，丙又持有甲的股权……最终形成一种你中有我、我中有你的股权结构。

交叉持股最早开始于日本的阳和房地产公司事件。1952 年该公司被恶意收购，从而引发了三菱集团内部结构调整。1953 年，日本《反垄断法》修改后，出于防止被从二级市场收购的需要，三菱集团下属子公司开始交叉持股。从此以后，交叉持股在日本作为一种防止被收购的策略而大行其道。

交叉持股分为以下四类基本形式。

(1) 单纯型交叉持股。这是最简单的交叉持股结构，也就是说交叉持股只存在于 A、B 两家公司之间，比如说 A 公司向 B 公司投资 50 万元，B 公司同时向 A 公司投资 50 万元，A 公司和 B 公司就相互持有对方公司的股份。

(2) 环状型交叉持股。环状型交叉持股指的是各个企业之间相互持股，彼此间形成一个封闭的环状系统。

(3) 网状型交叉持股。网状型交叉持股指的是所有参与交叉持股的企业，全部都与其他企业产生交叉持股关系。

(4) 放射型交叉持股。放射型交叉持股是指以一家核心企业为中心，由其分别与其他企业形成交叉持股关系，但其他企业之间则无交叉持股。

交叉持股对企业的有利作用主要体现为以下几点。

(1) 稳定公司的股权结构,防止企业被恶意并购。

(2) 分散各种风险,尤其是两个公司采用换股的方式各自进行多元化经营,以减少风险。

(3) 加强公司间合作,在相互持股企业的资金、技术、人事、销售、创新等方面形成协同优势。

(4) 在市场不健全时,降低信息不对称条件下的交易成本。其中,防止恶意并购是交叉持股最大的作用。

交叉持股和金字塔股权结构本来都是高效的融资工具,同时也是典型的分离现金流权和控制权的股权结构。在一个实际的企业集团结构中往往同时存在金字塔和交叉持股两种结构,其中金字塔以纵向链式的结构放大控制权,交叉持股以横向持股的方式放大控制权。交叉持股的应用更加灵活、更加隐蔽。当横向的交叉持股和纵向的金字塔持股结合在一起时,就形成蜘蛛网般的股权结构。蜘蛛网这种综合结构最大限度地分离了现金流权和控制权,往往使控制性股东以较少的资金代价获得了较大的控制权。

3. 类别股

类别股是与普通股相对的一种股份类别,是指在公司的股权设置中,存在两个以上不同种类、不同权利的股份,这些股份因认购时间和价格不同、认购者身份各异、交易场所有别,而在流通性、价格、权利及义务上有所区别。

那么为什么要在普通股之外再创设出类别股的概念呢?其原因有以下三点。

(1) 单一的普通股模式无法满足多元化的投资需求。普通股其实就是将公司法规定的股份上所具有的各种权利打包组合,公司法假定每个投资者都是公司的所有者并且也是公司的经营者和管理者,而且没有谈判和协商的余地,投资者要么接受要么不接受,这在很大程度上是由于商事客体的定型化所致,虽提高了效率但没有主体之间充分的利益博弈,不利于权利、义务的合理配置。

(2) 资本市场深入发展的客观要求。我国资本市场已经发展 20 多年,单一的普通股带来的弊端之一是投资者不够活跃,因为普通股本身是与一股一权、资本多数决定原则相契合的,这时候谁掌握了多数资本谁就掌握了话语权。显然这让力量弱小的中小投资者处于尴尬的地位,其投资积极性不高,但中小投资者是活跃市场的重要生力军。

(3) 投资者利益平衡的需要。公司股东的利益平衡对公司治理是至关重要的,股东之间利益关系处理不好,造成股东僵局甚至公司僵局,公司被迫解散,对股东以及市场来说是两败俱伤的。股东利益平衡其实就是对股东之间财产性权利以及表决权的妥善配置,如某些创始股东可能希望控制公司,而某些小投资者可能更关心自己的收益,平衡这些利益的任务,可以由类别股制度来完成。

下面来介绍几种常见的类别股。

1) 优先股

优先股是相对于普通股而言的。主要指在利润分红及剩余财产分配的权利方面,优先于普通股。优先股的主要特征有以下几点。

(1) 优先股通常预先定明股息收益率。由于优先股股息率事先固定,所以优先股的股息一般不会根据公司经营情况而增减,而且一般也不能参与公司的分红,但优先股可以先于普通股获得股息，对公司来说，由于股息固定，它不影响公司的利润分配。

(2) 优先股的权利范围小。优先股股东一般没有选举权和被选举权，对股份公司的重大经营无投票权，但在某些情况下可以享有投票权。

(3) 优先股的索偿权先于普通股，而次于债权人。相对于普通股股东而言，优先股股东投资风险大为减少。但是凡事都有利有弊，优先股可以在企业亏损的情况下获得固定收益，但是付出的代价是放弃企业的控制权。而且由于优先股无权参与公司的经营管理以及重大决策，大股东可以凭借较低的持股比例而实现对公司的有效控制。

2) 无表决权股份

股票按照股东是否对股份有限公司的经营管理享有表决权，可将股票划分为表决权股股票和无表决权股股票。

无表决权股股票是指根据法律或公司章程的规定，对股份有限公司的经营管理不享有表决权的股票。相应地，这类股票的持有者无权参与公司的经营管理，但仍可以参加股东大会。

在实践中，公司普遍发行表决权股股票，特殊情况下发行无表决权股股票。这类股票多限于优先股股票，特别是累积优先股股票，其实质是以收益分配和剩余资产清偿的优先权作为无表决权的补偿。发行无表决权股股票的目的在于满足那些只为获取投资收益而不愿意参与公司经营管理的投资者的需要，从而加快资本的筹集和公司的设立；同时也有利于少数大股东对公司的控制。由于持有公司经营权是股东权的基本内容之一，是股东地位平等的体现，因此，有些国家的公司法明确规定不允许或有条件地允许存在无表决权股股票。

3) 黄金股制度

黄金股制度是一种特殊的持股方式，它与优先股、普通股一样可以同为股东持有，但实现的却是股东的一种特殊权利。"黄金股"制度最早出现在英国政府进行国有企业公司改制过程中。目前国内的"黄金股"也被称为"金股""特殊管理股"，是指"一股多票"，即股东可享有较多的投票权，区别于目前证券市场较为普遍的"一股一票"制度。

黄金股制度被广泛运用是在 20 世纪七八十年代的欧洲，尤其是在英国撒切尔政府开始采用自由主义经济政策，对国有企业进行私有化改革，在航空、电信、水利、电力等行业陆续出售国有股份时。英国政府在这场改革中设置了"黄金股"，并以法律法规形式规定了政府在这些公司中的特殊权力。法国、意大利、西班牙、葡萄牙、匈牙利、波兰等国家也都在国有企业私有化的过程中广泛推广"黄金股"制度。

四、公司控制权

公司控制权是从股东所有权中派生出来的经济性权利。它在本质上是一种新的利益存在方式，是利益冲突的产物。而控股股东是指其出资额占有限责任公司资本总额 50% 以上或者其持有的股份占股份有限公司股本总额 50%以上的股东；或者是出资额或持有股份的比例虽然不足 50%，但依其出资额或者持有的股份所享有的表决权已足以对股东会、股东大会的决议产生重大影响的股东。

然而，在企业发展的过程中，引进资本必将稀释股权，股权失去必将控制权旁落。事实上，资本与企业的利益不尽相同。因此，企业在引进资本时，必须注重对股权结构的设计，以防止对企业的控制权旁落。

以1号店为例，2010年5月，于刚在金融危机之后的资金困境中从平安融资8 000万元，让出了1号店80%股权，控制权就此旁落。平安整合1号店并不顺利，于是逐步将1号店控股权转让给了沃尔玛。经过多次于刚离职的传闻后，1号店在7月14日晚间正式确认创始人于刚和刘峻岭离职。随后，于刚和刘峻岭发布内部邮件，向1号店员工宣布，决定离开1号店去追求新的梦想。而更早时期的雷士照明风波，赛富基金几次投资雷士照明后，2008年总持股比例达到了30.73%，超过持股29.33%的创始人吴长江，成为公司第一大股东，为日后轰动的公司控制权争夺埋下伏笔。

因此，在公司初创时期，最好避免容易导致僵局的股权比例设置，例如50∶50、65∶35、40∶40∶20甚至50∶40∶10这样的股权比例设置，尽管50∶50和65∶35这样的股权结构设置往往是对股东作用或影响力的一种真实反映或者是对现实的一种妥协，在公司早期的蜜月期平安无事，但随着公司的发展壮大往往会发生共贫贱易、共富贵难的情况，利益分配的冲突日趋明显，小股东可能会行使投票权否决公司重大事项，使公司丧失船小好掉头的决策迅速的优势。同样，类似于40∶40∶20的股权比例设置可能会导致第二大股东都希望联合小股东控制公司股东(会)决策的情形，50∶40∶10这样的股权比例设置也面临小股东联合、易出现僵局的可能性。

以美国的Facebook为例，为了准备上市，扎克伯格在2009年就对Facebook公司的股票做了分类设置，设置了A类股票和B类股票。其中1股A类股票拥有1份投票权，1份B类股票拥有10份投票权。也就是说，1股B类股票相当于10股A类股票。扎克伯格与他的合作伙伴将其持有的股票都换成了B类股票，以保证上市之后股权分散时对公司的控制。

2012年2月2日，Facebook向美国证监会提交上市说明文件，Facebook招股书显示，公司董事长、CEO扎克伯格拥有533 801 850股B类股票，占比28.4%，拥有28.2%的直接投票权。其又通过与股东之间的协议而获得30.6%的投票权，拥有共计56.9%的投票权。

第二节　公司章程与股东权利

公司章程，顾名思义，即是指公司依法制定的、规定公司名称、住所、经营范围、经营管理制度等重大事项的基本文件。或是指公司必备的规定公司组织及活动的基本规则的书面文件，是以书面形式固定下来的股东共同一致的意思表示。

对企业原始股东权利保护的关键在于公司控制权的合理配置，其中最有效的“武器”有两个：一个是以《公司法》为代表的各种法律法规，另一个更为重要的是以公司章程为代表的股东自治文件。

一、公司章程

1. 公司章程的基本概念

公司章程是公司组织和活动的基本准则，是公司的宪章，是关于公司组织和行为的基本规范。公司章程不仅是公司的自治法规，而且是国家管理公司的重要依据。由此可见，公司章程是公司设立的最主要条件和最重要的文件。

1）公司章程是确定公司权利、义务关系的基本法律文件

公司章程一经有关部门批准，并经公司登记机关核准即对外产生法律效力。公司依公司章程，享有各项权利，并承担各项义务，符合公司章程行为受国家法律的保护；违反章程的行为，有关机关有权对其进行干预和处罚。

2）公司章程是公司对外进行经营交往的基本法律依据

由于公司章程规定了公司的组织和活动原则及其细则，包括经营目的、财产状况、权利与义务关系等，这就为投资者、债权人和第三人与该公司进行经济交往提供了条件和资信依据。凡依公司章程而与公司经济进行交往的所有人，依法可以得到有效的保护。

3）公司章程是公司和自治规范

公司章程作为公司的自治规范，是由以下内容所决定的。

（1）公司章程作为一种行为规范，不是由国家，而是由公司股东依据公司法自行制定的。公司法是公司章程制定的依据。作为公司法只能规定公司的普遍性的问题，不可能顾及各个公司的特殊性。而每个公司依照公司法制定的公司章程，则能反映出本公司的个性，为公司提供行为规范。

（2）公司章程是一种法律外的行为规范，由公司自己来执行，无须国家强制力保障实施。当出现违反公司章程的行为时，只要该行为不违反法律、法规，就由公司自行解决。

（3）公司章程作为公司内部的行为规范，其效力仅及于公司和相关当事人，而不具有普遍的效力。

2. 公司章程的记载事项和内容

各国公司法对公司章程的内容都有明确的规定，这些规定主要体现在公司的记载事项上。公司章程的记载事项根据是否由法律明确规定，分为必要记载事项和任意记载事项。法律明文规定必须载明或选择列举的事项，为必要记载事项。法律未予明确规定，由章程制定人任意选择记载的事项，为任意记载事项。按照法定的必要记载事项对公司章程效力的影响，还可将必要记载事项分为绝对必要记载事项和相对必要记载事项。

公司章程上述记载事项的内容在不同的国家、不同的公司中会有某些差异，但不外乎是以下三个方面：公司股东成员的权利与责任；公司的组织规则；公司的权力与行为规则。

1）绝对必要记载事项

绝对必要记载事项是每个公司章程必须记载、不可缺少的法定事项，缺少其中任何一项或任何一项记载不合法，整个章程即归无效。这些事项一般都是涉及公司根本性质的重大事项，其中有些事项是各种公司都必然具有的共同性问题。各国公司法对章程的绝对必要记载事项都做了明确规定，这些事项通常包括公司的名称、住所、宗旨、注册资本、财产责任等。例如，日本《商法》规定股份有限公司的章程的绝对记载事项为：公司的目的；商号；公司发行股份的总数；发行额面股时每股的金额；公司设立之际发行的股份总数及额面股、无额面股各自的数量；总公司所在地；公司进行公告的方法；发起人的姓名及住所。我国历史上的第一个公司章程，是 1867 年容闳拟订的《联设新轮船公司章

程》,就包含了上述主要内容。

依据我国《公司法》规定,有限责任公司的章程必须载明下列事项:公司名称和住所;公司经营范围;公司注册资本;股东的姓名或名称;股东的权利和义务;股东的出资方式和出资额、股东转让出资的条件;公司的机构及其产生办法、职权、议事规则;公司的法定代表人;公司的解散事由与清算办法;股东会认为需要记载的其他事项。股份有限公司的章程必须载明的事项包括:公司名称和住所;公司经营范围;公司设立方式;公司股份总数、每股金额和注册资本;发起人的姓名、名称和认购的股份数;股东的权利和义务;董事会的组成、职权、任期和议事规则;公司法定代表人;监事会的组成、职权、任期和议事规则;公司利润分配办法;公司的解散事由与清算办法;公司的通知和公告办法;股东大会认为需要记载的其他事项。

2) 相对必要记载事项

相对必要记载事项是法律列举规定的一些事项,由章程制定人自行决定是否予以记载。如果予以记载,则该事项将发生法律效力;如果记载违法,则仅该事项无效;如不予记载,也不影响整个章程的效力。确认相对必要记载的事项,目的在于使相关条款在公司与发起人、公司与认股人、公司与其他第三人之间发生约束力。

有的国家的法律列举了章程相对必要的记载事项,这些事项一般包括发起人所得的特别利益、设立费用及发起人的报酬、有关非货币资产的出资、公司的期限、分公司的设立等。如日本《商法》第 168 条规定,以下事项非在章程中记载时,不发生效力:发起人应接受的特别利益及受益人的姓名;实物出资者的姓名,出资的标的财产,其价格及所给股份的额面股、无额面股的区别、种类及数量;约定公司成立后受让的财产、其价格及转让人的姓名;发起人应接受的报酬数额;应归公司负担的设立费用,但章程认证的手续费及办理股份缴纳而应付给银行或信托公司的报酬,不在此限。

我国《公司法》没有规定相对必要记载事项。

3) 任意记载事项

任意记载事项是指法律未予明确规定,是否记载于章程,由章程制定人根据本公司实际情况任意选择记载的事项。公司章程任意记载的事项,只要不违反法律规定、公共秩序和善良风俗,章程制定人就可根据实际需要而载入公司章程。任意记载事项如不予记载,不影响整个章程的效力;如予以记载,则该事项将发生法律效力,公司及其股东必须遵照执行,不能任意变更;如予变更,也必须遵循修改章程的特别程序。从我国《公司法》第 22 条第 11 项和第 79 条第 13 项来看,股东会或股东大会认为需要规定的其他事项当属于任意记载事项。

4) 公司章程的内容

公司章程的内容即公司章程记载的事项。依据我国《公司法》第 79 条的规定,股份有限公司的章程包括应当记载的事项多达 13 项,这体现了对股份有限公司的严格控制。这 13 项规定的内容包括:公司名称和住所;公司经营范围;公司设立方式;公司股份总数、每股金额和注册资本;发起人的姓名或名称和认购的股份数;股东的权利和义务;董事会的组成、职权、任期和议事规则;公司法定代表人;监事会的组成、职权、任期和议事规则;公司利润分配办法;公司的解散事由与清算办法;公司的通知和公告办法;股东大会认为需要记载的其他事项。而 2001 年 1 月 1 日施行的《企业法人登记管理条例实施细则》第 18 条规定，企业法人章程的内容应当符合国家法律、法规和政策的规定，并载明以下事项：宗旨；名称和住所；经济性质；注册资金数额及其来源；经营范围和经营方式；组织机构及其职权；法定代表人产生的程序和职权范围；财务管理制度和利润分配形式；劳动用工制度；章程修改程序；终止程序；其他事项。联营企业法人的章程还应载明：联合各方出资方式、数额和投资期限；联合各方成员的权利和义务；参加和退出的条件、程序；组织管理机构的产生、形式、职权及其决策程序；主要负责人任期。

3. 公司章程的作用

公司章程具有以下作用：

（1）公司章程是公司设立的最主要条件和最重要的文件。公司的设立程序以订立公司章程开始，以设立登记结束。我国《公司法》明确规定，订立公司章程是设立公司的条件之一。审批机关和登记机关要对公司章程进行审查，以决定是否给予批准或者给予登记。公司没有公司章程，不能获得批准；公司没有公司章程，也不能获得登记。

（2）公司章程是确定公司权利、义务关系的基本法律文件。公司章程一经有关部门批准，并经公司登记机关核准即对外产生法律效力。公司依公司章程，享有各项权利，并承担各项义务，符合公司章程行为受国家法律的保护；违反章程的行为，有关机关有权对其进行干预和处罚。

（3）公司章程是公司对外进行经营交往的基本法律依据。由于公司章程规定了公司的组织和活动原则及其细则，包括经营目的、财产状况、权利与义务关系等，这就为投资者、债权人和第三人与该公司的经济交往提供了条件和资信依据。凡依公司章程而与公司经济进行交往的所有人，依法可以得到有效的保护。

4. 公司章程的法律效力

公司章程一经生效，即发生法律约束力。公司章程的社团规章特性，决定了公司章程的效力及于公司及股东成员，同时对公司的董事、监事、经理具有约束力。我国《公司法》规定，“设立公司必须依照本法制定公司章程”，公司章程对公司、股东、董事、监事、经理具有约束力。

（1）公司章程使公司受约束。公司章程是公司组织与行为的基本准则，公司必须遵守并执行公司章程。根据公司章程，公司对股东负有义务。因此，一旦公司侵犯股东的权利与利益，股东就可以依照公司章程对公司提起诉讼。

（2）公司章程使股东受约束。公司章程是公司的自治规章，每一个股东，无论是参与公司初始章程制定的股东，还是以后因认购或受让公司股份而加入公司的股东，公司章程对其均产生契约的约束力，股东必须遵守公司章程的规定并对公司负有义务。股东违反这一义务，公司可以依据公司章程对其提出诉讼。但应当注意的是，股东只是以股东成员身份受到公司约束，如果股东是以其他的身份与公司发生关系，则公司不能依据公司章程对股东主张权利。

（3）公司章程使股东相互之间受约束。公司章程一般被视为已构成股东之间的契约关系，使股东相互之间负有义务，因此，如果一个股东的权利因另一个股东违反公司章程规定的个人义务而受到侵犯，则该股东可以依据公司章程对另一个提出权利请求。但应当注意，股东提出权利请求的依据应当是公司章程中规定的股东相互之间的权利义务关系，如有限责任公司股东对转让出资的优先购买权，而不是股东与公司之间权利义务关系。如果股东违反对公司的义务而使公司的利益受到侵害，则其他股东不能对股东直接提出权利请求，而只能通过公司或以公司的名义进行。

(4) 公司章程使公司的董事、监事、经理受约束。作为公司的高级管理人员，董事、监事、经理对公司负有诚信义务，因此，公司的董事、监事、经理违反公司章程规定的职责，公司可以依据公司章程对其提出诉讼。然而，董事、监事、经理是否对股东直接负有诚信义务，则法无定论。一般认为，董事等的义务是对公司而非直接对股东的义务。因此，在一般情形下，股东不能对董事等直接起诉。但各国立法或司法判例在确定上述一般原则的同时，也承认某些例外情形。当公司董事等因故意或重大过失违反公司章程的职责使股东的利益受到直接侵害时，股东可以依据公司章程对公司的董事、监事、经理等提出权利主张。有的国家的法律对董事、股东的某些直接责任做了规定，如日本《商法》第 166 条第(3)款中专门规定了董事对包括股东在内的第三者的责任；董事在执行其职务有恶意或重大过失时，该董事对第三者亦承担损害赔偿的连带责任。我国《公司法》没有规定董事对第三者的责任问题，也没有规定股东的代表诉讼。但《到境外上市公司章程必备条款》中，为了适应境外上市的需要，与境外上市地国家的有关法律相协调，规定了股东依据公司章程对董事的直接的诉讼权利。该《必备条款》第 7 条还将公司章程的效力扩大至除董事、监事、经理以外的其他公司高级管理人员，即公司的财务负责人、董事会秘书等，并且规定："公司章程对公司及其股东、董事、监事、经理和其他高级管理人员均有约束力；前述人员可以依据公司章程提出与公司事宜有关的权利主张。股东可以依据公司章程起诉公司的董事、监事、经理和其他高级管理人员。"

二、股东权利

股东权利又称股东权，是指在按公司法注册的企业中，企业财产的一个或多个权益所有者拥有哪些权利和按什么方式、程序来行使权利。

1. 股东的法定权利

(1) 股东身份权。《公司法》规定：有限责任公司成立后，应当向股东签发出资证明书；有限责任公司应当置备股东名册。

(2) 参与决策权。《公司法》规定：股份有限公司股东大会由全体股东组成。股东大会是公司的权力机构。股东出席股东大会会议，所持每一股份有一表决权。股东大会作出决议，必须经出席会议的股东所持表决权过半数通过。但是，股东大会作出修改公司章程、增加或者减少注册资本的决议，以及公司合并、分立、解散或者变更公司形式的决议，必须经出席会议的股东所持表决权的 2/3 以上通过。

(3) 选择、监督管理者权。《公司法》规定：股东大会选举董事、监事，可以依照公司章程的规定或者股东大会的决议，实行累积投票制。

(4) 资产收益权。《公司法》规定：公司分配当年税后利润时，应当提取利润的 80% 列入公司法定公积金，并提取利润的 5%～10% 列入公司法定公益金。公司法定公积金累计额为公司注册资本的 50% 以上的，可不再提取。公司的法定公积金不足以弥补上一年度公司亏损的，在依照前款规定提取法定公积金和法定公益金之前，应当先用当年利润弥补亏损。公司在从税后利润中提取法定公积金后，经股东会决议，可以提取任意公积金。公司弥补亏损和提取公积金、法定公益金后所余利润，有限责任公司按照股东的出资比例分配，股份有限公司按照股东持有的股份比例分配。

(5) 知情权。《公司法》规定：股东有权查阅公司章程、股东名册、公司债券存根、股东大会会议记录、董事会会议决议、监事会会议决议、财务会计报告，对公司的经营提出建议或者质询。

(6) 提议、召集、主持股东会临时会议权。《公司法》规定：董事会不能履行或者不履行召集股东大会会议职责的，监事会应当及时召集和主持；监事会不召集和主持的，连续90日以上单独或者合计持有公司10%以上股份的股东可以自行召集和主持。

(7) 优先受让和认购新股权。《公司法》规定：经股东同意转让的出资，在同等条件下，其他股东对该出资有优先购买权；公司新增资本时，股东有权优先按照实缴的出资比例认缴出资。

(8) 转让出资或股份的权利。《公司法》规定：股东持有的股份可以依法转让。股东转让其股份，应当在依法设立的证券交易场所进行或者按照国务院规定的其他方式进行。

由此可见，股东权利可分为两类：财产权和管理参与权。

前者如股东身份权、资产收益权、优先受让和认购新股权、转让出资或股份的权利，后者如参与决策权、选择、监督管理者权、提议、召集、主持股东会临时会议权、知情权、提议、召集、主持股东会临时会议权。其中，财产权是核心，是股东出资的目的所在，管理参与权则是手段，是保障股东实现其财产权的必要途径。

2. 股东权利的种类

(1) 按照股东权的内容，可以分为自益权和共益权。这是最基本的分类。自益权是指股东以自己的利益为目的而行使的权利，如请求分红的权利，请求分配剩余财产的权利。这类权利无须其他股东的配合即可以行使。共益权是指股东参与公司经营管理的权利，但客观上是有利于公司和其他股东的，故称为共益权，如表决权，查阅权这类权利一般需要结合其他股东一同行使。自益权主要是指财产权，共益权主要是指管理公司事务的参与权，他们共同构成完整的股东权。自益权表明了股东的财产性请求权，共益权则直接表明股东权的身份性和支配性。

(2) 按照股东权的性质，可以分为固有权和非固有权。固有权是指除非得到股东的同意，不得以章程或者股东会决议予以剥夺或者限制的权利，它又叫不可剥夺权；非固有权是指可以依照章程或者股东会决议予以限制或者剥夺的权利，又称为可剥夺权。固有权往往是和股东的基本权益相关的权利，如对股份和出资的所有权，普通股的表决权，因而，这类权利常常由公司法或者商法加以明确规定，以强行法形式赋予股东。

(3) 按照股东权的行使方式，可以分为单独股东权和少数股东权。单独股东权是指股东自己就可以行使的权利，自益权和共益权的表决权都是单独股东权。少数股东权是指须持有公司一定比例的股份才可以行使的权利，《公司法》第40条规定只有持有公司股份1/10以上有表决权的股东才享有临时股东会召集的请求权。行使少数股东权的，既可以是股东一份也可以是数人共同去做。法律设置少数股东权的目的在于防止股份多数决的滥用，保护中小股东。

3. 章定权利

前面所介绍的股东权利主要是《公司法》及其相关法律法规赋予股东的，我们把这种由公司法赋予的股东权利称为法定权利。法定权利是重要的，因为它是对投资人权利最基础的保护。但是，从某种意义上看，法定权利其实并不是最重要的。因为法律是普适性规则，对所有公司都是适用的，但就因为它兼顾考虑了所有公司的问题，对公司的特殊问题就无能为力了。而现实中的每一个企业都有自己的特殊性，公司的发展又充满着较多的不确定，如果只依赖法律来保护股东权利，很多时候是问题发生之后一点办法都没有。

因此，每个公司就须根据自己的特殊情况，在法定权利的基础上再赋予股东一些确实能够被保护的权利，这就是所谓的章定权利。章定权利是指由公司章程等股东文件所赋予股东的权利。

公司章程对股东权利的意义，在 2015 年年底的万科与宝能的收购反收购大战中得到了充分的体现。在此，万科的公司章程的设定有一些问题。

(1) 万科的股票有没有 AB 股之分，即公司创始人是否拥有一票否决权，是否拥有一票等于别人 20 票的权利？

这是万科公司章程的第一个漏洞，公司创始人没有为自己保留公司的控制权。根据《万科公司章程》第 15 条和第 47 条，万科股东是同股同权。创始人没有一票否决权，没有保留创始人一票等于别人 20 票的权利，拱手将公司的控制权交付给资本市场。

(2) 万科大部分董事是否由股东而不是由公司创始人提名？能否中途更换任期未满的董事？

这是万科公司章程的第二个漏洞，公司创始人丧失了对公司大部分董事的提名权。根据《万科公司章程》第 97 条和第 121 条，万科董事由股东提名。股东可以随时更换董事，无论是否任期届满。万科创始人无法掌握公司董事会，丧失了对公司的实际控制权。

(3) 万科是否有毒丸计划，能防止恶意收购？

这是万科公司章程的第三个漏洞，公司没有毒丸计划。其所谓的定向增发，方案需要临时股东大会通过，也就是需要目前持股超过两成比例的宝能系同意，而且现金增发仅仅是为阻止恶意收购，不仅降低了每股收益 EPS，同时净资产收益率 ROE 也下降，中小投资者就可能站在宝能系一边，阻止方案的通过，何来毒丸？

《万科公司章程》第 57 条表示，万科控股股东必须具备以下四个条件之一：单独或者与他人一致行动时，可以选出半数以上的董事；单独或者与他人一致行动时，可以行使公司 30%以上(含 30%)的表决权或者可以控制公司的 30%以上(含 30%)表决权的行使；单独或者与他人一致行动时，持有公司发行在外 30%以上(含 30%)的股份；单独或者与他人一致行动时，以其他方式在事实上控制公司。

从上述四个条件不难看出，以宝能系当时增持状态而言，如果宝能系想要成为万科控股股东，或许最现实、合适的路径是“持股比例达到 30%”。事实上，万科在 2015 年 12 月 18 日停牌前，宝能系当时的持股比例已达 24.26%，距离万科章程中规定的 30%标准线已不远。

鉴于万科宝能系的收购与反收购大战和更早时期的国美控制权大战的复杂性与影响

力，因此，将公司章程中对表决权的制定方式在第四节进行单独阐述。

第三节 道德风险

委托代理关系在经济生活中十分常见。“委托人”和“代理人”是委托代理理论中两个最为基本的概念，这两个概念来自法学，在法律上，当当事人A授权当事人B代表A从事某种活动时，委托代理关系就发生了。但经济学中的委托代理关系的含义远远超过法学上所界定的委托代理关系。经济学上认为，委托代理关系存在于任何包含两人或两人以上的组织和合作努力中，只要一个人依赖于另一个人的行动，那么，委托代理关系就产生了，如股东与管理层、管理层与工人之间的关系。

因此，在这样的委托代理关系中就可能会产生一定的道德风险。

一、委托代理关系产生的原因

1. 信息分布的不对称性

一般认为信息分布的不对称性是委托代理问题产生的最根本的原因。在市场交易中，买卖双方所掌握的信息是不同的。由于信息的不对称性是导致委托代理问题的关键，有人甚至将非对称信息下的经济问题统统概括为委托代理问题。在这种观点下，委托代理关系是指任何一种涉及非对称信息的交易，交易中有信息优势的一方为代理人，另一方为委托人。代理人对于自己的禀赋及行为，如能力、风险态度、努力程度、有无机会主义行为都拥有更多的信息，而委托人则难以观察和掌握有关信息，即代理人的有关信息不能由委托人直接观察到，因此，代理人容易作出有利于自己而不是有利于委托人的行为选择。

2. 环境的不确定性

代理人的产出不仅受代理人的行为和努力程度的影响，而且取决于其他一些不可控制的、外界环境的随机因素，委托人无法根据可观察到的产出来推断代理人的实际努力程度和行为选择。

3. 契约的不完全性

签约的不完全性是相对于契约的完全性而言的，早期的委托代理理论并未考虑契约的不完全性，他们认为契约是完全的。但实际上，现实中的契约关系都是不完全的。

二、委托代理的成本

按照Jensen和Meckling(1976)的定义，代理成本可划分为以下三部分。

(1) 委托人的监督成本，即委托人激励和监控代理人，以图让后者为前者利益尽力的成本。

(2) 代理人的担保成本，即代理人用以保证不采取损害委托人行为的成本，以及如果采用了那种行为，将给予赔偿的成本。

(3) 剩余损失，它是委托人因代理人代行决策而产生的一种价值损失，等于代理人决策和委托人在假定具有与代理人相同信息和才能情况下自行效用最大化决策之间的差异。

显然,(1)和(2)是制定、实施和治理契约的实际成本,(3)是在契约最优但又不完全被遵守、执行时的机会成本。

三、委托代理问题的解决

1. 充分信息

公司的内部治理机制在信息充分的条件下即股东对董事会及经理人的行为无所不知的情况下,股东可以清楚地知道经理人的经营能力,据此付酬或预先确定使其利润最大化的某一水平,与经理人签订契约。所以,如果信息充分,不管目标函数是否不一致,股东仍可以很好地控制经理人的行为,这种公司治理效率是最高的,其结果会达到帕累托最优状态。

解决信息不对称问题从理论上讲,关键在于要有一个完全竞争和完备的市场体系,这种市场有以下几个特征:

(1) 所有的资源都可以自由地流动、转移;企业能自由进退市场;产品能在不同的企业和产业之间自由地流动;资本所有者可以对经理人这种特殊的劳动资源自由选择。

(2) 所有厂商、顾客、资源拥有者都掌握和交易有关的一切信息;产品的价格由它的质量和数量决定;股东对经理人的经营能力无所不知。

(3) 市场上有大量的买者和卖者;企业销售的产品完全一样,即产品具有同一性;产品与企业之间存在着激烈的竞争,经理人不仅面临着经理市场上其他经理人的竞争压力,而且还面临着公司内部下级的竞争,这两种竞争使股东能随时解雇和培训经理人。

2. MBO 收购

MBO(管理层收购)是杠杆收购的一种特殊形式,就是目标公司的管理层(管理者)利用借贷所融资本购买所经营公司的股份,从而改变该公司的所有者结构、控制权结构和资本结构,使管理者以所有者和经营者合一的身份主导重组公司,从而获得预期收益。实现经理人对决策权、剩余控制权和剩余索取权的接管,从而降低代理成本,减少对经理人的约束,达到帕累托最优状态。

3. 内部控制

内部控制是基于经营管理当局与次级管理人和一般员工之间的委托代理关系而产生的。从目标来看,建立有效的公司治理结构是在股东大会、董事会、监事会和经营管理者之间合理配置权限和公平分配利益,明确各自职责,建立有效的激励、监督和制衡机制,实现所有者、管理者和其他利益相关者之间的制衡,其侧重点是实现各相关主体责权利的对等,减少代理成本;内部控制是为公司营运的效率效果、财务报告的可靠性、相关法令的遵循性等目标的达成,而提供合理保证的过程,其具体目标可以概括为“兴利”和“除弊”,作用在于衡量和纠正下属人员的活动,以保证事态的发展符合目标和计划的要求,它要求按照目标和计划对工作人员的业绩进行评估,找出偏差之所在,并及时采取措施加以改正,提高公司的经营效率,保证公司预定目标的实现。

4. 报酬激励机制

解决代理问题,重要的是设计一个合理的报酬激励机制,这需要在分散风险和提供激励目标之间权衡，确定报酬契约的构成及相关的比例，建立一个有效的经营者业绩的考核体系，将反映企业过去业绩的会计或财务类指标，与反映企业未来的发展潜力的市场价值指标二者结合起来。既能通过会计指标反映经营者是否具有规范的努力经营行为，使企业具有良好的财务状况；又能通过股票价格之类的市场价格说明经营者是否具有长期化行为，使企业具有良好的发展前景与未来发展潜力。

一个典型的收入报酬组合是代表保险因素的固定工资与代表激励作用的变动收入的组合，将股票价格和利润同时写进经理报酬契约，并构建工资、奖金和股票期权的报酬激励体系。如果这种报酬模式是线性的，则可稳定代理人的预期，使其采取一致、有效的行动；若经理收入与企业绩效之间出现非线性关系，绩效评价与实际产出之间的相关关系则是不完全的，这就会增加固定薪金在经理总收入中的比重。

四、高管团队道德风险的基本防线

1. 股东大会制度

股东大会是公司的最高权力机关，它由全体股东组成，对公司重大事项进行决策，有权选任和解除董事，并对公司的经营管理有广泛的决定权。

股东大会的决议并不是全体股东意志的简单相加，而是依照《公司法》等法律发挥或者公司章程规定的表决制度所形成的多数股东意志。因此，股东决议一经形成，就对全体股东和整个公司产生约束力。

在股东大会中最重要的就是关于投票制度的设计，关于这方面的内容已经在第二节详细讨论过。需要强调的是，股东大会的表决权体系是以一股一票制、资本多数决为基础，同时采用积累投票制度、股东表决权排除制度和委托代理投票制度。

需要指出的是，股东大会制度对经理人的治理是间接的，从法律上看，股东没有权利直接调换能力不强的经理人，但股东可以通过投票权威胁董事会，使董事会更加关心股东的诉求，按照股东的意愿对经理人进行监控和激励。

2. 董事会制度

董事会是依照有关法律、行政法规和政策规定，按公司或企业章程设立并由全体董事组成的业务执行机关。

董事会是股份公司的权力机构，企业的法定代表。在股份公司成立以后，董事会就作为一个稳定的机构而产生。董事会在公司所有者和公司控制者之间充当着杠杆的支点，把提供资本的股东和使用这些资本创造价值的经理人连接起来，董事会是有权力管理公司的少数群体（经理人）与广大、分散、相对没有权力、只是希望看到公司经营良好的群体（股东）的重叠部分。

由于有了董事会监督经理人，防止经理人滥用股东授予的权力，股东可以更加放心地授予经理人真正的权力。董事会对于股东和经理人两股力量的协调与平衡的效力和效率，直接决定了公司的竞争优势。董事会治理的最佳效果是，在保证股东资产不被经理人侵害的前提下，能够使得股东愿意继续投资，经理人愿意替股东努力工作。因此，董事会制度实际上是进一步拓宽了拥有财务资本的股东和拥有人力资本的经理人之间的合作边界，在抑制了经理人的道德风险之后，进一步促进了人力资本专业化纵深的发展。

3. 持续信息公开制度

持续信息公开也称信息披露。上市公司持续信息公开是公众公司向投资者和社会公众全面沟通信息的桥梁。目前,投资者和社会公众对上市公司信息的获取,主要是通过大众媒体阅读各类临时公告和定期报告。投资者和社会公众在获取这些信息后,可以作为投资抉择的主要依据。真实、全面、及时、充分地进行信息披露至关重要,只有这样,才能对投资者有真正的帮助。

信息披露的基本原则主要包括以下几个方面。

(1) 真实性原则。真实性原则是信息披露的首要原则,真实性要求发行人披露的信息必须是客观真实的,而且披露的信息必须与客观发生的事实相一致,发行人要确保所披露的重要事件和财务会计资料有充分的依据。

(2) 完整性原则。完整性原则又称充分性原则,要求所披露的信息在数量上和性质上能够保证投资者形成足够的投资判断意识。

(3) 准确性原则。准确性原则要求发行人披露信息必须准确表达其含义,所引用的财务报告、盈利预测报告应由具有证券期货相关业务资格的会计师事务所审计或审核,引用的数据应当提供资料来源,事实应充分、客观、公正,信息披露文件不得刊载任何有祝贺性、广告性和恭维性的词句。

(4) 及时原则。及时原则又称时效性原则,包括两个方面:一是定期报告的法定期间不能超越;二是重要事实的及时报告制度,当原有信息发生实质性变化时,信息披露责任主体应及时更改和补充,使投资者获得当前真实有效的信息。任何信息都存在时效性问题,不同的信息披露遵循不同的时间规则。

(5) 风险揭示原则。发行人在公开招股说明书、债券募集办法、上市公告书、持续信息披露过程中,对有关部分需要披露发行人及其所属行业、市场竞争和盈利等方面的现状及前景,并向投资者简述相关的风险。

(6) 保护商业秘密原则。商业秘密是指不为公众所知悉、能为权利人带来经济利益、具有实用性并经权利人采取保密措施的技术信息和经验信息。由于商业秘密等特殊原因致使某些信息确实不便披露的,发行人可向中国证监会申请豁免。内幕信息在公开披露前也是属于商业秘密,也应受到保护,发行人信息公开前,任何当事人不得违反规定泄露有关的信息,或利用这些信息谋取不正当利益。商业秘密不受信息披露真实性、准确性、完整性和及时性原则的约束。

4. 独立的外部审计制度

外部审计是指独立于企业以外的审计机构所进行的审计,以及独立执行业务会计师事务所接受委托进行的审计。

外部审计实际上是对企业内部虚假、欺骗行为的一个重要而系统的检查,因此起着鼓励诚实的作用。由于知道外部审计不可避免地要进行,企业就会努力避免做那些在审计时可能会被发现的不光彩的事情。

对于监管企业高管而言,外部审计相对于内部审计的特点主要有以下几个方面。

(1) 在审计性质上,内部审计属于内部审计机构或专职审计人员履行的内部审计监督,只对本单位负责;外部审计则是由独立的外部机构以第三者身份提供的鉴证活动,对国家权力部门或社会公众负责。

(2) 在审计独立性上,内部审计在组织、工作、经济方面都受本单位的制约,独立性受到局限,外部审计在组织、工作、经济等方面都与被审计单位无关系,具有较强的独立性。

(3) 在审计方式上,内部审计是根据本单位的安排进行审计工作的,具有一定的任意性,外部审计大多是受委托施行的。

(4) 在工作范围上,内部审计的工作范围涵盖单位管理流程的所有方面,包括风险管理、控制和治理过程等,外部审计则集中在企业的财务流程及与财务信息有关的内部控制方面。

(5) 在服务对象上,内部审计的服务对象是单位负责人,外部审计的服务对象是国家权力机关或各相关利益方。

(6) 在审计报告的作用上,内部审计报告只能作为本单位进行经营管理的参考,对外不起鉴证作用,不能向外界公开,国家审计除涉及商业秘密或其他不宜公开的内容外,审计结果还要对外公示,社会审计报告则要向外界公开,对投资者、债权人及社会公众负责,具有社会鉴证的作用。

当然,外部审计也会受到一定的制约:对于外来的审计人员不了解内部的组织结构、生产流程和经营特点,在对具体业务的审计过程中可能产生困难。此外,处于被审计地位的内部组织成员可能产生抵触情绪,不愿积极配合,这也可能增加审计的难度。但外部审计对于企业代理问题的解决仍然会有一定积极的影响。

5. 公司控制权市场

所谓公司控制权市场,又称接管市场。它是指通过收集股权或投票代理权取得对企业的控制,达到接管和更换不良管理层的目的。这种股权收集可以是从市场上逐步买入小股东的股票,也可以是从大股东手中批量购入的。

一般来说,公司控制机制可以分为内部控制机制和外部控制机制两大类。其中,内部控制机制指公司管理者内部竞争、董事会的构成以及大股东的监督等,外部控制机制则主要包括代理投票权竞争、要约收购、兼并以及直接购入股票等。由于无论是以董事会构成为代表的内部控制机制还是以收购或兼并为主的外部控制机制,都会造成管理者之间争夺对公司资源的管理权,由此才形成了公司控制权市场。

因此,公司控制权市场的存在使现有的管理者始终存在面临接管的威胁激励,迫使其改善公司经营,致力于提高公司绩效,从而有效地降低代理成本。如果管理者对这种接管威胁无动于衷,必然会导致接管成功。在新管理者的管理下,公司的效益有所上升。对收购方来说,获得了收益差价,无能力或者违反忠实及谨慎义务的管理层受到替换和惩戒,整个社会的效益由此提升。

但是,公司控制权市场能有效发挥其积极作用要求具备以下几个条件。

(1) 股票价格完全反映了公司的基本价值,实现股票价格最大化就是实现了公司价值和股东利益的最大化。

(2) 公司股票的市场价格反映了经理阶层的行为和工作效率,股票价格越高,说明经理的工作效率越高,即股价与经理的行为与工作效率之间存在正相关性。

(3) 接管的发生是因为经理的能力较差或者其背离了股东利益,即接管与经理的能力及行为有相关性。

总之,这些都要求资本市场是有效率的。

一般来说,公司控制权市场的运作机制具有三个基本功能:一是避险功能,二是兼并功能,三是约束功能。

(1) 避险功能。避险功能是指保护投资者或股东权益免受损失的功能。现代股份公司制度的基本特征是股权具有流动性,该特征使持股人得以通过股权的转让而规避股市波动带来的风险。一般情况下,一家大公司的股东一旦发现公司经营状况恶化,股票收益下降,为避免损失,股东往往会竞相在股市上抛售股票,显然,没有公司控制权市场的存在,就无法保护股东的权益,也无法防范投资风险。

(2) 兼并功能。兼并功能是指公司控制权市场实现企业之间吸收合并的功能。在公司控制权市场存在的情况下,企业为了扩大自身的规模,或是为了进入新的生产领域,往往会在公司控制权市场上进行产权以及控制权交易。

(3) 约束功能。约束功能是指企业接管者并购企业并对在任经理实行可能的改组而迫使企业经理只是关注短期投资水平和收益水平的功能。公司控制权市场的约束功能是通过企业兼并实现的,这一功能对经理阶层的影响具有间接性,因而属于间接控制范畴。

从上述的三项功能可以看出,公司控制权市场对于股东权益具有防御性,对于经理行为则具有约束性或控制性,因而可以说是一种公司治理方式。如果董事会治理机制可以视作经理主导型治理模式的内部治理机制,那么公司控制权市场治理机制就可视为经理主导型治理模式的外部治理机制。在经理主导型治理模式中董事会功能失灵的情况下,公司控制权市场无疑是一种补充性控制机制。

6. *股权激励*

监督和管控是约束制度最主要的功能,是公司治理的基础所在。但是如果只依靠约束制度是解决不了公司治理的所有问题的。只要企业发展到一定规模,股东不可能拥有100%的信息,而且也不可能对经理人实现完完全全的监督,并且还存在利益不一致这一更重要的问题。因此,通过股权激励,把股东的利益和经理人的利益捆绑起来,产生共同利益,成为利益共同体,从而产生控制效果。

在不同的激励方式中,工资主要根据经理人的资历条件和公司情况预先确定,在一定时期内相对稳定,因此与公司的业绩关系并不非常密切。奖金一般以财务指标的考核来确定,因此与公司的短期业绩表现关系密切,但与公司的长期价值关系不明显,经理人有可能为了短期的财务指标而牺牲公司的长期利益。但是从股东投资角度来说,他关心的是公司长期价值的增加。尤其是对于成长型的公司来说,经理人的价值更多地在于实现公司长期价值的增加,而不仅仅是短期财务指标的实现。为了使经理人关心股东利益,需要使经理人和股东的利益追求尽可能趋于一致。对此,股权激励是一个较好的解决方案。

股权激励是一种通过经营者获得公司股权形式给予企业经营者一定的经济权利,使他们能够以股东的身份参与企业决策、分享利润、承担风险,从而勤勉尽责地为公司的长期发展服务的一种激励方法。通过使经理人在一定时期内持有股权,享受股权的增值收益,并在一定程度上承担风险,可以使经理人在经营过程中更多地关心公司的长期价值。股权激励对防止经理人的短期行为,引导其长期行为具有较好的激励和约束作用。

股权激励主要有以下几种模式。

(1) 业绩股票。业绩股票是指在年初确定一个较为合理的业绩目标,如果激励对象到年末时达到预定的目标,则公司授予其一定数量的股票或提取一定的奖励基金购买公司股票。业绩股票的流通变现通常有时间和数量限制。另一种与业绩股票在操作和作用上相类似的长期激励方式是业绩单位,它和业绩股票的区别在于业绩股票是授予股票,而业绩单位是授予现金。

(2) 股票期权。股票期权是指公司授予激励对象的一种权利,激励对象可以在规定的时期内以事先确定的价格购买一定数量的本公司流通股票,也可以放弃这种权利。股票期权的行权也有时间和数量限制,且需激励对象自行为行权支出现金。目前在我国有些上市公司中应用的虚拟股票期权是虚拟股票和股票期权的结合,即公司授予激励对象的是一种虚拟的股票认购权,激励对象行权后获得的是虚拟股票。

(3) 虚拟股票。虚拟股票是指公司授予激励对象一种虚拟的股票,激励对象可以据此享受一定数量的分红权和股价升值收益,但没有所有权,没有表决权,不能转让和出售,在离开企业时自动失效。

(4) 股票增值权。股票增值权是指公司授予激励对象的一种权利,如果公司股价上升,激励对象可通过行权获得相应数量的股价升值收益,激励对象不用为行权付出现金,行权后获得现金或等值的公司股票。

(5) 限制性股票。限制性股票是指事先授予激励对象一定数量的公司股票,但对股票的来源、抛售等有一些特殊限制,一般只有当激励对象完成特定目标(如扭亏为盈)后,激励对象才可抛售限制性股票并从中获益。

(6) 延期支付。延期支付是指公司为激励对象设计一揽子薪酬收入计划,其中有一部分属于股权激励收入,股权激励收入不在当年发放,而是按公司股票公平市价折算成股票数量,在一定期限后,以公司股票形式或根据届时股票市值以现金方式支付给激励对象。

(7) 经营者/员工持股。持股是指让激励对象持有一定数量的本公司的股票,这些股票是公司无偿赠与激励对象的,或者是公司补贴激励对象购买的,或者是激励对象自行出资购买的。激励对象在股票升值时可以受益,在股票贬值时受到损失。

(8) 管理层/员工收购。收购是指公司管理层或全体员工利用杠杆融资购买本公司的股份,成为公司股东,与其他股东风险共担、利益共享,从而改变公司的股权结构、控制权结构和资产结构,实现持股经营。

股权激励的作用有以下几点。

(1) 真正形成"放眼未来,风险共担,利益共享"的利益共同体。企业的发展,终归是要依靠人的。因此,解决好股东和经理人之间的信任关系就成为企业能否健康发展的关键问题。股权激励制度体现了拥有财务资本的股东对拥有人力资本的经理人的尊重,能够加强股东和经理人之间的信任。具体来讲,股权激励制度就是充分尊重和理解经理人的价值,将经理人及附加在其身上的人力资本要素与企业利益分配的问题制度化,按照"资本+知识"进行分配。在这种新的利益分配模式下,不再是"资本雇用劳动",而是"资本与劳动的合作",即股东以财务资本对企业进行投资,经理人以自己的人力资本对企业进行投资。

(2) 股权激励有利于经理人的自我实现需求得到满足。股权激励的盛行,除了其能带给职业经理人可观的财富,甚至造就"一夜暴富"的神话外,关键还在于其有一种其他激励方式所无法带来的精神上的满足感。

根据马斯洛的需求理论,每个人都有5个层次的需求,即生理需求、安全需求、爱与归属需求、尊重需求和自我实现需求。按照马斯洛的观点,满足了低层次的需求之后就会发出更高层次的需求。这就是说如果希望激励某人,就必须了解此人所处的需要层次,然后着重满足这一层次或在此层次之上的需求。

对于企业的经理人,因为本身作为整个企业的重要决策者和运作者,精神激励主要来自其自身内在的驱动力。给予经理人高额股权或期权对其激励的作用是巨大的,高额的股权激励不仅仅满足其生理、安全、爱与归属和尊重的需求,也可以极大地满足其自我实现的最高层次的需求,因为财富是市场经济中经理人成功的一个重要标志。因此,股权激励不仅是一个薪酬问题,还有着深刻的内涵,它对经理人来说不仅可以增加自己的财富,而且还意味着获得成就、尊重、信任、荣誉等。同时,对于经理人来说,自我实现的满足感还来自对企业的归属感和拥有感。同样都是为老板打工,为公司的股东经营公司,为属于股东的公司的增值而工作,任职于任何一家公司都没有分别。这就造成了一种强烈的无归属感,因为除了一纸聘任合约和经理人的职业道德之外,经理人与所属公司没有其他任何联系。而股权激励的出现,从某种意义上讲,使得经理人同样成为公司所有者的一部分,而公司也真正成为自己事业的一部分,因而经理人与公司可以达到精神意义上的"共生"状态,这种精神上的满足是难以从其他激励方式中得到的。

(3) 股权激励的约束性使其成为最巧妙的约束制度。股权激励的激励性主要体现在让经营者持有股票或股票期权,使之成为企业股东,来分享企业剩余索取权。股权激励将经营者的个人利益与企业的利益捆绑在一起,或者说经营者的大部分收益来自公司股票或股票期权的收益,最终完全取决于公司真实价值的增长,所以这种激励方式可以激发经理人从企业所有者的角度出发全力工作,实现企业价值最大化和股东财富最大化。与经理人的年薪和年终奖相比,股权激励的价值无疑是具有"黄金"的价值。因为在资本市场的杠杆作用下,股权激励比传统的激励方式具有更大的想象空间。

同时,股权激励本身给经理人带来的巨大失败成本成为股权激励的约束性,而且附加在股权激励计划上面的各种外在约束条件进一步加大了对经理人的约束性。因此,经理人明知股权激励具有很大约束性,也愿意接受,他们所看重的无疑就是股权激励比传统激励制度具有更大的价值。

第四节　投票机制与双重股份

在股东权益中,对股东最有价值的莫过于股利分配请求权和董监选举权,前者可满足股东的经济需要,后者则可满足股东对公司经营阶层的人事控制需要。而这两种权利的实现莫不以股东表决权之行使为前提。

股东表决权又称股东议决权,是指股东基于股东地位享有的、就股东大会的议案作出一定意思表示的权利。股东表决权作为一种固有权、共益权，是股东权利的主要体现，与股利分配请求权一样居于股东权的核心。

一、公司章程中对投票机制的设定

股东是否能够真正参与公司重大事项的决策，关键在于表决权体系的设计。一个高效并且公平的表决权体系具有这样的特征：以一股一票制度为基础，使用累积投票制度，并且采用代理投票制度和表决权排除制度。新《公司法》对于这几种投票制度都有所规定，但是还要根据公司的自身特点在章程中对一些重点事项进行约定，方可切实地保护股东权利。

1. 一股一票制度

一股一票制度是指股份公司的股东大会实行的表决制度。即对关系到公司发展的重大问题进行表决时，在股东大会上每个股东根据其持有股份的多少按股投票，一股一票。公司股东凭股份参与企业的经营决策，按股参加分红。

一股一票的原则在于，股民在选举董事、监事或对公司重大决策实施投票时，每一股普通股票是平等的；重大人事、策略的变更由票数多的一方说了算。一股一票是确保资本"民主化"、管理科学化的一个重要原则。毕竟上市公司的上帝是大小股东，公司的专业管理人员只不过是"高级打工仔"。一股一票可以保障资本方的根本利益，实现对专业管理方有效的监控与制约。

然而，一股一票制度也有一定的弊端。一股一票制度和资本多数决的原则，确实体现了对资本的尊重，但是实际上对大股东有利，而不利于对小股东的保护。

2. 累积投票制度

累积投票制度是指在股东大会选举两名以上的董事时，股东所持的每一股份拥有与待选董事总人数相等的投票权，股东既可用所有的投票权集中投票选举一人，也可分散投票选举数人，按得票多少依次决定董事入选的表决权制度。

累积投票制的目的就在于防止大股东利用表决权优势操纵董事的选举，矫正"一股一票"表决制度存在的弊端。按这种投票制度，选举董事时每一股份代表的表决权数不是一个，而是与待选董事的人数相同。股东在选举董事时拥有的表决权总数，等于其所持有的股份数与待选董事人数的乘积。投票时，股东可以将其表决权集中投给一个或几个董事候选人，通过这种局部集中的投票方法，能够使中小股东选出代表自己利益的董事，避免大股东垄断全部董事的选任。

"累积投票制起源于英国"，但在美国得到了重大发展。19 世纪 60 年代，美国伊利诺伊州报界披露了本州某些铁路经营者欺诈小股东的行为，该州遂于 1870 年宪法赋予小股东累积投票权。伊利诺斯州《宪法》第 3 章节第 11 条规定，任何股东在法人公司选举董事或经理人的任何场合，均得亲自或通过代理人行使累积投票权，而且此类董事或经理不得以任何其他方式选举。随后，该州《公司法》第 28 条也规定了累积投票制度。至 1955 年，美国有 20 个州在其宪法或制定法中规定了累积投票制度。

累积投票制度的独特作用在于以下两点。

(1) 它通过投票数的累积计算，扩大了股东的表决权的数量。

(2) 它通过限制表决权的重复使用，限制了大股东对董事、监事选举过程的绝对控制力。

举个十分典型的例子：某公司要选 5 名董事，公司股份共 1 000 股，股东共 10 人，其中 1 名大股东持有 510 股，即拥有公司 51%的股份；其他 9 名股东共计持有 490 股，合计拥有公司 49%的股份。若按直接投票制度，每一股有一个表决权，则控股 51%的大股东就能够使自己推选的 5 名董事全部当选，其他股东毫无话语权。但若采取累积投票制，表决权的总数就成为 1 000×5=5 000(票)，控股股东总计拥有的票数为 2 550 票，其他 9 名股东合计拥有 2 450 票。根据累积投票制，股东可以集中投票给一个或几个董事候选人，并按所得同意票数的多少排序确定当选董事，因此从理论上来说，其他股东至少可以使自己的两名董事当选，而控股比例超过半数的股东也最多只能选上 3 名自己的董事。

我国 2006 年的新《公司法》也引进了这条制度，累积投票制度的适用范围是有限制的，只用于股东会或股东大会选举董事会、监事会。

3. 代理投票制度

所谓代理投票制度是指股票所有人授权他人代表自己在股东大会上进行投票。

大股东一般都会自己参加股东会，用不着委托他人代为投票。需要投票的通常是小股东。小股东由于股份比较少，人数众多，又散居全国乃至全球各地，不少股东不愿为出席股东会而支出巨额的交通、食宿费用，以及其行使表决权所花的时间，更有不少股东由于一系列主客观原因不能亲自出席股东大会，代理投票制度遂应运而生。由此可见，代理投票制度的初衷，是帮助小股东实现其意志，维护其权益。

代理投票制度在许多国家的公司法中都有规定，如英国、美国、德国、日本等。关于委托代理程序及权限，西方各国主要有如下规定：

(1) 委托书应明确叙述所征求代理的事项。美国一些州的法律规定，未记载入委托书的事项，代理人无权代理投票，这一规定排除了"全权代理"的授权，优点是股东权利得以保障，缺点是代理人对于由其他股东提议的事项，或会议中的临时动议均无权代理，将使委托书的价值大受减损。

(2) 关于代理期限，一般都规定一次授权只限于当次股东会有效，而且规定征求人不得征求不填委托日期的委托书，也不得约定提出委托书的日期即为委托的日期。股东在授权之后，还可以下令撤回委托，如股东自己到会，委托书也自动撤销。

(3) 英国证交所还对上市公司规定，委托书的格式应有让股东表达正反意思的机会。由于同一代理人所代理的股东中，对某一候选人或某项议案可能有赞成或反对的不同选择，所以代理人在股东会上应把赞成票和反对票分开投并同时投出。但一般的委托书不让股东对某事项直接投赞成票或反对票，只让股东决定是否让征集人代为投票。

(4) 所有的国家的法律都规定，股东投票权可以委托、代理，但不可以转让、购买，"拉票"的代理人不可以收买股东。

关于代理投票中代理人的资格界定问题。目前，世界各国在代理人的资格界定具体操作上规定各不相同，如法国规定代理人应是股东配偶或另一股东，意大利规定董事、审计员、公司及其子公司雇员、银行或其他债权机构和团体不得成为代理人，比利时则规定代理人不必是股东，但是更多的国家如美国、日本、英国、德国等对代理人的资格没有具体限制。应被理解为不限于股东。

我国《公司法》第108条规定:“股东可以委托代理人出席股东大会,代理人应向公司提交股东授权书,并在授权范围内行使表决权。”这条规定允许股东表决权的代理行使,对于保护小股东的利益还是颇有意义的。但是,这一规定过于笼统,不便于操作。另外,《股份有限公司规范意见》第41条,《股票发行与交易管理暂行条例》第65条及《上市公司章程指引》对代理投票制度也有规定,但相比之下,法律的设计还不明确、不完善。

在我国的上市公司中,第一大股东往往持股比例较高,小股东想要通过代理投票制度争取到公司控制权是非常困难的。但并不是说在存在大股东的情况下代理投票制度就没有作用。在公司中几个大股东争夺控制权的时候,最后要争取的恰恰是小股东手里的投票权。尤其是在双方投票权比较接近的时候,小股东手里看上去为数不多的投票权能成为左右胜负的关键力量。2010年在轰轰烈烈的国美控制权争夺战中,最后左右胜利天平的恰好是小股东。

代理投票权还可以用于在股权融资过程中防止公司创始人控制权的旁落。这一点上做得比较成功的是京东商城。2011年,京东进行巨额融资后,而公司创始人刘强东却没有失去控制权,其中用的就是代理投票权的制度安排。

4. *表决权排除制度*

股东表决权排除制度是指当某股东与股东大会讨论的决议事项有特别的利害关系时,该股东或代理人均不得就其持有的股份行使表决权的制度。

表决权排除制度适用于任何股东,也可由任何股东主张。但在实际中往往只针对大股东,并在解决小股东与大股东的冲突时发挥显著的作用。因为该制度可以在一定程度上事先消除有特别利害关系的大股东滥用表决权的可能性,从而保护小股东和公司的利益。与股东大会决议撤销之诉、无效确认之诉的救济措施相比,该制度具有明显的预防性,股东投入也更经济。

德国、日本及其他大陆法系国家公司法都不同程度地含有该项规定。我国通过2005年《公司法》的修订,使得这一制度最终建立。

表决权排除制度的制度价值具体表现在以下几个方面。

1) 对控股股东的约束——表决权自由的界限

正因为控股股东有着足够的动因和强烈的愿望去损害其他股东的利益,因此表决权排除制度就为控股股东的自由划出了界限,即具有控股力量的表决权之行使不能用于满足与其他股东利益相冲突的一己私欲,不能用于促成关联交易,不能以绝对控制权而免除自身责任。这些都是本着限制控股股东权利的理念而为的合理限制,而不论其是否一定会通过利害关系事项而为公司和其他股东带来实际的损失。这是控股股东权利的紧箍咒,在其合法合理并且真诚依照全体股东利益行事时,该界限视若不存,而他一旦越雷池一步,紧箍咒就会发挥作用,暂时剥夺其用以满足私欲、危及共益的武器——表决权。这样不仅仅是对共益权的保护,对表决权自由的限制,更是将股权平等理念升华至股东平等理念,是对实质正义的追求。

2) 对中小股东的保护

中小股东利益的保护是公司法理论和实践中的一个永恒主题,也是表决权制度体现公平、公正的重要标志。股东(大)会就公司事项进行决议,控制股东因具有表决权上的优势,其意思很容易上升为公司的意思,对中小股东产生约束力。在表决事项与大股东或控制股东存在特别利害关系的情况下,要求该股东客观公正地行使其表决权是不现实的,因为"立法者不能期望利害关系人把自己的利益置于公司利益之后"。恰恰相反,他们可能受私利所驱使而无视公司和其他股东的利益,千方百计地利用其股份的表决权优势使此项决议通过。股东表决权排除制度的确立,能够限制有利害关系的股东行使表决权,防止控制股东将自身利益凌驾于公司利益之上,并可以确保股东(大)会决议的公正。此外,公司的控制权主要是由公司的大股东或控制股东所掌握,中小股东持有的股份比例低,即使其与表议事项之间具有特别利害关系,即使在股东(大)会中不排除其表决权,也难以对决议的形成产生决定性的影响,使表决结果失去客观公正性。因此,从实际效果来看,表决权排除制度实质是为了保护公司和中小股东的利益,防止大股东或控制股东滥用其控制权力或优势地位侵害中小股东的合法权益。

3) 对公司的保护

控股股东对公司的控制往往是通过其表决权而实现的,而股东表决权排除制度恰恰是从控制股东控制公司的根本机制入手来消除弊端,因而可以起到釜底抽薪的作用。

表决权排除制度对于公司的保护包括公司意思层面和利益层面,虽然其直接动意是为了保护中小股东,但却在过程中避免了公司意思表示的瑕疵,从而保护了公司的利益不受损害。表决权排除制度关注的不仅仅是利益相关股东与其他利益无涉股东的力量对比或是损益之争,还侧重于在这种博弈与争夺之中对于公司利益的分配。因为,当公司中所有股东的价值目标一致时,其目标函数与公司良好存续的目标曲线趋于重合,公司会从决议中获得积极效果;而当股东之间掀起争端之时,价值目标出现分歧,股东各自为政,公司就会受到严重损害。虽然在股东看来,公司或许仅仅是其用以投资求得收益的工具,但公司自身的价值却远非于此,公司作为一个拥有独立法人人格的个体,其所享有的超出自然人生存时间的永续性不容其被随意伤及要害,这是对于社会资源的一种尊重。

二、双重股权结构

双重股权结构也称为二元股权结构、双重股权制,是一种通过分离现金流和控制权而对公司实行有效控制的手段。区别于同股同权的制度,在双重股权结构中,股份通常被划分为高、低两种投票权。高投票权的股票拥有更多的决策权。高投票权的股票每股具有2～10票的投票权,主要由高级管理者所持有。低投票权股票的投票权只占高投票权股票的10%或1%,有的甚至没有投票权,由一般股东持有。作为补偿,高投票权的股票其股利低,不准或规定一定年限,一般3年后才可转成低投票权股票,因此流通性较差,而且投票权仅限管理者使用。

1. 双重股权结构产生的原因

双重股权结构产生的原因,或者说人们选择这种股权架构的理由,归纳起来主要有:控制人谋取个人福利、防止恶意收购、有利于公司的长期发展和管理层的管理能力。

(1) 控制人谋求个人福利。双重股权结构下,公司的控制权集中在管理层,投资者几乎不能对企业的决策产生影响,也就是说公司管理层可以自由作出任何决定而不受投资者意见的束缚,这就为控制人谋取个人福利提供了有利条件。

(2) 防止恶意收购。采用该种股权结构可防止恶意收购是由很多学者指出的,其中研究表明,收购双重股权结构公司的公开声明会导致股价显著下降。而对于有上市打算的公司来说,不断的融资虽然会稀释创始人的持股比例,但因其双重股权结构带来的控制权相对集中,故可在一定程度上有效防止因过分稀释股权而最终被恶意收购的局面,当然这种保证并不绝对。

(3) 有利于公司的长期发展。投资者一般来说都是短视的,他们关注的通常是企业能够带来的短期利益,而管理层对公司的长期计划可能与投资者的短期利益诉求相悖,这时双重股权结构可以使管理层免受投资人的压力,专心企业长期管理,不用在意短期股价波动,从而有利于公司的长期发展。

(4) 管理层的管理能力也是人们选择双重股权结构的一项重要影响因素。因投票权的集中制,管理层的决策与管理能力对公司影响至关重大,能否考虑周全、成功带领公司抵御各种风险是其管理能力的核心,这也是构成一些杰出管理团队选择该股权架构的原因。

但双重股权制度的利弊,一直受到了广泛的争论。

B股(双重股权结构)是香港股票市场中一种已不准发行的股票分类,与其相对的是A股。两者分别在于B股的面值多是A股的1/10～1/5,但两者的投票权是相等的。所以20世纪七八十年代很多公司皆曾发行,务求以最少的金钱控制公司,但这也不是无敌的,只要有股东持有足够的A股,便可召开股东大会,取消B股上市地位。

香港第一个想出使用双重股权结构来控制上市公司的是会德丰大班约翰·马登于20世纪60年代末至70年代初,因收购连卡佛及联邦地产,使股权被摊薄及财困,遂用一种西方大部分股票市场已禁用的方法——发行B股来筹集资金。1972年会德丰旗下上市公司皆于同一时期发行B股,1973年太古洋行也跟随此做法。直至1987年3月27日怡和集团于发布年度业绩时宣布除发股息外,还以红股方式送出B股,当时流传着怡和集团旗下公司被狙击,使长江实业及和记黄埔于3月31日公布除先前公布的股息外,另加B股。凯瑟克与李嘉诚家族在股票市场的举动,一时间使10多间上市公司拟仿效及民间争议;最后随着4月7日长江实业、和记黄埔及怡和集团先后取消发行B股计划,风波才得以平息。1989年12月香港联合交易所修订说明除特殊情况外,不再考虑公司双重股权结构。也正是由于这样的原因,阿里巴巴放弃香港上市而赴美上市。

但百度在赴美IPO中采用了此方式,被称为牛卡计划。将上市后的百度股份分为A类、B类股票。将在美国股市新发行股票称作A类股票,在表决权中,每股为1票,而创始人股份为B类股票,即原始股,其表决权为每1股为10票。所有在公司上市前股东们持有的股份均为原始股,一旦原始股出售,即从B类股转为A类股,其表决权立即下降10倍。牛卡计划是一种反恶意收购的计划,是相对于"毒丸计划"而提出的。

同时,以Facebook为例,通常情况下,互联网公司在完成3轮融资后,公司的创始人就不再能够完全掌握公司的控制权了。而Facebook经过10次融资后,扎克伯格依然牢牢控制公司,以28%的股权却能掌握58.9%的投票权,有什么秘诀吗?

这一切均源于其实行的独特双层股权结构,背后的功臣是Facebook的联合创始人肖恩·帕克。而根据Facebook招股书中所披露，截至2011年12月31日，Facebook上市前共发行了1.17亿股A级股和17.59亿B级股(包括此前所有已发行优先股转换的B级股，这部分B级股占5.46亿股)。其中，公司创始人、董事长兼首席执行官马克·扎克伯格持有5.34亿B级股，占B级总数的28.4%。但这个比例并不能确保扎克伯格的绝对控制权，所以Facebook在其双层股权结构的设计外还加入了一个表决权代理协议。根据Facebook招股书中披露的内容，此前10轮投资Facebook的所有机构和个人投资者，都需要同Facebook签订这份表决权代理协议，同意在某些特定的需要股东投票的场合，授权扎克伯格代表股东所持股份进行表决，且这项协议在IPO完成后仍然保持效力。这部分代理投票权为30.5%，加上其本人所拥有28.4%的B级股，扎克伯格总计拥有58.9%的投票权，实现了对Facebook的绝对控制权。

2004年谷歌上市，在向证监会提供的注册陈述中，谷歌共同创始人拉里·佩奇是这样讴歌双重股权结构的：双重投票的结果主要是，由“我的团队，尤其是斯尔盖·布林和我在很大程度上掌控公司的决策和前途，尽管谷歌的股票以后会转手，股东可以充分享受谷歌的长期增长，但对谷歌战略决策的影响要小于多数公众公司的股东。为了公司的长远利益，从增加公司的核心价值来看，这一结构明显有其长处”。鉴于此，很多硅谷企业上市选择这种股权结构，以便少数身兼高管的个别股东可以牢牢掌握公司的领导大权。

但美国也有反对意见。哈佛大学法学院教授威廉·里普利便深揭猛批双重股权结构，称其“臭名昭著，无以加复”，其理由是该结构剥夺了股民的投票权。双重股权结构存在一个根本性的缺陷，即其违背现代公司的股东治理结构，不利于股东利益保障，容易导致管理中独裁发生的可能。有学术研究表明，推行双重股权结构的公司，企业领袖往往都会浪费现金流，并且会去追求符合自身利益的目标，而不是为了满足股东利益。一旦他们作出了错误决定，所承担后果也很有限。双重股权结构加剧公司治理中实际经营者的道德风险和逆向选择。

2. 双重股权结构的优点

(1) 双重股权结构有利于保障创始人团体在将来公司股份稀释过程中的经营管理权力不受损失，从而鼓励家族企业或处于成长期企业的发展。

公司的发展壮大，往往最需要的就是资本支持，而外部资本的介入又势必影响创始人团体在公司的股份份额，进而有可能使得公司的经营控制权发生转移；因此，创始人团体不愿意为了引进资本而丧失其对公司的经营控制权。双重股权结构很好地解决了公司的这一问题，其既保证了创始人团体的控制经营权不至于丧失，也有利于公司获取资本，从而发展壮大。

(2) 双重股权结构有利于保证公司管理层内部稳定，从而使公司稳定发展。

双重股权公司往往通过公司的章程对创始人团体的控制经营权作出有利的规定，创始人团体股份的变动和其他股东的股东权利对创始人团体的控制经营权的影响非常小，公司的权力也不会发生大的更迭，这有利于公司内部的稳定，不至于发生变故而影响公司的发展进程。

(3) 由于公司管理层的稳定，任何人都很难撼动其权利，因此，双重股权结构有利于公司更加注重长远利益。

由于能够威胁创始人团体控制经营权的因素非常少，创始人团体往往可以大胆作出关于公司经营的具体决策，而较少考虑其他股东的因素；同时，由于创始人团体伊始就参与公司的创立、发展、壮大等各个阶段，创始人团体对公司的文化、发展方向往往理解得更加透彻，其作出的决策也往往更注重公司的长远利益，这有利于公司的未来发展。

(4) 由于高级管理人员较理解公司的价值，在与收购公司谈判中，若有高级管理者充当捍卫战士的角色，往往可得高收购金额，有利于目标公司股东。

3. 双重股权结构的弊端

(1) 双重股权结构违背了传统的公正、平等的基本原则，剥夺了股民的投票权。

股东出资入股，股东便对公司享有所有权；但是，双重股权结构让股东的所有权并不完整，其剥夺了有资本衍生的股东投票权，仅保留股东的分红权。同时，由于是以章程的形式规定创始人团体的权力，双重股权公司尤其是上市后创始人团体的权力并未经过后来投资入股各股东的同意，甚至对于其权力并没有通知其他股东。

一个典型的例子是，Facebook 一项 10 亿美元和股票收购移动应用 Instagram 的交易，是在扎克伯格与 Instagram 公司 CEO 凯文·希斯特罗姆在前者的家中私下达成的协议。当时媒体援引一位消息人士的话称，扎克伯格只是告诉董事会收购 Instagram 的事情，而非咨询董事们的意见。

特拉华州州立大学企业管理研究中心主任查尔斯·埃尔森认为，扎克伯格对 Facebook 的控制权之大意味着削弱了其他董事和股东掌舵发展方向的影响力。埃尔森认为，其他人在董事会中没有话语权将严重伤害问责制，并为投资者制造麻烦，"对他们来说，是个糟糕的赌注"。

(2) 管理层权力过大，没有有效的制约机制，容易损害其他股东的利益。

股东之间在公司章程中规定创始人团体的权力，这在一定程度上属于公司意思自治，而在这种意思自治中，由于强势一方的优势地位，在公司章程中往往不会规定对创始人团体权力的制约，适用传统的对公司股东权力保护的法律规定，并不能有效保护公司其他股东的合法权益；同时，由于没有对创始人团体权力的制约，创始人团体更容易滥用公司的控制经营权，从而损害公司其他股东的利益。

(3) 管理层的变动对公司及其股票将会产生非常大的影响，不利于公司对人才的选拔和储备。

由于创始人团体的特殊权力是公司章程的特殊规定，因此，公司管理层的变动对公司具有非常大的影响，这就使公司股东在改变公司管理层时非常谨慎，因此不利于公司人才的选拔和储备，也不利于公司未来的人才发展。

4. 双重股权结构的未来

双重股权结构的优点和缺点都是很明显的，是否选择采用取决于对利弊的权衡，以及本企业自身的特点和发展阶段，采用双重股权结构是相关方博弈的结果，其牵涉如何在控制权和公司价值之间找到平衡。双重股权结构在未来是有发展空间的，从近年来不断成功的公司范例中已经表明了对这种结构的认可。尽管这种股权架构存在很多弊端，但相信随着相关法律法规的完善和管理透明度的增加，双重股权结构的管理问题会在一定程度上得到解决。

本章思考题

（1）控股权和控制权是什么关系？

（2）累计投票制的积极意义与局限性各有哪些体现？

（3）应当如何正确处理管理者道德风险与企业投资决策之间的关系？如何构建防范体系？

（4）如何在股权稀释过程中继续保持对公司的控制权？资本市场上有类似的例子吗？试举一二例。

（5）如何对投票权机制进行设计，以保护中小股东权益？

（6）简述企业公司章程对企业董事、监事会、高管的限制作用。在企业不同的发展期，应该进行何种程度的约束？

参考文献

[1] 邓海虹. 守护股权：股权控制精要详解及实务指引[M]. 北京：法律出版社，2016.

[2] 赵建凤. 上市公司股权结构对内部控制有效性的影响研究[M]. 北京：经济管理出版社，2015.

[3] 黄雷. 基于终极控制权论的上市公司股权分置改革和公司治理研究[M]. 成都：西南财经大学出版社，2015.

[4] 曾洪江. 资本运营与公司治理[M]. 北京：清华大学出版社，2014.

[5] 苏启林. 家族控制私募股权投资介入与民营上市公司治理[M]. 北京：经济科学出版社，2013.

[6] 马永斌. 公司治理之道：控制权争夺与股权激励[M]. 北京：清华大学出版社，2013.

[7] 姚燕. 上市公司控制权转移的财富效应：基于主并公司股权结构的分析视角[M]. 北京：经济科学出版社，2010.

[8] 李维安. 公司治理学[M]. 北京：高等教育出版社，2006.

[9] 梁上上. 论股东表决权：以公司控制权争夺为中心展开[M]. 北京：法律出版社，2005.

第七章

创始人、管理者与员工激励

引　言

亚当·斯密提出的那只“看不见的手”就是在描述一种奇妙的激励机制，通过这种机制的作用，人们在追求自身利益的同时实现了对社会利益的贡献，这是不需要人工设计的激励机制。然而，通过市场来组织交易时，由于存在交易成本和各种导致市场失灵的问题，需要用人工设计的“看得见的手”来代替“看不见的手”，从而产生了对人工设计的激励机制的需要。

激励是一个古老而具有普遍性的话题。激励作为调动人们积极性的一种手段，自古以来就存在，并且只要有人群的地方，就少不了激励手段的运作。“激励”一词在中文里有两种含义，一种是激发、鼓励，另一种是斥责、引导。在管理理论中，激励既包括从中激发诱导一定群体和个人进行组织所需要的行为，也包括约束和惩戒组织所不希望发生的行为。在广义上，激励具有正面激励和负面约束两方面的含义。

第一节　创始人与管理者

管理者是伴随现代企业的诞生而出现的，是独立从事企业经营管理活动，以此为职业，以之谋生，将所经营管理企业的成功视为自己人生成功的专职管理人。此定义主要包括以下几层含义：①将经营管理作为自己的长期职业。管理者以其特有的知识和技能，专门从事企业经营管理活动，并以此为终身职业。他们具有较大的独立性，即企业对他们的依赖往往大于他们对企业的依赖。②以企业的价值体现自己的人生价值。管理者不断追求自我价值的实现和个人职业生涯的发展。而这一切都必须通过其自身的努力，从而使其经营管理的企业获得成功来体现。③具备经营管理所需要的知识、经验和能力。管理者与职位高低无必然关系，他代表着一种高素质的能力，意味着他既可以是具备企业家素质的企业高层领导(如 CEO、总裁或总经理等)，又可以是企业中某一管理职能方面的专家(如销售、财务、人力资源等)。

创始人是企业的缔造者，他开创企业并对企业进行经营，直到企业发展成为一个管理科学的现代企业，这时他才有可能将企业交给管理者，而自己退居到所有者的位置。创始人要承担投资风险和创业风险。创始人不是一种职务，他代表的是一种素质。他是那些在商业活动中，有眼光、能发现市场机会和企业前途的精英人物，是那些有胆量，敢于开拓、创新的传奇人物。管理者，一般是在企业发展壮大过程中，企业所有权和经营权分离时才进入企业，他们主要从事企业日常的经营管理以及重大决策的执行。当然，这也不排除有些创始人创业以后，转而成为管理者，比如，微软的总裁比尔·盖茨。这种情况要求企业家在创业之后，及时学习管理知识，以弥补知识结构的不足，从而由创业的创始人变为企业的管理者。

创始人和管理者在企业的成长过程中扮演着不同的角色。

创始人为企业奠定了企业文化的基础和发展的基本方向。创始人对组织文化影响的大小取决于他们参与组织运作的程度。创始人拥有若干施加其影响力，将某种文化融入组织中的方法。

创始人有消除风险带来的紧张感的能力。因为创始人承担了公司大部分风险，所以他们对公司目前所处的状况最为了解，在紧张时刻能够为员工减轻他们可能会感到的压力。

创始人有让组织品格得以确立的能力。创始人可以坚持那些不能给公司带来经济效益，但可以支撑企业价值观的决策。通过这种方式，创始人可以对组织文化、组织中受重视的事物内容施加很强的影响。

创始人有作为鼓励创新样板的作用。创始人是公司中唯一可以从事风险活动，而不用对任何人负责的人。因此，创始人通常都因其所处环境而表现出很高的创新积极性。同时也作为一个鲜活的例证去教育组织中的其他员工进行创新。

例如，思科公司的组织文化源自 Sandy Lerner 和 Leonard Bosack 对客户的重视。从一开始，他们就将自己的理念融入其业务的开展中，特别是 Sandy Lerner，她基于他们的经历而坚定地认为抓住客户就是抓住了成功的钥匙。当 Herb Kelleher 创立西南航空的时候，就将幽默和快乐的元素灌输到了组织文化中。西南航空的经营战略是提供低成本、点对点的空中旅行，但它是在一个轻松、愉悦，让旅客不断拥有兴奋点的组织文化中实施的。快乐文化并不意味着西南航空的员工就不需要辛苦工作，相反，他们比大多数航空公司的员工还要努力，以帮助公司为更多人提供低成本的空中旅行。在西南航空，员工首先须认同和符合这一快乐服务文化，然后才能得到雇用。

而管理者是作为职业经理人在企业成长到一定程度后被创始人引入的，管理者对企业的作用更多地体现在通过自身的专业管理素养提升企业运作效率和竞争力上。管理者对企业的作用大多可以用明确的业绩指标进行衡量。

创始人与管理者的立场不同，对企业的作用也不同，这就导致了创始人和管理者之间存在各种各样的矛盾。

案例　用友软件：创始人与职业经理人的交融与冲突[①]

一个温和重义、国际化意识超强的创业者，一个货真价实、高度职业化的海外经理人，为何仍打破不了中国式分手的宿命？

中关村从不缺乏公司政治，但具有黑色幽默意味的故事并不太多，后者正是用友软件新近上演的。被媒体重重包围的主角，用友软件创始人王文京在这场“宫廷政变”中自始

① 鲁娜古.用友软件上演中国式分手[N].环球企业家，2004(12)，总第105期.

至终处于被动位置，而出局的职业经理人何经华已经成为实际利益的获得者——与常见的“棒打婚姻”不同，他们仍能共同出席媒体发布会，彼此恭维——但这并不妨碍向来低调、保守的用友软件向外界暴露其遭遇的困境。在我们揭开这桩黑色喜剧的面纱之前，需要澄清的是，与中关村常见的空降兵水土不服，或职业经理人与创始人角力的故事有所不同，用友变局的两个主角均非弄权爱好者。

自2002年4月以500万年薪的身价空降至用友，何经华可谓鞠躬尽瘁：未带任何亲信，他只身进入公司，并在两年间使用友的收入翻了一倍。“今年我75%的时间都在飞，周末回家只是换了个衣服就又要走。”甚至其辞职的时机选择都经历过深思熟虑：用友即将制订明年的计划，若他参与目标制订却不能参与执行，对用友影响不好。

而他的搭档、公司董事长王文京，多年来以风格沉稳严谨和重感情著称。其早期创业伙伴、用友独立董事苏启强曾表示：“一般朋友和同学的聚会，不论他多忙都会去……他不是一个唯利是图的人。”而何经华也在离职后如此评价对方：“王总是个非常好的人，他的善良、正直、言而有信，从一个人的品质来讲，是非常好的。”

在2004年11月2日下午的员工大会上，何经华向用友员工做了最后一次演讲，在这20分钟的演说中，何经华反复强调着一个英文单词“capability”(能力)，但当看到“有的人眼眶红了，有的表情呆滞，有的惶恐”——事后他对外人如此回忆——他终于也流下眼泪，动情地表示：“没有人永远可以牵着你的手，一直牵着你的手。”见者无不动容。

就在员工大会当天，非常“国际化”的，何经华与王文京携手召开了新闻发布会，何经华向外界公布了其离开的标准答案：“我真的感到累了，需要好好休息休息”，并高调接受了王文京亲手颁发的顾问证书。但随后在不止一个场合，他又十分坦率地对外承认，2004年12月中，自己将成为美国Siebel副总裁、大中华区和东亚区总经理，且表示Siebel不仅满足其全部福利要求，甚至会将亚太区总部从新加坡搬至上海，何经华只需坐镇北京即可。按照行业常规，何经华不可能是在离职当天找到新的工作，据悉，Siebel与其接洽开始于2004年年中。

不过其“老板”王文京可能对此一无所知：据接近事件核心的消息人士称，何经华于2004年10月29日星期五突然向董事会递交了辞呈，次日，他本应参加公司内部一个高层会议，但并未出现。而王文京虽然在第一时间召开了董事会电话会议，应允了何经华的离开，但他仍显得颇为措手不及：他已确定11月中旬出国考察的计划被取消，全部工作日程都被迫重新制订。

从友好分手到暗度陈仓，是什么让分别在技术与销售领域本领不俗的这一对“中国版比尔·盖茨和史蒂夫·巴尔默”分道扬镳？“感觉不在了。”据接近何经华的人士告诉记者，这是何经华对自己与王文京合作关系的结论。尽管用友各方人士均对何经华离任之事三缄其口，甚至在用友内部，也几乎无人见过两人正面发生口角，但何经华与王文京之“道不同”是无法掩藏的：在对公司是否应当国际化、产品应当选择高端路线还是中低端路线两个战略性问题上，两人无法达成共识。

更根本的不和谐在于，虽然为人温和开明，但王文京和国内不少创业者一样，对控制权极度看重，尽管对何经华以礼相待，他也从未真正实现放权，这让何经华始终在公司内外扮演着首席运营官和公司内最高层销售员的角色。

何经华并非不想改变这一局面,但结果是,虽然谈话时总是一团和气,但总是笑容可掬的王文京内心无比坚定,改变甚难。无人能够否认王文京的勤奋好学,但他一旦打定主意就坚持到底的性格——一位熟悉IT业的风险投资商因此将王比喻为“乌龟”——既成就了他以往的胜利,也让他难以足够开明地与何经华这样工作背景与思考习惯大相径庭者达成共识。

这看似是最理想的分手:何经华的出走并未影响用友的股价,短期内他的缺席也并不会动摇用友在国内管理软件领域的龙头地位。但真正的问题在于,职业务实且富有国际经验的何经华试图改造的用友的问题,会随着他的离开迎刃而解吗?

一、经营理念的碰撞

甫一上任,何经华就被反复问及一个问题:这个习惯用英文表达的台湾人,能否做到足够本土化?不久之后,何经华在公开场合表示:自己已经不是本土化,而是已经用友化了。

在知情人士看来,所谓用友化,并非只是减少说英文,以及学会周末加班,其关键是,在用友内部,王文京的绝对权力无法被挑战。据用友高层透露,虽然外界一贯认为王与何经华分工明确,王文京主管战略和抓产品,何经华主抓执行、运营和外界形象,但其实,总裁会和董事会的分工,两年半来从来没有分清楚过。没有过白纸黑字的岗位责任书,这使习惯在管理规范的跨国公司工作的何经华十分难受:一个公司再简单,也有三样基本的因素,人、财、物,但是何经华在用人、预算、费用、产品等涉及经营的层面,都没有足够大的自主权。

尴尬接踵而至:当何经华去外省出差,拜会当地政府官员,每每听到对方邀请把用友的一部分研发放到当地,何经华都无以作答——作为用友总裁,他也无权决定此事。双方分工不清晰的影响还有细节上的:用友的中高层写电子邮件向上汇报时,没有规范的解决问题的流程,经常是同时发给王与何。何经华也感到非常困惑:要不要回邮件呢?自己的意见和王文京意见不一致怎么办?开始他还强调发邮件的层级和管理次序,到后来一见此类邮件就干脆不回了,让发件人直接等王文京回信。对于王文京而言,这的确是一手难落之棋:如果充分放权,一旦离开,自己如何收回权威?

时间长了,何会在公司内部发出这样的牢骚:“大的合作伙伴来了谁去谈呢?扫厕所的日程又是谁批呢?”

得不到充分授权,何经华只能通过行动获得公司内部的权威。他之所以不带任何旧部进入用友,原因在于他有充分的自信在新团队中建立威信。出差时,他不仅会约见各地客户,也会跟分公司的部门经理长谈,帮助解决他们的各种问题。据参加过这种长谈的人表示:“经常吃一顿饭要四五个小时。”到了晚上,他还会对分公司全员培训,“问题问完为止”。

但何经华为人严厉,其名言是“我的耐心只有5句、30秒”,如果对方向其汇报时不能迅速阐明重点,何就让对方出去,想清楚再进来。而在开会时,他则希望管理层言无不尽。据一高层透露,在一次总裁会上,何曾十分气愤地不点名批评:“开了一整天的会,一句话都没吭,是什么意思?你是没想法,总裁会谈的问题,你一个都不懂?或者你是不屑发言,这些东西太低级了,你瞧不上?”

这与王文京多年来富有耐心的倾听与沟通截然不同。虽然众人无不服膺何的才干，但抵触情绪日益加重——据称，王文京没有适时站出来支持何经华，而是以很委婉的方式提醒过何经华要发挥总裁会团队的力量。最终妥协的结果是，何经华让一位副总裁作会议主持，自己少讲话。

离去之前，何经华在公司对手下说："在你们的脑子里，有两个东西永远改不掉了。第一，何经华是外来的，怎么看他都长得不像用友人，再干八年还是个外边的人。第二个改不掉的是，何经华是暂时的，这个暂时可能是两年半，也可能是五年而已。"

二、国际化战略的重大分歧

没有人能够准确说出，何经华对与王文京合作"感觉不在了"是在哪个具体时刻，不过，公认两人合作的转折点是用友开始高举国际化大旗那一刻。仿佛一个悖论：王文京寄希望于带领用友进行国际化的何经华，正是公司内最反对国际化战略者。

2004 年 2 月 18 日的发布会上，用友软件董事长王文京、用友软件总裁何经华和用友工程有限公司总裁邵凯一起，把"软件中国造"的大印盖在了一幅世界地图上，以此宣告启动新三年国际化战略：用友要从中国管理软件市场老大升级为亚洲最大的管理软件企业，2010 年成为世界级软件企业，进入全球管理软件厂商第一梯队。

这并非王文京的心血来潮，自从 2001 年定下 10 年进入全球软件业前 50 强的目标，他就开始反复考虑这个问题，而何经华也是因此被引入的。其结果是，王文京认定："国际化对用友来说不是发展的问题，而是生存的问题。"自 2003 年起，他不断向员工灌输的一个概念是"第三次创业"。在他看来，20 世纪 80 年代中期兴起的第一次创业是体制的创新，民办体制由此崛起；第二次创业是 90 年代，核心是产业化建设；现在进入第三次创业，核心正是国际化。

但相对于如此宏大的"历史使命"，何经华考虑的是更现实的问题：用友公司 3 000 多名员工，一年的销售收入不过 7 个亿，平均的生产率是 20 余万元，"这不是一个高科技公司的劳动生产率"。

何经华到用友的第一周，王文京就让每个部门主管带几名干部向其作三个小时的业绩报告，以此帮助何经华迅速理解用友。整整一周，每天早、中、晚各谈一个部门。一次，一个部门经理迟到了一个小时，一进门就道歉："何总对不起，我搭夜车回来的，但火车晚点了。"何经华第一个反应是："开这么重要的会议，你怎么不坐飞机？"全场顿时鸦雀无声，包括静静坐在旁边的王文京。

后来何才得知，在用友内有资格坐飞机出差的人并非很多。这与何十几年跨国公司经验中不管什么级别的员工都有权坐飞机截然不同，用友还处在飞机票比员工的时间更昂贵的阶段。

快口直言的何经华由是公开提问：用友真的有了国际化的产品吗？难道我们在国内的钱挣完了吗？何经华认为比立刻走出去更重要的，是具备国际竞争力。在不止一个公开场合，何经华都对国内企业匆忙的国际化表示否定："设立海外办事处很容易，收购一家美国硅谷的公司很容易。但问题是，收购完毕后你的董事会能不能给这个美国公司作业务指导，你能告诉美国总经理他能干什么吗？你公司的董事会能不能用英文开？你有没有国际运营的能力？收购也好，扩张也好，完全是跟你公司的战略有关系的，你要考虑的不是今天要去哪里，而是三五年你往哪里去。这是一个战略是否需要，能力是否匹配的问题。"

而在公司内部，他也发表过更为尖锐的质疑："今天我们关上门说实话。SAP、甲骨文一个客户经理一年就能拿到500万美元的单子，上海分公司是用友最大的分公司，一年不过六七千万的收入。一定要去挣美元、日元了吗?"

即使何经华本人坚持"对事不对人"的职业态度，但他如此对国际化不留情面的驳斥，真正尴尬的人显然只有一个：王文京。由于难以统一意见，后来用友只能将增强国际竞争力和国际化同时提出，作为战略的两个层面。

一向以务实著称的王文京恐怕很难想象，何经华比他更为务实。随着用友逐渐在国内确立管理软件领域的领袖地位，王文京认为公司应当走上高端路线。投入4亿元研发资金后，面向大型集团用户和高成长性企业的NC被推上市场。

何经华并非不支持公司拓展第二条产品线，但他并不赞成公司将过多精力投注于NC这款属于未来的产品上。目前，NC仅占公司收入的20%，而面向中小企业的U8系列软件则为公司提供70%的收入。作为公司总裁，需要对财务报表负责的何经华，这并不是他希望见到的!

三、谁更适合把中国队带入16强?

与其将王文京与何经华组合比喻为"中国版比尔·盖茨和史蒂夫·巴尔默"。不如将他们比喻为亨利·福特和50年之后出现在福特公司的职业经理人——某个意义上说，他们不属于同一时代。

不可否认，王文京是他同代人中最卓越的创业者与企业家之一。如同苦行僧一般，王文京将其全部精力投注于工作，几乎毫无业余生活。因其专注，24岁开始创业的他在15年间打造出国内软件业第一品牌，且在上市后因超过50亿元的个人身家，而成为国内富豪排行榜上前十的常客。

让他与其他企业家有所不同的，还有他为人之仁义。在用友不乏这样的故事：六七年前，用友曾有一个经理主管进销存软件的研发工作，但当他出去创业，成为用友的竞争对手后，身患重病且公司倒闭。得知此事后，王亲自开车去看望对方，并留给其5万块钱。这种故事显然能够让用友在创业阶段聚揽人气，但当公司做大时，负面效应显现出来：仁厚的王文京不愿意开除不合格的员工，甚至当公司内部出现麻烦，王"很难自己拉下脸来去整治"。不过，公司内敢于直接对王文京的决策提出质疑者，却越来越少。

而且，虽然他会对老员工仗义相助，但他始终坚持对用友的高度控制。在对手金蝶已经发放了8次期权时，用友的大部分副总裁级别的人物还没有股权。

王本人也希望借助外力改变用友，当他经人介绍，几次与何经华在饭桌上讨教从公司向ERP转型到"员工休假天数合理不合理"等大小问题，他似乎找到了合适的"助推器"。

进入之初，何经华即明确告诉王文京："我在用友要完全按你原来的思路来，我就不用来了。要照我的思路做，你会痛，而且会有风险。"王对此表示认同。

从2002年5月中旬开始，何经华开始在华东、华南四大区的第一次视察。此行除了鼓舞士气外，何更重要的任务是传达压力：半年内实现从卖财务软件到卖ERP的彻底转变，否则就要走人。以前用友的销售员签单主要是靠感觉，但何要求一切要拿数据说话，无论是业绩的好坏，还是市场的推进工作，何全部要求用数据说话。

何清楚他想要什么。据知情者回忆，何在公司内反复表示："做一个伟大的公司需要一个伟大的产品。"而他对好产品的要求包括四方面，时间长了，几乎所有用友人都知道何经华的"LCSE"标准：L是license，指有好的软件；C是consult，通过咨询服务帮助客户把系统运行好；S是support，上线后服务；E是education，贯穿整个全过程的培训。

针对9个月内考察发现的用友的种种薄弱环节，何经华继而提出用友的五大工程，涉及产品、渠道、人才、实施、售前等方面——几乎算得上用友的完整升级。

何上任时，ERP软件收入占用友总收入的38%。当他离开时，用友的ERP软件收益已占到公司收入的90%，可谓转型成功。

"他是一个很美国化的中国人"，谈到何经华，一位用友高层如此评价对方。在他看来，何的丰富经验是他能够迅速改变用友，并在员工处得到尊敬的关键：说到一个方案，何经华就会举例说当年甲骨文这方面是怎么做的，后来有什么样的结果，对于用友有什么样的借鉴意义，这都是国内成长的高管所不具备的能力。

但说一不二的何经华很快意识到，他工作的最大掣肘是：他与王文京的合作看似顺畅，实则艰难。王文京不爱直接发表意见，但他并非没有看法——据说，在何经华空降用友后不久，王文京曾与何极尽坦诚地长谈过一番，把用友总裁会上的每一个成员的特点为何经华做了极为通透的分析，但这种交谈在何、王共事的两年半中，也相当有限。而在关键决策上，何经华更是无法说服王：心里早已有答案的他总是笑容可掬，却不作太多许诺。"我认识你，也不认识你。"何经华曾如此当面评价王文京。在对王的一片褒奖之词中，何经华也认为对方胸襟上略有不足，虽然较多数国内企业家已算很好，但"糟糕的是有这个特性却不自知"，王虽好学，但只是不停出国考察，仍对许多事情的理解深度不够——他固执己见地要实践一些舶来的创意，在旁观者看来是用友发展的最大瓶颈。

而在离职的新闻发布会上，何将自己比喻成中国男足前任教练伯拉·米卢蒂诺维奇："米卢负责把中国足球队带进世界杯。"这种说法多少带有无奈，如果能够给何更大的空间与更多的时间，用友仍不乏改变的余地。据悉，离任后，公司内部员工发给何经华以示挽留的短信就超过百条——谁来把中国队带入16强呢？

王文京与何经华均爱阅读世界商业史。王最推崇的是福特、洛克菲勒等19世纪末20世纪初美国的那一批极富创新精神的工商巨子，而何经华欣赏的是IBM、HP、沃尔玛等告别"独角戏"的成熟企业，标准化的商业能力使它们基业长青。"IBM是谁的企业？"何经常问道。在用友内，没有人回答他。

第二节　管理层激励与约束

与古典企业相比，现代企业的效率源泉主要在于利用了经营管理者即职业企业家的专业经营管理才能，但随之产生的问题是管理者与创始人的工作积极性的差异。而该问题的解决取决于经营管理者激励与约束机制的有效性。也就是说，经营管理者的激励约束机制决定了有专业才能的职业企业家的积极性，进而决定了现代企业的效率，因为，经营者的激励约束问题对现代企业效率具有决定意义。这个简单的理论逻辑结论在规范的现代公司制企业中表现为通过不断地完善公司治理机制、有效激励约束经营管理者的行为来改善企业绩效。从分析逻辑而言，现代企业所有权和控制权的分离、企业家职能的分解、经营管理者和企业所有者的目标和利益不一致，是经营者激励约束问题产生的必要条件，但并不是充分条件。经营者的激励约束之所以必要，还因为经营管理者和所有者之间信息不对称。具体而言，经营管理者拥有所有者所不知且难以验证的信息，即“私有信息”；经营管理者的一些行为或决策是所有者无法观察和监督的，即“不能观投入”。如果信息是对称的，经营管理者的一切信息都是公开和可验证的，一切行为都是可观察和监督的，那么，经营管理者和所有者之间的契约都是完全的，经营管理者任何偏离所有者目标和利益的动机、行为都会被制止。正是由于“私有信息”和“不能观投入”的存在，通过建立经营管理者的激励约束机制，诱导出真实信息、刺激出适当行为才十分必要。建立管理者的激励约束机制是保证现代企业组织享有企业家职能分工产生的高效率，同时避免管理者和创始人的目标利益不一致而产生的损失的必然要求。

归结西方国家现代企业建立有效的经营管理者的激励与约束机制的实践，可以把影响经营管理者行为的激励因素概括为报酬、控制权、荣誉和知识四类，与之相对应，形成了经营管理者行为激励与约束的报酬机制、控制权机制、声誉机制和知识机制。而约束因素可以被概括为监督约束、合同约束、结构约束和市场约束。

一、管理者激励机制

1. 报酬机制

与经营者报酬相关的理论认识是多方面的，在新古典经济学中，企业家能作为和劳动、土地、资本相对应的一种要素，其报酬是利润；源远流长但又角色林立的企业家理论因不同的企业家理论赋予企业家角色不同，相应对企业家的报酬来源、数量的认识存在差异。在企业家理论中，企业家的报酬可以是承担风险、不确定性的收入，可以是创新的结果，可以是洞察、利用市场机会的投机收入等。对于现代企业中“支薪”的职业企业家而言，从人力资本理论角度说，其报酬是其人力资本投资的收益，是其人力资本的价值；但从经营管理者的激励约束角度说，报酬是调动经营者管理者积极性、激励约束其行为的一个重要因素，是其对企业贡献的奖励。

一般地说，基于“多劳多得”的简单逻辑，报酬是作为激励因素来满足经营者的生存需要的，但 Herzberg 的“激励—保健”双因素理论认为基本的工资报酬属于保健因素，不会引发被激励者内心的积极性。这意味着由于经营管理者在其他地方得不到满足其生存需要的工资报酬，为了这份报酬不得不约束自己的机会主义行为，按所有者要求的行为去做，因而工资报酬只能算是一种“约束”因素，约束职业企业家工作中不出现可以导致结束其职业生涯的渎职行为和失误。正如美国通用食品公司总裁弗朗西克所说的：“你可以买到一个人的时间，你可以雇用到一个人到指定的工作岗位，你可以买到按时或者按日计算的技术操作，但你买不到热情，你买不到创造性，你买不到全身心的投入。”如果报酬是固定的，报酬中没有风险收入，这样分析的结论是成立的。但进一步分析，如果经营管理者的报酬结果是多元的，除了包括固定报酬满足其生存需要外，还包括风险收入（企业剩余）部分，报酬因素会随着风险收入的增多而逐渐增加激励力量，直至报酬全部变为风险收入，激励作用达到最大，报酬完全成为激励因素，经营管理者的行为也就会是真正的“企业家”行为（然而，此时经营管理者就不再是管理者，已经成为具有完全剩余索取权的创始人了）。

关于经营管理者的报酬机制另一个更为基本的问题是以什么样的业绩指标衡量经营管理者的努力程度和能力，理论、股票价值、销售额、资产额等一般指标与经营管理者的努力程度和能力的相关性有多大，经营管理者的报酬应与哪种或哪几种指标“挂钩”。这是一个关于经营管理者报酬机制的具体目标导向的问题。由于“道德风险”和“逆向选择”的存在，经营管理者的努力程度和能力是“不可观投入”，为此必须寻找一些可以观测的指标替代衡量经营管理者努力程度和能力，从而使经营管理者的报酬能够真实反映其贡献。然而，当选择可观测指标替代估量“不可观投入”时存在两大困难，使可观测的指标不能真实全面衡量管理者的努力程度和能力：一是可观测的指标常常具有相互冲突的多维特性，过于强调某一方面特性可能会产生不适当的激励作用。如完全依赖利润指标，有可能激励经营管理者为追求利润而采用“拼设备”的短期化行为。二是可观测的指标不仅受经营管理者的决策行为所影响，还受到许多非经营管理者所控因素的影响，若他们的报酬与这些指标“挂钩”，有可能表现为不公平，从而产生副作用。如利润指标除受经营管理者的能力和努力程度影响外，还受到企业条件、外部环境等多方面因素的影响。正是由于这两方面的障碍，经营管理者的报酬与什么指标“挂钩”问题难以有统一的定论，大量的经验统计分析证明了这一点。

总的来说，建立激励约束经营管理者行为的报酬机制主要解决以下三方面问题。

(1) 报酬构成、报酬结构变化对经营管理者的影响及最优的报酬结构确定。

(2) 报酬数量与经营管理者的积极性的关系及最优报酬数量确定。

(3) 经营管理者的报酬与何种企业业绩“挂钩”、如何“挂钩”，才能最好地衡量经营管理者的能力和努力程度。

2. 经营控制权激励机制

一般对企业激励问题的研究有两方面欠缺：一是只注重收入的分配方式差异，忽视控制权分配和转移。如注意到股权和债券在收入分配方面的不同，但较少考虑股权和债券在控制权分配方面的差异；债权人在企业无法还债时有控制权，股东则是在付完债权人债务后的情况下有控制权。二是注重货币收入的激励作用，忽视非货币的与控制权相关联的“个人好处”的激励作用。如我国国有企业厂长经理的货币收入与一般职工差别不大，但有很大的控制权，享有高额的“在职消费”，高额的“在职消费”相对其货币收入更具有激励作用。这两方面不足正是由于没有把控制权作为经营者的激励约束因素进行研究。掌控经营控制权（或者用产权理论的分析框架，称其为相对于剩余控制权的特定控制权）可以满足经营管理者两方面的需要，既满足了控制他人或感觉优越于他人、感觉在积极处于负责地位的权力需要，又使经营者具有职位特权，享受职位消费，给经营者带来正规报酬激励以外的物质利益满足。

从控制权作用的机制分析，使得经营者的经营控制权受到约束或使之失去经营控制权的威胁主要来自两方面：一方面，是来自企业组织内部所有者通过法人治理机制对经营者的监督约束；另一方面，是来自其市场竞争约束和其他企业对本企业的接管、兼并或重组的资本市场行为。这两方面的约束可以保证那些为了拥有控制权满足权力需要和"职位消费"需要的经营管理者约束自己的机会主义行为，按所有者要求的行为去做，但其努力程度只限于不断送其职业生涯。但如果允许经营管理者拥有部分剩余索取权(剩余索取权是与剩余控制权相匹配的，拥有一定的剩余索取权，也就是拥有相应程度的剩余控制权)，在法人治理结构中他不但是经理，而且还是股东或者董事，随着其拥有的剩余索取权的逐渐增大，其行使经营控制权收到的约束会逐渐减弱，也就相当于其权力日益增大，权力需要和"职位消费"需要日益得到更高的满足，控制权的激励作用日益增大，其积极性日益增高。发展到极端，就是完全集剩余所有权和控制权于一身的创始人，权力的激励也达到最大化。在现实中，经营管理者的控制权大小是通过法人治理结构对经营管理者的控制权授予和约束进行动态调整的，旨在保证控制权机制既对经营管理者行为有约束作用，又对经营管理者行为有激励作用。总结来说，有效的经营管理者控制权机制的建立完全取决于科学的法人治理结构的建立和有效运作。

3. 荣誉激励机制

上述报酬机制和控制权机制都隐含着一种认可：剩余索取权或者说让经营者占有经营剩余是一种终极的激励手段。这种认可被认为是经济学所揭示的激励理论的重要原则。然而对于荣誉机制而言，似乎与剩余索取权或者剩余占有并不直接相关。在管理学看来，追求良好的剩余是经营者的成就发展需要，或归于马斯洛的尊重和自我实现的需要。如果承认马斯洛自我实现的需要是人类最高层次的需要，那么，荣誉才是一种终极的激励手段。现代企业经营管理者努力经营，并非仅仅是为了占有更多的剩余，还期望得到高度评价和尊重，期望有所作为和成就，期望通过企业的发展正视自己的经营才能和价值，达到自我实现。虽然经营者的高报酬在一定程度上代表了对其社会价值的衡量和认可，但高报酬所带给经营者的具有比他人更优越地位的心理满足是不能替代良好荣誉所带给经营者需要的满足的。

与管理学把追求剩余所有权满足自我实现的终极激励手段不同，经济学仍从追求利益最大化的理性假设出发，认为经营者追求良好荣誉是为了获得长期利益，是长期动态重复博弈的结果。自亚当·斯密开始，经济学中一直把声誉机制作为保障契约执行的十分重要的机制。由于契约是不完全的，不可能穷尽所有情况，契约各方履行职责是基于相互信任，而相互信任的基础是多次重复交易，长期的信任就形成了声誉。对于经营者管理者而言，声誉机制的激励作用在于没有一定的职业声誉会导致其职业生涯的结束，而良好的职业声誉则增加了其在企业家市场上讨价还价的能力，前者起到对经营者机会主义行为的约束作用，后者则对企业家行为具有激励作用。经营者的事业刚刚开始，还没有建立其自己的声誉，由于担心产生不好的声誉而失去现有的职位，会约束自己的机会主义行为。进一步地，为了获得良好的声誉，增加自己在企业家市场上讨价还价的能力，企业家会尽最大努力去工作，声誉的激励作用越来越大，直至由于努力工作建立了很高的声誉，声誉激励的作用达到最大。但这种激励约束作用是动态变化的，有一种极大的可能就是，经营者一旦获得了良好的声誉后，其努力程度可能反而低于其事业开始追求声誉的时候。管理学对此的解释是："成名"后经营者的成就发展需要在一定程度上得到满足。但由于声誉是经营者的无形资产，高声誉或"成名"的经营者与事业刚开始的经营者相比，不需要花费过多的努力就会取得很大的业绩。然而，如果市场机制较为完善的话，在激烈的竞争中，不进则退，具有高声誉的经营者需要不懈努力，才能保持与其声誉相称的竞争地位。

另外，从声誉机制的作用机理分析，公平因素涉及声誉的"质量"问题。如果是公平的，则声誉能够准确反映经营者的努力和能力，那么声誉就能够发挥正常的激励约束作用；反之，如果声誉"质量"比较低，经营者就可以通过一些非正常手段"浪得虚名"，声誉的激励约束机制将可能发生扭曲。经营者对自己通过努力得到相应声誉的期望概率，以及声誉能够带来其需要满足程度的预期(如经营者对一定的声誉能够使其得到多少收入的预期)会影响声誉及激励约束作用。如果经营者对未来预期悲观，则会只顾眼前利益，不重视声誉，声誉机制的激励作用有限；如果经营者对未来预期乐观，则会重视声誉，声誉机制对经营者的激励约束作用强烈。由于声誉与文化、法律、制度等因素密切相关，具有模糊性和不可控性，虽然存在一些多阶段动态博弈模型，但还缺少对声誉机制与经营者积极性关系的全面描述。

4. 知识激励

培养一位经理需要大量的投入，而维护这种管理劳动的声誉、提高管理劳动的素质，也需要坚持不懈地投入。在知识信息快速更新、繁衍的新经济时代，不断进行充电，防止知识老化，对担负着创新智能的高层管理者来说尤其重要，因此，企业必须自始至终地为高层管理者持续提供知识更新和获取最新信息的机会，以提升其业务能力，增强其自信心，如定期输送他们到院校深造、提供与各类同行专家和学者教授交流学习的机会、建立高效率的信息情报网络、订阅有关书报杂志等。

二、约束机制

约束企业行为的各种条件及其对企业行为的约束作用，构成企业行为的约束机制。约束机制可分为企业外部约束和企业内部约束。企业外部约束也就是市场约束，可分为供给约束、需求约束、法律约束和行政约束，其中需求约束是最主要的。供给约束是指市场对企业投入的约束。企业生产的正常进行首先必须能在市场上购买到足够的生产资料，聘用到有各种专长的工人和技术人员、管理人员等。这些生产要素中任何一种供应的短缺或垄断，都会影响企业的经营决策，约束企业行为。市场约束主要是需求约束，对一个企业来说，能不能把产品销售出去，是关系企业再生产能否顺利进行的"惊险的跳跃"。企业为追求商品价值的实现，必须根据市场行情的变化调整自己的生产经营活动。因此，市场需求是约束企业行为的重要的外部条件。除此以外，企业的外部约束还有法律约束和行政约束。法律约束是指为保证正常的市场经济秩序，通过各种经济法规的制定和事实来约束企业行为的法律规范。

企业内部约束主要是预算约束，其基本要求是企业必须用自己的收入补偿自己的支出，也就是自负盈亏的约束。

影响经营管理者行为的约束因素可以概括为监督约束、合同约束、结构约束和市场约束。

1. 监督约束

设计适当的补偿方案虽然有助于使代理人的利益与委托人的利益紧密联系在一起，但并不能完全解决激励问题。委托人通过监督获得关于代理人正在做什么和他应该做什么的信息，从而限制了代理人采取有损于委托人利益的行动范围。法律、会计、投资银行、大股东、公司章程、媒体等从不同的角度和深度对人力资本效能的发挥进行监督。

2. 合同约束

资本与劳动(非人力资本与人力资本)间的雇用关系应通过合同(契约)来明确和规范双方的权利与义务。合同对企业商业秘密的保护、技术专利的保护、竞争力的保护都起到重要的作用，所以应该重视合同约束作用的严肃性和重要性。即使是作为企业领导人的人力资本也应受到合同的约束，其在职或离任后都应保守企业的有关商业秘密和核心技术。另外，因缔约成本的制约，在不完全信息条件下签订的合同都将是不完全契约，这就要求在签订合同时尽量翔实和客观，形成"激励性合同"，最大可能地减少因契约的不完全性而导致的资源非生产性耗费。

3. 结构约束

现代企业制度的首要工作之一是建立、健全法人治理结构，实施公司化改造和经营管理。公司法人治理的要旨在于明确划分股东、董事会和经理人各自的权力、责任和利益，形成三者之间有效的制衡约束关系。股东通过用"手"和用"脚"的投票机制对公司资产的运营加以影响；董事会作为法人代表机构，对经理人员进行监督和激励，并最终对股东负责；董事会聘任的总经理掌握日常经营决策权。这样，委托人与代理人之间互相制衡、互相牵扯，削弱了股东或经理偷懒、"搭便车"和机会主义的动力，减少了代理人的私利隐藏行为。

4. 市场约束

如果经济学认为剩余索取权是一种对经营者行为的终极激励手段，那么，市场竞争机制就是一种对经营者机会主义行为的终极约束，其前提是市场竞争是充分的。这不仅因为较为充分的竞争市场具有一定的信息披露机制，缓解信息不对称问题，更因为市场竞争的优胜劣汰机制对经营者机会主义行为的惩罚是"致命"的，是控制权机制、声誉机制发挥约束作用的前提。

对经营者行为的市场竞争约束包括企业家市场、资本市场和产品市场三方面，这三方面市场对经营者行为约束的激励略有不同。企业家市场被有的经济学家认为是最好的经营者行为的约束机制，充分的经营者直接竞争在很大程度上动态地显示了经营者的能力和努力程度，使得经营者始终保持"生存"危机感，从而自觉地约束自己的机会主义行为。但这种市场机制对经营者行为的约束除了受到企业家市场的完善程度影响外，还受到诸多限制，使这种约束不是强有力的：一是如果股东分散，股东之间就会出现"搭便车"行为，不愿意承担"弹劾"现任经营者的费用，结果是即使现在的经营者"声誉"有问题，也没有股东出面提出更换经营者；二是股东们"已知的恶要好于未知的恶"的心态；三是现任经营者会采取各种途径，利用其现有地位组织董事会更换人选。

资本市场的约束机理一方面表现为股票价值对企业家业绩的显示，另一方面则直接表现为兼并、收购和恶意接管等资本市场运作对经营者控制权的威胁。另外，企业资本结构的变化，尤其是以破产程序为依托的负债增加会在一定程度上有效约束经营者的机会主义行为。但接管威胁会产生降低长期投资积极性、破坏经理职位稳定性等反面的激励作用。

产品市场的约束机理在于来自产品市场的利润、市场占有率等指标在一定程度上显示了企业家的经营业绩，产品市场的激烈竞争所带来的破产威胁会制约经营者偷懒行为的减少。然而，如果产品市场是垄断的，使企业得不到有关竞争者在利润等方面的信息，产品市场的竞争机制对经营者机会主义行为的制约就变得十分脆弱。

总结而言，市场竞争对企业家的约束和激励有两方面：一方面是市场竞争能够在一定程度上解释有关企业家能力和努力程度的信息，而这些信息原本是企业家的私人信息，这样的信息及职位为企业家报酬机制、控制权机制和声誉机制发挥作用提供了信息基础；另一方面是市场竞争的优胜劣汰机制对企业家的控制权形成了一种威胁，低能力或低努力程度的企业家随时都有可能被淘汰，而战胜对手、寻求自我实现又是企业家激励力量的来源，企业外部治理市场包括资本市场、经理市场和产品市场，每类市场的竞争机制对企业家的压力不同，进而对企业家激励约束作用的表现形式也不相同。如表 7-1 所示。

表 7-1　市场竞争机制对管理者的激励约束作用的表现形式

类型市场	信息显示机制	优胜劣汰机制
资本市场	企业市场价值指标	并购机制、破产机制
经理市场	声誉显示	竞争选聘机制
产品市场	企业会计财务指标	盈亏、破产机制

三、股权激励

股权激励是一种通过经营者获得公司股权形式给予企业经营者一定的经济权利，使他们能够以股东的身份参与企业决策，分享利润，承担风险，从而勤勉尽责地为公司长期发展提供服务的一种激励方法。

1. 股权激励的理论基础

股权激励的理论基础主要包括人力资本理论、委托代理理论、分配理论和风险理论等。

(1) 人力资本理论——股权激励的前提。人力资本和物质资本一样，也是非常重要的生产要素，因此它应该拥有企业的剩余索取权，而且这种市场要素与其所有者不可分离，具有专有性，即人力资本的所有者能决定人力资本使用和发挥的状况，因此，只有给予人力资本相应的剩余索取权以进行激励，才能使股东、经营者和普通员工的目标函数达到内在一致，减少股东对管理人员的监督成本。以企业家为载体的管理知识和经营才能是企业生产函数的必要组成部分，而且其影响程度与日俱增，相应地对其参与企业剩余价值分配的要求也不断提高。成熟市场经济国家的经验表明，经营者持股和对企业经营者的股权激励是企业家收入的重要组成部分，是企业家价值实现途径中最为有效的模式。

(2) 委托代理理论——股权激励的动因。现代企业理论表明，企业生产的特征在于其交易属性，企业交易属性衍生出了企业的契约性质，企业契约又外化为企业所有权在利益相关者之间进行配置的制度安排。现代企业理论中的契约理论和委托代理理论是股权激励的理论基础来源之一。

契约理论认为，企业是一系列契约的组合，由于契约是不完备的，因此提高企业效率的途径是让资产所有者拥有剩余索取权和剩余控制权。所有权与经营权分离，导致了剩余索取权与经营控制权的分离，从而产生了"委托—代理"矛盾，即所有者和经营者之间目标不一致的矛盾，以及相应的代理成本。委托代理理论认为产生代理成本的本质原因在于企业的人力资本产权主体未能获准参与剩余分配。代理成本主要分为两部分：一部分是由信息不对称产生的监督成本，另一部分是由信息不对称产生的"道德风险"成本。如果作为委托人的股东建立一套最适当的激励机制，使得作为代理人的经营者为他们的最大利益而行动，那么代理成本就将大大降低。因此，只有给予经营者一定比例的企业利润，使经营者的经营业绩和企业收益相关联，才能促使经营者为公司利润最大化服务。经营者持有企业股份，目的就是和股东分享企业剩余利润，从而把经营者个人收益和企业经营绩效相联系。

(3) 分配理论和风险理论——股权激励的基础。经营者是人力资本的拥有者和投资者，根据分配理论，作为一种特殊资本——人力资本的投资者，经营者可以获得一定的报酬。经营者可以通过多种方式获得报酬，如工资、奖金和股权等。固定工资是对经营者人力资本价值的肯定，是一种事前的契约安排，但是不能真实反映经营者的才能，也不能恰当反映人力资本与物质资本结合所创造的应属人力资本的价值。而奖金是根据经营者当期的经营业绩来评定的，是一种短期激励机制，它容易使经营者更多地关注企业的短期效益，作出不利于企业长期发展的决策，甚至诱使经营者造假，损害股东利益。

股权激励可以更好地激励经营者关注企业的长期发展，更多地分享企业的经营成果，但依据风险理论，这种激励方式对经营者来说也是有风险的。因为基于股权激励就要相应降低其固定工资及奖金，经营者的收益则更多地依靠企业的经营成果，如果经营不善，其获得的报酬也就相应减少。这样，就可以使经营过程中的风险归属和报酬对称。所以，以分配理论和风险理论为基础，实际揭示了股权激励机制发生的直接结果，从这个结果中给予经营者实质性奖励。

2. *股权激励方式与特点*

(1) (员工)持股计划。持股计划是指让激励对象持有一定数量本公司股票的、有计划的股权安排。被激励者得到公司股票的途径可以是公司无偿赠与，也可以是由被激励者出资购买的，公司有条件地提供补贴以及资金支持等。相对来说，持股计划是一宗完全意义上的"所有权分享"计划，其目的在于建立企业、所有者与职工三位合一的利益共同体。

员工持股计划(ESOP)是面向企业全体员工的、福利性比较强的股权激励工具，在美国得到广泛的应用。在典型的 ESOP 中，员工购买公司股票的资金是靠银行贷款解决的，具体办法是银行按 ESOP 的计划贷款给公司，由公司转借给员工。还款方式则由公司代替员工直接分期向银行还款，公司代替员工还款的数额作为员工薪酬福利的一部分。根据归还银行贷款的数量得到相应数量股票的所有权。员工未还款部分的股票由 ESOP

的执行机构代管并行使所有权，而且参与 ESOP 计划的员工行使对其已经拥有公司股票的处置权时，要受到一定的服务时间的限制。

(2) 限制性股票。限制性股票实际是以持股计划为特定目的而设计的一种具体方法。公司将一定数量的限制性股票无偿赠与或者以较低价格出售给激励对象，在时间安排上通常是一种分阶段兑现的授予。一般在规定的服务期限内被授予者不能出售其得到的限制性股票，而出售时还将受到业绩目标的一定限制。

(3) 分红权。分红权是在现有的法律政策框架下企业对经营者、管理层或业务骨干实施股权激励的一种有效的变通方法。分红权使不实际拥有企业股票(或股权)的被授予者能够参与企业受益的分配，从而产生类似于“虚拟股票”的激励效果。

(4) 虚拟股票。虚拟股票是指公司授予激励对象一种“虚拟”的、类似于股票的收益权，被授予者在任期内可以依据被授予“虚拟股票”的数量参与公司的分红并享受股价升值收益，是一种以收益分享和价值分享为指导思想的、典型的、复合式的岗位激励手段。虚拟股票没有所有权和表决权，不能转让和出售，离开企业自动失效。其好处是不会影响公司的总资本和所有权结构，但缺点是兑现激励时现金支出压力较大，特别是在公司股票升值幅度较大时。与股票期权相比，虚拟股票的激励作用受证券市场的有效性影响较小，因为当证券市场失效时，只要公司有良好的收益，被授予者依然可以分享到其中的好处。从本质上看，虚拟股票是一种递延现金支付方式。

虚拟股票的操作程序为：①虚拟股票由董事会与经理人员根据公司指定的激励机制在计划施行前签订契约，约定给予虚拟股票的数量、兑现时间和兑现条件等，以明确双方的权利和义务；②公司每年聘请专家，结合经营目标，选择一定的标准，对虚拟股票进行定价，从长远角度模拟市场；③当约定的兑现时间和条件满足时，经理人员就可以获得现金形式的虚拟股票在账面上的增值部分。对于溢价型虚拟股票，经营者的收入等于虚拟股票单位数；对于股利收入型虚拟股票，经营者的收入等于股利与虚拟股票单位数的乘积。

(5) 强制性持股。强制性持股是一种让激励者无选择地按照规定拥有企业的部分股票(或股权)，从而将被激励者的个人利益与企业利益、股东利益强行捆绑的行政色彩较浓的激励手段。

(6) 股票增值权。股票增值权与虚拟股票相类似，是一种以数量来计算的权利。如果公司股价上升，被授予者可以通过行权获得相应数量的股价升值收益。与虚拟股票不同的是，股票增值权的被授予者不参与公司收益的分配，股票增值权的利益来源是公司。实施股票增值权的企业需要为股票增值权计划设立专门的基金，同时股票增值权的激励效果也要受到资本市场有效性的影响。

(7) 管理层收购。管理层收购(MBO)就是经营者自己出资购买企业的股票(或股权)，从而达到控制企业所有权目的的行为。MBO 是一种极端的股权激励手段，其他激励手段都是所有者(产权人)对雇员的激励，而 MBO 则干脆将激励的主体和客体合二为一，从而实现了被激励者与企业利益、股东利益完整的统一。

(8) 股票期权。股票期权是给予管理层在未来某一特定日期内以特定价格购买一定数量的公司股份的选择权。持有这种权利的管理层可以按照该特定价格购买公司的股份,这一过程叫作行权,此特定价格叫作行权价格。股票期权是公司无偿赠与管理层的一种权利,而不是一种义务。管理层也可以选择不购买股票,但股票期权本身不可转让。股票期权实质上是公司给予激励对象的一种激励报酬,该报酬能够取得完全取决于管理层能否通过努力实现公司的激励目标。在行权时,如果股价高于行权价,激励对象可以通过行权获得市场价与行权价两者之间的差额带来的收益,否则,将放弃行权。

股票期权要真正发挥对公司经理层的激励作用,其依据的逻辑前提是:经理层努力工作,切实影响公司产出增加;公司产出增加,切实影响公司股价上涨;公司股价上涨,使得经理层所持有的股票期权价值提高,经理层的努力得到补偿,由此形成良性循环。

在经理人员的长期激励实践中,期权逐步成为最重要的工具。但期权受会计制度的影响很大,2001年安然事件等公司丑闻,促使美国会计制度改革,FASB规定从2005年开始,公司授予的期权开始费用化会计处理。此举引发了新一轮对长期激励方式的创新和尝试,其中最引人注目的是对期股的青睐。一般来说,期股和股票期权具有以下区别。

① 期股。在股份有限公司或有限责任公司中,期股激励是指经营者在一定期限内,有条件地以约定的价格取得适当比例企业股份的一种激励方式,在独资企业中,期股激励是指借用期股形式,对经营者获得年薪以外的特别奖励实行延期兑现的激励方式。

② 股票期权。股票期权是指特定的契约条件,赋予企业经营者在一定时间内按照某个约定价格购买一定数量公司股票的权利,这种激励制度兼有"报酬激励"(经营者通过取得该股权的代价与资本市场上该股权的价格差获取报酬)和"所有权激励"(作为公司股东,享有获得公司分红的权利和相应股东影响力)。该项制度是企业经营者薪酬构成中的重要组成部分,一般而言,实施该项激励制度的企业大多数是上市公司。股票期权作为激励工具也有其自身的不足。一方面,只有股票价格上升时,期权才有价值,当股东赚钱时,期权持有人才能赚钱;另一方面,股票期权持有人在股票价格上升时受益而在股票价格下降时不会受到实际损失。这可能激励管理层采取更野心勃勃的行动,如提高公司资产负债比例,涉及风险性很大的活动,购并,并由此采取更为冒险的会计行为。这些行为在短期内回报是极吸引人的,但长期来看,则可能会损害股东利益。

股票期权有效性的发挥需要相应的前提条件:一是只有当与业绩挂钩的变动薪酬占经营者总薪酬相当比重时才可能达到激励效果;二是企业价值的增加主要来源于经营者的努力,企业绩效、企业价值的增加、经营者的努力都可以通过证券市场进行观察,并以股价的高低作为评价标准;三是经营者薪酬机制建立在一整套关键业绩指标的考核基础之上,而且薪酬机制要与公司整体的战略目标一致,以保证薪酬激励效果最大化。这些条件在中国目前的现实中还存在着某种缺陷或不足,可以说股票期权制实施的理论条件和现实条件有一定冲突。所以,把股票期权制作为一种有效的激励制度,并引入公司治理结构中,需要因地制宜,否则会产生很大的投机性,从而影响企业长远发展。

3. 股权激励方案

以目前我国资本市场的运作情况,广大科技型中小企业在相当长的一段时间不可能上市,因此可以根据自己的发展策略和长短期经营目标借鉴国际经验,根据员工所在层次和岗位选择不同的股权激励方案。根据我国的经验,借鉴国外的做法,非上市公司实施股权激励方案有多种。

(1)（员工）持股方案。（员工）持股方案就是通过公司奖励或参照股权当前市场价值向主要经营者（员工）出售的方式，使主要经营者（员工）及时地直接获得股权，同时规定主要经营者（员工）在一定时期内必须持有股票，不得出售。不论是经营者还是普通员工持股计划都可以考虑作为一种激励机制来安排，也可以作为一种福利计划来推行。科技型中小企业强调团队认同，在创业时所有员工都可以参与持股计划。广大员工的持股往往由预先成立的持股会或信托机构负责管理。该机构应有一定的融资能力和交易能力，包括当员工离开公司，要以适当的价格买回公司的股份。上市公司的员工持股计划是一次性的一揽子安排，而非上市公司员工持股计划更像一个福利计划。因为高新技术中小企业有高成长性，资产和收益结构时常在变动，公司要根据收益变动、股份额度变动对员工进行长期激励。企业蛋糕年年增大，企业将个人业绩与股权激励结合起来，实现了员工股份非线性同比例的再分配，起到了有效激励的作用。但这种方案执行起来较为复杂，需要定期对企业资产和个人绩效作出评估。

(2) 管理层收购。管理层收购（MBO）就是管理层利用借贷所融资本或股权交易收购本公司的股权，通过收购，企业的管理者变成了企业的所有者，集所有权与经营权于一身，在某种程度上实现了所有权与经营权的统一。MBO 的发起人通常是目标公司的经营和管理人员，他们往往先要新设立一个公司，以新公司为操作平台来收购目标公司。成功收购后，他们的身份也就由单纯的经营管理人员转变为企业所有者和经营管理者的集合体。管理层自身财力一般有限，MBO 收购的资金主要是通过借贷融资来完成的。因此，要求目标公司的管理者有较强的资本运营能力，提供的融资方案需满足贷款者的要求，也必须为权益所有者带来预期的价值。MBO 的财务结构由先偿债务、次级债务和股权三者构成。同时这种借贷具有一定的融资风险性。实践证明，管理层收购在激励内部人积极性、降低代理成本、改善企业经营状况等方面起到了积极的作用，因而获得了广泛的应用。

(3) 期权激励方案。期权激励就是公司和经营者约定在将来某一时期内以一定价格购买一定数量的股权，购股价格一般参照股权的当前价格确定，同时对经营者在购股后再出售股票的期限作出规定。有的企业是按一定比例再配给经营者或员工一定数量的期股。它的特点有较大的灵活性，规模可大可小，通过延期兑现实现长期激励。这个方案的目的是股东让渡收益权和所有权，执行的期限和规模可以由企业自己定，由股东大会认可。该方案的缺点就是方案从设计到执行和评估容易出现内部化倾向，经营者长期收益风险很大，股权流动性差。目前国内不少国有控股企业和一些独资企业，将年薪制与期股计划结合起来，对经营者进行激励。

4. 股权激励方案的关键因素

企业的发展周期一般都要经历初创期、成长期、成熟期和衰退期，每个阶段都要解决员工的短期激励和长期激励的问题，不同阶段有不同的策略。比如，在初创期，很难有现金奖励给员工，长期激励特别是股份就成了首选。激励对象最好是全体员工，以使每位员工都紧紧地和公司捆绑在一起，特别是对于关键人才，更要强调“我的就是你的，你的就是我的”，给予其一定实股，这样才能留住人才。但是在衰退期，股份就不起太大的作用了，企业随时可能倒闭，员工对企业的信心不足，在这时，给予股份还不如给予现金来得实惠。

所以要发挥股权的激励作用，一定要根据企业的发展状况来制订符合现状的方案。一个成功的股权激励方案首先要考虑企业的发展周期，选择适合企业的方案，然后才开始设计方案，而方案设计主要应考虑以下七个关键因素。

（1）激励对象。激励对象也就是股权的受益者，一般有三种方式：第一种是全员参与，这主要是在初创期；第二种是大多数员工持有股份，这主要适用于高速成长期，以留住更多的人才支持企业的发展；第三种是关键员工持有股份，受益者主要是管理人员和关键技能人员。对于激励对象的选择也要有一定的原则，不符合条件的员工不能享受股权激励。

（2）激励方式。常用的中长期激励方式有三种：股权类、期权类和利益分享类。每一种方法都有它的优点和缺点，也有具体适用的前提条件。对于上市公司而言，期权类和股权类比较适合，对于非上市公司股权类和利益分享类比较适合。但是无论采取哪一种方法，都要考虑将激励机制和约束机制有机结合起来，这样才能真正发挥员工的积极性。如果只考虑激励机制，不考虑约束机制，股权方案就有可能失去效用。

（3）员工持股总额及分配。这一个因素主要解决的是股权激励的总量、每位收益人的股权激励数量，用于后期激励的预留股票数量。至于如何确定，因每个公司有其特殊性，可以根据实际情况来确定，特别是对于上市公司来说，需要证监会和股东大会通过。对于每位收益人的股权数量基本上是按照职位来确定的，如果公司在职位评估上相对公平，年收入水平基本上考虑职位在公司的价值和体现个人的能力的话，就可以根据年收入来确定股权比例。对于新就职的员工，特别是高管来说，一般进入公司就需要享受中长期激励方案，可以采取分步实施的方案，在试用期过后的一年里先享受50%的比例，一年之后再享受100%的比例。

（4）股票来源。股票分配上，主要是上市公司的股票来源比较麻烦，需要证监会审核，股东大会审批。库存股票是指一个公司将自己发行的股票从市场购回的部分，这些股票不再由股东持有，其性质为已发行但不流通在外。公司将回购的股票放入库存股票账户，根据股东期权或者其他长期激励机制的需要，留存股票将在未来某时再次出售。

（5）购股方式。购股方式也就是购买股票的资金来源，一般有员工现金出资、公司历年累计公益金、福利基金、公司或大股东提供融资、员工用股权向银行抵押贷款等方式。这几种方式都好操作，有些方式会产生财务支出、要重复缴税。股票投资不仅要交投资经营税，期权所得还要交投资所得税，而且股票回购是不能算作成本费用来抵销税负的。如果不考虑财务因素，有些公司会更多采用员工出资购买的方式，每个月按比例从工资中扣钱，这样不仅给公司创造了融资、节约了成本，还在一定程度上提高了员工的辞职成本，有利于对员工的控制。

（6）退出机制。退出机制是对员工退出激励方案的一些约定。在以下三种情况中，往往会要求已享受股权的员工办理退出手续：第一种是正常离职，就是劳动合同期满，不再续约的员工，或者是退休、经营性裁员，或者是伤残、死亡。在这种情况下，企业往往会按照合同继续让这些员工享受股权或者期权。第二种是非正常离职，是指劳动合同未满，员工主动离职的。如果员工的主动离职没有给公司造成损失，不违反保密协议，也没有跟股权激励方案有冲突，一般来说，大部分公司还是能允许其拥有已经被授予的股权收益。

第三种是开除。像这种情况，都是按照规定取消其享受股权收益的权利。

(7) 管理机构及操作。实施股权激励项目一般都需要设立一个专门的小组或者部门来管理方案实施的日常操作，这个常设小组或部门不仅仅要保证公开、公正、公平地实施股权激励制度，同时也要遵循共同分担风险、共同享受成果的理念。股权激励的目的是要调动员工的积极性和发挥主人翁精神，共同谋求企业的中长期利益，避免只追求短期利益、损害长期利益的错误。所以，一定要不断地实践这一理念，才能激励和留住人才。

此外，有的公司也采取信托持股的方式，这种方式一般是上市公司采用比较多，就是指与信托投资公司签订协议，由信托投资公司代理操作股权转置这种方式。员工只要在信托投资公司开个账号，信托投资公司就把相应的股份转入员工的账户。当公司需要通过股票回购或增发来给员工派发股份时，也是由协议的信托投资公司来办理，信托投资公司按照公司要求把股票打入员工的个人账号。对于这种操作，信托投资公司要收取一定的手续费。

第三节　员工持股计划

员工持股是指公司内部员工个人出资认购本公司部分股份，并委托公司集中管理的产权组织形式。员工持股制度为企业员工参与企业所有权分配提供了制度条件，持有者以劳动者和所有者的双重身份参与企业生产管理。其作用在于通过员工持股运营，使员工得以分享企业的增长和利润，从而将员工利益和企业前途紧紧联系在一起；传统雇用关系中员工与企业的关系转变为合作关系；通过劳动和资本的双重结合组成利益共同体，形成一种按劳分配与按资分配相结合的新兴利益制衡机制。同时，员工持股后便承担了一定的投资风险，折旧有助于唤起员工的风险意识，激发员工的长期投资行为。由于员工持股不仅使员工对企业运营有了充分的发言权和监督权，而且使员工更关注企业的长期发展，这就为完善科学的决策、经营、管理、监督和分配机制奠定了良好的基础。因此，员工持股计划是一种长期激励方式，它与一次性奖金、年薪制等短期激励方式一起构成了对员工和经营者的物质激励体系。

员工持股是一种新型企业财产组织形式和制度安排，它使全体员工都能够分享企业的所有权和未来收益权。在这种制度下，员工既是劳动者又是财产所有者；员工既有劳动收入，又有资本收入。这样，广大员工都有机会成为公司的股东，即便是企业的普通“打工仔”也是企业资产的拥有者，成为“小资本家”，从而实现“劳者有其股”的理想。

一、员工持股计划概述

1. 员工持股计划的起源

员工持股计划(ESOP)已经经过了80多年的发展。在美国，许多公司都已经建立了ESOP，从小型的私人公司到大型的跨国公司，都可以找到各种形式的ESOP。不过，在相当多的公司中，ESOP只是作为对原有员工福利计划的补充，通常只占到公司股份很小的一部分。

19世纪末期，随着员工所有权逐渐为社会所接受，员工持股的想法也在20世纪20

年代获得了认同,不过员工股票奖励计划仍旧只是建立在少数几家大的公司中。首先提出 ESOP 这一观点的是 Louis Kelso,他在与哲学家 Mortimer Adler 合著的《资本家的宣言:如何用借来的钱让 800 万员工变成资本家》中提出:“资本所有权可以作为对员工工资收入的一项重要补充,同时广泛的员工持股是有效地促使资本所有权在公司内部进行分配的手段。”Kelso 认为,一个公司能够不断地获得发展主要在于它的生资资本(如机器、生产技术等)能够不断地获得发展,而这需要将生资资本分散在更多的人手中。但问题恰恰在于在现代经济生活中,绝大部分的生资资本都掌握在少数人的手中,其余绝大多数的人并没有足够的收入来获取他们的生资资本。因此,为了维持自由市场经济,就必须将股票所有权分配社会化作为解决生资资本所有权严重分配不均的手段。

20 世纪 70 年代早期,Kelso 通过与路易斯安那州的参议员 Russell Long 的会晤,使参议员相信实行 ESOP 可以带来诸多的好处。Russell Long 作为当时的参议院金融委员会主席,利用其自身的影响力,使 ESOP 在《1974 年员工退休收入保障法》中得到了官方的认可,并将其作为禁止借款购股的例外。随后,杠杆 ESOP 也被 ERISA 所确认。在 Russell Long 的 12 年任期中(1974—1986),他大力推广了员工持股计划公司在相关法律中的适用范围,并最终使员工持股计划的相关内容在 1986 年税收修改法案中得到了体现。

在 ERISA 及其相关的法律当中,ESOP 是与其他的员工福利计划相区别的,有两点明显的不同。首先,其他的员工福利计划通常要求将资产进行分散化投资,以降低风险;而对于 ESOP 来说,其资产只能依照法律的规定投资于建立 ESOP 的公司之中,保证员工可以真正获得所在公司的股票。不过,由于将鸡蛋放在了同一个篮子当中,ESOP 面临的市场风险和经营风险也比其他职工福利计划要大。其次,与其他的员工福利计划相比较而言,ESOP 还具有一个重要的特点,即法律允许 ESOP 利用借款来购买公司的股票,而这通常在其他的员工福利计划中是不允许的。由于法律允许使用杠杆 ESOP,使 ESOP 不仅仅可以作为一项员工福利计划,同时还可以成为公司融资的手段之一。

鉴于 ESOP 的上述特点以及相关法律的大力支持,员工持股计划在美国获得了广泛的发展,实行 ESOP 的公司由 20 世纪 70 年代的数百家增至 90 年代上万家,并且数量仍在不断地增长。作为资本所有权社会进程中改进生产率的有效推进器,员工持股计划对公司的员工补偿、财务技术和经营业绩等产生了深远的影响。

2. 员工持股计划的特点

员工持股计划一般具有如下三大特点。

(1) 持股人或认购者必须是本企业的员工。这是员工持股的最基本特征,也是与社会公众或其他普通股民的根本区别。

根据我国有关政策规定,参与员工持股计划的人员通常包括以下四类:①在公司工作满一定时间的正式员工;②公司的董事、监事、经理;③公司派往投资企业、代表处工作,劳动人事关系仍在本公司的外派人员;④公司在册管理的离退休人员。除此四类人员之外的人员均不允许参与员工持股。但企业界对离退休人员的持股存在较大争议。如有人认为,离退休员工对企业经营业绩的提高没有直接的作用,允许其持股的意义不大,因而员工持股应严格限定在在职员工范围之内。

(2) 员工持股的股份一般是通过四种方式形成：一是员工以现金(或部分薪酬)的方式认购所在企业的股份；二是员工通过员工持股专项贷款资金认购本企业股份；三是将企业的奖励或红利转换成员工持股；四是企业将历年累计的公益金转为员工股份划转给员工。美国西北航空公司在1992年濒临破产，员工们同意以薪酬减让来换取公司股权，公司因此渡过了财务危机，员工也避免了被解雇。在我国的员工持股企业中，除第二种在国外较为普遍的方式少有运用外，其他方式均已经出现。

(3) 员工所认购的、本企业的股份在转让、交易等方面受到一定的限制，有的员工持股计划甚至就不允许员工所持股份的转让、交易和继承。员工持股制度的这个特点可以用来阻止其他企业“不友好”的重组、收购和接管意图。

3. 员工持股计划的分类

ESOP按照其资金的来源是否借助于外部力量，可以划分为非杠杆型ESOP和杠杆型ESOP。

(1) 非杠杆型ESOP。非杠杆型ESOP是指在实行员工持股计划的过程中，不依赖于外部的资金支持，而主要采取股票奖金或者是股票奖金与购买基金相结合的方法来予以解决，是员工持股计划中最为常见的一种类型。股票奖金的额度以及购买基金的数量都是由公司自主决定的，决定方式也是多种多样，既可以依据公司的利润，也可以仅仅凭借公司自身的喜好。

通常，当公司的员工持股计划表现为股票红利时，由于公司每年均调拨相当于公司员工工资总额的5%的股票作为实施ESOP的股票发放，因而它只能抵减同样数额的公司应税收入。但是，当公司的ESOP以股票红利和购买基金相结合的方式出现时，则可用公司年度员工工资总额的25%抵减税收。购买基金计划同样属于确定捐献福利计划，计划的主办人以非利润标准计算出所要投入的金额，并对其加以承诺。同时，当员工对权益未生效部分由于计划规定的原因未行使请求权时，这部分资产既可以重新分配给其他员工，也可以由公司收回以抵补其在ESOP中的支出。

(2) 杠杆型ESOP。杠杆型ESOP也被称为LESOP，它的资金通常是从外部借款获得，这对于非杠杆型ESOP来说是不允许的。由于LESOP可以从外部获得借款，因此它常被用于杠杆收购当中。在公司实行LESOP时，通常是由公司出面以ESOP所要购买的那部分股票作为抵押，向商业银行及其他金融机构进行融资，融资所得的款项用于购买公司的股票，但这部分购买所得的股票还不能立即转入ESOP中员工的私人账户上，而必须先将其存放在一个特定的账户之中(悬置账户，又被称为临时账户)，待LESOP定期利用公司的捐赠进行本金和利息的偿还之时，才可以逐步地、按比例地将这部分股票划入员工的私人账户之中。

通常，贷款的取得是以LESOP本身作为借款人，以公司担保向LESOP提供股利及其他资产作为条件。但如果贷款人提出要求，也可以采取让贷款人先向公司贷款，再由公司向LESOP贷款。在这种情况下，抵押品可以是公司其他类型的资产。不过，适用于LESOP的贷款如被公司用于其他类型的员工福利计划，则公司将会受到严厉的惩罚。

由于LESOP采用的是外部融资的方式，因此其实际的成本要比非杠杆型ESOP高。为了保障所贷款项的按期偿还，税收法律相应地给予了特殊的优惠条件。按照有关法律规定,实行 LESOP 的公司可以突破适用于利润分享计划和股票奖金计划中,抵税额度不可超过员工工资总额 15%的规定限额,而被允许享有年度员工工资总额 25%的抵税额度。同时用于偿还 LESOP 贷款的股票股利,只要其具体的操作符合相关法律的规定,不侵害国家的税收权益,那么也同样可以享受到抵税的优惠政策。

4. 实施员工持股计划的动机

作为一项员工福利计划,ESOP 从 20 世纪 80 年代初期开始被广泛地运用在众多的公司当中,各个不同的公司建立 ESOP 有着其各自不同的动机,但总的来说可以分为以下几类。

(1) 经营考虑。这是公司施行 ESOP 最明显的一个动机。公司通常利用 ESOP 来提高其自身的生产效率、盈利能力、竞争能力,或是通过改善员工与公司之间的权利与义务关系来全面提高公司的经营能力。因此,ESOP 也常被作为一项人力资源计划来推行。

(2) 作为取代公司原有确定捐赠福利计划的一项计划。在原有的确定捐赠福利计划中,公司承担了全部的风险(负责对员工退休之后全部养老金的支付),而在 ESOP 中,公司可以将部分风险转移给员工,促使他们更加努力地工作。

(3) 通过 ESOP 来潜在地削弱工会力量。在实行 ESOP 之后,员工的经济利益将与公司的盈利能力直接挂钩,在公司施行新的经营计划时,员工将更多地站在公司这边,从而间接地削弱了工会的力量。

(4) 缩小贫富差距,即通过被 Kelso 称为"和平的运动"来消除财富分配之间的不均衡,将财富分配到更多的人手中而不是集中在一小部分人手中。

(5) 作为公司的一项反并购防御措施。研究表明,公司在被并购之后往往会伴随着大量冗余人员的离职,这其中普通员工又占了相当大的比例,因此普通员工比管理层更不愿看到公司被并购。通过 ESOP,将公司的股权分散在广大的员工手中,会大大增加购买方的并购成本和并购难度,从而可以有效抵御被并购的风险。

(6) 作为杠杆收购的手段之一。ESOP 被广泛地应用于各种各样的公司并购活动之中。有研究资料表明,59%的 LESOP 被作为从私人公司中购买原所有者股份的工具而得到使用。

(7) 资产的剥离。研究资料还表明:有 37%的 LESOP 被用于资产的剥离(Robert F Bruner,1988)。

(8) 挽救衰退中的公司。在 90 世纪 80 年代的美国,有很多例子都表明公司通过 ESOP 的自救行为,可以将公司从破产的悬崖边上挽救回来。在 Mclouth 钢铁公司中,员工与雇主之间通过谈判取得妥协,允许公司用其自身的股票来支付员工的工资,从而成功地避免了公司的破产。

(9) 筹集基金。公司可以通过 ESOP 来募集新的资金,而不必采取公开发行公司债券或股票的方式。

5. 员工持股计划的理论基础

(1) 企业产权理论。现代企业理论是由 Ronald H. Coase 的《企业的性质》开创的。此后,又经 Armen Albert Alchian、Harold Demsetz、Oliver Eaton Williamson、Jensen、Meckling 和张五常、Sanford J. Grossman 和 Hart、Moore、Bengt Holmstrom 等学者卓

有成效的研究，使企业的产权理论和契约理论得到全面的发展。

在对企业观察的基础上，Coase对传统企业理论的假设前提提出了质疑。他认为，在企业内部，企业家要调整企业的组织管理，努力使其成本低于采取市场交易之成本，并用企业内部数量较少的长期契约代替市场交易中较多的短期契约，提高企业的组织效率以替代市场价格机制是企业的显著特征之一。企业的边界就是企业的规模，由企业内组织追加交易的成本和通过市场组织追加交易的成本的比较来界定，边际交易在企业内和市场或其他企业的成本相当时，企业的规模便确定了。张五常的研究表明，企业内部交易的是生产要素，市场上交易的是产品，对生产要素和对产品的估价都是需要成本的，此两种契约的选择取决于何种契约更经济。Armen Albert Alchian 和 Harold Demsetz 提出了"团队生产"的理论。他们认为企业是"团队生产"形式之一，一种产品的生产需要多种生产要素所有者合作，而要素所有者之间的协同作用使得其中一部分成员的行为影响到其他成员的行为，进而影响到其效率。Jensen 和 Meckling 提出了著名的代理理论。他们认为，在理性选择和经济人假设的前提下，当企业的管理人员不是企业的完全所有者而是代理人时，他们就会采取机会主义行为。因为，一方面，管理者努力的成本由他们自己全部承担，而他们只能得到利润中的一部分；另一方面，他们若实施寻租行为，收益则全部归自己所有，只是承担其中一小部分成本，其结果就是寻租行为和代理成本的不断提高。而在这样一个博弈的过程中，最大的受害者就是企业的员工，他们游离于这一博弈之外，要想保护他们自己的利益，就得成为企业的投资者之一，参与剩余索取权的取得，并进而参与企业的经营。Sanford J. Grossman 和 Oliver Hart 强调的是最优所有权结构对公司运营绩效提高的作用。他们研究中的所有权是指购入的控制剩余权利，他们认为企业由其所拥有的资产组成，所有权配置的事后结果总是有效率的。最优的所有权结构有利于消除代理行为中的机会主义行为和寻租行为，同时对员工和经理人员有明显的激励作用。

(2) 人力资本与非人力资本的关系理论。现代企业理论认为，企业是由许多个独立的要素所有者组成的，所有这些要素所有者可以分为两大类，一类是提供人力资本的所有者，另一类是提供物质资本(非人力资本)的所有者(有些参与人既提供人力资本又提供非人力资本)。人力资本与其所有者的不可分离性、非人力资本与其所有者的可分离性是整个现代企业理论的基本特征。由于有这种不可分离性和可分离性，才有所谓激励问题和代理问题的存在。

企业所有权安排必须在不同成员的积极性之间作出取舍。企业中的人力资本所有者可以分为两类。一类是负责经营决策的人力资本所有者，简称为"经营者"；另一类是负责执行决策的人力资本所有者，简称为"生产者"。假如不考虑物质资本所有者的剩余索取权和控制权，那么企业的剩余权和索取权可以有三种安排：一是剩余索取权和控制权归生产者所有；二是剩余索取权和控制权归经营者所有；三是剩余索取权和控制权生产者和经营者共同拥有。

在现代企业和一些传统行业的企业里，经营者和生产者是同等重要和同样难以监督的，比如软件和生物制药等高科技企业、律师事务所、会计师事务所、科研机构等就是这种情况，有的学者因而就把人力资本统称为经营员工或者重要的员工。

在现代企业里，能够比较清晰地观察到人力资本和非人力资本的相互关系。非人力资本与其所有者的可分离性意味着非人力资本具有抵押功能，而人力资本与其所有者的不可分离性意味着人力资本不具有抵押功能，这表明非人力资本的所有者具有在一定程度对其他成员提供保险的能力，而人力资本的所有者不具有这种能力。同时，非人力资本所有者的承诺比人力资本所有者的承诺更值得信赖，原因在于如果非人力资本所有者不能兑现自己的承诺，其他人就可以将他的资本拿走，从而强迫其履约。相反，如果人力资本所有者违约，其他人则没有有效的方法迫使其履约。非人力资本一旦进入企业，将成为“天生的”风险承担者，其所有者要作出最优的风险决策。对比之下，人力资本所有者更可以对风险漠不关心，也可以不必采取相应的措施，他的风险是不对称的，失败的成本由别人承担，而成功的收益则归自己。人力资本所有者不仅可以通过“偷懒”提高自己的效用，而且可以通过“虐待”非人力资本使自己受益。如果说人力资本所有者需要激励或监督的话，则非人力资本就需要一个监护人。

总之，如果公司的经营员工没有非人力资本，他就不可能成为真正意义上的剩余索取者和风险的承担者。因此，保证剩余索取权与控制权尽可能对应的最理想状态是：经营员工本身又是企业的所有者。员工持股、管理层收购就是这样一个理想状态的有效途径。这样的所有权安排就是使代理成本最小化的有效途径。

(3) Louis Kelso 的员工持股理论。美国律师 Louis Kelso 被认为是员工持股理论的开创者。他曾与别人合著过两本书：一本是《资本家的宣言——如何用借来的钱让 800 万工人变成资本家》，另一本是《两要素论》。他认为，生产要素只有资本与劳动两种，即所谓的两要素论。现代市场经济和科技进步使资本投入对产出的贡献越来越大，少数拥有资本的人能获得大量财富，这势必造成资本的急剧集中和贫富差别的迅速扩大，从而导致严重的分配不公，成为影响社会稳定和生产力发展的隐患。Kelso 为此提议建立一种使产权分散化，让员工能获取生产性资源，在不剥夺、不侵犯原财产权所有者利益的前提下，重新分配财富，使劳动者兼得劳动和资本收入，以减少管理与劳动的冲突、抑制工资上升、提高劳动生产率，实现“工人资本主义”，支持雇员从原股东手中买下企业资产成为新企业的员工兼股东，促成劳动者的劳动收入和资本收入的结合。员工持股计划就是实现这一目标的一种优化方案。

(4) 分享经济理论。在美国，员工持股计划之所以在 20 世纪 70 年代之后得到较快发展，在理论方面，除了 Kelso 的两要素经济论之外，实际上分享经济的理论及有关思想也对促使人们认识和接受员工持股计划产生了重要的影响。在管理科学上，强调参与和民主管理的思想和理论从另外一个角度使众多公司接受并尝试员工持股实践。其中，Martin Weitzman 于 1984 年出版的《分享经济——用分享制代替工资制》一书，在美国引起很大反响。Martin Weitzman 在《分享经济》中以寻求解决的途径为线索，表达了与 Kelso 相似的思想。

Martin Weitzman 首先将员工的报酬制度分为工资制度和分享制度两种模式。与此相对应，资本主义经济分为工资经济和分享经济。工资制度指的是“厂商对雇员的报酬是与某种同厂商经营甚至同厂商所做或能做的一切无关的外在核算单位(如货币或生活费用指数)相联系”，分享制度则是“工人的工资与某种能够恰当反映厂商经营的指数(如厂商的收入或利润)相联系”。在 Martin Weitzman 看来，现在资本主义经济运行中的“停滞膨胀产生于工资制度这种特殊的劳动报酬模式"，当务之急是"通过改变劳动报酬的性质来触及现代资本主义经济的运行方式，并直接在个别厂商层次上矫正根本的结构缺陷"，因为当今的主要经济问题，从本质上看不是宏观的问题，而恰恰是微观的行为、制度和政策问题。"所需要的工资改革的性质并不十分复杂，基本做法是把工资制度改变为分享制度。"至于怎样才能使现行的工资制度转向分享制度的问题，Martin Weitzman 指出，首先要利用舆论工具，使分享制度给社会带来的良好宏观经济效果为人们所理解和接受。应当制订一个全国性计划，从社会意识、教育和信息等多方面入手，以便把社会责任感注入劳资的集体协议过程中，使工会、公司和普通公民都了解采用分享制的目的和采用工资制的危害。建立专门的咨询服务机构，并配备专家解释两种报酬制度的优劣，造成分享制的社会气氛。其次要运用宏观经济手段，鼓励企业实行分享制度。他建议将劳动收入分成两个部分：工资收入和分享收入。对这两个部分在税收上区别对待，对分享收入予以减税。政府应当成立专门的分享制度实施机构，由它来制定分享制度的标准。

同 Louis Kelso 的观点相类似，Martin Weitzman 特别提到这种改革不是强制性的。分享制度不是政府强加给企业的，而是在政府的帮助下创造的。没有人命令厂商或工会确定分享比率，也没有人强制每一个厂商都实行分享制度。政府所做的唯一的一件事情就是对分享收入予以减税。

二、员工持股计划的操作

一般来说，建立一个杠杆型员工持股计划的整个过程需要 3～9 个月的时间，非杠杆型的员工持股计划花费的时间会相对少一些。建立的步骤主要包括：

第一步，确定公司的所有者是否准备转让股权，以及公司是否准备发行新股。这一步涉及企业选择实施员工持股计划的目的。其中包括从准备退休的、非上市公司的企业主手中购买股份（这是最常见的运用方式），运用员工持股计划把至少 30%的公司股份交给本企业员工可使原企业主获得很大的免税优惠。此外，员工持股计划还被用于大公司或公共企业的资产剥离或资产重组，筹措新的资本，挽救濒临倒闭的企业，防止被他人恶意并购，以及创造一种新的企业文化将员工和公司结为利益共同体等。

第二步，目标确定后，进行可行性分析。这种可行性分析可由外部顾问，也可由企业自己进行，通过分析来决定企业是否适合实施员工持股计划。进行可行性分析需要考虑几个因素：一是改制的成本；二是员工工资总额是否足够大；三是公司能否负担向计划转移的收益。许多员工持股计划是被用于购买现有的股份，这是一种非生产性的支出。公司需要权衡能否有可支配盈利来支付对计划的赠与。四是管理者是否认同使员工也成为公司所有者的思路。创造一种与员工持股计划相适应的、管理层与员工能和谐相处的企业文化，是员工持股计划必备的条件。

第三步是进行价值评估。对于上市公司来说，企业的价值通过资本市场确定。而对于非上市公司，在建立员工持股计划前，要由有资格的、独立的评估机构对公司的价值和将出售给员工持股计划的股份进行初步的评估。随后，当转让完成时，还要进行最后的价值确定。

第四步是进行方案设计和起草。一般是由拥有员工持股计划专家的公司负责设计和起草与员工持股计划相关的文件，并把这些文件提交给国内相关部门。

第五步，为员工持股计划提供资助。非杠杆型员工持股计划的资金来源是公司的捐赠和部分员工出资，杠杆型的计划来自贷款，或是由现在的受益计划（如利润分享计划）转换而来。在一些特殊情况下，员工持股计划的资金来源于员工在工资或其他利益方面的让利。

第六步是选择信托机构负责管理计划。员工持股计划所持有的股票（包括其他资产）应在受托人的名下持有，受托人对计划拥有的资产负信托责任。

非杠杆型员工持股计划下，公司每年以股票或现金的方式向员工持股计划赠与，但有一定的额度限制。

在以股票形式作为赠与金的方式中，通过公司每年向员工持股计划赠与新的股票，员工所有权经过不断积累得以建立，而公司其他股东所有权被稀释和分散化。以现金形式作为赠与金的方式中。公司每年向员工持股计划提供一定量的享受资产收益税的现金，员工持股计划用这笔现金包括员工自有资金的部分从现有的股东手中购买公司的股票，经过多次积累建立起员工的所有权。在有些情况下，也可用这些现金购买公司新发行的股票。杠杆型计划可以购买现有的股票，也可以购买新发行的股票。如果是前一种情况，原有的公司股东可获得现金流量。如果是后一种情况，员工持股计划从第三方借钱购买公司新股，可作为公司理财的一种工具，获得享受税收优惠的资本收入。

在进行员工持股计划的过程中有以下几个操作要点需要注意。

(1) 融资。杠杆型的员工持股计划获得贷款的方式有两种，一是所谓的镜子贷款，二是有担保的贷款。在通常情况下，银行等金融机构给员工持股计划之类的计划借款，倾向于直接以公司为基本的还款单位。这种典型的交易方式是直接借钱给公司，而公司依次把这笔钱以同样的方式和条件借给员工持股计划，因此，被称为镜子贷款。在机制上，公司每年向员工持股计划提供享受减税的赠与金或现金分红，然后由 ESOP 以归还镜子贷款的名义还回公司，再由公司直接向银行等贷方还款。公司与员工持股计划之间的转税过程只是名义上的，员工持股计划由此实际得到股票。

假如由于员工持股计划的结构或者一些特殊行业的管制问题，公司不能作为直接的借款者，员工持股计划直接从银行等贷方获得资金，而由公司和（或）出让股权的股东作为还款的担保人。在这种情况下，公司每年向该 ESOP 提供享受减税的赠与金或现金分红，由该计划直接向贷方还款。

(2) 加入条件。一般的条件是加入计划的员工必须在该公司工作一年以上。

(3) 还贷。无论使用哪种股票，这些红利必须分配到员工账户。公司也可以直接向员工支付股利，通常公司依据已分配的股份进行分红（无论是杠杆型的，还是非杠杆型的）。这些分红对公司来说，同样是享受减税的。

(4) 获得股票。给加入员工持股计划的每一个员工都设立账户。员工持股计划成立时，要制定一个分配股东股份的计算公式，这个公式受到两个主要因素的影响：一个是赠与金的大小，从工资中扣除多少；另一个是员工在公司工作的年限。制定出公式，再按这个公式计算出偿还贷款后剩余的股份。但有一个限制条件，如果是按工资总额来提取一定的比例作为赠与，再根据赠与金来制定公式，有可能高收入者分到的股份越来越多。为了避免公司高收入员工的股份占的比重过大，避免股份过于集中到他们的手上，因此，公司内部一般都有上限的规定。

(5) 股份兑付。员工个人对股票的兑付有多种选择。当员工年龄到 55 岁，参加计划的时间超过 10 年以上时，可以将个人账户中 25%的股票提取用于其他投资或直接兑现。当员工 60 岁时，可以将个人账户中 50%的股份提取用于其他投资或兑现。当员工退休、死亡或丧失工作能力时，公司应在不迟于员工退出计划的第 2 个计划年度将员工拥有的股份直接交给个人或兑现。对于未到退休年龄而离开公司的员工，兑付应不迟于员工离开后的第 6 个年度。员工退休后，也可以将其拥有的股票继续留在信托基金，但最长不能超过 70.5 岁。员工拥有的股票由于未兑现，而不用缴纳资产所得税。另外，员工在退休时也可能选择将其所拥有的股份转存到其他养老福利计划，以享受推迟分配收入缴税所带来的税收好处。一般地，员工都是在 59.5 岁之后，很可能从员工持股计划得到的兑付收入分为 5 年提取，以此来减少一次性兑付较多收益而缴纳的较高税收。

(6) 员工离职。实行 ESOP 一方面是为了提高员工工作效率，另一方面也是为了保持员工队伍的稳定。一般都规定员工必须在公司工作一定的年限后才能享受员工持股计划。在美国，通常要工作 7 年以上，才能获取全部的股份。比如有的公司规定，某一员工第一年和第二年，账上没有他的股份，第三年可能给他 20%的应得股份，第四年 40%，第五年 60%，第六年 80%，到第七年账户拥有 100%应得股份。至于年限则由公司根据自身企业情况而定。如一个员工只工作了 3 年就一定要离开公司，此时，他只能得到该得的 20%股份，剩下的 80%股份加入总股本后在其他员工里再次分配。一般规定员工到了退休年龄后才可能兑现或交易，也可定为得到股份之后 1～5 年内变现，但美国法律对此作出规定，企业可以推迟 5 年付给员工卖出股份的现金。作出这个规定的原因在于出卖股票的员工所在的公司一般不是上市公司，通常情况下公司要将股份回购，有可能增加公司的资金压力，也是为了保持员工队伍的稳定。除了这项规定之外，公司也可一次性或分期付款。

(7) 投票权。投票权取决于股票的类型和具体情况。通常对于公开上市公司的股票，参加员工持股计划的员工可以依据其所拥有的已被分配到个人账户的股份数额行使所有股东的权利。在非上市公司中，持股员工一般在涉及某些重大问题上，如公司资产的出让、公司清算等方面有投票权。在其他情况下，有关股东的投票权由员工持股计划的受托人依据相关法律法规的规定行使。受托人可以独立做决定，更多的情况是管理者或员工持股计划管理委员会向受托人发出指令，或者受托人直接接受持股员工的意见。

(8) 股票"回购"。上市公司员工拥有的股票在退休后可以直接在股票市场上，以市场定价转让变现获得收入。而非上市公司一般也为员工提供一种"兑付权"，退出计划的员工通常有权将他的股份以公平的市场价格退回给公司或员工持股计划。公司必须承担退出员工的股票回购义务。

(9) 计划终止。一个员工持股计划终止时，如果所有的参与者都拥有完全的股权，受托人将对信托基金进行清算，并分配财产。在其他情况下，公司可以冻结员工持股计划，不再对计划投入新的赠与金，但继续保留信托基金和按原有计划应支付的收益，直至所有的员工最终都退出。另外，员工持股计划也可以转为其他形式的合法计划，如利润分享计划。

三、员工持股计划在中国

我国规范意义的ESOP是从1996年前后开始实施的，与原先股份制企业的个人持股和公有制企业进行股份制改造时设立的内部职工股皆有所不同。在股份制企业中，所有股份均由员工持有，员工既是投资者，又是劳动者；而在公有制企业股份制改造中，内部职工股只是属于员工福利计划的一部分，并没有相应的员工持股委员会的概念，也没有员工个人股不得转让的限制性规定。

1. 我国与美国的持股计划差异

由于我国与美国在制度背景、文化背景等方面均存在着不小的差异，由此具体实施的ESOP也有很大的区别。

(1) 美国是在股东转让股权、防止恶意收购、享受税收优惠等条件下实行ESOP的，此前美国企业的产权是清晰的，不存在为明晰产权而实行ESOP的问题；而我国是在以国有企业为中心的经济体制改革、建立现代企业制度的过程中来实行ESOP的，其本身就负有明晰产权的历史使命。

(2) 美国国有企业数量极少，不存在国有股减持的问题。而我国国有企业数量众多，而且在国民经济中居于主要地位，企业中国有股和法人股占了相当的比例，考虑到今后国有企业的发展问题，国家一直在大力实施国有股减持的方案。

(3) 美国在推行ESOP的过程中，颁布了一系列联邦性的法律文件，同时为ESOP提供了专门的税收优惠待遇。但在我国并没有统一的全国性法律文件来指导ESOP的实施。有的只是各地方政府出于自身利益而颁布的一些地方法规，这其中存在着较多的自相矛盾之处，不具备推广的价值。更为重要的一点是，国家至今尚未出台对于实施ESOP企业提供税收优惠的政策，这大大影响了ESOP在全国的发展。

(4) 与美国许多企业在经营出现困难的时候才实施ESOP相反，我国的企业大多数都是在效益较好、具有未来发展前景的时候实施ESOP。

2. 对员工持股计划未来发展的建议

在我国实行员工持股计划具有一定的现实意义，一方面可以增强员工的主人翁地位，增强公司法人治理结构的相互制衡作用，另一方面可通过关注员工的养老收入，增强员工对企业的关切度和参与管理的热情，并且企业还可以通过员工持股计划来分散经营风险。不过从长远的角度看，我国的员工持股计划要获得发展，成为真正意义上的ESOP，至少还应该从以下几个方面着手：

(1) 应该出台统一的法规方案，对ESOP具体的操作程序、税收政策以及管理机构加以明确的界定。如美国的《1974年员工退休收入保障法》《1975年税收减免法案》《1978年收入法案》等，对美国ESOP的发展起到了重要的作用。

(2) 公司应当建立一个ESOP的管理机构，这一机构既可以由原公司的内部工会组成，也可以由外部的信托公司、基金管理公司组成。由管理机构统一代表个体ESOP的参与者持有股份，行使投票权。

(3) ESOP的资金来源可参照国外的做法，主要以公司的捐赠为主，辅以员工的捐赠。对于 LESOP,政府还应该制定相应的税收减免政策。

(4) ESOP 应预留一部分股份,以便于企业新进员工的认购,同时当原有员工退出 ESOP 时,公司应负责对其手中的股票进行回购。

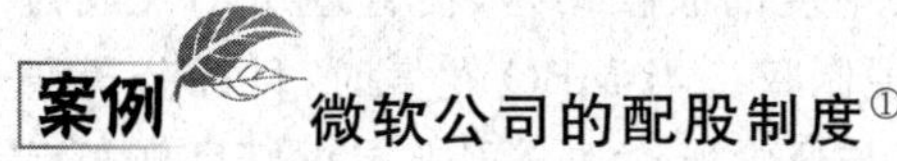

微软公司的配股制度[①]

微软公司为了更深入地考验员工的决心,一般支付给员工较低的工资,但是有年度奖金和员工配股。一个员工在公司工作 18 个月后,就可以获得认股权中 25% 股票,此后每 6 个月可以获得认股权 12.5% 的股票,10 年内的任何时间都可以对兑现全部认股权,每两年还配发新的认股权,员工还可以用不超过 10% 的工资以 8.5 折的优惠价格购买公司股票。这种报酬制度对公司员工有长久的吸引力,因此,在微软公司工作 5 年以上的员工,很少有离开的。

第四节　管理层收购

一、管理层收购的基本概念及特点

管理层收购(简称 MBO)属于杠杆收购的一种,是由英国经济学家 Mike Wright 于 1980 年发现并予以界定的,它是指公司的管理者或经理层利用自筹、借贷等方式所融资本或股权交易购买本公司股份,从而改变企业资本结构和所有者结构、控制权结构,使企业的原经营者变为企业所有者,并获得预期收益的一种收购行为。管理层收购有以下几个特点:

(1) 收购方为目标公司的管理层。MBO 的收购主体一般是目标公司内部的高级管理人员。MBO 操作的技术性很强,涉及法律、金融等领域,而且充满风险,所以对收购方即目标公司的管理层有很高的要求。公司管理层不但要有很强的融资能力,保证 MBO 方案的顺利实施,而且还要有很强的管理能力,能使目标公司在完成收购后顺利完成业务整合及企业治理结构的调整,从而获得较好的经营效益。在典型的 MBO 中、企业股东是出售方,而管理层则是购买方。由于管理层拥有企业的信息优势,因此,如何防止管理层利用这种信息的不对称性而损害股东的利益,成为 MBO 操作中的关键。

(2) 收购方式为高负债融资收购。MBO 的资金来源分为两个部分:一是内部资金,即管理层本身所提供的资金;二是外部来源,即债权融资和股权融资。一般情况下,目标公司的股权或资产的价格往往远超出收购方(即管理层)的支付能力,所以在收购中,管理层自身提供的资金只能占总收购价格中很小的部分,大部分还要依靠外部融资。在外部融资中,债务融资(包括高级债务、次级债务和流动资金贷款)往往在 MBO 收购融资中所占比例超过 80%。因此,融资能否成功是事关整个收购能否进行和成功的关键。一旦管理层成功地实现了通过融资收购自己所服务的公司的全部或绝大部分股权从而获得控制

---

① 刘冠楠.上市公司股票期权激励模式探究——以微软公司为例[J].商场现代化,2011(4).

权，则管理层就能以所有层和经理层合一的身份主导公司重组工作，从而产生一个代理成本更低的新公司，这就是“管理层收购重组”。

(3) 收购结果为管理层控制目标公司。收购完成后，目标公司的股权结构、资产结构以及公司治理结构将发生根本性的变化。高股权集中度的股权结构，使管理层不仅成为拥有较多股份的所有者，而且还将掌握公司的经营控制权。当 MBO 发生时，目标公司通常完成从一个公众公司向一个私人公司的转变。这与通常所说的公司上市正好呈现相反的运动方向，即公司私人化。

(4) 收购的目的在于获得预期利益。被管理层收购的企业一般都有一定的管理效率上升空间。高财务杠杆的资本结构，使经营者承受的压力较大，必须调整经营发展战略，完善公司治理结构，如实行组织变革、理顺管理体制、进行业务整合等，提高公司业绩。使得公司有良好的现金流，以便偿还债务。同时可以在适当的时期将公司出售或上市，以获得预期收益。

(5) 收购通常伴随着企业结构的重组。利用借贷资金进行收购的管理层可以通过出售公司的非核心业务还贷，从而加快还贷的节奏。在转型的企业中使用 MBO，重组企业业务和组织结构则是必不可少的一环，重组的目的当然并不仅限于加速还贷，还在于利用外部压力扫清转型的阻力。

二、管理层收购的途径与要求

1. 管理层收购的主要途径

通过对大量的管理层收购进行研究和统计后发现，MBO 主要通过以下几种渠道实现：

(1) 母公司的分拆。美国和英国的许多大公司出售了它们业务的某些部分。尽管在多数案例中，这些业务是出售给其他公司的，但是仍有很大一部分是出售给正在出售的子公司或分公司的管理者。这些母公司可能是公众持股的上市公司，也可能是非上市公司。

(2) 国有企业的部分或全部私有化。国家将企业卖给职工或管理层比在股票市场上市更可取，因为这会减少很多麻烦。在俄罗斯和东欧国家，这种形式的 MBO 占了较大的比例。

(3) 独立企业的破产接管。一般地说，当一个企业破产时，便交由专门负责管理破产事务的机构，由负责破产的官员将企业财产或分割出售或整个卖掉。这时候，原有企业的管理层可以提出购买申请，如果其出价不低于其他竞争者，负责破产的官员可能很乐意采取 MBO 形式，因为它能解决原有企业职工的就业问题。

(4) 集团公司的破产接管。该集团公司是一个母公司，下面有一些子公司。母公司虽然破产了，但是某些子公司可能仍然有活力。这些子公司的管理层可能愿意购买他们管理的业务。余下的子公司可以通过财产拍卖方式进行清偿。

(5) 家族或私人公司的企业主退休或死亡，而继承人又无兴趣继续经营。如果企业主退休，为了避免因继承财产而纳税，往往将公司卖掉变现。如果管理层愿意购买，原有企业主还可能愿意协助融资。

2. 管理层收购的客体要求

随着一系列关于管理层激励政策的颁布和包括信托法律体系在内的金融工具的建立和完善，使得管理层收购在普遍意义上具备了较强的操作性，在此前提下，研究哪些企业适合进行管理层收购就具有了现实意义。管理层收购作为企业制度变革的一种工具，在实施过程中还存在一定的企业内部和外部两方面的风险。

管理层收购中，收购客体是否符合一定的条件是收购行为能否成功的重要影响因素。考虑国内企业内外部环境的特殊性，对管理层收购客体进行分析时，除了对一系列管理层收购客体的财务数据定量分析外，还应重点分析对管理层收购客体在以下几个方面的要求。

(1) 具备较好的发展前景与内在价值。企业价值是分析管理层收购客体的最重要因素，也是进行管理层收购的前提。管理层收购客体所处行业最好是倾向于成熟产业，且企业债务负担不是很重。由于管理层收购中的资金清偿不论是股权分红，还是股权增值，最终都依赖企业的发展，所以管理层收购客体一定要有价值。企业价值一般通过三个方面来衡量：行业发展状况、企业发展空间、资产盈利能力。

(2) 管理层有一个团结的团队，在收购客体中，管理层素质必须很高，并有事业心。管理层还必须是一个团结的团队，要有一个精干的管理团队，领导者之间目标一致，有很好的合作心态，管理团队在企业管理岗位上工作年限一般较长，经验丰富。

(3) 能取得大股东和政府的支持。管理层收购的股份来源一般是大股东让与，所以欲进行管理层收购的管理层要和企业大股东保持良好关系，取得大股东的理解和支持。为了说服大股东支持管理层收购，管理层可以把管理层收购和企业健全激励机制和约束机制等联系起来，并通过企业未来快速发展的增量来保证大股东的利益。对于国有大股东，管理层更是要强调管理层持股后对于完善企业现代治理结构和国家股战略退出和减持的战略意义。另外，在进行管理层收购时，管理层一定要和当地政府主管部门做好沟通工作。政府的态度对于管理层顺利完成收购至关重要，尤其在收购主体运营、所得税减让、工商登记变更、融资等方面都会产生重要影响。对于国有股东股权转让能否取得当地政府主管部门的支持，更是管理层能否进行管理层收购的先决条件。

(4) 股东结构相对分散。对于管理层收购客体，大股东股权比例要尽量低一些，股权相对比较分散，这样可使收购的费用不是特别高，有利于管理层控股，也有利于管理层收购的实现。如果大股东持股比例非常高，则管理层也需受让较高份额的股权，这样不仅增加了管理层的融资压力与清偿压力，也提高了收购的操作难度。相反，如果目标公司股权相对比较分散，则管理层只要收购较低比例股权即可完成对公司的收购，整个项目的操作会比较容易。

(5) 有较好的财务状况和充盈的现金流。管理层收购客体企业应该具有比较强的且稳定的现金流产生能力，同时企业债务比较低。管理层收购资金清偿最终大部分来源于管理层收购客体，如公司分红、奖励基金、关联交易等，所以管理层收购客体是否拥有良好的财务状况和充盈的现金流是考察管理层收购客体时非常重要的财务指标。如果管理层收购群体具有比较大的成本下降、提高经营利润的潜力空间，且能力也比较大，那么对管理层收购实施成功就更有帮助。

另外，对管理层收购客体进行分析时还要考虑企业发展背景因素、外部相关人员的心理能否平衡有关。

3. 管理层收购的运作过程

从国际上通用的MBO来看，它的操作过程可以分为四个阶段：第一阶段是筹集用于收购目标公司的大量现金。第二阶段是实施收购计划，具体可分为购买股票和收购资产两种情况。第三阶段是通过公司管理层从纯粹的经营者转变成为既是经营者又是所有者的混合身份，充分调动经理人的主观能动性，通过整合业务，提升公司经营和管理的有效性和影响力。第四阶段是使该公司成为公众公司。通常来说，实施管理层收购大体可以分为以下几个工作步骤。

(1) 目标确定阶段。并不是所有的企业都适合做管理层收购，因此，实施管理层收购的第一阶段是确定适合管理层收购的收购目标。本阶段工作内容主要是对管理层收购的可行性评估。可行性评估既可以是出让方，也可以是受让方。从理论上来讲，适合管理层收购的企业具备以下几个特点：有良好的经营团队、产品具有稳定需求、现金流比较稳定、有较大的管理效率提升空间、拥有高价值资产、拥有高贷款能力等。如果目标确定不合理，会给以后的收购带来很多麻烦，甚至导致收购的搁浅。

(2) 定向沟通阶段。在确定管理层收购目标之后，出让方或者有意向受让方要向对方发出要约。卖者愿意卖和买者愿意买是意向沟通阶段要达成的核心目的。出让方与受让方双方达成初步意向，以及出让方征询地方主管部门的初步意见。当上述内容均得到肯定答复时，管理层才会正式启动管理层收购的运作。

(3) 实施准备阶段。本阶段工作重点在于组建收购主体，安排中介机构(包括财务顾问、律师、会计师、资产评估等)入场，并寻找战略投资者共同完成对目标公司的收购(如需要)。管理层在这一阶段需要决策收购的基本方式，是自行完成，还是采用信托方式，抑或寻求风险基金及战略同盟的参与。

(4) 方案策划阶段。由于各个企业的情况千差万别，各地对国有或集体资产的管理归属等问题又有种种不同的规定，同时有效运用当地政策法规可极大地促进管理层收购的运作成功。因此成功的管理层收购首先取决于良好的方案，其主要包括：组建收购主体、协调参与各方的工作进度、选择战略投资者、收购融资安排等。由参与管理层收购的出让方和受让方以及其他中介机构共同探讨具体的实施方案，尤其要考虑一些重要的细节问题。方案策划阶段着重要考虑以下四个方面的问题：

① 国有和集体资产的处置问题。在中国的管理层收购操作中，经常涉及国有和集体资产的处置问题。这一方面是一个比较敏感的问题，同时在当前还有很多的法律法规限制，从中国目前管理层收购实践来看，这一问题处理的好坏是整个过程成功的关键。

② 融资渠道选择问题。方案策划阶段还必须探讨具体的融资渠道选择问题，因为管理层收购项目一般都涉及巨额的收购资金，寻找合适的融资渠道，有效利用资本市场，以最低的成本得到所需资金，这关系到管理层收购项目能否最终实现。在国外，由于可利用的金融工具较多，管理层收购方可从银行获得大量贷款，甚至可以发行垃圾债券来筹措巨额资金。但在中国可以利用的融资工具十分有限，因此国内已经发生的管理层收购案例中，管理层对收购资金的来源都非常隐讳。

总体而言，银行对管理层收购融资是持积极态度的。只要操作方案设计科学，企业有良好的效益预期，融资问题其实不难解决。常用的融资渠道有：银行借款、民间借贷、延期支付及管理层收购基金担保融资等。这个问题的处理会直接影响购买者是否有能力购买。由于长期受计划经济的影响，高级经理层(特别是国有或集体企业的高级经理层)处于相对较低的收入层次，所以收购主体的支付能力都远低于收购标的的一般价值，因此资金必须通过融资来解决。

③ 收购价格的确定问题。合理、科学的收购价格是双方达成共识的基础，也是管理层收购实现多赢的前提。中国管理层收购操作的收购定价绝大部分围绕企业资产净值波动。对于收购有较大管理与财务效率空间的企业来说(凡管理层提出收购的，恐怕大部分都符合这一标准)，这一定价不能算是高溢价收购。从已有案例看，大部分的收购价格都低于该公司的每股净资产。

进行管理层收购的上市公司若在定价上没有一个比较合理的原则，在操作上难免有将资产低价转让的嫌疑。可以看出，已经进行的管理层收购出现有利于收购方的倾向，这很容易侵害到国家股东和中小股东的权益，从理论上讲，价格确定的方法主要有：现金流量折现法(DCF 模型)、经济附加值指标法(EVA 法)、收益现值法。

④ 股东持股比例的合理性问题。回购有利于企业管理层收购的操作。例如，对国有(法人)股进行定向回购，将直接导致公司资产净值的减少，并进而降低管理层的收购资金压力与融资成本。

(5) 管理层收购实施阶段。本阶段是实施管理层收购的关键，涉及收购方案的制订、价格谈判、融资安排，审计、资产评估，并准备相关的申报材料。这一阶段是管理层收购实施方案确认后的实际收购操作阶段，主要工作环节为评估、定价、谈判、签约、履行。实施的焦点主要是收购价格的确定及其他附加条款的确定。操作阶段涉及许多管理层收购的实施技巧，纯熟的资本运作将减少从方案到现实的成本。实施阶段的关键是定价与融资，而各个环节的连接与配合也直接关系到收购能否顺利和成功。实施阶段的成果是买卖双方签订《股权转让协议》。一般而言，同时还会签署《委托管理协议》，在股权转让事项的审批期间，被转让股份委托收购方代行股东权利。

(6) 信息披露阶段。在买卖双方签订《股权转让协议》和《委托管理协议》后，如果是上市公司还需要进行公告，披露股权转让的相关信息，同时还向当地证管办和证监会报备相关材料。若非上市公司，则没有此步骤。

(7) 政府审批阶段。涉及国有股的转让，其协议生效还需两级政府审批——省财政厅和国家财政部，国有股转让的管理层收购项目只有在政府审批通过之后才可能生效并得以实现。

(8) 管理层收购后的整合阶段。管理层收购后的管理整合阶段，又称后管理层收购阶段，此阶段为管理层收购的后续整合阶段，最重要的工作是企业重新设计和改造，包括管理层收购后经营层对企业所做的所有改革，包括业务整合、资本经营、管理制度改革等。管理层收购在整合阶段是企业实施管理层收购后能否持续发展并不断壮大的关键，同时也是最终完成管理层收购各项初衷的关键。通过这一收购阶段，解决管理层收购过程中形成的债务，同时也实现管理层收购操作的各种终极目标。至此，管理层收购才画上了完整的句号。

三、管理层收购在中国

国外的管理层收购在激励内部人积极性、降低代理成本、改善企业经营状况等方面起到了积极的作用，因而获得了广泛的应用。国外上市公司一般在分拆业务、剥离资产、反收购、母公司需要筹集现金避免财务危机等情况下实施管理层收购，其完全是一种市场行为。而中国目前推行管理层收购的目的大多是明晰产权或是激励高管人员等，行政性安排在管理层收购中起到了决定性的作用，因而与国外管理层收购的产生背景与出发点是不同的，并存在一些比较严重的问题。

(1) 管理层收购价格的公正性问题。从现有的管理层收购案例来看，大部分的收购价格低于公司股票的每股净资产。例如，粤美的 MBO 中第一次股权转让价格为 2.95 元，第二次股权转让价格为 3 元，均低于公司 2000 年每股净资产 4.07 元；深圳方大的 MBO 中第一次股权转让价格为 3.28 元，第二次股权转让价格为 3.08 元，均低于公司 2000 年每段净资产 3.45 元。当然，上述公司原有大股东持有的股权均为法人股，其转让价格低于每股净资产是考虑了内部职工对公司的历史贡献等因素而作出的决定，也不违反现有任何规定。但转让价格过低同时提出一个问题，即由于国有股与发起人法人股是不可流通股份，不能与二级市场价格同比衡量，因此如何公平地确定 MBO 中股权的转让价格，成了防止避免集体与国有资产流失的关键。

(2) 管理层利用信息不对称逼迫大股东转让股权的问题。由于国有产权与集体产权严重虚置，我国目前国有企业高管人员与国有股、集体产权的名义代表之间存在着严重的信息不对称。有些高管人员通过调剂或是隐藏利润的办法扩大企业的账面亏损，然后利用账面亏损逼迫地方政府低价转让股权至高管人员持股的公司(有的可能表面上与高管人员没有任何关联)，如果地方政府不同意，则继续操纵利润扩大账面亏损直至上市公司被 ST、PT 后再以更低的价格收购。一旦 MBO 完成，高管人员再通过调账等方式使隐藏的利润合法地出现，从而实现年底大量现金分红以缓解管理层融资收购带来的巨大的财务压力。这种方式将严重损害国家与集体的利益。

(3) 管理层收购完成后上市公司的独立性问题。由于 MBO 完成后，上市公司的内部人与第一大股东的利益彻底一体化了，如果监管力度欠缺，“内部人控制”的问题很有可能显现出来，大股东通过各种方式滥用股权侵吞中小股东的利益将更为便捷，而且所获的利益更为直接，产生的道德风险可能会更大。同时，由于管理层收购时设立的持股公司一般都进行了大量的融资，负债率非常高，上市公司新的母公司其财务压力是很大的，不排除高管人员利用关联交易等办法转移上市公司的利益至职工持股的母公司，以缓解其财务压力。因此，管理层收购完成后，如果监管没有跟上，上市公司有可能出现以高管人员为基础的一股独大、转移公司利益的可能性。从另一个角度来看，由于职工发起的持股会或投资公司的法人代表一般为上市公司现有的高管人员，MBO 完成后上市公司与新的大股东如何在高管人员上保持独立就成了新的问题。例如，宇通客车 MBO 完成后，该公司的间接大股东上海宇通创业投资有限公司是由 23 名自然人发起的，其中 21 人是宇通客车的职工，法人代表是汤玉祥，而汤玉祥同时是宇通客车的现任总经理。

(4) 管理层收购中的信息披露问题。目前已经发生了MBO的企业中,有的公司没有披露交易价格等重要信息,也有的公司以变相的方式完成了管理层收购后没有将事件的实质披露给投资者。

总之,MBO在特定的历史空间和时间中对于解决目标企业财务危机、厘清产权结构起到了举足轻重的作用。然而,结合中国的现实环境和法律法规,过早大规模地推行管理层收购存在很多的障碍。因此,中国MBO在国有股减持和国家退出竞争性行业的背景下,可能会成为一个阶段性的热点,而不适宜作为企业产权结构改革的一般通用模式。

案例　新浪MBO——中国互联网行业首例MBO

2009年9月28日,新浪宣布以CEO曹国伟为首的管理层,将以约1.8亿美元的价格,购入新浪约560万股普通股,成为新浪第一大股东。此举成为中国互联网行业首例MBO。

根据这项购股计划,新浪管理层将通过New-Wave Investment Holding Company Limited(新浪投资控股有限公司,以下简称新浪投资控股)进行此次管理层收购。新浪投资控股是一家英属维尔金群岛注册的公司,并由新浪公司总裁兼首席执行官曹国伟以及其他管理层成员控制。新浪向新浪投资控股增发约560万股普通股,全部收购总价约为1.8亿美元。增发结束后,新浪的总股本将从目前的约394万股,扩大到约5 954万股,新浪投资控股占据新浪增资扩股后总股本的约9.4%,成为新浪第一大股东。根据美国证监会的规定,单一机构投资人在上市公司的持股比例不得超过10%,新浪投资加上新浪董事会和管理层(共11人)持有2.19%的股权,合计超过了10%,新浪投资的控股力量就显得非常稳固。曹声称:"不可能有其他玩家能从资本层面入侵新浪。"

这项收购得到新浪董事会的批准,同时无须通过其他审批手续,新浪投资控股持有的新浪股份将有6个月的锁定期,而增发筹措的1.8亿美元资金,将会被用于新浪公司未来可能发生的收购,以及公司的正常运营。新浪董事长汪延表示:"新浪公司非常高兴能与新浪管理层达成此次私募融资。这次融资将进一步增加新浪的流动资金,加强了公司的战略发展能力,同时也展示了新浪管理层对新浪战略以及新浪未来发展的信心。"

一、案例背景

1. 公司简介①

新浪成立于1998年,并于2000年4月13日在美国纳斯达克上市。新浪是一家服务于中国及全球华人社群的领先在线媒体及增值资讯服务提供商,拥有多家地区性网站,以服务中华地区与海外华人为己任,通过旗下五大业务主线为用户提供网络服务。新浪是中国大陆及全球华人社群中最受推崇的互联网品牌。

新浪通过门户网站新浪网(sina.com)、移动门户手机新浪网(sina.cn)和社交网络服

① 资料来源:新浪官网。

务及微博客服务新浪微博(weibo.com)组成的数字媒体网络,帮助广大用户通过互联网和移动设备获得专业媒体和用户自生成的多媒体内容(UGC)并与友人进行兴趣分享。

新浪网通过旗下多家地区性网站提供针对当地用户的特色专业内容,并提供一系列增值服务。手机新浪网为WAP用户提供来自新浪门户的定制信息和娱乐内容。新浪微博是基于开放平台架构的寄存自生和第三方应用的社交网络服务及微博客服务,提供微博和社交网络服务,帮助用户随时随地与任何人联系和分享信息。

新浪通过上述主营业务及其他业务线向广大用户提供包括移动增值服务(MVAS)、网络视频、音乐流媒体、网络游戏、相册、博客、电子邮件、分类信息、收费服务、电子商务和企业服务在内的一系列服务。公司收入的大部分来自网络品牌广告、移动增值服务和收费服务。

2. 公司管理层结构和股权结构隐患

与许多国内外企业的模式不同,新浪是一家由机构投资者占大多数股权,但缺乏真正具有控制力的大股东,同时管理层话语权、相对较少、CEO权力较大的公司。其凭借领先的技术和优质的服务,深受广大网民的欢迎并享有较高的声誉。但股权分散,导致了新浪无法指定长期地经营规划。事实上,新浪在成立后的10多年里一直在走马观花式地更换CEO(表7-2)。

表7-2 新浪成立至MBO开始前主要控制权管理者一览表

年份/月份	姓 名	职 位
1998	王志东	CEO
2001.6	茅道临	CEO
2001.9	吴征	董事、联席主席
2003.5	汪延	CEO
2003.9	段永基	董事会联席董事长
2005.3	陈天桥	最大股东
2006.5	曹国伟	CEO

从表7-2中可以看出,从王志东开始到曹国伟,新浪的CEO都难逃两年内离职的命运。股权分散、管理层专业化,不重视长期投入,是新浪面临的一大"瓶颈"。

二、方案设计及实施

1. 设立壳公司

在MBO的实施中,管理层通常需要共同设立一个壳公司并以法人的名义展开收购活动。为了完成大业,曹国伟精心设计了一个"加长杠杆"的MBO方案——先在英属维尔金群岛注册成立新浪投资,作为杠杆。曹国伟通过资本运作,和大多数MBO案例通过借钱增持股票的路径不同,曹国伟引入了三家私募基金作为控制公司的股东,以分散其中的风险。新浪投资控股公司的普通股股东主要包括新浪的管理图案度,同时中信资本、红杉中国以及方源资本等三家私募基金作为优先股股东投资了新浪投资控股公司。以上各家私募基金将有权指派一位董事加入新浪投资控股的董事会,而新浪管理层有权指派四位董事，从而占有董事会的多数席位并对新浪投资控股公司拥有控制权。然后，新浪向新浪投资控股公司增发约560万股普通股，作价1.8亿美元。增发结束后，新浪的总股本将从目前的约5 394万股扩大到约5 954万股，新浪投资占据总股本约9.4%，成为新浪第一大股东。曹国伟方案还有一个亮点，就是定向增发，“这只需新浪董事会批准，无需其他手续”。曹国伟后来透露，新浪董事长汪延对此感到非常兴奋。

2. 收购定价

MBO定价目前已经成为收购过程中最敏感的问题，其中关键环节是优惠程度。由于购买股权者是对本企业做过重要贡献并且企业将长期依赖的管理层，无论是从情感上还是企业长期利益上，都需要给予一定的优惠。本次收购中，根据销售价格，新浪高管层将以每股32.14美元的价格买入560万股普通股，这一价格与上一交易日收盘价的35.25美元每股相比，有了8.8%的折扣。对此，专家表示，管理层增持的股价打九折完全是遵照国际惯例采用了批发价格，对这个问题不存在什么疑问。

三、融资途径

新浪向美国证券交易委员会(SEC)提交的13D文件全面披露了1.8亿美元的资金来源问题：管理层、私募加贷款。文件披露，1.8亿美元来源于三个方面：管理团队出资5 000万美元、三家私募基金出资7 500万美元，美林证券为“新浪投资控股公司”提供5 800万美元的保证金贷款。曹国伟抛售50万股个人持有的新浪股票，套现2 251万美元。以曹国伟为首的留任管理团队共出资了5 000万美元，但他们各自的出资比例未对外公布。

四、案例特点

1. 国内互联网业首个重大MBO

新浪不是国有企业，而是在纳斯达克上市的规范的股份公司。它调整股权结构至管理层成为第一大股东，完全是公司本身发展的需要。MBO的重要意义在于和国外“所有权和经营权分离”相比所具有的优越性，极大地化解了委托代理矛盾。正如曹国伟自己也表示“这次投资表现了管理层对新浪未来前景的强烈承诺和信心，也使新浪管理层和员工的利益与股东利益更加趋于一致”。中国互联网业这首例MBO的意义，在于其从制度上为实现互联网业更好地发展提供了借鉴。

2. 在相近持股比股权结构下顺利完成

新浪MBO实行的前提条件之一就是相近持股的股权结构以及由此造成的股权分散化，管理层职业化等一系列问题。因此，新浪MBO对于有近似股权结构的公司选择MBO的时机有着重要意义。

五、后续影响

1. 经营影响

收购毕竟只是一种手段，并不是最终的目的。收购的最终目的是要对企业的后续发展有利，因此，对实施MBO的上市公司来说，应对企业实施MBO之后的发展给予高度重视。

在中国的互联网公司中，新浪一直是一个特殊现象。新浪一直是因为股权的分散而在执行方面显得有些滞后。管理层完全没有股份,或者只拥有极少数的股份,很难激励管理层不断增加公司价值,也很难使他们的目标与股东利益达成一致。在MBO之后,新浪的管理层与董事会沟通成本大大降低,新浪的战略战术将得到更好更快的实施,对于公司的整体运作会起到更积极的作用。在谈及未来的规划时,曹国伟表示:"未来新浪一方面会继续围绕核心竞争力在网络媒体以及网络广告方面扩大领先优势,同时也会在垂直领域进行深入拓展,在手机互联网、游戏及电子商务等各方面开拓新的业务,新的收入来源。"

2. 财务影响

根据新浪公司MBO的融资方式看,三家私募基金只享有分红权,追求的是财务回报。而对于美林证券的贷款是新浪管理层和三家私募基金避免出资过多,造成一方股份偏多的一个手段,但风险在于要在一年期到期后还贷款,对于只持有新浪560万股的新浪投资控股公司而言,这一方式是否划算取决于偿还贷款时的股价是否比MBO的定价高。也就是说,在5 800万美元的贷款到期日时,如果新浪投资控股公司持有的新浪560万股股票价值低于5 800万美元(因股票价格下降),各个股东将按照比例承担相应的还款责任。

由此看来,新浪的还贷压力并不大,因为这种情况出现的可能性几乎没有,那意味着新浪的股票要跌到10美元一股,短期内出现这种情况的可能性微乎其微。事实上,MBO后新浪一度被市场看好,股价总体趋势上涨。

六、成功原因及启示

(1) 管理团队的卓越才能赢得董事会的信任和市场的看好。尤其是新浪管理层把握时机的能力,曹国伟领衔的新浪管理层是一个团结的团队,领导者之间目标一致,有很好的合作心态。管理层在企业管理岗位上的工作年限较长,经验丰富。

(2) 由于新浪实现MBO之前的股权分散情况,新浪第一大股东东普莱斯基金公司的股权比例较低,仅为9.84%,这样使收购费用不是特别高,有利于管理层收购,也利于MBO的实现。

(3) 合适的融资渠道。MBO是杠杆收购方式的一种,而杠杆收购的特色决定了融资在整个收购过程中将扮演举足轻重的角色。以曹国伟为首的新浪六人管理团队出资5 000万美元,曹国伟抛售50万个人持有的新浪股票,套现2 251万美元;三家私募基金出资7 500万美元;美林证券提供5 800万美元贷款。新浪成功融资为其实现MBO提供了有力的支持。

第五节 股票期权

一、股票期权的概念

股票期权(stock options)是对管理者进行激励的众多方法之一,属于长期激励的范畴,其实就是一种受益权,是公司授予管理者在某段时间(10年)里,按照授权日股票的公平市场价格，即固定的期权价格购买一定份额的公司股票的权利。管理者行使股票期权时，不管当时股票市场价格是多少，只需要支付期权价格，管理者行使股票期权的获利就是期权价格和当日交易价之间的差额，管理者到期可以行使或放弃这种权利。

一般来说，只针对管理层及骨干层实施这样的计划，特殊情况下，也可以以认股权证的方式给员工，科技型企业在初创阶段也会给全部员工以股票期权，但与高管层有量的差别。非上市股份有限公司根据特定的契约条件，赋予管理者在一定时间按照某个约定价(一般以上一年资产收益为基准)购买公司一定份额公司股权的权利。在有限责任公司中，实施股票期权激励首先将公司的所有权划分为若干个虚拟股份，然后根据特定的契约条件，赋予经营者在一定时间按照某个约定价格购买公司一定份额的公司虚拟股权的权利。这种内部价格型的虚拟股票激励机制的优点就是在股票市场销量不高和股份异常波动时仍能发挥很好的激励作用。它的弱点是计算和管理起来稍微复杂一些，难点在于对公司的虚拟股票价值进行客观而准确的评估，它主要是靠专家意见来取代股票市场对股价的评判。

二、股票期权制度的特点

1. 吸引和稳定优秀人才

为了吸引、留住优秀人才，许多高科技公司都向高层管理人员提供优厚的薪酬。而对于高层管理人员来说，股权的吸引力远大于现金报酬，现在股票期权已经成为高科技行业中一个吸引人才的重要砝码。通过股票期权制度，优秀人才可以获得相当可观的回报。同时，由于股票期权制度具有延期支付的特点，如果管理人员在合同期满之前离开公司，他就会丧失本来可以获得的期权，这样就加大了管理人员离职的机会成本。

2. 不支付现金的激励

股票期权具有不确定性，而且能使公司在不支付资金情况下实现对人才的激励。

在股票期权制度下，企业授予管理人员的仅仅是一个期权，是不确定的预期收入，它的价值只有在管理人员经过若干年的奋斗，使公司经营业绩上升和股票市价上涨后才能真正体现出来，这种收入是在市场中实现的。公司始终没有现金流出。如果以增发新股的形式实施股票期权制度，公司的资本金还会增加。同时，经理人员在取得股票期权后，会比较容易接受相对较低的基本工资和奖金。这一点对处于创业阶段的高科技公司来说尤其重要。

3. 降低企业代理成本

所谓代理成本主要是指由于经营者代替股东对公司进行经营、管理而引起的额外成本。由于信息的不对称，股东无法知道管理人员是在为实现股东收益最大化而努力工作，还是已经满足平稳的投资收益率以及缓慢增长的财务指标；股东也无法监督管理人员到底是否将资金用于有益的投资，还是用于能够给他本人带来个人福利的活动。通过股票期权，将管理人员的薪酬与公司长期收益的不确定性联系起来，从而激发管理人员的竞争意识和创造性，无形当中就有可能将代理成本降到尽可能低的标准。

4. 体现人力资本产权价值

所谓人力资本，是指知识、技能、资历、经验和熟练程度、健康等的总称，代表人的能力和素质。Coase(1988)认为,企业是一个人力资本与非人力资本共同订立的特殊市场合约。在工业化时代,决定企业生存与发展的主导要素是企业拥有的物质资本,所以,在企业中,物质资本的所有者占据着统治地位,出资人的利益高于其他要素所有者的利益,企业经营决策的最终决定权也掌握在股东手中。但是作为倡导知识经济的今天,物质资本与人力资本的地位发生了重大变化,物质资本的地位相对下降,而人力资本的地位相对上升,特别是企业经营者的知识、经验、技能,在企业中占据了越来越重要的地位。既然承认人力是一种资本,那么就必须承认劳动者拥有人力资本的产权。企业经营者的人力资本是一种稀缺性资源,传统薪酬制度已不能体现这一稀缺性资源的产权价值。而企业经营者作为这种人力资本的拥有者,在客观上又成为企业所有者的要求,股票期权制度是时代变迁的产物,能够较好地解决这一问题。因此说,股票期权制度体现了人力资本的产权价值。

本章思考题

(1) 在企业中创始人和管理者都分别发挥着什么作用?

(2) 为什么要对管理层进行激励和约束?

(3) 管理层激励和约束有哪些手段和方式?

(4) 员工持股计划是什么?

(5) 管理层收购是什么?有哪些途径?

参考文献

Robert F Bruner. Leveraged ESOPs and Corporate Restructuring, *Journal of Applied Corporatr Finance* 1. No. 1(Spring 1988),54-66.

第八章

企业成长战略

引　言

迈克尔·波特曾对战略下过一个经典定义：战略是公司为之奋斗的一些终点与公司为达到它们而寻求的途径的结合物。这个定义强调了公司战略的计划性、全局性和长期性。在复杂的动态经营环境中，如何维持持久的竞争优势从而获得持久成长是每个企业面临的重大难题。

企业成长战略也称扩张战略，是一种在现有战略基础上，向更高目标发展的总体战略。企业在初创期→成长期→成熟期的转变过程中，成长战略的选择不是一成不变的，而应与企业所处的成长阶段相适应。企业成长到底遵循着怎样的路径？什么因素限制着企业的规模和范围？不同时代的经济学家们对此给出了不同的解释。本章节将从企业成长的经典解释出发，讨论处于成长的不同阶段、面对不同的竞争环境时企业的不同战略选择。

第一节　企业成长的思想渊源

一、古典经济学

企业成长的思想可以追溯到古典经济学，古典经济学家们认为分工的规模经济利益是成长的主要诱因——企业中生产作业的分工和专业化提高了劳动生产效率，同时也促进了企业生产规模的扩大，而这又进一步深化了企业的分工协作，如此循环往复，最后通过企业规模经济的获得实现了企业的成长。

1. 亚当·斯密的分工理论

企业成长理论的萌芽来自200年前的古典经济学。最早在著述中涉及企业成长思想的当属古典政治经济学的开创者亚当·斯密。亚当·斯密在他的经济学巨著《国富论》(1776)中，第一章开篇第一句写道："劳动生产力上最大的增进，以及运用劳动时所表现的更大的熟练技巧和判断力，似乎都是分工的结果。"《国富论》阐述了分工提高劳动生产率的巨大效应及其原因，并把企业的成长解释为社会分工和由此产生的规模经济。分工在提高每个个体的生产能力的同时也降低了单位成本，企业的成长与分工的程度正相关。同时，由于分工存在自我扩张倾向，即分工的参与者相比其他主体更加依赖其他分工者，因此会自动强化分工过程。亚当·斯密认为，由于专业化和分工协作所带来的报酬递增现象，是市场中一只看不见的手的作用，使企业的形成及扩张变得可能，同时使国民的财富实现增长。

虽然亚当·斯密的理论没有直接具体地给出企业形成和扩张的原因，但毫无疑问，分工与企业的形成及扩张之间的关系是十分密切的。正是因为有了分工，才使得每个人不是各自为营地生产和交易，而是将生产过程分割成若干的工序和工种，由工人在企业中“集中地”分工作业，这样既“提高了每个工人的灵巧性”，“发明了许多方便和节省劳动的机器”，同时也“节约了更换活计时通常会损失的时间”，提高了生产效率和交易效率，推动了生产规模的扩大。随着企业规模的扩大，企业内部就可能采用更加不可分的技术，这种技术使劳动分工进一步深化，引起规模报酬递增，企业规模自然也在进一步扩大，最终实现企业的成长。

2. 约翰·穆勒的企业成长理论

古典政治经济学集大成者约翰·穆勒(John Stuart Mill)，作为亚当·斯密思想的继承者，也对企业成长的理论进行了初步的探索。穆勒在其著作《政治经济学原理》中继承了斯密的劳动分工理论，并且从节约生产成本的角度论述了大规模生产的好处。他认为，大规模的生产给事业带来的好处如此之大，以致经济生活任何部门的小经济也不能经受得住与大经济的竞争。同时，他的关注点除了亚当·斯密提出的分工和规模经济外，还引入了一个非常重要的概念——企业资本。他认为，劳动者的联合需要用足够的资本启动和维持，企业资本量的大小决定着企业规模和成长。他认为，正是由于资本对企业规模经济所产生的重大作用，使小企业成长为大企业已成为企业成长的常态。

穆勒的企业成长理论主要集中于对于企业的规模和成长的探讨。他首先认为企业是劳动联合和分工的结果，劳动者的联合需要足够的资本来供养，分工的专业化也会因为“采用需要配备昂贵机器的生产工艺”而需要大笔的资本，故企业资本量的大小决定着企业规模的大小。同时他还指出，企业规模的扩大在细化专业分工、提高工人熟练程度的同时，还能保证“每个适宜从事专门工作的人工作饱满”，并且通过机器大生产固定资本的增加代替流动资本的增加，从而从比例上节约完成全部业务活动所需的劳动量，提高了劳动生产率。可以说，在穆勒看来，正是由于规模经济对资本的需要和企业规模经济所产生的作用，才出现了大企业代替小企业的企业成长趋势，其企业成长理论就是企业的规模经济理论。

3. 马歇尔关于古典企业成长思想的集大成分析

在古典经济学中，对企业成长问题研究最全面的当属阿尔弗雷德·马歇尔(Alfred Marshall)。他的《经济学原理》就是一部集古典企业成长思想之精华的巨著。他在《经济学原理》中，第一次用“规模经济”(economics of scale)的概念来说明报酬递增的现象。他指出，企业在长期内有充足的时间调整规模，通过扩大其不动产获得新的大规模经济，在较低的成本上增加产量，进而使得报酬递增。在《经济学原理》一书中，马歇尔引入外部经济的概念，根据分工与生产专业化的程度，从企业的角度将规模经济归结为外在经济和内在经济两类。他认为，外部经济给企业成长提供了足够的市场空间，内部良好的管理给企业带来了利润。同时他还指出，在内部经济中，企业家是影响企业成长的决定因素。

总体而言，马歇尔的企业成长理论是由企业规模经济论(内部经济和外部经济)、企业的市场结构论和企业家理论等三部分构成。

(1) 企业规模经济论。在企业成长这个问题上，马歇尔是规模经济决定论的积极倡导者。他把因任何一种货物的生产规模之扩大而发生的经济分为两类：第一是有赖于这个工业的一般发达的经济，第二是有赖于从事这个工业的个别企业的资源、组织和经营效率的经济。他称前者为外部经济，后者为内部经济。在马歇尔看来，企业要想成长为大规模的经济，需要内部经济和外部经济同时具备，这才是企业成长的源泉。之后，马歇尔颇具先见性地指出，销售能力是制约企业成长的重要因素。他分析到，企业能不能享受到外部经济，取决于企业是否有强大的销售能力。然而"在大规模生产的具有头等重要性的那些行业中，大多数行业的销路是困难的。所以，在生产这些东西的工业中，没有能够保持它自己的地位"，未能实现企业持续成长。他进而明确指出，"极有组织的采购和销售的经济，是实现在同一工业或行业中许多企业合并成为一个大的联合组织的倾向的主要原因"。马歇尔的这一思想为后来专门分析大批量销售与大批量生产结合导致企业快速成长为大公司集团的 Alfred D. Chandler 提供了丰富的养料。

(2) 企业的市场结构论。按照主流经济学的看法，企业规模的不断扩大和持续增长会导致垄断市场结构的出现，这将不利于资源的优化配置，降低社会效率和福利水平，然而马歇尔对此却不以为然。他认为企业完全有可能达到非常大的规模，甚至可以持续成长以至形成行业垄断地位，但现实中更大的可能是，企业将会随着成长后的规模越来越大，失去灵活性和进步的力量，从而竞争力下降，成长的负面效应超过正面效应，使企业丧失成长的势头，更重要的是随着企业的成长，企业家的精力和寿命会对企业成长形成制约，而且新的企业和年轻企业家的进入会对原有企业的垄断地位形成挑战，从而制约甚至打破行业垄断结构的维持。这里，马歇尔对企业垄断的看法与在其之后并得到普遍认可的芝加哥学派的观点大有异曲同工之妙。事实上，马歇尔是最早认识到垄断的社会效应的经济学家。他很早就先于芝加哥学派指出，企业成长到巨大的规模，可能形成垄断地位，却不一定使公众受损，也有可能使公众受益。他认为，企业的垄断最多是"有限的垄断"，"很高的价格会引起竞争者的出现"，从而打破垄断的市场结构。因此，他得出结论，企业的成长道路是艰难曲折且难以持续的，企业的成长不会造成持久的垄断市场结构。

(3) 企业家理论。马歇尔关于企业家作用的看法可谓卓越独到。在马歇尔眼中，企业家是进行组织管理并承担风险的人，但不一定是雇主，他在其著名的《经济学原理》中系统地论述了企业家的作用。马歇尔认为，一般商品交换过程中，由于买卖双方都不能准确地预测市场的供求情况，因而造成市场发展的不均衡性。而企业家则是消除这种不均衡性、透过迷雾解决种种难题的特殊力量，因此企业家是企业"车轮"的轴心，是企业成长的关键和根本动力，无论是实现内部经济，还是突破销售障碍都需要有赖于"能干、辛勤、富于进取心的、创造性和组织能力"的企业家。企业家是不同于一般职业阶层的特殊阶层，担负着敢于冒险和易于承担风险的特殊使命，企业成长的越大，风险就越大，企业家也就越重要。他分析道："能力薄弱而掌握大资本的人，很快地损失资本；他也许是一个能够和会要很好地经营一个小企业的人……但是，如果他没有处理重大问题的才能，则企业愈大，他搞糟企业就愈快……从迅速成交的很大营业额中所得的微薄利润，对于能干的商人却可产生丰富的收入……一个乡村中的商人，能比他的较为能干的竞争者从他的营业中少赚 5%的利润，但仍能维持，不会破产。但是，在获得利润很快而纯然是例行工作的大工厂或大商店中，营业的全部利润，往往是如此之少，以致一个人如比他的竞争者即使少赚一点，在每次营业上就有很大损失；而那些经营困难和不是依靠例行工作的大企业，对于真正有经营才能的人，可提供很大的营业利润，但只有普通能力的人，要想经营这种企业，绝不会获得利润的。"然而马歇尔不无遗憾地发现，"天才"的企业家并不多见，企业家作为一种社会资源是很稀缺的，如何才能使得有天才的人承担企业经营管理的职责更是一个现实且关键性的问题。这里马歇尔天才地指出，实施新的治理结构——股份公司，使有资本无能力的人做股东，有能力无资本的人成为职业经理人，从而在很大程度上享有对企业剩余的控制权，是解决上述问题的有效方法。时至今日他的这些见解还保持着旺盛的生命力，依然是经济学界研究的热点和前沿，可以说马歇尔对企业家和管理作用的先锐认识为人们日后的企业成长研究开启了一扇智慧之门。

二、管理学

1. 吉布莱特定律

法国经济学家 Robert Gibrat 在其 1931 年出版的《非均衡经济学》一书中，首次提出了关于企业规模和产业结构之间运行关系的模型。这一模型源于荷兰天文学家 Jacobus Kapteyn 的研究。卡普坦认为：自然界中广泛存在着偏态分布。这种偏态分布是一个简单的高斯过程(gaussian process)：大量各自独立运行的微小增量，能够形成一个正态分布的变量。借助于假定变量 x 的基本函数(如对数函数)为正态分布，可以对这些可观测到的变量建立模型，吉布莱特认为产业中的各个企业在一定时期内规模的增减变化就是各自独立运行的微小增量。由此他认为，一个企业的规模在每个时期预期的增长值与该企业当前的规模是成比例的。换句话说，就是同一行业中的企业，无论其规模大小，在相同的一定时期内，其规模变动(成长)的概率是相同的，即企业的成长率(rate of growth)是独立于其规模的变量。举例来说，同一产业中一个资产总额为 2 亿元和 100 万元的企业，在同一个时期内规模扩大两倍的概率是相同的。这就是吉布莱特定律(Gibrat's law)，他本人称之为比例效应定律(the law of proportional effect)。用公式描述：假设 x_t 为企业在 t 时期的规模，企业在 t 和$(t-1)$期间的成长率用随机变量 ε_t 表示，则有

$$x_t - x_{t-1} = \varepsilon_t x_{t-1}$$

$$x_t = (1+\varepsilon_t)x_{t-1} = x_0(1+\varepsilon_1)(1+\varepsilon_2)\cdots(1+\varepsilon_t)$$

令 t 为一个极短的时间量，则 ε_t 为一个极小变量，那么 $\log(1+\varepsilon_t)\approx\varepsilon_t$ 取对数，则有 $\log x_t \approx \log x_0 + \varepsilon_1 + \varepsilon_2 + \cdots + \varepsilon_t$。

再假设增量 ε_t 是个独立于平均数和方差的变量，令 $t\rightarrow\infty$，则相对于 $\log x_t$，$\log x_0$ 是个极小量，$\log x_t$ 的变化近似于一个正态分布，即 x_t 呈对数正态分布。换一种方式，吉布莱特定律可表示如下：

$$S_{ij}^{t+\Delta} = U_{ij}(t,\Delta)S_{ij}^{t}$$

式中：S_{ij}^{t} 为第 i 个行业中第 j 个企业的规模；$S_{ij}^{t+\Delta}$ 为其在$(t+\Delta)$时的规模。$U_{ij}(t,\Delta)$是一个与 S_{ij}^{t} 无关的随机分布的变量。

Gibrat(1931)认为，在同一行业中的企业，无论其规模大小，在相同的时期内，其成长的概率是相同的，即企业的成长率是独立于其规模的变量。吉布莱特定律主要说明了两个问题：①企业的成长是个随机过程，即影响企业成长有诸多因素，难以对其准确预测；

②不同规模的企业，其成长率并不因为各自的规模不同而有所差异。

2. Edith T. Penrose 的内因成长论

Edith T. Penrose 是现代企业成长理论的奠基人，她在其 1959 年出版的重要著作《企业成长理论》中，对企业成长问题进行了严密、全面的系统性理论分析，第一次将企业成长作为分析的对象，以“管理能力”的供给为分析框架系统地阐述了企业成长的理论，开创了在管理学领域研究企业成长问题的先河。

Penrose 的企业成长理论是一种纯内因成长论，她强调管理对于企业成长的作用，而基本不考虑大量的外在因素。Penrose 理论的核心概念是“成长经济”，她主张以“成长经济”理论代替传统的“规模经济”理论。在 Penrose 看来，所谓“成长经济”，就是指有利于企业向特定方向扩张的、各个企业可能享受到的内部经济，是从企业内可能利用的生产性使用价值的独特集合中挖掘出来的，可以使该企业在投入新产品或增产原有新产品时，比其他企业处于比较优势地位的东西。她进一步分析道，企业是“建立在管理型框架内的各类资源的”“获取和组织人力与非人力资源以赢利性地向市场提供产品或服务”的集合体，“企业的成长则主要取决于能否更为有效地利用现有资源”。

Penrose 注意到由于资源的不可分割性、资源间的不平衡性以及理性和能力有限性的原因，企业总是存在着未被利用的资源，而未用完的生产服务其继续可利用性是企业成长的原因。她批评传统“规模经济论”单纯从物质资源的一定时点以及经济的、数量的、纯生产的角度来把握企业成长的研究方法，主张视企业成长为一个不断地挖掘未利用资源的、无限动态变化的经营管理过程，认为管理资源是企业成长的源泉，突破管理服务供给的限制、释放管理能力对企业成长有着显著的意义。

第二节　企业成长决定因素的理论

与古典经济学家的企业成长思想相对应，从企业经营管理的角度来分析影响企业成长决定因素的有关理论，被称为现代企业成长理论。主要代表有 Penrose 的企业资源成长理论、Ansoff 的战略成长论、Peter Drucker 的经营成长论和 Chandler 的管理与技术成长论。

一、企业资源成长理论

Penrose 认为，企业内在因素决定企业成长，企业是在特定管理框架之内的一组资源的组合，企业成长是由于企业有效地协调其资源和管理职能的结果。Penrose 认为，企业首先是一个管理型组织，企业主根据整体利益，制定企业政策，并用于企业内可利用的资源，而未用完的生产性服务其继续可利用性是企业成长的原因。每个企业都有各种各样的资源，根据技术有机构成原则，存在着资源的各种搭配，用于内部各项活动的协调；企业还是一个生产性资源的结合体，企业主通过决策来决定在何时及如何利用这些资源。

Penrose 认为，企业使用自己拥有的生产资源所产生的服务是企业成长的原动力，企业的成长并非由市场的均衡力量所决定，而是由每个企业自身的独特力量(即由使用资源所产生的服务或能力)所推动。Penrose 注意到由于资源的不可分割性、资源间的不平衡性以及理性和能力的有限性等原因,企业总是存在着未被利用的资源,这在优化配置的过程中,就会衍生出新的资源需求或资源潜在的服务趋势,企业需要购进新的资源或实现资源的潜在服务,在这个过程中,又会衍生出更多更新的资源需求或更多更新的资源潜在服务。如此循环往复,企业固定资产和人力资本规模就会扩大,企业总规模也会增长。服务(能力)只能产生于对资源的使用过程,所以每个企业在其经营活动中所产生的能力就必然是独特的、其他企业难以模仿的。她批评传统"规模经济论"单纯从物质资源的一定时点以及经济的、数量的、纯生产的角度来把握企业成长的研究方法,主张视企业成长为一个不断地挖掘未利用资源的、无限动态变化的经营管理过程,认为管理资源是企业成长的源泉,突破管理服务供给的限制、释放管理能力对企业成长有着显著的意义。

Penrose 认为"服务"又可分为"企业家服务"(entrepreneurial services)和"管理服务"(managerial services)两个相对照的部分。前者用来发现和利用生产机会,后者用来完善和实施扩张计划。它们都是企业成长不可或缺的。不过在某种意义上,企业家服务对成长的动机和方向影响更深远,企业家管理是企业持续成长的必要条件。Penrose 进一步分析认为,限制企业成长的因素主要有三个方面,即管理竞争力、产品或要素市场以及风险与外部条件的结合。企业成长一方面"与其特定群体的人的意图(attempts)有关",另一方面又取决于企业内部存在部分未利用的生产性服务。真正限制企业扩张的因素来自企业内部,受制于企业的管理服务。管理服务的实践可以产生新的知识,而知识的增加又会导致管理力量的增长,从而推动企业的成长。

二、战略成长理论

1. Ansoff 的战略成长理论

策略管理之父 Igor Ansoff(1965)在《企业战略》一书中论述了企业产品——市场战略决策过程,探讨了企业发展的范围和方向(成长向量)问题。Ansoff 认为,企业成长战略有以下四个属性:

(1) 规划适当的产品——市场范围。

(2) 根据发展的范围和方向划分与选择战略类型。

(3) 运用竞争能力的优势。

(4) 灵活运用协同效应。

因此,Ansoff 强调企业对自身"能力概况"和"协同作用"的把握。前者表现企业现有技能和资源的特征,是直接反映企业强弱的现实能力;后者反映企业现有经营项目和新办经营项目之间的关联性,实质上是企业的一种潜在的实力。它预示着有利于企业的发展方向和范围,因此是一种"成长向量"。

Ansoff 认为企业成长要向良性的特长领域发展,尽可能向有关联的经营项目发展,以取得较竞争对手有利的位置。他将产品和市场需求作为二维参数,确定了四类具体的企业成长战略以及相应的子战略。这四类成长战略分别是:扩大现有经营项目和市场占有率战略、开发新产品战略、开发市场战略和多样化经营战略。Ansoff 的向关联领域发展的战略成长论，可以认为是核心能力理论的原型。但是，这种先见并未受到足够重视，企业战略理论界过多地偏向了波特的产业因素分析，直至 20 世纪 90 年代核心能力理论出现，Ansoff 的战略成长论才重新焕发出生命力。

2. Ansoff 矩阵

1）什么是 Ansoff 矩阵

Ansoff 于 1975 年提出了一个用来识别企业成长机会的框架——Ansoff 矩阵（又称产品——市场方格）。该矩阵以产品和市场作为两大基本面向，区别出四种产品——市场组合和相对应的营销策略，是应用最广泛的营销分析工具之一。

Ansoff 矩阵是以 2×2 的矩阵代表企业期望使收入或获利成长的四种选择，其主要的逻辑是企业可以选择四种不同的成长性策略来达成增加收入的目标，如图 8-1 所示。

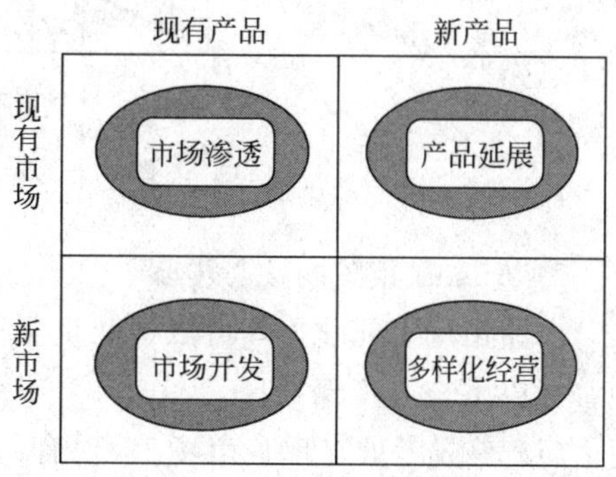

图 8-1 Ansoff 矩阵

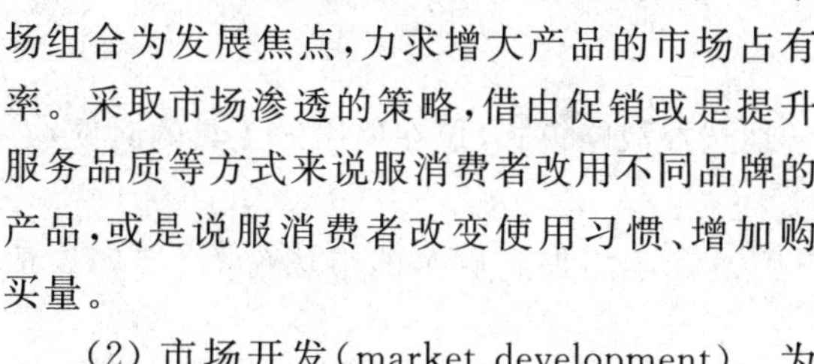

（1）市场渗透（market penetration）。以现有的产品面对现有的顾客，以其目前的产品市场组合为发展焦点，力求增大产品的市场占有率。采取市场渗透的策略，借由促销或是提升服务品质等方式来说服消费者改用不同品牌的产品，或是说服消费者改变使用习惯、增加购买量。

（2）市场开发（market development）。为现有产品开拓新市场，企业必须在不同的市场上找到具有相同产品需求的使用者顾客，其中往往产品定位和销售方法会有所调整，但产品本身的核心技术则不必改变。

（3）产品延伸（product development）。推出新产品给现有顾客，采取产品延伸的策略，利用现有的顾客关系来借力使力。通常是扩大现有产品的深度和广度，推出新一代或是相关的产品给现有的顾客，提高该企业在消费者“荷包”中的占有率。

（4）多样化经营（diversification）。提供新产品给新市场，这种策略下，由于企业的既有专业知识能力可能派不上用场，因此是最冒险的多样化策略。其中成功的企业多半能在销售、通路或产品技术等 know-how 上取得某种综效（synergy），否则多样化的失败概率很高。

（5）市场巩固（consolidation）。以现有的市场和产品为基础，以巩固市场份额为目的，采用产品差异化战略来加强客户忠诚度。同时，当市场份额总体有所下降时，缩小规模和缩减部门成为不可避免的应对措施。通常，市场巩固在 Ansoff 矩阵中与市场渗透占据同一格。

Ansoff 后来对矩阵做了一个修改，增加了地理区域上的复杂性（图 8-2）。这种三维模式的矩阵可以被用来定义战略选择和业务的最终范围。图示表明，客户可以选择市场需求、产品/技术、地理范围等变量中的一种来界定服务市场。Ansoff 定义的投资组合战略的第二个要素是公司在每一服务市场上设法获取的竞争优势。第三个要素由可获得的业务之间的协同作用构成，最后一个要素是可获得的战略灵活性程度。战略灵活性可以通过两种途径获得。第一种途径是在公司外部,通过地理区域、服务需求和技术的多元化获得,使得任何战略业务单位的突然变化都不会对公司产生严重的影响。其次,战略灵活性可以通过增大业务间资源和能力的可转移性获得。

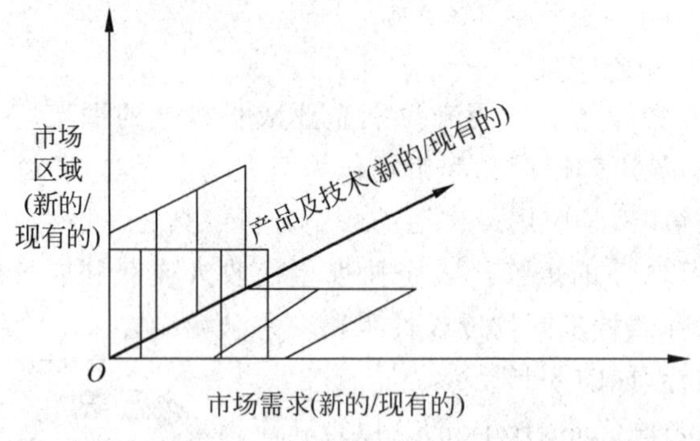

图 8-2 Ansoff 地区增长矢量图

2) Ansoff 矩阵的核心步骤

产品市场多元化矩阵可以帮助企业科学地选择战略模式,但在使用该工具的时候,必须掌握以下核心步骤:

(1) 首先考虑在现有市场上,现有的产品是否还能得到更多的市场份额(市场渗透战略)。

(2) 考虑是否能为其现有产品开发一些新市场(市场开发战略)。

(3) 考虑是否能为其现有市场发展若干有潜在利益的新产品(产品开发战略)。

(4) 考虑是否能够利用自己在产品、技术、市场等方面的优势,根据物资流动方向,采用使企业不断向纵深发展的一体化战略。

3) Ansoff 矩阵的发展

Ansoff 的产品-市场方格理论,尽管已经问世很多年,但它指导企业成长与战略发展方面的价值仍然是很明显的。Derek F. Abell 提出了三维商业定义(three dimensional business definition),较之 Ansoff 矩阵更为高明。

4) Ansoff 模型与动荡管理

Ansoff 认为,战略管理与以往经营管理的不同之处在于:战略管理是面向未来动态地、连续地完成从决策到实现的过程。Ansoff 把经营战略定义为:企业为了适应外部环境,对目前从事的和将来要从事的经营活动进行的战略决策。因此,Ansoff 认为企业战略的核心应该是:弄清你所处的位置,界定你的目标,明确为实现这些目标而必须采取的行动。他把企业战略限定在产品和市场的范畴内,他认为经营战略的内容由四个要素构成:产品市场范围、成长方向、竞争优势和协同作用。他把企业的决策划分为战略的(关于产品和市场)、行政的(关于结构和资源调配)和日常运作的(关于预算、监督和控制)三类。Ansoff 认为企业生存是由环境、战略和组织三者构成,只有当这三者协调一致、相互适应时,才能有效地提高企业的效益。在这些理论的基础上,他设计了 Ansoff 模型,这个模型的核心是通过企业和市场的分析确定有效的企业战略。

案例 基于Ansoff矩阵的高校图书馆竞争格局分析[①]

Ansoff是美国加州大学美国国际大学的战略管理教授。他在研究企业经营战略时提出了企业制定经营战略时首先要考虑的两大因素：产品(现有产品和新产品)和市场(现有市场和新市场)。竞争情报领域用此方法来发现竞争对手,现用Ansoff矩阵为基础来分析高校图书馆所面临的竞争对手和竞争局势。

发现高校图书馆竞争对手的Ansoff矩阵(表8-1)。

表8-1 高校图书馆竞争对手Ansoff矩阵

产品(服务) 市场(顾客)	相同	不同
相同	A ⇧ ⇦	B
不同	C	D

由Ansoff矩阵可以看出高校图书馆所面临的不同层次的竞争,分别对各层次竞争者进行分析：

D类竞争者,是和所研究的高校图书馆相比,提供的服务不同,并且用户也不同的竞争者,因此要在短期内成为直接竞争对手是很难的,这类竞争者可为愿望竞争者。

C类竞争者,是提供的服务相同,但是用户不同的竞争者,因为市场壁垒的存在,这类竞争者属于潜在竞争者,如果市场壁垒一旦消失,这类潜在竞争就会变成直接竞争者(即A类竞争者)。这类竞争者包括其他高校的图书馆和公共图书馆,随着馆际互借,一些图书馆网上服务的展开,高校图书馆的服务面不再限于本校学生了,开始向其他学校的学生扩展,这种情况下高校图书馆信息服务的市场壁垒就不那么明显了,就容易朝A类竞争者转换。

B类竞争者,是提供的服务不同,但是用户相同的竞争者,这类竞争者属于平行竞争者,如果它要利用同用户建立的关系或建立起来的良好信誉而提供同高校图书馆相同的服务,就会变成直接竞争者。这类竞争者包括书店、信息咨询业、网上书店、搜索引擎和邮件定制等；如书店提供阅览服务,就变成了图书馆的直接竞争对手。

A类竞争者,是提供的服务相同,用户也相同的竞争者,这类竞争者属于直接竞争者,包括数字图书馆,还有B类和C类转化而成的竞争者。根据Ansoff矩阵分析得来的各类竞争者的层次归纳如图8-3所示。

三、经营成长理论

现代管理学之父彼得·德鲁克(Peter Drucker)指出,企业对成长机会的把握取决于内部的成长准备。企业成长能力的关键在于本身有成长潜力的人为组织。企业管理阶层不能只抱着对成长的希望和承诺,必须有一个切实合理的目标和一套相应的成长战略。

① 文放怀主编.新产品开发管理体系IPDFSS[M].深圳：海天出版社，2011.6.

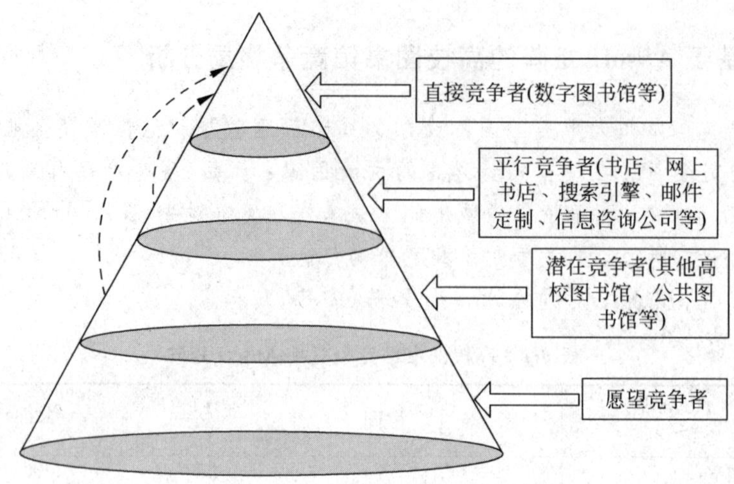

图 8-3 竞争者层次归纳图

他认为,一家企业所能成长的程度完全由其员工所能成长的程度决定,而经营成长的控制性因素是企业最高管理层。经营成长是企业最高管理层所面临的挑战性任务,需要最高管理层进行谋划和组织。因此,最高管理层必须从思想到行动做好不断改变的准备。尤其重要的是不断保持和加强企业的创业精神与创新精神。实行有效的创业管理是企业在急剧变革时代中生存发展的先决条件。德鲁克认为,企业成长和员工成长是一致的,更强调企业与人的天人合一、协调发展,这是企业成长理论的较高境界。在员工中,中高层管理者具有至关重要的作用,在某种程度上可以说其决定了企业的成长方向和成长速度。

四、管理和技术成长理论

美国著名的经济史学家艾尔弗雷德·钱德勒(Alfred D. Chandler)教授运用大量的史料分析了现代大型工商企业的成长历程。他认为,伴随并支撑现代工商企业诞生成长的是一只"看得见的手",即由经理阶层和相应的组织结构组成的企业管理协调机制(Chandler, 1977)。他认为,现代工商企业成长的历史也就是管理层级制形成的历史,并且后者"一旦形成并有效地实现了它的协调功能后,层级制本身也就变成了持久性、权力和持续成长的源泉"。一方面,管理层级减弱了企业受个人变故造成的经营中断的威胁,打下了企业持续稳定的基础;另一方面,职业经理出于自身职业生涯的考虑,将自觉抵制损害公司持续发展的短期行为,宁愿选择能促使企业长期稳定和成长的政策。因此,他们要维持企业组织被充分利用和确保作为创造利润机构的企业获得成功的愿望,就成为推动企业成长的强大力量。并指出管理协调的"看得见的手"比亚当·斯密所谓的市场协调的"看不见的手"能够更加有效地促进经济的发展和增加资本家的竞争能力这一事实,是从古典企业向现代企业转变、家族式公司的衰落和经理式公司的兴起最深刻的原因。

钱德勒(1962)认为,现代工商企业的成长是适应技术革新和市场扩大形势而在管理机构方面出现的反应。他认为技术的发展和市场的扩大是企业成长的根本,它引起企业生产和分配领域的根本性变化,而"现有的需求和技术将创造出管理协调的需要和机会",

由于借助管理协调的现代工商企业提供了比借助市场协调的古典企业更高的效率，因而导致出一系列经济组织形式上的反应，即现代企业对古典企业的取代和家族式公司向经理式公司的转变，这一过程被钱德勒称为“美国企业界的管理革命”。

钱德勒认为，现代工业企业通常以四种方式实现持续增长：

(1) 通过横向合并来发展。

(2) 通过垂直一体化来发展。

(3) 地区扩张的增长方式。

(4) 生产与企业现有技术或市场相关的新产品，即通过多元化来发展。

前两个增长战略通常是防御性的，是为了保证企业现有的投资。后两个战略是利用企业现有的投资，首先是利用现有的组织能力——企业的设施和技能——打进新市场并开办新业务（地区扩张与产品多样化），这种扩张是建立在由利用范围经济而发展起来的组织能力上，因而把追逐这种竞争优势的努力称为现代工业企业增长的动力，它使现代企业能抵御任何官僚主义的惰性，也是企业海外扩张，直接投资产生的动力。

在解释企业自身因素决定企业绩效差异时，钱德勒强调由企业战略和结构决定的组织能力。通过对组织战略与结构的分析，钱德勒得出的重要结论是：决定成本和利润的两个关键数字是额定生产能力（rated capabilities）和实际通过量（throughout），而这即所谓的速度经济；规模经济和范围经济可利用的程度由企业的组织能力决定，这与标准经济学教科书的观点是相悖的。在标准经济学教科书中，个别企业的成本曲线是给定的，即U形曲线，由市场结构和技术条件决定，而企业唯一能做的就是发现自己的最优规模。

钱德勒揭示的主题是：成本曲线的确离不开基础结构、组织和企业的战略，而企业的成本结构在相当大程度上是企业组织能力的内生变量。特定的组织能力是特定企业的竞争优势的来源，是解释企业时间长期经济绩效差异的关键变量，而把新技术提供的机会转化为可持续优势的组织能力取决于管理团队的战略行动。向管理型大企业的过渡创造了组织能力的基础，由此发展出来的组织能力是企业和一国经济持续竞争优势的源泉和经济持续扩张的动力，决定了企业和国家的兴衰。

钱德勒认为，决定工业成功的重要因素始终只有一个：管理者通过对生产、销售和管理的三重投资追求规模经济和范围经济的决心和能力。市场机构不是经济绩效的决定因素，相反，是管理决策和影响企业组织的制度框架塑造了市场结果。在技术和市场条件发生变化的阶段，某些决策影响了企业几十年的命运。因此，企业的发展轨迹存在路径依赖。

钱德勒认为，基于组织能力的优势可以长期保持企业的领先地位：

(1) 先行者因率先实行规模经济而在所处的行业中巩固了自己的地位。

(2) 先行者在所有职能领域（生产、销售、财务）都对跟进者具有学习优势。

(3) 挑战者的进入成本更高，因为它不得不面临先行者竞争性反击的不确定性。因此，如果先行者不犯错误，如果没有政府干预和技术与市场的根本变化，跟进者很难战胜在创造组织能力方面的先行者。

第三节　企业成长过程的理论

阶段成长理论从企业成长的过程出发，着重研究企业成长的发展阶段和路径，将企业的成长过程划分为几个不同的阶段，分别研究在不同阶段中，影响企业成长的关键因素。在企业阶段成长理论研究中，比较有影响的有 Greiner 的企业成长五阶段论、Flamliolt 的企业成长七阶段论、Aides 的企业成长十阶段论。

一、企业成长阶段论的发展历程

企业成长是一个国家经济发展和经济繁荣的基础，企业的竞争力关系到一个国家的繁荣富强，因此经济学和管理学都非常注重对企业成长问题的研究，并取得了丰富的研究成果。企业成长阶段性理论是把企业的成长和发展划分成几个阶段，并研究各个阶段的特征和影响因素，所以划分成长阶段、成长阶段特征及各阶段影响因素是阶段性理论的主要方面。企业要保持可持续成长就需要正确识别自身所处的成长阶段，了解该阶段的影响因素，进而采取相应的管理措施。

从 20 世纪 50 年代开始，企业成长阶段理论的研究开始进入百家争鸣的黄金时期。学者们借鉴了经济学、管理学、社会学等学科的理论，通过观察和实证研究构建了许多不同的企业成长阶段模型，并对企业成长阶段的发展规律和各个阶段的特征有了明确的表述，有些甚至非常清晰、具体。依据不同的阶段划分，可将其理论分为：三阶段论、四阶段论、五阶段论、多阶段论。各阶段划分依据如表 8-2 所示。

表 8-2　企业成长阶段理论：代表性划分方法及评述

划分阶段	代表人物	典型理论	各阶段特征评述
三阶段论	Chandler(1962)	创业初期企业家聚集生产资源以发展企业，进行重要决策，对企业有极大的影响力。第二阶段注重资源分配过程，更加有效率，增加产品线，拓展市场。第三阶段是分权的多部门企业	对比国内外学者关于三阶段的划分，有异曲同工之处。虽然都是三阶段，但出发点不同，分别从管理、产品、组织结构、战略的角度作为划分依据。这种划分的优点是成长理论简洁明了，阶段之间的差异显著，概括性较高
	Scott(1963)	第一阶段是小规模、单一产品，很少有正式结构，企业家全面控制领导。第二阶段是根据职能分工。第三阶段是产品多元化，已有许多产品线，根据产品类别或市场来分工，结构化的程度提高	
四阶段论	Steinmetz(1969)	分为直接控制、指挥管理、间接控制及部门化组织四阶段。引入管理者，进行授权，实行规范管理	划分依据不同，虽然都是四阶段成长，但有所差别。优点是依然比较简单，有客观衡量数据，有实证研究支持
	Quinn(1983)	按照管理风格和组织结构的不同把企业发展分为创业阶段、集体化阶段、规范化阶段、精细化阶段四阶段	

续表

划分阶段	代表人物	典型理论	各阶段特征评述
五阶段论	Canon(1968)	以销售收入和管理复杂性为标准将成长阶段划分为企业家阶段、职能发展阶段、分析阶段、增加参谋阶段和再集权阶段。第五阶段是降低参谋增递成本，在IT技术进步、咨询业发展情况下，集权的效率会得到提高	这种划分标准的优点是符合观察到的事实，适用于所有行业，但不易客观分辨企业目前所处阶段，不是严格的划分标准，而是各阶段的特征
	Greiner(1972)	以企业年龄、企业规模、演变的时间、改革的时间、行业成长率五种标准将成长阶段划分为靠创造力而成长、靠指挥而成长、靠授权而成长、靠协调而成长、靠合作而成长五阶段	
	Churchill 和 Lewis (1983)	从企业规模和管理因素维度描述了企业各成长阶段的特征，提出更为细化的五阶段成长模型，包括创立阶段、生存阶段、发展阶段、起飞阶段和成熟阶段	
多阶段论	Aides(1989)	把企业的成长过程划分为成长和老化两大阶段共10个时期，其中成长阶段从孕育期开始，经历婴儿期、学步期、青春期、盛年期，直到稳定期。企业的老化阶段一般要经历贵族期、官僚化早期、官僚期，然后进入凋亡	对于这种多阶段标准划分法，其优点是考虑细致周全，适用于所有行业，其缺点是划分过细，使企业有时具有两个阶段特征，难以判断。还只是理论模式，缺乏实证研究的支持

二、企业成长五阶段论

组织管理学家Greiner(1972)在《在演进与剧变中成长》中指出，组织的发展取决于五个关键因素，即组织的年龄、组织的规模、演变的各阶段、变革的各阶段、产业的成长率，如图8-4所示。这些因素相互作用，共同影响着组织的发展。针对这些因素，在大量案例资料的基础上，Greiner提出了企业成长五阶段理论，把企业的成长划分为了如下五个阶段：

(1) 第一阶段：创造力推动企业增长。

(2) 第二阶段：指导推动企业增长。

(3) 第三阶段：授权推动企业增长。

(4) 第四阶段：协调推动企业发展。

(5) 第五阶段：配合推动企业增长。

Greiner把企业组织的变化(change)分为两种不同的形式：演变(invention)与变革(innovation)，“演变”用来描述那种长的成长期，其间企业组织实践没有发生过大的动荡；“变革”用来描述企业组织中那些重大的动荡时期。在企业组织的成长过程中，演变与变革总是交替进行的，每个演变时期都创造了自己的变革，而企业组织的管理部门为每一个变革阶段所提出的解决办法决定了下一个演变阶段。企业组织就是通过演变与变革的交替向前发展的。

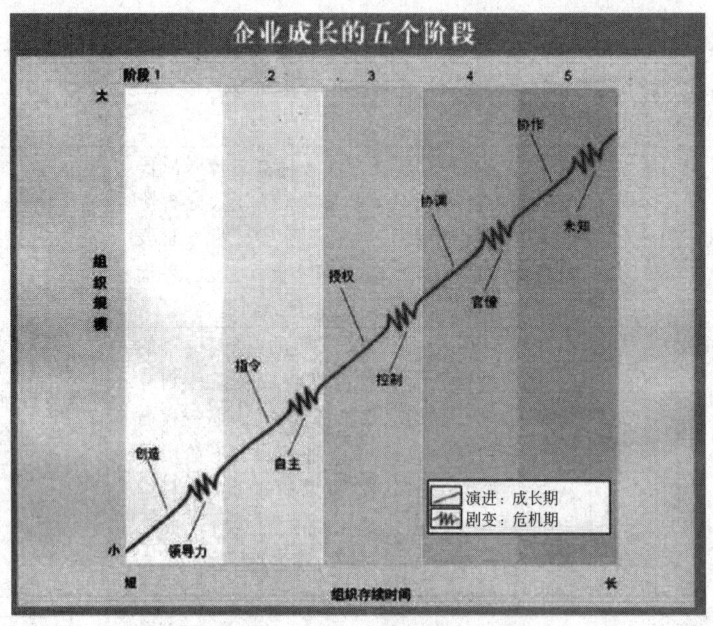

图 8-4　企业成长五阶段图

摘自《在演进与剧变中成长》，哈佛《商业评论》2005 年 4 月号。

在 Greiner 看来，企业成长到一定的阶段，就会遇到某种危机，但如果能够克服这种危机障碍，企业就会进入了一个新的发展阶段。企业的发展并不是一帆风顺的，在不同的时段总呈现出类似的态势：短暂的停滞、迅猛的发展，企业呈波浪式前进。在企业成长发育过程中，企业家领导、创新（包括技术、市场、管理等方面）、协调、合作在不同阶段都发挥了巨大作用。

Greiner 利用五阶段论建立了组织发展五阶段模型。针对 Greiner 的五阶段理论不难发现每一个演进期表现出的特征就在于为了取得成长而使用的主要管理方式，而每一剧变期的特征就在于为了保持成长所必须解决的主要管理问题。在一个成长阶段行之有效的管理方法，也许会导致下一个成长阶段的危机。因此，针对企业五个成长阶段，我们也应该有对应的管理方法（表 8-3）。

表 8-3　企业成长五阶段的管理方法

类　　别	第 1 阶段	第 2 阶段	第 3 阶段	第 4 阶段	第 5 阶段
管理重点	创造与销售	运营效率	市场扩张	组织整合	解决问题和实施创新
组织结构	非正式	集权型、职能型	分权型、地域型	直线—参谋制、按产品划分部门	团队矩阵
管理层的风格	个人主义、创业精神	指令型	授权型	监督型	参与型
控制体系	市场表现	标准与成本中心	控制与利润中心	计划与投资中心	设置共同目标
管理层报酬的重点	所有权	增加薪资与福利	个人奖金	利润分行和股票期权	团队奖金

三、企业成长的七阶段论

E. G. Flamliolt(1998)教授将一个企业的生命周期划分为以下七个阶段：

(1) 第一阶段：新建阶段。

(2) 第二阶段：扩张阶段。

(3) 第三阶段：专业化阶段。

(4) 第四阶段：巩固阶段。

(5) 第五阶段：多元化阶段。

(6) 第六阶段：一体化阶段。

(7) 第七阶段：衰落或复兴阶段。

四、企业成长的十阶段论

Ichak Adizes 可以算是企业生命周期理论中最有代表性的人物之一。他在《企业生命周期》(1997)一书中指出，企业是有生命的，即企业有自己的生命周期，企业有自己的追求。虽然不同企业的寿命有长有短，但各个企业在生命周期的不同阶段所表现出来的特征却具有某些共性，了解这些共性，便于企业了解自己所处的生命周期阶段，从而修正自己的状态，尽可能地延长自己的寿命。Adizes 将企业生命周期分为以下十个阶段：

(1) 第一阶段：孕育期。

(2) 第二阶段：婴儿期。

(3) 第三阶段：学步期。

(4) 第四阶段：青春期。

(5) 第五阶段：盛年期。

(6) 第六阶段：稳定期。

(7) 第七阶段：贵族期。

(8) 第八阶段：官僚初期。

(9) 第九阶段：官僚期。

(10) 第十阶段：死亡期。

企业成长十阶段如图 8-5 所示。

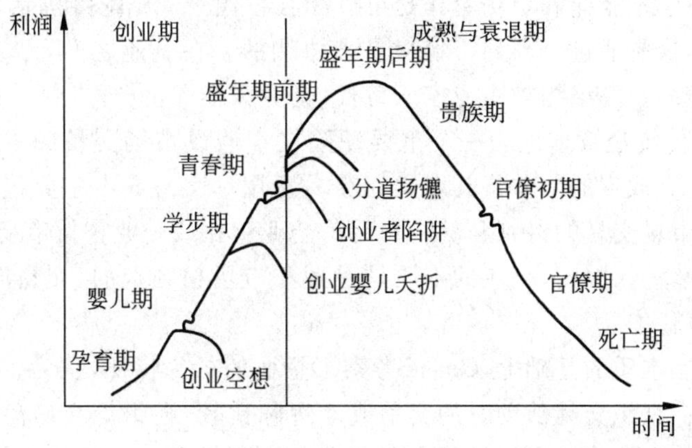

图 8-5　企业成长十阶段图

Adizes认为企业成长的每个阶段都可以通过灵活性和可控性两个指标来体现：当企业初建或年轻时，充满灵活性，作出变革相对容易，但可控性较差，行为难以预测；当企业进入老化期，企业对行为的控制力较强，但缺乏灵活性，直到最终走向死亡。

在这一阶段里，西方学者已经将企业生命周期理论研究比较深入和完善了，因此这一阶段是企业生命周期理论研究的繁荣阶段。

第四节　企业成长的边界和时空结构的理论

作为市场经济条件下的重要经济实体，企业的存在当然有其边界的存在。然而企业的合理边界到底在什么地方，这是理论一直没有很好解决的一个问题。

任何一个企业理论都必须回答两个基本问题：企业存在的理由是什么？什么因素限制着企业的规模和范围？因而对企业边界的认识当然离不开对企业本质特性的认识。随着社会生产力不断地深入发展，市场经济不断完善，企业的边界对于促进企业自身的存在与发展发挥着越来越重要的作用，而这种作用又能使企业在自身运行时达到难以达到的目的或目标。因此，通过对企业本质特性的认识来完成对企业边界的界定，通过企业与市场经济的相互作用来探讨企业边界的作用与功能，对于现代企业的建设和发展有着极其重要的意义。

此外，企业所处的竞争环境，对时间和空间的控制特征决定了产业组织和生产组织的形式(Schoenbergei，1994)。无论何种类型的企业，为了取得竞争胜利，对时间和空间的控制都是至关重要的。时间和空间的控制是与企业所处竞争环境的稳定性密切相关的。如果竞争环境相对稳定，则企业可以通过控制产品开发和生产组织的时间来换取企业在空间扩张上的灵活性，即企业对产品生产的组织在空间上可以分散进行。

一、企业成长的边界

1. Coase的企业成长边界理论

“企业边界”和“交易费用”的概念最早是由新制度经济学的代表人物Coase于1937年在他的著名文章《企业的性质》中提出的。

以Coase为代表的新制度经济学所讨论的中心是资源配置问题，这和新古典经济学不同，新制度经济学把企业和市场看作是可以相互替代的资源配置机制。在企业之外，价格变动决定生产，这是通过一系列市场交易来协调的。在企业之内，市场交易被取消，伴随着交易的、复杂的市场结构被企业家所替代，企业家指挥生产。

Coase提出，传统经济理论的一个重要缺陷在于假设市场交易成本为零，而事实上，“利用价格机制是有成本的”，并将其定义为交易费用。交易成本主要包括相对价格的搜寻成本和每一笔市场交易的谈判和签约费用。企业存在或企业替代市场的根源在于能够实现交易成本的节约。因而，企业的本质是一种和市场相区别的、交易活动的契约形式，即“价格机制的替代物”。

在界定了企业本质的基础上，Coase考察了企业的行为特征，认为企业的纵向边界决定于企业和市场在组织交易活动时的交易成本边际比较，在组织交易活动的过程中企业是最优化行为者。企业将倾向于扩张直到在企业内部组织一笔额外交易的成本，等于通过在公开市场上完成同一笔交易的成本或在另一个企业中组织同样交易的成本为止，此时，企业处于最优规模边界。

2. Williamson 的企业最优规模分析

Oliver Williamson 教授作为交易费用经济学的创始人和代表性学者，一直注重对企业存在和企业与市场的边界的研究。他以有限理性和机会主义假定为理论前提，指出由于人的认知能力的有限性和外界环境的不确定性，增加了连续性交易中合约谈判的信息成本；资产专用性使得连续性交易变成备选数目极小的交换关系或双边垄断关系，并在机会主义的威胁下进一步被锁定。Williamson 视交易为最基本的分析单位，认为交易本身是异质且多样的，各种交易的特征及其成本差异决定了交易组织形式的选择，并通过提出决定交易异质性的三个维度和三种缔约背景，从而揭示了企业边界的决定因素：交易频率、资产专用性以及企业所处的契约环境。这三大因素决定了不同经济组织的交易成本，通过成本效益的比较可以得出理论上企业的最优规模：什么时候选择企业组织形式——继续扩张，什么时候选择市场组织形式——停止扩张。

3. 总结

以 Coase 和 Williamson 为代表的新制度经济学在探索企业边界理论上主要有以下两方面的贡献：

(1) 使人们认识到交易费用的存在，以及交易费用对分工效率的重要影响。

(2) 使人们认识到企业是不同于市场的另一种配置资源的手段，因而有利于人们在配置资源时根据效率需要自觉地选择和利用不同的方式。

但是，其也存在如下几个方面的不足：

(1) 不能很好地整合传统厂商理论，正如有批评者所说的，在人们注意到企业内交易费用存在的同时，又使人们忘记了企业的生产属性，而生产是企业的主要功能。

(2) 企业边界的模糊性。按照 Coase 的观点，企业的边界应该是明晰的，但实际上企业的边界常常是模糊不清的。

(3) 无法合理解释企业规模与市场规模同步扩大的历史现象。因为根据 Coase 的理论，企业的规模取决于企业管理费用与市场交易费用的比较，企业规模的扩大意味着市场规模的缩小，企业规模与市场规模是此消彼长的关系。

(4) 把企业与市场相对立，从而使人们借此支持政府管制和计划经济的优越性。

为弥补这些缺陷，在 Coase 以后又涌现了许多经济学流派，这些流派的经济学家对企业边界问题进行了更深层次的研究。由此可以看出，理论是在演进过程中不断完善的。

二、企业的时空结构理论

对企业个体而言，企业要实现成长，就必须保持一定的成长速度与成长率，其途径大致包括以下五种：

(1) 第一种，行业内产品成长，即在现有行业、现有产品业务领域内，通过技术进步使产品更新换代、扩大市场，寻求发展机会。

(2) 第二种，行业内多产品成长，即开发新产品，扩大企业现有行业内的产品种类组合。

(3) 第三种,纵向一体化成长,新建或收购与目前业务有关的上游或下游的业务。

(4) 第四种,行业升级成长,从小量市场行业向大量市场行业转化。

(5) 第五种,多行业成长,即同时在多种行业发展。

这五种类型具有一定的层次性,也标示着一般企业的成长历程。其实这和钱德勒的"数量扩大""地区扩大""相关多元""非相关多元"的企业成长路径是一致的。

1. 企业成长历程

哈佛大学的企业史教授钱德勒(1990)在其《Scale and Scope》一书中,回顾了欧美工业国家成功企业的成长历程:企业先凭借特殊的技术取得市场利基(niche),接着增加投资、扩大市场,追求规模经济效益取得领导地位;随后发展相关产品,进入新的领域,以充分实现"范围经济"效益;然后,再尝试开拓产品的市场占有率,进一步实现另一个规模经济利益。在"规模"和"范围"两种利益的相互驱使下,企业的规模便越来越大。

2. 企业成长结构阶段

企业成长要经过的一系列结构阶段,最具代表性的要数 Chandler 和 Redlich 提出的四阶段演变模式。Chandler 和 Redlich 将企业成长划分为如下四个阶段:

(1) 具有非正式控制结构的简单小型企业组织。

(2) 以单一产品生产为基础的功能结构。

(3) 多产品、多样化的分工结构。

(4) 复杂跨国企业的全球结构。

Ansoff (1965)将这四个阶段概括为:市场渗透、产品开发、市场发展和产品多样化。

3. Taylor 的企业空间扩展模型

Taylor (1975)的企业空间扩展模型是一个具有代表性的企业空间演变的一般模型。Taylor 将其归纳为:单厂单区位企业、多厂单区位企业、跨区位销售机构的设立和跨区市场渗透、国外销售机构、国外销售分支机构、国外生产和集中性联合企业多样化六个阶段,展示了企业从区域到全国乃至多国的发展过程。具体过程如图 8-6 所示。

4. Hakanson 的公司多级扩展模型

Hakanson 多级扩展模型结合组织学派研究的成果,提出了公司增长的多级扩展模型。他认为,起初的单厂企业的增长主要局限于原区域的区位上,企业与最邻近的周围环境密切联系。当地方市场的增长速度低于企业所期望的速度时,企业便通过对外设立销售机构或分厂,向国内其他区域市场渗透,中心经营的扩展和远离母厂新区位上形成生产能力。然后随着生产能力大于国内市场需求,企业便通过在国外设立销售代理网络开始打入国外市场。随着国外销售量上升,又开始在国外设立分公司。随着出口量增加以及国外市场进入壁垒限制,为扩大国外市场份额及对国外经营信息的了解,企业便开始在国外销售机构的基础上设立新厂或兼并生产厂家。最终为降低不确定性,企业开始多样化生产,形成跨国联合大企业。公司扩张的空间结构如图 8-7 所示。

(1) 最内侧代表公司最早建立的中心区。

(2) 中心区以外代表全国性市场区。

(3) 最外圈代表世界其他国家(地区),被分成 4 个部分(Ⅰ～Ⅳ),分别代表不同的外国市场。

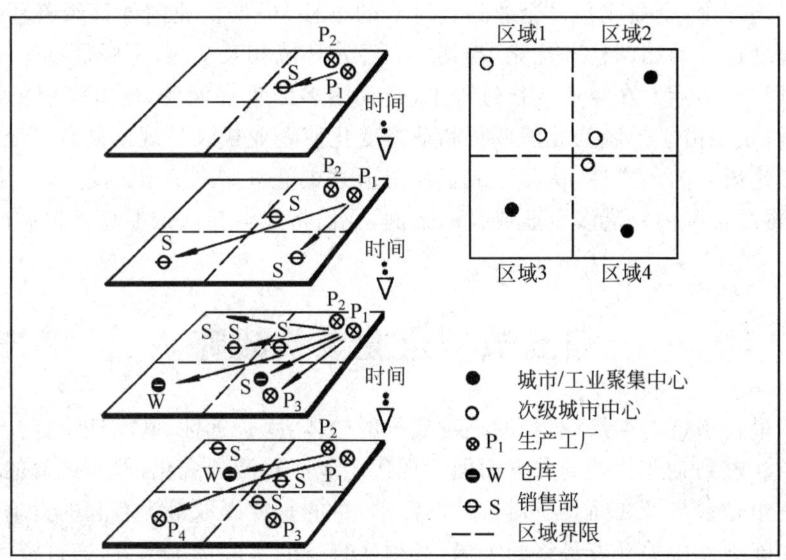

图 8-6　从地方性公司到全国性公司的空间扩张模型

资料来源：Taylor M. Organizational growth, spatial interaction and location decision-making Regional Studies, 1975.

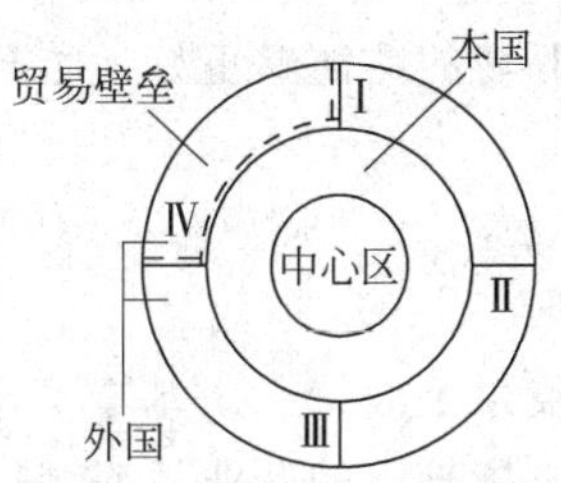

图 8-7　公司扩张的空间结构

(4) 虚线圈出的国家(Ⅳ)表明其具较低接近性。

Hakanson 将公司扩张分为四个阶段,如图 8-8 所示。

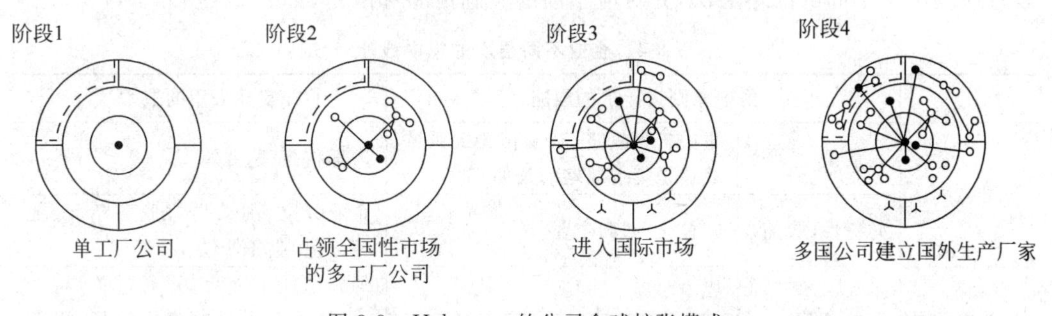

图 8-8　Hakanson 的公司全球扩张模式

在 Hakanson 的模型中,市场占领是公司空间扩张的主要动力。市场占领并不是公司空间扩张的唯一动力。在某些情况下,保证原材料供应或接近原材料市场,借助廉价劳动力等因素均可引起公司投资建厂或合并他厂。

根据上述理论，企业成长是企业随着时空的推移，根据企业内外部经营环境的变化，对企业的管理进行动态调整和优化，与其外部经营环境相互适应，不断优化企业持续的经营绩效的过程。实际上在企业成长过程中，受到诸多因素的制约，既有牵引的因素，也有阻碍的因素，正是由于二者的此消彼长和动态变化使企业成长呈现出复杂多变性，决定了企业成长理论研究的多样性，从而形成了如上所述的企业成长理论的丛林。结合企业成长的理论，再结合国内外诸多企业成长的案例，我们将能够在认识上越来越逼近于企业成长的实质。

第五节 企业成长战略

"战略"最初来自军事领域，指的是对战争的整体性、长远性、基本性谋划。如今，战略的概念已经渗透到企业管理的方方面面。现代企业面对激烈变化、严峻挑战的经营环境，企业间的竞争是参与者之间具有对抗性的活动，目的是要谋取最为有利的竞争地位，领导者的素质和能力直接关系着最终的结局，必须从自身的实际情况出发，通过资源优势的对比分析，在知己知彼的基础上确立明晰的战略，而且战略的实施离不开高效率的组织和管理。集中战略是战略上最重要而又简单的原则，具有普遍的适用性和强大的威力，现代企业竞争战略已经在很多方面体现出这一原则的运用。在复杂多变的市场环境下，如何才能遵循这一最具价值的基本原则，使战略能够更好地指导企业管理实践，启发我们对企业内集中战略进行系统的研究。

一、集中战略

本节讨论的集中战略，与迈克尔·波特三条基本竞争战略之一的"目标集聚"战略并不等同，主要是指一切在集中原则指导下的企业战略，具有更广泛的内涵。我们之所以要强调集中，是出于市场无限，而企业资源及能力有限的考虑。竞争对手的存在，使得企业不得不集中以提升相对优势。集中是与分散相对的概念，也是全局中有选择的侧重局部的意思。对于具有多种经营业务的公司来说，战略存在于不同的管理层次，集中的原则可以相应应用于不同的战略层次，并对应不同的实施策略和战术，如表 8-4 所示。

表 8-4 企业不同层次的集中战略

	集中原则指导下的战略		实际采用的战术
公司层	发展型(扩张)	集中扩张战略(基于相关关系的战略是集中战略的延伸)	内部扩张、购并等
	防御性(收缩)	归核化、回归主业	企业分立、削减出售业务单元、业务分包、业务外包
业务单元层	目标集聚	成本集聚	划分产业细分市场，通过资源、人才、技术等力量的集中使用，以期提高效率，获取特别的竞争优势
		歧异集聚	
职能层	一定时期内根据业务需要，企业资源、能力的投入对某一职能工作有所侧重，如集中研发、集中生产等		

1. 公司层的集中战略

公司战略所要解决的问题是确定经营范围和公司资源在不同经营单位之间的分配事项。通常公司层战略可大致划分为发展型及防御型两种，集中原则在两种类型战略中均可应用：在扩张战略中，集中体现为对一种关联关系的利用，即相关多元化较之不相关多元化就属于相对集中的战略，即收缩型战略中回归主业充分地体现了集中的思想。

相关多元化是企业重复利用其在技术、产品线、销售分配渠道或顾客基础等方面所具有的特殊知识和经验，新增业务单元，在相关行业提供与现有产品或服务具有相似性的新产品和服务。比之无关的多元化，相关多元化体现了相对集中的思想。企业围绕中心技能进行多样化或向相关行业扩展经营，各业务单元可能协同促进，形成相对竞争对手的优势。

回归主业或“归核化”，核心思想是集中资源做好自己最大的强项，抓住最具结构吸引力的行业，把经营的重点放在该行业价值链优势最大的环节上。此时“集中”的思想就是要剥离非核心业务，放弃原来的不相关多样化战略，通过各种资产重组的方式（如分立、出售、业务外包等）从一些行业中退出，而加大在主业上的投入。有数据表明，近年来上市公司的资金投向有进一步向主业回归和向部分优势行业集中的趋势，可见公司普遍意识到了强化核心业务能力的重要性。回归主业的目的在于保持竞争优势，所以回归与收缩的“度”都是以能否建立和发挥核心竞争力来测定的。战略性主业回归体现了集中的管理思想，并在实践中显示了集中的优势。

2. 业务单元层的集中战略

业务单元层面的经营战略关注经营单位如何竞争取胜的问题。此时的集中战略，就是迈克尔·波特所提出的三大竞争战略之一的目标集聚战略，它是指企业把经营战略的重点放在一个特定的目标市场上，为特定的地区或特定的购买者集团提供特殊的产品和服务。目标集聚战略在较窄的市场目标上，为特定的地区或特定的购买者集团提供特殊的产品和服务。目标集聚战略在较窄的市场目标范围内通过资源、技术、人才等力量的集中使用，将以更高的效率实现细分市场上的低成本或差异化。集中化同时带来了专业化，使得企业更好地服务于特定的目标。

3. 集中带来的竞争优势

在市场竞争中，集中为企业带来的是持续的竞争优势。可以从业务单元和细分市场的关联性以及价值链共享的角度来看集中所产生的竞争优势。进行多业务经营的企业，公司层战略的集中体现为以不同业务单元间的有形关联为出发点的相关多元化或一体化。有形的关联是相关业务单元具有共同的客户、渠道、技术和其他因素，它使得各业务单元能够共享价值链活动的某些部分。根据迈克尔·波特的分析，如果共享带来的好处超过了为在业务单元间共享价值活动所耗费的协调和妥协成本，共享价值活动就成了企业竞争优势的来源。如果竞争对手无力学习模仿，同样降低它们的成本直到与具有共享优势的企业相匹敌，那么共享带来的竞争优势将是持续的。此外，业务单元之间还存在着一类无形的关联，这类关联也可以带来竞争优势，尽管不是确定的。

业务单元如果选择集中战略，企业会选择进入一个或少数几个与自身能力相匹配而又最具结构吸引力和增长潜力的细分市场。多目标战略下共享活动服务于不同细分市场的协调成本、折中成本和缺乏灵活性成本的存在并抵消细分市场之间的共享价值活动带来的好处，是集聚战略所能存在的基础。竞争优势的持久性来自不同细分市场所要求的价值链的差异，差异越大则竞争优势越持久。

4. 不同程度的竞争战略适用条件

适度集中作为一种战略指导原则已经为企业普遍接受。在实践中如何合理把握集中的“度”来制定企业发展及经营战略，成为企业经营者更为关注的问题。

(1) 公司层战略的非集中情形。企业在非相关的多个行业实行多元化经营，不论其在所涉足的行业是以整个产业范围还是以某个细分市场为竞争框架，都是集中度较低的发展策略。多数情况下这不是一个值得推广的企业经营模式，因为根源于行业文化和经营模式的差异造成的阻碍行业经营的壁垒就可能会导致企业的经营失败。很多企业实行这类跨行业经营出发点可能是出于防范风险的需要，也可能是受某些行业较高利润率的引诱。无论基于何种原因，能够实行这类战略的企业必须具有相当的规模和实力，各业务单元有非常高的独立性，否则这种扩张是得不偿失的。

(2) 公司层战略的中度集中情形。初具规模的企业认识到了业务单元间相互关系可能带来的种种优势，于是进行基于核心业务的纵向或横向扩张，最终实现了企业同心多元化。有时存在着表面相关关系并不明显，但实际却可以加以利用的关联，如今天世界上最成功公司之一的联合利华公司，最早是由荷兰一家人造黄油公司与英国一家制皂公司合并成立的，看似差异巨大的两个公司其实在原材料、市场、渠道方面颇具相同之处，这一成功的合并使得如今的联合利华公司全力致力于生产、推广和销售快速消费品。围绕核心能力展开的多元化战略令它在世界500强中保持领先，立于不败。

(3) 公司层战略集中、业务层战略非集中情形。这种情形指企业在所处行业以整个行业市场为竞争框架实施目标广泛战略。一方面，目标广泛对深入而通畅的渠道要求很高，并且它常常与成本领先和规模效益相联系。产品特性是一个重要变量，标准化产品有利于实行目标广泛战略。另一方面，市场上很多现实因素也在促使企业实行广泛的战略。例如，中国台湾聚集了很多实力强大的电子企业，然而它们本地市场有限，于是企业不得不到更大的市场空间寻求发展。

(4) 公司层、业务层战略同步集中情形。企业在所处行业以一个或较少几个产业细分市场为竞争框架的目标集聚战略。实施目标集聚战略的前提是行业中存在未被满足的特殊需求，该部分细分市场为目标广泛的企业所忽视或竞争力量相对薄弱，且该类细分市场的规模、成长速度、获利能力等对企业又具有相当的吸引力。这类战略尤其适合成立之初、规模不大、实力不足的企业。企业可以借此成为局部的领导者，获取超额的利润。

(5) 总结。综上所述，适度集中是一条基本的战略指导原则，公司战略的集中表现为围绕核心能力、利用关联关系的发展战略；业务层战略的集中表现为致力于有限细分市场内做精、做专、做强，比竞争对手做得更好的竞争战略。无论是小企业求生存，还是大企业求发展，采用集中战略，从小产品小市场做起，以点带面，围绕核心，再逐步扩张通常都是行之有效的。这类成功不胜枚举。每一个企业管理者都应对集中的原则和企业集中战略有个全面深入的认识，进而为自己的企业找出一个行之有效的战略解决方案。

二、多元化战略

在上一节中对集中战略的讨论，是针对单一产品或单一行业的公司而言。当公司从单一行业发展到多行业经营时，要追求公司层战略的多元化，和选择业务层战略有影响一样，外界环境对选择什么样的公司层战略也有影响。多元化战略对大公司行为的影响是举足轻重的。多元化战略的选择也因为充满了不确定性而引起很大的争论。

多元化公司常常有两个层次的战略：业务层(竞争性)战略和公司层(公司运营方面)战略。"为了获得战略性竞争优势及超额回报，公司必须有业务层战略；在事业的筛选和管理上，公司需要有公司层战略。"公司层战略的正式定义是一家公司在多个行业或产品市场上为了获得竞争优势而对业务组合进行选择及管理的行为。公司层战略的实质就是"使公司作为一个整体的实力超过它的各事业部实力单独相加的总和"。公司层战略关注两个关键问题：公司应该在哪些业务中经营，公司应该如何管理这些业务。在如今这个复杂的全球一体化背景下，最高领导者在寻找这两个重大问题的答案时必须将公司的业务看成是核心竞争力的组合。

公司层战略的一个基本类型是多元化战略，即最高层要为企业制定多项业务的组合。采用多元化战略的理由是：采用该种战略的企业其经理层具备独特的管理能力，能同时管理多项业务，而且还可以增强企业的战略竞争优势。为了从他们的这一能力中最大获益，经理人将他们的智力和体力都集中投入多元化经营中。当前最流行的多元化理论是：当企业拥有额外的资源、能力及核心竞争力并能在多处投入时，它就应该实施多元化。多元化面临的行业环境是错综复杂的，这种复杂的行业环境要求企业具备独特的组织结构。

1. 多元化的历史

1950 年，在《财富》杂志选出的美国国内 500 强公司中，只有 38.1%的公司其收入超过 25%来自多元化业务。到 1974 年，多元化业务公司的比例上升到 63%。形成对应的是，单一事业型或主导事业型公司的比重从 1950 年的超过 60%下降到 1974 年的 37%。

从 20 世纪 70 年代末开始，特别是经过 80 年代中期的发展，一个很重要的趋势出现了，即企业再次向核心事业靠拢，企业开始剥离与核心业务不相关的事业部。事实上，1981—1987 年，大约 50%的《财富》500 强公司又返回到了主营业务上。到 1988 年，《财富》500 强公司中单一事业型或主导事业型公司的比重上升到 53%。虽然很多多元化公司又返回到单一化，这一变化趋势实际上掩盖了一些本质上的东西，因为其并未考虑经营地域的国际多元化，这和产品多元化不同。

产品多元化趋势在美国公司中曾经十分显著。当然，欧亚及其他地区的大公司的情况也类似。1960—1980 年，英国的单一事业型公司的比例从 60%下降到 37%。日本的情况没有英国这么激烈，该比例在 1958—1973 年从 60%下降到 53%。

多元化的趋势发生逆转主要是借助了重组的形式。这也表明在企业采取多元化战略这个问题上，学习效应起了一定作用。通过对美国经济的学习，人们发现，单一事业型的公司只要经营得当，就无须多元化，倒是那些多元化的公司要当心，选择的事业宁可少一些，千万别太多。

在一些经济新兴的国家及一些成熟的工业化国家，如德国、意大利和法国，多元化几乎成了最成功的公司的标准。后来，这些国家的许多多元化公司开始改组，这一情况和英美公司走过的道路如出一辙。

2. 多元化的层次

多元化公司各项事业的关联程度不同，造成了各个多元化公司的具体类型也不同。图 8-9 列示了随着多元化层次的不同而产生的五种类型的业务关系。除了单一事业型或主导事业型公司，充分多元化的企业被分为相关或不相关型多元化两类。如果事业部之间存在较多联系，这家企业就是相关多元化的。例如，事业部可能共享产品、服务、技术及分销渠道：事业部之间联系越多，约束程度越高。不相关类型是指事业部之间无直接联系。

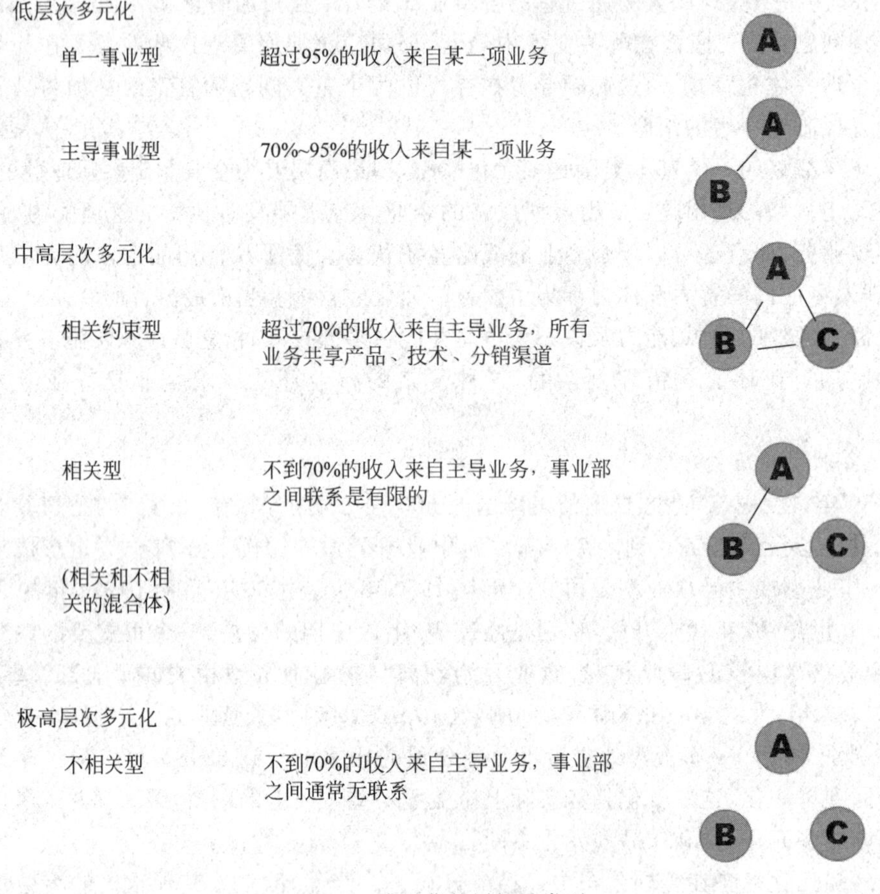

图 8-9　多元化的层级及类型

资料来源：Adapted from R. P. Rumelt；1974. *Strategy*，*Structure and Economic Performance* (Boston：Harvard Business School)。

(1) 低层次的多元化。低层次多元化经营的企化都将精力集中在某一项或某主导业务上，箭牌口香糖公司(Wm. Wrigley Jr. Company)就是个例子，它的全部精力都放在口香糖市场：当一家公司收入超过 95％的部分都来自某一个主导业务时，该公司就应该被划入单一事业型。主导事业型就是一家公司的收入中70%～95%来自某一项业务。凯洛格(Kellogg)公司就是主导事业型的例子,该公司收入主要来自早餐麦片市场。最近凯洛格推出了小吃,主要是因为公司麦片部分的销售已停滞不前。

好时食品公司(Hershey Foods Corp.,美国最大的巧克力及非巧克力糖果生产商)也是一家主导事业型公司。尽管好时公司生产的产品丰富(主要是San Giorgio,American Beauty,Delmonea,Skinner及Ronzani牌意大利面食),但该公司绝大部分收入是来自糖果产品的销售。为了让顾客保持对公司产品的兴趣,好时公司非常精心地推出新产品。分析家的评论是:"宣布新产品已上马,而直到时机成熟才揭开帷幕上市的做法既让人们对该公司股票看好,又刺激了产品销量。"

沃尔玛关心的则是打折零售业。但是,它收购了俄克拉荷马州的一家名为联邦中心银行(Federal Bank Centre)的小型储蓄银行。因为沃尔玛发现在它20%的顾客和78万名员工中,许多人都缺乏"固定的财务结算关系",它便增设了这一"顾客服务"措施。许多银行在沃尔玛的450家商场中租赁了经营位置。沃尔玛正在学习这一新业务,并准备在五家商场中试行开办分行。在多元化上沃尔玛并没有走远。沃尔玛涉足金融服务业表明它的多元化层次在提升。

(2) 中高层次的多元化。当一家公司超过30%的收入不是来自其主导事业,且它的事业互相之间有着某种联系时,该公司的多元化战略就是相关型的。当这种联系直接且频繁时,该公司就属于相关约束型公司。这一类型的例子有宝洁、施乐、默克等。有的公司的事业之间联系并不多,仅仅是一部分有联系,另一部分就没有,如强生、通用电气、施伦贝格(Schlumberger)。相关约束型公司各项业务共享很多资源及行动。相关型多元化公司各业务在资源和资金上共享较少,而知识及核心竞争力的相互传递却较多。高度多元化的公司各项业务之间没有关系,可以称为不相关多元化公司。这类公司的例子如韩国三星、田纳古(Tenneco)、泰克斯顿(Textron),这些公司在亚洲金融危机后都进行了重组。

尽管有许多不相关多元化公司将其多元化层次下调,但还有一些公司仍然保持高度多元化。通用电气就是高度多元化的例子。在拉美及其他一些新兴国家如韩国和印度,采取不相关多元化的大集团支配着这些国家的私有经济。这些企业通常是家族式的,巴西最大的33家私营企业中有超过2/3是家族式经营的。墨西哥、阿根廷、哥伦比亚的情况也很相似,这些国家中最大型的企业往往也是家族式经营的。

为了顺应全世界的专业化潮流,一些公司在多元化上改变了立场。汉生公司(Hanson PLC)曾经被视为全世界采用高度多元化战略最成功的公司,20世纪90年代该公司决定降低其多元化层次以强化主营业务。汉生公司出售或剥离了属下许多事业部,剩下的改组为四大独立事业部。

3. 多元化的原因

企业以多元化战略作为公司层战略有许多原因,绝大部分企业实施多元化战略是为了增强整个企业的战略竞争优势。当多元化战略增强了企业的战略竞争优势后,企业的整体价值就得到了提升。不管是相关型还是不相关型多元化战略,只要能够让企业所有事业部增加收入降低成本,多元化战略的价值就体现出来了。多元化的另一理由是为获得比竞争对手更强的市场影响力，一般通过纵向一体化达到这一点。

多元化战略的其他一些原因不是为了增强战略性竞争优势。事实上，多元化对企业收入的影响可能是中和性的，甚至可能增加成本或减少收入。多元化的其他原因如下：

(1) 削弱竞争对手的市场影响力(如收购一家和竞争对手的分销渠道相似的公司)。

(2) 通过业务组合降低管理者的就业风险(如某一项事业失败了，高层经理人可以在另一项事业上重新任职)。

由于多元化使企业规模变大且提高了管理者报酬，经理层具有实施多元化的动机。在这种动机驱使下产生的多元化极有可能降低企业的价值。

图 8-10 以两种资源的关联性作为坐标，揭示了多元化战略创造价值的概貌。对这两种关联度做了研究后，人们发现资源及核心竞争力的作用实在太重要了。图 8-10 中纵向指标表示共享活动水平(经营层面的相关性)，横向指标表示公司传递知识的能力(公司层面的相关性)。左上方象限表明这一类公司经营管理的协同效应很高，尤其是其各项业务在资产共享时的协同效应很高，还表明公司是以纵向一体化方式来共享资产的。右下方象限代表的是一类很成熟的公司，该类公司的各业务之间知识能力的传递很迅速。公司的总部在知识能力的传递上起了很好的作用。无论是哪种关联性，都必须以能够共享或传播某种知识、资产为基础。不相关型多元化的价值本来也可以在这里进行论述，然而它的价值既不来源于基于组织的业务关联，也不来自公司层面的关联，它的价值主要来源于财务经济或它所收购公司的业务重组。

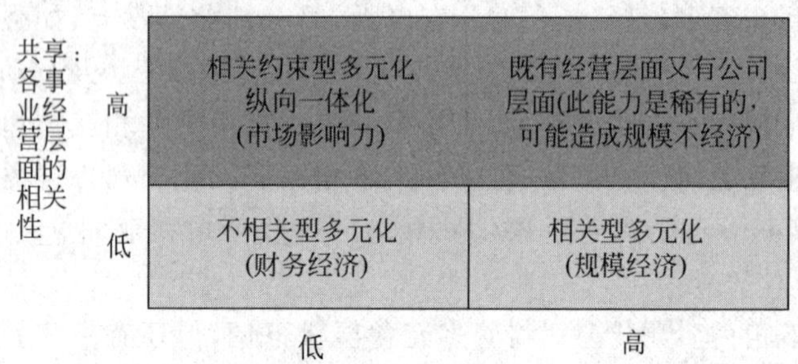

图 8-10 多元化战略创造价值：经营层面相关性和公司层面相关性

第六节 企业并购与企业成长

一、兼并、收购与接管的基本概念

兼并指的是两家公司在相对平等的基础上将相互的业务进行整合，通常其拥有的资源和实力合在一起能够比各自独立发展产生更强的竞争优势。英国的 Keckitt&Coleman 公司与荷兰的 Benckiser 公司之间的合并就是一起典型的案例。这项合并让两家公司互相在产品系列和地理市场渗透力方面得到有益的补充。通过合并产生了世界上最大的从事家用清洁产品生产的集团，新公司将凭借其强大的市场竞争力大力削减成本并进一步提高盈利能力。

收购指的是一家公司通过购买另一家公司的部分或全部股权，将被收购公司的业务纳入其战略投资组合，从而达到更加有效地利用其核心竞争力的目的。通常被收购公司的管理层将向对其实施收购的公司管理部门负责和汇报工作。大多数合并案都是善意或友好的交易，而收购则可能包括恶意的行动。

接管也属于收购的一种，但被收购的目标公司往往并非出于自愿与收购者达成交易协议。例如，Aetna公司是一家大型的保险公司，最近由于其市场表现与投资者和金融分析机构的预期相去甚远，而收到了来自两家大公司的非请求接管意向，这两家大公司分别是Well Point Health Networks（一家业绩突出的管理型公司）和ING美洲保险公司（荷兰金融机构ING集团的分公司）。该项接管涉及金额在105亿美元左右。

2000年年初，由于受全世界经济气候的影响和美国及其他地区股市的支撑，几乎很少有哪家公司能避免被恶意收购的威胁。一些市场分析家指出，在全球经济中，“将股票作为流通货币的可能性和越来越巨额的金融交易的发生，意味着任何一家公司都无法逃避恶意收购而只能选择不断前进。”哪怕像通用汽车这样的公司也很难对于投机性收购完全免疫。因为首先通用汽车占有的Hughes Electronics公司的股权有巨大价值，而且通用汽车的实际资产要远远超过其在股市中的市场资本。

二、对兼并与收购的理论解释

1. 效率理论

(1) 基本概念。并购效率理论是从并购后对企业效率改进的角度来考察的，认为并购和其他形式的资产重组活动有着潜在的社会效益。效率理论认为公司购并活动能够给社会收益带来一个潜在的增量，而且对交易的参与者来说无疑能提高各自的效率。效率理论的基本逻辑顺序是：效率差异→并购行为→提高个体效率→提高整个社会经济的效率。这一理论包含以下两个基本的要点：

① 公司购并活动的发生有利于改进管理层的经营业绩。

② 公司购并将导致某种形式的协同（synergy）效应。该理论暗含的政策取向是鼓励公司购并活动的。

(2) 效率差异化理论（differential efficiency）

效率差异化理论认为购并活动产生的原因在于交易双方的管理效率是不一致的。通俗地讲就是，如果A公司的管理效率优于B公司，那么在A公司兼并B公司后，B公司的管理效率将被提高到A公司的标准，从而效率由于两公司的合而为一得到了促进。该理论可以形象地称为“管理协同”理论。亦即具有较高效率的公司将会兼并有着较低效率的目标公司，并通过提高目标公司的效率而获得收益（gains），这暗含着收购方具有剩余的管理资源。该理论有两个基本假设。

假设一：如果收购方有剩余的管理资源且能轻易释出（release），购并活动将是没有必要的；但如果作为一个团队（team）其管理是有效率的和不可分割的，或者具有规模经济，那么通过购并交易使其剩余的管理资源得到充分利用将是可行的。

假设二：对于目标公司而言，其管理的非效率可经由外部经理人的介入和增加管理资源的投入而得到改善。

(3) 非效率管理理论(inefficient management)。这一理论一般很难和效率差异化理论及代理理论区分开来。一方面,非效率管理可能仅是指由于既有管理层未能充分利用既有资源以达到潜在绩效,相对而言,另一个控制集团的介入能使目标公司的管理更有效率;另一方面,非效率管理亦可能意味着目标公司的管理是绝对无效率的,几乎任一个外部经理层都能比既有管理层做得更好。该理论为混合兼并提供了一个理论基础。而在效率差异化理论中,收购方具有目标公司所处行业所需的特殊经验并致力于改进目标公司的管理。因此,效率差异理论更适用于解释横向兼并,与此相对,非效率管理理论更适用于分析混合兼并,即处于不相关的行业的公司之间的购并活动。

非效率管理理论具有三个理论假设。

假设一:目标公司无法替换有效率的管理,而诉诸需要成本的收购。

假设二:如果只是因为经理人的无效率管理,目标公司将成为收购公司的子公司而不是合二为一。

假设三:当收购完成后,目标公司的管理者需被替换。

(4) 经营协同效应理论。该理论认为,由于在机器设备、人力或经费支出等方面具有不可分割性,因此产业存在规模经济的潜能。横向、纵向甚至混合兼并都能实现经营协同效应。例如,A公司擅长营销但不精于研究开发,而B公司正好相反时,如果A公司兼并了B公司,那么通过两者的优势互补将产生经营上的协同效应。

(5) 多角化理论。作为一种购并理论,多角化区别于股份持有者证券组合的多样化理论。由于股东可以在资本市场上将其投资分散于各类产业,从而分散其风险,因此,公司进行多角化经营和扩张并不是出于为股东利益着想。在所有权与经营权相分离的情况下,公司管理层甚至其他员工将面临较大风险——如果公司的单一经营有可能陷于困境的话。由于他们不能像公司股东一样可在资本市场上分散其风险,只有靠多角化经营才能分散其投资回报的来源和降低来自单一经营的风险。而且,公司内部的长期员工由于具有特殊的专业知识,其潜在生产力必优于新进的员工,为了将这种人力资本保留在组织内部,公司可以通过多角化经营来增加职员的升迁机会和工作的安全感。此外,如果公司原本具有商誉、客户群体或是供应商等无形资产,多角化经营可以使此资源得到充分的利用。虽然多角化经营未必一定通过收购来实现,而可通过内部的成长而达成,但时间往往是重要因素,通过收购其他公司可迅速达到多角化扩展的目的。

(6) 策略性结盟理论(strategic realignment)。该理论认为,公司的购并活动有时是为了适应环境的变化而进行多角化收购以分散风险的,而不是为了实现规模经济或是有效运用剩余资源。多角化互保的形成,可使公司有更强的应变能力以面对改变着的经营环境。

(7) 价值低估理论(under valuation)。这一理论认为,当目标公司的市场价值(market value)由于某种原因而未能反映出其真实价值(true value)或潜在价值(potential value)时,购并活动将会发生。公司市值被低估的原因一般有以下几种:

(1) 公司的经营管理未能充分发挥应有之潜能。

(2) 收购公司拥有外部市场所没有的、有关目标公司真实价值的内部信息。

(3) 由于通货膨胀造成资产的市场价值与重置成本的差异，而出现公司价值被低估的现象。可通过 Q 比例(Q-Ratio 股票市值/资产的重置成本)对此进行估算，如果 Q 比例小于 1，则收购将会产生潜在收益。

2. 信号传递模型

A. Michael Spence 由于第一个提出信号传递模型，对于信息经济学研究作出了开创性的贡献而荣获 2001 年的诺贝尔经济学奖。

信号传递模型在本质上是一个动态不完全信息对策。这个对策包括两个参与人，一个叫 sender，一个叫 receiver，sender 拥有一些 receiver 所没有的，与参与人的效用或者支付相关的信息。对策分为两个阶段：第一个阶段，sender 向 receiver 发出一个信息(message)，或者叫一个信号(signal)；第二个阶段，receiver 接收到信号后作出一个行动，对策结束。这时，两个参与人的效用就得到决定。他们的效用既是私人信息，又是 message，同时也是 receiver 所选择的行动的函数。注意，第一阶段 receiver 只能看到 sender 发出的信号，而看不到 sender 所拥有的私人信息。

从 20 世纪 70 年代起，经济学家开始认识到信息在经济研究中的作用。美国经济学家 Rose 最早系统地将不对称信息理论引入资本结构和股利政策分析中。他假定企业管理当局对企业的未来收益和投资风险有内部信息，而投资者没有这些内部信息。投资者只能通过管理当局传递出来的信息来评价企业价值，管理当局选择的资本结构和股利政策就是把内部信息传递给市场的一个信号。

如果企业发展前景比较好，又不需额外追加大量资金时，管理当局可能会调高资本结构中的债务比率，以便充分利用财务杠杆效应，增加普通股的每股盈余；如果他们对公司将来有较高的股利充满信心，就可能采取“昂贵”的但又十分有说服力的方式，即通过支付较高的股利向市场传递这些内部信息。如果企业拥有能带来高收益的投资项目，而项目需要筹集大量的资金时，管理当局首先总是会尽量使用内部资金，其次是利用负债，最后才是发行股票。

3. 代理问题和管理主义理论

(1) 代理问题的概念。代理人和委托人利益并不完全一致，在委托人处于信息劣势，不能对代理人进行完全监督的情况下，代理人有动机为了自身利益，作出有损于委托人利益的行为。由此造成的委托人利益受损的现象被称为(委托)代理问题。在所有权极为分散的大公司中，单个所有者没有足够的动力花费大量的资源去监督管理者行为，此时如果管理者只拥有一小部分公司股份时，就会产生代理问题。

代理问题产生的原因在于管理者和所有者间的合约不可能无代价地签定和执行，由此产生的代理成本包括以下几点：

① 构造一系列合约的成本。

② 委托人对代理人行为进行监督和控制的成本。

③ 保证代理人进行最优决策，否则将就次优决策的后果保证给委托人以弥补契约签定成本。

④ 剩余损失，即由于代理人的决策和委托人福利最大化的决策间发生偏差而使委托人所遭受到的福利损失。

(2) 接管、并购与代理问题。国内外许多学者都对代理问题及其解决办法进行了一系列的研究。大量研究表明,代理问题可以通过一些组织和市场方面的机制来得到有效控制。Fama 和 Jensen(1983)研究发现,假设一家公司的特征是所有权与经营管理权分离,该公司的决策体系就会将决策管理(创立与贯彻)从决策控制(批准与监督)中分离出来,以限制代理人个人决策的效力,从而避免其损害股东的利益;Fama(1980)研究发现,许多报酬安排和管理者市场也可以使代理问题得到缓解;而 Manny(1965)的研究发现:当所有机制不足以控制代理问题时,接管市场为这一问题的解决提供了最后的外部控制手段。接管通过要约收购或代理权之争,可以使外部管理者战胜现有的管理者和董事会,从而取得对目标企业的决策控制权。

然而,对于收购能否解决代理问题的研究还存在着很多争议,一些观察家认为收购活动只是代理问题的一种表现形式,而不是解决办法。

4. 自由现金流量假说(FCFH)

(1) 自由现金流量假说。Michael C. Jensen(1986)提出的自由现金流量假说(free cash flow hypothesis,FCFH),也称为自由现金流量的代理成本理论,即融资结构会通过约束自由现金流量,减少经理人员可用于危机处理的现金流量,降低经理人员的控制权,对企业代理问题产生积极影响,并影响企业的价值。

自由现金流量假说源于代理问题。在公司并购活动中,自由现金流量的减少可以缓解公司所有者与经营者之间的冲突,所谓自由现金流量是指公司现金在支付了所有净现值(NPV)为目的投资计划后所剩余的现金量。Jensen(1986)认为,自由现金流量应完全交付股东,这将降低代理人的权力,同时再度进行投资计划所需的资金在资本市场上重新筹集将受到控制,由此可以降低代理成本,避免代理问题的产生。

(2) 接管与自由现金流假说。对于自由现金流与接管活动的关系,有许多学者都进行了一系列研究。其中,一部分学者认为管理者与股东之间在自由现金流量支出方面的冲突联系在一起的代理成本是接管活动的一个主要原因。他们认为公司若想有效率和使股价最大化,自由现金流量就必须支付给股东。自由现金流量的支出降低了管理者所控制的资源量,从而削弱了他们的权力。另外,当他们为额外的投资寻求新的资本而进行融资时,就更可能会受到资本市场的约束。该冲突导致代理成本的利益冲突永远无法得到完善的解决,当代理成本很大时,接管活动将有助于降低这些费用。当然,对于这一说法目前还存在着很多争议,但我们可以看到自由现金流与接管活动之间确实存在着一些或大或小的联系。

三、实施并购的原因

在实施积极的收购行动以及偶尔发生的收购决定背后,包含了各种原因,有时收购决定是理性的,有时也会是因为管理者非理性的自我膨胀。过分的自我主义会使得管理者盲目地通过收购来扩大公司的规模,哪怕这样的扩张是以牺牲利润为代价的,虽然对于某些个别交易背后所隐藏的私人动机很难明确地察觉,但据由华尔街专家组成的美国联邦贸易委员会的一份调查报告显示,盲目的自我扩张意识仍然有可能造成相当多数量的兼并和收购决策。

1. 为了增强市场力量

实施收购战略的首要原因是为了增强市场力量。当一家企业有能力按照比竞争对手更高的价格出售产品和服务，或者其经营活动的成本比竞争对手更低时，该企业就拥有了市场力量。很多公司可能拥有核心竞争力，但却由于规模不够而无法充分利用其资源和能力。市场力量通常都来自企业的规模以及其所拥有的、能够在市场中竞争的资源和能力，因此，大多数收购行动都是通过收购竞争对手，收购供应商、分销商或者与该产业高度相关的业务来达到获取更强市场力量的目的，从而使实施收购的公司在其原来所处的行业中进一步巩固核心竞争力和获取竞争优势。

企业为增强市场力量而实施的收购主要包括：横向收购、纵向收购和相关收购三种。

(1) 横向收购。横向收购指的是企业收购与其处于同一行业的竞争者的行为。通过横向收购来增强企业市场力量的方式包括以降低成本为基础和以增加销售额为基础两种不同的协同效应。

(2) 纵向收购。纵向收购指的是企业收购其某一种或多种产品和服务的供应商或分销商以及配送渠道等的行为。企业通过纵向收购可以达到纵向整合其业务范围的目的，从而控制价值链上的其他重要环节。

(3) 相关收购。相关收购指的是企业收购与其行业高度相关的公司的行为被称为相关收购。

2. 为了越过市场进入障碍

市场进入障碍指的是市场或在该市场中已经存在的企业的业务活动将给试图进入该市场的新公司带来困难或增加其进入成本。比如，原来在这个市场中的大公司可以通过大量的生产和服务提供而获得显著的规模经济效应。而且消费者对于其所熟悉的品牌拥有的忠诚度也会给新进入的公司带来难以克服的障碍。当面对差异化产品时，新进入市场的公司常常会花费巨大的资源用在其产品或服务的广告宣传上，并且通常会发现很有必要将其产品的价格定得比竞争者更低以吸引消费者。面对市场进入障碍或差异化产品的市场，新进入者会觉得采取收购市场中已有的公司以迅速进入市场，要比以挑战者的身份进入市场向消费者提供他们不熟悉的商品或品牌显得更有效率。实际上，一个行业的市场进入障碍越高，新进入市场者采取这种并购策略以克服进入障碍的概率就越高。尽管收购的成本有时会非常巨大，但它的确能让市场的新进入者迅速地占领市场。

企业在试图进入国际市场(即该公司所注册国家或地区之外的市场)时所面临的进入障碍是相当高的。相应地，收购战略常常会被这些公司采用以克服障碍。总的来说，参与国际化竞争并拥有一席之地已经成为很多大公司的当务之急，因为国际市场的增长速度几乎是国内市场的两倍以上。

3. 为了降低新产品开发成本

通过企业自身的力量在内部开发新产品并将其推向市场往往需要耗费大量的公司资源，包括时间成本，因为新产品通常很难在短期内为企业带来投资回报。而且据多数企业管理者推测，几乎有88%的新产品最终未能给公司带来效益。也许其中一个原因是，约有66%的创新产品在其专利保护期之后四年内便遭到竞争者的仿造。由于以上因素，企业经营者通常都将新产品开发和技术创新视为一项高风险的活动。

这样，企业收购便成为成功推出新产品的一条捷径。与企业自己开发相比，收购行动在新产品的前景上具有可预测性，并且也容易快速进入市场。投资回报可预测是因为企业可以在收购之前就对新产品的市场前景进行评估。

4. 为了加快进入市场的速度

如前面所述，收购相对于内部发展来说更容易快速进入市场。收购可能是让企业获取新的市场和新的产品的最快途径，而且通过快速进入市场和推出新产品，企业可以占据最有利的市场位置，而这种有利位置的持续性将由竞争对手的反应来决定。

5. 与自己开发新产品相比，风险更小

如前面曾提到的，企业内部开发新产品存在一定风险。而收购其他企业与自己开发相比，其效果更容易被估计，并且也更精确。因此企业经营者常常将收购看作与低风险并存。

6. 为适应产品多元化的需要

根据经验和基于以上分析得来的市场洞察力，企业发现通过市场中已有的企业来推出新产品要相对容易一些。相反，靠企业自身原有的力量来开发其不熟悉的新产品(该新产品与企业原有产品有显著差别)相对比较困难。因此，企业往往不会通过自己推出新产品来达到其产品多元化的目的。相反，企业往往会选择收购战略来发展其多元化经营。

相关多元化和非相关多元化都可以通过收购行动来实现。而且，收购是企业进入国际市场实行多元化发展的一种最常用的战略。很多实例证明，企业要想进入新市场和调整其投资组合，收购往往是最快速和最容易生效的方法。然而，对于以促成多元化发展为目的的收购行动，企业一定要经过仔细的研究和评估。被收购者与收购者的业务越是相关，收购成功的可能性就越大。所以，横向收购(收购行业竞争者)或相关型收购最能增加企业的综合竞争力，而收购与自己原来的主业完全不相关或差异甚远的企业，效果往往不是最理想。

7. 重构企业的竞争力范围

行业内部的竞争程度是影响企业盈利的重要因素。为了减轻剧烈的行业竞争对公司财务状况的影响，企业会采取收购策略来降低其对某种单一产品或市场的依赖程度。而这种对单一产品或市场依赖程度的降低会改变企业原来的竞争力。

四、企业逆兼并与资产重组

1. 什么是资产剥离

资产剥离是指把企业所属的一部分不适合企业发展战略目标的资产出售给第三方，这些资产可以是固定资产、流动资产，也可以是整个子公司或分公司。资产剥离主要适用于以下几种情况：①不良资产的存在恶化了公司财务状况；②某些资产明显干扰了其他业务组合的运行；③行业竞争激烈，公司急需收缩产业战线。

剥离并非是企业经营失败的标志，它是企业发展战略的合理选择。企业通过剥离不适于企业长期战略、没有成长潜力或影响企业整体业务发展的部门、产品生产线或单项资产，可使资源集中于经营重点，从而更具有竞争力。同时剥离还可以使企业资产获得更有效的配置、提高企业资产的质量和资本的市场价值。

目前国外学术界对于资产剥离有以下两种不同的界定方法：

一种是狭义的方法，认为资产剥离指企业将其所拥有的资产、产品线、经营部门、子公司出售给第三方，以获取现金或股票或现金与股票混合形式的回报的一种商业行为。

另一种是广义的方法，认为资产剥离除了资产出售这一种形式以外，还包括企业分立和股权切离等形式。

2. 剥离与分立的动因

(1) 管理效率假说。Weston 等(1998)认为，导致企业进行资产剥离的情况有两种可能：一种是当交易双方对拟剥离资产的管理效率不一致时，管理效率低的企业通过资产剥离能够提高企业整体管理效率，从而交易双方能够分享因被剥离资产管理效率的提高而带来的收益；另一种是企业为了保持较高的管理层效率，当部分资产对企业来讲已经失去利用价值或者价值不高的时候，企业会选择将这部分资产剥离出去。

管理效率假说具体还包括以下两个分支：

① 管理协同假说，当公司管理层的能力超出公司内部管理需要时，为了充分发挥管理资源，企业可以通过并购方式解决“管理的溢出”，将劣势企业的非效率资本与有效管理相结合，而劣势企业还能够获得通过资产剥离提高经营效率而产生的收益，从而达成协同效应。

② 财务协同假说认为，企业可以通过并购重组降低资本成本。当企业外部融资成本较高又有较好投资机会时，通过资产剥离不仅能够取得投资所需要的资金，还使得投资市场对公司的评价发生变化，提高公司的举债能力，从而可以节约税收、降低融资成本，从而达成财务上的协同效应。

(2) 代理理论假说。Jenson 和 Meckling (1976)将代理关系定义为一种契约关系，在这种契约关系下，委托人聘用代理人代替他们履行某些服务。但是由于代理人的有限理性和自我利益导向，可能会导致委托人和代理人之间产生目标利益不一致和信息不对称的问题，从而导致委托代理问题的出现。在现代企业制度下委托代理问题通常表现为管理者会追求自身利益最大化而损害股东的利益。

Shleifer 和 Vishny (1989)认为，企业并购和资产剥离可以看成是管理层为自身利益最大化而采取的战略。例如，管理层所作出资产剥离决策仅仅是因为剥离资产不能再给企业带来利益。代理因素驱动的并购重组事项会摧毁企业价值，使其总收益为负。

(3) 归核化假说。最早提出“归核化”概念的是英国学者 Markides (1990)，他认为“归核化”反映了全球企业的发展趋势。根据 Coase 理论(1937)，企业规模和范围存在着一个最优值，当企业边际成本达到最小值时，企业将达到规模经济。John 和 Ofek(1995)针对资产剥离行为提出归核化理论假说，他们认为公司通过出售与核心业务不相关的资产，能够提高营运集中度，从而能够更有效地经营剩余资产，提高公司价值，而公司实施归核化战略的重要手段之一正是资产剥离。

促进公司进行资产剥离的另一个原因是创造价值逐渐缩小内部资本市场，多元化经营的公司能够形成一个一定规模的内部资本市场，通过适度放宽公司层面外部融资约束及赋予公司总部剩余控制权，使其主动将资金配置到有价值的项目来创造潜在收益(Steiner, 1997)。由于资本市场流动性越来越强，内部资本市场相对于外部资本市场的优势逐渐降低，大量多元化公司通过资产剥离来缩减公司规模，提高业务集中度，降低经营风险，增强其市场竞争能力和应变能力。

(4) 融资理论假说。企业融资是指以企业为主体融通资金，使企业及其内部各系统之间资金供求趋于平衡的运动过程。当企业缺乏资金时，能够以最低的成本筹措到适当期限和额度的资金；当企业资金盈余时，能够以最低的风险、适当的期限进行投资，并取得最大的收益，从而实现资金供需平衡。企业可以通过资产剥离的方式获取经营所需现金，并以此来降低企业的资产负债率，尤其是当公司陷入财务困境，难以通过其他方式融入资金或融资成本过高时，资产剥离得到的收入可以缓解债务压力，降低企业破产风险。通过数据分析可以发现，进行资产剥离的公司大部分都业绩较差或者资产负债率水平较高。资产剥离是陷入财务困境的公司获取资金的重要来源，同时也是债权人控制企业资产的一种机制。

根据上述理论，我们可以把企业剥离与分立的动因总结为以下六点：

(1) 适应经营环境变化，调整经营战略。

(2) 提高管理效率。

(3) 谋求管理激励。

(4) 提高资源利益效率。

(5) 弥补并购决策失误或成为并购决策的一部分。

(6) 获取税收或管制方面的收益。剥离出售的超额收益率在1%～2%，而分立产生的超额收益率为2%～3%。

3. 资产剥离方式的选择

对上市公司的资产进行剥离，目前出现的方式主要有以下两种：

(1) 单纯资产剥离方式。上市公司根据其经营目标或战略需要对其资产进行简单的剥离，如中远增持众城股票成为第一大股东之后，在1997年10月26日公告将众城之全资子公司——上海众城外高桥发展有限公司转让给中远置业发展有限公司，转让价格4 633万元。该公司账面资产总值4 462万元，负债1 843万元，账面净资产2 619万元，评估后，资产总值4 933万元，负债1 844万元，账面净资产3 088万元，重置成本法，该公司1997年1—6月税后利润为4.5万元。

公司又在1997年11月5日公告：

① 将上海众城大酒家、上海众城俱乐部转让给中远酒店物业管理有限公司，协议转让价格分别拟定为1 826万元和2 101万元。

② 将上海众城超市公司转让给上海远洋船舶供应公司，协议价格为100万元。这种单纯的资产剥离形式其同西方市场经济发达国家中的公司进行的资产剥离(公司出售)较为相似，可以称为较为正常的资产剥离。

而上市公司在其公告中的解释也较为明确，如中远在1997年12月5日公告指出剥离外高桥发展公司的原因是："由于目前受经济宏观调控的影响，公司缺乏规模经济，优势无法进一步体现(通过转让)，使其与中远集团在外高桥保税区的现有优势得到重新组合和配置，发挥其应有的市场经济作用。"剥离众城大酒店原因是"随着餐饮业市场竞争的不断加剧，该酒家经营发展已愈益受到限制，为了调整资产结构，提高资产的整体质量"。众城超市转让原因是"作为众城大厦的商业配套设施，因其经营规模和服务范围受到一定限制，经营业绩一直不甚理想。为了尽快提高公司资产的整体质量"。

(2) 战略性资产剥离。

公司对其掌握的资产质量进行评估后，将一部分不良资产进行剥离(一般是剥离给其母公司)，由母公司经过一定的资产整合和处理后，再由公司按一定的价格回购。这种方式进行的资产剥离是公司资产重组的一种较为特殊的形态，一般具有以下特点：

① 不良资产和负债一同剥离。

② 剥离时可以以零价格转让，也可以根据双方的协议价格进行转让。一般都属于关联交易的范畴。

③ 剥离后对剥离资产进行破产清算。然后公司再以一个相对较低的价格对被剥离资产的有效资产进行回购。

④ 采用此种方式的公司财务报表容易被会计师事务所出示保留意见或说明段。

⑤ 其实质是对公司的不良债务进行剥离。

采用此种方式进行资产剥离的上市公司以真空电子和广电股份为代表，如真空电子在 1997 年 10 月 30 日公告，将其所有的上海电子管厂的部分资产有偿转让给广电集团，出让价为 6 956 万元。广电股份 1997 年 12 月 24 日公告将上海录音器材厂有偿转让给上海广电(集团)有限公司，出让价为 9 414 万元(截至 1997 年 9 月 30 日，上海录音器材厂账面资产 46 333 万元，负债 44 878 万元，净资产 1 454 万元，主营收入 8 220 万元，主营利润 −221 万元，净利润 51.2 万元，有职工 1 064 人，离退休职工 574 人)。

采用此种方式进行的资产剥离对于上市公司的意义正如真空电子在 1998 年 4 月 20 日的公告中指出的"通过上海电子管厂被上海广电(集团)有限公司收购再由真空电子兼并回来的整体行为达到了以下效果：

① 消化 GE 项目造成的巨额不良资产；

② 享受国家对困难国有企业的兼并免息政策；

③ 使真空电子的资产结构得到明显改善。"

广电股份在其 1997 年 12 月 24 日公告中称"以零价格转让后，实施破产，经审计评估两公司的有效资产为 24 000 万元，上无四厂 15 600 万元，上无十八厂 8 400 万元，公司(广电股份)董事会决定出资 2 400 万元收购该两企业，通过上述资产运作，公司共核销债务 108 621 万元"。通过如上分析可以总结出此种资产剥离方式对上市公司的意义所在。

4. 资产剥离的财务效应

在财务效应方面，有关资产剥离的研究发现卖出企业股东在 2 日宣布期内可获得 1%～2%的较大的正超常收益。其中，国外学者对于资产剥离的财务效应的研究如表 8-5 所示。国内学者的相关研究如表 8-6 所示。

表 8-5 国外采用财务指标法对资产剥离的研究成果

学　者	研究期间	样本	选用指标	主要结论
John 和 Ofek(1995)	1986—1988	321	息税折旧前盈余	企业的剩余资产在分离之后盈利能力确实得到了提高。但只有当资产剥离后增加了企业集中性的子样本中才能观测到
Bergh(1995)	1986—1990	112	ROA	剥离绩效与所有权集中度、外部董事权益、公司对被剥离资产的战略类型、出售资产与剥离公司的关联性有关
Gadad 和 Thomas (2001)	1982—1994	74	经营现金流与公司总市场价值之间的比值	资产剥离能够改善公司的业绩
Haynes(2002)	1985—1993	132	利润率	资产剥离能够显著提高企业的利润率；但与被剥离资产规模大小、公司治理强弱无明显关系
Haynes,Thompson 和 Wright(2003)	1985—1993	132	实际资产收益率	资产剥离能给企业带来虽然很小但是在统计上显著的增加

表 8-6 国内采用财务指标法对资产剥离的研究成果

学　者	研究期间	样本	选用指标	主要结论
王跃堂(1999)	1997	41	净资产收益率	剥离资产能够显著提升公司业绩
陆国庆(2000)	1999	211	净资产收益率	第一大股东变更的股权转让和资产剥离能显著改善上市公司业绩
李善民,李珩 (2003)	2000	73	总资产周转率、存货周转率、应收账款周转率、净资产收益率、每股经营性现金流量、无形资产、总资产比重、主营业务收入费用比、主营业务利润率、流动比率、净资产比率、净利润增长率	进行资产剥离等收缩类公司的绩效在重组两年后发生了显著改善
李占猛(2004)	2001	42	流动比率、应收账款周转率、存货周转率、总资产周转率、主营业务利润率、净资产收益率和每股营业现金流量	资产剥离后综合业绩会得到改善,但是在资产剥离发生后的第一年这种效应并不明显
杨荣(2003)	1997—2000	79	每股收益、净资产收益率、主营业务利润率、股东权益率、流动比率、速动比率、总资产周转率、存货周转率、应收账款周转率、主营业务鲜明率	资产剥离能够提高公司业绩

续表

学　者	研究期间	样本	选用指标	主要结论
张新(2003)	1993—2002	1 194	每股收益、净资产收益率、主业利润率	3个指标在重组的当年和第一年后有较大改观,但到第2年和第3年绩效改善缺乏持续性
金道政,王宏(2005)	2002	35	资产负债率、主营业务利润率、资产周转次数、每股收益、每股净资产、净资产收益率	资产剥离改善了公司的财务状况,优化了公司的经营结构,提高了公司资产的利用效率,资产剥离的作用是明显的
李相国,柳卓超(2006)	2004	6	主营业务利润率、总资产利用率、净资产收益率、每股收益……	资产剥离能够提高企业业绩
陶毅,查秀芳,陈三梅(2007)	1998—2004	43	流动比率、净资产比率、主营业务收入增长率、净资产收益率、每股经营活动净现金流量、净利润增长率、应收账款周转率、存货周转率、总资产周转率、主营业务收入期间费用、主营业务鲜明率、主营业务利润率	资产战略性剥离能实质地、在较长时期提高公司的业绩

通过表8-5与表8-6所展示的国内外相关学者的研究发现,企业的资产剥离行为确实能够给企业带来收益。

5. 对资产剥离收益的解释

从上面国内外学者的研究成果可以看出,实证研究的结果一般认为企业的资产剥离会给剥离方的股东带来正的超常收益。那么,这些股东收益来自什么地方呢?总结国内外相关学者的研究,可以看到国内外学者对于资产剥离的解释主要包含以下九个方面:

(1) 信息假说。信息假说认为:子公司或某项资产的价值由于归属的公司结构的复杂性而难以判断,往往被低估。然而,如果通过分立或剥离对公司进行新的公开交易,在交易过程中,收集和分析更多的有关售出资产的有效信息,公司的价值低估就能够被纠正,由此所产生的收益就源自企业的资产剥离。

(2) 管理效率假说。管理效率假说认为由于管理者无力对组织机构进行有效的管理,当其所控制的资产规模和差异性增加时,即使是最好的管理者也会达到一个报酬递减的临界点。为了提高管理效率,高层管理者会将那些与母公司的经营活动不相适应的部分分立(剥离)出去,以集中公司的注意力,把注意力集中于有优势的领域,或将资产交于更有经验的管理者来经营。而这也可以在一定程度上解释资产剥离给企业带来收益的现象。

(3) 管理激励假说。管理激励假说认为管理者的激励和责任问题与管理效率有关,管理层的官僚主义和财务报表的合并会抑制企业精神,从而导致良好的表现得不到回报,而不佳的表现得不到惩罚。当子公司的前景和目标与母公司不同时,与母公司普通股期权联系在一起的激励性报偿计划可能会变得毫无意义，甚至还可能起到反作用。但如果将子公司从母公司剥离出去，那么分离的子公司就拥有了独立的股票价格，而这正是分离子公司的优势所在。分离子公司独立的股票价格能直接体现市场对管理层行为的反应，并将报酬与经营业绩紧密联系在一起，而出于这种目的的剥离可以也会为公司带来收益。

(4) 税收/管制因素。在某些分立中收益的另外一个重要来源是税收和管制方面的好处，有这些动机的样本要比范围更广样本中的分立显示出更高的超常收益率。税收/管制因素给企业带来的收益因企业所处地方不同而不同，企业出于税收/管制因素而将子公司剥离的动机主要有以下几个方面：

① 正常的、母公司拥有的、受管制机构的讨价还价能力较弱。

② 有时候外国机构被出售以规避母公司所在国的法律和管制。

③ 合并后的企业可能包括一些违反垄断或其他管制法律的部门，这些需要被出售。

(5) 对债券持有者的掠夺。如果假设售出是不可预料的，那么"股东的收益是对债券所有者进行掠夺的结果"这一说法可能成立。因为如果企业将高风险债务的企业资产出售，那么将减少能够用于保证偿债的资产，从而减少债务的市场价值。而这在某种程度上可以看作对债券所有者进行掠夺的结果。但实际上，在大多数情况下，债券契约包含了对股利发放的限制(包括对分立活动的限制)和对资产处理的限制(限制资产剥离)。

(6) 变化的经济环境。有关剥离给企业带来收益的另一个解释是基于经济环境的变化。该理论认为经济环境中大的变动对企业产生了影响，因而子公司和母公司的机会也相应发生了变化。虽然在过去联合经营可能是最理想的，但目前独立经营也许要更恰当一些，因为经济环境的变化能够降低两个部门的协同效应。例如，一个大企业可以购买一家小的数据处理企业来提高效率。但是，在数据处理产业的竞争加剧之后，这家大企业可以以相同甚至更低的机会成本获得高质量的数据处理服务。在这种情况下，它应该出售该部门(可能出售给一家较大的数据处理公司)并外购这项服务。

(7) 期权创造。企业剥离行为的价值创造的另一个更为深奥的解释是建立在期权基础上的。该理论认为既然公司合并减少了股东的责任，分立则使这一保护加倍。若把普通股看作是关于公司工艺技术的期权的话，分立就相当于对相同的资产创造了两个期权，两个期权要比只有一个期权更有价值(Sarig，1985)。

(8) 提高市场跨度。企业剥离行为的另一个理论上的好处与金融市场的跨度或完善与否有关(Copeland 和 Weston，1988)。该理论认为在金融市场可能并不完善的情况下，分立提高了给定可能情况下证券的数量。母公司和分立出的子公司可以为投资者提供范围更广的不同投资政策和财务政策。母公司和新的实体还可以按照不同的比例将股利、留存收益和可能的资本利得作为一个整体来推销，以吸引不同的投资顾客。

(9) 使更为集中的兼并成为可能。当竞价者仅对目标企业的某一部分感兴趣时，分立还可用于促进兼并活动。因为如果目标企业出于种种原因不愿在收购前将这些部门售出，那么，未来的分立就要被包括在兼并计划之中。分立时的正超常收益意味着母公司的股东早先支付给目标公司股东溢价中的价值增加部分在市场上实现了。有一系列可能的原因可以用来对分立所带来的正收益进行说明。当分立发生时，任何一个因素都可能会给股东带来3%～5%的正超常收益。

案例 物美系迷局：高成长背后的“非常”玄机①

2008年，拥有超强盈利能力的物美商业不仅以13%的小幅下跌跑赢大盘，还吸引了Arisaig Partners(Mauritius)Limited、摩根大通、瑞银、赵丹阳旗下赤子之心中国成长基金等投资机构的数次增持。物美高盈利的玄机何在？《新财富》研究发现，在成立之初，物美以国有企业身份，凭借大股东隶属于内贸部的背景，在商业领域国退民进的时代背景下，通过与在北京黄金地段拥有网点资源的国有商业企业签订托管、合作协议等方式，实现了低成本扩张。截至物美2003年香港上市前夕，“物美系”226家商业网点中，有141家的经营权通过托管方式取得。由于能以相当于市价1/4的价格托管国企店铺，物美仅出租店铺经营场地的收入就能覆盖其支付的全部租金，仅北京崇文门菜市场近8 000平方米的一个卖场，以25年计，节约的租金就接近1.8亿元。通过一再复制低成本的“国企托管”模式，物美2003年净利润率高达4.55%，不仅大幅超出内地最大连锁企业联华超市的1.76%，还高于沃尔玛的3.27%。

在利用国有身份发展壮大之后，物美控制人张文中通过屡次变更公司注册资本，逐渐稀释国有股权，直到2000年彻底实现物美的私有化。而为了模糊这段历史，实现在香港创业板上市，物美在上市前进行了一系列复杂的重组，将原有的商业资产运作平台物美投资改造为历史单纯的物美商业，作为H股上市主体。

物美上市后，因环境变化，难以继续复制“国企托管”的高盈利模式，但在对多家国企的并购中，依然表现得游刃有余。它不仅以远低于同期物美股价估值的水平后来居上收购超市发，以近乎“空手套白狼”的方式收购京北大世界，还以1.767亿元的低价拿下资产状况良好的新华百货。早期托管模式带来的高盈利能力，令物美赢得了资本市场的高估值，这有利于其通过融资继续并购，而低成本的并购，令物美得以保持高成长的态势，从而维持高估值。就在物美计划复制这一环环相扣的资本驱动型增长模式时，张文中涉案打断了其原有布局，物美扩张放缓，从香港创业板“跳台”主板以加强融资能力的计划也打上了休止符。此后，“物美系”开始将资本运作的重心转向A股市场，并通过一系列令人眼花缭乱的重组，将新华百货由物美子公司变身物美母公司，未来，其通过并购扩张和资本市场共振的模式很可能在新华百货身上重演。

自1994年成立以来，物美通过早期的“国企托管”模式和上市后的“空手套白狼”式收购国企，获得了企业在正常经营情况下无法企及的超额收益，张文中也由此完成了个人的原始积累，于2006年以15.2亿元的财富首次跻身“新财富500富人榜”。张文中何以能够一次次低价获取其他企业很难触及的国有资源，并顺利完成物美的私有化，个中因由值得玩味。

眼下，难以复制原有模式的物美，虽然维持了超出预期的佳绩，但运营效率、盈利能力均出现了不利变化，其2008年的资产负债率及流动负债净额均达到上市后的最高值，净利润率则达到上市后的最低水平。后张文中时代的物美，将面临能否克服资金压力和管

① 孙红．物美系迷局：高成长背后的“非常”玄机．新财富，2009(7)：64-75．

理瓶颈、巩固原有领先地位的考验。

在2008年恒生指数累计跌幅达到48%的背景下，香港创业板上市的内地连锁超市企业——北京物美商业集团股份有限公司(08277.HK，以下简称“物美”或“公司”)的跌幅仅13%，成为典型的个股跑赢大盘的案例。在这一过程中，物美股价的抗跌性和包括Arisaig Partners (Mauritius) Limited、摩根大通(JPMorgan Chase)、瑞银(UBS)、赵丹阳旗下赤子之心中国成长基金在内的著名投资机构的数次增持不无关系。公开资料显示，从2008年4月至今，赤子之心中国成长基金对物美的增仓高达7次，而根据物美公布的2009年一季报，赵丹阳及所控制的法团共持有物美商业6 595.05万股，占其H股比例达13.02%；其第一大H股股东Arisaig Greater China Fund Limited持股比例更高达13.65%。甚至赵丹阳在赴巴菲特的天价午餐约会时，仍不忘向巴菲特推荐物美，“我希望巴菲特看看这家公司，这家公司的商业模式很好，管理也很成功”，其对物美的青睐可见一斑。

同时，部分国际大行对物美极尽赞誉之词的研究报告也起到了股价稳定器的作用。汇丰银行分析师甚至将物美和1962年成立的沃尔玛进行比较，认为“沃尔玛于1972年上市，其真正的腾飞是从(20世纪)90年代开始，今天达到3 880亿美元的销售额。通过对物美的战略和其业绩分析，可以看到一个同样清晰的成长模式”。

众所周知，物美曾因创始人张文中涉及罪案一度陷入危机，于2006年11月—2007年9月期间股票被停牌10个月，缘何投资者仍旧对其如此“痴心”，在其复牌不久后便大规模增持呢？

物美超强的盈利能力似乎可以解释其中缘由。在香港上市的内地四大连锁超市企业中，物美的净利润率一直遥遥领先。不过问题就是，物美何以能够保持如此之高的盈利能力？这当中是否还隐藏着特殊的玄机呢？要解开这一谜团，还得要从其创始人张文中说起。

一、托管国企完成早期网点高速扩张

张文中，“物美系”掌门人、缔造者，1962年7月1日出生于山东，1983年毕业于南开大学数学系，1987年在南开大学取得硕士学位后，被分配到了国务院发展研究中心从事研究工作，其时年仅25岁。正是短短三年的国研工作期间，张文中得以结识其日后商业生涯中的关键人物——当时在国研中心担任领导的田源。在之后的采访中，田源对张文中的欣赏之情仍然溢于言表：“这个人是个智商比较高的人。他到国务院发展研究中心工作的时候，时间很短就显示出他的才干，现在来看是商业才干。”离开国研后，张文中先后在中科院系统科学研究所、美国斯坦福大学攻读博士及博士后，并获中科院系统科学研究所授予的博士学位。1992年，张回国创业，创立了卡斯特信息科技公司，主要业务是系统集成。

1994年4月16日，张文中的零售业资产运作平台——北京物美商城有限责任公司(物美商城)成立。对于为何投身零售业，张文中在接受采访时自认为是“误入歧途”：“我并没有想自己去做流通业，我只是说为那些做流通业的人做计算机的系统，做计算机系统别人不认账，我们就把它拿来自己开了个示范商场。”1994年，物美商城的首家综合超市在北京正式开张。

北京这样的大城市，黄金地段物业资源稀缺且价格高昂，在这一背景下，单纯依靠租赁场地经营的扩张模式很难在短时间内形成规模。在后来的采访中，张文中甚至感慨过当初扩展网点的艰难："和其他由国有性质转型而来的连锁企业不同，物美没有现成的网点可以利用，初期只能采取租赁旧厂房的方式发展，开店速度很缓慢。增多网点、加快企业发展是当年最头疼的问题。"

不过，张文中很快找到了一种低成本的扩张模式——通过与国有商业企业签订租赁、合作、托管和合资等协议的方式进行扩张。1998年11月底，物美商城与国有商业企业北京石景山天翔贸易总公司(石景山天翔)订立了合作协议。据此协议，成立物美天翔(由物美商城拥有60%、石景山天翔拥有40%股权)；作为双方合作的载体，物美天翔获得授权，包括将石景山天翔经营的商铺改建为由物美商城经营的综合超市或便利超市，继续雇用石景山天翔的员工经营综合超市及便利超市等，而物美商城同意支付经营场地的租赁费用及员工成本。

自此以后，物美商城在北京、天津等地与多个国有企业或第三方企业订立了多项类似的安排，包括丰台区博兰特食品工贸集团、崇文副菜总公司、门头沟副食菜蔬公司等北京重量级的国有商企纷纷出现在了物美商城合作者的名单当中。根据物美招股书记载，正是通过类似的安排，物美商城不仅获得了多个原本由国有企业或第三方企业占有及经营的、适合综合超市及便利超市业务的经营场地的管理及经营权，而且还能够以稳定的租金在北京市的黄金地段取得长期租约。随之而来的，是物美商城的商业网点快速拓展，在国家经贸委公布的2002年中国零售连锁业前30强中，物美集团赫然出现在了第12名的位置，截至物美2003年香港上市前夕，"物美系"的商业网点达到226家，而其中就有141家经营权通过这种托管方式取得。

对于被托管的国有商企，按照张文中之后的说法，均实现了多赢的局面，"石景山天翔旗下的古城菜市场160多个职工，经营不善，物美付资产占用费实施托管，员工全部接收，3个月内完成员工培训、店堂改造，1998年1月重张开业，销售额比过去增长了10倍。""物美的超常规发展，得益于与国有企业的合作。几年来，物美从单店、多店托管发展到与国有连锁系统的整建制合作，平稳地改造国有企业店铺100多家，使其销售额增长50%～300%，实现了物美高速发展和社会效益并举的局面。"

在钦佩张文中高超财技的同时，也不禁使人感到疑惑。众所周知，拥有优质商业网点资源的国有商企早已是国内外商业资本的觊觎对象，为何物美能够频频得手，这其中到底蕴含了物美何种商业策略？在对物美上市前重组历史的追溯过程中，我们甚至可以推导出背后的玄机。

二、貌似多此一举的重组隐藏发迹的核心秘密

1. 重复打造上市主体

在解决了商业网点匮乏的瓶颈之后，物美2003年11月11日在香港正式发布招股说明书，准备登陆香港创业板。其招股书显示，物美商业并没有走内地企业普遍采用的红筹上市的路径，而是选择直接发行H股上市。

在正式上市之前，"物美系"进行了一系列的重组。2000年8月9日，上市主体、物美的前身——北京物美综合超市有限公司(简称"北京物美")成立，注册资金1亿元，物美投资(前身为物美商城)和张文中为实际控制人的卡斯特科技投资(简称“卡斯特科技”)分别持有该公司75%及25%的权益。同日,物美投资将北京12间综合超市的权益转让给了北京物美。2001年,物美投资又相继将其在门城物美、物美天翔、物美博兰特当中的权益分别注入北京物美,此后,北京物美取代物美投资成了“物美系”的主要商业资产运作平台,继续通过与国有商企、地方政府机构或其他企业合作扩展零售店网络。

2002年8月16日,卡斯特科技将持有的北京物美25%的股权转让给康平创业投资(由卡斯特科技持有24.06%、独立第三方通码网络持有75.94%股权),一个月后,康平创业投资又将这部分股权分别转让给以张文中为首的物美管理层控制的物美投资和康友联、君合投资以及由第三方自然人投资的双臣快运四家公司。同一天,物美副董事长吴坚忠所控股的网商世界电子商务以注资的方式拿到了北京物美22.48%的股权,通过这一步股权转让,北京物美的股东达到5家,符合有限公司改制成股份公司需要5家发起人的条件。

2002年11月9日,北京物美的5家股东签订了发起人协议,11月27日,北京市政府批准了这一协议,北京物美改制成股份有限公司——北京物美商业集团股份有限公司。经过如此复杂的重组,上市主体物美商业打造成型,达到了在香港H股上市须是股份公司的基本要求。

这一步的重组看似符合情理,不过问题就是,为什么物美不直接将原有的商业资产运作平台——物美投资(前身物美商城)进行股份制改造,而偏偏绕行如此复杂的重组之路呢?“物美系”究竟有何难言之隐?

2.“物美系”国退民进的尘封往事

根据物美招股书,截至2001年1月1日,物美投资的股东有四家,分别是卡斯特科技持股48%、北美物产持股24%、卡斯特新技术持股20%、中国国际期货经纪有限公司(后更名“中国中期投资有限公司”,简称“中期”)持股8%。物美投资大股东卡斯特科技则由张文中控股的京西硅谷及中胜华特分别持有80%和20%的股权,而二股东北美物产则是卡斯特科技的全资子公司。不过问题就是,物美招股书显示,卡斯特科技的成立时间是1992年9月16日,而其股东京西硅谷及中胜华特的成立日期分别是2000年6月1日和2000年4月17日,也就是说,卡斯特科技的成立日期还早于其股东,这种迹象显然说明了卡斯特科技的股东曾经历过演变。

《新财富》研究发现,卡斯特科技成立于1992年9月16日,前称石景山区兴达计算机技术公司,隶属于国家物资部,最初由国家物资部国际事务合作中心与北京华科自动化研究所联合组建,性质为“全民所有制与集体所有制联营”,注册资金15万元,张文中担任法人代表。北美物产1993年11月由卡斯特科技组建,实际法人代表是曾任物资部对外经济合作司司长的田源,当时,田源身兼中国国际期货经纪有限公司董事长的要职。而北美物产1999年5月还是中期的第一大股东,随后将北美物产私有化的张文中得以跻身中期董事会,显示他与田源之间关系非同一般。

1993年4月,物资部、商业部被合并为国内贸易部,因此,卡斯特科技和北美物产的隶属关系变更成国内贸易部。1994年,卡斯特科技注册资本猛增至1.2亿元,其中,国有资产占8.875%,集体资产占91.125%。

1994 年 10 月 6 日，物美投资的前身——北京物美商城有限责任公司(简称“物美商城”)在北京市海淀区翠微路 5 号成立，注册资金 1 000 万元，北美物产、卡斯特科技、中期各出资 400 万元、300 万元、300 万元。其中，中期于 1992 年 12 月 7 日由当时的国家商业部、物资部组建。也就是说，最初成立的物美商城还是隶属于内贸部的“全民所有制与集体所有制企业”。

不过事情很快发生了变化，事隔 11 个月，在引进另一家股东——北京博拓投资开发公司(简称“博拓投资”)之后，物美商城的注册资金增加至 3 000 万元，博拓投资出资 600 万元，占股 20%，张文中的卡斯特科技占股已经上升至 45%，田源掌控的北美物产和中期分别占股 15%和 20%。博拓投资并非一个毫不相干的企业，卡斯特科技的全资子公司卡斯特新技术、中期都是其股东。

1997 年 6 月 12 日，物美商城通过一份修正案，将注册资金更改为 6 000 万元，北美物产和中期公司以 1 800 万元和 600 万元出资分别占股 30%和 10%，博拓投资还是以 600 万元的出资占股 10%，而张文中的卡斯特科技以 3 000 万元的出资使股权比例上升到 50%。

通过修正案变更注册资金来改变持股权益的游戏远没有结束。1999 年 4 月 12 日，物美商城股东临时会议通过的修正案，将卡斯特科技送上了绝对控股股东的地位。在注册资金变更为 6 000 万元的这次修正案中，卡斯特科技以 3 600 万元的出资占据了物美商城 60%的股份，田源控制的北美物产及中期分别以 1 800 万元和 600 万元的出资占股 30%、10%，而博拓投资则不见了踪影。事情并未结束，1999 年 11 月 29 日，物美商城的注册资金由 6 000 万元变更到了 7 500 万元，卡斯特新技术以 1 500 万元的出资占到了 20%的股份，物美商城的股权结构变更为：卡斯特科技以 3 600 万元的出资占股 48%、北美物产以 1 800 万元的出资占股 24%、卡斯特新技术以 1 500 万元的出资占股 20%、中期以 600 万元的出资占股 8%。

关键性的变化发生在 2000 年。当年，张文中与物美商业现任董事长吴坚忠分别成立了北京中胜华特科技有限责任公司和北京京西硅谷科技有限责任公司，通过协议转让，两家公司以股权净值获得了卡斯特科技全部股权；后者的企业性质，亦由原先隶属于内贸部的“全民所有制与集体所有制企业”，摇身变为张文中个人控股的“有限责任公司”。随之而变的，物美商城也由隶属于内贸部的公司成为张文中控制的民营企业，2000 年，物美商城名称变更成为北京物美投资集团有限公司，即物美投资。

在卡斯特科技变更为私人企业后，北美物产实际上成为国有资产在物美商城的代表。北美物业的实际法人代表虽然是田源，但这丝毫不影响张文中对北美物产的控制力。在北美物产 1996 年的年检报告书中，法人代表的签字竟然是张文中。2000 年吴坚忠和张文中正式控盘卡斯特科技后，北美物产便进入全面萎缩期。根据年检报告，北美物产 2001 年总资产 1.12 亿元、净资产 3 300 万元，至 2005 年已急速缩水至总资产 0.17 亿元、净资产仅 16 万元，企业净资产不足 5 年前的 0.5%。事实上，蹊跷的是，在 2003 年 11 月 11 日物美的招股书上，对北美物产的注解已然是卡斯特科技全资附属公司，主要业务是作为投资控股实体。被扫地出门的北美物产，缘何又成为张文中旗下卡斯特科技的附属公司，谜团依然待解。

另一个值得关注的背景是,卡斯特科技控股物美商城发生在1997年,而到1998年3月,内贸部就在国务院机构改革中被撤销,改为国家经贸委主管的国内贸易局,原内贸部干部被大量分流。而卡斯特科技由内贸部下属"全民所有制与集体所有制企业"变更为张文中个人控股的"有限责任公司"发生在2000年,到2001年2月,内贸局被撤销,相关行政职能并入了国家经贸委。随着这一经营环境的改变,同时也伴随着对城市中心地带商业物业资源的价值重估,"国有托管经营"的模式难以继续复制,这一模式在"物美系"此后的经营中逐渐淡去。

3. 托管模式及多此一举重组的背后逻辑

物美招股书披露出了物美投资在2001年1月1日之后的股权结构变化:2001年12月10日,卡斯特科技与卡斯特新技术分别将20%、6%股权转让给康平创业投资;2002年6月24日,卡斯特科技、卡斯特新技术、康平投资三家公司联合以现金注资的方式将物美投资的注册资本从7 500万元提高到1.5亿元,注册资本增加后,北美物产和中期的持股比例分别被稀释至12%、4%;2003年4月3日,北美物产、卡斯特新技术、中期公司以5 700万元的价格将所持物美投资的所有股份转让给卡斯特科技。至此,国有资本在物美投资的股东身份被彻底抹去。

物美投资的这段尘封往事,恰好解释了国有商企频频与之展开合作,从而令"物美系"网点获得超常规发展的玄机:成立之初,物美投资以"全民所有制与集体所有制企业"的国有身份,凭借大股东隶属于当时全国商品流通行业的主管部门——国内贸易部的背景,在当时"盘活国有存量资产、参与国有商业企业改革"的背景下,用托管的模式低成本取得在北京市黄金地段拥有物业的重量级国有商业企业的网点资源,赢得发展的筹码。而在内贸局被撤销前夕,则通过股权转让完成私有化,张文中达成了从"物美系"的实际控制人到大股东的实质性转变。

这段往事恰好也解释了"物美系"上市前多此一举的重组所带来的疑问:如果将物美投资改制作为上市主体,根据香港联交所的上市规则,势必要在招股书中将物美投资历史上的股权更迭交代清楚,如此一来,起步之初凭借国企背景谋得网点资源,而在逐渐发展壮大之后通过屡次变更注册资本稀释国有股权,直到国有资本完全退出、成为彻底的民营企业的历史就难以掩盖。这显然不是张文中所愿意看到的,而且对于国际投资者来说,看到这段往事之后的反应也可想而知。

令人深思的是,在"物美系"通过一系列运作将国有资产向私人输送的同时,"物美模式"却因"既让国有资产保值增值,又妥善安置国企职工"成为国退民进的优秀模式,2002年获得北京市第17届企业管理现代化创新成果一等奖和第九届全国企业管理现代化创新成果一等奖,物美还于1999年被评为北京市流通领域"再就业明星企业"。

三、高盈利能力之谜:"寻租"托管红利带来的超额收益

"物美系"以托管国有商企为主的商业模式在带来商业网点爆炸性增长的同时,也使其营业收入及净利润呈现出火箭般的增长速度。物美招股书显示,其营业收入和利润增长的速度惊人,营业额由2001年的6.9亿元增至2002年的10.9亿元,增长了59.1%;同期净利润也由1 560万元增至2 740万元,增长了75.6%;而2003年前5个月,其净利润为2 730万元,几乎与2002全年数额持平。按照招股书当中的2003年约7 000万元的盈利预测，这意味着物美商业2003年净利润将较2002年继续大增155%。不仅如此，物美的盈利能力也提高迅速，2003年前5个月的净利润率由2002年的2.5%升至4.31%。更为少见的是，和一般企业由于银行负债高、间接融资空间有限而上市的状况不同，物美商业截至上市前的银行借款为零，说明其上市之前的融资空间还很高，显然，物美并不是由于单纯缺钱而上市。

物美通过“托管国企”发展壮大的商业模式竟然得到了国际投资者的认可，物美上市时创下了2003年以来香港资本市场最高的认购倍数。其中90%以国际配售形式发售的股票认购倍数达13倍，其余公开发售的10%的股票认购倍数竟然达到了150倍。物美在行使超额配售权后总共售出了8 800万股，筹资5.471亿港元。

2004年3月24日，物美公布了上市以来的首份年报：2003年营业收入为15.79亿元，同比增长43.5%；净利润达到7 160万元，超出了招股书预测的7 000万元，同比大幅增长161%。2003年物美的净利润率高达4.55%，不仅大幅超出了香港主板上市的内地最大连锁企业联华超市(00980.HK)1.76%的净利润率，而且还高于世界500强之首沃尔玛2003年3.27%的净利润率。物美保持高利润率的关键之处，在于其有一块巨大的利润来源，即出租物业所带来的租金收入。

物美商业上市以来的财报显示，其出租店铺经营场地的租金收入之高，以致达到了能覆盖租金支出的程度，并且上市前4年还有相当的盈余。物美商业的这种情形在国内的零售企业中较为罕见，以国内最大的零售连锁企业联华超市为例，其2003年以来的租金收入仅能覆盖租金支出的25%左右。这恰好解释了物美商业高利润率的由来，那就是高租金收入、低租金支出，尽管物美对此的解释是：较高水平的租金源于物美对商业物业的经营而形成的物业升值，但是，托管模式所带来的低租金支出显然是物美降低经营成本、提升盈利能力的主因。

以物美与国企合作托管模式的首单物美天翔为例，1998年11月18日，物美投资与石景山天翔各以现金入股方式，成立北京物美天翔便利店有限责任公司，注册资金为100万元，前者持60%，后者持40%；7 997.2平方米共21项物业由该合资公司使用30年，年费150万元(第16年后年费为200万元)，由此推算，物美获得每平方米物业的年费约为188元，约合每天0.52元/平方米的租金，而根据北京商业物业网的资料，北京市当时商铺租赁价格总体水平是每天2～3元/平方米，物美天翔的场地租金仅相当于市面价的1/4。

而根据2002年物美参与重组改制北京崇文门菜市场的相关协议，近8 000平方米的商业卖场面积无偿提供给其使用25年，以当时北京市超市的平均租金2.50元计算，物美如果直接租赁同样规模的场地，抛却租金上涨因素，这25年租金费用已接近1.8亿元。这意味着，1.8亿元的国有资产以国企改制为由被合法输送到了私有化的物美手中。物美之所以能够获得企业在正常经营情况下无法企及的超额收益，缘由可见一斑。

对于这一块丰厚的租金收入，张文中的解释是，最初所托管的国有商业处于严重亏损，物美要承担国有资产保值增值的责任，在当时也承担了很大的经营风险，只不过近年商业物业资源稀缺，才造成了价格的高速上涨。

四、上市后持续高成长之谜：托管模式带来的高盈利能力保障物美资本驱动型增长进入良性循环

1. 淡出托管经营，并购成上市后主流扩张模式

正是背靠原内贸部这棵大树，“物美系”得以以较小的注册资金、用托管或者合作的方式取得其他企业很难触及的国有资源，获得远高于一般超市的营业利润，从而确立了其市场竞争的优势地位，也赢得了资本市场对其股价的高估值。

出人意料的是，上市后逐渐放弃“国有托管经营”模式的物美增速仍然惊人，商店数量从上市之前2002年的76家扩大至2008年的434家，2008年的纯利更是上市前2002年的18倍。

事实上，物美上市后继续大手笔的扩张是其持续高成长的主因。物美有五种开店模式：一是租赁；二是托管；三是并购；四是共同投资合作；五是连锁加盟。上市之前，物美凭借内贸部背景，利用托管的秘密武器与国有资产共舞，迅速完成原始积累，赢得对话资本市场的筹码；而上市之后，物美的持续大手笔并购扩张保证了其业绩持续高速增长，其中最主要得益于物美在2004年、2006年掀起的两波并购潮。同时，物美“托管国企”模式的超强盈利能力带来的股价高估值，为其从资本市场低成本融得并购资金，从而增厚每股收益提供了保障。

2004年4月，物美收购了北京第五大超市——北京超市发连锁股份有限公司（简称“超市发”）25.03%的股权，并托管其34.77%的股权。对超市发的收购极大地扩大了物美在北京地区的零售市场占有率；同年8月，物美兼并了北京怀柔最大的商业企业之一——京北大世界，形成了在北京市场的绝对优势；2004年12月，物美收购了日本大荣集团旗下的天津大荣全部连锁店铺资产，加快了在北京周边地区的扩张，并首开国内民企收购外资超市先河。

2006年，物美再度大手笔出击，先后控股北京第四大连锁零售商——北京美廉美超市和国内A股上市公司银川新华百货，初步形成了以京、津为中心的华北，以银川为基地的西北，以江苏、浙江、上海为重点的华东等三个核心区域市场。

2. 并购国企“游刃有余”

在这两波并购中，物美再次体现了与国企打交道时的“游刃有余”。以超市发为例，成立于1990年的超市发是北京市大型的国有连锁超市企业，经营着60余家综合超市和大卖场，并且大部分位于北京市，时为北京第五大连锁超市，至物美介入前夕，北京天客隆集团（天客隆）和超市发国有资产公司以34.77%的相同持股比例并列超市发的第一大股东，而第二大股东超市发职工持股会持有25.03%股权。由于天客隆92%的股权被大连大商集团收购，实际上大商集团间接持有超市发34.77%股权，为超市发并列第一大股东，因此，大商集团曾试图收购超市发公司的国有股及职工股。

但物美成为半路杀出的程咬金。2003年5月5日，停牌15天的物美发布公告称，以7 366.4万元的代价收购超市发职工持股会持有的超市发25.03%股权，根据超市发2003年末的财务数据，这一收购金额仅相当于18倍市盈率及1.65倍市净率，远低于同期物美股价所对应的32倍市盈率及4倍市净率的估值水平；同时，物美与超市发国有资产经营公司签订《托管协议》，超市发国有资产经营公司将持有的超市发34.77%的股权托管给

物美，而作为托管条件，物美提供一笔1亿元银行委托贷款予超市发，利率为年息5.31厘。通过这一协议，物美实际控制了超市发约59.8%股权，成为其实际控制人。

不仅如此，在托管期间，当收购条款和条件与第三者相同时，物美具有优先购买权。这一条款实际上使大商集团控股超市发的梦想基本上成为泡影，而当时有媒体报道称："在对超市发控制权的抢夺中，大商集团开出的条件是给海淀区国资委2亿元的托管费，而物美则是给超市发有息借款1亿元，不过在这道看似筹码非常不等的选择题面前，海淀区国资委的天平却倒向了物美。"可以说，物美上演了一出后来居上的好戏，无奈之下，天客隆一纸诉状，将物美和超市发职工持股会告上北京市高级人民法院，要求判决物美分别与超市发职工持股会签订的《股份收购协议》、与超市发国有资产经营公司签订的《托管协议》无效，理由是超市发违反双方分别于2001年12月18日及2002年2月26日订立的资产重组协议及增资协议。

物美对北京市怀柔区商务局下属京北大世界（简称"大世界"）的收购更类似于"空手套白狼"。大世界是怀柔区规模最大的零售商之一，主要资产包括一家大卖场、一家综合超市、一家便利超市以及一家尚未开业的店铺。物美的公告中显示，截至2004年7月31日，大世界的未经审核资产及负债总额分别约为1.82亿元及1.42亿元，这就意味着大世界的净资产为4 000万元，而大世界2003年除税及非经常项目前盈利还高达2 070万元。而根据2004年8月3日物美与怀柔区商务局及大世界订立的兼并协议，大世界同意向一间"物美系"内公司转让大世界业务资产与负债，转让的代价仅是，这间受让大世界业务的"物美系"公司注册资本不少于2 000万元，且如果大世界2003年8月3日的资产净值经估值后超过2 000万元，则此公司的注册资本将不会低于该笔估值金额。另外就是该公司须聘用大世界雇员，并负责支付应付大世界退休雇员款项。这样的条款，意味着物美基本上完成了一单无成本并购。

在和海航等竞争对手角逐新华百货控股权的较量中，物美同样也脱颖而出。作为宁夏最大的商业零售企业，新华百货也是宁夏唯一的商业板块上市公司，旗下包括购物中心、老大楼、丽华连锁等银川市一线零售企业。2006年4月9日，物美与新华商店签订股份转让合同，以1.76亿元的代价收购新华百货2 850万股股份，占新华百货已发行股份约27.7%。收购价约合6.20元/股，较新华百货A股于2006年3月31日在上海证券交易所的收市价折让达到28%，以新华百货2005年末的财务状况来看，仅相当于15.8倍市盈率及1.14倍市净率，同样远低于当时物美股价所对应的50倍市盈率及6.2倍市净率估值水平。而新华百货的发展一直较为稳健，其营收从2003年度的13.24亿元增长至2005年的18.79亿元，净利润基本维持在4 000万元左右；其财务状况良好，资产负债率徘徊在50%左右，2005年末账上仍有近3亿元的货币资金。姑且不论新华百货作为上市公司的壳资源价值以及在西北零售行业中的战略地位，单从财务投资者的角度来看，区区1.767亿元便拿下如此优良的资产，无疑是笔划算的买卖。

无论是早期成功实施"国企托管"模式，还是上市后连续低成本收购国企，物美都显示了其他企业无可比拟的资源优势。物美的超常规成长，成就了张文中的财富积累，2006年，他以15.2亿元的财富首次跻身"新财富500富人榜"。

3. 资本市场的高估值有利于物美低成本融得并购资金

上市后，物美大手笔的并购扩张带来的超常规增长继续赢得了国际投资者的青睐，物美股价也是一路飘红，2006年4月6日更是一度上摸到30.45港元，在不到3年的时间上涨近5倍。根据中银国际2006年5月所作的统计，截至统计日，物美股价的历史平均市盈率为24.3倍，而历史高点的市盈率达到34.4倍。在成熟的香港市场，作为传统行业，这是个高得离谱的价格，而资本市场对物美股价的高估值为其低成本融得并购资金创造了机会。2004年、2006年的两波大并购，物美耗资超过8亿元，为解决并购所带来的资金压力，物美先后两次从资本市场募资，2004年6月9日以每股14.55港元的价格成功配售了1 759万股H股，筹资约2.5亿港元，14.55港元的配股价格以物美2003年末每股0.38元的收益计算，市盈率达到39倍；2006年2月，物美再次按每股21.4港元配售2 110万股H股，融得约4.43亿港元，市盈率同样高达37倍。

“高价发售股票—并购扩张带来高增长—提升股价—高价发售股票—并购扩张带来高增长”，上市后，物美的这一资本驱动型增长模式逐渐进入良性循环。事实上，为了更好地发挥资本市场作为融资平台的效果，物美作出了一系列的安排，首先就是拆股，将1股物美股票拆分成4股，其二就是转板，准备向香港联交所申请撤销创业板上市地位及在主板上市。这两项举措无疑对提升股票交投量、扩大股东基础大有裨益，可以使物美在资本市场获得更大的融资空间。

作好这些安排后，物美在并购上的手笔变得越来越大。2006年8月29日，物美宣布计划收购江苏时代超市(简称“时代超市”)50%的股权。时代超市是江苏最大规模的连锁超市之一，在江苏共拥有45家门店，同时还有10～12家未开店铺。同时，时代超市发展速度很快，2006上半年净利润增长48%，并打算未来两年内将店铺总面积增加15万平方米。这是物美上市以来最大规模的收购，收购代价高达11.42亿港元。为了筹措并购资金，2006年11月9日，物美与花旗集团订立配售协议，欲配售最多1.01亿股新H股，每股配售股份价格6.60港元，配售完成后物美将募得6.6亿港元。收购时代超市的意义不言而喻，一方面可以使物美的零售网络在华东地区得以迅速拓展，一举成为华东地区领先的零售商；另一方面有助于收购双方在人才交流、采购、信息系统和营运管理与技术等方面发挥协同效应，从而降低成本，提升盈利能力。

4. 张文中事件使物美扩张计划受阻

一手高举并购大旗，另一手通过资本市场对股票的高估值获得源源不断的并购资金，物美的财技发挥似乎渐入“佳境”，也似乎离张文中的“中国沃尔玛”之梦越来越近。不料事态的转变令这一切戛然而止。

2006年11月20日，物美突然发布公告称，公司原董事长张文中已于2006年11月12日辞职，保留执行董事职务。公告称，张文中辞职的原因，是其以个人身份协助中国有关机关进行调查，同时董事会选举执行董事吴坚忠出任董事长一职。由于这一事件，物美收购时代超市的计划以及与花旗订立的配售计划被迫终止。同时，物美H股也于2006年11月13日起暂停交易，直到2007年9月20日物美发布张文中事件与上市公司无关以及安永对其评估后未发现资产及资金被挪用情况的澄清公告后方才复牌，停牌时间长达10个月。

2007年6月，物美与北京东城区奥士凯资产经营公司合作投资成立新的连锁经营公司，接收奥士凯的三家店铺和两个老字号品牌。从这一并购事件可以看出，物美虽然遭受张文中事件打击而被停牌，但公司向外的拓展却未完全停滞。不过此前，物美已经设计好的从创业板"跳台"主板以加强融资能力的举措，却被打上休止符。

五、子公司变身母公司的连环重组之谜：打造A股融资平台

1. 不对等换股收购，"物美系"对香港融资平台态度微妙

2008年1月23日，物美与母公司物美控股签署协议，物美以持有的新华百货29.27%股份换股收购物美控股持有的杭州天天物美商业有限公司(简称"杭州商业")100%的股权，作价2.3亿元。杭州商业的资产主要是在杭州的四个物美大卖场，与物美商业超市主业一致。通过此次交易，新华百货由物美的子公司成为兄弟公司。

对于此次换股交易，物美在公告中列举了若干好处：首先是将新华百货从物美中剥离，有利于物美和新华百货分别专注于连锁超市及百货业务的发展，使物美和新华百货向着更加专业化的方向发展；其次，以所持有的新华百货股份作为收购事项的支付对价，可以节省现金支出，降低为收购事项进行融资产生的成本，为物美扩张和发展保留现金；最后，收购杭州商业扩大了物美的零售网络，为物美以浙江省为根基拓展华东市场业务搭建发展平台等。同时，公告中指出，交易之后不会影响到物美的利润水平，因为预计物美持有杭州商业股权可获得的净收益将不低于持有新华百货股份可获得的净收益。

公告显示，杭州商业2007年末的净资产为4 918万元，而2007年三季末，物美所持新华百货股权对应的净资产约为1.68亿元，是杭州商业的3.4倍。而按换股协议签署前一天——2008年1月22日新华百货23.02元的收盘价计算，物美所持新华百货股权的市值高达8.32亿元，更是杭州商业净资产的17倍。也就是说，尽管两块资产对物美净利润的贡献相差无几，但由于所对应净资产以及市值的高度悬殊，这单看似公平的交易其实对物美来说并不对等，显然，其管理层对物美这一融资平台的态度发生了微妙变化，而接下来发生的事情则验证了这一改变。

2. 连环重组，"物美系"一石三鸟

2008年7月25日，物美发布公告称，物美母公司物美控股与新华百货已于2008年7月24日签订股份转让协议，物美控股将向新华百货转让所持物美所有4.98亿股内资股，占物美已发行股本总数的约40.8%，同时，新华百货将向物美控股发行不超过2亿股作为支付代价。股份转让完成后，新华百货将持有物美40.80%的股权，而物美控股将持有新华百货约73.002%的股权。

通过这一步重组，新华百货完成了由物美子公司变身物美母公司这一轮回，物美控股也不再直接持有物美商业股份，而是转而增加在新华百货的权益。在2008年1月新华百货由物美子公司变身兄弟公司之时，物美曾给出原因是"未来将形成物美商业专注于发展连锁超市业务，新华百货专注于发展百货经营及商业零售业务投资的格局"，而此次重组显然和这一解释自相矛盾。短短半年，为何"专注"不再？事实上，这样的安排蕴含深意，可谓是一石三鸟。

其一，长期以来，香港创业板市场存在着流动性差、上市资源不足等问题，从而导致投资者对创业板始终热情不高，交投不活跃、流动性和再融资能力较差、大股东所持有市值

难以得到金融机构认可等问题一直困扰香港创业板上市公司。这也是作为创业板上市公司的物美所必须面对的问题，物美早在2005年就有转主板的计划，但由于张文中事件被迫搁置。

其二，国内A股市场的流动性远高于香港创业板，且A股市场估值高于香港市场，在全流通时代，大股东的利益与股价挂钩，注入物美股权可增厚新华百货业绩，而物美控股所持新华百货29%的股权将会由此上升73%，不仅打开了融资空间，而且在物美控股下属资产不变的前提下，其股权潜在收益将大大提升。

其三，A股从2008年初的大跌以来，下行空间已经十分有限，新华百货股价也已经由年初的28.6元跌至停牌时的16.92元。这意味着，如果采用资产置换的方式，在大盘趋于底部时，物美控股以同样的资产注入，可以获得更多新华百货股份对价。物美控股“换股”的价格最终锁定在停盘前20日收盘均价15.6元。

通过这一系列眼花缭乱的重组，新华百货将由物美子公司变身物美母公司，尽管2009年1月17日“物美系”宣称，由于市场变化所导致的不确定因素等影响，需择机重新召开董事会审议发行股份购买资产事项，并以该次董事会决议公告日作为发行股份的定价基准日。但“物美系”将资本运作的重心转向国内市场的用意已相当明了，而其通过并购扩张与资本市场共振的模式很可能在A股市场再次重演。

六、“后张文中”时代的物美面临挑战

2008年10月10日，河北省衡水市法院以个人诈骗罪(15年)、单位行贿罪(3年)和挪用资金罪(1年)罪名一审合计判处原物美集团董事长、创始人张文中18年有期徒刑。而争议最大的是关于张文中个人犯有诈骗罪的指控。张文中因此项诈骗罪获刑15年，同时被判诈骗罪的还有物美的另一位高管张伟春，他被判有期徒刑5年。按照公诉人的指控，国家经贸委的文件规定，国债贴息资金是“重点扶持国有企业和国家控股的大型骨干企业”的，作为民营企业的物美没有申请资格，张文中明知民营企业的物美不能申请，因此通过央企冒充国企进行申报，并获得了“应由国有企业使用的国债贴息资金”。

2009年3月24日，物美发布了2008年度业绩报告，2008年物美实现总收入97.49亿元，较2007年同期上升24%；净利润4.9亿元，同比增长37.2%，扣除非经常性损益后净利润3.61亿元，经常性利润同比实际增长26.8%；公司综合毛利为17.6亿元，上升37.2%。另外，在2008年食品价格呈明显下降趋势的背景下，物美的同店销售仍然增长了8.1%。在金融危机的背景下，物美能够取得如此佳绩几乎超出了所有市场人士的预期。但是，物美2008年的资产负债率及流动负债净额均达到上市以来的最高值，特别是流动资产(负债)净额已由上市之初2003年末的流动资产净额6.44亿元下降到2008年末的流动负债净额6.48亿元，这意味着物美流动资产覆盖流动负债存在严重缺口，公司所面临的短期偿债压力可见一斑；而从其2008年应付账款周转期同比下降、存货周转期大幅上升以及净利润率达到上市以来最低水平等情况来看，物美对供货商的议价能力、运营效率以及盈利能力等方面均出现了不利变化。难以复制“国有托管经营”模式的物美，将面临能否在“后张文中”时代克服资金压力和暴露出来的管理瓶颈等问题、巩固原有市场领先地位的艰巨考验。

而物美2008年年报同时披露，2008年8月29日，物美再度重启了异地扩张步伐，通过换股收购的杭州商业这一平台，斥资1.51亿元收购了绍兴县商超投资有限公司85%股权，从而间接拥有浙江供销超市有限公司（简称“浙江供销超市”）54.09%的权益。浙江供销超市拥有162间店铺以及一间配送中心，其中大型超市19间，便利超市直营店74间，加盟店69间。进入“后张文中”时代的物美再一次开始加速。

本章思考题

（1）企业成长的决定因素有哪些？

（2）决定企业成长边界的因素有哪些？

（3）和更高层次的多元化公司相比，单一业务型或主导业务型的公司利弊为何？

（4）哪些资源和刺激能够促使公司多元化？

（5）为什么有很多参与国际竞争的公司都竞相采用并购政策？

（6）成功的并购战略具有什么性质？

参考文献

[1] Edith Penrose. *The Theory of the Growth of the Firm*［M］. New York，John Wiley and Sons，1959.

[2] Adam Smith. *An Inquiry into the Nature and Causes of the Wealth of Nations*［M］. London：W. Strahan and T. Cadell，1776.

[3] Alfred D. Chandler. *The Managerial Revolution in American Business*［M］. The Belknap Press of Harvard University Press Cambridge，1987.

[4] Michale. A. Hitt，R. Duane. Ireland. *Strategic Management：Competitiveness and Globalization (Cnocepts)*［M］. South-Western Publishing，2002.

第九章 战略行动：并购与重组

引　言

随着国内经济的持续发展和产业的升级转型，兼并收购和产业整合的新浪潮已经不可避免。企业之间的兼并和收购越来越成为中国企业提升竞争力、进入其他价值链的战略选择。企业并购与重组，从经济学意义上来看，是企业整体的资源优化配置、调整产业结构、产生规模经济与范围经济效应、实现生产与资本的快速调整、企业价值再发现和再创造的过程。

除了考虑扩张问题外，许多企业也开始思考公司规模的收缩问题。公司经营规模的收缩可能是因为公司业务部门的业绩不佳或者这个部门不再符合公司发展规划。国内外许多研究表明，企业并购即使经过多重考察，也难以避免由于信息不对称、文化不兼容等问题导致并购结果不如人意。为了消除先前失败的并购行为的影响，公司也有必要进行重组。

第一节　兼并与收购概述

一、兼并与收购的定义

1. 兼并与收购的定义

兼并(merger)通常是指一家公司以现金、证券或其他形式购买取得其他公司的产权，使其他公司丧失法人资格或改变法人实体，并取得对这些公司决策控制权的经济行为。

收购(acquisition)是指公司用现金、债券或股票购买另一家公司的部分或全部资产或股权，以获得该公司的控制权。收购的对象一般有两种：股权和资产。收购股权与收购资产的主要差别在于：收购股权是收购一家公司的股份，收购方成为被收购方的股东，因而要承担该公司的债权和债务；而收购资产则仅是一般资产的买卖行为，由于在收购目标公司资产时并未收购其股份，收购方无须承担其债务。

与并购意义相关的另一个概念是合并(consolidation)，它是指两个或两个以上的企业合并成为一个新的企业，合并完成后，合并前的多家企业的财产变成一家企业的财产，多个法人变成一个法人。

2. 兼并与收购的相同点

收购与兼并、合并有许多相似之处，主要表现在：①基本动因相似。要么为扩大公司市场占有率；要么为扩大经营规模，实现规模经营；要么为拓宽公司经营范围，实现分散经营或综合化经营。总之，都是增强公司实力的外部扩张策略或途径。②二者都以公司产权为交易对象。

3. 兼并与收购的区别

兼并与收购的区别有以下几点：

(1) 在兼并中，被合并公司作为法人实体不复存在；而在收购中，被收购公司可仍以法人实体存在，其产权可以是部分转让。

(2) 兼并后，兼并公司成为被兼并公司新的所有者和债权债务的承担者，是资产、债权、债务的一同转换；而在收购中，收购公司是被收购公司的新股东，以收购出资的股本为限承担被收购公司的风险。

(3) 兼并多发生在被兼并公司财务状况不佳、生产经营停滞或半停滞之时，兼并后一般需调整其生产经营、重新组合其资产；而收购一般发生在公司正常生产经营状态，产权流动比较平和时。

由于在运作中它们的联系远远超过其区别，所以兼并、合并与收购常作为同义词一起使用，统称为“购并”或“并购”，泛指在市场机制作用下公司为了获得其他公司的控制权而进行的产权交易活动。我们在以后讨论中就不再强调三者的区别，并把并购的一方称为“买方”或并购公司，被并购一方称为“卖方”或目标公司。

二、并购的类型

公司并购的形式多种多样，按照不同的分类标准可划分为许多不同的类型。

1. 按并购双方产品与产业的联系划分

(1) 横向并购。横向并购是生产同类产品或生产工艺相似的公司间的并购。这种并购实质上是资本在同一产业和部门内集中，迅速扩大生产规模，提高市场份额，增强公司的竞争能力和盈利能力。例如，奶粉罐头食品厂合并咖啡罐头食品厂，两厂的生产工艺相近，并购后可按购买公司的要求进行生产或加工。这种并购投资的目的主要是确立或巩固公司在行业内的优势地位，扩大公司规模。

(2) 纵向并购。纵向并购是对生产工艺或经营方式上有前后关联的公司进行的并购，是生产、销售的连续性过程中互为购买者和销售者(即生产经营上互为上下游关系)的公司之间的并购。纵向并购除了可以扩大生产规模，节约共同费用之外，还可以促进生产过程的各个环节的密切配合，加速生产流程，缩短生产周期，节约运输、仓储费用和能源消耗，如加工制造公司并购与其有原材料、运输、贸易联系的公司。其主要目的是组织专业化生产和实现产销一体化。纵向并购较少受到各国有关反垄断法律或政策的限制。

(3) 混合并购。混合并购是对处于不同产业领域、产品属于不同市场，且与其产业部门之间不存在特别的生产技术联系的公司进行并购，如钢铁公司并购石油公司，因而产生多种经营公司。采用这种方式可通过分散投资、多样化经营降低公司风险，达到资源互补、优化组合、扩大市场活动范围的目的。

2. 按并购的实现方式划分

(1) 承担债务式并购。在被并购公司资不抵债或资产债务相等的情况下，并购方以承担被并购方全部或部分债务为条件，取得被并购方的资产所有权和经营权。

(2) 现金购买式并购。现金购买式并购有两种情况：①并购方筹集足额的现金购买被并购方全部资产，使被并购方除现金外没有持续经营的物质基础，成为有资本结构而无生产资源的空壳，不得不从法律意义上消失。②并购方以现金通过市场、柜台和协商方式购买目标公司的股票或股权，一旦拥有其大部分或全部股本，目标公司就被并购了。

(3) 股份交易式并购。股份交易式并购也有两种情况：①以股权换股权。这是指并购公司向目标公司的股东发行自己公司的股票，以换取目标公司的大部分或全部股票，达到控制目标公司的目的。通过并购，目标公司或者成为并购公司的分公司或子公司，或者解散并入并购公司。②以股权换资产。并购公司向目标公司发行并购公司自己的股票，以换取目标公司的资产，并购公司在有选择的情况下承担目标公司的全部或部分责任。目标公司也要把拥有的并购公司的股票分配给自己的股东。

3. 按被并购公司的范围划分

(1) 整体并购。整体并购是指资产和产权的整体转让，是产权的权益体系或资产不可分割的并购方式。其目的是通过资产的迅速集中，增强公司实力，扩大生产规模，提高市场竞争能力。整体并购有利于加快资金、资源集中的程度，迅速提高规模水平与规模效益。实施整体并购也在一定程度上限制了资金紧缺者的潜在购买行为。

(2) 部分并购。部分并购是指将公司的资产和产权分割为若干部分进行交易而实现公司并购的行为。具体包括三种形式：①对公司部分实物资产进行并购。②将产权划分为若干份等额价值进行产权交易。③将经营权分为几个部分(如营销权、商标权、专利权等)进行产权转让。部分并购的优点在于可扩大公司并购的范围；弥补大规模整体并购的巨额资金“缺口”；有利于公司设备更新换代，使公司将不需要的厂房、设备转让给其他并购者，更容易调整存量结构。

4. 按并购双方是否友好协商划分

(1) 善意并购。善意并购是指并购公司事先与目标公司协商，征得其同意并通过谈判达成收购条件的一致意见而完成收购活动的并购方式。善意并购有利于降低并购行为的风险与成本，使并购双方能够充分交流、沟通信息，目标公司主动向并购公司提供必要的资料。同时善意并购还可避免目标公司的抗拒而带来额外的支出。但是，善意并购使并购公司不得不牺牲自身的部分利益，以换取目标公司的合作。而且漫长的协商、谈判过程也可能使并购行为丧失其部分价值。

(2) 敌意并购。敌意并购是指并购公司在收购目标公司股权时虽然遭到目标公司的抗拒，但仍然强行收购，或者并购公司事先并不与目标公司进行协商，而突然直接向目标公司股东开出价格或收购要约的并购行为。敌意并购的优点在于并购公司完全处于主动地位，不用被动权衡各方利益，而且并购行动节奏快、时间短，可有效控制并购成本。但敌意并购通常无法从目标公司获取其内部实际运营、财务状况等重要资料，给公司估价带来困难，同时还会招致目标公司抵抗甚至设置各种障碍。所以，敌意并购的风险较大，要求并购公司制订严密的收购行动计划并严格保密、快速实施。另外，由于敌意收购易导致股市的不良波动，甚至影响公司发展的正常秩序，各国政府都对敌意并购予以限制。

5. 按并购交易是否通过证券交易所划分

(1) 要约收购。要约收购指并购公司通过证券交易所的证券交易，持有一个上市公司(目标公司)已发行股份的30%时，依法向该公司所有股东发出公开收购要约，按照符合法律的价格以货币付款方式购买股票，获得目标公司股权的收购方式。要约收购直接在股票市场中进行，受到市场规则的严格限制，风险较大，但自主性强，速战速决。敌意收购多采取要约收购的方式。

(2) 协议收购。协议收购指并购公司不通过证券交易所，直接与目标公司取得联系，通过谈判、协商达成共同协议收购方式。协议收购易取得目标公司的理解和合作，有利于降低收购行为的风险与成本，但谈判过程中的契约成本较高。协议收购一般都属于善意收购。

6. 按法律形式划分

(1) 吸收合并。吸收合并也称兼并，是指一个公司通过发行股票、支付现金或发行债券等的方式取得其他一个或若干个公司。吸收合并完成后，只有合并方仍保持原来的法人地位，被合并公司失去其原来的法人资格而作为合并公司的一部分从事生产经营活动。

(2) 新设合并。新设合并是指两个或两个以上的公司合并后，成立一个新的公司，用新公司的股份交换原来各公司的股份。新设合并结束后，原来的各公司均失去法人资格，而由新成立的公司统一从事生产经营活动。

(3) 控股合并。控股合并也称取得控制股权，是指一个公司通过支付现金、发行股票或债券的方式取得另一个公司全部或部分有表决权的股份。取得控制股权后，原来的公司仍然以各自独立的法律实体从事生产经营活动。

三、并购的动因

市场经济环境下，公司作为独立的经济实体，其一切经济行为都受到利益动机驱使，并购行为的目的也是实现其财务目标——股东财富最大化。同时，公司并购的另一动力来源于市场竞争的巨大压力。这两大原始动力在现实经济生活中以不同的具体形态表现出来，即在多数情况下公司并非仅仅出于某一个目的进行并购，而是将多种因素综合平衡。这些因素主要包括：

1. 谋求管理协同效应

如果公司有一支高效率的管理队伍，其管理能力超过管理该公司的需要，但这批人才只能集体体现效率，公司不能通过解聘释放多余的能量，那么该公司就可并购那些由于缺乏管理人才而效率低下的公司，利用这支管理队伍通过提高整体效率水平而获利。

2. 谋求经营协同效应

由于经济的互补性及规模经济，两个或两个以上的公司合并后可提高其生产经营活动的效率，这就是所谓的经营协同效应。获取经营协同效应的一个重要前提是产业中的确存在规模经济，且在并购前尚未达到规模经济。规模经济效益具体表现在以下两个层次：

(1) 生产规模经济。公司通过并购可调整其资源配置，使其达到最佳的经济规模的要求，有效解决由专业化引起的生产流程分离，从而获得稳定的原材料来源渠道，降低生产成本，扩大市场份额。

(2) 公司规模经济。通过并购将多个工厂置于同一公司领导之下，可带来一定规模经济，表现为节省管理费用、节约营销费用、集中研究费用、扩大公司规模、增强公司抵抗风险能力等。

3. 谋求财务协同效应

公司并购不仅可因经营效率提高而获利，而且还可在财务方面给公司带来如下收益。

(1) 财务能力提高。一般情况下，合并后公司整体的偿债能力比合并前各单个公司的偿债能力强，而且还可降低资本成本，并实现资本在并购公司与被并购公司之间低成本的有效再配置。

(2) 合理避税。税法一般包括亏损递延条款，允许亏损公司免交当年所得税，且其亏损可向后递延以抵销以后年度盈余。同时一些国家税法对不同的资产适用不同的税率，股息收入、利息收入、营业收益、资本收益的税率也各不相同。公司可利用这些规定，通过并购行为及相应的财务处理合理避税。

(3) 预期效应。预期效应指因并购使股票市场对公司股票评价发生改变而对股票价格的影响。由于预期效应的作用，公司并购往往伴随着强烈的股价波动，形成股票投机机会。投资者对投机利益的追求反过来又会刺激公司并购行为的发生。

4. 实现战略重组，开展多元化经营

公司通过经营相关程度较低的不同行业，可以分散风险、稳定收入来源、增强公司资产的安全性。多元化经营可以通过内部积累和外部并购两种途径来实现，但在多数情况下，并购途径更为有利。尤其是当公司面临变化的环境而需要调整战略时，并购可以使公司低成本地迅速进入被并购公司所在的增长相对较快的行业，并在很大程度上保持被并购公司的市场份额以及现有的各种资源，从而保证公司持续不断的盈利能力。

5. 获得特殊资产

企图获得某种特殊资产往往是并购的重要动因。特殊资产可能是一些对公司发展至关重要的专门资产，如土地是公司发展的重要资源，一些有实力、有前途的公司往往由于狭小的空间难以扩展，而另一些经营不善、市场不景气的公司却占有较多的土地和优越的地理位置，此时优势公司就可能并购劣势公司以获取其优越的土地资源。另外，并购还可能是为了得到目标公司所拥有的有效管理队伍、优秀研究人员或专门人才以及专有技术、商标、品牌等无形资产。

6. 降低代理成本

在公司的所有权和经营权相分离的情况下，经理是决策或控制的代理人，而所有者作为委托人成为风险承担者。由此造成的代理成本包括契约成本、监督成本和剩余损失。通过公司内部组织机制安排可以在一定程度上缓解代理问题，降低代理成本。但当这些机制均不足以控制代理问题时，并购机制使得接管的威胁始终存在。通过公开收购或代理权争夺而造成的接管，将会改选现任经理和董事会成员，从而作为最后的外部控制机制解决代理问题，降低代理成本。

另外，跨国并购还可能具有其他多种特殊的动因，如公司增长、技术、产品优势与产品差异、政府政策、汇率、政治和经济稳定性、劳动力成本和生产率差异、多样化、确保原材料来源、追随顾客群体等。

四、并购资金的筹措

目前适合我国国情的融资方式和途径有增资扩股、股权置换、金融机构信贷、卖方融资以及杠杆收购等方式。在具体的运作中,有些可单独运用,有些则可组合运用,应视并购双方具体情况而定。

1. 增资扩股

收购方选择增资扩股方式取得现金来收购目标公司时,最重要的是考虑股东对现金增资意愿的强弱。就上市公司而言,拥有经营权的大股东可能考虑其自身认购资金来源的资金成本、小股东认购愿望的因素等,同时,还要考虑增资扩股对其股东控制权、每股收益、净资产收益率,每股净资产等财务指标产生的不利影响。对于非上市公司,若股东资金不足而需由外界特定人士认购时,大股东可能会出于保持控制权的考虑而宁可增加借款而不愿扩股。

2. 股权置换

股权置换(换股)实际上是公司合并的基本特色。在公司收购活动中,收购者若将其自身的股票作为现金支付给目标公司股东,可以通过两种方式实现:一是由买方出资收购卖方全部股权或部分股权,卖方股东取得资金后认购收购方的现金增资股,因此双方股东不需另筹资金即可实现资本的集中;二是由买方收购卖方全部资产或部分资产,而由卖方股东认购买方的增资股,这样也可达到集中资本的目的。

股权置换完成以后,新公司的股东由并购公司的原有股东和目标公司的原股东共同构成,其中没有改变的是并购公司的原有股东继续保持对公司的控制权,但是由于股权结构的改变,这种控制权将受到稀释。

3. 金融机构信贷

金融机构信贷是公司并购的一个重要资金来源,在国外比较流行。由于这种贷款不同于一般的商业贷款,要求收购方提前向可能提供贷款的金融机构提出申请,并就其中可能出现的情况进行坦诚的磋商。即使需要保密,也需在收购初期向金融机构提出融资要求,因为这种贷款与一般的商业贷款相比金额大、偿还期长、风险高,故需较长的商讨时间。

4. 卖方融资

在许多时候,购并双方在谈判时会涉及购并方推迟支付部分和全部款项的情形。这是在国外因某公司或企业获利不佳,卖方急于脱手的情况下,新产生的有利于收购者的支付方式,与通常的"分期付款方式"相类似。不过这要求收购者有极佳的经营计划,才易取得"卖方融资"(推迟支付)。这种方式对卖方的好处在于因为款项分期支付,税负自然也分段支付,使其享有税负延后的好处,而且还可要求收购方支付较高的利息。

5. 杠杆收购

杠杆收购是指收购方为筹集收购所需要的资金,大量向银行或金融机构借债,或发行高利率、高风险债券,这些债券的安全性以收购目标公司的资产或将来的现金流入作担保。实质上,杠杆收购是收购公司主要通过借债来获得目标公司的产权,且从后者的现金流量中偿还负债的收购方式。

与其他的公司并购融资方式相比较,杠杆收购有如下基本特征:①收购公司用以收购的自有资金远远少于收购总资金,两者之间的比例一般仅为20%～30%;②收购公司的绝大部分收购资金系借债而来,贷款方可能是金融机构、信托基金、个人,甚至可能是目标公司的股东；③收购公司用以偿付贷款的款项来自目标公司的资产或现金流量，即目标公司将支付其自身的售价；④收购公司除投资非常有限的资金外，不负担进一步投资的义务，即贷出收购资金的债权人只能向目标公司求偿。实际上，贷款方通常要求在目标公司资产上担保，以确保优先受偿地位。杠杆收购在提高财务收益的同时，也带来了高风险。这种收购的资金大部分依赖于债务，需要按期支付债息，沉重的债息偿还负担可能令收购公司不堪重负而被压垮。收购后公司只有经过重组，提高经营效益与偿债能力，并使资产收益率和股权回报率有所增长，并购活动才算真正成功。

第二节　公司并购战略

一、什么是公司并购战略

公司并购战略指并购的目的及该目的的实现途径，内容包括确定并购目的、选择并购对象等。同时，并购战略的类型对整合模式有影响力，并购目标也会直接影响整合模式的选择。

二、目标公司价值估算

在并购实施过程中，收购方必须对目标公司的价值进行估算，从而为公司的出价提供基础，另外通过估算目标公司的价值和其现金流量，可以决定相应的融资方法。由于公司是市场经济中的一种特殊商品，其价值是由多种因素决定的，公司的盈利能力则是它的使用价值，因此目标公司的价值估算是一个十分复杂的问题，一般在公司的并购中，目标公司的价值估算可以用以下方法进行：净值法、市场比较法、资产价值基础法、收益法（市盈率模型）以及贴现现金流量法。

1. 净值法

所谓净值法是指利用公司的净资产的价值作为目标公司的价值，净值法是估算公司价值的基本依据。利用这种方法估算公司的价值，一般是在目标公司不适合继续经营或收购的情况下，主要目的是获取目标公司资产时使用。使用这一方法的关键是正确估算目标公司资产和负债的实际价值，因此必须在保证目标公司资产和负债估算准确的基础上进行。

（1）资产的估算。在资产估算中应该注意以下项目：有价证券一般应该以其市值为基础进行计算，而非以账面价值为基础进行计算；外币应计算汇兑损益；应收账款应注意其可回收性以及是否已经提取足额的坏账准备；存货应合理估算其目前的市价；固定资产按期末净值计算；无形资产采用合理的方式评估其价值。

（2）负债的估算。应对目标公司的负债进行审查，查明有无漏列的负债，另外，对目标公司负债应该进行合理的处理。

目标公司的资产和负债净值计算出来之后，两者相减即得出其净值，作为目标公司的价值。

2. 市场比较法

市场比较法是以公司的股价或目前市场上有成交公司的价值作为标准，估算目标公司的价值。有以下两种标准可用来估算目标公司的价值。

(1) 公开交易公司的股价。尤其是对于没有公开上市的公司,可以根据已上市、同类型公司的市价作为标准,估算目标公司的价值。具体操作是先找出产品、市场、目前获利能力、未来业绩成长等方面与目标公司类似的若干家上市公司,将这些公司的各种指标和股价的比率作为参考,计算目标公司大约的市场价值。在实施中,可以根据收购公司目的的不同,选择不同的标准,尽可能使估算价值趋向于实际价值。

(2) 相似公司过去的收购价格。如果最近市场上有同类的公司成交的案例,则以这些公司成交的价格为参考对象。这种方法由于所采用的标准是收购公司支付的真实价值,且由于继续经营的溢价和清算的折价均已经包含在收购公司的成交价格中,所以相对较为准确。但这种方法很难找到经营项目、财务业绩、规模等十分相似的公司作为参考,且不同的目标公司由于收购公司的战略、经营条件的不同,对收购公司有不同的意义,因此这一价格很难确定,这些因素对这一方法的采用构成了很大的局限。

3. 资产价值基础法

资产价值基础法指通过对目标公司的资产进行评估来估计其价值,确定目标公司资产的价值的方法,该方法的关键是选择合适的资产评估价值标准。目前国际上通行的资产评估价值标准主要有以下三种。

(1) 账面价值。账面价值是指会计核算中账面记载的资产价值。例如,对于股票来说,资产负债表所揭示的公司某时点所拥有的资产总额减去负债总额即为普通股价值。这种估价方法不考虑现时资产市场价格的波动,也不考虑资产的收益状况,因而是一种静态的股价标准。我国公司并购活动中有不少收购方以账面价值作为收购价格的实例。账面价值取数方便,但其缺点是只考虑了各种资产在入账时的价值而脱离现实的市场价值。

(2) 市场价值。市场价值与账面价值不同,市场价值是指把该资产视为一种商品在市场上公开竞争,在供求关系平衡状态下确定的价值。当公司的各种证券在证券市场上进行交易时,它们的交易价格就是这种证券的市场价值。

市场价值法通常将股票市场上与公司经营业绩相似的公司最近平均实际交易价格作为估算参照物,或以公司资产和其市值之间的关系为基础对公司估值。其中最著名的是托宾(Tobin)的Q模型,即一个公司的市值与其资产重置成本的比率。

$$Q = \text{公司价值} / \text{资产重置成本}$$

$$\text{公司价值} = \text{资产重置成本} + \text{增长机会价值} = Q \times \text{资产重置成本}$$

一个公司的市场价值超过其重置成本,意味着该公司拥有某些无形资产,拥有保证公司未来增长的机会。超出的价值被认为是利用这些机会的期权价值。但是Q值的选择比较困难。即使公司从事相同的业务,其资产结构也会有很大的不同。此外,对公司增长机会的评价并非易事,如在世界不同地区运营的两家石油开发和生产公司就会有不同的增长机会。在一些其他部门,如房地产,尽管公司单项资产的评估会更容易,但价值机会仍是一个问题。在实践中,被广泛使用的Q值的近似值是"市净率",它等于股票市值与净资产值的比率。

例如,假定对一家公司的各项资产的重置成本合计是3亿元,其市净率是2,那么公司价值为$3 \times 2 = 6$(亿元)。

（3）清算价值。清算价值是指在公司出现财务危机而破产或歇业清算时，把公司中的实物资产逐个分离而单独出售的资产价值。清算价值是在公司作为一个整体已经丧失增值能力情况下的资产估价方法。对于股东来说，公司的清算价值是清算资产偿还债务以后的剩余价值。

4. 收益法（市盈率模型）

收益法就是根据目标公司的收益和市盈率确定其价值的方法，也可称为市盈率模型。因为市盈率的含义非常丰富，它可能暗示着公司股票收益的未来水平、投资者投资于公司希望从股票中得到的收益、公司投资的预期回报、公司在其投资上获得的收益超过投资者要求收益的时间长短等。

应用收益法（市盈率模型）对目标公司估值的步骤如下。

（1）检查、调整目标公司近期的利润业绩。收益率法使用的收益指标在性质上是目标公司在被收购以后持续经营可能取得的净利润。对目标公司净利润的分析，应该考虑下列因素，并进行适当调整：①并购公司必须仔细考虑目标公司所使用的会计政策。关注目标公司是否存在滥用会计政策的行为，或者随意调整会计政策使公司利润缺乏必要的可比性。若有必要，需调整目标公司已公布的利润，使其与买方公司的会计政策一致。②剔除非经常项目和特殊业务对净利润的影响。③调整由于不合理的关联交易所造成的利润增减金额。

（2）选择、计算目标公司估价收益指标。一般来说，最简单的估价收益指标可采用目标公司最近一年的税后利润，因为其最贴近目标公司的当前状况。但是考虑到公司经营中的波动性，尤其是经营活动具有明显周期性的目标公司，采用其最近三年税后利润的平均值作为估价收益指标将更为恰当。实际上，对目标公司的估价还应当更多地注重其被收购后的收益状况。比如，当并购公司在管理方面具有很强的优势时，假设目标公司被并购后在有效的管理下，也能获得与并购公司同样的资本收益率，那么依据此计算出目标公司被并购后的税后利润作为估价收益指标，可能对公司并购决策更具有指导意义。

（3）选择标准市盈率。通常可选择的标准市盈率有如下几种：在并购时点目标公司的市盈率、与目标公司具有可比性的公司的市盈率或目标公司所处行业的平均市盈率。选择标准时必须确保在风险和成长性方面的可比性，该标准应当是目标公司并购后的风险、成长性结构，而不应仅仅是历史数据。同时，实际运用中通常需要依据预期的结构对上述标准加以调整，因为难以完全准确地把握市盈率与风险、成长性之间的关系。

（4）计算目标公司的价值。利用选定的估价收益指标和标准市盈率，就可以比较方便地计算出目标公司的价值，公式如下：

目标公司的价值＝估价收益指标×标准市盈率

【例 9-1】 A 公司拟横向兼并同行业的 B 公司，假设双方公司的长期负债利率均为 10%，所得税税率均为 50%。按照 A 公司现行会计政策对 B 公司的财务数据进行调整后，双方的基本情况如下：

表 9-1 是 A、B 两公司 2002 年 12 月 31 日的简化资产负债表。表 9-2 是 A、B 公司 2002 年度的经营业绩及其他指标。

表 9-1　资产负债表　　　　单位：万元

资　　产	A公司	B公司	负债与股东权益	A公司	B公司
流动资产	2 000	1 000	流动负债	500	250
			长期负债	500	250
长期资产	1 500	500	股东权益		
			股本	1 500	600
			留存收益	1 000	400
			股东权益合计	2 500	1 000
资产总计	3 500	1 500	负债与股东权益合计	3 500	1 500

表 9-2　经营业绩及其他指标　　　　单位：万元

指　　标	A公司	B公司
2002 年度经营业绩：		
息税前利润	600	125
减：利息	50	25
税前利润	550	100
减：所得税	275	50
税后利润	275	50
其他指标：		
资本收益率＝息税前利润÷(长期负债＋股东权益)	20%	10%
利润增长率	20%	14%
近三年的平均利润：		
税前	245	88
税后	123	44
市盈率	18	12

由于并购双方处于同一行业，从并购公司的角度出发，预期目标公司未来可达到同样的市盈率是合理的，所以A公司可以选择其自身的市盈率为标准市盈率。在其基础上，若选用不同的估价收益指标，分别运用公式计算目标公司的价值如下。

(1) 选用目标公司最近一年的税后利润作为估价收益指标：

B公司最近一年的税后利润 ＝ 50(万元)

同类上市公司(A公司)的市盈率 ＝ 18

B公司的价值 ＝ 50 × 18 ＝ 900(万元)

(2) 选用目标公司近三年税后利润的平均值作为估价收益指标：

B公司近三年税后利润的平均值 ＝ 44(万元)

同类上市公司(A公司)的市盈率 ＝ 18

B公司的价值 ＝ 44 × 18 ＝ 792(万元)

(3) 假设目标公司并购后能够获得与并购公司同样的资本收益率，以此计算出的目标公司并购后税后利润作为估价收益指标：

B公司的资本额 ＝ 长期负债 ＋ 股东权益 ＝ 250 ＋ 1 000 ＝ 1 250(万元)

并购后B公司：资本收益 ＝ 1 250 × 20% ＝ 250(万元)

减：利息 = 250 × 10% = 25(万元)

税前利润 = 225(万元)

减：所得税 = 112.5(万元)

同类上市公司(A公司)的市盈率 = 18

B公司的价值 = 112.5 × 18 = 2 025(万元)

采用收益法估算目标公司的价值，以投资为出发点，着眼于未来经营收益，并在测算方面形成了一套较为完整有效的科学方法，因而为各种并购价值评估广泛使用，尤其适用于通过证券二级市场进行并购的情况。但在该方法的使用中，不同估价收益指标的选择具有一定的主观性，而且我国股市建设尚不完善，投机性较强，股票市盈率普遍偏高，适当的市盈率标准难以取得，所以在我国当前的情况下，很难完全运用收益法对目标公司进行准确估价。

5. 贴现现金流量法

这一模型由美国西北大学阿尔弗雷德·拉巴波特创立(拉巴波特模型 Rappaport model)，是用贴现现金流量方法确定最高可接受的并购价格，这就需要估计由并购引起的期望的增量现金流量和贴现率(或资本成本)，即公司进行新投资，市场所要求的最低的可接受的报酬率。拉巴波特认为有五个重要因素决定目标公司价值：销售和销售增长率、销售利润、新增固定资产投资、新增营运资本以及资本成本率。运用贴现现金流量模型对目标公司估价的步骤是：

1) 预测自由现金流量。在理论上，自由现金流量(free cash flow)作为一个术语，与经营现金流量、现金净流量(NCF)不同，一般认为它是指公司在持续经营的基础上除了在库存、厂房、设备、长期股权等类似资产上所需投入外，公司能够产生的额外现金流量。

从外延上判断，自由现金流量分类方法很多，依据现金流量的口径不同，可将现金流量分为公司自由现金流量和股东自由现金流量两大类。为了便于理解，我们也同时界定一下公司“经营性现金流量”的概念。

(1) 经营性现金流量是经营活动(包括商品销售和提供劳务)所产生的现金流量。它不反映筹资性支出、资本性支出或营运资本净增加等变动。其基本公式为

经营性现金流量 = 营业收入 − 营业成本费用(付现性质) − 所得税
= 息税前利润加折旧(EBITDA) − 所得税

(2) 公司自由现金流量(经营实体自由现金流量)。公司自由现金流量是指扣除税收、必要的资本性支出和营运资本增加后能够支付给所有的清偿者(债权人和股东)的现金流量。其基本公式为

公司自由现金流量 = 息税前利润加折旧(EBITDA) − 所得税 −
资本性支出 − 营运资本净增加
= 债权人自由现金流量 + 股东自由现金流量

(3) 股东自由现金流量。股东自由现金流量是指满足债务清偿、资本支出和营运资本等所有的需要之后剩下的可作为发放股利的现金流量。也是公司自由现金流量扣除债权人自由现金流量的余额。其基本公式为

股东自由现金流量 = 公司自由现金流量 − 债权人自由现金流量

$$= \text{息税前利润加折旧(EBITDA)} - \text{所得税} - \text{资本支出} - \text{营运资本净增加} + (\text{发行的新债} - \text{清偿的债务})$$

在持续经营的基础上，公司除了维持正常的资产增长外，还可以产生更多的现金流量，这就意味着该公司有正的自由现金流量。

对目标公司现金流量的预测期一般为5～10年，预测期越长，预测的准确性越差。根据并购公司的管理水平预测目标公司现金流量时还应先检查目标公司历史的现金流量表，并假定并购之后目标公司运营将发生变化。需要指出的是自由现金流量(即增量现金流量或剩余现金流量)是指目标公司在履行了所有财务责任(如偿付债务本息、支付优先股股息等)并满足了公司在投资需要之后的"现金流量"。即使这部分现金流量全部支付给普通股股东也不会危及目标公司的生存与发展。拉巴波特建立的自由现金流量预测模型如下：

$$\mathrm{CF_t} = S_{t-1}(1+g_t)\cdot P_t(1-T_t) - (S_t - S_{t-1})\cdot(F_t + W_t)$$

式中，CF为现金流量，S为年销售额，g为销售额年增长率，P为销售利润率，T为所得税率，F为销售额每增加1元所需追加的固定资本投资，W为销售额每增加1元所需追加的营运资本投资，t为预测期内每一年度。

2）估计贴现率或加权平均资本成本

假设目标公司的未来风险与并购公司总的风险相同，则可以把目标公司现金流量的贴现率作为并购公司的资本成本。但是当并购会导致并购公司总风险发生变动时，则需要对各种各样的长期资本要素进行估计，包括普通股、优先股和债务等。考虑到股票、市盈率、股票获利率不能全面反映对股东的股本机会成本，资本资产定价模型可用于估计目标公司的历史股本成本。

预测股本成本率＝市场无风险报酬率＋市场风险报酬率×目标公司的风险程度

$$K_s = R_F + R_R \cdot \beta = R_F + \beta(R_m - R_F)$$

其中，R_F是市场无风险回报率，β是市场风险报酬率，R_m是目标公司的风险程度。

对目标公司并购前预期的股本收益需要根据并购后目标公司β值的可能变化加以调整。估计债务成本更加困难，因为债务通常不进行交易，可将各种借贷中税后实际利息支付作为债务成本的近似值。类似问题也出现在优先股的情况中。估计了各单个元素的资本成本后，即可根据并购公司期待的并购后资本结构计算加权平均资本成本。

$$\mathrm{WACC} = \sum K_i \cdot b_i$$

式中，WACC为加权平均资本成本，K_i为各单项资本成本，b_i为各单项资本所占的比重。

3）计算现金流量现值，估计购买价格

根据目标公司自由现金流量对其估价为

$$\mathrm{TV_a} = \sum \frac{\mathrm{FCF}_t}{(1+\mathrm{WACC})^t} + \frac{V_t}{(1+\mathrm{WACC})^t}$$

式中，$\mathrm{TV_a}$为并购后目标公司价值，FCF_t为在t时期内目标公司自由现金流量，V_t为t时刻目标公司的终值，WACC为加权平均资本成本。

4）贴现现金流量估值的敏感性分析

由于预测过程中存在不确定性，并购公司还应检查目标公司的估价对各变量预测值的敏感性。这种分析可能会揭示出现金流量预测中存在的缺陷以及一些需要并购公司关注的重大问题。

【例 9-2】 假定甲公司拟在 2002 年初收购目标公司乙公司。经测算收购后有 6 年的自由现金流量。2001 年乙公司的销售额为 150 万元,收购后前 5 年的销售额每年增长 8%,第 6 年的销售额保持第 5 年的水平。销售利润率(含税)为 4%,所得税税率为 33%,固定资本增长率和营运资本增长率分别为 17%和 4%,加权资本成本为 11%,试求目标公司的价值。

依据上述资料的计算,其结果如表 9-3 所示。

表 9-3 计 算 结 果 单位:万元

年　　份	2002	2003	2004	2005	2006	2007
销售额	162	174.96	188.96	204.07	220.4	220.4
销售利润	6.48	7.00	7.56	8.16	8.82	8.82
所得税	2.14	2.31	2.49	2.69	2.91	2.91
增加固定资本	2.04	2.2	2.38	2.57	2.78	0
增加营运资本	0.48	0.52	0.56	0.60	0.65	0
自由现金流量	1.82	1.97	2.13	2.30	2.48	5.91

则

$$\text{TV}=\frac{1.82}{(1+11\%)^{1}}+\frac{1.97}{(1+11\%)^{2}}+\frac{2.13}{(1+11\%)^{3}}+\frac{2.30}{(1+11\%)^{4}}+\frac{2.48}{(1+11\%)^{5}}+\frac{5.91}{(1+11\%)^{6}}=10.943(\text{万元})$$

因此,如果甲公司能够以 10.943 万元或更低的价格购买乙公司,那么这一并购活动从价格上来讲是合理的。或者说,通过上述估值分析,求出了并购方能接受的最高价格。

【例 9-3】 A 公司正考虑并购 B 公司。B 公司目前的 β 值为 1.40,负债比率按市值计算为 25%。假如并购成功,A 公司将把 B 公司作为独立的子公司来经营,并使 B 的负债率达 45%,这将使其 β 值增加到 1.655。估计并购后给 A 公司的股东带来的自由现金流量如表 9-4 所示。

表 9-4 自由现金流量

年　　序	1	2	3	4	5
自由现金流量(万元)	120	140	150	180	第 5 年及以后每年以 4%的增长率增长

这些现金流量包括所有的并购效应。市场平均风险报酬率为 12%,无风险收益率为 8%,负债利率为 11%,公司所得税率为 20%,试求 B 公司的并购价值。

解:A 公司的股本资本成本率=8%+1.655×(12%-8%)=14.62%

$$\text{WACC}=14.62\%\times55\%+11\%\times(1-20\%)\times45\%=12\%$$

答:B 公司价值$=\text{FCF}_1\times[1/(1+\text{WACC})]^1+\text{FCF}_2\times[1/(1+\text{WACC})]^2+\text{FCF}_3\times[1/(1+\text{WACC})]^3+\text{FCF}_4\times[1/(1+\text{WACC})]^4+V_4\times[1/(1+\text{WACC})]^4=120\times0.8929+$

140×0.797 2+150×0.711 8+180×0.635 5+180×(1+4%)÷(120%−4%)×0.635 5=1 926.99(万元)

总之,贴现现金流量法以现金流量预测为基础,充分考虑了目标公司未来创造现金流量能力对其价值的影响,在日益崇尚"现金至尊"的现代理财环境中,对公司并购决策具有现实的指导意义。但是,这一方法的运用对决策条件与能力的要求较高,且易受到预测人员主观意识(乐观或悲观)的影响。所以,合理预测未来现金流量以及选择贴现率(加权平均资本成本)的困难与不确定性可能影响贴现现金流量法的准确性。

以上各种对目标公司的估价方法,并无绝对的优劣之分。并购公司对不同方法的选用应主要根据并购的动机而定,而且在实践中可将各种方法交叉使用,从多角度评估目标公司的价值,以降低估价风险。

三、公司并购战略的实施

1. 公司并购的关键问题

并购对公司发展具有重大的意义,但是从实际情况来看,由于许多并购案都是失败的。为保证公司并购的成功,应该注意以下几个关键问题:

(1) 在公司战略的指导下选择目标公司。在并购一个公司之前,必须明确本公司的发展战略,在此基础上对目标公司所从事的业务、资源状况进行调查,如果对其收购后,其能够很好地与本公司的战略相配合,从而通过对目标公司的收购,增强本公司的实力,提高整个系统的运作效率,最终增强竞争优势,这样才可以考虑对目标公司进行收购。反之,如果目标公司与本公司的发展战略不能很好地吻合的话,那么即使目标公司十分便宜,也应该慎重行事,因为对其收购后,不但不能通过公司间的协作、资源的共享而增强自身的竞争优势,反而会分散自身的力量,削减其竞争能力,最终导致并购失败。

(2) 并购前应对目标公司进行详细的审查。许多并购的失败都是由于事先没有能够很好地对目标公司进行详细的审查造成的,在并购过程中,由于信息不对称,买方很难像卖方一样对目标公司有充分的了解,但是许多收购方在事前都想当然地以为自己已经很了解目标公司,并相信通过对目标公司的良好运营能发挥其更大的价值。但是,许多公司在收购程序结束后,才发现事实并非想象中的那样,目标公司中可能会存在着没有注意到的重大问题,以前所设想的机会可能根本就不存在,或者双方的公司文化、管理制度、管理风格很难相融合,因此很难将目标公司融合到整个公司的运作体系当中,从而导致并购的失败。

(3) 合理估计自身实力。在并购过程中,并购方的实力对于并购能否成功有着很大的影响,因为在并购中收购方通常要向外支付大量的现金,这必须以公司的实力和良好的现金流量为支撑,否则公司就要大规模举债,造成本身财务状况的恶化,公司很容易因为沉重的利息负担或者到期不能归还本金而导致破产,这种情况在并购中经常出现。

(4) 并购后对目标公司进行迅速有效的整合。目标公司被收购以后,很容易形成经营混乱的局面,尤其是在敌意收购的情况下,这时许多管理人员纷纷离去,客户流失,生产混乱,因此需要对目标公司进行迅速有效的整合。通过向目标公司派驻高级管理人员稳定目标公司的经营,然后对各个方面进行整合。其中公司文化整合尤其应该受到重视,因为许多研究发现：很多并购的失败都是由于双方公司文化不能很好地融合所造成的。通过对目标公司的整合，使其经营重新步入正轨并与整个公司的运作系统的各个部分有效配合。

2. 目标公司分析

在收购一家公司之前，必须对其进行全面的分析，以确定其是否与公司的整体战略发展相吻合、了解目标公司的价值、审查其经营业绩以及公司的机会和障碍何在，从而决定是否对其进行收购以及收购后如何对其进行整合。审查过程中，可以先从外部获得各方面的有关目标公司的信息，然后再与目标公司进行接触，如果能够得到目标公司的配合，收购方可以比较容易地得到目标公司的详细资料，然后对其进行周密分析。分析的重点一般包括：产业、法律、经营、财务等方面。

1）产业分析

任何公司都是处在某个产业之中的，公司所处的产业状况对其经营与发展有着决定性的影响。产业分析主要包括以下几个方面的内容：

(1) 产业总体状况。大部分产业在发展过程中都要经历一个由产生、成长、成熟到衰退的周期，处于不同生命周期阶段的各个产业发展状况是不同的，这也决定处于该产业的公司的发展。如果一个公司位于一个处于成长阶段的产业，则这个公司的市场发展前景就较好；反之，若一个公司处于衰退期的产业，其发展就会受到相对的限制。

(2) 产业结构状况。根据波特的五种基本竞争力量：现有竞争者的竞争能力、潜在竞争者进入的能力、替代品的替代能力、供应商的讨价还价能力、购买者的讨价还价能力来进行分析，五种竞争力量组成了该产业的结构状况。公司所处的不同行业结构状况对公司的经营有着重要影响，如果一个公司所处的行业结构不好，即使经营者付出很大努力，也很难获得一个好的回报。

(3) 产业内各战略集团状况。产业内各竞争者可以按照不同的战略地位划分为不同的战略集团，一个产业中每个战略集团的位置、战略集团之间的相互关系对产业内公司的竞争有着很大的影响。如果一个产业内各战略集团分布合理，公司处于有利的战略集团的有利位置，对公司经营十分重要。

2）法律分析

对目标公司的法律分析，主要集中在以下几个方面：

(1) 审查公司的组织、章程。在对公司的组织、章程的审查过程中，应该注意对收购、兼并、资产出售等方面的认可，并在并购中需要注意经过百分之几以上的投票认可方能进行相关规定；公司章程和组织中有无特别投票权的限制。另外，对公司董事会会议记录也应当进行审查。

(2) 审查财产清册。应审查公司对财产的所有权以及投保状况，对租赁资产应查看其契约条件是否有利。

(3) 审查对外书面合约。应该对被收购公司使用外界商标、专利权或授权他人使用的约定，以及租赁、代理、借贷以及技术授权等重要契约进行审查，注意在目标公司控制权转移之后这些合约还是否有效。

(4) 审查公司债务。注意其偿还期限、利率及债权人对其是否有限制。例如，是否规定了公司的控制权发生转移时债务是否立即到期。

(5) 审查诉讼案件。对公司的过去诉讼案和或有诉讼进行审查,看是否有对公司经营有重大影响的诉讼案件。

3) 经营分析

对目标公司的经营分析,主要包括目标公司运营状况、管理状况和重要资源等。

(1) 运营状况。通过对目标公司近几年的经营状况的了解,分析其利润、销售额、市场占有率等指标的变化趋势,对今后的运营状况作大致的预测,同时找出问题所在,为并购后的管理提供基础。

(2) 管理状况。调查分析目标公司的管理风格、管理制度、管理能力、营销能力,分析并购后是否能与母公司的管理相融合。

(3) 重要资源。通过分析目标公司的人才、技术、设备、无形资产,以备在并购后充分保护和发挥这些资源的作用,促进整个公司的发展。

4) 财务分析。对目标公司的财务分析十分重要,主要是为了确定目标公司所提供的财务报表是否真实地反映了其财务状况。这一工作可以委托会计师事务所进行,审查的重点主要包括资产、负债和税款。审查资产时应注意各项资产的所有权是否为目标公司所有、资产的计价是否合理、应收账款的可收回性、有无提取足额的坏账准备、存货的损耗状况以及无形资产价值评估是否合理等。对债务的审查主要集中在查明有无漏列的负债,如有应提请公司调整。另外,应查明以前各项税款是否足额缴纳,防止收购后由收购公司缴纳并被税务部门罚款。

四、并购的价值分析

是否进行并购决策首先取决于并购的成本与效益。关于并购的成本,有广义和狭义两种解释。广义的成本概念不只是一个普遍的财务成本概念,而是由于并购而发生的一系列代价的总和。这些成本既包括并购工作完成的成本,也包括并购发生的无形成本。具体来说,公司并购的成本项目有:

(1) 并购完成成本。所谓并购完成成本是指并购行为本身所发生的并购价款和并购费用。并购价款是支付给被并购公司股东的,具体形式有现金、股票或其他资产等。并购费用是指并购过程中所发生的有关费用,如并购过程中所发生的搜寻、策划、谈判、文本制定、资产评估、法律鉴定以及顾问等费用。

(2) 整合与营运成本。并购后为使被并购公司健康发展而需支付的营运成本。这些成本包括:①整合改制成本,如支付派遣人员进驻、建立新的董事会和经理班子、安置多余人员、剥离非经营性资产、淘汰无效设备、进行人员培训等费用;②注入资金的成本。并购公司要向目标公司注入优质资产、拨入启动资金或开办费、为新公司打开市场而需增加的市场调研费、广告费、网点设置费等。

(3) 并购机会成本。一项并购活动所发生的机会成本是指将资本用于并购项目而放弃的其他投资机会的收益。狭义的并购成本仅仅指并购完成成本。本书下面的论述主要采用狭义的并购成本概念。

并购收益是指并购后新公司的价值超过并购前各公司价值之和的差额。例如,A 公司并购B公司，并购前A公司的价值为V_a，B公司的价值为V_b，并购形成的新公司的价值为V_{ab}，则并购收益(S)为

$$S = V_{ab} - (V_a + V_b)$$

如果$S>0$，表示并购在财务方面具有协同效应。

在一般情况下，并购方将以高于被并购方价值的价格P_b作为交易价，以促使被并购方股东出售其股票，$P=P_b-V_b$称为并购溢价，并购溢价反映了获得对目标公司控制权的价值，其取决于被并购公司前景、股市走势和并购双方讨价还价的情况。

对于并购方来说，并购净收益(NS)等于并购收益减去并购完成成本、实施并购前并购方公司价值的差额。

设F表示并购费用，则

$$\mathrm{NS} = S - P - F = V_{ab} - P_b - F - V_a$$

例如，A公司的市场价值为5亿元，拟收购B公司，B公司的市场价值为1亿元，A公司估计合并后新公司价值达到7亿元，B公司股东要求以1.5亿元价格成交，并购交易费用为0.2亿元。由此得到

$$\begin{aligned}
&\text{并购收益 } S = 7-(5+1) = 1(\text{亿元})\\
&\text{并购完成成本} = 1.5+0.2 = 1.7(\text{亿元})\\
&\text{并购溢价 } P = 1.5-1 = 0.5(\text{亿元})\\
&\text{并购净收益 NS} = S-P-F = 1-0.5-0.2 = 0.3(\text{亿元})\\
&\qquad = V_{ab}-V_a-P_b-F = 7-5-1.5-0.2\\
&\qquad = 0.3(\text{亿元})
\end{aligned}$$

上述并购使A公司股东获得净收益0.3亿元，可以说这一并购活动对A、B两个公司都有利。这是并购活动能够进行的基本条件。

五、公司并购的风险分析

公司并购是高风险经营，财务分析应在关注其各种收益、成本的同时，更重视并购过程中的各种风险。

1. 营运风险

所谓营运风险，是指并购方在并购完成后，可能无法使整个公司产生经营协同效应、财务协同效应、市场份额效应，难以实现规模经济和风险防范共享互补。通过并购形成的新公司因规模过于庞大而产生不经济，甚至整个公司的经营业绩都被并购进来的新公司所拖累。

2. 信息风险

在并购中，信息是非常重要的，知己知彼，百战不殆。真实与及时的信息可以大大提高并购公司行动的成功率。但实际并购中因贸然行动而失败的案例屡见不鲜，这就是经济学上所称的“信息不对称”的结果。

3. 融资风险

公司并购需要大量的资金，所以并购决策会同时对公司资金规模和资本结构产生重大影响。实践中，并购动机以及目标公司并购前资本结构的不同，还会造成并购所需的长期资金与短期资金、自有资本与债务资金投入比率的种种差异。与并购相关的融资风险

具体包括资金是否可以保证需要(时间上与数量上)、融资方式是否适应并购动机(暂时持有或长期拥有)、现金支付是否会影响公司正常的生产经营、杠杆收购的偿债风险等。

4. 反收购风险

在通常情况下,被收购的公司对收购行为往往持不欢迎和不合作态度,尤其在面临敌意并购时,他们可能会“宁为玉碎,不为瓦全”,不惜一切代价应对反收购,其反收购措施可能是各种各样的。这些反收购行动无疑会对收购方构成相当大的风险。

5. 法律风险

各国关于并购、重组的法律法规的细则,一般都要求增加并购成本而提高并购难度。如我国目前的收购规则,要求收购方持有一家上市公司5%的股票后必须公告并暂停买卖(针对上市公司而非发起人),以后每递增5%就要重复该过程。持有30%股份后即被要求发出全面收购要约。这套程序造成的收购成本之高,收购风险之大,收购程度之复杂,足以使收购者气馁,反收购则相对比较轻松。

6. 体制风险

在我国,国有公司资本运营过程中相当一部分公司的收购兼并行为,都是由政府部门强行撮合而实现的。尽管大规模的并购活动需要政府的支持和引导,但是并购行为毕竟是公司基于激烈市场竞争而自主选择的发展策略,是一种市场化行为。政府依靠行政手段对公司并购大包大揽不仅背离市场原则,难以达到预期效果,而且往往还会给并购公司带来风险。比如,以非经济目标代替经济目标,过分强调“优带劣、强管弱、富扶贫”的解困行为,将使公司并购偏离资产最优化组合的目标,从而使并购在一开始就潜伏着体制风险。

总之,并购风险非常复杂和广泛,公司应谨慎对待,多谋善选,尽量避免风险,将风险消除在并购的各个环节中,最终实现并购的成功。

六、并购对公司盈余和市场价值影响的分析

并购活动会对并购双方的财务指标产生明显影响。这里从公司盈余、股价及股票账面价值等方面探讨并购活动对双方的意义及影响。

1. 并购对公司盈余的影响

并购必将对公司的每股收益、每股市价产生潜在影响。由于公司并购投资决策以投资对股票价格的影响为依据,而股票价格的影响又取决于投资对每股收益的影响。所以公司评估并购方案的可行性时,应将其对并购后存续公司每股盈余的影响列入考虑范围。假设A公司计划以发行股票方式收购B公司,并购时双方相关财务资料如表9-5所示。

表9-5 双方相关财务资料

项 目	A公司	B公司
净利润	2 000万元	500万
普通股股数	1 000万股	400万
每股收益	2元	1.25元
每股市价	32元	15元
市盈率	16倍	12倍

若B公司同意其股票每股作价16元由A公司以其股票相交换，则股票交换率为16/32，即A公司每0.5股相当于B公司的1股。A公司需发行400×0.5=200(万股)股票才能收购B公司所有股份。

现假设两公司并购后收益能力不变，则并购后存续A公司的盈余总额等于原A、B两公司盈余之和，如表9-6所示。

表9-6 并购后存续A公司的盈余总额

并购后净利润	2 500万元
并购后股本总数	1 200万股
每股收益	2.083元

由此，A公司实施并购后每股收益将提高0.083元，但原B公司股东的每股收益却有所降低，因其所持有的B公司股票每股相当于并购后A公司股票0.5股，所以其原持有股票的每股盈余仅相当于0.5×2.083=1.041 5(元)，较原来降低了1.25−1.041 5=0.208 5(元)。

若B公司股票的作价不是16元而是24元，则交换比率为24/32，即0.75股。A公司为取得B公司全部股票，总计发行股票400×0.75=300(万股)，并购之后盈余情况如表9-7所示。

表9-7 并购之后盈余情况

并购后净利润	2 500万元
并购后股本总数	1 300万股
每股收益	1.923元

所以在这种情况下，并购后A公司的每股收益降低了，而原B公司的每股收益为0.75×1.923=1.44(元)，较并购前有所提高。

由这一思路可以推出保持A公司的每股收益不变的股票交换比率。假定A、B两公司合并、收购后收益能力不变，即并购后存续A公司的盈余总数等于原A、B公司盈余之和2 500万元，设股票交换率为R_1，则

并购前A公司的每股收益　$ESP_1=2$元

并购后A公司的每股收益　$ESP_2=2\,500/(1\,000+400R_1)$

因并购前后A公司的每股收益不变，所以，$EPS_1=EPS_2$，即

$$2\,500/(1\,000+400R_1)=2$$

求得：$R_1=0.625$，即A公司对B公司的每股股票作价为0.625×32=20(元)，依此原理，我们还可推出确保B公司每股收益不变的股票交换率，在此从略。

当然，A公司实施并购方案以后，存续的A公司每股收益率保持不变或适量的降低应该是短期现象。从长远分析，并购后收益率将不断提高，每股收益将比合并前高，即产生并购协同效应。若考虑这种协同效应，举例如下：

承上例，假定A公司实施并购后能产生较好的协同效应，估计每年增加净收益404万元。如要求存续的A公司每股收益提高10%，达到2.2元，可计算A公司所能接受的

股票交换率：

$$\frac{2\,500+404}{1\,000+400R_1}=2.2$$

解得 $R_1=0.8$，即 A 公司对 B 公司得每股股票作价为 0.8×32=25.6(元)。

2. 对股票市场价值的影响

并购过程中，每股市价的交换比率是谈判的重点。公开上市的股票，其价格反映了众多投资者对该公司内在价值的判断。因此，股价可反映该公司的获利能力、股利、公司风险、资本结构、资产价值及其他与评价有关的因素。股票市价的交换比率为

股票市价的交换比率 = 被并购企业的每股市价 / 并购企业的每股市价

这一比率若大于 1，表示并购对被并购公司有利，公司因被并购而获利；而若该比率小于 1，则表示被并购公司因此而遭受损失。

假设甲公司每股股价为 40 元，乙公司每股股价为 20 元，若甲公司提议以其 0.5 股交换乙公司 1 股，则此时股价交换比率即为

$$(40\times0.5)/20=1$$

这表明甲、乙两家公司的股票以市价 1∶1 的比例对换。在不考虑其他因素的情况下，甲、乙公司并未能从并购中取得收益。如果甲、乙两家公司的股票市价交换比例不是 1∶1，则必有一方受损，另有一方受益。但从并购行为来说，其目的就是获取并购协同效应，即提高并购后公司的预期每股盈余，这样并购双方都能从中获取收益。由于影响并购后公司预期每股盈余的因素较多，这里不再赘述。

第三节　公司并购整合

一、并购整合的概念

公司并购整合是指公司收购兼并后，两家公司在营运、组织、人力资源、资产和文化等各个方面进行的调整、改组与融合，使被并购公司能迅速融入并购公司的经营与管理体系。并购整合是公司并购后提升企业竞争力、增加效益、迅速做大做强的重要手段。

二、并购整合的类型

Philippe Haspeslagh 与 David Jemision 在 1991 年合著出版的《收购管理》(Managing Acquisition)一书中提出，企业并购之后的整合方式主要有四种类型，即保守型、共存型、维持型和吸收型。

保守型整合是指并购后对目标企业的管理主要焦点放在如何保持既得利益来源的完整性，也就是说，要小心"呵护"目标企业中最能带来利润的部分，谨慎地"培育"这一利润增长点。

共存型整合是指对目标企业的管理应保证两个企业之间既存在分界，又存在一个渐进的相互渗透的过程。

维持型整合是指企业间并无整合态势，双方的利润增长是通过财务、风险分担或综合管理能力来实现的。

吸收型整合是指企业双方的运作、组织和文化等方面完全合作，以同一形象出现在外界面前。

决定采用何种类型取决于两种需求的此消彼长：战略上相互依存（strategic interdependence）的需求与组织自治（organizational autonomy）的需求。

战略的相互依存性：并购的目标或可说是中心任务是通过两家公司的结合产生利润或利润的增加值。因此，并购后两家企业唇齿相依的状态，必然体现在战略上的相互依存，只是在不同的情况下，这种需求有高低之分，如图 9-1 所示。

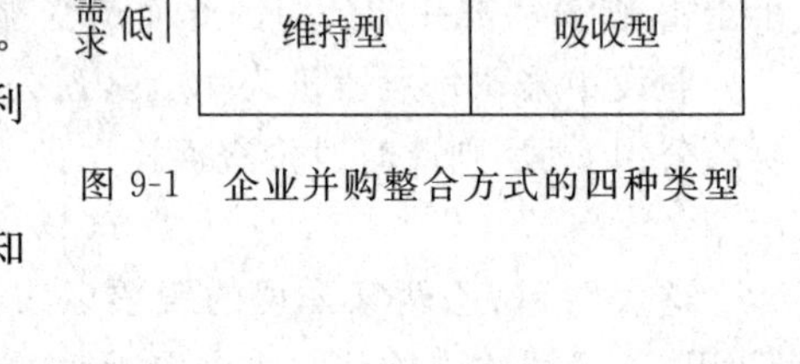

图 9-1 企业并购整合方式的四种类型

根据四种利润生产的类型会有四种或四个层次的战略合作：

(1) 资源分享产生利润——运作层面的合作。

(2) 传播企业不同职能的技能以产生利润——人员和信息层面的合作。

(3) 管理技能的传播产生利润——管理层知识性合作或结构性合作。

(4) 企业机体联合产生利润——物理性合作。

组织的自治性：企业并购后，目标企业必然在诸多方面受制于人。虽然目标企业的员工士气、基本权利等都应该受到重视，但是经理人必须以利润生产原则为标尺，来衡量是否放权和放权的程度。

三、并购整合的原则

1. 合法性原则

在涉及所有权、使用权、经营权、抵押权、质权和其他物权、专利、商标、著作权、发明权、发现权、其他科技成果权等知识产权，以及购销、租赁、承包、借贷、运输、委托、雇用、技术、保险等各种债权的设立、变更和终止时，只有合法，才能得到法律的保护，才能避免法律风险。

2. 合理性原则

在合理的范畴中首先是合理的目标效益性。股东利润最大化是所有经营方式包括购并的终极目标。在组合各种资产、人员等要素的过程中，效益始终是第一位的。其次是合理的前提稳定性，只有在稳定衔接的基础上才能出效益。最后是合理的操作诚信原则，只有诚信地履行并购协议，才能让重新组合的各个股东和雇员对新的环境树立信心。

3. 可操作性原则

所有的步骤和程序应当是在现有的条件下可以操作的，或者操作所需的条件是在一定的时间内可创造的，不存在不可逾越的法律和事实障碍。同时，整合的程序和结果应是便于股东了解、理解并控制的。

4. 全面性原则

要切实处理好实施并购整合，前期对于并购对象的价值认定颇有讲究。

四、并购整合的过程

1. 进行事前控制

在进行并购以前要对被并购的公司进行全面的调查，如财务状况是否良好，该公司是否具备先进的管理经验以及高素质的管理团队等。

2. 注重核心资源

在进行并购时注重核心资源的利用及开发，确保核心资源得到合理的运用，建立以核心资源为整合主线的整合方法。

3. 信息反馈机制

公司应建立一个合理的信息反馈机制，在整合阶段，需要定时定点对整合信息进行反馈，这样有利于对被并购公司进行管理控制，减少因信息不对称而带来的经济损失。

4. 监督机制

公司在并购前后应建立公司管理监督机制并且与国家的监督机制相联系从而降低风险。公司和政府必须重新正确的定位，政府应当起到撮合、促进、红娘的作用。减少政府对公司并购后在处理债务、结构调整等问题上的干预，并通过法律手段与市场信号的输入来规范和引导公司的行为。

5. 风险机制

公司整合风险包括财务风险以及经营管理风险等，公司在整合中应建立合理的风险预警机制以及风险评定小组进行全面的风险管理，尤其在并购整合处于稳定阶段时，要及时地关注公司发展的外部环境变化。

6. 人员整合管理

首先要保持人力资源的相对稳定，其次是注重对关键人员的留用和整合，能否留住关键人才，往往在一定程度上决定了并购的成败。

7. 文化整合管理

注重并购后文化整合，降低并购双方激烈的文化冲突，保护公司的组织资源以及组织知识。

第四节　反收购策略

一、敌意收购

敌意收购(hostile acquisition)是指目标公司的经营者拒绝与收购者合作，对收购持反对和抗拒态度的公司收购。

通常收购人在不与对方管理层协商的情况下，在证券交易市场暗自吸纳对方股份，以突然袭击的方式发布要约，目标公司管理层就会对此持不合作的态度，要么出具意见书建议股东拒绝收购要约，要么要求召开股东大会授权公司管理层采取反收购措施，因此敌意收购通常会使收购方大幅度地增加收购成本。

二、敌意收购方式

敌意收购主要有两种方法，第一种是狗熊式拥抱(bear hug)，第二种则是狙击式公开购买。

1. 狗熊式拥抱

狗熊式拥抱，是一种主动的、公开的要约。收购方允诺以高价收购目标公司的股票，董事会出于义务必须把该要约向全体股东公布，而部分股东往往为其利益所吸引而向董事会施压要求其接受报价。在协议收购失败后，狗熊式拥抱的方法往往会被采用。而事实上，对于一家其管理部门并不愿意被收购的目标公司来说，狗熊式拥抱不失为最有效的一种收购方法。一个CEO可以轻而易举地回绝收购公司的要约，但是狗熊式拥抱迫使公司的董事会对此进行权衡，因为董事会有义务给股东最丰厚的回报，这是股东利益最大化所要求的。所以，与其说狗熊式拥抱是一种恶意收购，不如说它更可以作为一种股东利益的保障并能有效促成该收购行为。但是，股东接受恶意收购也不排除其短期行为的可能性，其意志很可能与公司的长期发展相悖。目标公司在发展中，其既得的人力资源、供销系统以及信用能力等在正常轨道上的运营，一旦被股东短期获利动机打破，公司的业绩势必会有所影响。

2. 狙击式公开购买

狙击式公开购买，一般指在目标公司经营不善而出现问题或在股市下跌的情况下，收购方与目标公司既不做事先的沟通，也没有警示，而直接在市场上展开收购行为。狙击式公开购买包括标购、股票收购及投票委托书收购等形式。所谓标购就是指收购方不直接向目标公司董事会发出收购要约，而是直接以高于该股票市价的报价，向目标公司股东进行招标的收购行为。而股票收购则指收购方先购买目标公司的一定额度内的股票(通常是在国家要求的公告起点内，我国为总股本的5%)，然后再考虑是否增持股份以继续收购行为。投票委托书收购则是收购目标公司中小股东的投票委托书，以获得公司的控制权以完成收购。狙击式公开购买最初通常是隐蔽的，在准备得当后才开始向目标公司发难。一般来说，采用这种手段针对的是公司股权相对分散或公司股价被明显低估的目标公司。

三、反收购

收购分为善意收购和敌意收购，敌意收购会导致反收购的出现。反收购是指目标公司管理层为了防止公司控制权转移而采取的旨在预防或挫败收购者收购本公司的行为。反收购的主体是目标公司，反收购的核心在于防止公司控制权的转移。

1. 反收购的目的

反收购的根本目的就是对抗收购者的收购行为，维护目标公司原有利益格局，防止发生收购者与目标公司的股东、管理者以及其他利益相关人的利益矛盾和冲突，阻挠收购者收购目的的实现，将目标公司的控制权掌握在自己手中，以防止对目标公司产生实质性的影响。

2. 反收购的预防性策略

(1) 股权结构安排。收购成功的关键在于有足够量的股权被收购。要想从根本上预防敌意收购,适当的股权安排是最佳的策略。参照反收购可能出现的结果,公司首先应该做到的是,建立合理的股权结构。最为有效和简单的方式是自我控股,就是公司的发起人或者大股东为了避免被收购,在开始设置公司股权时就让自己拥有可以控制公司足够多的股权,或者通过增持股份来增加持股比例以此达到控股的目的。显然自我控股达到51%肯定不会出现敌意收购情况,理论上是低于51%就可能发生敌意收购。但实际上当股权分散后,一般持有25%的股权就可以控制公司。因此必须找到一个合适的点来决定控股程度,否则就会出现控股比例过低而无法收到反收购的效果;当然,控股比例过高也会出现过量套牢资金的问题。

此外,交叉持股或相互持股也是反收购的一个重要策略,就是关联公司或关系友好公司之间相互持有对方股权。

(2) 毒丸计划。毒丸一般是指股东对公司股份或其他有价证券的购买权或卖出权。"毒丸计划"是公司分配给股东具有优先表决权、偿付权的有价证券,或者一种购买期权的一种设计,当在某些事情发生时,将会导致目标公司股东能够以较低价格购买公司的股份或债券,或以较高价格向收购人出售股份或债券的权利。

(3) 修改公司章程。通过修改公司章程以阻止敌意收购是反收购的重要措施,具体的修改内容往往是一些增加收购难度的条款,譬如绝大多数条款、董事会成员的任期错开等。这些措施有时亦被称为驱鲨措施。当然,公司章程的修改会受到相关法律法规的约束。由于许多重要的事项需要股东大会的批准,毒丸计划也可以在股东大会中解除。因此,目标公司也可以通过修改公司章程,提高召开股东大会的门槛,以对付敌意收购。

(4) 绝大多数条款。所谓绝大多数条款,顾名思义是指公司在遭遇敌意收购时股东大会在讨论修改公司章程时要有更高比例的股东同意才行,这一比例通常会是2/3或者80%,在极端情况下,有可能是95%。在许多并购案例的判决中,美国法院通常会根据公司股东是否支持来决定是否承认这一条款的合法性。如果股东支持就承认其合法性。

(5) 错列董事会。有研究表明,美国上市公司的董事会平均拥有13名董事,其中有9名为外部董事,外部董事通常是兼职的。董事会在公司最大问题上具有决定权,因此在是否接受收购上扮演着重要的角色。错开董事会成员任期,在既定年度只改选部分董事,譬如每位董事任期三年,每年重选1/3。错开董事会任期可以增加敌意收购方控制董事会的难度,而根据美国法律,任期错开的董事成员在任满前不能被免职。但一般错开董事任期的安排要经过股东大会的批准。

(6) 降落伞计划。巨额补偿是降落伞计划的一个特点。作为一个补偿协议,降落伞计划规定在目标公司被收购的情况下,相关员工无论是主动还是被迫离开公司,都可以领到一笔巨额的安置费。依据实施对象的不同,降落伞计划可具体分为金色降落伞(golden parachute)、灰色降落伞(penson parachute)和锡降落伞(tin parachute)。

金色降落伞主要针对公司的高管,由目标公司董事会通过决议,公司董事及高层管理者与目标公司签订合同规定:当目标公司被并购接管、其董事及高层管理者被解职的时候,可一次性领到巨额的退休金(离职费)、股票选择权收入或额外津贴。金色降落伞计划的收益视获得者的地位、资历和以往业绩的差异而有高低。该收益就像一把“降落伞”让高层管理者从高高的职位上安全下来，又因其收益丰厚如金，故名“金色降落伞”计划。

3. 反收购的主动性策略

主动性的反收购策略是指公司在敌意报价后、已面临被收购的境地时，采取增大收购方收购成本的临时性补救策略。比较常见的策略有以下几种：

(1) 白衣骑士。白衣骑士(white knight)策略是指在敌意并购发生时，上市公司的友好人士或公司作为第三方出面解救上市公司，驱逐敌意收购者，造成第三方与敌意收购者共同争购上市公司股权的局面。在这种情况下，收购者要么提高收购价格要么放弃收购，往往会出现白衣骑士与收购者轮番竞价的情况造成收购价格的上涨，直至逼迫收购者放弃收购。在“白衣骑士”出现的情况下，目标公司不仅可以通过增加竞争者使买方提高购并价格，甚至可以“锁住期权”给予“白衣骑士”优惠的购买资产和股票的条件。这种反收购策略将带来收购竞争，有利于保护全体股东的利益。

(2) 白衣护卫。白衣护卫(white squire)是一种与白衣骑士很类似的反收购措施。这里，不是将公司的控股权出售给友好的公司，而是将公司很大比例的股票转让给友好公司。出售给白衣护卫公司的股票有时就是优先股股票，有时是普通股股票，如果是前者，白衣护卫并没有投票权；如果是后者，白衣护卫需要承诺不会将这些股票出售给公司的敌意收购者。

(3) 绿票讹诈。绿票讹诈(greenmail)，直译为绿讹诈函，又译为讹诈赎金，又称溢价回购，由 green(美元的俚称)和 blackmail(讹诈函)两个词演绎而来，指的是单个或一组投资者大量购买目标公司的股票。其主要目的是迫使目标公司溢价回购上述股票(进行讹诈)，出于防止被收购的考虑，目标公司以较高的溢价实施回购(给付赎金)，以促使上述股东将股票出售给公司，放弃进一步收购的打算。这种回购对象特定，不适用于其他股东。

(4) 中止协议。中止协议(standstill agreement)是指目标公司与潜在收购者达成协议，收购者在一段时间内不再增持目标公司的股票，如需出售这些股票，则目标公司有优先购买的选择。这样的协议通常在收购方已持有目标公司大量股票并形成收购威胁时签署，目标公司往往会承诺溢价回购股票。

(5) 股份回购。股份回购是指目标公司或其董事、监事通过大规模买回本公司发行在外的股份来改变资本结构的防御方法。股份回购的基本形式有两种：一是目标公司将可用的现金或公积金分配给股东以换回后者手中所持的股票；二是公司通过发售债券，用募得的款项来购回它自己的股票。被公司购回的股票在会计上称为“库存股”。股票一旦大量被公司购回，其结果必然是在外流通的股份数量减少，假设回购不影响公司的收益，那么剩余股票的每股收益率会上升，使每股的市价也随之增加。目标公司如果提出以比收购者价格更高的出价来收购其股票，则收购者也不得不提高其收购价格，这样，收购的计划就需要更多的资金来支持，从而导致其难度增加。

(6) 增加债务。虽然进行资本结构调整会导致公司承担更多的债务，但是公司也可以通过直接增加债务的方式来抵御收购而无须进行资本结构调整。公司的债务权益比率偏低会使其更容易成为收购的对象，敌意收购者可以利用公司的债务空间来为收购融资。由于债务的偿付会影响公司的现金流，所以增加债务会增加公司的财务风险，用增加负债来防止并购。可以说这是一种焦土策略，因为它可能导致目标公司在未来破产。目标公司可以通过银行贷款或发行债券来增加债务。

(7) 定向配售、重新评估资产。定向配售是指向某人发行较大比例的股票；配股是指按比例给老股东配股。这两种方式都可以增加股票的总量，稀释袭击者手中的股份比率，使之难以达到控股的目的。

我国上市公司增发新股时，可向战略投资者配售大量股票，当遇到敌意收购时，原则上目标公司可通过增发新股稀释收购公司的股权比例。此外，还可以采取重新评估资产的方式。资产重估是面临收购时的一种补救策略。在现行的财务会计处理中，资产通常采用历史成本来估价。普通的通货膨胀，使历史成本往往低于资产的实际价值。多年来，许多公司定期对其资产进行重新评估，并把结果编入资产负债表，提高净资产的账面价值。由于收购出价与账面价值有内在联系，提高账面价值会抬高收购出价，抑制收购动机。同时，我国房地产、无形资产如商誉、商标、专利等普遍存在低估的倾向，可通过重新评估资产提高每股的资产净值，促使股票价格上涨，增加收购成本和收购失败风险，使收购者不敢轻举妄动。

(8) 法律诉讼。通过发现收购方在收购过程中存在的法律缺陷，提出司法诉讼，是反收购战的常用方式。目标公司提起诉讼的理由主要有三条：①反垄断。部分收购可能使收购方获得某一行业的垄断或接近垄断地位，目标公司可以此作为诉讼理由。反垄断法在市场经济国家占有非常重要的地位。如果敌意并购者对目标公司的并购会造成某一行业经营的高度集中，就很容易触犯反垄断法。因此，目标公司可以根据相关的反垄断法律进行周密调查，掌握并购的违法事实并获取相关证据，即可挫败敌意并购者。②披露不充分。目前各国的证券交易法规都有关于上市公司并购的强行性规定。这些强行性规定一般对证券交易及公司并购的程度、强制性义务作出了详细的规定，比如持股量、强制信息披露与报告、强制收购要约等。敌意并购者一旦违反强行性规定，就可能导致收购失败。③犯罪行为，如欺诈。但除非有十分确凿的证据，否则目标公司难以以此为由提起诉讼。通过采取诉讼，迫使收购方提高收购价格或延缓收购时间，以便另寻“白衣骑士”以及在心理上重振管理层的士气等。

第五节　公 司 重 组

公司并购通常考察的是公司的扩张问题，不过近年来，公司也开始考虑公司规模的收缩问题。公司经营规模的收缩可能是因为公司业务部门的业绩不佳或者这个部门不再符合公司发展规划。为了消除先前失败的并购行为的影响，公司也有必要进行重组。

一、公司重组的概念

公司重组具有狭义和广义两种含义，狭义的公司重组是仅限于公司并购，包括公司合并、公司收购与公司分立(分割)；广义的公司重组泛指公司之间、股东与公司之间、股东之间依据私法自治原则，为实现公司资源的合理流动与优化配置而实施的各种商事行为。

二、公司重组的方式

除了公司并购、合并之外，公司重组还可以采取若干种不同的方式，包括：剥离(divestiture)、股权出售(equitycarve-outs)、分立(spin-offs)、股份置换(split-offs)和股本分散(split-ups)。剥离是指将公司的一部分出售给外界。出售的公司获得现金、可交易证券或者两者的组合。股权出售由剥离转化而来，是指将所持有的子公司股权出售给外界。母公司将子公司的股权出售后，不一定继续拥有对子公司的控制权。投资者按新获得的权益份额享有对被出售公司的所有权。在股权出售中，会创建一个新的实体，其股东构成可能与母公司的股东构成不再相同。被出售的公司会拥有一支不同的管理团队，并作为一个独立的公司经营运作。

在标准形式的分立中，也会创建一个新的法律实体，发行新的股份，但是这些股份会按比例分配给原股东。由于是按比例分配股份，所以新公司的股东构成与旧公司的相同。尽管在分立最初，股东构成是相同的，但是被分立的公司拥有自己的管理团队，作为独立的公司经营运作。分立和剥离的另一项区别是，剥离会为母公司注入现金，而分立通常不会为母公司注入现金。在兑换(exchange offer)中，子公司会发行新的股份，母公司的股东可以选择是继续保留原来的股份还是将自己的股份换成新子公司的股份。这种形式上的交易与股份置换有些相似，子公司会发行新的股票代表权益，子公司的经营与母公司分离。但是与股份置换有所不同，在兑换中，为了获得新发行的股票，母公司的股东必须放弃原有的股份。

在股本分散中，整个公司会被分成一系列新公司，最后的结果是母公司不复存在，只剩下各家新成立的公司。各家公司的股东可能有所不同，因为原股东可以把持有的母公司股份兑换成一家或多家新公司的股份。

1. 剥离

资产剥离是指在公司股份制改制过程中将原公司中不属于拟建股份制公司的资产、负债从原有的公司账目中分离出去的行为。按照资产剥离是否符合公司的意愿，可以划分为自愿剥离(voluntary divestiture)和非自愿剥离(involuntary divestiture)。

自愿剥离是指当公司管理人员发现通过剥离能够对提高公司的竞争力和资产的市场价值产生有利影响时而进行的剥离。

非自愿剥离又称被迫剥离，是指政府主管部门或司法机构以违反反托拉斯法为由，迫使公司剥离其一部分资产或业务(这种情况在美国较多)。经常发生的情况是，在兼并与收购活动中，政府可能认为兼并后的公司将在某一市场上造成过度的垄断或控制，损害公平竞争，从而要求公司剥离其一部分资产或业务。

大多数的出售都是简单的剥离。公司还会进行其他形式的出售，比如分立或者股权出售，从而在分离某个部门的同时实现一些其他的目标。例如，如果公司希望分离交易可以获得免税待遇，那么就可以采取分立的方式。

最常见的剥离方式是母公司将某个部门卖给其他公司。这个过程对于出售方公司来讲，是一种经营收缩的方式，而对购买方公司来讲，是一种经营扩张的方式。

2. 分立

分立是指一个公司依照有关法律、法规的规定，分立为两个或两个以上的公司的法律行为。公司分立是母公司在子公司中所拥有的股份按比例分配给母公司的股东，形成与母公司股东相同的新公司，从而在法律上和组织上将子公司从母公司中分立出来。

1) 公司分立的形式

公司分立以原有公司法人资格是否消灭为标准，可分为新设分立和派生分立两种。

(1) 新设分立。新设分立，又称解散分立，是指一个公司将其全部财产分割，解散原公司，并分别归入两个或两个以上新公司中的行为。在新设分立中，原公司的财产按照各个新成立的公司的性质、宗旨、业务范围进行重新分配组合。同时原公司解散，债权、债务由新设立的公司分别承受。新设分立，是以原有公司的法人资格消灭为前提，成立新公司。

(2) 派生分立。派生分立，又称存续分立，是指一个公司将一部分财产或营业依法分出，成立两个或两个以上公司的行为。在存续分立中，原公司继续存在，原公司的债权债务可由原公司与新公司分别承担，也可按协议由原公司独立承担。新公司取得法人资格，原公司也继续保留法人资格。

2) 公司分立的程序

与公司合并一样，分立也属于公司的重大法律行为，必须严格依照法律规定的程序进行。

(1) 董事会拟订分立方案报股东大会作出决议。公司分立方案由董事会拟订并提交股东大会讨论决定；股东大会作出分立决议，必须经出席会议的股东所持表决权的2/3以上通过。

(2) 由分立各方，即原公司股东就分立的有关具体事项订立协议。

(3) 依法办理有关审批手续。股份有限公司分立，必须经国务院授权的部门或者省级人民政府批准。

(4) 处理债权、债务等各项分立事宜。包括由原公司编制资产负债表和财产清单，并自股东大会作出分立决议之日起10日内通知债权人，并于30日内在报纸上至少公告3次。债权人自接到通知书之日起30日内，未接到通知书的自第一次公告起90日内，有权要求公司清偿债务或者提供相应的担保。不清偿债务或者不提供相应的担保的，公司不得分立。

(5) 依法办理变更登记手续。因分立而存续的公司，其登记事项发生变化的，应当申请变更登记；因分立而解散的公司，应当申请注销登记；因分立而新设立的公司，应当申请设立登记。公司应当自分立决议或者决定作出之日起90日后申请登记。

3) 公司分立的筹划

社会生产的分工会导致公司的分立。公司的分立可以从两个方面来探悉有利之处：一是公司分立有利于发挥生产专业化、职能化的优势，促进公司生产能力的提高；二是公司分立又能有效地进行纳税筹划，减轻公司的税负。这是通常所说的“1+1>2”的逆向应用。所以，公司分立的筹划活动对公司的生存发展关系重大。此处所介绍的筹划主要是指纳税筹划。

公司分立是指依照法律规定，将一个公司分化成为两个或两个以上新公司的法律行为。这里需要着重解释的是公司分立绝非公司简单的“分家单过”，原公司一般不会完全消失于公司分立过程中。其分立途径有多种，如在原公司基础上完全新建两家或多家新公司，原公司母体上分离出一部分组成新公司等。由此可知，公司分立只是原公司在发展过程中的变动情况，公司的生产经营仍是延续的，这就是公司分立纳税筹划的存在依据之一。

另外，公司分立使原公司在形式上面发生变化，按税法规定，分立的公司按各自适用的税收规定纳税。所以，公司分立又会使分立后的公司所承受的税负有别于原公司，这样，为公司分立的纳税筹划提供了另一个存在依据。

我国公司分立的纳税筹划主要体现在两类税种上面：一类是所得税，另一类是流转税。我国税法中有一条常用原则，即在税率适用界线模糊时，一般都是从高适用税率。低税环节征收高税，当然对公司发展不利。

公司分立的纳税筹划理论依据有两条：一条是减少公司所得税。在累进税率条件下，通过分立使原本适用高税率的一个公司，分解成两个甚至更多个新的公司，单个新公司应纳所得额大大减少，于是所适用的税率也就相对较低，从而使分立公司的总体税收负担低于分立前的公司。另一条是减少流转税。将特定的产品生产归于单独的生产公司，避免因模糊核算而从高适用税率，这样就使得公司的税负减少。

例如，甲公司是一家制药厂，兼营生产免税的精神药品等项目。该厂某年应纳税所得额为 12 万元，其中药品及用具等项目占应纳税所得额中的 2.5 万元。那么甲公司应如何进行纳税筹划呢？

正确的做法是将生产经营精神药品及用具的部门分立出来设立新公司。从所得税角度来讲，两家分立的新公司，一家应税所得额为 9.5 万元，另一家则为 2.5 万元，按各自适用税率计算出应纳税额共计只有 3.015 万元，而分立前应纳税额为 3.96 万元。税负的差别就在于分立公司单独的应税所得额减少了，税率降低了。再以增值税角度看，甲公司生产经营免税项目，在计征增值税时往往会因为未独立核算等问题而一并征收增值税，于是免税项目便没有享受到应有的税收优惠待遇，这于公司来讲是极为不利的。当免税项目的生产部门分立出来成立新公司后，必然要求进行独立核算，这样免税项目的产品便不用再因“从高适用税率”而缴纳增值税了。在该案例中，公司分立的纳税筹划对所得税和增值税减负都有好处。

三、公司投资与公司分立的区别

公司投资与公司分立既有联系又有区别。二者的联系表现在，公司分立和公司投资都要从原公司分离出一部分财产。

1. 最终产权的归属不同

公司投资后，其分离出的财产或者最终产权仍然归属于公司；而公司分立后，分立双方相互之间不再有财产上的联系。

2. 权益性质不同

公司投资后，公司对被投资公司享有的是债权或者股权，其享有的权益属于债权或者股权所具有的财产权益；而公司分立后，相互之间并不存在债权和股权权益。

3. 对外责任承担不同

公司投资后，投资主体或者对被投资公司享有债权，具有债权人的地位；或者享有股权，并以出资额为限对外承担有限责任；或者设立独资子公司，由子公司对外承担民事责任。公司分立后，分立后的公司对外债务承担的是连带责任。

四、剥离与分立的原因

1. 努力适应经营环境的变化

公司所处的经营环境不断变化，如技术在不断进步、产业结构不断发生变化、国家的有关法规和税收条例不断变化等。公司的经营方向和战略目标必须根据这些环境变化进行相应的调整和改变，而剥离和分立便是实现这些改变的手段。

2. 提高管理效率

由于管理者的有限理性，即使再优秀的管理者所控制的资产规模和差异性达到一定程度时，收益便达到递减临界点。超过这一临界点时，可以采用剥离与分立的方式，去掉与战略目标不相适应的部分，使母子公司集中于各自的优势业务，提高整体管理效率。此外，剥离与分立创造出了简洁、有效率、分权化的公司组织，使公司能更快适应环境，也提高了效率。

3. 谋求管理激励

通过剥离与分立，子公司独立出来，市场对管理行为的反应就会直接反映在其独立的股票价格上，报酬计划与公司经营管理业绩更紧密地联系起来，可以形成对管理者的有效激励。

4. 筹集资金的需要

公司需要大量现金来满足主营业务或减少债务负担需要时，通过借贷和发行股票筹集资金会面临一系列障碍。这就促使公司将部分非核心或非相关的业务剥离或分立出去，以筹集这部分资金。

5. 纠正以往投资决策失误

由于并购前考虑不周全，并购后发现进入自己不够熟悉的领域后，经营效率难以保持在较高水平；或者发现并购后难以实现真正的整合等，此时可通过资产的剥离与分立纠正错误。

6. 实现并购获得的收益

由于市场并不总是能够正确认识和评价一个公司的市场价值，有些公司的市场价值被低估了。收购方对这些价值低估的公司以及管理层业绩不佳的公司进行收购，通过改善其管理，树立其良好的公司形象，提高其价值，然后通过资产剥离可以实现得到的收益。

7. 获取税收方面收益或摆脱管制

每个国家为了调节经济，制定了不同的税收政策。例如，在美国，自然资源特权信托和不动产投资信托公司如果将投资收益的 90%分配给股东，则公司无须交纳所得税。因此一个综合性公司将其经营房地产的部门分立出去，可以享受税收的减免。

如果子公司从事受限制行业的经营，母公司从事不受限制行业的经营，那么母公司常受到管制性检查的"连累",另外,如果管制当局在评级时以母公司的利润为依据,受管制的子公司可能因与母公司的利润联系处于不利地位。如果让子公司独立出去,母公司可以摆脱管制,子公司也可以得到提高评级水平的机会。

导致剥离与分立的原因通常是相互关联的多种因素,管理人员在剥离与分立决策时应该综合考虑。导致剥离与分立的因素太多,也使得很难评价从事这些活动的公司是成功还是失败。

五、剥离与分立的程序

每一项剥离业务都有其独特性,开展的步骤各不相同。下文简要介绍一套比较具有普遍性的程序。

(1) 剥离或者分立的决策。母公司的管理层必须确定剥离的决策是否合适。只有在对各种可选方案进行全面的财务分析以后,才能够作出剥离与否的决策。

(2) 构建重组计划。必须制订重组或者改组计划,母公司和子公司之间必须达成协议。如果分立后母公司和子公司之间会继续保持联系,那么制订这项计划就非常有必要。这项计划应该包含对子公司资产和负债的详细处置方案。尤其是在子公司保留某些资产而将其他资产转移给母公司的情况下,这项计划应该对资产的处置进行详细的分类。在这项计划中也需要说明其他一些事项,例如,员工的留用、缴纳养老金的资金来源等。

(3) 重组计划需要经过股东批准。重组计划要按照什么样的程序经过股东批准取决于剥离交易的重要性和所在地的法律规定。如果分立的是母公司的一个重要部门,那么就必须获得股东的批准。在这种情况下,既可以在年度股东大会上呈报重组计划,股东大会通常都会安排这个议程,也可以召开一次特别股东大会,向股东发放需要他们批准的"代理声明",呈报给股东的材料中还可以包括股东大会的其他问题,比如公司章程的修改。

(4) 股份注册。如果交易需要发行股份,那么这些股份必须在政府相关部门注册。作为常规注册程序的一部分,必须编制招股说明书,这是注册文件的一部分。招股说明书必须分发给所有收到分立公司股票的股东。

(5) 交易完成。在进行了这些基本步骤后,交易就可以完成了。双方互相支付报价,该部门根据事先确定的时间表从母公司分离出去。

本章思考题

(1) 企业并购资金的筹措方式主要有哪些?各自的优缺点各是什么?

(2) 公司并购的关键问题有哪些?

(3) 目标公司分析主要包括哪几个方面?

(4) 并购整合的类型主要有哪几种?简要地说明一下每种类型的适用条件。

(5) 结合本章所学内容,谈谈你对宝能收购万科的理解。

参考文献

[1] 朱宝宪.公司并购与重组[M].北京：清华大学出版社，2006.

[2] Stephen A. Ross 等.公司理财[M].吴世农，沈艺峰，王志强，等译.厦门：机械工业出版社，2012.

[3] 黄嵩，李昕旸.兼并与收购[M].北京：中国发展出版社，2008.

[4] Patrick A. Gaughan.兼并、收购与公司重组[M].顾苏琴，李朝晖，译.北京：中国人民大学出版社，2004.

[5] Haspeslagh P. C.，Jemison D. B.. Managing acquisitions：Creating value through corporate renewal[M]. New York：Free Press，1991.

教师服务

感谢您选用清华大学出版社的教材！为了更好地服务教学，我们为授课教师提供本书的教学辅助资源，以及本学科重点教材信息。请您扫码获取。

教辅获取

本书教辅资源，授课教师扫码获取

样书赠送

企业管理类重点教材，教师扫码获取样书

清华大学出版社

E-mail: tupfuwu@163.com
电话：010-83470332 / 83470142
地址：北京市海淀区双清路学研大厦 B 座 509

网址：http://www.tup.com.cn/
传真：8610-83470107
邮编：100084